十三經清人注疏

尚書今古文注疏

〔清〕孫星衍 撰
陳抗 盛冬鈴 點校

圖書在版編目(CIP)數據

尚書今古文注疏/(清)孫星衍撰;陳抗,盛冬鈴點校. —
北京:中華書局,1986.12(2025.1 重印)
(十三經清人注疏)
ISBN 978-7-101-02105-9

Ⅰ.尚… Ⅱ.①孫…②陳…③盛… Ⅲ.①中國-古代史-商周時代②尚書-注釋 Ⅳ.K221.04

中國版本圖書館 CIP 數據核字(2003)第 114204 號

封面設計:周 玉
責任印製:管 斌

十三經清人注疏
尚書今古文注疏
〔清〕孫星衍 撰
陳 抗 盛冬鈴 點校
*
中華書局出版發行
(北京市豐臺區太平橋西里 38 號 100073)
http://www.zhbc.com.cn
E-mail:zhbc@zhbc.com.cn
三河市宏盛印務有限公司印刷
*
850×1168 毫米 1/32 · 19⅞ 印張 · 2 插頁 · 349 千字
1986 年 12 月第 1 版 2004 年 2 月第 2 版
2025 年 1 月第 14 次印刷
印數:30601-31500 册 定價:84.00 元

ISBN 978-7-101-02105-9

十三經清人注疏出版說明

自漢至清，經學在各門學術中占有統治的地位。經學的發展經歷了幾個不同的階段，而清代則是很重要的也是最後的一個階段。清代經學家在經書文字的解釋和名物制度等的考證上，超越了以前各代，取得了重要成果，這對我們利用經書所提供的材料研究古代的經濟、政治、文化、思想以至科技等，有重要的參考意義。

清代的經學著作，數量極多，體裁各異，研究的方面也不同。其中用疏體寫作的書，一般是吸收、總結了前人多方面研究的成果，又是現在文史哲研究者較普遍地需要參考的書，因此我們在十三經清人注疏這個名稱下，選擇這方面有代表性的著作，陸續整理出版。所選的并非全是疏體，這是因爲有的書未曾有人作疏，或雖然有人作疏，但不够完善，因此選用其它注本來代替或補充。禮書通故既非疏體又非注體，但它與禮記訓纂等配合，可起疏的作用，故也入選。大戴禮記不在十三經之內，但它與禮記（小戴禮記）是同類型的書，因此也收進去。對收入的書，均按統一的體例加以點校。

清代的經學著作還有不少有重要參考價值，這有待於今後條件許可時，按新的學科分類，選擇整理出版。

十三經清人注疏的擬目如下：

周易集解纂疏　李道平撰
尚書今古文注疏　孫星衍撰
今文尚書考證　皮錫瑞撰
尚書孔傳參證　王先謙撰
詩毛氏傳疏　陳　奐撰
毛詩傳箋通釋　馬瑞辰撰
詩三家義集疏　王先謙撰
周禮正義　孫詒讓撰
儀禮正義　胡培翬撰
禮記訓纂　朱　彬撰
禮記集解　孫希旦撰
禮書通故　黃以周撰
大戴禮記補注　孔廣森撰

（附王樹枏校正、孫詒讓斠補）

大戴禮記解詁　王聘珍撰
左傳舊注疏證　劉文淇等撰
春秋左傳詁　洪亮吉撰
公羊義疏　陳　立撰
穀梁古義疏　廖　平撰
穀梁補注　鍾文烝撰
論語正義　劉寶楠撰
孝經鄭注疏　皮錫瑞撰
孟子正義　焦　循撰
爾雅義疏　郝懿行撰
爾雅正義　邵晉涵撰

中華書局編輯部
一九八二年五月

點校説明

孫星衍（一七五三—一八一八），字淵如，陽湖（今江蘇武進）人，乾隆五十二年進士，由翰林院編修官至山東督糧道；又曾主講杭州詁經精舍和江寧鍾山書院。他博極羣書，勤於著述，在經學、史學、音韻學、訓詁學、金石學等方面都有很深的造詣，是當時十分受人尊崇的一位學者。傳世著作有近二十種，其中以尚書今古文注疏一書最負盛名。

尚書自漢代開始，卽有今古文之别，今文説與古文説先後盛行於時。漢初伏生所傳尚書共二十九篇，因用當時通行的隸字書寫，稱今文尚書，兩漢都列于學官，爲世所重。而漢武帝時發現于孔子故宅壁中、由孔安國獻上的尚書，因其用先秦古文書寫，稱古文尚書，新莽時也曾列于學官，東漢賈逵、馬融、鄭玄爲之訓解作注，影響也很大。今古文尚書就其共有的篇章而言，只是在經文的文字上有些出入，内容並無很大差異，所謂「其字則異，其辭不異也」。今文古文兩家的區别，主要體現在分章斷句和解釋不同方面。西晉永嘉之亂以後，今文尚書散亡不存。相傳東晉時梅賾獻出孔傳古文尚書五十八篇，其中三十三篇經文與漢代流行的尚書經文大致相同，只是少數篇章的分合、定名不同。另外二十五篇經文及全部孔傳都是僞作。但它到南朝梁時竟取得學術界的信任而流行起來，在唐代更得到官方的尊崇，由孔穎達領銜爲之作正義，繼又刻成石經。從此，這五十八篇及其所謂的孔傳被當作正經正注，千餘年來相承不廢，居于正統地位，而真正由孔安國傳下來的古文尚書也就從此失傳了。自宋代起，僞孔傳古文尚書不斷受到學者的懷疑和批評，特别是經過明代梅鷟和清初閻若璩等人的切實研究，作僞一事終至灼然大明。從此，對尚書的研究出現了新的局面，江聲、王鳴盛、段玉裁等各有專書問世。孫氏此書始作於乾隆五十九年，完成於嘉慶二十年，雖較晚出，然積二十二年之研究，博稽慎擇，在許多方面超越了前人，是代表乾嘉時期尚書學研究水平的總結性著作。正因爲如此，此書問世後一直受到學術界的推崇。皮錫瑞在經學通論中特别指出「治尚書當先看孫星衍尚書今古文注疏」，此書「於今古説搜羅略備，分析亦明……大致完善，優於江、王」。晚清王懿榮甚至請以立學。近代治尚書的學者，可以説没有不參考並取資於孫氏此書的。

全書共三十卷，其中經文二十九卷，書序一卷。經文依孔穎達尚書正義本，參用唐開成石經，但摒棄了僞作的二十五篇。其中泰誓的經文，用史記所載，並參以尚書大傳及後人所引而詞可連屬者連綴成文，包括詩疏、詩譜序疏、書疏、周禮疏、漢書律曆志、漢書谷永傳等所引的泰誓經文。所以泰誓的篇名雖然和僞孔傳古文尚書相同，内中的經文則已完全不同了。卷三十是書序。僞孔傳古文尚書的書序散入經中，分列各篇之首。本書改從舊本，合爲一卷置於全書之末，並將散見在先秦經傳諸子及漢人所引而有篇名可考的尚書佚文，分别附於相應書序之下，注明出處，保存原注。如泰誓序下補輯的泰誓佚文十四條，三百餘字，分别採自左傳、國語、墨子、孟子、荀子、禮記、漢書、説苑、詩箋、周禮疏等，由於不知連屬何文，故未附本篇。這些佚文儘管只是些殘章零句，對我們了解尚書的原始面貌，仍是極有價值的資料。

尚書正文之下列注，注取五家三科之説，即司馬遷的古文説，大傳歐陽氏、夏侯氏的今文説及馬融、鄭玄的孔壁古文説。注中並標示尚書異文。注下爲疏。孫星衍在疏中對經文及五家三科之注一一詮釋，包含了語詞的訓詁、名物制度的考訂、地理的考證及經義的串解，引證宏富，務求信而有徵，所謂「偏采古人傳記之涉書義者，自漢魏迄於隋唐」。至於先秦的經傳諸子，凡有助於闡明經義者，亦無不廣搜博引。近人如江聲、王鳴盛、錢大昕、段玉裁、莊述祖、王念孫、王引之、洪頤煊、畢亨、顧廣圻等人的研究成果，也都有所吸收，彙集的資料極爲豐富。如堯典「琁璣玉衡」一語，孫氏疏文引用史記天官書律書、大傳、五行大義所引尚書説、漢書律曆志、後漢書天文志劉昭注所引星經、説苑及魏志魏王上書之言、蜀志先主傳劉豹上言、管寧傳王基之語等，説明琁璣玉衡乃星之稱，從而指出：「漢魏人多不以琁璣爲渾儀也。」對馬融、鄭玄以琁璣玉衡爲渾儀的觀點，孫氏指出其説本自緯書，引尚書考靈曜及春秋文燿鉤等爲證。這種對不同説法條分縷析、窮源竟委的疏解，對我們研究尚書確是很有幫助的。

孫氏的疏文不僅以材料翔實豐富見長，他的不少案語也常常能給人以啓發。如堯典「流宥五刑」一句，鄭注稱：「五刑：墨、劓、剕、宫、大辟。正刑五，加之流宥、鞭、朴、贖刑，此之謂九刑。」孫星衍的案語認爲：「昭六年傳又云：『周有亂政而作九刑。』不應以説唐虞象刑之制，鄭氏失之。」又如「金作贖刑」一句，馬注稱：「金，黄金也。」孫星衍謂：「金以贖罪，古用銅，赤金也。」並引用周禮職金及淮南子氾論訓，説明「金可鑄兵，非黄金矣。……云『黄金』者，本漢法説經也。」對於難以判斷是非的不同説法，往往明言「未知其審」而數説並存，以見闕疑慎言之義，這也體現了一種嚴謹求實的學風。

正如孫氏所言，「人之精神自有止境，經學淵深，亦非一人所能究極」，書中疏漏固所不免。如皋陶謨「禹拜曰：予思日孜孜」，史記引「孜孜」作「孳孳」。孫氏疏曰：「孜孜，古文；孳孳，今文也。」又曰：「彼泰誓文，史記亦作『孳孳』。」而於泰誓疏中則曰：「史記作『孳孳』者，古文；……作『孜孜』者，今文也。」前後失照。在堯典「八音」的疏文中，孫氏以爲塤這一樂器作於周時，非唐虞時所當有。這顯然與事實不符。至於一概排斥宋以來的書説，自然也是不妥的。

我們這次點校尚書今古文注疏，以清嘉慶二十年冶城山館本爲底本，這個本子是孫氏生前自刻的，版刻錯誤較少。後收入平津館叢書第七集，故又稱平津館叢書本。此外，我們還查校了皇清經解本。對孫氏的引書，我們基本上都核對了原著，訂正了一些訛誤。經文的斷句，一以孫氏的理解爲準。原書只分卷而無目録，爲了便於讀者檢閱，我們編了個目録置於卷首。又，原書經文用大字，注文用中字，疏文用雙行小字，今爲排版方便，疏文與注文俱小字單行。書中凡有所改補删移，均在當頁出了校記，校以他書的，周易、尚書、詩經、周禮、儀禮、禮記、左傳、公羊傳、穀梁傳、論語、孟子、爾雅及其注疏，用中華書局影印的清阮元重刻宋版十三經注疏本；大戴禮記用中華書局大戴禮記解詁點校本；説文解字用中華書局影印的清陳昌治據孫星衍覆刻宋本改刻的一篆一行本；國語及韋昭注用上海古籍出版社點校本；周書用抱經堂叢書本；史記及其集解、索隱、正義，漢書及顔師古等注，後漢書及劉昭、李賢等注，三國志及裴松之注，宋書，用中華書局點校本；水經注用商務印書館四部叢刊本；管子、墨子、荀子、呂氏春秋、淮南子、春秋繁露、説苑、顔氏家訓，用商務印書館四部叢刊本；賈子用上海人民出版社賈誼集點校本；論衡用中華書局論衡注釋本；白虎通用抱經堂叢書本；潛夫論用中華書局版汪繼培箋、彭鐸校正本；楚辭用中華書局楚辭補注點校本；文選用中華書局影印胡克家覆宋淳熙本；通典、文獻通考用商務印書館萬有文庫本；太平御覽用中華書局影印宋刻本；藝文類聚用上海古籍出版社點校本；江聲尚書集注音疏及段玉裁古文尚書撰異，用皇清經解本。　標點有誤、校改不妥之處，敬請讀者批評指正。

陳　抗　盛冬鈴　一九八四年六月

目録

尚書今古文注疏序

賜進士及第加授通奉大夫山東督糧道孫星衍謹撰

書有孔氏穎達正義，復又作疏者，以孔氏用梅賾書雜于廿九篇，析亂書序，以冠各篇之首，又作僞傳而舍古說。欽奉高宗純皇帝鑒定四庫書，採梅鷟、閻若璩之議，以梅氏書爲非真古文，則書疏之不能已于復作也。兼疏今古文者，放詩疏之例，毛、鄭異義，各如其說以疏之。史遷所說則孔安國故，書大傳則夏侯、歐陽說，馬、鄭注則本衛宏、賈逵孔壁古文說，皆有師法，不可遺也。今古文說之不能合一，猶三家詩及三傳難以折衷。卽鄭注三禮，亦引今古文異字，及鄭司農、杜子春說。至晉已後，乃用李斯別黑白而定一尊之學，獨申己見，自杜預之注左傳，王弼之注易，郭璞之注爾雅濫觴也。經廿九篇，并序爲卅卷者，伏生出自壁藏，授之鼂錯，教于齊、魯，立于學官，大小夏侯、歐陽爲之句解，傳述有本。後人疑爲口授經文，說爲略以其意屬讀者，誤也。孔壁所出古文，獻自安國，漢人謂之「逸十六篇」。後漢衛宏、杜林、賈逵、許氏愼等皆爲其學，未有注釋。而經文并亡于晉永嘉之代，不可復見也。書大傳孔子謂顏淵曰：「堯典可以觀美，禹貢可以觀事，咎繇謨可以觀治，鴻範可以觀度，六誓可以觀義，五誥可以觀仁，甫刑可以觀誡。」凡此七觀之書，皆在廿九篇中，故漢儒以尚書爲備。又以爲法斗、七宿，四七二十八宿，其一斗也。又云孔子更選二十九篇，二十九篇獨有法也。尋此諸説，卽非正論，可證漢儒之篤守廿九篇無異辭也。廿九篇析爲三十四篇者，伏、鄭本分合之不同。大誓後得，然見于史記、書大傳，似止上下二篇，至唐已後并失之，其詞見于傳記，猶可徵也。書大傳存本亦爲後人删節，馬、鄭注至宋散佚，王應麟及近代諸儒或從書傳輯存之，故可附經而爲之疏也。文有今古之分者，孔壁書科斗文字，安國以今文讀之。蓋秦已來改篆爲隸，或以今文寫書，安國據以讀古文，其字則異，其辭不異也。司馬氏用安國故，夏侯、歐陽用伏生説，馬、鄭用衞、賈説，其説與文字雖異，而經文不異也。古文篆籀之學，絶于秦漢。聲音訓詁之學，絶于魏晉。典章制度之學，絶于隋唐。尚書爲唐、虞、三代之文，字蹟奇古，詁訓與後世方言不同，制度或在禮經之先。後人不考時代，率爲之注解，致訓故乖違，句讀舛誤，謂之佶屈聱牙，殊可歎也。孔氏之爲書正義，序云據蔡大寶、巢猗、費甝、顧彪、劉焯、劉炫等。又云：「覽古人之傳記，質近代之異同，存其是而去其非，削其煩而增其簡。」是孔氏之疏不專出于己。今依其例，徧採古人傳記之涉書義者，自漢魏迄于隋唐。不取宋已來諸人注者，以其時文籍散亡，較今代無異聞，又無師傳，恐滋臆説也。又採近代王光禄鳴盛、江徵君聲、段大令玉裁諸君書説，皆有古書證據，而王氏念孫父子尤精訓詁。但王光禄用鄭注，兼存僞傳，不載史記、大傳異説。江氏篆寫經文，又依説文改字，所注禹貢，僅有古地名，不便學者循誦。段氏撰異一書，亦僅分別今古文字。及惠氏棟、宋氏鑒、唐氏煥，俱能辨證僞傳。莊進士述祖、畢孝廉以田，解經又多有心得。合其所長，亦孔氏云「質近代之異同，存其是而削煩增簡」者也。爲書始自乾隆五十九年，迄于嘉慶廿年。既有厥逆之疾，不能夕食，恐壽命之不長，亟以數十年中條記書義，編纂成書，必多疏漏謬誤之處。然人之精神自有止境，經學淵深，亦非一人所能究極，聊存梗概，以俟後賢。或炳燭餘光，更有所得，尚當改授梓人，不至詒譏來哲也。嘉慶二十年太歲乙亥二月中旬序于金陵冶城山館。

尚書今古文注疏凡例

一、此書之作，意在網羅放失舊聞，故録漢魏人佚説爲多。其前哲編纂書義，具有成書，或列在學官，或爲時循誦，不敢勦説雷同。

一、尚書古注散佚，今刺取書傳升爲注者，五家三科之説。一、司馬氏遷從孔氏安國問故，是古文説。一、書大傳伏生所傳歐陽高、大夏侯勝、小夏侯建，是今文説。一、馬氏融、鄭氏康成雖有異同，多本衞氏宏、賈氏逵，是孔壁古文説。皆疏明出典。其先秦諸子所引古書説，及緯書、白虎通等漢魏諸儒今文説，許氏説文所載孔壁古文，注中存其異文異字，其説則附疏中。大傳于章句之外，别撰大義，故擇取其文，不能全録。

一、經文相傳既久，謹依孔氏穎達正義本，參用唐開成石經，即今世列學官循誦之本。若改從古文，便恐驚俗。止注明文字同異，疏其出處。惟堯典分出舜典，皋陶謨分益稷，書序一篇分列各篇之首，前人俱以爲非，不得不改從舊本，以符廿九篇之數。盤庚等三篇爲一，依漢石經每篇空格。及泰誓用史記，參以書大傳，不敢湊集佚文。説俱見疏中。

一、尚書佚文，見于先秦經傳諸子及漢人所引，有篇名可考者，各附書序，並存原注。其僅稱「書曰」、「書云」者，或不必盡是尚書，或是逸周書及周書六弢，不便采入。惟孟子所引，似是舜典，趙注不爲注明，亦不敢據增。

一、同時諸君之說，有已刻行世之書，亦有未經授梓者，有雜載經義札記者，故須采附經本以諗來學，俱載明姓氏。其不載者，或因引據書傳，爲習見之文，或與拙撰舊稿暗合，是以略之，非敢掠美。

一、緯書言「三百年斗曆改憲」。古時曆法，夏、殷、周、魯已有不同。今既注經，須用考靈燿，及淮南天文訓，史記曆書、天官書，漢書律曆志等引證，方與先秦曆法符合。六朝、唐人如祖沖之、僧一行異說，或用梅氏書胤征、大甲等篇考證年月，殊不可信。西法雖密，與古不同，亦不足爲經證。

一、禹貢地理俱用古說，見于漢地理志，當時據周地圖、桑欽等書說。後人以臆見移易山川，如以成皋大伾爲在黎陽，以安豐大别爲在漢陽之屬，皆不敢濫從。郡縣應釋以今名，方便學人檢閱，庶補江氏聲所未備。

一、引用各書，其爲本書不具及今世所無之本，俱載明出處。說文用宋本，或載他書引用異文。惟家語、孔叢、小爾雅、神異經、搜神記等，或係僞書，或同小說，不敢取以說經，疑誤後學。

一、宋本注疏，注爲雙行小字。明本或以注爲單行，疏爲雙行。汲古閣本始以注爲中字，疏爲雙行小字，行世甚廣，今依其式。如邵氏晉涵之注爾雅，或有可採，以便附入經疏。

一、此書創始于乾隆甲寅年，至嘉慶乙亥年迄功付刊。中間歷官中外，牽于人事，雖手不釋卷，懼有遺忘，多藉同人之助。台州洪明經頤煊、文登畢孝廉以田、上元管秀才同助其搜討，同里臧上舍鏞堂、從弟星海助其校讎，應行附録。

尚書今古文注疏卷一

堯典第一上　虞夏書一

注大傳説：「堯者，高也，饒也。」馬融曰：「堯，謚也。翼善傳聖曰堯。」疏大傳説見風俗通皇霸篇引。書大傳以堯爲高者，白虎通號篇云：「堯猶嶢嶢也，至高之貌。清妙高遠，優游博衍，衆聖之主，百王之長也。」説文云：「堯，高也。从垚在兀上。高遠也。」古文作「㚁」。云「饒」者，與高聲相近。廣雅釋詁云「益也」、「多也」，饒多之義，猶舜之言充，俱美詞。馬注見釋文。云「堯，謚也。翼善傳聖曰堯」者，士冠禮云：「死而謚，今也。古者生無爵，死無謚。」注云：「古謂殷。殷士生不爲爵，死不爲謚。」則鄭以此禮爲大夫、士言之，不謂天子，則古者天子有謚，故馬氏以爲謚也。白虎通謚篇云：「帝者，天號也。以爲堯，猶謚。顧上世質直，死後以其名爲號耳。所以謚之爲堯何？禮謚法曰：『翼善傳聖，謚曰堯。』」馬氏説本此。高誘注戰國策，亦引堯舜謚。張晏注漢書同。今謚法解無文者，後人删之。裴駰史記集解亦引謚法，與馬同也。堯名放勳，又以堯爲名者，此名卽號，非君前臣名之名，由民稱號之。故鄭注中候云：「重華，舜名。」又注禮記云：「舜之言充也。」堯之爲高，爲饒，亦猶舜之言充。春秋繁露三代改制質文篇云：「軒轅謂之皇帝，因存帝顓頊、帝嚳、帝堯之帝號，絀虞而號舜曰帝。」「黄帝之先謚，四帝之後謚，何也？帝號尊而謚卑，故四帝後謚也。」則漢人謂顓頊、嚳與堯，皆謚也。蓋云軒轅黄帝謚在帝之先，帝顓頊等謚在帝之後耳。此皆上世之以生號爲死謚也。典者，爾雅釋詁云：「常也。」

釋言云：「經也。」楚語申叔時曰：「教之訓典。」韋昭注云：「訓典，五帝之書也。」是其稱在孔子序書之前。說文：「典，从册在丌上。尊閣之也。」一曰：「典，大典也。」〔一〕莊都說。古文作「籅」。大學篇引作「帝典」。案堯典一篇，梅賾所上僞孔傳分「愼徽五典」已下爲舜典。案百篇之書自有舜典，至後亡逸，不宜以堯典分篇也。據孟子萬章篇引堯典曰「二十有八載，放勳乃徂落」云云，論衡書虛篇云「堯典之篇，舜巡狩東至岱宗，南至霍山」云云，皆在今舜典中，明古合爲堯典。淮南泰族訓云「堯治天下七十載，四岳舉舜而薦之堯。堯乃妻以二女以觀其內，任以百官以觀其外」，明「愼徽五典」與今堯典「嬪于虞」文相連也。書疏云：「鄭、王皆以舜典合於此篇。」今并之，以復古。題「堯典第一」者，書疏云：「檢古本并石經，直言『堯典第一』。」題「虞夏書」者，書疏云：「馬融、鄭玄、別録題皆曰『虞夏書』，以虞、夏同科。」說文引唐書：「朞三百有六旬。」又引唐書：「五品不愻。」則古文以堯典爲唐書。書大傳亦題曰「唐傳」。今不題「唐書」者，從馬、鄭本也。書今古文注疏大題在下者，古書體例皆然。儀禮，「士冠禮」在上，「儀禮」在下。毛詩，「周南關雎」在上，「毛詩國風」在下。毛詩疏云：「鄭注三禮、周易、中候尚書，皆大名在下。馬季長、盧植之徒其所注者，莫不盡然。」案：史、漢、三國亦皆如是，故用其例。

曰若稽古帝堯，曰放勳。**注**史遷說：「帝堯者，名放勳。」馬融曰：「順考古道。放勳，堯名。」鄭康成曰：「稽古，同天。言能順天而行，與之同功。」「曰」一作「粤」，「勳」一作「勛」。**疏**經將述堯盛德，先言稽古者，春秋繁露楚莊王第一云：「春秋之道，奉天而法古。故聖者法天，賢者法聖。」後漢書范升傳：「升奏曰：『臣聞主不稽古，無以承天。』」太平

〔一〕「大典」，說文原文作「大册」。

御覽八十一引考河命云：「若稽古帝舜曰重華，欽翼皇象。」詩殷武疏引契握云：「若稽古王湯，既受命興，由七十里起。」詩譜引摘雒貳云：「曰若稽古周公旦。」文選揚雄劇秦美新云：「故若古者稱堯舜，威侮者陷桀紂。」是聖人爲政，必先稽古也。堯稱帝，故謂之同天。論語：「子曰：『惟天爲大，惟堯則之。』」張載注魯靈光殿賦「粵若稽古帝漢祖宗」云：「若，順也。稽，考也。言能順天地考行古之道者，帝也。」案：本經臯陶謨云：「曰若稽古。」不得訓爲同天者，白虎通號篇引禮記謚法曰：「德象天地稱帝。」詩商頌云：「古帝命武湯。」傳云：「古帝，天也。」周書武穆解云：「曰若稽古，昭天之道。」上既云「古」，下又云「天」，明古義不得兼天。曲禮云：「措之廟，立之主，曰帝。」注云：「同之天神。」五帝德盛，故生時稱帝。至夏殷，生稱王，入廟稱帝。史記殷本紀云：「周武王爲天子。其後世貶帝號，號爲王。」然則自周以來，廟主始不復稱帝也。史公説見五帝本紀。漢書儒林傳云：「司馬遷從安國問故。遷書所載堯典、禹貢、洪範、微子、金縢諸篇，多古文説。」云「放勳，堯名」者，大戴禮五帝德：「宰我問孔子曰：『請問帝堯。』『曰放勳。』」孟子萬章云：「放勳乃徂落。」注云：「放勳，堯名。」春秋繁露煖燠孰多篇引同。孟子滕文公篇引「放勳曰『勞之來之』」。白虎通爵篇引中候曰：「天子臣放勛。」知放勳爲堯名也。馬注見三國魏志。云「順考古道」，不云「同天」者，魏志云：「賈、馬皆同。」以若爲順者，爾雅釋言文。若、如音俱近順，假借字也。稽爲考者，見文選張載注揚雄文。鄭注見魏志及書疏。「稽古，同天」，書疏作「稽，同；古，天」。後漢書李固傳注引作「稽，同也。古，天也。言能同天而行者帝堯」。以稽爲同者，周禮小宰職云：「稽，合也。」〔一〕説文云：「同，合會也。」則稽義近同。古爲天者，周書周祝解云：「天爲古。」樂記云：「久則天。」古猶久也。或鄭亦以帝號同天起義。大誓

〔一〕「稽，合也」爲周禮小宰職鄭氏注文。此處孫氏誤記。

云：「正稽古。」召誥云：「面稽天若。」又云：「其稽我古人之德。」故鄭推以釋此。鄭注虞舜，以舜爲名，則此注亦當云「堯，名」，文不具也。堯亦爲名者，正如白虎通所云：「上世質直，死後以其名爲號耳。」此名是時人尊奉之名，若成湯生卽號爲武王，故死後可以爲謚，與姓名之名不同也。放，釋文：「徐云，鄭如字。」蓋因僞傳讀爲放依，而明鄭之不從其義也。「曰」作「粵」者，李賢注後漢書、李善注文選多引「曰」作「粵」，或今古文異字。然說文「粵」引周書曰「粵三日丁亥」，不引虞書，則此作「曰」，古文也。說文「勳」古文作「勛」，又引「勛乃殂」，蓋孔壁古文也。**欽明文思安安，注**馬融曰：「威儀表備謂之欽，照臨四方謂之明，經緯天地謂之文，道德純備謂之思。」鄭康成曰：「敬事節用謂之欽，照臨四方謂之明，經緯天地謂之文，慮深通敏謂之思。」「思」一作「塞」，「安安」一作「晏晏」。**疏**馬注見釋文。周書謚法解云：「威儀悉備曰欽，照臨四方曰明，經緯天地曰文，道德純一曰思。」是馬所本也。「表」疑「悉」字之誤。鄭注見書疏。云「敬事節用謂之欽」者，釋詁云：「欽，敬也。」「明」與馬同。云「慮深通敏謂之思」者，洪範云：「思曰容。」漢五行志集注云：「容，古文作『睿』。」河間獻王德傳集注：「叡，深也，通也。」「思」作「塞」者，後漢書郅惲傳云：「塞晏之化。」論衡恢國篇云：「唐之晏晏，舜之烝烝。」魏受禪表云：「欽明文塞。」後漢書馮衍及第五倫陳寵傳注引尚書考靈燿俱作「文塞晏晏」，郅惲傳注引鄭注尚書考靈燿云：「道德純備謂之塞，寬容覆載謂之晏。」蓋思、塞聲相近，塞卽𡫏假借字也。爾雅釋訓云：「晏晏，柔也。」安、晏通字。左傳安孺子，漢古今人表作晏孺子。「思」作「塞」，「安安」作「晏晏」，皆今文也。**允恭克讓，注**史遷說：「爲富而不驕，貴而不舒。」鄭康成曰：「不懈于位曰恭，推賢尚善曰讓。」「讓」一作「攘」。**疏**允者，釋詁云：「信也。」克者，釋言云：「能也。」讓，本字作「攘」。漢書藝文志云：「合於堯之克攘。」說文云：「攘，推也。」以「讓」爲「相責讓」。則讓，假借字。史公説「爲富而不驕，貴而不舒」者，中庸篇云：「富有四海之內。」舒者，釋言云：「緩也。」大傳五行傳云：「視之不明，厥咎荼。」舒與荼通，緩義近慢也。鄭注見書疏。云「不懈于位曰恭，推賢尚善曰讓」者，詩韓奕云：「夙夜匪解，虔共爾位。」共，同「恭」。鄭用其義。晉語文公曰：「讓，推賢也。」荀子成相篇云「堯讓賢，以爲民，讓賢推德天下治」是也。

光被四表，格于上下。 **注** 鄭康成曰：「言堯德光耀及四海之外，至于天地。所謂大人與天地合其德，與日月齊其明。」書説云：「日照四極九光。東日日中，南日日永，西日宵中，北日日短。光照四十四萬六千里。」又云：「日道出於列宿之外萬有餘里。正月假上八萬里，假下一十萬四千里。」又云：「地與星辰四遊，升降於三萬里之中。春則星辰西遊，夏則星辰北遊，秋則星辰東遊，冬則星辰南遊。地有四遊：冬至，地上北而西三萬里；夏至，地下南而東復三萬里；春秋二分，則其中矣。」又云：「天從上臨下八萬里，天以圓覆，地以方載。」「光」一作「横」，一作「廣」。「格」一作「假」。 **疏** 鄭注見詩噫嘻疏。以光爲光耀者，鄭用考靈燿説，不從今文「廣被」也。四表爲四海者，據德所被言之。云「所謂大人」云云，易乾卦詞也。書説見開元占經引考靈燿，又見周禮大司徒疏及太平御覽三並博物志。云「四極九光」者，月令疏引：「考靈燿云：『萬世不失九道謀。』鄭注引河圖帝覽嬉云：『黃道一，青道二出黃道東，赤道二出黃道南，白道二出黃道西，黑道二出黃道北。日，春東從青道，夏南從赤道，秋西從白道，冬北從黑道。立春，星辰西遊，日則東遊。春分，星辰西遊之極，日東遊之極。日與星辰相去三萬里。夏則星辰北遊，日則南遊。夏至，星辰北遊之極，日南遊之極。日與星辰相去三萬里。』以此推之，秋冬放此可知。」文選張茂先勵志詩注引：「春秋元命苞曰：『天左旋，地右動。』河圖曰：『地有四遊：冬至，地上行北而西三萬里；夏至，地下行南而東三萬里；春秋二分，是其中矣。地常動不止，而人不知。譬如閉舟而行，不覺舟之運也。』」禮記月令疏引「考靈燿云：『一度二千九百三十二里千四百六十一分里之三百四十八。』周天百七萬一千里者，是周天圓周之里數也。以圍三徑一言之，則直徑三十五萬七千里。此爲二十八宿周回直徑之數也。然二十八宿之外，上下東西各有萬五千里，是謂四遊之極，謂之四表。據四表之内并星宿内，總有三十八萬七千里。然則天之中央上下正半之處，則一十九萬三千五百里。地在其中，是地去天之數也。」云「日道出於列宿之外萬有餘里」者，又見周禮馮相氏疏引，下有云：「五星則差在其内。」五行大義引白虎通云：「日徑千里，圍三千里，下於天七千里。」今本白虎通脱文。云「四遊升降」者，周禮大司徒疏引鄭注，云：「春分之時，地與星辰復本位。至夏至之日，地與星辰東南遊萬五千里，下降亦然。至秋分，還復正。至冬至，地與星辰西北遊亦萬五千里，上升亦然。至春分，還復正。進退不過三萬里。故云『地與星辰四遊，升降於三萬里之中』。是以半之，得地之中也。」月令疏又引鄭注考靈燿云：「天旁行四表之中，冬南，夏北，春西，秋東，皆薄四表而止。地亦升降於天之中，冬至而下，夏至而上，二至上下，蓋極地厚也。」解同周禮大司徒疏。星辰亦隨地升降。月令疏引鄭注考靈燿云：「夏，日道上與四表平，下去東井十二度爲三萬里。」月令疏釋之云：「計夏至之日，日在井星，正當嵩高之上。以其南遊之極，故在嵩高之南萬五千里，所以夏至有尺五寸之景也。於時日又上極，星辰下極，故下去東井三萬里也。」云「天從上臨下八萬里」者，周髀算經云：「天離地八萬里。」新序制奢篇：「許綰曰：『臣聞天與地相去萬五千里。』」案：天離地八萬里，故測以八尺之表，夏至，日在嵩高之南萬五千里，故有尺五寸之景。許綰據日景測天，云「與地相去萬五千里」，皆千里而差一寸也。光被，卽横被。漢書王莽傳云：「昔唐堯横被四表。」格，説文云：「假，至也。」引虞書此文作「假」。王逸注招魂，亦引作「假」。俱今文也。

克明俊德，

注史遷「克」作「能」，

「俊」作「馴」。鄭康成曰：「俊德，賢才兼人者。」「俊」一作「峻」。**疏** 史公説見五帝本紀。「克」爲「能」者，釋詁文。「俊」爲「馴」者，集解引徐廣曰：「馴，古訓字。」言堯自明其德，以訓九族。周禮土訓注，鄭司農讀訓爲馴，釋以告道，引爾雅「訓，道也」。是古文説也。漢書儒林傳云：「司馬遷嘗從安國問故。遷書所載堯典、禹貢、洪範、微子、金縢諸篇，多古文説。」故以其文釋經也。鄭注見書疏。以俊德爲賢才兼人者，春秋繁露爵國篇云：「萬人曰英，千人曰俊，百人曰傑，十人曰豪。」説文云：「俊，才千人也。」故以俊爲兼人也。鄭意以明爲明揚，俊德爲賢才，蓋言九族中之賢才，如論語所云「汎愛衆，而親仁」也。大學篇引帝典，「俊」作「峻」，釋爲「皆自明」者，峻與俊通，皆古文自明之義，言自明其德，則同史公也。

以親九族，九族既睦。 **注** 夏侯、歐陽等説九族者，父族四，母族三，妻族二，皆據異姓有服。古尚書説九族者，從高祖至玄孫凡九，皆同姓。馬融、鄭康成皆同。鄭曰：「睦，親也。」**疏** 九族，今文爲異姓，古文爲同姓。夏侯、歐陽説，見書疏引異義。古尚書説，見春秋左氏桓六年傳疏云：「今戴禮、尚書歐陽説，九族乃異姓有屬者。父族四：五屬之内爲一族，父女昆弟適人者與其子爲一族，己女昆弟適人者與其子爲一族，己之女子子適人者與其子爲一族。母族三：母之父姓爲一族，母之母姓爲一族，母女昆弟適人者與其子爲一族。妻族二：妻之父姓爲一族，妻之母姓爲一族。古尚書説九族者，從高祖至玄孫凡九，皆同姓。謹案：禮緦麻三月以上，恩之所及。禮爲妻父母有服，明在九族中，九族不得但施於同姓。鄭駁云：『玄之聞也，婦人歸宗。女子雖適人家，猶繫姓，明不得與父兄爲異族。其子則然。婚禮請期辭曰：「唯是三族之不虞。」欲及今三族未有不億度之事而迎婦也。如此，所云三族，不當有異姓。異姓其服皆緦。禮雜記下，緦麻之服，不禁嫁女取婦。是爲異姓不在族中明矣。周禮小宗伯：「掌三族之列名。」〔一〕喪服小記説服〔二〕之義曰：「親親，以三爲五，以五爲九。」以此言之，知高祖至玄孫昭然察矣。』」據此知許氏從今文，鄭氏從古文説也。詩葛藟序云：「周道衰，棄其九族。」傳云：「九族者，據己上至高祖，下及玄孫。」漢書高帝紀：「七年，置宗正官以序九族。」是漢初俱以九族爲同姓。夏侯、歐陽説爲異姓者，蓋因堯德光被，自家及外族。鄭不然者，以經文下云「百姓」，可該異姓也。馬、鄭注見釋文，又見後漢書班固傳注。以睦爲親者，易釋文引蜀才云：「睦，親也。」與鄭義同。

平章百姓，百姓昭明。

注 史遷「平」作「便」。鄭康成作「辯」，曰：「別也。章，明也。百姓，羣臣之父子兄弟。」

疏 史公作「便章」者，鄭注論語云：「便便，辯〔三〕也。」經文作「平」者，詩傳云：「平平，辯〔四〕治也。」鄭作「辯〔五〕」，注見後漢書劉愷傳注及史記集解。史記索隱云：「今文作『辯〔六〕章』。」鄭云「百姓，羣臣之父子兄弟」者，周語：「富宸曰：『百姓兆民。』」注：「百姓，百官也。官有世功，受氏姓也。」楚語：「觀射父曰：『民之徹官百。王公之子弟之質能言能聽徹其官者，

〔一〕「掌三族之列名」，春秋左氏桓六年傳孔穎達疏引作「掌三族之別名」。阮元校勘記曰：「閩本、監本、毛本『別』作『列』，非。浦鏜云，『名』字衍。」周禮小宗伯經文正作「掌三族之別」。
〔二〕「服」，春秋左氏桓六年傳孔穎達疏原引作「族」。
〔三〕「辯」原作「辨」，據論語鄉黨何晏集解原引鄭玄注改。
〔四〕「辯」原作「辨」，據詩小雅采菽毛傳改。
〔五〕「辯」原作「辨」，據後漢書劉愷傳注原引鄭玄注改。
〔六〕「辯」原作「辨」，據史記索隱原文改。

而物賜之姓，以監其官，是爲百姓。』」鄭說所本也。白虎通姓名篇云：「尚書曰：『平章百姓。』姓所以有百者何？以爲古者聖人吹律定姓，以記其族。人含五常而生，聲有五音，宮商角徵羽，轉而相雜，五五二十五，轉生四時異氣，殊音悉備，故姓有百也。」云「辯[一]，別」者，說文：「釆，辨[二]別也。」辨[三]音近釆。「章，明」者，史記伯夷列傳云：「此其尤大章明校著者也。」昭者，說文曰：「日明也。」

協和萬邦，黎民於變時雍。

注 史遷「協」作「合」，「邦」作「國」。「協」一作「叶」。「變」一作「蕃」，一作「卞」。

疏 史公說「協」爲「合」者，鄭注周禮云：「協，合也。」下文「協時月正日」，五帝本紀作「合時月」。「邦」作「國」者，漢書宣帝紀及地理志諸書多作「國」。段君玉裁據白虎通、蔡邕石經有國字，云：「漢人詩書不諱，不改經字。宋書禮志禮部太常寺言漢法，邦之字曰『國』，盈之字曰『滿』。止是讀曰國，讀曰滿。本字見於經傳者未嘗改易。司馬遷史記：『先王之制，邦內畿服，邦外侯服。』又曰：『盈而不持則傾。』於邦字、盈字，皆不改易。」此說蓋非無見，是也。後人遇國字，卽疑漢人避諱，因改爲邦耳。萬國者，地理志云：「昔黃帝方制萬里，畫埜分州，得百里之國萬區。故易稱『先王建萬國，親諸侯』，書云『協和萬國』，此之謂也。」鄭注王制云：「春秋傳云：『禹會諸侯於塗山，執玉帛者萬國。』言執玉帛，則是惟謂中國耳。中國而言萬國，則是諸侯之地，有方百里，有方七十里，有方五十里者。禹承堯舜而然矣。要服之內，地方七千里，乃能容之。」協，論衡齊世篇引經言「叶和萬國」。說文「協」或作「叶」。「於變」，漢

[一]「辯」原作「辨」，據上引鄭玄注文改。
[二]「辨」原作「辯」，據說文原文改。
[三]此「辨」字疑當作「辯」。

書成帝紀陽朔二〔一〕年詔引作「於蕃」，注：「應劭曰：『黎，衆也。時，是也。雍，和也。言衆民於是變化，用是大和也。』韋昭曰：『蕃，多也。』」潛夫論考績篇云：「此堯舜所以養黎民而致時雍也。」以養釋蕃。云「致時雍」，疑又以時爲時代之時。案：應氏釋於爲於是，則於讀如字，於變猶言爰變也。釋詁云：「黎，衆也。」「爰，於也。」「時，是也。」釋訓云：「廱廱，和也。」漢孔宙碑云：「於卞時雍。」卞卽弁之俗字。變與蕃，聲相近，卞音近變。「民」，漢書注師古一引作「萌」。

乃命羲、和，**注**馬融曰：「羲氏，掌天官。和氏，掌地官。四子掌四時。」鄭康成曰：「高辛氏之世，命重爲南正司天，犂爲火正司地。堯育重、犂之後羲氏、和氏之子賢者，使掌舊職天地之官。亦紀於近，命以民事。其時官名蓋曰稷、司徒。」馬、鄭皆曰：「此命羲、和者，命爲天地之官。下云分命、申命，爲四時之職。天地之與四時，於周則冢宰、司徒之屬，六卿是也。**疏**馬注見釋文。云「羲氏，掌天官。和氏，掌地官」者，楚語觀射父對昭王曰：「少皞氏之衰也，九黎亂德。顓頊受之，乃命南正重司天以屬神，命火正黎司地以屬民。」注：「唐尚書云：『火』當爲『北』。」書疏引鄭答趙商云：「先師以來，皆云火掌爲地。當云黎爲北正。」揚子法言云：「羲近重，和近黎。」是鄭所本也。云「四子掌四時」者，卽下經文羲仲、羲叔、和仲、和叔各主一時是也。鄭注見周禮序及書疏。云「高辛氏之世」者，重、黎當顓頊之時，既爲勾芒、祝融之官，其後卽以重、黎爲號，故至高辛之世，再居此職。鄭語史伯對桓公曰「黎爲高辛氏火正，以淳燿惇大，命曰祝融」是也。黎如此，則重可知。鄭據鄭語爲說。楚語又云：「其後，三苗復九黎之惡，堯復育重、黎之後不忘舊者，使復典之，以至于夏、商。故重、黎氏世敍天地，而別其分主者也。」注云：「育，長也。堯繼高辛氏，平三苗之亂，紹育重、黎之後，使復典天地之官，

〔一〕「二」原訛作「元」，據漢書成帝紀原文改。

羲氏、和氏是也。」云「紀於近，命以民事」者，春秋左氏昭十七年傳云：「自顓頊以來，不能紀遠，乃紀於近。爲民師而命以民事。」謂少昊以前，以雲、火、龍、鳥等紀官，是紀於遠。顓頊以來，若稷與司徒，是以民事命官，故云「亦紀於近」。云「其時官名蓋曰稷〔一〕、司徒」者，以司徒敬敷五教，與周禮地官司徒掌邦教同。韋昭注楚語「南正重司天以屬神」云：「周禮，則宗伯掌祭祀。」注「火正黎司地以屬民」云：「周禮，則司徒掌土地民人者也。」與鄭義同。案：西漢諸儒用今文說，以羲仲等四人卽是羲、和，不以爲六官，與馬、鄭異。月令云：「乃命太史司天日月星辰之行。」是羲、和于周爲太史之職也。史記天官書云：「昔之傳天數者，於唐、虞，羲、和。」是不以爲六卿。漢書成帝紀陽朔二〔二〕年詔曰：「昔在帝堯，立羲、和之官，命以四時之事，令不失其序。」百官公卿表云：「書載唐、虞之際，命羲、和四子，順天文，授民時。」注：「應劭曰：『堯命四子，分掌四時之教化也。』張晏曰：『四子，謂羲仲、羲叔、和仲、和叔也。』」食貨志：「堯命四子，以『敬授民時』。」魏相傳云：「明王謹於尊天，慎於養人，故立羲、和之官，以乘四時，節授民事。」論衡是應篇云：「堯候四時之中，命羲、和察四星以占時氣。」是以仲、叔等四子爲羲、和，今文說也。

欽若昊天，

注 史遷「欽若」作「敬順」。今文歐陽說，春曰昊天，夏曰蒼天，秋曰旻天，冬曰上天，總曰皇天。古文說，天有五號，各用所宜稱之。尊而君之則稱皇天，元氣廣大則稱昊天，仁覆閔下則稱旻天，自上監下則稱上天，據遠視之蒼蒼然，則稱蒼天。

疏 史公「欽」爲「敬」者，釋詁文。「若」爲「順」者，釋言文。今歐陽說及古文說，見詩黍離疏及周禮大宗伯疏。許氏謹案：「尚書『堯命羲、和，欽若昊天』，總勑四時，知昊天不獨春。」

〔一〕「曰稷」原誤倒爲「稷曰」，據周禮正義序所引鄭注乙正。

〔二〕「二」原訛作「元」，據漢書成帝紀原文改。

鄭氏云：「春氣博施，故以廣大言之。浩浩昊天，求之博施。尚書所云者，論其義也。則『堯命羲、和，欽若昊天』，無可怪耳。」亦見詩疏引。案：爾雅釋天云：「春爲蒼天，夏爲昊天，秋爲旻天，冬爲上天。」今文及許、鄭，春夏互易。說文：「昦，春爲昦天，元氣昦昦。」「旻，虞書曰：『仁閔覆下，則稱旻天。』」蓋用古文說也。昊天既爲春天之名，此舉春以統四時耳。

曆象日月星辰，注史遷「曆象」作「數法」。鄭康成以星、辰爲一。**疏**漢書李尋傳尋引「書曰『曆象日月星辰』，此言仰視天文，俯察地理，觀日月消息，候星辰行伍」。李尋言「俯察地理」者，蓋謂下「宅嵎夷」、「宅南交」等，亦以羲、和卽羲仲等四子也。史公說「曆」爲「數」者，釋詁文。「象」爲「法」者，王逸注懷沙云：「象，法也。」大戴五帝德篇云：「帝嚳曆日月而迎送之。」易繫辭云：「天垂象，見吉凶，聖人則〔一〕之。」曆書云：「方士唐都分其天部，而巴落下閎運算轉曆。」落下閎之法，卽所謂曆，如周馮相氏所掌，今之推步學也。唐都之法，卽所謂象，如周保章氏所掌，今之占驗學也。白虎通聖人篇云：「堯曆象日月，璇璣玉衡。」是以星辰爲北極及斗建也。鄭說見書疏。周禮大宗伯職：「以實柴祀日月星辰。」注：「星謂五緯，辰謂日月所會於十二次。」則「辰」當作「曟」。此云星、辰爲一，是鄭謂中星也。魯語：「展禽曰：『帝嚳能序三辰以固民。』」注：「三辰，日、月、星。謂能次序三辰，以治曆明時，教民稼穡以安也。」亦以星、辰爲一。

敬授人時。注大傳說：「主春者，張昏中，可以種稷〔二〕。主夏者，火昏中，可以種黍。主秋者，虛昏中，可以種麥。主冬者，昴昏中，可以收斂。皆云上告天子，下賦臣人。天子南面，而視四方星之中，知人緩急，故曰『敬授人時』。」**疏**大傳見書疏。又「民之緩急」

〔一〕「則」，易繫辭原文作「象」。

〔二〕「稷」，尚書堯典疏原引大傳作「穀」。

下云：「急則不賦籍，不舉力役。」見太平御覽十一。大傳説本尚書考靈燿。史記正義引其文略同。五行大義引曾子云，亦同也。所云據昏中星以授民時，亦以羲、和卽四子，與馬、鄭義異，今文説也。**分命羲仲，****注**鄭康成曰：「官名。蓋春爲秩宗，夏爲司馬，秋爲士，冬爲共工，通稷與司徒，是六官之名見也。仲、叔亦羲、和之子。堯既分陰陽爲四時，命羲仲、和仲、羲叔、和叔等爲之官，又主方岳之事，是爲四岳。掌四時者曰仲、叔，則掌天地者其曰伯乎？」**疏**鄭注見周禮疏序及聖賢羣輔録。云「稷與司徒」者，謂天地官也。陰陽卽謂天地，并四時爲六官。鄭以堯時有六官，不獨據周制定之。管子五行篇云：「黄帝得蚩尤而明於天道，得大常而察於地利，得奢龍而辯於東方，得祝融而辯於南方，得大封而辯於西方，得后土而辯於北方。」又云：「蚩尤爲當時，大常爲廩者，奢龍爲土師，祝融爲司徒，大封爲司馬，后土爲李。」是黄帝時卽有六官，唐、虞承其制也。知主方岳之事爲四岳者，大傳云：「惟元祀，巡狩四嶽八伯。」其下有羲伯、和伯等樂，與陽伯、夏伯、秋伯、冬伯爲六。周禮序引鄭注云：「堯始得羲、和，命爲六卿，其主春夏秋冬者，并掌方嶽之事，是爲四嶽，出則爲伯。後稍死，鴅吺、共工等代之，乃分置八伯。」又注大傳「儀伯」云：「儀當爲羲，羲仲之後也。羲伯，羲叔之後也。和伯，和仲之後也。」不及和叔者，脱文。此鄭據大傳爲説。**宅嵎夷，曰暘谷。****注**史遷「宅」作「居」，下同。「嵎」作「郁」，「暘」作「湯」。馬融曰：「嵎，海隅也。夷，萊夷也。暘谷，海嵎，夷之地名。」「居」一作「度」，「嵎」一作「堣」。**疏**「宅嵎夷」者，王制云：「凡居民，量地以制邑，度地以居民。」然則經言羲仲掌此東方居民之事也。下「宅」義仿此。書疏云：「使居治東方嵎夷之地。」又引王肅云：「皆居京師而治之，亦有時述職。」俱非也。史公説「宅」爲「居」者，釋言文。「嵎」爲「郁」者，聲之緩急。「暘谷」爲「湯谷」者，史記索隱云：「史記舊本作『湯谷』，今並依尚書字。」則後人改爲「暘谷」也。鄭注周禮縫人，引「宅西」爲「度西」，知此「宅」今文皆作「度」也。方言云：「度，居也。」義俱相近。「嵎夷」，釋文云：「尚書考靈燿及史記作『禺銕』。」書疏云：「夏侯等書爲『嵎鐵』。」鐵亦銕字。嵎，當爲「堣」，說文云：「堣夷，在冀州陽谷。立春日，日值之而出。」暘，說文作「崵」，云：「崵山，在遼西。一曰嵎夷，崵〔一〕谷也。」案：史記夏本紀：「嵎夷既略。」索隱云：「案：今文尚書及帝命驗並作『禺鐵』，在遼西。」則今文以此禺夷之地在遼西。後漢書東夷傳，說夷有九種，云「昔堯命羲仲宅嵎夷，曰暘谷，蓋日之所出也」，亦以爲遼海之地。暘谷即首陽山谷，今永平府是其地，與馬說青州之嵎夷異也。說文又有「㲉」字，云：「日出之赤。」依周禮注「昧谷」作「柳穀」之義，亦當是今文「暘谷」異字。馬注見釋文。以嵎爲海隅、夷爲萊夷者，禹貢：「青州，嵎夷既略，萊夷作牧。」據此爲說。爾雅十藪：「齊有海隅。」萊夷，見禹貢疏。

寅賓出日，平秩東作。**注**史遷「寅賓」作「敬道」，「平秩」作「便程」，下同。馬融曰：「賓，從也。苹，使也。」鄭康成曰：「謂春分朝日。作，生。」「平」一作「辨」，「秩」一作「豑」。

疏史公「寅」爲「敬」者，釋詁文。「賓」爲「道」者，說文及廣雅釋詁云：「儐，道也。」「平秩」爲「便程」者，聲俱相近。說文「𢧢」〔二〕：「从戥聲，讀若詩『𢧢𢧢大猷』。」今作「秩」是也。平秩，謂使課其事。薛綜注西京賦云：「程，不謂課其技能也。」東作者，趙岐注孟子引此文云：「謂治農事也。」列子楊朱篇云：「宋有田父，暨春東作。」漢書集注：「應劭云：『東作，耕也。』」月令：「孟春之月，王命布農事，命田舍東郊，皆修封疆，審端經術。」注云：「今尚書『分命羲仲，宅嵎夷』，即謂此也。」馬注見釋文。云「賓，從」者，釋詁云：「賓，服也。」服義近從。云「苹，使」者，釋詁云：「抨，使也。」苹聲近抨。

〔一〕「崵」原訛作「暘」，據說文原文改。

〔二〕「𢧢」原訛作「戥」，據說文原文改。

鄭注見書疏。云「謂春分朝日」者，周語：「內史過曰：『古者，先王有朝日、夕月，以教民事君。』」魯語：「公父文伯母曰：『天子大采朝日，與三公九卿祖識地德。』」注云：「禮：『天子以春分朝日，示有尊也。』祖，習也。識，知也。地德，所以廣生。」鄭謂羲仲敬導天子朝日之事，使民習知廣生之事。云「作，生」者，詩天作傳云：「作，生也。」樂記云：「春作，夏長，秋斂，冬藏。」「平」作「辨」者，鄭注周禮馮相氏云「辨其序事」，引此經。史記索隱云：「大傳『平』爲『辨』。」疏云：「據書傳而言。」是今文俱作「辨」也。釋言云：「便便，辨也。」辨亦訓使。洛誥云：「勿辨乃司民湎于酒。」〔一〕「伻來來示予」，漢人引作「辨來來示予」是也。風俗通祀典篇引青史子云：「辨秩東作，萬物觸地而出。」「秩」作「䄳」者，說文引經作「䄳」，云：「爵之次弟也。」月令「天子迎春東郊，還反，賞公卿諸侯大夫於朝，命相布德和令，行慶施惠，下及兆民」，疑卽謂此事。蓋依其爵秩次序而賞之也。

日中，

注馬融曰：「日中宵中者，日見之漏，與不見者齊也。古制，刻漏晝夜百刻。晝長六十刻，夜短四十刻。晝短四十刻，夜長六十刻。晝中五十刻，夜亦五十刻。」鄭康成曰：「日中宵中者，日見之漏，與不見者齊也。」

疏日中者，月令：「仲春之月，日夜分。」開元占經引張衡渾儀注云：「春分秋分，日在黃、赤二道之交，中去極俱九十一度少强。出卯入酉，晝行地上，夜行地下，俱一百八十二度半强。」馬注見詩東方未明疏及書疏。以漏刻分晝夜者，後漢律曆志云：「孔壺爲漏，浮箭爲刻，下漏數刻，以考中星，昏明生焉。」樂記云：「百度得數而有常。」注云：「百度，百刻也。言日月晝夜不失正也。」是漏刻本古制也。鄭注見詩東方未明疏。月令疏引鄭注尚書云：「日見之漏五十五刻，不見之漏四十五刻。」與詩疏異者，月令疏云：「馬據日出日入爲限，蔡邕以爲星見爲夜。日入後三刻、日出前三刻，皆屬晝。晝有五十六

〔一〕此句乃尚書酒誥文，孫氏誤爲洛誥文。

刻，夜有四十四刻。」與鄭注「日見之漏與不見者齊」不同者，馬氏又多一刻屬晝〔一〕。是漢曆之不同也。**星鳥，以殷仲春。**

注史遷「仲」作「中」，下同。馬融、鄭康成皆曰，星鳥，星火，謂正在南方。春分之昏，七星中。仲夏之昏，心星中。秋分之昏，虛星中。冬至之昏，昴星中。皆舉正中之星，不爲一方盡見。舉仲月以統一時。鄭康成曰：「星鳥，鶉火之方。殷，中也。春秋，言温涼也。」

疏經言「星鳥」者，鳥謂朱雀，南方之宿。大傳云：「主春者，張昏中。」又云：「天子南面，而視四星之中。」故說經者知是昏中于南方也。張者，天官書云：「張，嗉。」卽鳥之嗉也。高誘注淮南主術訓云：「三月昏張，其星中于南方。張，南方朱鳥之宿也。」月令：「季春之月，昏七星中。」七星者，天官書云：「七星，頸。」卽鳥之頸。經云星鳥昏中爲仲春，月令爲季春。「仲春，昏弧中」者，月令疏云：「弧星近井。」如鄭康成之意，南方七宿，總爲鳥星，井星卽鳥星之分，故云星鳥，與此同也。案：春分之昏，斗指卯，角、亢在卯，則井星、柳星、張正在南方也。馬、鄭注見書疏。知正在南方者，以大傳「天子南面，視四星」知之。以星鳥爲七星者，柳、七星卽鳥之體。在七星之中，故曰正中。云「舉仲月以統一時」者，周書周月解云：「凡四時成歲，有春夏秋冬。各有孟、仲、季，以名十有二月。」此但舉仲月，以統孟、季，三月爲一時也。古無歲差之說，故鄭氏以月令舉其月初，尚書總舉一月，是中星不同。鄭氏精于算術，故可信也。案：月令：「仲春之月，日在奎。」呂氏春秋古樂篇云：「黃帝鑄十二鐘，以和五音，以施英韶。以仲春之月，乙卯之日，日在奎，始奏之。」此先秦人說黃帝時日躔與周時無差之證，中星亦必同也。鄭注見詩七月疏及釋文，又見文選陸士衡樂府注。云「星鳥，鶉火之方」者，南方三次，鶉首、鶉火、鶉尾，此言其中。云「殷，中」者，釋詁文。「春秋，言温涼」者，春温秋涼

〔一〕此處疑有誤。據禮記月令疏所引馬融、蔡邕、鄭玄諸說，似當是蔡氏較鄭氏又多一刻屬晝。

也。案：後人疑仲春之月，星鳥未中，創爲歲差之說。豈知經不言昏，更不以昏幾刻爲限。既舉仲月，鄭又以爲總舉一月，則昏後數刻，鳥星正中，無可疑矣。

厥民析， 注 史遷「厥」爲「其」，下同。疏 析者，高誘注呂覽仲春紀，引經說之云：「散布在野。」史記司馬相如傳索隱引如淳云：「析，分也。」言使民分散耕種。史公「厥」爲「其」者，釋言文。

鳥獸孳尾。 注 史遷「孳尾」爲「字微」。疏 孳尾者，列子黄帝篇云：「孳尾成羣。」張湛注云：「孳尾，牝牡相生也。」殷敬順釋文云：「乳化曰孳，交接曰尾。」說文云：「孳，汲汲生也。」是孳義爲生。史記集解引說文云：「尾，交接也。」今說文但云：「微也。」史公爲「字微」者，說文云：「字，乳也。」「尾，微也。」字、孳聲相近。

申命羲叔，宅南交。 注 大傳說：「堯南撫交阯。」史遷「宅」作「居」。鄭康成曰：「夏不言『曰明都』三字，摩滅也。」疏 南交者，書疏引書緯言：「春夏相與交，秋冬相與互，謂之母成子、子助母。」疏又云：「春盡之日，與立夏之初，時相交也。東方之南，南方之東，位相交也。四時皆舉仲月之候，言〔一〕其不統季、孟，於此言交，明四時皆然。」大傳云：「中祀大交。」注云：「中，仲也。古字通。春爲元，夏爲仲。五月南巡狩，仲祭大交氣於霍山也。南交稱大交，書曰『宅南交』也。」大傳說「堯南撫交阯」者，大戴禮少閒篇云：「昔虞舜以天德嗣堯。朔方幽都來服，南撫交阯，出入日月，莫不率俾。」墨子節用篇云：「昔者，堯治天下，南撫交阯，北降幽都，東西至日所出入，莫不賓服。」似俱用此經文爲說。史記索隱云：「東嵎夷，西昧谷，北幽都，三方皆言地，而夏獨不言。或古文略舉一字名地，南交則是交阯不疑也。」鄭注見書疏。以「曰明都」三字爲摩滅者，未詳其義。

平秩南訛， 注 史遷「訛」作「譌」。「平」一作「辨」。疏 史公「平秩」爲「便程」，見前文。「訛」，俗字，當爲「譌」，周禮馮相氏注引作「譌」。

〔一〕「言」，尚書堯典疏原作「嫌」。

釋詁云：「訛，動也。」說文云：「吪，動也。」訛，蓋「吪」之誤。漢書王莽傳云：「東巡勸東作，南巡勸南僞。」羣經音辨引書「平秩南僞」，「僞」卽「爲」也。淮南天文訓云：「禾不爲，菽麥不爲。」與「稻昌」相對成文。漢書天文志注：「孟康曰：『爲，成也。』」

敬致。**疏** 致者，江氏聲以爲致日。周禮馮相氏：「冬夏致日，春秋致月，以辨四時之敘。」注云：「冬至日在牽牛，景長三尺。夏至日在東井，景尺五寸。此長短之極，極則氣至。冬無愆陽，夏無伏陰。春分日在婁，秋分日在角，而月弦於牽牛、東井，亦以其景知氣至不。春秋冬夏氣皆至，則是四時之敘正矣。」春秋左氏桓十七年傳云：「日官居卿以底日。」漢律曆志注：「蘇林曰：『底，致也。』」底爲致者，釋言文。杜注云：「平也。」失之。

日永，**注** 馬融曰：「日長，則晝漏六十刻，夜漏四十刻。」鄭康成曰：「日長者，日見之漏五十五刻，於四時最長也。日不見之漏四十五刻。」**疏** 永者，釋詁云：「長也。」白虎通日月篇云：「日所以有長短何？陰陽更相用事也。故夏節晝長，夏日宿在東井，出寅入戌。」凡十二時，日見有其八，故極長也。月令：「仲夏之月，日長至。」夏小正：「五月，時有養日。」馬注見書疏。云「日長，晝漏六十刻」者，日長，出寅入戌。鄭注考靈燿云：「九〔一〕日增減一刻。」計春分至夏至九十二日，當增十刻。春分晝漏五十刻，則夏至六十刻矣。鄭注見書疏及周禮挈壺氏疏、詩東方未明疏。與馬異者，挈壺氏疏云「鄭與馬義異，以其馬云春秋分晝夜五十刻，據日見之漏。若兼日未見、日没後五刻，晝五十五刻，夜四十五刻。若夏至，晝六十刻，通日未見、日没後五刻，則晝六十五刻，夜三十五刻。一年通閏有三百六十五日四分日之一，四時之間九日有餘，較一刻爲率云」是也。高誘注呂覽云：「夏至之日，晝漏水上刻六十五，夜漏水上刻三十五。」各不同者，日自長至漸長，日增刻數，各據一月上中下旬言之也。

星火，

〔一〕「九」原訛作「五」，據尚書堯典疏原引考靈燿鄭注改。

以正仲夏。注史遷「仲」作「中」。鄭康成曰：「星火，大火之屬。司馬之職，治南岳之事，得則夏氣和。夏至之氣，昏火星中。」疏月令：「仲夏，昏亢中。」仲夏斗指午，杓攜龍角。角、亢在午，則氐、房、心尚在巳。經云「星火」，與月令不同者，月令疏引鄭答孫顥云：「星火非謂心星也。卯之十三度〔一〕總爲大火，其曰大火之次有星者，月令舉其月初，尚書總舉一月，故不同也。」按：月令是月朔登明堂頒政之書，故據朔日之昏言之。尚書總舉一月，通朔至晦而言。仲夏之晦，與季夏之朔，僅差一日，火星移巳至午矣。鄭注見詩七月疏。後世求其説不得，疑爲歲差，不察鄭義。蓋歲氣有差，日躔盈縮使然。天體無差，二十八宿隨斗杓視而可識也。云「星火，大火之屬」者，夏小正：「五月，初昏大火中。」傳曰：「大火者，心也。」是星火卽大火，亦卽鶉火也。云「司馬之職，治南岳之事」者，司馬，夏官；南岳，卽霍山。大傳云：「中祀大交霍山，貢兩伯之樂焉。有夏伯、羲伯之樂。」注云：「夏伯，夏官司馬也，弃掌之。」是南岳卽霍山也。云「夏至之氣，〔二〕昏火星中」者，夏至火星未中。月令疏引鄭志，總舉一月，則夏至在五月上旬，加十五日小暑，又十五日大暑，角、亢西移，火亦正中矣。厥民因，疏因者，釋詁云：「儴，因也。」説文云：「漢令，解衣耕謂之襄。」蓋謂民相就而助成耕耨之事。

鳥獸希革。注鄭康成曰：「夏時，鳥獸毛疏皮見。」疏希卽稀省文。説文：「稀，疏也。希聲。」説文無希字。希蓋㡓字省文也。漢書鼂錯傳云：「揚粵之地，鳥獸希毛，其性能暑。」鄭注見詩斯干疏。以希爲疏，用説文義。革爲皮者，説文：「革，獸皮治去其毛，革更之。」分命和仲，宅西，注史遷「分」作「申」，「西」作「西土」。鄭康成曰：「西者，隴西之

〔一〕「十三度」，禮記月令孔穎達疏引鄭答孫顥原文作「三十度」。
〔二〕「氣」字原脱，據詩七月疏所引鄭注補。

西，今人謂之兑山。」**疏**史公「分命」作「申命」者，釋詁云：「申，重也。」是以和仲即羲、和之和，承乃命，云重命也。「西」作「西土」，集解引徐廣曰：「一無『土』字。」鄭注見史記集解。徐廣云：「今天水之西縣也。」漢書地理志隴西郡有西縣。兑字，郡國志引作「八充」，傳寫之誤。

曰昧谷。

注史遷「昧」或作「柳」，夏侯等書同。大傳「谷」作「穀」。**疏**史公作「柳」者，集解引徐廣云：「一作『柳谷』。」書疏二引夏侯等書，「昧谷」爲「柳谷」，是言經之「昧谷」，夏侯等爲「柳谷」也。大傳「谷」作「穀」者，虞傳云：「秋祀柳穀。」注云：「八月西巡守，祭柳穀之氣於華山也。柳，聚也。齊人語。」鄭注周禮縫人云：「柳之言聚，諸錦之所聚。書經作柳穀。」賈氏疏云：「柳者，諸色所聚。日將没，其色赤，兼有餘色，故曰柳穀。」案：説文有「穀」字，云：「日出之赤。」則「穀」當是假借字。漢書郊祀志云：「東北，神明之舍。西方，神明之墓也。」注：「張晏曰：『神明，日也。日出東北，舍謂陽谷。日没於西，故曰墓。墓，蒙谷也。』」

寅餞納日，

注史遷「寅」作「敬」，「納」作「入」。馬融曰：「餞，滅也。滅猶没也。」鄭康成曰：「謂秋分夕月。」**疏**史公「寅」爲「敬」者，釋詁文。「納」爲「入」者，公羊傳云：「納者，入辭也。」馬注見釋文。餞爲滅者，書序「遂踐奄」，馬、鄭俱訓爲滅。鄭注士虞禮云：「古文『餞』爲『踐』。」是餞、踐通也。滅爲没者，高誘注淮南亦云。鄭注周禮云：「没，入也。」鄭注見書疏。云「秋分夕月」者，魯語云：「少采夕月。」注云：「夕月以秋分。少采，黼衣也。」昭謂：朝日以五采，則夕月其三采也。」

平秩西成。

疏西成者，白虎通情性篇云：「西方亦金，成萬物也。」

宵中，

注史遷「宵」作「夜」。鄭康成曰：「夜中者，日不見之漏與見者齊。」**疏**史公以「宵」爲「夜」者，釋言文。鄭注見周禮挈壺氏疏，注意與「日中」同。馬義亦如此，惜已缺略。鄭注周禮司寤氏云：「宵，定昏也。書曰：『宵中，星虛。』」

星虛，以殷仲秋。

注史遷「殷」作「正」，「仲」作「中」。鄭康成曰：「虛，玄武中虛宿也。」**疏**

史公「殷」作「正」者，廣雅釋詁云：「殷，正也。」鄭注見詩七月疏。天官書云：「北宮玄武，虛。」故鄭以爲玄武中宿也。月令疏云：「『仲秋之月，昏牽牛中。』尚書云：『宵中，星虛。』其仲冬之月云：『東壁中。』尚書云：『日短，星昴。』不同者，亦是月令舉其初朔，尚書總舉一月之中，理亦不異。」孔安國注尚書，與此則別。」案：牽牛亦北宮七宿。經文不限初昏宵分，則虛亦移而南矣。

厥民夷，

注 史遷作「其民夷易」，疑衍「夷」字。

疏 史公「夷」作「易」者，釋詁文。夷讀當如泰誓「夷居」之夷。諡法解云：「安心好静曰夷。」時無農功也。

鳥獸毛毨。

注 鄭康成曰：「毨，理也。毛更生整理。」

疏 鄭注見周禮司裘疏。玉篇云：「毨，毛更生也。又整理也。」與鄭注同。說文云：「毨，仲秋鳥獸毛盛，可選取以爲器用。」讀若選。」與鄭義異，賈、馬諸君孔壁古文說也。

申命和叔，宅朔方，曰幽都。

注 史遷「朔」作「北」。

疏 史公以「朔」爲「北」者，釋訓云：「朔，北方也。」淮南地形訓云：「西北方曰不周之山，曰幽都之門。」注：「幽，闇也。都，聚也。玄冥將始用事，順陰而聚，故曰幽都之門。」幽都卽幽州也。下文流共工於幽州，淮南作「幽都」。

平在朔易。

注 史遷作「便在伏物」。「平」亦作「辨」。

疏 經言「在」者，釋詁云：「察也。」平者，使也。史公作「便在伏物」者，大傳文，見史記索隱。索隱引尸子云：「北方者，伏方也。」太平御覽十一引大傳云：「傳曰：『天子以三冬命三公，謹蓋藏，閉門閭，固封境，入山澤田獵，以順天道，以佐冬固藏也。』」漢書王莽傳云：「北巡以勸蓋藏。」是伏物之義。

日短，

注 馬融曰：「日短，晝漏四十刻，夜六十刻。」鄭康成曰：「日短者，日見之漏四十五刻，於時最短。」

疏 馬注見史記集解及書疏。白虎通日月篇云：「冬節夜長，冬日宿在牽牛，出辰入申。」凡十二時，日見有其四，故極短也。鄭注見周禮挈壺氏疏。高誘注呂氏春秋「日短至」云：「冬至之日，晝漏水上刻四十五，夜漏水上刻五十五。」同鄭說也。

星昴，以正仲冬。

注 史

遷「仲」作「中」。鄭康成曰：「昴，白虎中宿也。」**疏**鄭注見詩七月疏。云「昴，白虎中宿」者，天官書：「西宮咸池。參爲白虎。」昴與參連體。說俱見前。

厥民隩，鳥獸氄毛。

注史遷作「其民燠」。馬融曰：「隩，煖也。氄，溫柔貌。」鄭康成作「奧」，曰：「内也。」「氄」一作「毴」，又作「㲝」。「毛」一作「髦」。**疏**漢書鼂錯傳云：「胡貉之地，鳥獸毳毛，其性能寒。」注：「師古曰：『毳，細毛也。』」案：氄毛，卽毳毛也。史公「隩」作「燠」者，老子釋文：「奧，煖也。」隩、奧通字，燠義同煖。馬注見釋文。云「氄，溫柔貌」者，集解引徐廣：「氄音茸。」說文：「茸，艸茸茸貌。」蓋謂艸生之柔細者，與馬義近。鄭注見文選赭白馬賦注。孔安國注論語云：「奧，内也。」爾雅釋宮云：「西南隅謂之奧。」是爲内也。「氄毛」作「毴髦」者，說文：「毴，盛也。虞書曰：『鳥獸毴髦。』」玉篇云：「毴，衆也，聚也。氄同。」說文「𣯍」或作「㲝」，又引虞書曰「鳥獸㲝毛」者，孔壁古文異字。

帝曰：「咨，汝羲暨和，朞三百有六旬有六日，以閏月定四時成歲。

注史遷作「歲三百六十六日」，「定」作「正」。鄭康成曰：「以閏月推四時，使啟閉分至，不失其常，著之用成歲曆，將以授民時，且記時事。」「朞」一作「稘」。**疏**淮南天文訓云：「日行十三度七十六分度之二十六，二十九日九百四十分日之四百九十九而爲月，而以十二月爲歲。歲有餘十日九百四十分日之八百二十七，故十九歲而七閏。」白虎通日月篇云：「月有閏餘何？周天三百六十五度四分度之一，歲十二月，日過十二度，故三年一閏，五年再閏。明陰不足，陽有餘也。」四時篇云：「歲者，遂也。三百六十六日一周天，萬物畢成，故爲一歲也。」引此經文。後漢律曆志引杜預長曆云：「書稱『朞三百有六旬有六日』云云。是以天子必置日官，諸侯必置日御，世脩其業，以考其術。舉全數而言，故曰六日，其實五日四分之一日。日行一度，而月行十三度十九分度之七〔一〕有畸。日官當〔二〕會集此之遲疾，以考成晦朔，錯綜以設閏月。閏月無中氣，而斗指兩辰之間，所以異於他月也。積此以相通，四時八節無違，乃得成歲。其微密至矣。得其精微，以合天道，事序而不悖。」史公「定」作「正」者，詩疏引孫炎注爾雅：「定，正也。」鄭注見公羊隱元年傳疏。云「分至啟閉」者，分謂春分、秋分，至謂夏至、冬至，啟謂立春、立夏，閉謂立秋、立冬，是爲八節。推四時以置閏，皆當其節，不失其正，則歲曆成，所謂舉正於中也。「朞」，說文作「稘」，云：「復其時也。」引此經。蓋孔壁古文。允釐百工，庶績咸熙。」**注**史遷「允釐」作「信飭」，「工」作「官」，「庶績咸熙」作「衆功皆興」。**疏**史公「允」爲「信」者，釋詁文。「釐」爲「飭」者，鄭注易噬嗑云：「飭，猶理也。」詩傳云：「釐，理也。」是釐、飭同義。「工」爲「官」者，詩傳文。「庶，衆」、「績，功」、「咸，皆」、「熙，興」，並釋詁文。

帝曰：「疇咨若時登庸？」**注**史遷作「堯曰『誰可順此事』」。馬融曰：「羲和爲卿官，堯之末年，皆以老死，庶績多闕。故求賢順四時之職，欲用以代羲和。」「疇」一作「𠷎」。**疏**史公「疇」爲「誰」、「咨」爲「此」者，俱釋詁文。說文作「𠷎」，云：「誰也。」「若」爲「順」者，釋言文。時與事，聲相近。史公當以「時」爲「事」也。馬注見書疏。其說或本衛、賈諸君子，故鄭注大傳亦云：「堯始得羲和，命爲六卿。後稍死，鴅吺、共工等代之也。」疇，說文作「𠷎」，云：「詞也。虞書曰：『𠷎咨。』」據孔壁古文，說與史公異。案：咨若時登庸，言此順是升用。「時，是」、「登，升」，釋詁文。說文：「庸，用也。」經文言此事，卽謂羲和之職。史記正義以下言丹朱，而云「將登用之嗣位」，非也。放齊曰：「胤子朱啟明。」**注**史遷

〔一〕案：杜預長曆見後漢書律曆志劉昭注。「七」字原脫，據王先謙後漢書集解所引盧文弨說補。

〔二〕「當」原作「常」，據後漢書律曆志注所引杜預長曆改。

「胤」作「嗣」，「朱」作「丹朱」，「啟」作「開」。馬融曰：「胤，嗣也。」鄭康成曰：「帝堯胤嗣之子，名曰丹朱，開明也。」「朱」一作「絑」，「啟」一作「開」。

疏 史公「胤」爲「嗣」者，釋詁云：「胤、嗣，繼也。」是胤與嗣同義。「朱」爲「丹朱」者，史記正義引荆州記云：「丹水縣在丹川，堯子朱之所封也。」「啟」爲「開」者，非避諱字。若云「啟明」，便不詞。後人逢經文「國」字、「啟」字，便疑漢人諱字，輒加改正者，誤也。馬注見釋文。鄭注見史記正義。云「名曰丹朱」者，以後文「毋若丹朱傲」，謂並所封丹水而名之也。朱，說文作「絑」，云：「虞書丹朱如此。」淮南泰族訓云：「雖有天下，而絑勿能統也。」注云：「絑，堯子也。」是古文作「絑」。

帝曰：「吁！嚚訟，可乎？」

注 史遷作「頑凶，不用」。「訟」一作「庸」。

疏 吁者，說文云：「驚也。」春秋左氏僖二十四年傳云：「口不道忠信之言爲嚚。」訟者，說文云：「爭也。」王逸注楚辭云：「讙譁爲訟。」言其妄言而好爭，可乎？言不可也。史公「嚚」作「頑」者，左傳「心不則德義之經爲頑」，與「嚚」連文。「訟」作「凶」者，釋言云：「詾，訟也。」說文「詾」或作「訩」，或作「說」，皆同字，而云「說也」。「說」蓋「訟」之譌。凶即詾省文。訟，釋文引馬本作「庸」。庸可，言不可也。

帝曰：「疇咨若予采？」

注 史遷說爲「誰可者」。馬融曰：「采，官也。」

疏 史公以「疇」爲「誰」者，釋詁文。若，順。采，事也。馬注見釋文。「采，官」，釋詁文。

驩兜曰：「都[一]！共工方鳩僝功。」

注 史遷「方」作「旁」，「鳩」作「聚」，「僝」作「布」。馬融曰：「僝，具也。」鄭康成曰：「共工，水官名，其人名氏未聞。先祖居此官，故以官氏也。堯末，羲和之子皆死，庶績多闕。當此之時，驩兜、共工，更相爲舉。」「鳩」一作「救」，又作「逑」。「僝」一作「孱」。

疏 都者，釋詁云：「於也。」史公說「方」爲「旁」者，皋陶謨「方施象刑」，白虎通聖人篇以「方」爲

[一]「都」字原脱，據尚書正義堯典經文補，本句疏文中亦有「都」字之釋。

「旁」。説文云：「旁，溥也。」「鳩」爲「聚」者，釋詁文。「僝」爲「布」者，僝與撰聲相近。王逸注楚辭云：「撰，猶博也。」博義近布。馬注見釋文。云「僝，具」者，孔安國注論語云：「撰，具也。」僝與撰聲相近，用其義。鄭注見史記集解及書疏、周禮疏序。云「共工，水官名」者，周語：「太子晉曰：『昔共工棄此道也，虞于湛樂，淫失其身，欲壅防百川，墮高堙庳，以害天下。皇天弗福，庶民弗助，禍亂並興，共工用滅。』」注：「賈侍中云：『共工，諸侯，炎帝之後，姜姓也。顓頊氏衰，共工氏侵陵諸侯，與高辛爭而王也。』或云：『共工，堯時諸侯，爲高辛所滅。』昭謂：言爲高辛所滅，尚得爲堯諸侯？又堯時共工，與此異也。」案：周語共工，賈氏逵以爲姜氏。左傳説窮奇爲少皞氏之不才子。少皞，己姓，又非一人。故鄭亦云「其人名氏未聞」以疑之。鳩，説文作「逑」，云：「斂聚也。虞書曰：『旁逑孱功。』」又「僝，具也。讀若汝南溽水。虞書曰：『旁救僝功。』」兼採各家異字，意則同也。僝，漢書楊賜傳引作「孱」。

帝曰：「吁！静言，庸違，象恭滔天。」

注 史遷「静」作「善」，「庸」作「用」，「違」作「僻」，「象」作「似」，「滔」作「漫」。「静」一作「靖」，「言」一作「譖」，「違」一作「回」，「恭」一作「龔」。

疏 史公「静」爲「善」者，藝文類聚八十七引韓詩曰：「靖，善也。」静與靖同。「庸」爲「用」者，詩傳文。「違」爲「僻」者，文選西征賦注引薛君云：「回，邪僻也。」周語注：「違，邪也。」違與回同。「象」爲「似」者，漢書集注亦云。「滔」爲「漫」者，漫與慢同。詩蕩云：「天降滔德。」傳云：「天，君。滔，慢也。」蓋謂其貌似恭敬，而慢其天性。天者，高誘注淮南云：「性也。」謂慢天所付五常之性。白虎通壽命篇云：「又欲使民務仁立義，無滔天。滔天則司命舉過。」又文選西京賦云：「天命不謟。」注：「滔與謟音義同。」「静」作「靖」、「恭」作「龔」者，漢書王尊傳作「靖言庸違，象龔滔天」。注：「師古曰：『靖，治也。庸，用也。違，僻也。滔，漫也。』」潛夫論明暗篇作「靖言庸回」。「言」作「譖」者，吴志陸抗傳：「抗曰：『靖譖庸回，唐書攸戒。』」春秋左氏文十八年傳云「靖譖庸回」，亦是共工也。譖者，一切經音義十七引三倉云：「讒也。」又王逸注天問「康回馮怒」云：「康回，共工名也。」案：康回，疑庸回之誤，以爲共工名，未知出典。帝曰：「咨！四岳：

注史遷「咨」作「嗟」。鄭康成曰：「四岳，四時之官，主四岳之事。始羲和之時，主四岳者謂之四伯。至其死，分岳事，置八伯，皆王官。其八伯惟驩兜、共工、放齊、⿰骨玄四人而已，其餘四人，無文可知。」**疏**四岳者，漢書百官公卿表云：「或説四岳爲四方諸侯。」此古文説，與鄭異也。史公「咨」爲「嗟」者，説文云：「⿰言差，咨也。」鄭注見史記集解及周禮疏序。云「四時之官，主四岳之事」者，堯時稱岳，殷周則稱伯。曲禮云：「五官之長曰伯，是職方。」王制云：「二百一十國以爲州，州有伯。八州，八伯。各以其屬，屬於天子之老二人。分天下以爲左右二伯。」公羊隱五年傳云：「天子三公者何？天子之相也。則何以三？自陝而東者，周公主之；自陝而西者，召公主之；一相處乎內。」然則四岳之職，堯時四人，殷周則二人也。周語太子晉以四岳佐禹，爲一王四伯，則唐虞亦稱伯。故鄭又云是爲四岳，謂之四伯也。云「至其死，分岳事，置八伯」者，大傳有陽伯、儀伯、夏伯、羲伯、秋伯、和伯、冬伯，其一人缺文。鄭注以陽伯爲伯夷掌之；夏伯，棄掌之；秋伯，咎繇掌之；冬伯，垂掌之；餘則羲仲和叔之後。此云「驩兜、共工、放齊、⿰骨玄四人，其餘四人，無文可知」者，鄭以大傳所言在舜即真之年，此在堯時，當別自有人也。周語云：「共之從孫四岳佐之。」又云：「胙四岳國，命爲侯伯，賜姓曰姜，氏曰有呂。」鄭不據之爲説，以是佐禹治水者；此時方薦用鯀，事在前也。「鯀」字作「⿰骨玄」者，玉篇「⿰骨系，公本切」，引世本：「顓頊生⿰骨系，⿰骨系生高密，是爲禹也。」則世本作「⿰骨系」〔一〕。集韻又云：「鯀，或作『鮌』，亦作『⿰骨玄』。」又云：「⿰骨玄，細骨。」蓋⿰骨玄即⿰骨系之誤，

〔一〕「⿰骨系」原訛作「⿰骨玄」據上引世本文改。

繇亦𦾔字誤也。

湯湯洪水方割，蕩蕩懷山襄陵，浩浩滔天。

注 史公作「湯湯洪水滔天，浩浩懷山襄陵」。「懷」一作「褱」。

疏 洪水者，釋詁云：「洪，大也。」說文云：「洪，洚水也。」「洚，水不遵道。」方與旁通。說文云：「旁，溥也。」割者，大誥「天降割於我家」，釋文云：「割，馬本作『害』。」廣雅釋言云：「害，割也。」是方割爲溥害也。蕩卽潒假借字。說文云：「潒，水潒瀁也。讀若蕩。」「懷」亦作「褱」。說文云：「褱，俠也。」漢地理志作「褱」。襄者，文選西京賦云：「襄岸夷途。」薛綜注云：「襄，謂高也。」陵者，釋地云：「大阜曰陵。」浩者，說文云：「澆也。虞書曰：『洪水浩浩。』」滔者，說文云：「水漫漫大貌。」詩傳亦云：「大水貌。」呂氏春秋審爲篇云：「昔上古龍門未闢，呂梁未發，河出孟門，大溢逆流，無有丘陵沃衍，平原高阜，盡皆滅之，名曰鴻水。」

下民其咨，有能俾乂？」

注 史遷「咨」作「憂」，「俾乂」作「使治」。「乂」一作「嬖」。

疏 史公「咨」爲「憂」者，廣韻云：「嗞嗟，憂聲也。」「俾」爲「使」，釋詁文。「乂」爲「治」者，說文作「嬖」，云：「治也。虞書曰：『有能俾嬖。』」

僉曰：「於，鯀哉！」

注 史遷「僉」作「皆」。馬融曰：「鯀，臣名，禹父。」鄭康成曰：「於者，烏聲。」

疏 史公「僉」爲「皆」者，釋詁文。馬注見史記集解。鄭注見詩文王疏。云「於者，烏聲」者，說文「烏」：「孔子曰：『烏，盱呼也。』取其助氣，故以爲烏呼。」古文「烏」省作「於」。

帝曰：「吁，咈哉！方命圮族。」

注 史遷「方」作「負」，「圮」作「毁」。馬融曰：「方，放也。」鄭康成曰：「方，放。謂放棄教命。」

疏 咈者，說文云：「違也。」史公「方」爲「負」者，方負聲之轉。孟子梁惠王：「方命虐民。」注：「方，猶逆也。」逆意近負。「圮」爲「毁」者，釋詁文。馬注見釋文。鄭注見書疏。馬、鄭俱以方爲放者，漢書傅喜傳傅太后詔曰：「放命圮族。」注：「應劭曰：『放弃教令，毁其族類。』」又朱博傳曰：「今傅晏放命圮族。」皆用此經文。是漢時俱讀方爲放也。圮族者，春秋左氏成四年傳云：「非我族類。」是族類同義。漢書叙傳集注孟康引此經而説之云：「言鯀之惡，壞其族類。」韋昭楚語注云：「類，善也。」是言敗善。**岳曰：「异哉，試可乃已。」** **注**史遷作「試不可用而已」。**疏** 异者，説文云：「舉也。」引此文。已者，釋詁云：「輟，已也。」史公「可」爲「不可」者，聲之緩急。俗字增爲「叵」，即可字也。**帝曰：「往，欽哉！」九載，績用勿成。** **注**史遷「載」作「歲」，「績」作「功」。馬融曰：「堯以大聖，知時運當然，人力所不能治。下民其咨，亦當憂勞。屈己之是，從人之非，遂用於鯀。」**疏**欽者，釋詁云：「敬也。」史公「載」爲「歲」者，釋天云：「載，歲也。夏曰歲，商曰祀，周曰年，唐虞曰載。」史記正義引孫炎云：「歲，取歲星行一次也。載，取萬物始更終也。」書疏引孫炎作「萬物終而復始」。説文云：「歲，木星也。越歷二十八宿，宣徧陰陽，十二月一次。」馬注見書疏。云「屈己從人」者，後漢書鄭興傳興上疏曰：「堯知鯀不可用而用之者，屈己之明，因人之心也。」

帝曰：「咨！四岳：朕在位七十載，汝能庸命，巽朕位？」 **注**史遷「咨」作「嗟」，「巽」作「踐」。馬融曰：「朕，我也。巽，讓也。」鄭康成曰：「言汝諸侯之中，有能順事用天命者，入處我位，就治天子之事？」**疏**史公「巽」爲「踐」者，巽、踐聲相近。詩崧高釋文引韓詩云：「踐，任也。」鄭注曲禮云：「履也。」馬注見釋文。云「朕，我」者，釋詁文。「巽，讓」者，論語子罕皇疏云：「巽，恭遜也。」遜與讓義相近。鄭注見史記集解。以巽爲入者，易説卦文。**岳曰：「否德忝帝位。」** **注**史遷「否」作「鄙」。**疏**忝者，釋言云：「辱也。」史公「否」爲「鄙」者，論語「予所否者」，論衡問孔篇作「鄙」，説爲鄙陋，則此言鄙德，亦謂德鄙陋也。**曰：「明明揚側陋。」** **注**史遷説爲「悉舉貴戚及疏遠隱匿者」。「揚」一作「敭」，「側」一作「仄」。**疏**史公上「明」爲「悉」者，釋訓云：「明明，察也。」説文云：「悉，詳盡也。」詳盡之義近察。下「明」爲「貴戚」者，周語：「尊貴明賢。」注云：「明，顯也。」孟子謂富貴爲顯者，故明亦爲貴戚。「揚」爲「舉」者，文王世子云：「或以事舉，或以言揚。」是揚亦舉也。「側陋」爲「疏遠隱匿」者，高誘注淮南子云：「側，伏也。」釋言云：「陋，隱也。」是側陋爲隱匿。疏遠，對貴戚言之。「揚」作「敭」，「側」作「仄」者，李善注文選引作「明明敭仄陋」。

師錫帝曰：

注史遷作「衆皆言於堯曰」。鄭康成曰：「師，諸侯之師。」**疏**史遷「師」爲「衆」者，釋詁文。鄭注見書疏。以師爲諸侯之師者，鄭注周禮云：「師，長也。」言諸侯之長。」

「有鰥在下，曰虞舜。」

注史遷「鰥」作「矜」，説「下」爲「民間」。馬融曰：「舜，謚也。舜死後，賢臣録之。臣子爲諱，故變名言謚。」鄭康成曰：「虞，氏。舜，名。」**疏**史公「鰥」作「矜」者，詩何草不黄云：「何人不矜。」王制云：「老而無妻者謂之矜。」是矜鰥通字。大傳云：「孔子對子張曰：『男子三十而娶，女子二十而嫁。舜父頑、母嚚，不見室家之端，故謂之鰥。』」大戴禮本命篇云：「中古男三十而娶，女二十而嫁。太古男五十而室，女三十而嫁。」故鄭注孝經云：「丈夫六十無妻曰鰥。」又見後漢書光武帝紀注。舜年三十謂之鰥者，唐虞之世已爲中古也。馬注見釋文。云「舜，謚」者，此下當如前注堯謚，下有云「仁聖盛明曰舜」，今脱文。白虎通謚篇引禮記謚法曰：「仁聖盛明，謚曰舜。」史記集解引謚法同，今謚法脱其文。云「變名言謚」者，蓋以舜名爲重華也。大戴禮五帝德：「宰我曰：『請問帝舜。』孔子曰：『曰重華。』」鄭注見書疏篇首。以虞爲氏者，説文：「嬀，虞舜居嬀汭，因以爲姓。」蓋嬀姓，虞氏，然無文證之。舜爲名者，太平御覽七十七引風俗通云：「自堯以上，王者子孫據國而起，功德浸盛，故造謚。舜禹本以白衣美砥行顯名，升爲天子，雖復制謚，不如名著，故因名焉。」書疏云鄭注中候云：「重華，舜名。」則舜不得有二名。鄭注禮記云：「舜之言充。」是以舜爲號謚之名，則下注云「舜，名」，亦號謚名也。江氏聲引戰國策周訢謂魏王曰：「宋人有學者，三年反，而名其母。其母曰：『子學三年，反而名我者何也？』其子曰：『吾所賢者無過堯、舜。堯、舜，名。』」以此爲證，恐非莊論。

帝曰：「俞，予聞。如何？」**注**史遷「俞」作「然」，「予」作「朕」。**疏**史公「俞」爲「然」者，釋言文。「朕」爲「予」者，釋詁云：「予、朕，我也。」

岳曰：「瞽子。父頑，母嚚，象傲。」**注**史遷「瞽」作「盲」，「象」作「弟」。**疏**史公「瞽」爲「盲」者，説文云：「盲，目無牟子。」「瞽，目但有眹也。」是盲即瞽。「象」作「弟」者，趙岐注孟子云：「象，舜異母弟也。」頑者，廣雅釋詁云：「愚也，又鈍也。」嚚者，説文云：「語聲也。」蓋多言也。傲者，説文云：「倨也。」

克諧以孝烝烝，**注**史遷「克」作「能」，「諧」作「和」。**疏**「克，能」，釋言文。「諧，和」，釋詁文。列女傳云：「舜父頑，母嚚。父號瞽叟，弟曰象，傲遊於嫚，舜能諧柔之，承事瞽叟以孝。」用此文也。烝烝者，廣雅釋訓云：「孝也。」王氏引之云：「謂之烝烝者，言孝德之厚美也。」大雅文王有聲云：「文王烝哉。」韓詩曰：「烝，美也。」魯頌泮水云：「烝烝皇皇。」傳云：「烝烝，厚也。」陸賈新語道基篇曰：「虞舜烝烝於父母，光耀於天地。」蔡邕九疑山碑云：「逮于虞舜，聖德克明，克諧頑傲，以孝烝烝。」漢魏人多以烝烝屬以孝爲義。

乂不格姦。」**注**史遷「乂」作「治」，「格」作「至」。**疏**「乂，治」，「格，至」，皆釋詁文。治，謂舜能内治。列女傳云：「舜猶内治，靡有姦意。」史公意當亦然也。僞傳云：「使以善自治。」是謂舜化其父母及弟。孟子述象日以殺舜爲事，又有捐階、掩井等事，知治爲自治之安也。

帝曰：「我其試哉。」**注**史遷「帝曰」作「堯曰」，「我」作「吾」。馬融、鄭康成無「帝曰」，鄭曰：「試以爲臣之事。」**疏**書疏云：「馬、鄭説此經皆無『帝曰』。」史公有「堯曰：吾其試哉」。則有者，孔安國古文也。鄭注見書疏。云「試以爲臣之事」，指謂「愼徽五典」等事，可見古本不分出舜典也。論衡正説篇云：「堯曰：『我其試哉。』説尚書曰：『試，用也。我其用之爲天子也。』」

則鄭義本古說也。僞傳云：「試舜行迹。」非。**女于時，觀厥刑于二女。** **注** 史遷作「於是堯妻之二女，觀其德于二女」。鄭康成曰：「不言妻，不告其父，不序其正。」**疏** 女者，杜預注左傳云：「以女妻人曰女。」時者，釋詁云：「是也。」觀者，論衡正說篇云：「觀者，觀爾虞舜於天下，不謂堯自觀之也。」段氏玉裁云：「觀爾，乃觀示之譌。尔形近示，又誤爲爾也。」刑者，詩思齊云：「刑於寡妻。」傳云：「法也。」鄭注見書疏。知不告其父者，據孟子文。**釐降二女于潙汭，嬪于虞。** **注** 史遷作「舜飭下二女於潙汭」。馬融曰：「水所出入曰汭。」**疏**「釐」爲「飭」，見上「允釐百工」疏。「降，下」，釋詁文。二女，長曰娥皇，次曰女英，見列女傳。嬪者，爾雅釋親云：「婦也。」後漢書荀爽傳爽對策曰：「降者，下也。嬪者，婦也。言雖帝堯之女，下嫁於虞，猶屈體降下，勤修婦道。」史公作「舜飭下」者，言舜能化之也。下云：「如婦禮。堯善之。」馬注見水經河水注。水經注云：「河東郡南有歷山，舜所耕處也。有舜井，嬀汭二水出焉。南曰嬀水，北曰汭水，西逕歷山下。尚書所謂『釐降二女於嬀汭』也。」又駁風土記舜葬上虞之說。又「河水東過大陽縣南」注云：「軨橋東北有虞原，原上道東有虞城，堯妻舜以嬪於虞者也。」案：河東郡蒲阪縣，今山西蒲州府；虞，今山西虞城縣。書疏云：「世本堯是黃帝玄孫，舜是黃帝八代之孫。計堯女於舜之曾祖，爲四從姊妹。以之爲妻，於義不可。或者世本之言未可據信，或者古道質故也。」案：禮大傳云：「四世而緦服之窮也。」又云：「系之以姓而弗別，綴之以食而弗殊，百世而昏姻不通者，周道然也。」太平御覽五百四十引外傳同。夏殷五世之後則通昏姻，然則周已前無同姓百世不通昏之制。漢書元后傳云：「黃帝姓姚氏，八世生虞舜。舜起嬀汭，以嬀爲姓。」則舜與堯，姓已別矣，爲昏何害？孟子萬章篇云：「帝使其子九男二女，以事舜於畎畝之中。」注云：「堯典曰『釐降二女』，不見九男。孟子時，尚書凡百二十篇。逸書有舜典之敘，亡失其文。孟子諸所言舜事，皆堯典及逸書所載。獨丹朱以胤嗣之子，距堯求禪，其餘八庶無事，故不見於堯典。」

堯典第一下　虞夏書一　尚書今古文注疏卷一

帝曰：「欽哉！」慎徽五典，五典克從。注史遷「徽」作「和」，「克」作「能」。馬融曰：「徽，善也。」鄭康成曰：「五典，五教也。蓋試以司徒之職。」疏慎者，詩傳云：「誠也。」史公「徽」爲「和」者，徽與綏聲相近。馬注見釋文。「徽，善」，釋詁文。鄭注見史記集解。云「五典，五教」者，釋詁云：「典，常也。」五常之教，春秋左氏文十八年傳云：「父義，母慈，兄友，弟恭，子孝。」又引此經云：「無違教也。」云「司徒之職」，見後經文。納于百揆，百揆時敘。注史遷作「徧入百官，百官時序」。疏史公「納」爲「入」者，鄭注周禮職納云：「職內，主入也。」廣雅釋詁云：「選，入也。」則徧入爲徧選也。揆者，釋言云：「度也。」「敘」作「序」者，釋詁云：「敘，緒也。」序與敘同。案：春秋左氏文十八年傳云：「使主后土，以揆百事。」說文云：「癸，冬時水土可揆度也。」大傳云：「天子三公，一曰司空公。」鄭既以「慎徽五典」爲「試以司徒之職」，此試以司空之職。司空總領百事，又兼冢宰也。後漢百官志注引「古史考曰：『舜居百揆，總領百事。』說者以百揆堯初別置，於周更名冢宰。」大戴禮盛德篇云：「官屬不理，分職不明，法政不一，百事不紀，曰亂也。亂則飭冢宰。」時者，釋詁云：「是也。」是敘者，左傳又云：「無廢事也。」王氏引之云：「時敘，猶承敘也。」承敘者，承順也。時、詩聲相近，鄭注特牲饋食禮云：「詩猶承也。」又注內則云：「詩之言承也。」康誥兩言「時敘」，顧命「明時朕言」，皆當訓承敘。傳訓時爲是，不辭矣。**賓于四門，四門穆穆。****注**史遷説爲「諸侯遠方賓客皆敬」。馬融曰：「四門，四方之門。諸侯羣臣朝者，舜賓迎之，皆有美德也。」鄭康成曰：「賓，擯。舜爲上擯以迎諸侯。」**疏**史公以「穆穆」爲「敬」者，釋訓文。馬注見史記集解。云「四門，四方之門」者，謂明堂宫垣四方之門也。古者，朝諸侯，必于明堂。太平御覽五百三十三〔一〕引明堂：「東，應門。南，庫門。西，皋門。北，雉門。」周書明堂解及禮記明堂位皆云：「九夷之國，東門之外。八蠻之國，南門之外。六戎之國，西門之外。五狄之國，北門之外。」是馬氏所謂四門也。云「有美德」者，釋詁云：「穆穆，美也。」鄭注見書疏。擯者，鄭注儀禮云：「擯卽儐字重文。」儀禮聘禮：「卿爲上擯，大夫爲承擯，士爲紹擯。」周禮大宗伯云：「朝覲會同，則爲上相。」注云：「出接賓曰擯。」〔二〕準鄭上云「試以司徒之事」，則此試以司馬之事也。鄭注大傳云：「與宗伯同職者，則謂之司馬公。」劉昭注百官志引明帝詔曰：「謁者，堯之尊官，所以試舜。」下引此經也。

納于大麓，烈風雷雨弗迷。**注**史遷説爲「堯使舜入山林川澤，暴風雷雨，舜行不迷」。馬融、鄭康成曰：「麓，山足也。」**疏**史公説「大麓」爲「山林川澤」者，穀梁僖十四年傳云：「林屬于山爲麓。」以「烈」爲「暴」者，詩傳云：「暴，疾也。」淮南泰族訓云：「既入大麓，烈風雷雨而不迷。」注云：「堯使舜入林麓，去遭大風雨不迷也。」論衡亂龍篇云：「舜以聖德，入大麓之野，虎狼不犯，龍蛇不害。」此俱孔氏安國古文説。劉昭注百官志引新論曰：「昔堯試於大麓者，領錄天子事，如今尚書官矣。」此夏侯、歐陽等今文説也。大傳唐傳曰：「堯推尊舜而尚之，屬諸侯焉。納之大麓之野，烈風雷雨不迷，致之以昭華之玉。」注云：「山

〔一〕「三十三」原訛作「三十二」。案：太平御覽引下明堂文，在卷五百三十三，今據改。

〔二〕「擯」原訛作「相」，周禮大宗伯鄭注原文爲「出接賓曰擯，入詔禮曰相」，今據改。

足曰麓。麓者，録也。古者天子命大事、命諸侯，則爲壇國之外。堯聚諸侯，命舜陟位居攝，致天下之事，使大録之。」漢書于定國傳上報定國曰：「萬方之事，大録于君。」論衡正説篇云：「尚書曰：『四門穆穆，入于大麓，烈風雷雨不迷。』言大麓，三公之位也。居一公之位，大總録二公之事。衆多並告，若疾風大雨。」此以烈風雷雨爲喻詞，亦今文説也。風俗通義云：「堯禪舜，納于大麓。」故漢魏諸儒，多以大麓爲禪位之處。魏公卿上尊號，奏曰：「缺唐典之明憲，遵大麓之遺訓。」遂於繁昌築靈壇，大赦天下，改元正始。餘不勝載。鄭注見釋文。「麓，山足也」，詩傳文。

帝曰：「格汝舜，詢事考言乃言厎可績，三載。

注史遷説：「召舜曰：女謀事至而言可績，三年矣。」馬融曰：「厎，定也。」鄭康成曰：「三年者，賓四門之後三年也。」

疏史公云「召舜」者，以格爲來也。以「詢」爲「謀」者，釋詁文。「言」字疑衍文。古文「丂」似「乃」，故重出。「乃言」二字，史記文無之。宋本北堂書鈔歎美部引「詢事考言，乃厎可績」，則古本無「乃言」二字。「厎」爲「至」者，釋言云：「厎，致也。」周語注：「厎，至也。」致卽至也。乃者，鄭注周禮：「乃猶汝也。」績者，釋詁云：「功也。」馬注見釋文。云「厎，定」者，釋詁云：「厎、定，止也。」厎義同定。鄭注見史記集解。

汝陟帝位。」舜讓于德弗嗣。

注史遷「陟」作「登」，「弗嗣」作「不懌」。一作「不怡」。

疏史公「陟」爲「登」者，釋詁云：「陟、登，升也。」是陟義同登。「弗嗣」作「不懌」者，史記自敘曰：「唐堯遜位，虞舜不台。」班固典引云：「有于德不台淵穆之讓。」皆作「台」。集解引徐廣曰：「今文尚書作『不怡』。怡，懌也。」釋詁云：「怡、懌，樂也。」言德不足以悦服人也。經文作「嗣」者，李善注文選典引云：「漢書音義韋昭曰：『古文台爲嗣。』」魏公卿上尊號，奏云：「光被四表，讓德不嗣。」裴松之引魏王上書云：「猶執謙讓于德不嗣。」蓋今文作「怡」，古文作「嗣」。嗣者，釋詁云：「繼也。」

正月上日，注馬融曰：「上日，朔日也。」鄭康成曰：「帝王易代，莫不改正。堯正建丑，舜正建子。此時未改堯正，故云正月上日。卽位，乃改堯正，故云月正元日，故以異文。」疏馬注見史記集解。云「上日，朔日」者，太平御覽十四引大傳云：「上日，元日。」蓋鄭注大傳也。鄭注禮記云：「朔，初也。」唐以十二月爲正，當如殷以雞鳴爲朔。見大傳。」鄭注見書疏。云「帝王易代，莫不改正」者，史記集解引作「改正建朔」。白虎通三正篇云：「王者受命必改朔何？明受之於天，不受之于人。是以禹舜雖繼太平，猶宜改以應天。」知堯正建丑、舜正建子者，宋書禮志引詩推度災云：「軒轅、高辛、夏后氏、漢，皆以十三月爲正。少昊、有唐、有殷，皆以十二月爲正。高陽、有虞、有周，皆以十一月爲正。」鄭説本此。以「正月上日」與「月正元日」異文者，此言正月，猶是堯之正月。下云月正，明是改月之正。且云元日者，日之始，以別於上日也。

受終于文祖。注史遷説：「文祖者，堯大祖也」，又説「受終」云：「於是堯老，命舜攝行天子之政。」馬融曰：「文祖，天也。天爲文，萬物之祖，故曰文祖。」鄭康成曰：「文祖者，五府之大名，猶周之明堂。」疏史公説文祖爲堯大祖者，堯與舜同始祖，故受終于其廟。王制疏引禮稽命徵云：「唐虞五廟，親廟四，始祖廟一。」則黃帝爲堯四世祖，此太祖不知何人。舜祖黃帝，則亦同太祖矣。馬注見釋文。以文祖爲天者，荀子禮論云：「王者天太祖。」堯之祖黃帝，亦必以配天。馬説與史公合也。鄭注見史記集解。云「文祖，五府之大名」者，史記索隱引尚書帝命驗曰：「五府，五帝之廟。蒼曰靈府，赤曰文祖，黃曰神斗，白曰顯紀，黑曰玄矩。唐虞謂之五府，夏謂世室，殷謂重屋，周謂明堂，皆祀五帝之所也。」史記正義云：「文祖者，赤帝赤熛怒之府，名曰文祖。火精光明，文章之祖，故謂之文祖。周曰明堂。」案：孝經云：「宗祀文王於明堂，以配上帝。」上帝卽五府之帝。唐時蓋以黃帝配之明堂。既爲五府之總稱，又爲南向室之尊名也。離火文明，故云文祖。鄭說與史公、馬氏俱同義。

在璿璣玉衡，以齊七政。

注　史遷說：「北斗七星，所謂『旋璣玉衡，以齊七政』。」又說：「旋璣玉衡，以齊七政，即天地二十八宿。十母，十二子。」大傳說：「琁者，還也。機者，幾也，微也。其變幾微，而所動者大，謂之琁機。是故琁機謂之北極。七政，謂春、秋、冬、夏、天文、地理、人道，所以爲政也。人道正而萬事順成。」又云：「七政布位：日月，時之主；五星，時之紀。日月有薄食，五星有錯聚。七者得失，在人君之政，故謂之爲政。」馬融曰：「璿，美玉也。璣，渾天儀，可轉旋，故曰璣。衡，其中橫筩，所以視星宿也。以璿爲璣，以玉爲衡，蓋貴天象也。七政者，北斗七星，各有所主：第一曰主日，法天；第二曰主月，法地；第三曰命火，謂熒惑也；第四曰伐水，謂辰星也；第五曰煞土，謂填星也；第六曰危木，謂歲星也；第七曰罰金，謂太白也。日月五星各異，故名七政也。日月星皆以璿璣玉衡度知其盈縮進退失政所在。聖人謙讓猶不自安，視璿璣玉衡以驗齊日月五星行度，知其政是與否，重審己之事也。」鄭康成曰：「璿璣玉衡，渾天儀也。七政，日月五星也。動運爲機，持正爲衡，皆以玉爲之。視其行度，觀受禪是非也。」「璿璣」一作「琁機」。

疏　在者，釋詁云：「察也。」史公說見天官書，又見律書。以北斗七星爲旋璣玉衡者，當本孔安國說。蕭吉五行大義引尚書說云：「琁璣，斗魁四星。玉衡，拘橫三星。合七，齊四時五威。五威者，五行也。五威在人爲五命，七星在人爲七端。北斗居天之中，當昆侖之上，運轉所指，隨二十四氣，正十二辰，建十二月。又州國分野年命，莫不政之。故爲七政。」此同史公說也。漢書律曆志云：「衡，平也。其在天也，佐助旋機，斟酌建指，以齊七政。」此專以玉衡爲北斗也。劉昭注續漢天文志引星經云：「璇璣，謂北極星也。玉衡，謂斗九星也。」別以玉衡專屬北斗，而旋璣用大傳之說。見下疏。說苑辨物篇引此經，說之云：「璿璣，謂北辰勾陳樞星也。以其魁杓之所指二十八宿爲吉凶禍福。天文列舍盈縮之占，各以類爲驗。」説苑亦以璿璣爲北辰。「以其魁杓之所指」上，疑脱「玉衡謂斗九星也」一句。此古文以北斗爲玉衡之説也。魏志魏王上書曰：「堯禪重華，舉其克諧之德，舜授文命，采其齊聖之美，猶下咨四岳，上觀璿璣。」蜀志先主傳議郎陽泉侯劉豹等上言：「時時有景雲祥風，從璿璣下來。」又管寧傳王基薦寧曰：「上正琁璣，協和皇極。」是漢魏人多不以璿璣爲渾儀也。以七政爲即天地二十八宿者，淮南天文訓：「星分度，角十二，亢九，氐十五，房、心五，尾十八，箕十一四分一，是爲東方七宿。斗二十六，牽牛八，須女十二，虚十，危十七，營室十六，東壁九，是爲北方七宿。奎十六，婁十二，胃十四，昴十一，畢十六，觜巂二，參九，是爲西方七宿。東井三十三，輿鬼四，柳十五，星七，張、翼各十八，軫十七，是爲南方七宿。」淮南子又云：「凡二十八宿也。」二十八宿在天，史公云「天地」者，兼分野言之，亦見天文訓。云「十母，十二子」者，母爲干，子爲支。天文訓云：「斗指子，則冬至。加十五日，指癸，則小寒。加十五日，指丑，則大寒。加十五日，指報德之維，故曰距冬至四十六日而立春。加十五日，指寅，則雨水。加十五日，指甲，則雷驚蟄。加十五日，指卯，中繩，故曰春分。加十五日，指乙，則清明風至。加十五日，指辰，則穀雨。加十五日，指常羊之維，故曰有四十六日而立夏。加十五日，指巳，則小滿。加十五日，指丙，則芒種。加十五日，指午，故曰有四十六日而夏至。加十五日，指丁，則小暑。加十五日，指未，則大暑。加十五日，指背陽之維，故曰有四十六日而立秋。加十五日，指申，則處暑。加十五日，指庚，則白露降。加十五日，指酉，中繩，故曰秋分。加十五口，指辛，則寒露。加十五日，指戌，則霜降。加十五日，指號通之維，故曰有四十六日而立冬。加十五日，指亥，則小雪。加十五日，指壬，則大雪。加十五日，指子。」此以十母、十二子配二十四氣也。大傳云「琁機謂之北極」者，天官書云：「中宮天極星。」釋天云：「北極謂之北辰。」公羊疏引孫炎云：「北極，天之中，以正四時，謂之北辰。」史記索隱引春秋合誠圖云：「北辰，其星五，在紫微中。」案其說，則是太一及後句四星是也。此蓋夏侯、歐陽之說，故與史公又殊也。以七政爲四時、天、地、人者，名之爲政，故以人道言之。又云七政布位，以爲日月五星者，引見玉海天文書，此或歐陽之說，又與夏侯不同。五行大義引尚書考靈燿七政篇曰：「日月者，時之主也。五星者，時之紀也。」下引經文，與大傳說同。馬注見書疏及史記索隱。以璿爲美玉、璣爲渾天儀、衡爲橫筩者，「筩」，書疏引作「篇」，說本書緯。初學記引尚書考靈燿云：「觀玉儀之旋，昏明主時。」鄭注云：「以玉爲渾儀，故曰玉儀。」晉書天文志引春秋文燿鉤云：「唐堯卽位，羲和立渾儀。」隋書天文志引晉劉智云：「或問曰：『顓頊造渾儀，黄帝爲蓋天。』」此皆同馬、鄭說也。璿爲美玉者，說文云：「璿，赤玉也。」衡爲橫簫者，史記正義引蔡邕云：「玉衡長八尺，孔徑一寸，下端望之，以視星宿，並懸璣以象天，而以衡望之，轉璣窺衡，以知星宿。璣徑八尺，圓周二丈五尺[一]而强也。」云「北斗七星，各有所主」者，開元占經六十七引詩含神霧云：「七政者，斗上一星天位，二主地，三主火，四主水，五主土，六主木，七主金。」又引石氏曰：「北斗第一星主日，第二星主月，第三星主熒惑，第四星主辰星，第五星主塡星，第六星主歲星，第七星主太白。」馬氏所本也。鄭注見史記集解及宋書天文志。以璿璣玉衡爲渾天儀，亦本緯書。「璿璣」或作「琁機」者，大傳文。云「視其行度，觀受禪是非」者，漢書司馬相如傳封禪書云：「舜在假典，顧省厥遺。」注：「師古曰：『在，察也。假，天也。典，則也。言舜察璇璣玉衡，恐己政化有所遺失，不合天心。』」是鄭所本也。

肆類于上帝，

注　史遷「肆」作「遂」。今尚書夏侯、歐陽說：「類，祭天名也。以事類祭之柰何？天位在南方，就南郊祭之是也。」古尚書

[一]「二丈五尺」原訛作「二尺五寸」，據史記正義原引蔡邕之語改。

說：「非時祭天謂之類，言以事類告也。『肆類于上帝』，時舜告攝，非常祭。」馬融曰：「上帝，太乙神，在紫微宮，天之最尊者。」鄭康成曰：「禮，祭上帝於圜丘。」「肆」一作「𢑴」，「類」一作「禷」。**疏** 史公「肆」作「遂」者，周禮鐘師職杜子春引呂叔玉國語注云：「肆，遂也。」釋詁云：「肆，故也。」鄭注儀禮云：「遂，因也。」其義亦相近。今尚書歐陽說見太平御覽五百二十七引五經異義。古尚書說見御覽五百二十五。王制疏引：「許氏謹案：『周禮郊天無言類者，知類非常祭。』從古尚書說，鄭氏無駁。」案：「非時祭天謂之類」者有二。攝位，其一也。王制云：「天子將出征，類乎上帝。」詩皇矣云：「是類是禡。」釋天云：「師祭也。」其二也。馬注見釋文。以上帝爲太乙神者，卽天官書所云「中宮天極星，其一明者，太一常居也」。鄭注見史記集解。云「禮，祭上帝於圜丘」者，鄭注禮經所言「周祀天之禮，夏正祀五帝于南郊，冬至祀天于圜丘」。此言圜丘者，所祭卽天皇大帝北極耀魄寶，與馬義合也。「遂」作「𢑴」者，說文引此經文。「類」作「禷」者，說文云：「禷，以事類祭天也。」俱孔壁古文。

禋于六宗， **注** 今歐陽、夏侯說：「六宗者，上不及天，下不及地，傍不及四時，居中央，恍惚無有，神助陰陽變化，有益於人，故郊祭之。」古尚書說：「六宗，天地神之尊者。謂天宗三、地宗三。天宗：日、月、星辰；地宗：岱山、河、海。日、月爲陰、陽宗，北辰爲星宗，岱爲山宗，河爲水宗，海爲澤宗。祀天則天文從，祀地則地理從。」馬融曰：「禋，精意以享也。六宗，天地四時也。萬物非天不覆，非地不載，非春不生，非夏不長，非秋不收，非冬不藏。此其謂六宗也。」鄭康成曰：「禋，煙也，取其氣達升報于陽也。六宗言[一]禋，與祭天同名，則六者皆天神，謂星、辰、司中、司命、風伯、雨師也。星，謂五緯也。辰，謂日月所會十二次也。司中、司命，文昌第五、第四星也。風師，箕也。雨師，畢也。」

[一]「言」字原脫，據尚書堯典疏原引鄭注補。

「禋」一作「煙」。　**疏**禋者，説文云：「絜祀也。一曰精意以享爲禋。」今尚書歐陽、夏侯説見周禮大宗伯疏引異義。云「上不及天，下不及地」云云者，禮記祭法疏引作「上及天，下及地，旁及四方中央」。漢書郊祀志引歐陽、大小夏侯三家説六宗，皆曰：「上不及天，下不及墜，旁不及四方，在六者之間，助陰陽變化，實一而名六。」此蓋伏生所傳最古之説也。古尚書説亦見大宗伯疏。方言天宗而及地宗，故鄭駁之。此蓋衛、賈孔壁古文之説，故劉昭注後漢志引賈逵曰：「六宗謂日宗、月宗、星宗、岱宗、河宗、海宗也。」儀禮通解續因事之祭引大傳鄭注云：「馬氏以爲六宗謂日、月、星辰、泰山、河、海也。」與釋文引馬注「天地四時」不同。疑釋文及書疏以大傳爲馬注。月令：「孟冬之月，天子祈來年于天宗。」注云：「凡屬天子之神，日、月、星辰皆爲天宗也。」案：此注疑許氏慎説，與高誘注呂氏春秋不同。馬注見釋文及書疏。大傳云：「萬物非天不生，非地不載，非春不動，非夏不長，非秋不收，非冬不藏，故書曰『煙于六宗』，此之謂也。」呂氏春秋十月紀：「天子乃祈來年于天宗。」高誘注云：「宗，尊也，凡天地四時皆爲天宗。萬物非天不生，非地不載，非春不動，非夏不長，非秋不成，非冬不藏，書曰『禋于六宗』，此之謂也。」亦同大傳。鄭注見書疏。周禮大宗伯疏引異義：「謹案：夏侯、歐陽説云『宗實一而有六』，名實不相應。春秋：魯郊，祭三望。言郊天。日、月、星、河、海、山，凡六宗。魯下天子，不祭日、月、星，但〔一〕祭分野星其中山川，故言三望。六宗，與古尚書説〔二〕同。」「玄之聞也，書曰：『肆類于上帝，禋于六宗，望于山川，偏于羣神。』此四物之類也，禋也、望也、偏也，所祭之神各異。六宗言禋，山川言望，則六宗無山川明矣。周禮大宗伯曰：『以禋

〔一〕「但」原訛作「故」，據周禮大宗伯疏原引異義改。

〔二〕「説」字原脱，據周禮大宗伯疏原引異義補。

祀昊天上帝，以實柴祀日、月、星、辰，以槱燎祀司中、司命、風師、雨師。』凡此所祭皆天神也。禮記郊特牲曰：『郊之祭也，迎長日之至也；大報天而主日也。兆於南郊，就陽位也。埽地而祭，於其質也。』祭義曰：『郊之祭，大報天而主日，配以月。』則郊祭并祭日月可知。其餘星也、辰也、司中、司命、風師、雨師，此之謂六宗，亦自明矣。」此則許氏從古尚書說，鄭氏駁之。「禋」，大傳作「煙」，今文尚書字。鄭注云：「煙，祭也，字當爲『禋』。」魏公卿上尊號奏曰：「煙于六宗。」案：六宗，史公無說，不知孔安國說與今文說同否。今文說最古而近理。月令「祈年于天宗」，當祈其助陰陽變化，有益於人者。六宗爲上下四方之宗，亦不得如許氏所駁「宗一而有六，名實不相應」。鄭氏據周禮定之，未知唐虞之制同否，要勝于古尚書說。漢書郊祀志注：「孟康曰：『六宗：星、辰、風伯、雨師、司中、司命。一說云乾坤六子。又一說：天宗三，日、月、星辰；地宗三，泰山、河、海。或曰天地間游神也。』」其劉歆等以易震巽六子之卦爲六宗。王肅依僞家語祭時、寒暑、日、月、星、水旱，僞傳從之。自鄶無取。

望于山川，徧于羣神。

注 史遷「徧」作「辯」。鄭康成曰：「徧以尊卑次秩祭之，羣神若丘陵墳衍之屬。」

疏 「望于山川」，江氏聲云：「穀梁僖卅一年范甯注引鄭氏曰：『望者，祭山川之名。』未知是尚書注否？」公羊僖卅一年傳曰：「三望者何？望祭也。然則曷祭？祭泰山、河、海。」史記正義云：「山川，五嶽、四瀆也。」史公「徧」爲「辯」者，儀禮及禮記「徧」多作「辯」。鄭注鄉飲酒禮及燕禮云：「今文『辯』皆作『徧』。」是「辯」爲古字。集解引徐廣云「辯音班」者，揚雄太常箴及後漢祭祀志引光武封泰山刻石皆作「班于羣神」。漢樊毅修華岳廟碑作「辯」。是「班」爲今文也。鄭注見詩時邁疏及般正義。云「丘陵墳衍」者，周禮大司樂云：「凡六樂者，一變而致川澤之示，再變而致山林之示，三變而致丘陵之示，四變而致墳衍之示。」上言山川，則此羣神當爲丘陵墳衍，鄭亦據周禮推之也。輯五

瑞，既月乃日，覲四岳羣牧，班瑞于羣后。注史遷「輯」作「揖」，說「既月乃日」爲「擇吉月日」。大傳說：「故圭冒者，天子所以與諸侯爲瑞也，諸侯執所受圭以朝天子。瑞也者，屬也。無過行者，復其圭以歸其國；有過行者，留其圭；能改過者，復其圭；三年圭不復，少絀以爵；六年圭不復，少絀以地；九年圭不復，而地畢。」馬融曰：「揖，斂也。五瑞，公侯伯子男所執，以爲瑞信也。堯將禪舜，使羣牧斂之，使舜親往班之。」疏史公「輯」爲「揖」者，漢書郊祀志亦作「揖五瑞」。輯與揖通。釋詁云：「輯，合也。」「既月乃日」爲「擇吉月日」者，曲禮云：「先聖王所以使民信時日。」注云：「日，所卜筮之吉日也。」覲者，釋詁云：「見也。」大傳見太平御覽五及禮書五十二。云「圭冒」者，大傳又云：「天子執冒以朝諸侯，見則覆之。」說文云：「瑁，諸侯執圭朝天子，天子執玉以冒之，似犂冠。」古文作「玥」。經文不言瑁，大傳補其義。馬注見史記集解。云「揖，斂也」者，鄭注檀弓云：「輯，斂也。」云「五瑞」者，周禮典瑞云：「公執桓圭，九寸。侯執信圭，七寸。伯執躬圭，五寸。子執穀璧，男執蒲璧，皆五寸。」〔一〕云「班之」者，釋言云：「班，賦也。」書疏引孫炎曰：「謂布與也。」馬氏以堯使羣牧斂瑞。僞傳以爲舜斂者，誤也。

歲二月，東巡守，至于岱宗，柴，望秩于山川，肆覲東后。注史遷「肆」作「遂」，「覲」作「見」，「后」作「君長」。馬融曰：「舜受終後五年之二月。柴，祭時積柴，加牲其上而燔之。」鄭康成曰：「歲二月者，正歲建卯之月也。巡守者，行視所守也。岱宗者，東嶽名也。柴者，考績燎也。望秩于山川者，徧以尊卑祭之。五嶽視三公，四瀆視諸侯。其餘小者，或視卿大夫，或視伯子男矣。秩，次也。東后，東方之諸侯也。」「柴」一作「祡」，或作「禓」。疏史公「肆」爲「遂」者，見上疏。「覲」爲「見」、「后」爲「君」，釋詁文。馬注見史記集解

〔一〕周禮典瑞原文無「九寸」、「七寸」、「五寸」、「皆五寸」等字。

及釋文。知爲受終後五年者，據下經文「五載一巡守」而言。云「柴，祭時積柴，加牲其上燔之」者，周禮大宗伯「禋祀」、「實柴」、「槱燎」注云：「槱，積也。三祀皆積柴實牲體焉，或有玉帛，燔燎而升煙，所以報陽也。鄭司農云：『實柴，實牛柴上也。』」鄭注見公羊隱八年傳疏。云「歲二月，爲正歲建卯之月」者，堯正建丑，則建卯是三月。經于「二月」上特加「歲」文，明其爲正歲之二月，故云建卯之月。白虎通巡狩篇云：「以夏之仲月者，同律度，當得其中也。二月八月晝夜分，五月十一月陰陽終。」劉昭注祭祀志引范甯曰：「二月建卯，故以東巡守也。」案：建卯謂斗柄昏指正東方。云「巡守者，行視所守」者，公羊隱八年傳注云：「王者所以必巡守者，天下雖平，自不親見，猶恐遠方獨有不得其所，故三年一使三公絀陟，五年親自巡守。巡猶循也，守猶守也，循行守視之辭。亦不可國至人見爲煩擾，故至四嶽，足以知四方之政而已。」云「岱宗，東嶽名」者，爾雅釋山云：「河東，岱。」又云：「泰山爲東嶽。」白虎通巡狩篇云：「嶽之爲言捔也，捔功德也。東方爲岱宗何？言萬物更相代於東方也。」云「考績燎」者，禮器注引孝經說曰：「封乎泰山，考績燔燎。禪乎梁甫，刻石紀號。」後漢書張純傳純奏曰：「『歲二月，東巡狩，至於岱宗，柴』，則封禪之義也。」云「五嶽視三公」云云者，王制云：「天子祭天下名山大川，五嶽視三公，四瀆視諸侯。」大傳文略同。云「秩，次」者，說文有「豑」，云：「爵之次弟也。」柴，說文作「祡」，云：「燒柴焚燎以祭天神。」引此經作「祡」，云古文作「𥛚」，則孔壁古文有作「𥛚」者。

協時月正日，同律度量衡，注史遷「協」作「合」。馬融曰：「律，法也。」鄭康成曰：「協正四時之月數及日名，備有失誤。其節氣晦朔，恐諸侯有不同，故因巡狩而合正之。同陰律呂陽律也。〔一〕度，丈尺。量，斗斛。衡，斤兩也。稱上曰衡。」「協」一作「叶」。疏史公「協」爲

〔一〕此句疑當作「同，陰呂；律，陽律也」。尚書堯典釋文作「鄭云，陰呂陽律也」。

「合」者，經文「協和萬邦」，史記作「合和萬國」。漢書五行志注：「應劭云：『叶，合也。』」説文云「叶」、「叶」即「協」古字。馬注見釋文。云「律，法也」，釋詁文。鄭注見史記集解及通典吉禮巡守，又見釋文。史記集解、文選六代論注云：「月數，謂閏月正四時。日名，謂甲乙之類也。」云「備有失誤」者，失閏則四時乖誤。云「同陰律呂陽律」者，史記集解引作「同音律」〔一〕，蓋有脱字，此據釋文。周禮：「太師掌六律六同，以合陰陽之聲。陽聲：黄鐘、太簇、姑洗、蕤賓、夷則、無射。陰聲：大吕、應鐘、南吕、函鐘、小吕、夾鐘。」又：「典同掌六律六同之和，以辨天地四方之律。以銅爲管。竹，陽也。銅，陰也。各順其性。」〔二〕注云：「律，述氣者也。同，助陽宣氣，與之同，皆以銅爲之。」是律爲陽，同爲陰也。漢書律曆志云：「律十有二，陽六爲律，陰六爲吕。」是六同又名六吕，故云「同陰律吕陽律」。云「度，丈尺」者，律曆志云：「度者，分、寸、丈、尺、引也，所以度長短也。本起黄鐘之長，以子穀秬黍中者，一黍之廣，度之九十分，黄鐘之長。一爲一分，十分爲寸，十寸爲尺，十尺爲丈，十丈爲引，而五度審矣。」云「量，斗斛」者，律曆志云：「量者，龠、合、升、斗、斛也，所以量多少也。本起於黄鐘之龠，用度數審其容，以子穀秬黍中者千有二百實其龠，以井水準其槩。十〔三〕龠爲合，十合爲升，十升爲斗，十斗爲斛，而五量嘉矣。」云「衡，斤兩」者，律曆志云：「衡權者，權，重也，衡所以任權而均物平輕重也。本起於黄鐘之重，一龠容千二

〔一〕史記集解原引鄭注作「律，音律」。

〔二〕周禮：「典同掌六律六同之和，以辨天地四方陰陽之聲，以爲樂器。」注：「鄭司農云：陽律以竹爲管，陰律以銅爲管。竹，陽也；銅，陰也；各順其性。」此處孫氏誤記。

〔三〕「十」字，漢書律曆志原文作「合」。

百黍，重十二銖。兩之爲兩，二十四銖爲兩。十六兩爲斤，三十斤爲鈞，四鈞爲石。忖爲十八，易十有八變之象也。」漢志前又云：「虞書曰『乃同律度量衡』，所以齊遠近，立民信也。」協，白虎通巡狩篇及漢永和二年詔引經皆作「叶」。

修五禮、五玉、

注大傳「五玉」作「五樂」，說爲「樂正定樂名，并論八音四會」。又說：「簇以爲八，此八伯之事也。分定於五，此五嶽之事也。」

三帛、二生、一死贄，如五器，

注史遷「贄」作「爲摯」二字。馬融曰：「五禮，吉、凶、軍、賓、嘉也。三帛，三孤所執也。摯：二生，羔、雁，卿大夫所執；一死，雉，士所執。五器，上五玉。」鄭康成曰：「五禮，公侯伯〔一〕子男朝聘之禮矣。五玉，瑞節。執之曰瑞，陳列曰玉也。三帛，所以薦玉也。受瑞玉者，以帛薦之。帛必三者，高陽氏之後用赤繒，高辛氏之後用黑繒，其餘諸侯皆用白繒，周禮改之爲纁也。二生、一死贄者，羔、雁，生也，卿大夫所執；雉，死，士所執也。如者，以物相授與之言。授贄之器有五，卿、大夫、上士、中士、下士也，器各異飾，飾未聞所用也。周禮改之，飾羔雁飾雉，執之而已，皆去器。贄之言至，所以自致也。」「贄」一作「摯」。

疏史公「贄」作「爲摯」者，「贄」，俗字，後人所改，當爲「摯」。大傳「五玉」作「五樂」，見虞夏傳，云：「樂正定樂名。」云：「元祀代泰山，貢兩伯之樂焉。陽伯之樂，舞侏離，其歌聲比余謠，名曰晳陽。儀伯之樂，其歌聲比大謠，名曰南陽。中祀大交霍山，貢兩伯之樂焉。夏伯之樂，舞謾彧，其歌聲比中謠，名曰初慮。義伯之樂，舞將陽，其歌聲比大謠，名曰朱于。秋祀柳穀華山，貢兩伯之樂焉。秋伯之樂，舞蔡俶，其歌聲比小謠，名曰苓落。和伯之樂，舞玄鶴，其歌聲比中謠，名曰歸來。幽都弘山祀，貢兩伯之樂焉。冬伯之樂，舞齊陽，曰縵縵，并論八音四會。」鄭注云：「此上下有脫辭，其說未聞。」大傳又說，見虞夏傳，云：「樂者，人性之

〔一〕「伯」字原脫，據公羊隱八年傳疏原引鄭注補。

所自有也，故聖王巡十有二州，觀其風俗，習其性情，因論十有二俗，定以六律、五聲、八音、七始，箸其素簇以爲八，此八伯之事也。分定於五，此五嶽之事也。五聲，天音也。八音，天化也。七始，天統也。」漢書郊祀志「五玉」亦作「五樂」，是今文有「五樂」，在「五禮」之下，或即「五玉」之異文。二生者，古以麑鹿。一死者，雉也。白虎通文質篇云：「臣見君所以有贄何？贄者質也，質己之誠，致己之悃愊也。公侯以玉爲贄者，玉取其燥不輕、濕不重，公之德全。卿以羔者，取其羣不黨。大夫以鴈爲贄者，取其飛成行列。士以雉爲贄者，取其不可誘之以食、懾之以威，必死不可生畜。」又云：「卿大夫贄，古以麑鹿，今以羔鴈何？以爲古者質，取其內，謂得美草鳴相呼。今文，取其外，謂羔跪乳、鴈有行列也。禮相見經曰：『上大夫相見以羔，左顧右贄執麑。』明古以麑鹿，今以羔也。」據此知唐虞時二生是麑鹿，非羔鴈也。云「左顧右贄執麑」，今儀禮作「左頭如麛執之〔一〕」。馬注見史記集解。以五禮爲吉、凶、軍、賓、嘉者，據周禮大宗伯以說之也。云「三帛，三孤所執」者，漢書百官公卿表云：「周官則備矣。太師、太傅、太保，是爲三公。又立三少爲之副，少師、少傅、少保，是爲孤卿。」考工記：「外有九室，九卿朝焉。」注云：「六卿三孤爲九卿。」周禮典命云：「公之孤四命，以皮帛眡小國之君。」然則天子之孤卿亦執帛也。漢書王莽傳云「夏后塗山之會，執玉帛者萬國，諸侯執玉，附庸執帛」，故云「眡小國之君」也。云「摯：二生，羔、鴈，卿大夫所執；一死，雉，士所執」者，周禮大宗伯職：「以禽作六摯，卿執羔，大夫執鴈，士執雉。」注云：「羔，取其羣而不失其類。鴈，取其候時而行。雉，取其守令而死，不失其節是也。」鄭注見公羊隱八年傳疏及史記正義。以五禮爲公侯伯子男朝聘之禮者，因唐虞時未有五禮，蓋五等諸侯名位不同，禮亦異數。云「執之曰瑞，陳列曰玉」者，以五

〔一〕「執之」二字原脱，據儀禮士相見禮原文補。

玉卽五瑞也。云「三帛，所以薦玉」，并言「高陽氏之後用赤繒」云云者，曲禮疏引禮含文嘉云：「天子、三公、諸侯皆以三帛以薦玉。」宋均注云：「其殷禮〔一〕，三帛謂朱、白、蒼，象三正。其五帝之禮，薦玉用一色之帛。」通典五十五引尚書中候云：「高陽氏尚赤，薦玉以赤繒。高辛氏尚黑，薦玉以黑繒。陶唐氏尚白，薦玉以白繒。」堯建丑，其餘諸侯奉堯正朔，故皆用白繒矣。云「周禮改爲繅」者，典瑞云：「王晉大圭，執鎮圭，繅藉五采五就。公執桓圭，侯執信圭，伯執躬圭，繅皆三采三就。子執穀璧，男執蒲璧，繅皆二采再就。」注云：「繅有五采文，所以薦玉，木爲中幹，用韋衣而畫之。三采，朱、白、蒼。二采，朱、綠也。就，成也，一匝爲一就。」是周禮改帛用繅也。云「如者，以物相授與之言」者，釋詁云：「如，往也。」云「授摯之器有五」者，二生一死，禽止三種，而器有五，蓋上中下士有三等，器各異飾，并羔雁之器爲五也。云「周禮改之，飾羔雁飾雉執之，去器」者，儀禮士相見禮云：「摯，冬用雉，夏用腒，左頭奉之。下大夫相見以雁，飾之以布，維之以索，如執雉。上大夫相見以羔，飾之以布，四維之結于面，左頭如麛執之。」是不用器也。丁度集韻：「如，乃個切，若也。書曰：『如五器，卒乃復。』鄭康成讀。」江氏聲以如鄭讀爲筊。段氏玉裁以下有「五器」，「如」不可訓筊。云「贄之言至，所以自致」者，見白虎通文質篇。鄭以三帛爲薦玉之帛，五器爲授物之器，馬則無玉者執帛，五器卽五玉，以此不同。「生」，封禪書作「牲」。「贄」亦从女，說文云：「𡡗，至也。一曰虞書『雉𡡗』。」蓋孔壁古文。

卒乃復。

注馬融曰：「五器，上五玉。五玉禮終則還之，三帛已下不還也。」鄭康成曰：「卒，已也。復，歸也。巡守禮畢，乃反歸矣。每歸，用特牛告于文祖矣。」

疏馬注見史記集解。云「三帛已下不還」者，謂三帛及禽摯。云「終則還之」，以經文卒爲終，復爲還玉也。釋詁云：「卒，

〔一〕「禮」字原脫，據禮記曲禮疏原引禮含文嘉宋均注補。

終也。」鄭注見公羊隱八年傳疏。云「卒，已」者，釋詁文。復者，釋言云「返也」，返卽歸也。鄭以卒乃復爲巡守還歸也。

五月，南巡守，至于南岳，如岱禮。

注 史遷說：「南嶽，衡山也。」大傳說：「五嶽，謂岱山、霍山、華山、恒山、嵩山也。」

疏 史公說見封禪書，漢書郊祀志用之，或孔安國說。地理志：「長沙國湘南縣，衡山在東南。」今在湖南衡州府西。大傳說見白虎通巡狩篇，云：「南方爲霍山何？霍之爲言護也，言太陽用事，護養萬物也。」水經禹貢山水澤地所在云：「霍山爲南嶽，在廬江灊縣西南。」案：灊，今安徽潛山縣。論衡書虛篇云：「舜巡狩，東至岱宗，南至霍山，西至太華，北至恒山。以爲四嶽者，四方之中，諸侯之來，並會嶽下，幽深遠近，無不見者，聖人舉事求其宜適也。」此以霍山爲南嶽，皆今文說。爾雅釋山說「五嶽」云「江南，衡」，用孔安國古文說也。又云「霍山爲南嶽」，用今文說也。郭璞注云：「漢武帝以衡山遼曠，因讖緯皆以霍山爲南嶽，故移其神於此。」案：緯書皆本今文，漢武案古圖書復南嶽之舊，非以霍山爲南嶽始自漢武也。通典引三禮義宗云：「唐虞以衡山爲南岳，周氏以霍山爲南嶽。」蓋傳寫互誤，非崔靈恩之失也。周禮以衡山爲南嶽，唐、虞五嶽卽是霍山也。竊疑經文言「五月，南巡守，至于南岳」，則舜都平陽，吉行五十里，計一月可至霍山。若至衡山，遼遠且又踰江，不便以覲南方諸侯，故歐陽、夏侯等說爲霍山，蓋本之伏生，是以大傳又有「中祀霍山」及「奠南方霍山」之文也。但安徽霍邱縣自有霍山，而水經所說以灊山縣天柱山當之，未知孰是。

八月，西巡守，至于西岳，如初。

注 史遷說爲：「西嶽，華山也。」

疏 此又五年之八月也。下放此。史公說見封禪書。云「華山」者，釋山云：「河南，華。」又云：「華山爲西嶽。」今在陝西華陰縣南。白虎通巡狩篇云：「華之言穫也，言萬物成熟，可得穫也。」

十有一月，朔巡守，至于北岳，如西禮。

注「如西禮」，史遷作「皆如初」，上文「至于西岳」下無「初」字。馬融、鄭康成皆作「如初」。鄭康成曰：「五月不言初者，以其文相近。八月、十一月言初者，文相遠故也。」**疏**史公「如西禮」作「皆如初」者，兼上「至于西岳」言之，無上「如初」二字。馬作「如初」者，見釋文「至于北岳，如西禮」下注云：「姚方興本同，馬本作『如初』。」鄭注見公羊隱八年傳疏。云「八月、十一月皆言初」，則鄭與馬本同。朔者，釋訓云：「北方也。」釋山云：「河北，恒。」又云：「恒山爲北嶽。」今在直隸曲陽縣西北。白虎通巡狩篇云：「北方爲恒山者何？恒者常也，萬物伏藏於北方，有常也。」

歸，格于藝祖，**注**「藝祖」一作「祖禰」。用特。**注**史遷「格」作「至」，「藝祖」作「祖禰廟」，「特」作「用特牛禮」。馬融曰：「藝，禰也。」鄭康成曰：「藝祖，文祖，猶周之明堂。每歸用特者，明祭一岳卽歸也，如尚書、王制之文。所以不一岳之後而云歸者，因明四岳禮同，使其文相次，是以終巡守之後，乃始云歸耳。」**疏**史公「格」作「至」者，釋詁文。「藝祖」爲「祖禰廟」者，白虎通巡守篇云：「王者出必告廟何？孝子出辭反面，事死如事生。尚書曰：『歸，假于祖禰。』」又三軍篇云：「獨見禰何？辭從卑，不敢留尊之命。至禰，不嫌不至祖也。尚書曰：『歸，假于藝祖。』」通典引云：「獨言禰者，辭特先從禰，後至祖。」案：經文「藝」在「祖」先，「藝」卽「禰」也，藝與禰聲相近，故史公與班氏同義也。白虎通巡守篇作「祖禰」，疑今古文之異。以「特」爲「特牛」者，鄭注王制云：「特，特牛也。」馬注見釋文。云「藝，禰」者，古無禰字。說文繫傳云：「禰，秋畋也。」玉篇：「『祢』與『獮』同，秋田祭也。」則知禰卽獮俗字，蓋借爲昵也。鄭注見詩我將疏及通典巡守。云「藝祖，文祖」者，藝、文同義。云「猶周之明堂」者，孝經云：「宗祀文王于明堂，以配上帝。」太平御覽五百三十三引周書明堂云：「明堂方百一十二尺，高四尺，階廣六尺三寸。室居中，方百尺。室中方六十尺，户高八尺，廣四尺。東應門，南庫門，西皋門，北雉門。東方曰青陽，南方曰明堂，西方曰總章，北方曰玄堂，中央曰太廟，左爲左介，右爲右介。」藝文類聚三十八引云：「牖高三尺，門方十六尺。」初學記十三引：「中央曰太廟，亦曰太室。」白虎通辟雍篇云：「明堂上圓下方，八窗四闥，布政之宮，在國之陽。上圓法天，下方法地，八窗象八風，四闥法四時，九室法九州，十二坐法十二月，三十六户法三十六雨，七十二牖法七十二風。」應劭注漢書帝紀云：「有虞曰總章。」是有虞明堂與周同制，但異其名也。云「明祭一嶽卽歸」者，五帝巡守一嶽卽歸，又五年再巡一嶽也。云「尚書、王制之文，不一岳之後而言歸」者，王制亦有「五月，南巡守」至「十有一月，北巡守」之文，亦以「歸格于祖禰」之文在後，故云「終巡守之後，乃始云歸」也。

五載一巡守，羣后四朝。

注　史遷「載」作「歲」。馬融曰：「四面朝于方岳之下。」鄭康成曰：「四朝，四年〔一〕朝京師也。巡守之年，諸侯見于方岳之下。其間四年，四方諸侯分來朝于京師，歲徧是也。」

疏　史公「載」爲「歲」者，經文本或作「歲」，後人泥「唐虞曰載」之説改之。白虎通〔二〕巡狩篇云：「所以不歲巡狩何？爲太煩也。過五年，爲太疏也。三歲一閏，天道小備。五歲再閏，天道大備。故五年一巡狩。」馬注見釋文。以「四面朝于方岳之下」者，言諸侯因天子巡守，四面來見于方岳之下，不復來朝京師也。鄭注見釋文、史記集解及王制疏。云「四年朝京師」者，詩韓奕疏引：「説周禮者〔三〕賈逵以爲一方四分之，或朝春，或覲秋，或宗夏，或遇冬。藩屏之臣不可虛方俱行，故分趣四時助祭也。」王制：「諸侯礿則不禘，禘則不嘗，嘗則不烝，烝則不礿。」注云：「虞夏之制，諸侯歲朝，廢一時祭。」公羊桓元年傳注云：「王者與諸侯

〔一〕「年」字，尚書堯典釋文所引鄭注原作「季」。

〔二〕「通」字原脱，今徑補。

〔三〕「者」字原脱，據詩韓奕疏原文補。

別治，勢不得自專朝。故即位比年，使大夫小聘，三年使上卿大聘，四年又使大夫小聘，五年一朝。王者亦貴得天下之歡心，以事其先王，因助祭以述其職，故分四方諸侯爲五部，部有四輩，輩主一時。」引此經文。疏又引虞傳云：「古者諸侯之於天子，五年一朝。」魯語：「曹劌曰：『先王制諸侯，五年四王、一相朝也。』」注：「唐尚書云：『先王，謂堯也。五載一巡守，諸侯四朝。』」此與鄭義同也。鄭以上經文有肆覲之事，故云「巡守之年，諸侯見于方岳之下」。云「其間四年，四方諸侯分來朝于京師，歲偏」者，謂四方諸侯分爲四部，每天子巡守之明年，東方朝春，明年南方朝夏，又明年西方朝秋，又明年北方朝冬，又明年則天子巡守矣。「歲偏」者，言凡四歲而偏，非一歲也。

敷奏以言，明試以功，車服以庸。

注 史遷「敷奏」作「偏告」。「敷」一作「傅」。**疏** 史公「敷」爲「偏」者，詩傳云：「敷猶偏也。」「奏」爲「告」者，書大傳注云：「奏猶白，白之義與告相近，言使諸侯偏以治術奏告也。」漢書宣帝紀云：「傅奏其言，考試功能。」注：「應劭云：『傅，陳也。各自奏陳其言，然後試之以官，考其功德也。』」說文云：「試，用也。虞書曰：『明試以功。』」白虎通考績篇云：「禮說九錫：車馬、衣服、樂則、朱戶、納陛、虎賁、鈇鉞、弓矢、秬鬯，皆隨其德可行而賜。能安民者賜車馬，能富民者賜衣服。書曰：『明試以功，車服以庸。』」

肇十有二州，

注 馬融曰：「禹平水土，置九州。舜以冀州之北廣大，分置并州。燕、齊遼遠，分燕置幽州，分齊爲營州。於是爲十二州也。」鄭康成曰：「舜以青州越海，而分齊爲營州。冀州南北太遠，分衛爲并州。燕以北爲幽州。新置三州，并舊爲十二州也。」

封十有二山，濬川。

注 史遷無「封十有二山」，「濬」作「決」。鄭康成曰：「更爲之定界，濬水害也。」

疏 史公「濬」作「決」者，說文云：「睿，深通川也。」或作「濬」，古文作「濬」。周語云：「爲川者決之使導。」經文「肇十大傳說：「惟元祀，巡守四嶽八伯，壇四奥，沈四海，封十有二山，兆十有二州。」「濬川」，鄭康成曰：

有二州，封十有二山」，大傳虞傳以爲巡守時事，二句互相前後，「肇」作「兆」，蓋今文說也。鄭注大傳，不與注此經同，云：「祭者必封，封亦壇也。十有二山，十有二州之鎮也。兆，域也，爲營域以祭十有二州之分星也。壇、沈、封、兆，皆因所宜爲之。」云「十有二山，十有二州之鎮」者，周禮職方氏：九州皆有山鎮，揚州會稽，荆州衡山，豫州華山，青州沂山，兗州岱山，雍州嶽山，幽州醫無閭，冀州霍山，并州昭餘祁，凡九山。唐虞十有二州，則山鎮當十有二，無文可知。云「兆，域」者，説文作「垗」，「畔也，爲四時界祭其中。」詩商頌云：「肇域彼四海。」鄭箋云：「肇當作兆。」則此肇亦當爲兆也。云「爲營域祭十有二州之分星」者，淮南天文訓「星部地名」云：「角、亢，鄭；氐、房、心，宋；尾、箕，燕；斗、牽牛，越；須女，吴；虚、危，齊；營室、東壁，衛；奎、婁，魯；胃、昴、畢，魏；觜巂、參，趙；東井、輿鬼，秦；柳、七星、張，周；翼、軫，楚。」又鄭注周禮引堪輿十二次，星紀屬吴越等。星經以五星主九州，又有斗九星主九州，卽此所謂分星也。鄭蓋兼用今文說，而未以之注經。經文作「肇」者，釋詁云：「始也。」漢書谷永傳永奏曰：「堯遭洪水之災，天下分絶爲十二州。」言肇者，自此始分之。馬注見史記集解。云舜分十二州，不云堯者，堯時分絶爲十二州，如鄭云「舜更爲之定界」也。云禹置九州者，禹貢之九州：冀、兗、青、徐、揚、荆、豫、梁、雍也。爾雅則有幽、營，無青、梁，諸儒以爲殷制。周禮則有幽、并，無徐、梁。此三代之制各不同也。鄭注見史記集解及爾雅釋地，釋文與馬義略同。鄭注大傳用今文說，注此經殆用衛、賈孔壁古文之説，故與馬同也。

象以典刑，

注馬融曰：「言咎繇制五常之刑，無犯之者，但有其象，無其人也。」

疏象者，畫象。典者，釋詁云：「常也。」漢書武帝紀元光元年詔曰：「昔在唐虞，畫象而民不犯。」周禮司圜疏引孝緯云：「三皇無文，五帝畫象，三王肉刑。畫象者，上罪墨幪赭衣雜屨，中罪赭衣雜屨，下罪雜屨而已。」荀子正論篇〔一〕云：「古無肉刑，而有象刑。」漢書刑法志云：「禹承堯舜之後，自以德衰而制肉刑，湯武順而行之者，以俗薄於唐虞故也。」是明唐虞無肉刑。鄭注周禮司圜云：「弗使冠飾者，著墨幪，若古之象刑與？」知鄭氏亦信象刑之說也。馬注見史記集解。以典爲常，故云「皋陶制五常之刑」。實則此時皋陶未制刑也，疑是皋陶謨「方施象刑」之注，裴氏誤附于此。云「五常之刑」，周禮：「大司徒之職，以鄉八刑糾萬民：一曰不孝之刑，二曰不睦之刑，三曰不婣之刑，四曰不弟之刑，五曰不任之刑。」注：「鄭司農云：『任，謂朋友。』」是此八刑之五，因五常而設，疑卽馬義也。白虎通五刑篇云：「五刑者，五常之鞭策也。」云「但有其象，無其人」者，言無犯之，惟有畫衣冠之象耳。

流宥五刑，

注馬融曰：「流，放。宥，寬也。一曰幼少，二曰老耄，三曰惷愚。五刑：墨、劓、剕、宮、大辟。」鄭康成曰：「五刑：墨、劓、剕、宮、大辟。正刑五，加之流宥、鞭、朴、贖刑，此之謂九刑。其輕者或流放之，四罪是也。」

疏五刑者，少昊時九黎之君苗民所作，呂刑謂之五虐之刑，劓、刵、椓、黥等是也。堯時則畫衣冠以象之，存其名目而已。荀子正論篇〔二〕云：「墨黥，慅嬰；共，艾畢；菲，對屨；殺，赭衣而不純。」楊倞注引慎子，其詞未全。太平御覽六百四十五引慎子云：「有虞氏之誅，以幪巾當墨，以草纓當劓，以菲履當刖，以艾韠當宮，布衣無領當大辟。此有虞之誅也。斬人肢體、鑿人肌膚謂之刑，畫衣冠、異章服謂之戮。上世用戮而民不犯也，當世用刑而民不從。」此象刑之大略。慎子及文選漢武賢良策注引墨子亦言之。晉書刑法志云：「『三皇設言而民不違，五帝畫象而民知

〔一〕「正論篇」原作「正義篇」，據荀子原篇名改。

〔二〕「正論篇」原作「正義篇」，據荀子原篇名改。

禁』，則書所謂『象以典刑，流宥五刑，鞭作官刑，朴作教刑』者也。然則犯黥者皂其巾，犯劓者丹其服，犯臏者墨其體，犯宮者雜其屨，大辟之罪，殊刑之極，布其衣裾而無領緣，投之於市，與衆弃之。」此唐已前經說也。馬注見史記集解，釋文引「宥，寬也」作「三宥也」。云「流，放」者，鄭注王制同。「宥，寬」，詩傳文。云「三宥，一曰幼少」云云者，周禮司刺：「掌三刺三宥三赦之法。一宥曰不識，再宥曰過失，三宥曰遺忘。」馬氏所云以三赦爲三宥，亦見司刺職。廣雅釋言云：「宥，赦也。」是可通。云「墨、劓、剕、宮、大辟」者，周禮司刑注引書傳云：「決關梁、踰城郭而略盜者，其刑臏。男女不以義處者，其刑宮。觸易君命、革輿服制度、姦軌、盜攘傷人者，其刑劓。非事而事之、出入不以道義而誦不祥之辭者，其刑墨。降畔賊、劫略奪攘撟虔者，其刑死。」此則五刑之條目，亦飾其象以待犯者而已。又以流放及三宥之法宥之，故大傳又稱：「唐虞象刑而民不敢犯，苗民用刑而民興犯漸也。」知此五刑爲畫象者，經文列于鞭朴之前，見其輕于傷體膚也。鄭注見周禮司刑疏。鄭說九刑，以流宥爲一，與鞭、朴、贖刑而四，則五刑爲九，春秋左氏文十八年傳云「在九刑不忘」是也。案：昭六年傳又云：「周有亂政，而作九刑。」不應以說唐虞象刑之制，鄭氏失之。

鞭作官刑，**注**馬融曰：「爲辨治官事者爲刑。」**疏**馬注見史記集解。云「爲辨治官事者爲刑」者，魯語云：「薄刑用鞭朴。」注：「鞭，官刑。」案：庶人在官有祿者，過則加之鞭笞也。

朴作教刑，**注**鄭康成曰：「朴，檟楚也。朴爲教官爲刑者。」**疏**鄭注見史記集解。云「朴，檟楚」者，學記云：「榎楚二物，收其威也。」注云：「榎，槄也。楚，荆也。二者所以朴撻犯禮者。」案：犯禮是不率教，故云「爲教官爲刑」也。

金作贖刑。**注**馬融曰：「金，黃金也。意善功惡，使出金贖罪，坐不戒慎者。」**疏**金以贖罪，古用銅，赤金也。周禮職金：「掌受士之金罰、貨罰，入于司兵。」案：金可用以鑄兵。淮南氾論訓云：「齊桓公將欲征伐，甲兵不足，令有重罪者出犀甲〔一〕、一戟，有輕罪者贖以金分，訟而不勝者出一束箭。」是金可鑄兵，非黃金矣。馬注見史記集解。云「黃金」者，本漢法說經也。書疏引鄭氏駁異義云：「贖死罪千鍰，鍰六兩大半兩，爲四百一十六斤十兩大半兩銅，與今贖死罪金三斤爲價相依附。」是古贖罪皆用銅也。云「意善功惡」者，功謂事也，如過失殺人之類。然贖罪則死刑亦可贖，固不止如馬所說。

眚災肆赦， **注** 史遷「災」作「烖」，「肆」作「過」。鄭康成曰：「眚災，爲人作患害者也。過失，雖有害則赦之。」 **疏** 眚災者，春秋左氏莊廿五年傳云：「非日月之眚不鼓。」注：「眚猶災也。」是日月之食謂之眚。乾象通鑑七引尚書緯曰：「當赦不赦，月爲之食。」是今文有說此眚災爲月食者。開元占經引石氏曰：「若月行疾則君刑緩，行遲則君刑急，故人君月有變則省刑。書曰：『眚災肆赦。』」穀梁莊二十二年經「肆大眚」，傳云：「肆，失也。眚，災也。」注云：「易稱『赦過宥罪』，書稱『眚災肆赦』，經稱『肆大眚』，皆放赦罪人。」如其說，則肆當讀如「肆大眚」之肆。釋文本作「佚」，謂縱佚之也。又杜氏注左傳云：「肆，緩也。」緩卽寬宥之意。漢魏諸儒堅持赦非善政之說，并此經義删落之。然經之言赦，不一而足。平法之代，自可不赦。若遇淫刑之時，賴有赦以補救天災人怨，未可執偏見也。史公「災」爲「烖」者，說文云「烖」籀文作「災」。「肆」作「過」者，古文異字。鄭注見史記集解。以眚災爲作患害者，康誥云：「乃有大罪，非終，乃惟眚災，時乃不可殺。」鄭用此義，以眚爲患、災爲害也。云「過失，雖有害則赦之」，鄭本「肆」亦作「過」，故隨文解之也。

怙終賊刑。 **注** 鄭康成曰：「怙其姦邪，終身以爲殘賊，則用刑之。」「終」一作「衆」。 **疏** 怙者，釋言云：「恃也。」鄭注見史記集解，以終爲終身，賊爲殘賊。周禮大司寇疏引孝經援神契五刑章云：「刑者侀也。過出罪施者，下侀爲著也。行刑

〔一〕「甲」原訛作「角」，據淮南子氾論訓原文改。

者所以著人身體，過誤者出之，實罪者施刑，是以尚書云『眚災肆赦，怙終賊刑』。」案：賊者，高誘注呂氏春秋云：「殺也。」經云「怙終賊刑」，言有所恃而終不改過者，如賊殺人之刑，不赦之也。鄭以賊字屬怙終解，疑非。此有虞氏之施刑，雖不赦，亦衣之畫象而已。「終」，史記集解徐廣曰：「一作『衆』。」則言恃衆作亂也。

欽哉，欽哉，惟刑之恤哉！　**注**　史遷說「恤」作「静」。「恤」一作「謐」。　**疏**　再言「欽哉」者，敬之又敬。恤者，鄭注周禮云：「謂災危相憂。」孫炎注釋詁云：「救之憂也。」漢書刑法志元帝初立，乃下詔曰：「書不云乎，『惟刑之恤哉』。其審核之。」是古文作「恤」也。史公「恤」爲「静」者，詩周頌云「假以溢我」，春秋傳引作「何以恤我」。釋詁云：「溢，慎也。」又詩閟宫云：「閟宫有侐。」傳云：「侐，静也。」故恤亦静也。「恤」作「謐」者，史記集解引徐廣曰：「今文作『謐』。」爾雅曰：『謐，静也。』」釋詁作「謐」。

流共工于幽洲，　**注**　史遷「洲」作「陵」，云：「以變北狄。」馬融曰：「北裔也。」「洲」一作「州」，一作「都」。　**疏**　史公云「以變北狄」，集解引徐曰：「變，一作『燮』。」蓋放流之，欲其燮和北狄之風俗，不爲困苦其身也。何休注公羊云：「古者刑不上大夫，故有罪，放之而已也。」馬注見史記集解。「洲」，俗字，孟子作「州」。史記正義曰：「尚書及大戴禮皆作『幽州』。」莊子在宥篇作「幽都」，釋文云「尚書作『幽州』」，則此「洲」後人所改。史記正義引括地志云：「故龔城在檀州燕樂縣界。故老傳云，舜流共工幽州，居此城。」

放驩兜于崇山，　**注**　史遷云：「以變南蠻。」馬融曰：「南裔也。」　**疏**　馬注見史記集解。太平御覽四十九引盛宏之荆州記曰：「書云：『放驩兜于崇山。』崇山在澧陽縣南七十五里。」

竄三苗于三危，　**注**　史遷「竄」作「遷」，云：「以變西戎。」馬融曰：「西裔也。三苗，國名也。縉雲氏之後爲諸侯，蓋饕餮也。」「竄」一作「𥨊」。　**疏**　史公「竄」爲「遷」者，竄、遷聲相近，故亦爲「遷」。周語云：「自竄於戎狄之間。」馬注見史記集解及釋文。云「縉雲氏之後」者，高誘注淮南修務訓云：「三苗，蓋謂帝鴻氏之裔子渾敦，少昊氏之裔子窮奇，縉雲氏之裔子饕餮，三族之苗裔，故謂之三苗。一曰〔一〕放三苗國民於三危。」此與馬、鄭説獨以縉雲氏之後爲三苗者異，未知其審。後漢書西羌傳云：「舜流四凶，徙之三危，河關之西南羌是也。」注：「三危，山，在今沙州敦煌縣東南，山有三峯，曰三危也。」案：章懷注與漢書本文不相應。河關之西，即鄭注所云三危在岷山之西南，非沙州之三危也。「竄」一作「𥨍」者，説文云：「塞也，讀若虞書曰『𥨍三苗于三危』。」孟子又作「殺」者，𣪠字之省。

殛鯀于羽山，

注 史遷云：「以變東夷。」馬融曰：「殛，誅也。羽山，東裔也。」

疏 馬注見史記集解。云「殛，誅」者，釋言文。説文「誅」作「殊」，蓋誤字。誅者，責遣之，非殺也。漢書鮑宣傳云：「昔堯放四罪而天下服。」是殛即放也。祭法疏引鄭志答趙商云：「鯀非誅死，鯀放居東裔，至死不得反于朝。禹乃其子也，以有聖功，故堯興之。若以爲殺人父用其子，而舜禹何以忍乎？而尚書云『鯀則殛死，禹乃嗣興』者，箕子見武王誅紂，今與已言，懼其意有慙德，爲説父不肖其罪，子賢則舉之，以滿武王意也。」案：舜之殛鯀，方將使之變和東夷，必非置之死地。箕子云「殛死」，亦謂殛之遠方而至死不反，故楚辭天問云：「永遏在羽山，夫何三年不施？」言久遏絶之，不施舍也。不必謂滿武王之意而言。云「羽山，東裔」者，地理志：「東海祝其，禹貢羽山在南，鯀所殛。」山在今山東郯城縣東北七十里，江南贛榆縣界。

四罪而天下咸服。

注 史遷「罪」作「辠」。鄭康成曰：「左傳帝鴻氏不才子謂之渾敦，少皞氏不才子謂之窮奇，顓頊氏不才子謂之檮杌，縉雲氏不才子謂之饕餮。命驩兜舉共工，則驩兜爲渾敦也，共工爲窮奇也，鯀爲檮杌也，而三苗爲饕餮可知。禹治水事畢，乃流四凶。舜不刑此四

〔一〕「曰」上原衍「名」字，據淮南子修務訓高誘注原文删。

人者，以爲堯臣，不忍刑之。」　**疏**　史公「罪」爲「辠」者，說文云：「辠，犯法也。秦以辠似皇字，改爲罪。」鄭注見書疏，云「鄭氏具引左傳之文，鄭以驩兜爲渾敦」云云者，春秋左氏文十八年疏云：「堯典帝言共工之行云『靖言庸違』，傳說窮奇之惡云『靖譖庸回』，二文正同，知窮奇是共工也。堯典帝求賢人，驩兜舉共工應帝，是與共工相比。傳說渾敦之惡云『醜類惡物，是與比周』，知渾敦是驩兜也。堯典帝言鯀行云『咈哉方命圮族』，傳說檮杌之罪云『告頑舍嚚，傲很明德』，即是咈戾圮族之狀，且鯀是顓頊之後，知檮杌是鯀也。尚書無三苗罪狀。既甄去三凶，自然饕餮是三苗矣。先儒盡然，蓋無異說。」是與鄭義同也。

二十有八載，帝乃殂落。百姓如喪考妣。三載，四海遏密八音。　**注**　史遷說爲：「堯立七十年得舜，二十年而老，令舜攝行天子之政，薦之於天。堯辟位凡二十八年而崩。百姓悲哀，如喪父母。三年，四方莫舉樂，以思堯。」「帝」一作「放勛」，「遏」一作「閼」。　**疏**　「二十」，唐石經作「廿」字。「帝」當爲「放勛」二字，或梅氏作僞傳，既不以放勛爲堯名，則并改此文爲「帝」。孟子引堯典作「放勳」，春秋繁露煖燠孰多第五十二[一]、太平御覽八十四引五經通義皆作「放勳」。說文：「殂，往死也。虞書曰：『勛乃殂。』」漢書王莽傳引書曰：「遏密之義。」注：「師古曰：『虞書「放勳乃徂」云云。』」是唐已前本，尚有作「放勳」者，則知「放勛」作「帝」字，自孔氏穎達正義本用之也。徂落者，釋詁云：「死也。」百姓，羣臣也。江氏聲云：「四海乃謂民間，則百姓自是羣臣矣。」喪者，白虎通崩薨篇云：「不直言死，稱喪者，孝子之心不忍言也。」釋親云：「父爲考，母爲妣。」「三載」當爲「三年」，孟子、春秋繁露等皆引作「年」，僞孔因爾雅「唐虞曰載」之

[一]「五十二」原訛作「五」，據春秋繁露原文改。

文改之也。遏者，釋詁云：「止也。」密者，釋詁云：「靜也。」春秋繁露「遏」作「閼」。八音者，白虎通禮樂篇云：「樂記曰：土曰塤，竹曰管，皮曰鼓，匏曰笙，絲曰弦，石曰磬，金曰鐘，木曰柷敔，此謂八音也。」案：塤作于周時。唐虞八音，蓋鼓兼皮土二音。周禮籥章：「掌土鼓。」注：「杜子春云：『土鼓，以瓦爲匡，以革爲兩面，可擊也。』」又周語伶州鳩〔一〕言八音，以瓦易土，知白虎通所說八音，非古也。史公云「堯立七十年得舜」者，據經「朕在位七十載」之文。云「二十年而老」，又八年而崩，故集解引徐廣曰：「堯在位凡九十八年也。」史記正義引皇甫謐云：「堯卽位九十八年，通舜攝二十八年也，凡年百一十七歲。」案：皇甫謐之言不足爲據。堯本紀集解又引謐曰：「堯以甲申歲生，甲辰卽帝位，甲午徵舜，甲寅舜代行天子事，辛巳崩，年百十八，在位九十八年。」僞傳云：「堯年十六卽位。」皆造言也。論衡氣壽篇云：「堯典曰：『朕在位七十載。』求禪得舜，舜徵三十歲在位。堯退而老，八歲而終，至殂落九十八歲。未在位之時，必已成人，今計百有餘歲矣。」案：漢人不知堯之年歲，至晉何由知之？皇甫謐不足信，明甚。以考妣爲父母者，曲禮云「生曰父、曰母，死曰考、曰妣」是也。史記集解引皇覽云：「堯冢在濟陰城陽。」今山東濮州有堯冢。

月正元日，舜格于文祖， **注** 史遷「格」作「至」。

疏 月正者，舜改建子之月爲正也。元者，釋詁云：「始也。」說見上「正月上日」。鄭注云：「文祖者，明堂。」祭法云：「有虞氏祖顓頊而宗堯。」注云：「祭五帝五神於明堂曰祖宗，祖宗通言耳。」孝經云：『宗祀文王於明堂，以配上帝。』」太平御覽五百卅三引孝經援神契云：「明堂有五室，天子每於其室聽朔布教，祭五帝之神，配以有功德之君。」案：此知舜畢堯喪，至于文祖，是宗祀堯于明堂，以赤帝配也。史記正義云：「火精光明，文章之祖，故謂之文祖。」史公「格」爲「至」者，釋詁文。

〔一〕「伶州鳩」原作「單穆公」，據國語周語原文改。

江氏聲云：「下文命官授職，是明堂之事。」**詢于四岳，闢四門，明四目，達四聰。** **注**史遷「詢」作「謀」，「闢」作「辟」，又說爲「明通四方耳目」。鄭康成曰：「卿士之職，使爲己出政教于天下。言四門者，亦因卿士之私朝在國門。魯有東門襄仲，宋有桐門右師，是後之取法于前也。」**疏**漢書梅福傳福上書云：「博覽兼聽，謀及疏賤，令深者不隱，遠者不塞，所謂辟四門、明四目也。」史公「詢」爲「謀」者，釋詁文。以明目達聰爲明通耳目，四爲四方者，亦謂明堂之四門也。明堂宮垣有四門，闢之所以明通視聽。鄭注見詩緇衣疏。**咨十有二牧，** **注**史遷「咨」作「命」。**疏**十二牧者，曲禮云：「九州之長，入天子之國曰牧。」注云：「每一州之中，天子選諸侯之賢者以爲之牧也。」白虎通封公侯篇云：「州伯何謂也？伯，長也。選擇賢良，使長一州，故謂之伯也。唐虞謂之牧者何？尚質，使大夫往來牧視〔一〕諸侯。旁立三人，凡十二人。尚書曰：『咨十有二牧。』何知堯時十有二州也？以禹貢言九州也。」漢書薛宣朱博傳何武與丞相方進共奏言：「古選諸侯賢者以爲州伯，書曰『咨十有二牧』，所以廣聰明，燭幽隱也。」**曰：「食哉，** **疏**食者，方言云：「勸也。」廣雅釋詁同。爾雅釋詁云：「食，僞也。」案：僞卽爲也，言勸使有爲。魏志華陀傳云：「陀恃能厭食事。」言厭爲事也。**惟時柔遠能邇。** **注**鄭曰：「能，恣也。」**疏**時者，釋詁云：「是也。」柔遠能邇，說苑君道篇云：「十二牧，方三〔二〕人。故牧者所以辟四門，明四目，達四聰也。是以近者親之，遠者安之。」釋詁云：「柔，安也。邇，近也。」能讀當爲而。而，如也，言安遠國如其近者。漢督郵班碑作「柔遠而邇」，而、如通字。說苑以親訓能。趙岐注孟子：「親，愛也。」漢書注：「師

〔一〕「視」字原脫，據禮記曲禮疏引白虎通補。

〔二〕「三」原訛作「之」，據說苑君道篇原文改。

古曰：『能，善也。』」義相近。鄭注見詩民勞釋文。云「恣」者，民勞詩「柔遠能邇」箋云：「能猶伽也。安遠方之國，順伽其近者。」伽卽如字。高誘注呂氏春秋云：「恣，從也。」則此恣當謂順從其意。

惇德允元，而難任人，蠻夷率服。」

注史遷說爲「論帝德，行厚德，遠佞人」。**疏**史公說爲「論帝德」者，已下皆述堯之德，信賢遠佞，不以爲己之美事也。云「行厚德」者，「惇，厚」，釋詁文。允者，釋詁云：「信也。」元者，文言云：「善之長也。」史公以「難」爲「遠」，「任」爲「佞」者，釋詁云：「阻，難也。」阻有遠意。又云：「任，佞也。」「蠻夷率服」，率者，釋詁云：「循也。」案：舜時卽位于明堂，四方諸侯及蠻夷皆來朝與助祭，故史公又云於是四門闢，言毋凶人也。天子耳目不能周徧四方，故勉十二牧以助聰明，厚德信善，屏遠凶人，則蠻夷循服，皆明堂布政之訓。

舜曰：「咨，四岳，有能奮庸熙帝之載，使宅百揆，亮采惠疇？」

注史遷「熙」作「美」，「載」作「事」，「宅百揆」作「居官」，「亮采」作「相事」。馬融曰：「奮，明。庸，功也。」鄭康成曰：「載，行也。」**疏**史公「熙」爲「美」者，經文「庶績咸熙」，漢書律曆志作「衆功皆美」。「載」爲「事」者，周書謚法解文。「宅」爲「居」者，釋言文。「百揆」爲「官」者，經文「納于百揆」，史公「百揆」亦作「百官」。「亮」爲「相」者，釋詁云：「亮、相，導也。」是亮、相同義。「采」爲「事」者，釋詁文。馬注見史記集解。云「奮，明」者，明，勉也，謂奮勉。云「庸，功」，釋詁云：「庸，勞也。」勞卽功。鄭注見書疏。云「載，行」者，周語韋昭注亦云。案：經云「奮庸」者，廣雅釋詁云：「奮，進也。」言進用。經云「惠疇」者，釋言云：「惠，順也。」易九家注云：「類也。」言居官相事，順其疇類。上言厚德信善、拒佞人，皆堯之美行，故思得賢以繼之也。詩魯頌閟宮疏云：「謂舜命羣官，使禹宅百揆，卽天官也。」天官冢宰，六卿之長，事無不統。舜本由百揆進而居攝，今卽位命官，使禹宅百揆，欲其由冬官居此職也。

僉曰：「伯禹作司空。」

注史遷作「皆曰」，又作「爲司

空」，說爲「可美帝功」。今尚書夏侯、歐陽說：「天子三公，一曰司徒，二曰司馬，三曰司空。九卿，二十七大夫，八十一元士，凡百二十，在天爲山川。」鄭康成曰：「初，堯冬官爲共工。舜舉禹治水，堯知其有聖德必成功，故改命司空，以官名寵異之，非常官也。至禹登百揆之任，捨司空之職，爲共工與虞，故曰『垂作共工，益作朕虞』是也。」

疏經稱「伯禹」者，蓋是時禹已襲鯀爵爲伯矣。史公「僉」爲「皆」者，釋詁文。「作」訓「爲」者，釋言文。說爲「可美帝功」者，蒙上文。今尚書夏侯、歐陽說見北堂書鈔五十引五經異義。云「在天爲山川」，當是「在天爲星辰，在地爲山川」脫文。大傳云：「天子三公：一曰司徒公，二曰司馬公，三曰司空公。溝瀆雍遏，水爲民害，則責之司空。」注云：「與司寇、司空同職者，謂之司空公。」白虎通封公侯篇云：「司馬主兵，司徒主人，司空主地。」又云：「司空主土，不言土言空者，空尚主之，何況於實？以微見著。」鄭注見周禮疏序。云「初，堯冬官爲共工」者，鄭上文注云：「共工，水官名。」是卽冬官也。云「堯改命司空，以寵異禹」者，經文司空之名始見于此。北堂書鈔五十引尚書刑德放曰：「益爲司馬，禼爲司徒，禹爲司空。」淮南齊俗訓及說苑君道篇皆云「堯之時，舜爲司徒，契爲司馬，禹爲司空，后稷爲大田師，奚仲爲工」是也。云「禹登百揆之任，捨司空之職，爲共工與虞」者，周禮司空主事，故共工屬司空。若山虞、澤虞，皆屬司徒。鄭以虞與共工並言者，以禹隨山刊木，曁益奏庶鮮食，則禹實兼虞而益佐之也。案：馬氏注前堯典俱以爲謚，引謚法文，則此當有云「禹，謚也。受禪成功曰禹」，蓋脫文。今本謚法亦爲後人删落。

帝曰：「俞，咨，禹，汝平水土，惟時懋哉！」

注史遷「俞」作「然」，「咨」作「嗟」，「懋」作「勉」。馬融曰：「懋，美也。」

疏史公「俞」爲「然」者，釋言文。「咨」爲「嗟」者，釋詁文。「懋」爲「勉」者，釋詁云：「茂，勉也。」懋音近茂。馬注見釋文。云「懋，美」者，詩傳云：「茂，美也。」

禹拜稽首，讓于稷、契曁臯陶。

注史遷「暨」作「與」。鄭康成曰：「稷，棄也。初，堯天官爲稷，禹登用之年，舉棄爲之。時天下賴后稷之功，故以官名通稱。舉八元，使布五教，契在八元中。」「暨」一作「臮」。

疏稽者，說文作「䭫」，云：「下首也。」鄭注周禮云：「稽首，拜頭至地也。」讓爲攘假借字，說文云：「推也。」史公「暨」爲「與」者，釋詁文。說文作「臮」，云：「衆詞與也。」鄭注見周禮疏序、詩生民疏、書疏。云「初，堯天官爲稷」者，詩閟宮箋云：「后稷生而名棄，長大，堯登用之，使居稷官。民賴其功，後雖作司馬，天下猶以后稷稱焉。」疏引尚書刑德放云：「稷爲司馬。」案：白虎通封公侯篇云：「別名記云：『司徒典民，司空主地，司馬順天。』」是司馬亦名天官也。云「舉八元，使布五教，契在八元中」者，春秋左氏文十八年傳疏云：「尚書契敷五教，此云『舉八元，使布五教』，以此故知契在八元中也。」

帝曰：「俞，汝往哉！」

注史遷「俞」作「然」。鄭康成曰：「然其舉得其人。汝往居此官，不聽其所讓。」

疏史公「俞」爲「然」者，見前疏。鄭注見史記集解。

帝曰：「棄，黎民阻飢，汝后稷播時百穀。」

注史遷「祖」作「始」。馬融曰：「祖，始也。」鄭康成曰：「阻讀曰俎。阻，戹也。時讀曰蒔。始者，洪水時，衆民戹于飢，汝居稷官，種蒔五穀以救活之。」「阻」一作「祖」。

疏黎者，釋詁云：「衆也。」后者，漢書百官表注：「應劭曰：『后，主也，爲此稷官之主也。』」播者，詩箋云：「猶種也。」時者，是也。史公說「祖」爲「始」者，集解引徐廣曰：「今文尚書作『祖飢』。祖，始也。」馬注見詩釋文。鄭注見詩思文疏。云「阻，戹」者，釋詁云：「阻，難也。」廣雅釋丘云：「阻，險也。」險難是爲戹也。云「時讀爲蒔」者，說文：「蒔，更別種。」漢書食貨志「阻」作「祖」，蓋今文字。詩閟宮疏云：「舜命羣官，使禹宅百揆，即天官也。契任五教爲司徒，即地官也。伯夷爲秩官，即春官也。咎繇爲士，即秋官也。垂爲共工，即冬官也。唯夏官不言命，而上句『禹讓稷、契』之下，帝曰『棄，黎民阻飢，汝后稷播時百㲉』，褒述其爲稷之功，不言命而爲官，明是稷爲司馬，爲夏官也。」案：此以周禮説虞官也。

帝曰：「契，百姓不親，五品不遜，汝作司徒，敬敷五教，在寬。」

注 史遷「遜」作「馴」。一重「五教」二字。馬融曰：「五品之教。」鄭康成曰：「五品，父、母、兄、弟、子也。」「契」一作「偰」，一作「卨」。「遜」一作「愻」，一作「訓」。

疏 契，説文作「偰」，云：「高辛氏之子，堯司徒，殷之先。」又云：「卨，讀與偰同。」古文作「𠁾」。漢書百官表作「卨」。親者，一切經音義九引倉頡篇云：「愛也。」遜者，詩箋云：「順也。」史公「遜」作「馴」者，索隱曰：「史記馴字，徐廣皆讀曰訓。訓，順也。」漢書霍光傳云：「五品以順。」注：「師古曰：『順，理也。』」重「五教」二字，見史記殷本紀。此五帝本紀不重者，蓋古人重字，輒于字下加「＝」，後人誤删之。後漢書鄧禹傳：「策曰：『百姓不親，五品不訓，汝作司徒，敬敷五教，五教在寬。』」順帝紀章懷太子賢注及詩商頌譜引書，皆重「五教」二字。唐石經「五教」下疊「＝」字，尚可辨。是近本始脱之也。馬注見史記集解。鄭注同。云「五品，父、母、兄、弟、子」者，鄭語：「史伯曰：『商契能合和五教，以保于百姓者也。』」注云：「五教，謂父義、母慈、兄友、弟恭、子孝也。」遜，説文作「愻」，順也。引唐書此文。

帝曰：「皋陶，蠻夷猾夏，寇賊姦宄，

注 史遷「宄」作「軌」。鄭康成曰：「猾夏，侵亂中國也。强取爲寇，殺人爲賊，由內爲姦，起外爲軌。」「皋陶」一作「咎繇」，「猾」一作「滑」，「宄」一作「軌」。

疏 史公「宄」作「軌」者，魯語：「里革曰：『毁則爲賊，竊寶者爲軌，用軌之財者爲姦。』」注：「亂在內爲軌。」後漢書李固傳注引經亦作「軌」。是軌爲宄借字也。鄭注見史記集解及周禮司刑疏。以猾爲侵亂、夏爲中國者，猾，大傳作「滑」，潛夫論志氏姓篇亦引作「滑」，韋昭注周語云：「滑，亂也。」猾从冗，蓋借傦字，後人譌从犬。夏者，説文云：「中國之人也。」云「强取爲寇」者，鄭注費誓云：「寇，劫取也。」義同。云「殺人爲賊」者，呂氏春秋過理云：

「沮廦見之，不忍賊。」注云：「賊，殺也。」云「由內爲姦，起外爲軌」者，說文云：「宄，姦也。外爲盜，內爲宄。」宄，古文作「夋」、「忍」。晉語：「長魚矯曰：『亂在內爲軌，在外爲姦。』」鄭注蓋互誤，引之者舛也。「臯陶」爲「咎繇」，見漢書百官志。

女作士。

注馬融曰：「獄官之長。」鄭康成曰：「士，察也，主察獄訟之事。」

疏大傳云：「蠻夷滑夏，寇賊奸宄，則責之司馬。」白虎通封公侯篇云：「司馬主兵，不言兵言馬者，馬陽物，乾之所爲，行兵用焉。不以傷害爲文，故云馬也。」則臯陶爲司馬，三公之職，故鄭釋士爲察，不以爲士師之士也。馬注見史記集解。云「獄官之長」，與漢書百官表應劭注同。周禮士師在小司寇之下，而云「獄官之長」者，唐虞三公，無司寇之名，其刑官名士，即當周之司寇，故今文以爲司馬主兵。說苑修文篇云：「臯陶爲大理。」明士非士師也。鄭注見書疏。云「士，察」者，釋詁文。

五刑有服，五服三就；

注馬融曰：「五刑，墨、劓、剕、宮、大辟。三就，謂大罪陳諸原野，次罪于市朝，同族適甸師氏。既伏五刑，當就三處。」鄭康成曰：「三就，原野也、市朝也、甸師氏也。」

疏五刑有服者，服謂畫衣冠。五者，見上。三就者，就，當讀如繅藉五就之就，鄭注云：「成也。」大傳云：「唐虞象刑而民不敢犯，苗民用刑而民興犯漸。唐虞之象刑，上刑赭衣不純，中刑雜屨，下刑墨幪，以居州里，而民恥之，而反於禮。」所謂五刑之服，有上中下三等，故云「三就」。法言云：「唐虞象刑惟明，夏后肉辟三千。」古說無以五刑爲肉辟者。馬注見史記集解。鄭注見書疏。魯語：「臧文仲云：『大刑用甲兵，其次用斧鉞；中刑用刀鋸，其次用鑽笮；薄刑用鞭扑。故大者陳之原野，小者致之市、朝。五刑三次。』」注：「次，處也。三處，野、朝、市也。」案：馬、鄭注「三就」，皆用此文，而以市朝爲一，增出甸師氏，蓋以周法言之，不如韋注之當也。漢書刑法志說臯陶謨「五刑五用」，亦同魯語。太平御覽七百六十四引大傳云「古者中刑用鑽鑿」而脫其全文，是今文有以五刑爲肉辟者。江氏聲，「云『蠻夷猾夏，寇賊姦宄』，豈象刑足以威之乎？ 則五刑自當有甲兵、斧鉞矣。 至於刀鋸、鑽笮，有苗制是刑，唐虞有是象。 其時民之重恥， 其畏象刑， 尤甚于畏肉刑， 罕有犯者， 然則制固不可廢也。」 五流有宅， 五宅三居：

注 史遷「宅」俱作「度」。 馬融曰：「謂在八議，君不忍刑，宥之以遠。 五等之差亦有三等之居：大罪投四裔， 次九州之外， 次中國之外。」 鄭康成曰：「宅，讀曰咤，懲刈之器。 謂五刑之流，皆有器懲刈。 五咤者，是五種之器，謂桎一梏二拲三。 三處者，自九州之外，至于四海，三分其地，遠近若周之夷、鎮、蕃也。」

疏 史公「宅」俱爲「度」者， 王制云：「度地以居民。」 五流者，謂流宥五刑。 王制：「司徒命鄉簡不帥教者以告。 不變，命國之右鄉移之左，國之左鄉移之右。 不變，移之郊。不變，移之遂。 不變，屏之遠方。」又云：「屏之遠方，西方曰棘，東方曰寄。」注云：「帥，循也。 不循教，謂傲狠不孝弟者。 遠方，九州之外。 棘當爲〔一〕僰，僰之〔二〕言偪，使之偪寄於夷戎。 不屏於南北，爲其太遠。」案：王制殷禮，所本古矣，疑可以說此「五宅三居」。 又王制云：「公家不畜刑人，屏之四方，唯其所之，不及以政，示〔三〕弗故生也。」 鄭注引此經。 五流有宅，似謂左右鄉一、郊二、遂三、遠方東西二，爲五也。 三居者，郊、遂、遠方也。 晉書刑法志云：「舜命皋陶曰：『五刑有服，五服三就； 五流有宅，五宅三居。』方乎前古，事既參陪。」則謂五刑有服，即象以典刑； 五流有宅，即流宥五刑。 增出三就、三居，故云叅陪前古也。 馬注見史記集解。 云「在八議」者，周禮小司寇職議親、議故、議賢、議能、議功、議貴、議

〔一〕「爲」字原無，據禮記王制阮元校勘記補。

〔二〕「之」原訛作「云」，據禮記王制鄭注原文改。

〔三〕「示」字，據禮記王制阮元校勘記，當爲「亦」字之誤。

勤、議賓之八辟，以周法推虞制。云「四裔」者，若四罪。九州之外者，萬里之外。中國之外者，五千里之外也。鄭注見史記集解、王制疏及書疏。云「宅，讀曰咤，懲刈之器」者，廣雅釋詁云：「懲、愯，忩也。」宅與度通，愯即度字，俗加心，是宅爲懲刈之義。咤即叱字。云「桎一梏二拲三」者，江氏聲云：「爲數不符。」案：周禮掌囚云：「上罪梏拲而桎，中罪桎梏，下罪梏，王之同族拲，有爵者桎。」鄭言五種，其此之謂與？云「若周之夷、蕃、鎮」者，見周禮職方氏九服之辨。鄭注大行人職亦云：「九州之外，夷服、鎮服、蕃服也。」

惟明克允。」

注史遷作「維明能信」。馬融曰：「當明其罪，能使信服之。」鄭康成曰：「此三官是堯時事，舜因禹讓，述其成功。」

疏史公「克」作「能」、「允」作「信」者，見上疏。馬注見史記集解。鄭注見周禮疏序。云「三官」者，稷、契、皋陶也。云「堯時事」者，春秋左氏文十八年傳云：「舜臣堯，舉八愷，舉八元。」則此三人皆堯時舉用者。

帝曰：「疇若予工？」

注史遷「疇」作「誰」，「若」作「馴」。馬融曰：「謂主百工之官也。」

疏史公「疇」爲「誰」者，釋詁文。說文：「𠷎，誰也。」「馴」同「順」。釋言云：「若，順也。」馬注見史記集解。

僉曰：「垂哉！」

注史遷「僉」作「皆」。

帝曰：「俞，咨，垂，汝共工。」

注馬融曰：「爲司空，共理百工之事。」

疏馬注見史記集解。云「共理百工之事」者，漢書百官表應劭注略同。冬官共百工之事，禹爲之，既升宅百揆，此官又當求賢也。

垂拜稽首，讓于殳斨暨伯與。帝曰：「俞，往哉，汝諧。」

注「殳」一作「朱」，「伯與」一作「柏譽」。

疏「殳」作「朱」、「伯與」作「柏譽」者，見漢書古今人表。或說，諧者偕也，俞則然其讓矣，仍使偕往治事。

帝曰：「疇若予上下草木鳥獸？」

注史遷「若」作「馴」。馬融曰：「上謂原，下謂隰。」「草」一作「屮」。

疏馬注見史記集解。云「上謂原，下謂隰」者，公羊昭元年傳云：「上平曰原，下平曰隰。」草，漢書揚雄傳云：「昔者禹任益虞而上下和，屮木茂。」又谷永傳引「庶屮蕃滋」，注：「師古曰：『屮，古草字也。』」案：説文：「屮，艸木初生也。古文或以爲艸字，讀若徹。」

僉曰：「益哉！」

注　史遷「僉」作「皆」。馬、鄭「僉曰」作「禹曰」。「益」一作「𦳝」。

帝曰：「俞，咨，益，汝作朕虞。」

疏　史公「僉」爲「皆」者，釋詁文。馬、鄭作「禹曰」，見書疏。漢書百官表：「益作朕虞。」注：「應劭曰：『虞，掌山澤禽獸官名也。』」羽獵賦云：「昔者，禹任益虞。」亦以「僉」爲「禹」。「益」作「𦳝」者，見漢書百官表。説文云「嗌」籀文作「𦳝」。

益拜稽首，讓于朱、虎、熊、羆。

疏　朱、虎、熊、羆，四臣名。春秋左氏文十八年傳高辛氏有才子八人，有伯虎、仲熊、叔豹、季貍，古今人表作柏虎、仲熊、叔豹、季熊，熊當爲羆字。師古曰：「卽左傳所謂季貍者也。」

帝曰：「俞，往哉，汝諧。」

注　史遷説「遂以朱、虎、熊、羆爲佐」。

疏　史公説「以朱、虎、熊、羆爲佐」，則知諧字當訓作偕，審矣。

帝曰：「咨，四岳，有能典朕三禮？」

注　馬融曰：「三禮，天神、地祇、人鬼之禮。」鄭康成曰：「天事、地事、人事之禮也。」

疏　典，與「敟」同，説文云：「敟，主也。」鄭注周禮云：「典，主也。」馬注見史記集解。云「天神、地祇、人鬼之禮」者，周禮「大宗伯之職，掌建邦之天神、人鬼、地祇之禮，以佐王建保邦國」是也。鄭説見史記集解。

僉曰：「伯夷。」帝曰：「俞，咨，伯，汝作秩宗，

注　史遷「僉」作「皆」，「俞」作「嗟」，「咨伯」作「伯夷」。鄭康成曰：「主次秩尊卑。」

疏　經文「咨，伯」者，白虎通王者不臣篇云：「王者臣有不名者五，先王老臣不名。親與先王戮力共治國，同功於天下，故尊而不名也。尚書曰『咨爾伯』，不言名也。不名者，貴賢者。」此蓋今文説。史公則作「嗟，伯夷」，是古文有「夷」字。鄭注見史記集解。

夙夜惟寅，直哉惟清。」

注　史遷「寅」作「敬」，「清」作「静潔」。

疏　「夙，早」、「寅，敬」，釋詁文。史公「清」作「静潔」者，説文：「瀞，無垢薉也。」

伯拜稽首，讓于夔、龍。帝曰：

「俞，往，欽哉！」 **注** 史遷「俞」作「然」。 帝曰：「夔，命汝典樂，教冑子， **注** 史遷「冑」作「穉」。馬融曰：「冑，長也。教長天下之子弟。」鄭康成曰：「國子也。」「冑」一作「育」。 **疏** 經言「冑子」者，詩崧高疏引說文云：「冑，胤也，禮謂適子爲冑子。」今本說文脫下七字。王制云：「樂正崇四術，立四教。」注引經文，云：「幼者教之於小學，長者教之於大學。」尚書傳曰：『年十五始入小學，十八入大學。』」王制又云：「王太子，羣后之太子，卿大夫、元士之適子，國之俊選，皆造焉。」是冑子爲適子也。漢書禮樂志云：「國子者，卿大夫之子弟也，皆學歌九德，誦六詩，習六舞、五聲、八音之和，故帝舜命夔曰『女典樂，教冑子』云云。」史公作「穉」者，詩谷風疏引爾雅釋言：「育，稚也。」今爾雅「育」作「鞠」。鵙鴞釋文引郭璞音義曰：「鞠，一作『毓』。」說文作「育子」，云：「養子使作善也。」詩豳風：「鬻子之閔斯。」傳云：「鬻子，稚子也。」是冑子、適子爲古文說；穉子、育子，今文說也。馬注見釋文，以教冑爲教長，用今文說。鄭注見史記集解，以冑子爲國子，用古文說也。王氏引之云：「凡未冠者通謂之穉子，穉子卽育子。內則曰：『十有三年，學樂，誦詩，舞勺。成童，舞象。』周書大子晉解云：『人生而重丈夫，謂之冑子。冑子成人，能治上官，謂之士。』亦謂未冠者爲冑子也。孔氏穎達誤以爲適長子，而史記之『教穉子』，更莫有通其義者矣。」案：此亦今古文說不同，王氏合而一之，亦非也。 直而温，寬而栗， **注** 馬融曰：「正直而色温和，寬大而敬謹戰栗也。」 **疏** 直者，東方之行，洪範云「木曰曲直」是也。温者，詩傳云：「和柔貌。」性行直者，勝之以柔。寬者，西方之行，漢書翼奉傳云：「西方之情，喜行寬大。」栗者，聘義云：「縝密以栗。」注：「堅貌。」性行寬大者，勝之以堅栗。温和爲春生，堅栗爲秋成，此言仁義所本也。馬注見史記集解。表記云：「寬而有辯。」注云：「辯，別也，猶『寬而栗』也。」是言寬而有分別。詩箋云：「栗，析也。古者聲栗裂同也。」則鄭以栗爲分析，與辯別義相近也。梗直者加以溫和，寬厚者加以明辨，性以相反者相成也。**剛而無虐，簡而無傲；注**「傲」一作「敖」。**疏**虐者，高誘注淮南云：「害也。」簡者，詩傳云：「大也。」傲者，說文云：「倨也。」乾剛，坤簡，古教學必先治性情，法天地四時，于虞書爲四德，皋陶謨爲九德，洪範爲三德，此大學之道也。「傲」，漢志作「敖」。**詩言志，歌永言，注**史遷「志」作「意」，「永」作「長」。馬融曰：「歌，所以長言詩之意也。」「歌」一作「哥」，「永」一作「詠」。**疏**教國子以和平性情，乃可與言樂。詩序云：「詩者，志之所之也。在心爲志，發言爲詩。」樂記云：「歌之爲言也，長言之也。說之，故言之。言之不足，故長言之。」「歌」一作「哥」。永，說文云「詠」，或作「咏」。漢書藝文志作「詠」，引書曰：「詩言志，哥詠言。」「故哀樂之心感，而哥詠之聲發。誦其言，謂之詩，詠其聲，謂之哥。」哥者，說文云：「聲也。古文以爲謌字。」禮樂志作「歌咏言，聲依咏」。史公「志」爲「意」者，鄭注檀弓云：「志，意也。」「永」爲「長」者，釋詁文。馬注見史記集解。**聲依永，律和聲，注**鄭康成曰：「聲之曲折又依長言，聲中律乃爲和也。」**疏**聲者，高誘注淮南子時則訓云：「絲竹金石之聲也。」律者，陽聲六爲律，陰聲六爲吕，陽統陰，故言律以該吕也。賈子傅〔一〕職篇云：「號呼謌謠音聲不中律，燕樂雅訟逆樂序：凡此其屬，詔工之任也。」說文云：「龢，調也。讀與和同。」鄭注見史記集解。**八音克諧，無相奪倫，神人以和。注**史遷「克」作「能」。鄭康成曰：「祖考來格，羣后德讓，其一隅也。」「諧」一作「龤」。**疏**音者，詩序云：「聲成文謂之音。」箋云：「聲謂宮商角徵羽也。聲成文者，宮商上下相應。」鄭注樂記云：「雜比曰音，單出曰聲。」記又云：「審聲以知音，審音以知樂。」則聲、音不同也。鄭注見史記集解，以皋陶謨文說神人也。祖考爲神，羣

〔一〕「傅」原訛作「傳」，據賈子原篇名改。

后爲人。諧，説文作「龤」，云：「樂和龤也。」引此經文。又云：「侖，理也。」夔曰：「於予擊石拊石，百獸率舞。」注鄭康成曰：「石，磬也。百獸，服不氏所養者也。率舞，言音和也。謂擊音之道，與政通焉。」疏於，釋文曰：「如字。或音烏而絶句者非也。」史記正義云「於音烏」，不可從。石者，説文云：「磬，樂石也。」拊者，説文云：「揗也。」周禮太師職云：「令奏擊拊。」注：「鄭司農云：『樂或當擊，或當拊。』」率者，釋詁云：「循也。」鄭注見公羊哀十四年傳疏及史記集解。云「百獸，服不氏所養」者，周禮夏官：「服不氏掌養猛獸而教擾之。」注云：「服不，服不服之獸者，猛獸虎豹熊羆之屬。」云「音聲之道，與政通焉」，樂記文。帝曰：「龍，朕堲讒説殄行，震驚朕師，注史遷「堲」作「畏忌」，「行」作「僞」，「震」作「振」，「師」作「衆」。馬融曰：「殄，絶也，絶君子之行。」鄭康成曰：「所謂色取仁而行違，是驚動我之衆臣，使之疑惑。」疏堲者，説文引此經文，云：「疾惡也。」史公云「畏忌」，義相近。讒説，史記集解徐廣曰：「一云『齊説殄行，振驚衆』。」五帝本紀：「幼〔一〕而徇齊。」索隱引尚書大傳曰：「多聞而齊給。」鄭注云：「齊，疾也。」蓋謂有口辨，卽讒説也。史公「行」爲「僞」者，僞亦爲也。漢景君碑云「殘僞易心」，殘、殄聲相近，疑卽用此文，言其説齊給而行貪殘也。「震，動」，「師，衆」，皆釋詁文。史公作「振」者，廣雅釋詁云：「動也。」馬注見吴志注。云「殄，絶」者，詩傳文。鄭注見史記集解。云「色取仁而行違」者，論語顔淵篇文。讒説，是巧言令色也；殄行，是行違也，違者邪也。史記正義云：「言畏惡利口讒説之人，兼殄絶姦僞人黨，恐其驚動我衆。」是以殄僞對堲讒説爲文。命汝作納言，夙夜出納朕命，惟允。」注史遷「納」作「入」，「允」作「信」。鄭康成曰：「納言，如今尚書，管王喉舌也。」疏史公「出納」作「出入」者，漢

〔一〕「幼」原訛作「生」，據史記五帝本紀原文改。

書百官表云：「龍作納言，出入帝命。」應劭云：「納言，如今尚書，管王之喉舌也。」「允，信」，釋詁文。鄭注見北堂書鈔設官部。云「王喉舌」者，詩蒸民云：「出內王命，王之喉舌。」

帝曰：「咨，汝二十有二人，欽哉，惟時亮天功。」

注　史遷「咨」作「嗟」，「欽」作「敬」，「亮」作「相」，「功」作「事」。馬融曰：「稷、契、皋陶皆居官久，有成功，但述而美之，無所復勑。禹及垂已下皆初命，凡六人，與上十二牧四嶽，凡二十二人。」鄭康成曰：「自『咨十有二牧』至『帝曰龍』，皆月正元日格於文祖所勑命也。」

疏　「二十」，唐石經作「廿」。史公「欽」爲「敬」者，釋詁文。「亮」爲「相」者，釋詁云：「亮、相，道也。」詩釋文引韓詩云：「亮彼武王。亮，相也。」「功」爲「事」者，釋詁云：「績，事也。」「績，功也。」馬注見史記集解。云「稷、契、皋陶皆居官久」者，棄爲后稷、契作司徒、皋陶作士，皆在堯時，上文鄭注亦云「此三官是堯時事」也。鄭注見書疏，云「鄭以爲二十二人數殳斨、伯與、朱虎、熊羆，不數四岳」，與馬異。案：此說是鄭亦以朱虎、熊羆爲二臣也。云「格于文祖所勑命」者，謂勑命於明堂。盛德篇云「明堂，天法也」，故云「亮天功」。

三載考績，三考黜陟，

注　史遷說爲「三歲一考功，三考黜陟」。

疏　史公以「三考黜陟」爲句者，白虎通考黜篇云：「諸侯所以考黜何？王者所以勉賢抑惡，重民之至也。尚書曰：『三載考績，三考黜陟。』」又云：「所以三歲一考績何？三年有成，故於是賞有功、黜不肖。尚書曰：『三載考績，三考黜陟。』」漢書李尋傳尋對災異曰：「經曰：『三載考績，三考黜陟。』」此皆如史公斷句，孔安國古文說也。春秋繁露考功名云：「考績之法，考其所績也。考試之法，大者緩，小者急，貴者舒，而賤者促。諸侯月試其國，州伯時試其部，四試而一考。天子歲試天下，三試而一考。前後三考而黜陟，命之曰計。」白虎通又云：「尚書曰：『三考黜陟。』先削地後黜爵何？爵者尊號也，地者人所任也。今不能治廣土衆民，故先削其土地也。」公羊隱八年疏引書傳云：

「三年一使三公黜陟。」 幽明庶績咸熙。 注史遷「幽明」爲「遠近」，「庶」作「衆」，「績」作「功」，「熙」作「興」。

疏史公「幽明」爲「遠近」，讀與「庶績咸熙」爲句。 大傳云：「書曰：『三載考績，三考黜陟幽明。』」其訓曰：「三歲而小考者，正職而行事也。 九歲而大考者，黜無職而賞有功也。 一之三以至九年，天數窮矣，陽德終矣。 積不善至於幽，六極以類降，故黜之。 積善至于明，五福以類相升，故陟之。 皆所自取，聖無容心也。」是以「幽明」上屬爲句。 漢書谷永傳永對曰：「經曰：『三載考績，三考黜陟幽明。』」是亦以「幽明」上屬爲句，今文説也。 分北三苗。 注鄭康成曰：「流四凶者，卿爲伯、子，大夫爲男，降其位耳，猶爲國君，故以三苗爲西裔諸侯。 猶爲惡，乃復分析流之。 謂分北西裔之三苗也。 北猶別也。」 疏此三苗，似非竄三危者。 韓詩外傳云：「當舜之時，有苗不服。 其不服者，衡山在南，岐山在北，左洞庭之陂，右彭澤之水，由此險也。 以其不服，禹請伐之，而舜不許，曰：『吾喻教猶未竭也。』久喻教，而有苗民請服。」案：其事見淮南子、鹽鐵論、説苑諸書。 堯時三苗已竄三危，此有苗不服，在楚荆州之地，是舜時三苗非堯時所竄也，故呂氏春秋召類篇云：「舜却有苗，更易其俗。」淮南兵略訓云：「舜伐有苗。」修務訓：「舜南征三苗，道死蒼梧。」注云：「三苗之國，在彭蠡，舜時不服，故往征之。」檀弓云：「舜葬於蒼梧之野。」鄭注云：「舜征有苗而死，因葬焉。」書説舜曰「陟方乃死」。 蒼梧於周南越之地，今爲郡。 分北者，即呂氏春秋所爲「却」也。 説文云：「𠔁，分也，从重八。」鄭注見史記集解、書疏及吴志注。云「卿爲伯、子，大夫爲男，降其位」者，孟子萬章篇云：「天子之卿受地視侯，大夫受地視伯。」則卿爲伯、子，大夫爲男，是降其位也。 云「分析流之」，書疏引「析」作「北」，當從史記集解作「析」。 檀弓疏引張逸答焦氏云：「初竄西裔，後分之在南野。」江氏聲云：「蓋三苗爲西裔諸侯，其君一人，其族類當復不少。 其在西裔猶相聚爲惡，故復分析流之。 分析即分别也，故云『北猶别也』。北，蓋重八之𠔁。」段君玉裁云：「說文云：『𠔁，从八厶。八猶背也。』古北背通用。」韋昭注吳語云：「北，古之背字。」許君云：「八，别也，象分别相背之形。」又云：「八猶背也。」是北亦可訓背，不必𠔁字。

舜生三十，徵庸三十，在位五十載，陟方乃死。

注史遷說爲「舜年二十以孝聞，年三十堯舉之，年五十攝行天子事，年五十八堯崩，年六十一代堯踐帝位。踐帝位三十九年，南巡狩，崩於蒼梧之野。葬於江南九疑，是爲零陵」。鄭康成讀此經云：「『舜生三十』，謂生三十年也。『登庸二十』，謂歷試二十年。『在位五十載，陟方乃死』，謂攝位至死爲五十年。舜年一百歲也。」

疏史公云「年三十堯舉之」，此生三十而徵用也。「年五十攝行天子事」，此徵庸二十而在位也。「年五十八堯崩」，此所謂「二十有八載，放勳乃殂落」也。「年六十一代堯踐帝位」，此三年遏密之後，乃踐帝位也。「踐帝位三十九年，南巡狩，崩於蒼梧之野」，此「在位五十載，陟方乃死」也。大戴禮五帝德云：「二十以孝聞乎天下，三十在位，嗣帝所，五十乃死。」論衡氣壽篇云：「堯典曰：『朕在位七十載。』求禪得舜，舜徵三十歲在位。堯退而老，八歲而終，至殂落九十八歲。未在位之時，必已成人，今計數百有餘矣。又云：『舜生三十，徵用三十，在位五十載，陟方乃死。』適百歲矣。」段君玉裁云：「論衡『舜徵三十歲在位』及『徵用三十』，兩『三十』字誤，當作『二十』。」史記集解徐廣引皇甫謐云：「舜以堯之二十一年甲子生，三十一年甲午徵用，七十九年壬午即真，百歲癸卯崩。」太平御覽八十一引帝王世紀曰：「舜年八十即真，八十三而薦禹，九十五而使禹攝政，攝五年，有苗氏叛，南征崩于鳴條，年百歲。」此甲子不足信。僞傳云：「舜壽百一十二歲。」增多一十二歲，與史記、論衡不同，誤計之也。陟方者，史公說爲巡守。案：巡狩至五岳而止，此至蒼梧者，蓋此行分北三苗，且行九歲之大考也。高誘注淮南云：「書曰：『舜陟方乃死。』舜死蒼梧，葬於九疑之山，在蒼梧馮乘縣東北，零陵之南千里也。」史記集解引皇覽云：「舜冢在零陵營浦縣。其山九谿皆相似，故曰九疑。」案：馮乘在今廣西賀縣北一百廿里。地理志：「零陵郡營道，九疑山在南。」營道縣在今湖南道州西，九疑山在寧遠縣南六十里。

皋陶謨第二上　虞夏書二　尚書今古文注疏卷二

注史遷説：「帝舜朝，禹、伯夷、皋陶相與語帝前。皋陶述其謀。」　**疏**皋陶，顔師古注漢書、李賢注後漢書、李善注文選俱引作「咎繇」，是唐以前本，知此「皋陶」字後人所改。謨者，釋詁云：「謀也。」説文云：「議謀也。」古文作「暮」。梅氏分「帝曰『來，禹，汝亦昌言』」已下爲益稷。據書疏云：「馬、鄭、王合此篇於皋陶謨，謂其别有棄稷之篇。」又云：「益稷合於皋陶謨，伏生合之。」是今文古文皆爲一篇。後漢輿服志：「永平〔一〕二年，初詔有司采周官、禮記、尚書皋陶篇，乘輿服從歐陽氏説，公卿以下從大小夏侯氏説。」卽謂日月星辰至絺繡之文，是今益稷本爲皋陶謨之證。詩譜疏引皋陶謨「弼成五服，至於五千」，不云益稷者，依馬、鄭本也。今仍爲一篇。此夏書，題「虞夏書」者，書疏云：「馬融、鄭玄别録題皆曰『虞夏書』，以虞夏同科。」史公云「禹、伯夷、皋陶相與語帝前」，經文無「伯夷」者，大戴禮誥志篇子引虞史伯夷曰「明，孟也。幽，幼也」，似解「幽明庶績咸熙」，是伯夷爲虞史官。史遷以「皋陶方祗厥敍」及「夔曰戛擊鳴球」至「庶尹允諧」爲史臣敍事之文，則卽伯夷所述語也。

〔一〕「平」原訛作「初」，據後漢書輿服志原文改。

曰若稽古　疏白虎通聖人篇云：「何以言臯陶聖人也？以目〔一〕篇『曰若稽古』。」稽古者，泰誓云：「正稽古立功立事。」本經云：「予欲觀古人之象。」非稽古不稱聖人。堯之同天，以帝號稱之。臯陶聖臣，稽古不必同天。召誥言：「稽我古人之德。」下云：「稽謀自天。」周書武穆解云：「曰若稽古，曰昭天之道，照帝之載。」上云「稽古」，下又云「昭天」，知單言稽古非卽同天也。詩譜疏引擿雒貳云：「曰若稽古周公旦。」周公以有聖德，亦云稽古，故班氏知臯陶亦聖人也。

臯陶曰：　注鄭康成以「臯陶」下屬爲句。「允迪厥德，謨明弼諧。」　注史遷作「信其道德，謀明輔和」。

疏鄭注見書疏。史公「臯陶曰」爲「臯陶述其謀曰」，是與鄭氏同以「臯陶」下屬爲句也。允者，釋詁云：「信也。」迪者，釋詁云：「迪、繇，道也。」釋名云：「道，導也。」「繇」卽「由」，「道」亦「導」。德者，淮南齊俗訓云：「得其天性謂之德。」天性，謂五常之性。明者，釋詁云：「成也。」言信由其德，則謀成而輔和矣。史公以「允迪厥德」爲「信其道德」者，釋詁云：「迪，道也。」易繫詞云：「立人之道，曰仁與義。」樂記云：「君子樂得其道。」鄭注云：「道謂仁義也。」管子心術篇云：「德者道之舍。」舍謂得於心也。「允，信」、「謨，謀」、「弼，俌」、「諧，和」，俱釋詁文。「厥，其」，釋言文。禹曰：「俞，如何？」臯陶曰：「都，慎厥身，修思永，惇敘九族，庶明勵翼，邇可遠在玆。」　注史遷「俞」作「然」，「都」作「於」，「厥」作「其」，「永」作「長」，「惇敘」作「敦序」，「庶」作「衆」，「勵」作「厲」、爲「高」，「邇」作「近」，「玆」作「已」。鄭康成曰：「惇，厚也。庶，衆也。厲，作也。敘，序也。次序九族而親之，以衆明作羽翼之臣，此政由近可以及遠也。」　疏慎者，釋詁云「誠也」，「靜也」。修者，鄭注中庸云：「治也。」漢書本紀永光四年詔曰：「慎身修永。」注：「師古曰：『永上有職字。』」知「慎厥

〔一〕「目」原訛作「自」，據白虎通聖人篇盧文弨校語改。

身」爲句。「修思永」，言修其職業，思可永也。職與思、斯聲相近，皆語詞。惇者，釋詁云：「厚也。」九族，謂自高祖至玄孫，如馬、鄭注堯典。漢書本紀元始五年詔曰：「帝王親親以相及也，昔堯睦九族，舜惇敘之。」庶明，謂衆貴戚。堯典「明明」，史公説上「明」爲「悉」，下「明」爲「貴戚」。厲翼，謂附助。文選西都賦注引薛君章句云：「厲，附也。」鄭注文王世子云：「翼，助也。」「勵」當爲「厲」。皋陶爲禹言謹身睦族，貴近附助，則道德可以自近及遠也。史公説「俞」爲「然」、「都」爲「於」，皆釋言文。「厥」爲「其」、「永」爲「長」，皆釋詁文。「惇」作「敦」者，疑訓爲勉。「敘」與「序」通。韋昭注魯語云：「序，次也。」「庶」爲「衆」，釋詁文。明，或如説堯典爲貴戚也。以「厲」爲「高」者，高誘注淮南修務訓云：「厲，高也。」「邇，近」，釋詁文。「兹」爲「已」者，釋詁云：「兹、已，此也。」疑今文「兹」本作「已」。鄭注見後漢書班固傳注及蜀志注、史記集解。以惇爲厚、厲爲作者，皆釋詁文。衆明，書疏引鄭注作「衆賢明」。明得爲賢明者，周語云「尊貴明賢」是也。翼爲羽翼，用本字之訓。

禹拜昌言，曰：「俞。」

注　史遷「昌」作「美」，「俞」作「然」。「昌」一作「讜」。

疏　昌者，釋詁云：「當也。」孟子公孫丑篇云：郭注云：「書曰：『禹拜昌言。』」史公説「昌」爲「美」者，説文云：「昌，美言也。」「昌」或爲「黨」，聲相近。「禹聞善言則拜。」趙注云：「尚書：『禹拜讜言。』」讜字，説文所無。周書祭公解「拜手稽首黨言」，張平子碑「黨言允諧」，皆止作「黨」，知「讜」即「黨」字。

皋陶曰：「都，在知人，在安民。」

注　史遷「都」作「於」。

疏　民，謂衆民；人，謂官人也。詩假樂云：「宜民宜人。」傳云：「宜安民，宜安人也。」疏云：「民、人，散雖義通，對宜有別。」引此經文。漢書薛宣傳谷永上疏曰：「帝王之德莫大於知人。知人則百僚任職，天工不曠，衆職修理，姦軌絶息。」引此文而説之也。皋陶既以修身睦族告禹，又云此者，宗族貴戚人才不一，務在知而器使之。民衆在下，在徧安之，其政乃可及遠也。禹曰：

「吁，咸若時，惟帝其難之。知人則哲，能官人；安民則惠，黎民懷之。

注 史遷「咸」作「皆」，「時」作「是」，「哲」作「智」，「安民」作「能安民」。

疏 言「皆若是，堯猶難之」者，左氏文十八年傳魯太史克言十六族、四凶，堯不能舉，不能去。論語云：「博施濟衆，堯舜其猶病諸。」上古言質直，故謂堯猶難之。哲，漢書五行傳作「悊」，説文「哲」或作「悊」。「惠，愛」、「懷，思」，皆釋詁文。言知人則能器使，安民則衆民思歸之也。史公説「咸」爲「皆」、「時」爲「是」，皆釋詁文。「哲」爲「智」，釋言文。

能哲而惠，何憂乎驩兜，何遷乎有苗，何畏乎巧言令色孔壬？」

注 史遷「哲」作「知」，「而」作「能」，「令」作「善」，「壬」作「佞」。鄭康成曰：「禹爲父隱，故言不及鯀。」

疏 言能聖且仁，則不仁者遠。淮南泰族訓引作「能哲且惠」，則經文作「而」，可讀如本字。孔者，釋言云：「甚也。」言甚佞。江氏聲説巧言卽靜言，令色卽象恭，巧言令色孔壬謂共工。史公説「哲」爲「知」者，「知」同「智」，釋言云：「哲，智也。」「而」爲「能」者，吕覽士容篇：「柔能堅，虛能實。」高誘注云：「能，而也。」〔一〕「令」爲「善」、「壬」爲「佞」，皆釋詁文。鄭注見史記集解。云「禹爲父隱」者，白虎通五行篇云：「父爲子隱何法？法木〔二〕之藏火也。子爲父隱何法？法水逃金也。」聖人法天，則爲父隱者，天道非私也。四凶爲三，故云「不及鯀」也。

皋陶曰：「都，

注 史遷「都」作「然，於」。

疏 段氏玉裁説史公作「皋陶曰然於」者，以「於」説「都」，當以「然」説「俞」，則今文「都」上有「俞」字。

亦行有九德，亦言其人有德。乃言曰：『載采采。』」

注 史遷「有德」上無「人」字，「載」作「始」，「采」作「事」。

疏 亦行，舊説爲「掖行」。玉篇云：「亦，

〔一〕吕覽士容篇作「柔而堅，虛而實」，高誘注：「而，能也。」此處孫氏誤記。

〔二〕「木」原訛作「水」，據白虎通五行篇原文改。

臂也，今作『掖』。書云：『亦行有九德。』」顧野王，晉人，或引舊說也。行者，周禮師氏「以三德教國子。」鄭注云：「在心爲德，施之爲行。」行謂寬、柔、愿、亂、擾、直、簡、剛、彊之行。九德謂栗、立、恭、敬、毅、温、廉、塞、義之德，所以扶掖九行。始事之者，言始試之以事，故下云「九德咸事」。論衡答佞篇云：「唯聖賢之人，以九德檢其行，以事效考其言。行不合於九德，言不驗於事效，人非賢則佞矣。」史公說「載」爲「始」者，釋詁云：「哉，始也。」「載」同「哉」。「采」爲「事」，亦釋詁文。「亦言其有德」一無「人」字者，唐石經同史記，後人旁增人字。

禹曰：「何？」皋陶曰：

注　史遷無此文。

疏　史公無「禹曰何」及「皋陶曰」者，或是今文本無，或史公節省經文，未詳也。後不更出。

「寬而栗，柔而立，愿而恭，亂而敬，擾而毅，直而温，簡而廉，剛而塞，彊而義，

注　史遷「恭」作「共」，「亂」作「治」，「擾」一作「柔」，「塞」作「實」。鄭康成曰：「連言之，寬謂度量寬宏，柔謂性行和柔，擾謂事理擾順，三者相類，卽洪範云『柔克』也。愿謂容貌恭正，亂謂剛柔治理，直謂身行正直，三者相類，卽洪範云『正直』也。簡謂器量凝簡，剛謂事理剛斷，彊謂性行堅彊，三者相類，卽洪範云『剛克』也。而九德之次，從寬而至剛也，惟『擾而毅』在『愿』、『亂』之下耳。其洪範三德，先人事而後天地，與此不同。凡人之性有異，有其上者不必有下，有其下者不必有上，上下相協，乃成其德。」「塞」一作「㥶」，「廉」一作「辨」。

疏　寬綽近緩而能堅栗，柔順近弱而能對立，愿愨無文而能謙恭，治事多能而能敬慎，馴擾可狎而能果毅，梗直不撓而能温克，簡大似放而能廉約，剛者內荏而能充實，發彊有爲而能良善，此似相反而實相成，五行生克之用，聖人法陰陽以治性情之學也。栗爲堅栗者，聘義：「縝密以栗。」鄭注云：「堅貌。」鄭箋詩生民「實栗」云：「栗，成就也。」義與寬似相反。立爲對立者，說文：「對，立也。」義與柔似相反。愿爲愨愿者，禮器云：「不然則已愨。」鄭注云：「愨，愿貌。」恭爲謙恭

者，韋昭注魯語云：「恭爲謙。」義似相反。簡爲簡大者，釋詁云：「簡，大也。」廉爲廉約者，釋名云：「廉，斂也。」說文：「廉，仄也。」俱義似相反。彊而義者，王氏引之案：詩傳：「義，善也。」謂性發彊而又良善也。餘如鄭義。凡而字當讀爲能。呂覽士容篇云：「柔而堅，虛而實。」淮南原道篇云：「行柔而剛，用弱能强。」高誘注云：「而，能也。」史公「恭」作「共」者，後漢書楊震傳注引經文作「龔」，「共」省文，俱與「恭」通。詩巧言「匪其止共」，韓詩作「恭」，經典多通用。說「亂」爲「治」者，釋詁文。「擾」一作「柔」者，集解引徐廣注。經文已有「柔」，則當爲「一作『揉』」也。詩崧高：「揉此萬邦。」鄭云：「揉，順也。」是與擾同義。釋文：「本亦作『柔』。」說「塞」爲「實」者，塞與𡫳通，說文：「𡫳，實也。」引此文。鄭注見書疏。以寬、柔、擾爲洪範「柔克」者，柔爲地道。漢書翼奉傳云：「西方之情，喜行寬大。」西方坤兑屬陰爲地道。擾字从牛，說文：「牛柔謹也。」寬、擾與柔俱地道，故三者爲洪範「柔克」也。云愿、亂、直爲洪範「正直」者，論語云：「侗而不愿。」鄭注云：「愿，善也。」善爲人性。淮南主術訓：「能多者無不治也。」高誘注云：「治，作也。」亂治，人所作爲。論語云：「人之生也直。」愿、亂與直俱人道，故三者爲洪範「正直」也。簡、剛、彊爲洪範「剛克」者，簡大、剛健、自彊不息皆天道，故三者爲洪範「剛克」也。云「器量凝簡」，蓋謂器量凝成而簡大耳。云「洪範三德，先人事而後天地，與此不同」者，洪範「一曰正直，二曰剛克，三曰柔克」，人道在天地之前，此則先地道而後天道。擾爲地道，又次在人道之中，故云「九德之次，惟『擾而毅』在『愿』、『亂』之下」也。此注或疑非鄭注。案：孔氏書疏既引此文，云「鄭連言之」，又孔義俱釋僞傳，義與傳文多不同，故定爲鄭注。云「性有上下」者，上謂寬至彊之屬，文在上。下謂栗至義之屬，文在下。非謂性之智愚爲上下也。鄭所見本「廉」又作「辨」，注中庸云：「簡而文、温而理，猶簡而辨、直而温也。」

彰厥有常，吉哉！

注 史遷「彰」作「章」，「厥」作

「其」。鄭康成曰：「人能明其德行，所行使有常，則成善人矣。」**疏**章，一説爲顯。章顯有德之人，與之禄秩。盤庚云：「用德彰厥善。」洪範云：「俊民用章。」章彰同義。後漢書鄭均傳元和元年詔云：「書不云乎，『章厥有常，吉哉。』其賜均、義穀各千斛。」注云：「章，明也。吉，善也。言爲天子當明其有常德者，優其廩餼，則政之善也。」疑今文之義。釋詁云：「秩，常也。」鄭注見書疏。以彰爲明者，高誘注吕覽懷寵篇云：「彰，明也。」云「所行使有常」者，易象上傳云：「君子以常德行。」以吉爲善者，説文云：「吉，善也，從士口。」

日宣三德，夙夜浚明有家。

注史遷「夙」作「蚤」，「浚」作「翊」。馬融曰：「浚，大也。」鄭康成曰：「三德、六德者，皆『亂而敬』已下之文。」

疏宣者，釋言云：「徇也。」周語：「劉康公曰：『宣所以教施也。』」浚者，方言云：「敬也。」明者，釋詁云：「成也。」或「明」與「孟」通，故「孟諸」即「明都」。釋詁云：「孟，勉也。」言早夜旬宣三德，以敬勉有家之人。家，謂有采地之臣。鄭注周禮春官「家宗人」云：「家，謂大夫所食采邑。」史公以「夙」爲「蚤」者，釋詁云：「夙，早也。」「浚」爲「翊」者，華嚴音義引書大傳云：「翊，輔也。」翊與翼同，亦敬也，言敬勉。馬注見釋文。以浚爲大者，釋詁云：「駿，大也。」浚與駿同。大明謂大勉也。鄭注見書疏。云「『亂而敬』已下之文」，是以三者爲簡、剛、彊三德。

日嚴祗敬六德，亮采有邦。

注史遷「祗」作「振」，「邦」作「國」。馬融讀「嚴」爲「儼」，曰：「亮，信。采，事也。」

疏嚴者，説文云：「教令急也。」祗者，釋詁云：「敬也。」祗敬重文者，無逸云「嚴恭寅畏」，亦皆敬，不嫌重文。此六德，鄭意以爲「亂而敬」至「彊而毅」之文。亮者，釋詁云左、右、亮、助，皆轉相訓。詩傳云：「涼，佐也。」上言敬成有家，謂卿大夫之佐事者。此言助事有邦，謂有土者之臣。史公以「祗」爲「振」者，周語：「震動恪恭。」振同震。説文：「肅，持事振敬也。」祗振又通。內則：「祗見孺子。」鄭注云：「祗，或作『振』。」馬作「儼」，見釋文引「馬，魚檢反」。詩傳云：

「儼，矜莊貌。」注見書疏。「亮，信」、「采，事」，皆釋詁文。

翕受敷施，九德咸事，

注 史遷「敷」作「普」。 **疏** 翕者，釋詁云：「合也。」敷者，詩傳云：「徧也。」施者，莊子釋文同馬注，云：「用也。」言合受三六德之人，徧用之。咸事者，皆任職。說文云：「事，職也。」漢書王尊傳：「三公，典五常九德。」是謂下文俊乂也。史公說「敷」爲「普」者，趙氏注孟子萬章云：「普，徧也。」普與敷，音義同。

俊乂在官，百僚師師，百工惟時。

注 史遷說「百僚」二句爲「百吏肅謹」。馬融、鄭康成曰：「才德過千人爲俊，百人爲乂。」「乂」一作「艾」。 **疏** 俊與駿同，釋詁云：「大也。」乂，漢書谷永傳引作「艾」，釋詁云：「艾，長也，歷也。」郭注云：「艾，長者多更歷。」俊乂，言大臣耆老也。漢書孔光傳詔曰：「誣愬大臣，令俊艾者久失其位。」又云：「今年耆有疾，俊艾大臣，惟國之重。」是俊爲大，艾爲老也。周語：「耆、艾修之。」韋昭注云：「師、傅也。」師師，相師法也，見漢書敘傳「高平師師」注引鄧展說、西京賦薛綜注。荀子致仕篇：「耆艾而信，可以爲師。」謂師法俊艾也。工義或爲功，或爲官。時者，詩傳云：「善也。」鹽鐵論刺復篇引此經，說之云：「言官得其人，人任其事，故官治而不亂，事起而不廢，士守其職，大夫治其位，公卿總要執凡。」公卿謂俊乂，大夫謂百僚，士謂百工也。史公說「百僚」、「百工」俱爲「百吏」者，詩傳云：「工，官也。」「師師」爲「肅」者，釋詁云：「肅肅，敬也。」師、肅聲相近。「時」爲「謹」者，王逸注楚辭云：「謹，善也。」時亦訓善，義同。馬、鄭注見書疏。以俊爲才德過千人者，春秋繁露爵國篇云：「萬人曰英，千人曰俊，百人曰傑，十人曰豪。」馬、鄭以才爲才德者，望文生義也。「百人爲乂」之文，未見出典。

撫于五辰，庶績其凝。

注 馬融曰：「凝，定也。」鄭康成曰：「凝，成也。」 **疏** 撫者，王逸注楚辭云：「循也。」辰者，詩傳云：「時也。」禮運云：「播五行於四時。」故五時謂之五辰。白虎通五行篇云：「土王四季各十八日，合九十日爲一時。」後漢書東平王蒼傳有「五時衣各一襲」是也。凝者，高誘注淮南兵略訓云：「正也。」言循四時以正庶事，即明堂、月令之政也。馬注見釋文。以凝爲定者，廣雅釋詁文同義。鄭注見書疏。以爲成者，中庸篇：「至道不凝焉。」鄭注云：「成也。」

無教佚欲。

注史遷說爲「毋教邪淫奇謀」。「教」一作「敎」，「佚欲」一作「逸遊」。**疏**佚欲，漢書王嘉傳嘉奏封事曰：「臣聞咎繇戒帝舜曰：『無敎〔一〕佚遊。』」教敎形聲俱相近。漢書韋賢傳諫詩曰：「邦事是廢，逸遊是娛。」袁宏漢紀陳蕃上書作「無敢遊佚」，後漢書陳蕃傳作「無教逸遊」。太平御覽諫諍部引謝承後漢書曰：「陳蕃諫桓帝曰：『故皋陶戒帝無畋遊，周公戒成王無般于遊田。虞舜、成王猶有此戒。』」俱今文，並以逸游爲田遊。據史記文，「欲」當爲「猷」。史遷說「佚」爲「邪淫」者，方言云：「佚，淫也。」故云「邪淫」。「欲」爲「奇謀」者，知古「欲」或作「猷」，禮器注引詩「匪革其猶」，詩文王有聲「猶」作「慾」。猶與欲，聲形亦相近。釋詁云：「猷，謀也。」故云「奇謀」。「欲」又作「游」，與「猷」通。周禮師氏：「貴遊子弟。」注：「杜子春云：『遊』當爲『猶』。」

有邦兢兢業業，一日二日萬幾。

注馬融曰：「一日二日，猶日日也。」「幾」一作「機」。**疏**言有國者毋教以佚游，當戒其危，日日事有萬端也。釋詁云：「兢兢，戒也。業業，危也。」幾，漢書王嘉傳作「機」。易繫辭云：「幾者，動之微，吉之先見者也。」本或作「吉凶之先見」。馬注見書疏。

無曠庶官，天工人其代之。

注史遷說爲「非其人居其官，是謂亂天事」。「工」一作「功」。**疏**曠者，曲禮：「祥車曠左。」鄭注云：「空神位也。」工，漢書律曆志引作「功」，說云：「天兼地，人則天。」後漢劉元傳李淑曰：「夫三公上應台宿，九卿下括河海，故天工人其代之。」又馬嚴傳嚴上封事引此經，說之曰：「言王者代天官人也。」王符貴忠篇云：「書稱『天工人其代之』，王者法天而建官，故明主不敢以私

〔一〕「敎」原訛作「教」，據漢書王嘉傳原文改。

授，忠臣不敢以虛受。」論衡藝增篇云：「尚書曰：『無曠庶官。』曠，空，庶，衆也。毋空衆官。寘非其人，與空無異，故言空也。」此皆古義，故備載之。寘非其人，尚謂之曠，臣之有作福威而私授者，必受違天之咎矣，故經以爲戒。史公以「工」爲「事」者，工與功通。周禮肆師：「凡師不工。」注：「故書『功』爲『工』，鄭司農『工』讀爲『功』，古者工與功同字。」**天敘有典，勑我五典五惇哉。** **注** 馬融「有」作「五」，下同。**疏** 敘者，釋詁云：「順，敘也。」郭注云：「謂次序。」典者，釋詁云：「常也。」是五典卽五常。勑同敕，説文云：「誠也。」云「我五典」者，詩烝民云「天生烝民，有物有則」，言人各有此五常之性也。白虎通性情篇云：「五常者何？謂仁、義、禮、智、信也。」中庸篇云：「天命之謂性。」鄭注云：「木神則仁，金神則義，火神則禮，水神則信，土神則知。」「知」「信」疑互舛。惇者，釋詁云：「厚也。」馬注見釋文。**天秩有禮，自我五禮有庸哉。** **注** 鄭康成曰：「五禮，天子也，諸侯也，卿大夫也，士也，庶民也。」**疏** 秩者，釋詁云：「常也。」説文作「豑」，云：「爵之次弟也。」「自」與「循」轉相訓。庸者，常也。俱見釋詁。云「自我」者，禮書云：「聖人緣人情而制禮。」又云：「禮由人起。」五典〔一〕，據堯典惟言「典朕三禮」，則當爲五等之禮。鄭注見書疏。以五禮爲自天子至庶人者，曲禮云：「天子穆穆，諸侯皇皇，大夫濟濟，士蹌蹌，庶人僬僬。」又云：「天子之妃曰后，諸侯曰夫人，大夫曰孺人，士曰婦人，庶人曰妻。」王制殯葬廟祭之禮，皆自天子達於庶人。江氏聲以禮不下庶人，疑鄭説之無本，非也。**同寅協恭和衷哉。** **注** 鄭康成曰：「并上典禮，共有此事。」**疏** 禮主敬而用貴和，行之始得其中和也。釋詁寅，恭，俱敬也。協，合也。堯典「協和萬邦」，史記作「合和」。和衷爲中和者，周語云：「其君齋明衷正。」韋昭注云：「衷，中也。」鄭注見書疏。

〔一〕「五典」，據上下文義及文例，疑當作「五禮」。

天命有德，五服五章哉。注大傳說：「天子衣服，其文華蟲、作繪、宗彝、璪火、山龍；諸侯，作繪，宗彝、璪火、山龍；子男，宗彝、璪火、山龍；大夫，璪火、山龍；士，山龍。」鄭康成曰：「五服：十二也，九也，七也，五也，三也。」疏今文說五服爲五章，鄭氏說有五等，蓋秦滅禮學，郊祀之服易以袀玄，伏生猶見先秦制度，傳授其義，似較可信。至漢輿服志稱：「孝明皇帝永平二年，初詔有司采周官、禮記、尚書皋陶謨篇，乘輿服從歐陽說，公卿以下從大小夏侯氏說。」鄭氏據此爲說，則漢時章服，亦不能證明古義矣。大傳引此經文而說之，以自天子至士皆有山龍者，釋言云：「袞，黻也。」周禮司服「袞冕」注：「鄭司農云：『袞，卷龍衣也。』」袞，自天子至士總名之服，故爾雅單舉之。廣雅云：「山龍，彰也。」亦舉山龍以該五章，則今文家謂自天子至士皆有之說也。論衡語增篇云：「五服，五采之服也。服五采，畫日月星辰。」王充以此釋「弼成五服」，蓋誤。大傳亦不云「畫日月星辰」也。鄭注見周禮大宗伯疏。以十二章爲五服者，謂日一、月二、星辰三、山四、龍五、華蟲六、宗彝七、藻火九、粉米十、黼十一、黻十二。此十二章，天子備有，公自山龍而下，侯伯自華蟲而下，子男自藻火而下，卿大夫自粉米而下，則此十二章爲五等之服也。

天討有罪，五刑五用哉。注班固說：「大刑用甲兵，其次用斧鉞；中刑用刀鋸，其次用鑽鑿；薄刑用鞭朴。大者陳諸原野，小者致之市朝。」大傳說同。「用」或作「庸」。疏古文以五刑爲象刑，見下文「象刑惟明」疏。討者，說文云：「治也。」說文有「敨」字，云：「棄也，周書以爲『討』。」疑「周」字作「虞」。周禮大司馬職：「以九伐之法正邦國。」是五刑兼有甲兵，當如今文說。用，後漢書梁統傳統對尚書引作「庸」。班氏刑法志引此經而說之云：「聖人因天秩而制五禮，因天討而作五刑。」是本今文說也。太平御覽七百六十四引大傳云：「古者，中刑用鑽鑿。」今脫其全文，故以班氏補其說。五刑始於有苗，制自夏代，唐虞所無，古文說是也。政事懋哉懋哉。　**注**「懋」一作「茂」。　**疏**政者，韋昭注晉語云：「職也。」「懋」同「茂」，釋詁云：「勉也。」漢書董仲舒傳仲舒對策曰：「書云『茂哉茂哉』，彊勉之謂也。」郭注爾雅引書「茂哉茂哉」。釋文云「茂」又作「懋」，亦作「𢘓」，同注。「茂哉」或作「茂才」，是今文爲「茂才」，古文爲「懋哉」也。說文「懋」作「𢘓」。　天聰明，自我民聰明；天明畏，自我民明畏。　**注**「畏」一作「威」。　**疏**聰明，謂視聽。孟子萬章篇引泰誓曰「天視，自我民視；天聽，自我民聽」是也。明威，言賞罰。呂刑云「德畏惟威，德明惟明」是也。明者，周語：「尊貴明賢。」韋昭注云：「明，顯也。」自者，釋詁云：「從，自也。」自亦爲從。又周禮鄉大夫職注引此文，疏云：「自，用也。」疑「自」卽古「𩫖」字，說文：「𩫖，用也，讀若庸。」民者，人也，統貴賤言之。孝經云：「民之行也。」釋文云：「本作『人』。」坊記鄭注云：「先民，謂上古之君也。」春秋左氏成十三年傳：「民受天地之中以生。」疏云：「民，謂人也。」莊廿三年傳：「所以整民。」疏：「民，謂氓庶，貴賤者皆是也。」民對天言之，自當爲人。周禮鄉大夫：「使民興賢，出使長之；使民興能，入使治之。」「言爲政以順民爲本也」，〔一〕引此經文「畏」作「威」。詩烝民注，鄭引書曰：「天聰明，自我民聰明。」本疏云：「『引書曰』者，泰誓文也。彼注云：『天之所謂聰明有德者，由民也。言天所善惡與民同。』」此蓋今文泰誓注也。漢書李尋傳云「書曰『天聰明』，蓋言紫宮極樞，通位帝紀」云云。孔光傳云：「日有蝕之，變見三朝之會。上天聰明，苟無其事，變不虛生。」則古說不謂聰明爲有德者。鄭有注，王氏鳴盛以爲此經之注，反言疏誤，非也。今泰誓佚矣。　達于上下，敬哉有土。」　**疏**「達」「通」轉相訓，見說文。上謂天，下謂民，言視聽賞罰不可欺天。有土卽謂上有邦者，重言以爲戒。　皋陶曰：　**注**史遷省。　**疏**史公省文者，以前文俱皋

〔一〕「言爲政」一句，乃周禮鄉大夫鄭氏注文。

陶之言，不必再舉。史公惟有「天討有罪，五刑五用哉」之文，無「天命有德」已下諸說者，以「翕受敷施，九德咸事」諸文已言官人之義，可以略之，故單舉討罪。疑非今古文之異也。

「朕言惠，可厎行？」禹曰：「俞，乃言厎可績。」

注　史遷說爲「吾言厎可行乎」，是無「惠」字。又作「禹曰：〔一〕女言致可績行〔二〕」。

疏　惠者，釋詁云：「順也。」厎者，釋言云：「致也。」績與迹同，亦謂行也。史公以「朕」爲「吾」者，釋詁朕、吾，俱我也。說「績」爲「績行」者，春秋左氏哀元年傳：「復禹之績。」釋文云：「本亦作『迹』。」績、迹通。楚辭王逸注云：「迹，行也。」文選顏延年詩注引春秋合誠圖宋注云：「迹，行迹，謂功績也。」是績行猶云履而行之也。

臯陶曰：「予未有知，思曰贊贊襄哉。」

注　史遷說爲「余未有知，思贊道哉」。馬融曰：「襄，因也。」鄭康成曰：「贊，明也。襄之言揚。言我未有所知，所思徒贊明帝德，揚我忠言而已。謙也。」

疏　「思曰」曰字，史記所無，或當爲「曰思」。爰、曰轉訓，見釋詁。洪範「土爰稼穡」，史記作「土曰」，是爰、曰字通也。贊贊，爾雅、廣雅釋訓俱無釋。書正義引王肅云：「贊贊，猶贊奏也。」肅義不足取。史公以「贊」爲「道」者，周語：「內史贊之。」韋昭注云：「贊，道也。」道，謂導之。張守節正義云「贊於古道」，非也。馬注見釋文。以襄爲因者，釋詁云：「儴，因也。」謚法解：「因事有功曰襄。」鄭注見書疏。以贊爲明者，明卽勉。贊贊猶明明，明明卽勉勉也，故云「贊明帝德」，謂贊勉之。云「揚我忠言」者，襄、揚聲相近，得爲揚。今本「揚」作「暢」，誤字。云「忠言」者，疑以曰爲言也。

〔一〕「曰」原訛作「言」，據史記夏本紀原文改。

〔二〕「行」字原脫，據史記夏本紀原文補。

皋陶謨第二中　虞夏書二　尚書今古文注疏卷二

帝曰：「來，禹，汝亦昌言。」禹拜曰：「都，帝，予何言！予思日孜孜。」**注**史遷「都」作「於」，「孜孜」作「孳孳」。　**疏**思，猶斯也。詩泮水「思樂泮水」，禮器疏作「斯」。又我行其野「言歸思復」，唐石經作「斯復」，知「思」，語詞也。「孜孜」，古文；「孳孳」，今文也。說文云：「孜，汲汲也。」引周書曰：「孜孜[一]無怠。」又云：「孳，汲汲生也。」是與「孜」同。彼泰誓文，史記亦作「孳孳[二]」，與說文異。說文所載，壁經也。廣雅釋訓云：「孜孜，劇也。」劇蓋勮字，言勢劇，古文說也。禹言予此日汲汲不遑耳。　皋陶曰：「吁，如何？」**注**史遷說爲「皋陶難禹曰『何謂孳孳』」。禹曰：「洪水滔天，浩浩懷山襄陵，**注**史遷「洪」作「鴻」。　下民昬墊。」**注**史遷說爲「下民皆服於水」。鄭康成曰：「昬，没也。墊，陷也。禹言洪水之時，人有没溺之害。」**疏**懷山襄陵，說見堯典疏。昬字，依史記疑當爲「皆」，形相近。史公所據本，蓋亦今文也。以「墊」爲「服於水」者，廣雅釋詁云：「墊，伏藏也。」李善注文選陸士衡詩「伏事」，云：「伏與服，古字通。」是伏於水謂陷於水也。鄭注見書疏。以昬爲没者，釋詁云：「泯，盡也。」詩疏引李巡云：「没之盡

〔一〕「孜孜」原訛作「孳孳」，據說文原文改。

〔二〕「孳孳」原訛作「孜孜」，據史記周本紀原文改。

也。」昬與湣，聲相近。埶爲陷者，方言云：「埶，下也。」論語集解引孔安國注云：「埶，陷下也。」是埶、陷俱爲下溼之義。說文有「淊」字，「泥水淊淊也」，義同。禹言所以汲汲者，以洪水漫天，包駕山谷，下民有泯陷之患。

予乘四載，

注 史遷說爲「予陸行乘車，水行乘舟，泥行乘橇，山行乘檋」。又以「舟」爲「船」，「乘橇」爲「蹈毳」，「乘檋」爲「卽橋」。

疏 四載者，一車、二舟、三欙、四輴。據說文本字考之，欙者，說文云：「山行所乘者。」夏本紀作「檋」，河渠書作「橋」，溝洫志作「梮」。史記集解徐廣曰：「檋，直轅車也。」漢書注：「如淳曰：『梮，謂以鐵如椎頭，長半寸，施之履下，以上山不蹉跌也。』韋昭曰：『梮，木器，如今輿牀，人轝以行也。』」書疏又引應劭云：「梮，或作欙，爲人所牽引也。」說文「欙」，未說其義，而有「轝」，云：「直轅車轒也。」又注「𩏂」字云：「車衡三束也，直轅鑵縛。」是「檋」卽「轝」假音，以革縛轅，行以上山。合之徐廣說爲直轅車，應劭說以爲人牽引者是也。如淳因志云則「梮」，史記云卽「橋」，故說爲履，疑望文生義。「橋」則「檋」假音字。輴者，說文云：「澤行乘輴。」夏本紀作「泥行乘橇」，又作「毳」，溝洫志同。泥卽澤也。史記集解徐廣曰：「他書亦作『蕝』。」漢書注：「孟康曰：『毳形如箕，擿行泥上。』如淳曰：『毳音「茅蕝」之「蕝」，謂以板置泥上，以通行路也。』」書疏又引慎子云：「爲毳者，患塗之泥也。」是與說文「車約輴」之義不同，豈毳實爲行泥之板，說文假輴字者，出自古文與？史記集解引尸子「山行乘欙，行塗以楯，行險以樶，行沙以軌」，書疏又引尸子「山行乘欙，泥行乘蕝」，呂覽慎勢篇云「水用舟，陸用車，塗用楯，沙用鳩，山用欙」，皆異字，可依聲近推詳其義。此四載之文，河渠書、溝洫志俱引爲夏書，說文引爲虞書，今經文所無，或今文本有之。史遷說兩見夏本紀。「乘」作「蹈」，又作「卽」，見河渠書者。既云「蹈」、云「卽」，疑是所履之物，故如淳注漢書以爲履也。

隨山刊木。

注 史遷「隨」作「行」，「刊」作「栞」，亦作「桒」。

疏 刊者，說文云：「栞，槎

識也。夏書曰：『隨山栞木。』讀若刊。」篆文作「栞」〔一〕。是經作「刊」，爲後人省改也。春秋左氏襄五年傳云：「井堙木刊。」服虔注云：「刊，削也。」管子形勢解：「禹斲高橋下，以致民利。」斲高，即刊木也。文選東京賦：「山無槎枿。」薛綜注云：「斜斫曰槎。」邪斫者，表記之。史記説禹貢爲「表木」。史公「隨」爲「行」者，廣雅釋詁云：「隨，行也。」許氏引篆文者，以古文別于今文，卽云篆文，蓋孔壁書也。

暨益奏庶鮮食。

注史遷説爲「與益予衆庶稻鮮食」，又説「令益予衆庶稻，可種卑濕」。馬融曰：「鮮，生也。」鄭康成曰：「授以水之衆鱻食，謂魚鼈也。」

疏史記夏本紀兩説此經，俱有稻字。馬、鄭用孔壁古文説，無之。疑史公據今文説也。或古文稱鮮少之食卽謂稻與？未決川距海之前，地卑濕，故種稻。稻，北方所少，謂之鮮食。或説鮮者，釋詁云：「善也。」曲禮云稻曰嘉蔬，嘉猶善也。史公説「暨」爲「與」者，釋詁文。「奏」爲「予」者，鄭注云：「奏爲授，授卽予也。」稻者，説文云：「稌也。」「沛國謂稻曰稬。」「稴，稻不黏者。」「秔，稻屬。」是稻有此諸種也。云「稻鮮食」，一云「稻可種卑濕」，無「鮮食」字，下又以「鮮食」爲「食少」也。馬注見釋文。説鮮爲生者，周禮庖人：「凡其死生鱻薨之物。」注：「鄭司農云：『鮮，謂生肉。』」蓋兼六畜、六獸、六禽言之。馬意以益焚山澤，禽獸逃匿，可以爲民食也。鄭注見詩思文疏。以鱻爲魚鼈者，説文：「鱻，新魚精也。从三魚不變〔二〕。」與鮮音相近，故爲魚之屬也。

予決九川，距四海，

注史遷「予」作「以」，「距」作「致」。

疏決者，説文云：「行水也。」九川者，五帝本紀云「通九澤，決九河」，夏本紀及溝洫志云「通九道，陂九澤」。既有九澤，又有九河，知此九川謂九州之川也，通九道亦謂通九州水道。

〔一〕「栞」原訛作「栞」，據説文「栞」下所引篆文改。
〔二〕「從三鱻不變」，説文原文作「从三魚，不變魚」。

距四海，謂至于海。漢書食貨志注：「孟康云：『距，至也。』」廣雅釋詁同。四海者，禹貢「青州：濰、淄其道，海濱廣斥」，此爲東海，在今登州。禹貢云「導河，北播爲九河，入于海」，此卽北海，漢爲勃海郡，爲今滄州、天津之境。禹貢云「北江入于海，中江入于海」，此爲揚州之海，疑亦可爲南海。左傳：「楚子云：『君處北海，寡人處南海。』」孟子云：「孫叔敖舉于海。」似楚之南海卽謂揚州之海也。史記正義云：「按南海卽揚州東大海。岷江下至揚州，東入海也。」禹貢不言西海。史記張儀傳：「司馬錯〔一〕曰：『利盡西海。』」索隱曰：「西海，謂蜀川也。」又大荒西經云：「西海之南，流沙之濱，有大山，名曰崑崙之丘。」海內西經云：「河水出東北隅，以行其北，西南又入勃海，又出海外，卽西而北，入禹所導積石山。」是山海經有西海，亦名渤海，漢時謂之蒲昌海。說文云「泑澤，在昆侖虛下」，卽蒲昌海也，亦謂之西海。弱水餘波入于流沙，通于南海，此是也。漢于此設西海郡，今爲甘肅塞外之地。坤鑿度注引萬形經云：「坎，北方，無海。」謂其地但有瀚海也。此云決九州至于海，當言水道所歸，故不得以「海，晦」之義解之。史公說「距」爲「致」者，至、致聲相近，與孟康、張楫同義。

濬畎澮距川。 **注** 史遷「濬」作「浚」，說「距川」爲「致之川」。鄭康成曰：「畎澮，田間溝也。澮所以通水於川也。」「濬」一作「㕡」，「畎澮」一作「𡿨巜」。**疏** 濬者，釋言云：「濬，深也。」說文作「㕡」，云：「深通川也。虞書曰：『㕡畎澮距川。』」古文作「濬」，又作「濬」。又云：「𡿨，水小流也。周禮：『一耦之伐，廣尺深尺謂之𡿨。』」𡿨，古文作「甽」，篆文作「畎」。又云：「巜，水流澮澮也。方百里爲巜，廣二尋，深二仞。」又云：「川，貫穿通流水也。虞書曰：『濬𡿨巜距川。』言深𡿨巜之水，會爲川也。」許氏兩引經文，作「濬𡿨巜」者，孔壁古文也；作「濬畎澮」者，孔安國以今文讀之也。管子桓公問篇云：「水之

〔一〕「司馬錯」原訛作「張儀」，據史記張儀傳原文改。

出于他水，溝流于大水及海者，命曰川水。」史遷作「浚」者，假音字。公羊莊九年傳云：「浚之者何？深之也。」亦以「浚」爲「濬」。鄭注見史記集解及文選長笛賦注。以畎澮爲田間溝者，考工記云：「匠人爲溝洫，耜廣五寸，二耜爲耦。一耦之伐，廣尺深尺謂之𤰝。田首倍之。廣二尺深二尺謂之遂。九夫爲井，井間廣四尺深四尺謂之溝。方十里爲成，成間廣八尺深八尺謂之洫。方百里爲同，同間廣二尋深二仞謂之澮。專達于水，各載其名。」俱是在田間，通水於川也。

暨稷播奏庶艱食。

注史遷説爲「與稷予衆庶難得之食」。馬融「艱」作「根」，曰：「根生之食謂百穀。」鄭康成曰：「禹復與稷教民種澤物、菜蔬、艱戹之食。」

疏播者，鄭語：「周棄能播殖百穀。」注云：「播，布也。」史記不言「布」，疑今文無此字。決水致之川，則有平土，可以布穀。不耕之土，得食爲難，故曰「艱食」也。史公云「難得之食」者，説文云：「艱，土難治也。」難得之食，即謂百穀。馬注見釋文。「艱」作「根」者，釋名：「艱，根也，如物根也。」艱、根聲形俱相近。鄭注見詩思文疏。云「復與」者，以上已與益奏鮮食，此復奏艱食。云「澤物」者，周禮司徒：「川澤，其植物宜膏物。」注云：「膏，當爲『櫜』，蓮芡之屬有櫜韜。」是澤物爲蓮芡之屬也。云「菜蔬」者，魯語云：「柱能播殖百穀百蔬，周棄繼之。」注云：「草實曰蔬。」是蔬與穀，俱稷所植。爾雅釋天：「疏不熟爲饉。」郭氏云：「凡草菜爲食者，通名爲蔬。」是菜蔬亦兼草也。云「艱戹之食」者，周禮遺人：「賙萬民之囏戹。」注云：「囏戹即饑乏也。」説文作「䬯」，云：「飢也。」

鮮食，懋遷有無化居。

注史遷説爲「食少，調有餘補不足，徙居」。「懋」一作「貿」，又作「楙」。

疏鮮者，與寡轉訓，見釋言。説文又有尟字，云：「是少也。」據史公説，此「鮮食」與上不同。懋遷者，貿易遷徙。漢書食貨志作「楙」，注：「應劭曰：『楙，勉也。』」蓋非。漢書敘傳作「茂」。懋、茂、楙，俱「貿」假音字。文選永明策秀才文注引此作「貿」，疑今文也。釋言云：「貿，買也。」説文云：「貿，易財也。」遷者，孟子離婁篇「遷於負夏」，史記說「遷」爲「就時」，是此遷亦就時也。化卽古貨字，古布以化爲貨。居者，積貯之名。晉語叔向曰：「假貸居賄。」韋昭注云：「居，蓄也。」史記呂不韋傳云：「此奇貨可居。」漢書食貨志：「廢居居邑。」注：「如淳曰：『居賤物于邑中，以待貴也。』」史公說「懋」爲「調」者，廣雅釋詁云：「調，賣也。」調爲鬻，義同貿也。云「有餘不足」者，據經文，有爲有餘，無爲不足也。「遷」爲「徙」者，釋詁文。居，史公讀爲「著」。貨殖傳〔一〕：「子贛廢著鬻財於曹、魯之閒。」集解：「徐廣曰：『著，讀如貯。』」著字，漢書作「居」，知此亦當讀爲著也。烝民乃粒，萬邦作乂。」

注史遷說「衆民乃定，萬國爲治」，又說爲「相給以均諸侯」。鄭康成曰：「粒，米也。乂，養也。衆民乃復粒食〔二〕，萬國作相養之禮。」「乂」一作「艾」。

疏王氏引之說：「立，定也。周頌思文作『立』。」衆民粒食，萬國始治。作之言乍，乍者始也。作與乃相對成文，言懋遷有無，萬國足食也。史公說「烝」爲「衆」者，釋詁文。「立」爲「定」者，詩思文作「立」，說文：「立，住也。」住卽定。高誘注呂覽孝行篇云：「定，安也。」「作乂」云「爲治」者，「作，爲」，釋言文。「乂，治」，釋詁文。史公夏本紀說：「調有餘相給，以均諸侯。」諸侯，謂萬邦也。周禮大司徒之職：「大荒，則令邦國移民通財。」廩人：「若食不能人二鬴，則令邦移居就穀。」蓋仿此也。鄭注見詩思文疏。以粒爲米者，一切音義七引通俗文云：「穀曰粒。」云「粒食」者，王制云：「衣羽毛穴居，有不粒食者矣。」墨子非儒篇：「藜羹不糂。」說文：「糂，粒也。」云「乂，養也」，釋詁文。「乂」作「艾」，與乂同。

臯陶曰：「俞，師汝昌言。」

注史遷說爲「此而美也」。

疏師者，法也。高誘注淮南

〔一〕「貨殖傳」原訛作「食貨志」。案：下句引文見史記貨殖傳，今據改。

〔二〕「食」原訛作「米」，據詩思文疏原引鄭注改。

修務訓云：「師，所以取法則。」史遷說「師」爲「此」者，段君玉裁云：「師，或作『斯』，故有是說。」「汝」爲「而」者，中庸篇：「抑而强與？」鄭注云：「而之言汝也。」皋陶既問禹以何謂孳孳，禹答以洪水爲災，下民没陷，乘四載，行山浚川，與益、稷播種，奏鮮少艱得之物，食少則資貿易儲蓄，衆民乃定，萬國始治，故皋陶稱之爲此真汝之美言也。

禹曰：「都，帝，慎乃在位。」帝曰：「俞。」禹曰：「安汝止。」**注**史遷「都」作「於」，無下「帝曰：俞。禹曰」五字，「汝」作「爾」。鄭康成曰：「安汝之所止，無妄動，動則擾民。」**疏**慎者，釋詁云：「靜也。」大學篇云：「靜而後能安。」故以靜乃在位爲戒。史公無「帝曰」已下五字者，疑省文，非必今文。「汝」爲「爾」者，孟子盡心云：「人能充無受爾汝之實。」爾、汝，聲之轉。詩雄雉：「百爾君子。」箋云：「爾，汝也。」鄭注見史記集解。云「安所止」者，止即位也。大學篇：「在止于至善。」注云：「止猶自處也。」論語云：「君子以思不出其位。」云「動則擾民」者，呂覽任數篇云：「古之王者，其所爲少，其所因多。因者君術也，爲者臣道也。爲則擾矣，因則靜矣。」勿躬篇云：「故用則衰，動則暗，作則倦，衰、暗、倦三者，非君道也。」史記曹相國世家云：「治道貴清靜，而民自定。」又云：「慎勿擾也。」禹既戒帝以慎靜在位，帝然之，故又陳安其所止，毋妄動擾民也。

惟幾惟康，其弼直，惟動丕應。**注**史遷「弼直」作「輔惪」，說「惟動丕應」爲「天下大應」。**疏**釋詁云：「惟，思也。」「幾，殆也。」「康，安也。」「弼，輔也。」「丕，大也。」「直」當爲「惪」壞字。說文：「惪，外得於人，內得於己也。」言君能思危以圖其安，其輔臣用有德者，雖動則天下大應之。言無妄動，動必依德也。

傒志以昭受上帝，天其申命用休。」**注**史遷說爲「清意以昭待上帝命」，「申」作「重」。鄭康成曰：「天將重命汝以美應，謂符瑞也。」**疏**傒者，釋詁云：「待也。」志字，說文所無，疑當爲「意」。傒志，謂如管子九守篇云「虛心平意以待須」也。昭者，馬氏注文侯之命云：「明也。」「上帝」下，史記有「命」字，疑此脱。祭義曰：「諭其志意，以其慌惚以與神明交。」釋詁云：「申，重也。」「休，美也。」史公以「徯」爲「待」者，釋詁文。無「受」字，以「志」爲「清意」者，周語：「有不祭則修意。」韋昭注云：「意，志意也。」是志與意同。説文「精意以享爲禋」，初學記引作「絜意」，本周語。北堂書抄九十引白虎通云：「齋者，言己之意念專一精明也。」是清意亦潔瀞其意。則此言禋祀上帝，天當重命以美應也。鄭注見史記集解。云「美應謂符瑞」者，禮器云「升中於天，而鳳皇降，龜龍假。饗帝於郊，而風雨節，寒暑時」是也。

帝曰：「臣哉，鄰哉。鄰哉，臣哉。」

注史遷「帝曰」下有「吁」字，二句作「臣哉臣哉」。鄭康成曰：「臣哉，汝當爲我鄰哉；鄰哉，汝當爲我臣哉。反覆言此，欲其志心入禹。」

疏臣謂禹，鄰謂下四鄰。禹宅百揆，故欲其兼助四輔之事。下文「翼」、「爲」、「明」、「聽」是諸臣之事，「弼違，無面從」是四鄰之事。三國魏志三少帝紀何晏奏曰：「舜戒禹曰『鄰哉鄰哉』，言慎所近也。」是言四輔爲近臣。史遷説「鄰」爲「臣」，故下「欽四鄰」爲「欽四輔臣」，然此單言「臣」，似亦謂禹。鄭注見書疏。云「欲其志心入禹」者，欲四輔之與禹一德一心也。

禹曰：「俞。」帝曰：「臣作朕股肱耳目。

注史遷無「禹曰：俞。帝曰」。鄭康成曰：「動作視聽，皆由臣也。」

疏鄭注見書疏，文不備也，當云「皆由臣助之也」。

予欲左右有民，汝翼。

注史遷「翼」作「輔」。馬融曰：「我欲左右助我民，汝當翼成我也。」

疏左右者，釋詁云：「導也。」又與助轉訓。易泰象曰：「以左右民。」鄭注云：「左右，助也。」有者，撫也。釋詁有、撫轉相訓，又作「憮」，同。文王世子云：「君王其終撫諸。」亦言終有其國也。史遷説「翼」爲「輔之」者，文王世子：「慎其身以輔翼之。」是輔、翼通訓。馬注見史記集解。以有爲助者，説文云：「ナ，ナ手也。」「又，手也。」「右，手口相助也。」有、右聲相近。詩大明傳云：「右，助也。」知馬又爲右，以右釋有。

予欲宣

力四方，汝爲。 **注**史遷省此文。**疏**宜力，言用力。杜注左傳云：「宣，用也。」江氏聲説以周禮司勳「治功曰力」。爲者，詩箋云：「助也。」**予欲觀古人之象，日月星辰山龍華蟲作會宗彝藻火粉米黼黻絺繡。**

注大傳説：「山龍，青也。華蟲，黄也。作繪，黑也。宗彝，白也。璪火，赤也。」又説：「自天子至士，皆有山龍。天子服五，諸侯服四，次國服三，大夫服二，士服一。」史遷説爲「日月星辰文繡」，又説「絺」如本字。馬融曰：「上句『日月星辰山龍華蟲』，尊者在上。下句『藻火粉米黼黻』，尊者在下。黼黻尊於粉米，粉米尊於藻火，故從上以尊卑次之。士服藻火，大夫加以粉米，并藻火爲四章。宗彝，虎也。」鄭康成曰：「會讀爲繪。宗彝，謂宗廟之鬱鬯樽也，故虞夏以上，蓋取虎彝、蜼彝而已。粉米，白米也。絺讀爲黹。黹，紩也。自日月至黼黻，凡十二章，天子以飾祭服。凡畫者爲繪，刺者爲繡。此繡與繪各有六，衣用繪，裳用繡。至周而變之，以三辰爲旂旗，謂龍爲袞，宗彝爲毳。或損益上下，更其等差。」**疏**古人謂黄帝。象者，易象也。易繫辭云：「黄帝、堯、舜垂衣裳而天下治，蓋取諸乾坤。」後漢輿服志云：「乾巛有文，故上衣玄，下裳黄也。」周已前冕服之制不可考，其見於經者，禮器云：「禮有以文爲貴者，天子龍袞，諸侯黼，大夫黻，士玄衣纁裳。天子之冕，朱緑藻，十有二旒。諸侯九，上大夫七，下大夫五，士三。」鄭注云：「朱緑，似夏殷之禮也，周禮天子五采藻。」據鄭氏此注，則「龍袞」已下之制，亦夏殷禮也。書疏云：「夏殷衣有日月星辰山龍，此云龍袞者，舉多文爲首耳。日月之文不及龍也。崔云然也。」〔一〕但此經上文云「禮有以文爲貴者」，疑是卑者讓尊者之等差，非定制也。明堂位云：「有虞氏服

〔一〕此句爲禮記禮器孔穎達疏文，孫氏誤記爲書疏。

韍，夏后氏山，殷火，周龍章。」凡四代之服器，魯兼用之。鄭注以爲韠，又云「韍」或作「黻」，則是蔽前之市，非黼黻衣裳也，故與此經俱不合。大戴禮五帝德云：「黄帝黼黻衣，大帶，黼裳。帝嚳、帝堯黄黼黻衣，大帶，黼裳。」太平御覽八十引尸子曰：「君天下者黼衣九種，而堯大布。」九種卽是九章，不數日月星辰爲十二。此先秦説。是黼黻亦爲衣，不必如鄭注專以爲裳。其餘旂常服色，見於儀禮、禮記、左傳者，多周制，不足證經。惟大傳説之頗詳，疑伏生見先秦、周末之制，而傳其説也。又有衞宏古文官書説，略見説文「黹」部，云「絑，繡文如聚細米文」，「黼，白與黑相次也」，「黻，黑與青相次文」。史記説此亦甚略，今依各家之説證明之。大傳説「山龍，青」者，龍，東方之色，故青。云「華蟲，黄」者，爾雅釋言云：「皇，華也。」皇、黄聲相近。説文引作「雗」。周禮内司服「鞠衣」注：「鄭司農云：『黄衣也。』」云「作繪，黑」者，衣玄質，合四色爲五，故説文「繪」爲「會五采」。玄與黑同也。説文：「黵，沃黑色。」玉篇「沃」作「淺」。説文又有「䋼」，云：「女黑色也。」是繪音義當爲黑。云「宗彝，白」者，馬氏以宗彝爲虎，疑與青龍相對，西方金，色白也。説文彝字从糸。糸，綦也。綦，蒼艾色。艾爲白蒿，亦白也。云「璪火，赤」者，火，南方之行，赤色。今文家以經文上有「五服五章」，下有「五采五色」，故爲此説以釋之，必有所本。大戴禮五帝德帝嚳、帝堯俱服黄黼黻衣，合之大傳天子獨服華蟲，是天子服黄也。今文不言日月星辰者，司馬法云：「章，夏后氏以日月，尚明也。」則日月星辰畫于旌旂，亦夏制也。漢東平王南北郊服議云：「日月星辰，山龍華藻，天王袞冕十有二旒，以則天數；旂有龍章日月，以備其文。」是古説以日月爲旂章也。云「自天子至士，皆有山龍。天子服五，至士服一」者，謂山龍差其等級，天子備有五色之飾，説見經文「五服五章」下。今文不言粉米黼黻絺繡者，意以黼黻粉米爲刺繡之文，衣裳並用之。惟衣有山龍已下五章，裳則粉米黼黻絺繡而已。知衣亦絺繡爲今文説者，白虎通衣裳篇云：「聖人所以制衣服何？以爲絺綌蔽形，表德勸善別尊卑也。」云「絺綌〔一〕蔽形」者，上古始制衣服，以絺蔽形，亦如市之蔽前，後人因以爲飾。云「表德勸善別尊卑」者，卽謂山龍等五章，以別尊卑也。淮南主術訓云：「人主好黼黻文章絺綌綺繡。」注云：「白與黑爲黼，青與赤爲黻。絺、綌，葛也。精曰絺，麤曰綌，五彩具曰繡也。」是西漢人説絺繡爲絺綌之有文繡也。五帝本紀云：「堯乃賜舜絺衣與琴。」孟子盡心篇：「舜被袗衣。」趙氏注云：「袗，畫也。被畫衣，黼黻絺繡也。」袗衣卽絺衣，知以絺爲之。説文：「袗，玄服。」以玄衣加繪繡。故大戴禮五帝德稱帝堯「純衣」，言衣之質則爲純，言衣有華蟲則爲黄也。皆衣裳並用絺繡之明證矣。今文云士服一，亦有山龍者，周禮節服氏：「衮冕六人。」是士服山龍也。史遷説有日月星辰，自山龍至藻火則謂之文，自粉米已下則謂之繡者，説文云：「文，錯畫也，象交文。」卽是畫繢。説文説春秋傳「媽馬」爲畫馬，是文卽畫，謂畫此山龍已下至藻火之文也。粉米黼黻之屬既刺於絺，皆謂之繡，故以繡該之，義與今文同也。史遷説「絺」如本字者，與淮南子説同。五帝本紀「堯賜舜絺衣」，卽孟子「袗衣」，趙氏所謂「畫衣」也。説文：「絺，細葛也。」刺繡必于絺紈，漢書賈誼傳云「薄紈之裏」是也。史公以「袗衣」爲「絺衣」，卽謂畫繡之衣，不必破字爲黹也。説文云「繪，會五采繡」，引虞書「山龍華蟲作繪」，言玄衣會青黄白赤四色爲五章也。云「彝从糸。糸，綦也」者，詩出其東門傳云：「綦巾，蒼艾色。」艾爲白縞，綦爲織文。宗爲尊，言繡文取於尊文，荀子楊倞注云「騏，文如博棊」是也。云「璪，玉飾如水藻之文」者，言璪火象冠玉之藻文。謂之璪火，亦當如大傳云「璪火，赤也」。「黺」云「衮衣山龍華蟲。黺，畫粉」者，周禮司几筵「紛純」注：「鄭司農：『紛讀爲豳，又讀爲和粉之粉，謂白繡也。』」論語云：「繪事後素。」蓋以粉分畫界

〔一〕「綌」原訛作「繡」，據上引白虎通改。

域，繡以成文也。云「𥿋，繡文〔一〕如聚細米」者，說文「米」本作「𥿋」。漢書黃霸傳云：「米鹽靡密。」注：「米鹽，細靡也。」蓋謂繡文靡細。云「黼，白與黑相次文」，「黻，黑與青相次文」，「繡，五采備」者，考工記：「白與黑謂之黼，黑與青謂之黻，五采備謂之繡。」繡裳兼赤黃二色，合黼黻白黑青三色，亦成五采，故謂之繡裳。繡爲五采備之名也。爾雅釋器云：「斧謂之黼。」書正義引孫炎注云：「黼文如斧形。」蓋半白半黑，似斧刃白而身黑，此謂斧扆。白虎通紼冕篇佚文見禮書卷二，引之云：「黻，譬君臣可否相濟，見善改惡。」此黻文爲兩己相戾。其字作「市」，一名「韠」，所以蔽前，與此「黻」不同，與許異義也。許氏之義，以宗彝已下皆爲繡文，是衛宏古文說，故附證于此。馬氏注見書疏及釋文。以上句日月星辰山龍華蟲，尊衣在上云云者，書疏云：「蓋以衣在上爲陽，陽統於上，故所尊在先。裳在下爲陰，陰統於下，故所重在後。天子諸侯下至黼黻，大夫粉米兼服藻火，是上得兼下也。士不得服粉米，大夫不得服黼黻，是下不得僭上也。」云「宗彝，虎」者，周禮司尊彝有「雞彝、鳥彝、斝彝、黃彝、虎彝、蜼彝」，明堂位云「夏后氏以雞彝，殷以斝，周以黃目」，則鳥彝與雞同類，爲夏物，斝是殷，黃目是周，推知虎、蜼是虞之彝器。蜼爲虎類，故以虎說之。鄭注見書疏。會讀爲繪者，說文引虞書本作「繪」，是从古文義也。考工記「畫繢之事」以繢爲繪，假音字。鄭注周禮司服引經文又作「繢」。說文：「韇，韋繡也。」繢聲近韇。周禮巾車：「勒面繢總。」注云：「繢，文也。」鄭注覲禮云：「衮衣者，裨之上也，繢之繡之爲九章。其龍，天子有升龍，有降龍。」知繪而又繡也。云「虞夏已上取虎彝、蜼彝」者，見上馬氏以宗彝爲虎下疏。云「粉米，白米」者，說文：「粉，傅面者也。」粉，白色，故爲白米。僞傳分粉米爲二章，誤也。云「絺讀爲黹」者，鄭注司服引經文作「希」，云：「『希』或爲『絺』」，或

〔一〕「文」原訛作「形」，據說文原文改。

作『黹』，字之誤也。」蓋言「黹」誤作「絺」。希，說文所無，即黹字省也。鄭以絺爲黹者，釋言云：「黹，紩也。」說文：「黹，箴縷所紩衣。」「紩，縫也。」云「自日月至黼黻，凡十二章，天子以飾祭服」者，春秋左氏哀七年傳：「子服景伯曰：『制禮，上物不過十二，以爲天之大數也。』」郊特牲云：「祭之日，王被衮以象天。」鄭注云：「謂有日月星辰之章。」鄭氏蓋據下文云「龍章而設日月以象天也」。論衡語增篇云：「服五采，畫日月星辰。」量知篇〔一〕云：「繡之未刺，恒絲庸帛。加五綵之巧，施針縷之飾，文章炫燿，黼黻華蟲山龍日月。」御覽七十六引春秋合誠圖曰：「大帝冠五彩，衣青衣，黑下裳，抱日月。日在上，月在下，黄色，正方居日間，名曰五光。」是言日月畫在衣者，鄭氏之前，鄭說有本也。鄭又注王制云：「虞夏之制，天子服有日月星辰。」是鄭氏以日月星辰爲有虞十二章之說也，知衮衣象天，亦有日月矣。鄭云「衣用繢，裳用繡」者，謂日、月、星辰、山、龍、華蟲六章，經文在作繪之上，當爲衣。宗彝、藻、火、粉米、黼、黻六章，經文在黹繡之上，當爲裳。上衣下裳，適配天數十二。又黄帝制衣裳，象乾坤，乾坤各六爻，此正配之也。鄭以日、月、星辰、山、龍、華蟲等在衣不在裳者，論衡佚文篇：「衣裳在身，文著於衣，不在於裳，衣，法天也。」與鄭說同。知「至周而變之，以三辰爲旂旗，謂龍爲衮，宗彝爲毳」者，周禮司服：「享先王則衮冕，享先公饗射則鷩冕，祀四望山川則毳冕，祭社稷五祀則希冕，祭羣小祀則玄冕。」注：「鄭司農云：『衮，卷龍衣也。鷩，裨衣也。毳，罽衣也。』」鄭氏謂「王者相變，至周而以日月星辰畫于旌旗，所謂『三辰旂旗，昭其明也』。而冕服九章，登龍於山，登火於宗彝，尊其神明也。九章：初一曰龍，次二曰山，次三曰華蟲，次四曰火，次五曰宗彝，皆畫以爲繢；次六曰藻，次七曰粉米，次八曰黼，次九曰黻，皆希以爲繡。鷩畫以雉，謂華蟲也。毳畫虎蜼，謂宗彝

〔一〕「量知篇」原作「莫知篇」，據論衡原篇名改。

也」，可證此經之注。云「三辰爲旂旗」者，春秋左氏桓二年傳臧哀伯之言也。又昭二十五年傳「九文」杜氏注云：「謂山、龍、華、蟲、藻、火、粉米、黼、黻也。華若草華；藻，水草；火，畫火；粉米若白米；黼若斧；黻若兩己相戾。」以華、蟲爲二，與鄭說不同。僞孔傳及疏引顧氏取先儒等說同之，蓋不可從。

以五采彰施于五色作服，汝明。

注 鄭康成曰：「性曰采，施曰色。未用謂之采，已用謂之色。作服者，此十二章爲五服，天子備有焉。公自山、龍而下，侯伯自華蟲而下，子男自藻、火而下，卿大夫自粉米而下。」

疏 五采謂絲，所以繡。月令：「命婦官染采。」論衡量知篇云：「染練布帛，名之曰采。」是知采是絲色五色。考工記：「畫繢之事，雜五色：東方謂之青，南方謂之赤，西方謂之白，北方謂之黑，天謂之玄，地謂之黃。」玄出于黑，故六者有黃無玄爲五也。禮運云：「五色、六章、十二衣。」疏云：「六章者，兼天玄也。以玄、黑爲同色，則五。中通玄纁以對五方，則爲六色，爲六章也。」彰者，釋言云：「黼、黻，彰也。」鄭注大傳引經作「章」。章，明也。施者，高誘注淮南修務訓云：「用也。」如今文說，山龍已下五章，先以五色畫之，又以五采絲刺繡也。日、月、星爲衣飾，疑服兼旂章。周禮都宗人：「正都禮，與其服。」注云：「謂衣服及宮室車旗」是也。明者，明其等差，或訓爲成也。鄭注見書疏及月令疏。云「性曰采」、「未用謂之采」者，性之言質，書疏云「以本性施于繒帛」是也。云「公自龍、山而下」云云者，周禮司服：「公之服，自衮冕而下，如王之服。侯伯之服，自鷩冕而下，如公之服。子男之服，自毳冕而下，如侯伯之服。孤之服，自希冕而下，如子男之服。卿大夫之服，自玄冕而下，如孤之服。」鄭注上文「衮冕」云「衮之衣五章，裳四章，凡九也」，注「鷩冕」云「其衣三章，裳四章，凡七也」，注「毳冕」云「其衣三章，裳二章，凡五也」，注「希冕」云「希刺粉米，無畫也。其衣一章，裳二章，凡三也」，注「玄冕」云「玄者，衣無文，裳刺黻而已，是以謂玄焉。凡冕服皆玄衣纁裳」是也。

予欲聞六律五聲八音，在治忽，**注**史遷「在治忽」作「來始滑」。一作「采政忽」，一作「七始詠」。鄭康成曰：「六律六呂，言六律者，舉陽，陰從可知也〔一〕。曶者，臣見君所秉，書思對命者也。君亦有焉，以出納政教於五官。」「曶」一作「留」。**疏**六律者，漢書律曆志云：「律十有二，陽六爲律，陰六爲呂。律以統氣類物，一曰黃鍾，二曰太族，三曰姑洗，四曰蕤賓，五曰夷則，六曰無射。呂以旅陽宣氣，一曰林鍾，二曰南呂，三曰應鍾，四曰大呂，五曰夾鍾，六曰仲呂。其傳曰，黃帝之所作也。」五音者，白虎通禮樂篇引此經，說之云「宮商角徵羽，土謂宮，金謂商，木謂角，火謂徵，水謂羽」，引月令說之。八音者，白虎通禮樂篇引「樂記曰：土曰塤，竹曰管，皮曰鼓，匏曰笙，絲曰弦，石曰磬，金曰鐘，木曰柷敔」，法易八卦也。樂記曰：塤，坎音也。管，艮音也。鼓，震音也。弦，離音也。鐘，兑音也。柷敔，乾音也。笙者，太蔟之氣也。磬者，夷則之氣也」，「一〔二〕說笙、柷、鼓、簫、琴、塤、鐘、磬也。如其次，笙在北方，柷在東北方，鼓在東方，簫在東南方，琴在南方，塤在西南方，鐘在西方，磬在西北方。聲五音八何？聲爲本，出于五行。音爲末，象八風。故樂記曰：聲成文謂之音是也。」又周語伶州鳩〔三〕曰：「金尚〔四〕羽，石尚〔五〕角，瓦絲尚宮，匏竹尚義，革木一聲。」則以瓦易土爲八音也。案：周禮籥章：「掌土鼓豳籥。」注：「杜子春云：『土鼓以瓦爲匡，以革爲兩面，可擊也。』」是古八音，鼓爲土，塤則周時所爲，

〔一〕「舉陽，陰從可知也」，原「陽」「陰」誤倒，今據尚書皋陶謨疏原引鄭注乙正。

〔二〕「一」字原脫，據白虎通禮樂篇原文補。

〔三〕「伶州鳩」原訛作「單穆公」，據國語周語原文改。

〔四〕〔五〕「尚」原訛作「爲」，據國語周語原文改。

非唐虞八音之土也。「在治忽」，「忽」當爲「𦓷」，說文：「水流也，从川曰聲。」廣雅釋詁注：「颮疾。」故汩通忽。𦓷音近滑，故在近采，治近始，故史記作「來始滑」。始與政義又相近，滑忽音相近。〔一〕古字在作才，與七形相近，𦓷咏形又相近，故今文爲「七始詠」。𦓷曶形聲又相近，故鄭注爲「曶」也。一作「來始滑」者，當爲「采治滑」，猶言采治亂也。堯典：「蠻夷猾夏。」鄭注云：「猾，亂也。」潛夫論引作「滑」。滑與𦓷、汩俱通。華嚴音義下引書大傳云：「汩，亂也。」樂記云：「治世之音安以樂，其政和；亂世之音怨以怒，其政乖；亡國之音哀以思，其民困。聲音之道，與政通矣。」史公作「來始滑」者，「來始」蓋「采治」之誤，故索隱云：「『來始滑』，義無所通。依今文爲『采政忽』三字。」政、治義相通也。史公之意亦以爲「采治亂」。索隱引劉伯莊云：「聽諸侯能爲政及忽怠者。」意亦似是，其以忽爲忽怠，非也。一作「七始詠」者，見漢書律曆志引此文作「七始詠」，云：「予者，舜也。言以律和五聲，施之八音，合之成樂。七始者，天地四時〔二〕人之始也。」大傳云：「聖王巡十有二州，因論十有二俗，定以六律、五聲、八音、七始，箸其素蔟以爲八，此八伯之事也。分定於五，此五嶽之事也。」又云：「七始，天統也。」鄭注云：「七始，謂黄鍾、太蔟、大吕、南吕、姑洗、應鍾、蕤賓也，歌聲不應此則去之。素猶始也。」是班氏今文說也。禮樂志高祖唐山夫人安世房中歌曰：「七始華始，倡肅和聲。」注：「孟康曰：『七始，天地四時人之始。華始，萬物英華之始。』」敍傳：「八音七始，五聲六律。」注：「劉德曰：『七始，天地四方人之始也。』」楚語觀射父曰：「是以先王之祀也，以一純、二精、三牲、四時、五色、六律、七事、八種、九祭、十日、十二辰以致之。」又曰：「天地民及四時

〔一〕此句之下疑脱「故今文爲『采政忽』」一句。

〔二〕「四時」原脱，據漢書律曆志原文補。

之務爲七事。」又韋昭注〔一〕周語「七律」云：「周有七音，王問七音之律，意謂七律爲音器，用黄鍾爲宫，大蔟爲商，姑洗爲角，林鍾爲徵，南吕爲羽，應鍾爲變宫，蕤賓爲變徵也。」可證今文之有本也。鄭注見書疏及史記集解。以「忽」爲「曶」者，裴氏集解云：「駰案：尚書『滑』字作『曶』。」説文：「曶，出氣詞也。籀文作『囘』。一曰佩也。」經文「滑」字或作「⿸尸巛」，與囘相似，鄭據古文説之。云「曶者，臣見君所秉，君亦有焉」者，玉藻云：「笏，天子以球玉，諸侯以象，大夫以魚須文竹，士本竹象可也。」又「天子搢珽，方正於天下也。」鄭注云：「此亦笏也，謂之珽，珽之言無所屈也。或謂之大圭。」云「書思對命」者，玉藻：「將適君所，史進象笏，書思對命。」注云：「思，所思念，所將以告君者也。對，所以對君者也。命，所受君命者也。書之于笏，爲失忘。」

以出納五言，汝聽。

注 史遷「内」爲「入」。

疏 律曆志説云：「順以歌詠五常之言，聽之則順乎天地，序乎四時，應人倫，本陰陽，原情性，風之以德，感之以樂，莫不同乎一。唯聖人爲能同天下之意，故帝舜欲聞之也。」五言者，五聲之言。律曆志云：「協之五行，則角爲木，五常爲仁，五事爲貌。商爲金、爲義、爲言，徵爲火、爲禮、爲視，羽爲水、爲智、爲聽，宫爲土、爲信、爲思。以君臣民事物〔二〕言之，則宫爲君，商爲臣，角爲民，徵爲事，羽爲物。」五言合于五行，則聲爲律矣。管子地員篇云：「凡聽徵，如負豬豕覺而駭。凡聽羽，如鳴馬在野。凡聽宫，如牛鳴窌中。凡聽商，如離羣羊。凡聽角，如雉登木以鳴，音疾以清。」樂記云「審聲以知音，審音以知樂，審樂以知政，而治道備矣」，故云

〔一〕「注」下原衍「云」字，今徑删。
〔二〕「物」字原脱，據漢書律曆志原文補。

「汝聽」。王制云：「御瞽幾聲之上下。」注云：「察其哀樂是也。」史遷説「納」爲「入」者，公羊莊九年傳：「納者何？入也。」釋名：「入，内也，内使還也。」鄭氏以言爲政教，云「出納政教于五官」者，周語：「有不祀則修言。」注云：「言，號令也。」是言即政教。周禮有六官，虞時五者，無明文。鄭注堯典云：「蓋春爲秩宗，夏爲司馬，秋爲士，冬爲共工，通稷與司徒，是六官之屬。」此不數天官，故六官爲五也。

予違，汝弼。汝無面從，退有後言。

注史遷説爲「予即辟，女匡拂予。女無面諛，退而謗予」。

疏違者，説文：「韋，相背也。」違與韋通。弼者，大戴禮保傅篇云：「弼者，拂天子之過者也。」從，史公讀爲慫，謂獎勸也。帝既告禹以助成四輔之事，又告以拂君之過，是臣又兼鄰之職任，爲將薦之于天。史公説「違」爲「辟」者，漢書王尊傳注云：「違，僻也。」以「弼」爲「拂」者，説文「弻」，古文作「㢸」、「𢐇」，𢐇與拂同音。以「從」爲「諛」者，漢書汲黯傳：「從諛承意。」從諛，即慫慂，方言云：「勸也。」韋昭注楚語云：「聳，獎也。」是從與諛義相近。謗者，説文云：「誹，謗也。」「譏，誹也。」

欽四鄰。

注史遷説爲「敬四輔臣」。大傳説：「古者天子必有四鄰，前曰疑，後曰丞，左曰輔，右曰弼。」鄭康成曰：「四近，爲左輔、右弼、前疑、後丞。」

疏大傳説爲前疑、後丞、左輔、右弼者，蓋責禹以兼助四弼之事，拂君過也。文王世子注引大傳又云：「天子有問無以對，責之疑。可志而不志，責之丞。可正而不正，責之輔。可揚而不揚，責之弼。其爵視卿，其禄視次國之君也。」大戴禮保傅篇：明堂之位謂之前道、左充、右弼、後丞，周公、太公、召公、史佚爲之。用古制也。虞之四弼，不知何臣，或即稷、契等兼之，無文可證。

庶頑讒説，若不在時，侯以明之，

注史遷「庶頑」作「諸衆」，「讒説」作「讒嬖臣」，説「侯」爲「君」，「明」爲「清」，云「君德誠施皆清矣」。

疏庶者，釋詁云：「衆也。」頑者，廣雅釋詁云：「愚也。」説者，韋昭注楚語云：「媚也。」讒説，謂讒媚之人。在，察；時，是：見上疏。侯者，釋詁云：「君也。」言如不能察是讒媚之人，故設有士之君以明察之，謂下記識其過之事。史遷説「庶」爲「諸」〔一〕者，鄭注周禮夏官「庶子」云「諸子」，注曲禮「諸母」云「庶母」，是諸卽庶也。「頑」爲「衆」者，鄭語云：「非親卽頑。」謂非親戚卽衆人也。頑以元爲聲，元元卽衆民也。「説」爲「嬖」者，韋昭注鄭語云：「以邪嬖取〔二〕愛曰嬖。」周語厲王説榮夷公，謂嬖之。緇衣引葉公之顧命曰：「毋以嬖御士廢莊士、大夫、卿士。」史公云：「臣君德誠施皆清矣。」集解引徐廣曰「臣，一作『吾』」，誤也。索隱云：「『諸衆讒嬖臣』爲一句，『君』字宜屬下文。」臣君猶言君臣，儀禮喪服傳注云「天子諸侯及卿大夫有地者皆曰君」，故臣亦君也。云「君德誠施皆清矣」者，清猶明也。施德，謂施有德之人，卽下舉賢之事。論語子夏説舜有天下，選于衆，舉皋陶，不仁者遠矣。**撻以記之，書用識哉，欲並生哉。** **疏**撻者，説文云：「鄉飲酒罰不敬，撻其背。」古文作「遽」，引周書「遽〔三〕以記之」，是此經文。「周書」疑當爲「虞書」也。周禮閭胥：「各掌其閭之政令。凡事掌其比，觵撻罰之事。」注：「觵撻者，失禮之罰也。觵用酒，其爵兕角爲之。撻，扑也。」春秋繁露制度篇説「誰敢弗讓」之義云：「朝廷有位，鄉黨有序。」朝廷有位，謂侯以明之。鄉黨有序，謂鄉飲酒罰不敬也。記之者，謂記其過。書者，刑書。吕刑云：「明啟刑書胥占。」周禮司救：「凡民之有衺惡者，三讓而罰之。罰而士加明刑。」注云：「罰謂撻擊之也。加明刑者，去

〔一〕「諸」原訛作「衆」，據下文所疏及文例，當是「諸」字，今徑改。

〔二〕「取」原訛作「所」，據國語鄭語韋昭注原文改。

〔三〕「遽」原訛作「撻」，據説文原文改。

其冠飾而書其〔一〕衺惡之狀著之背也。」可證此經之義。過小則記之，大則識其罪。欲並生者，鄭注周禮云：「生猶養也。」

工以納言，時而颺之，格則承之庸之， 疏工，官；時，是；皆見上疏。納言者，下云「敷納以言」。颺者，文王世子：「或以言揚。」颺，同揚。堯典「揚側陋」，史公說「揚」爲「舉」。格，來；承同烝，進也；皆釋詁文。庸者，詩傳云：「用也。」言舉于官者，來則進用之。文王世子云：「必取賢斂才焉。或以事舉，或以言揚，曲藝皆誓之，以待又語。三而有一焉，乃進其等。」可證此經之義。**否則威之。」** 疏否者，廣雅釋詁云：「隔也。」易否象上傳崔憬注：「否，不通也。」經言蔽賢則加之罰也。後漢紀魯丕對策云：「古者，貢士得其人者有慶，不得其人者有讓。」潛夫論考績篇云：「古者諸侯貢士，一適謂之好德，載適謂之尚賢，三適謂之有功，則加之賞。其不貢士也，一則黜爵，載則黜地，三黜則爵土俱畢。附下而罔上者刑，與聞國政而無益于民者斥，在上位而不能進賢者逐。」已上言舉賢則讒孌自遠，故史公云「君德誠施皆清矣」。**禹曰：「俞哉，** 注史遷說「俞」爲「然」。**帝光天之下，至于海隅蒼生，** 疏光者，釋言云「桄，充也」，孫作「光」。海隅者，釋地云：「齊有海隅。」高誘注呂覽有始篇云：「隅，崖也。」蒼者，蒼天。釋天云：「春爲蒼天。」生者，生民。詩烝民云「天生烝民」是也。又文選史岑出師頌：「蒼生更始。」李善注云：「蒼生，黔首也。」說文云：「黔，黎也。秦謂民爲黔首，周謂之黎民。」是蒼生猶言黎民。黔首見禮記，亦不始自秦。**萬邦黎獻，共惟帝臣。** 注「共」一作「具」。 疏黎者，釋詁云：「衆也。」獻者，釋言云：「聖也。」大誥云：「民獻有十夫。」張衡東京賦：「具惟帝臣。」薛綜注：「具

〔一〕「其」上原衍一「其」字，據周禮司救鄭注原文删。

之言俱也。」李善引經文作「具」。漢碑以「黎獻」爲「黎儀」，疑亦今文。惟帝時舉，敷納以言，明庶以功，車服以庸。**注**「敷」一作「傅」，亦作「賦」，「車」一作「輿」，「庶」一作「試」。**疏**時舉，猶是舉。漢書敘傳：「時舉傅納，聽斷惟精。」注：「李奇曰：『時，是也。』」鴻嘉二年詔曰：「古之選賢，傅納以言，明試以功。」師古曰：「傅讀曰敷。敷，陳也。」春秋左氏僖二十七年傳引夏書作「賦」，云：「君其試之。」杜氏注：「賦猶取也。賦〔一〕納以言，觀其志也。明試以功，考其事也。車服以庸〔二〕，報其勞也。」庸者，釋詁云：「勞也。」漢書韋玄成傳注，孟康引此文云：「庸，功也。」但此謂舉賢，與堯典考績不同。說文：「試，用也。」引此經。敷者，詩傳云：「偏也。」車服者，謂車馬衣服。庸卽用也。車服以庸，謂命爲士。大傳云：「未命爲士，車不得有飛軨。」又或作「不得朱軒」。注云：「飛軨，如今窻車也。軒，輿也，士以朱飾之。」其文見文選注，疑是此傳。御覽六百卅七引韓詩傳：「古者必有命。民有能敬長憐孤取舍好讓者，命於其君，然後敢飾車駢馬。未得命者，不得乘車，乘車皆有罰。是故其民雖有錢財侈物，而無禮義功德，卽無所用其錢財。故其民皆興仁義，而賤不爭貴，强不淩弱，衆不暴寡，是唐虞之所以象典刑，而民莫敢犯也。」潛夫論浮侈篇云：「古者必有命，民然後乃得衣繒綵而乘車馬。」皆說此經之義也。「車」作「輿」，見下引春秋繁露。誰敢不讓，敢不敬應？**疏**春秋繁露制度篇云：「貴賤有等，衣服有別，朝廷有位，鄉黨有序，則民有所讓，而民不敢争，所以一之也。書曰：『輿服有庸，誰敢不讓，敢不敬應？』此之謂也。」潛夫論考績篇云：「辭言應對，各緣其文，以覈其實，則奉職不解，而陳言者不得誣矣。書云：『賦納以言，明試

〔一〕「賦」原訛作「取」，據春秋左氏僖二十七年傳杜注原文改。
〔二〕「庸」原訛作「榮」，據春秋左氏僖二十七年傳杜注原文改。

以功，車服以庸。誰能不讓，誰能不敬應？』此堯舜所以養黎民而致時雍也。」據王符說，則讓爲推賢尚善。**帝不時敷，同日奏，罔功。」**

注 史遷說爲「帝即不時，布同善惡則毋功」。

疏 時敷者，是分也。禹貢馬注云：「敷，分也。」奏者，說文云：「進也。」罔者，釋言云：「無也。」言帝不以是分別，善惡者同日進用，則無功狀。謂讒說之人與黎獻同日進用，無治績也。史公說「敷」爲「布」者，詩小旻傳云：「敷，布也。」說「同日」爲「同善惡」者，上云「是而颺之，否則威之」，當分明善惡也。

皋陶謨第二下　虞夏書二　尚書今古文注疏卷二

「無若丹朱傲，　**注** 史遷此上有「帝曰」，「無」作「毋」。「傲」一作「奡」，一作「敖」。　**疏**「無若丹朱傲」上，古文、今文俱有「帝曰」二字，僞傳脱之也，史公有之，蓋孔安國故如此。漢書楚元王傳，劉向上奏曰：「臣聞帝舜戒伯禹：『毋若丹朱敖。』」論衡遣告篇云：「帝戒禹曰：『毋若丹朱放。』毋者，禁之也。」案：放，當作「敖」，又問孔篇云：「尚書：『毋若丹朱敖，惟慢遊是好。』謂帝勅禹，毋子不肖子也。重天命，恐禹私其子，故引丹朱以勅戒之。」後漢書梁冀傳袁著上書曰：「昔舜禹相戒，無若丹朱敖。」漢人所用今文，亦皆有「帝曰」。僞傳傳之既久，自唐時列于學官，不敢據增，存之于注，以俟後之定石經者。朱稱丹朱者，漢書律曆志云：「堯使子朱處于丹淵爲諸侯。」史記正義引荆州記云：「丹水縣在丹川，堯子朱之所封也。」括地志云：「丹水故城在鄧州内鄉縣西南百二十里。丹水故爲縣。」〔一〕傲，説文作「奡」，云：「嫚也。虞書曰：『若丹朱奡。』讀若傲。」説文又有「敖」字，云：「出遊也。」管子宙合篇云：「若傲之在堯也。」亦作「傲」。

惟慢遊是好，傲虐是作，　**注** 史遷「惟」作「維」，「慢」作「嫚」。　**疏** 慢者，説文云：「惰也。」傲者，廣雅釋言云：「倨也。」虐與謔聲相近，釋詁云：「戲謔也。」作者，高誘注呂氏春秋云：「爲也。」史公「惟」作「維」者，今文及熹平石經「惟」多作「維」，釋詁云：

〔一〕引文内兩「丹水」原俱訛作「丹朱」，據史記正義原引括地志改。

「伊，維也。」維爲綱維，惟爲思惟，俱假借字也。「慢」作「嫚」者，説文云：「侮易也。」**罔晝夜頟頟，**

注一作「鄂鄂」。**罔水行舟，****注**史遷作「毋水」。鄭康成曰：「丹朱見洪水時人乘舟，今水已治，猶居舟中，頟頟使人推行之。」

疏罔者，釋言云：「無也。」頟頟者，説文有「𦨶」字，云：「船行不安也，讀若兀。」罔晝夜，謂日夜不息。罔水，言洪水已退。行舟，謂丹朱乘舟行水，非有治水之役，惟好慢遊。史公「罔水」作「毋水」者，趙岐注孟子，引書「丹朱慢遊是好，毋水而行舟」，「罔」作「毋」。鄭注見書疏。云「丹朱見洪水時人乘舟」者，夏本紀云「禹水行乘舟」，治洪水也。云「今水已退，猶居舟中」者，洪水退，釋「罔水」也。居舟中，是舟行以爲戲也。云「頟頟使人推行之」者，水淺舟滯，使人人推舉行之，此所謂慢遊也。或以爲陸地行舟，謬矣。潛夫論斷訟篇云：「晝夜鄂鄂，慢遊是好。」則今文「頟」又作「鄂」也。**朋淫于家，**

注鄭康成曰：「朋淫，淫門內。」「朋」一作「堋」。

疏朋讀爲風，放也。説文引虞書「堋淫于家」，蓋壁中古文借堋字。後漢書樂成靖王傳安帝詔曰：「風淫于家。」風、放聲相近也。淫者，王逸注楚辭云：「游也。」鄭注見書疏。云「朋淫，淫門內」者，白虎通三綱篇引禮記曰「同門曰朋，同志曰友」，故以朋爲門內。經言「于家」，對「行舟」而言。朋者，詩傳云：「比也。」鄭意言丹朱比游于門內，亦謂慢遊也。或以淫爲婬亂，非也。丹朱隱惡，舜不應斥言于朝。**用殄厥世。**

注史遷「殄」作「絶」，「厥」作「其」。

疏殄者，釋詁云：「絶也。」厥者，釋言云：「其也。」世者，韋昭注周語云：「父子相繼曰世。」**予創若時。**

注史遷爲舜言，説爲「予不能順是」。一作禹言。

疏創者，説文云：「傷也。」若者，釋言云：「順也。」時者，釋詁云：「是也。」言予以順是爲傷，故不順之。史公説「不能順是」者，趙岐注孟子云：「順，愛也。」義亦同。一作禹言者，論衡問孔篇云：「禹曰：『予娶若時，辛、壬、癸、甲，開呱呱而泣，予弗子。』陳己行事，以往推來，以見卜隱，效己不敢私不肖子也。」則以此句屬下文讀，疑今文也。以創爲娶，無文證之。蓋創同刱，廣雅釋詁云：「始也。」述始娶若時，則時如字，不訓爲是也。

「娶于塗山，辛、壬、癸、甲，啓呱呱而泣，予弗子，

注 史遷説：「禹曰：『予辛、壬娶塗山，癸、甲生啓。』」「弗」作「不」。鄭康成曰：「登用之年，始娶于塗山氏，三宿而爲帝治水。」「塗」一作「嵞」。

疏 辛、壬、癸、甲者，日干紀日之名。史公「娶于塗山」上有「禹曰」，古文故也。王充論衡則「禹曰」在「予創若時」之上。僞傳脱之。云「予辛、壬娶塗山」者，蓋塗山道遠，娶之行二日。「癸、甲生啓」者，在家二宿也。廣雅釋詁云：「腹，生也。」言二日而娠啓，即往治水。列女傳母儀篇云：「啓母者，塗山氏長女也，夏禹娶以爲妃，既生啓，辛、壬、癸、甲，啓呱呱而泣，禹去而治水。」似説辛、壬、癸、甲爲生啓後四日，亦或可釋爲生啓以辛、壬、癸、甲之四日也。楚辭天問云：「焉得彼塗山女，而通之于台桑？」王逸注云：「言禹治水，道娶塗山之女，而通夫婦之道于台桑之地。」又云：「以辛酉日娶，甲子日去，而有啓也。」吳越春秋云：「禹因娶塗山，謂之女嬌。取辛、壬、癸、甲，禹行。十月，女嬌生子啓。啓生不見父，晝夜呱呱啼泣。」説文云：「嵞，會稽山也。一曰九江當嵞也，民以辛、壬、癸、甲之日嫁娶。虞書曰：『予娶嵞山。』」作「予娶嵞山」者，予字通上文言之。塗，俗字，當爲「涂」，或依説文作「嵞」。塗山有二説，一在會稽者，春秋左氏哀七年傳云「禹會諸侯于塗山」，魯語作「禹致羣神于會稽之山」，是塗山卽會稽山也。越絶外傳記地傳云：「塗山者，禹所娶之山也，去縣十五里。」是亦以塗山在會稽。許氏又以爲九江山者，呂氏春秋音初篇云：「禹行功，見塗山之女。」高誘注云：「塗山在九迴，近當塗也。」地理志：「九江當塗，侯國。」注：「應劭云：『禹所娶塗山，侯國也。有禹虛。』」是同許説。許氏云「民以辛、壬、癸、甲之日嫁娶」者，言民見禹辛日娶妻，至甲日娠子，故以此四日爲娶婦生子之吉辰，相沿成俗也。水經注云：「淮水自黄邪山東

北，遶馬頭城北，魏馬頭郡治也，故當塗縣之故城也。 呂氏春秋曰：『禹娶塗山氏女，不以私害公，自辛壬至甲四日，復往治水。 故江淮之俗以辛、壬、癸、甲爲嫁娶日也。』禹墟在山南，即其地也。」呱呱者，説文云：「呱，小兒嗁聲。」子者，列子楊朱篇云：「惟荒度土功，子產不字，過門不入。」鄭注樂記「子諒」云：「子讀如不子之子。」蓋讀如字。 鄭注見書疏。 惟荒度土功。 **注**史遷作「以故能成水土功」。 鄭康成曰：「荒，奄也， 奄大九州四海之土。」 **疏**荒與芒通，荀子富國篇云：「芒軔僈楛。」楊倞注云：「芒或讀爲荒。」漢書高帝紀注：「蘇林曰：『芒音忙遽之忙。』」是荒亦忙遽也。 度者，釋詁云：「謀也。」土功，謂分土之功。 史公以爲「能成」者，廣雅釋詁云：「度，就也。」就亦成也。 鄭注見詩殷武疏。 以荒爲奄者，釋言文。 釋詁云：「奄亦大也。」詩傳云：「荒，大也。」 弼成五服，至于五千， **注**史遷說「弼」爲「輔」，「五千」爲「五千里」。今尚書歐陽、夏侯説：「中國方五千里。」古文尚書說：「五服旁五千里，相距萬里。」馬融曰：「面五千里，爲方萬里。」鄭康成曰：「五服已五千，又弼成爲萬里。 敷土既畢，廣輔五服而成之，至於面方各五千里，四面相距爲萬里。 堯制五服，服各五百里。 要服之内四千里，曰九州。 其外荒服，曰四海。 此禹所受地記書曰『崑崙山東南五千里，名曰神州』者。 禹弼五服之殘數，亦每服者合五百里，故有萬里之界、萬國之封焉。 去王城五百里曰甸服，其弼當侯服，去王城千里。 其外五百里爲侯服，當甸服，去王城一千五百里，其弼當男服，去王城二千里。又其外五百里爲綏服，當采服，去王城二千五百里，其弼當衛服，去王城三千里。 又其外五百里爲要服，與周要服相當，去王城三千五百里，四面相距爲七千里， 是九州之内也。 要服之弼當其夷服，去王城四千里。 又其外五百里爲荒服，當鎮服，其弼當蕃服， 去王城五千里。 四面相距爲方萬里也。」「弼」一作「邸」。 **疏**弼者，釋詁云：「輔也。」服者，釋詁云：「采、服，事也。」反覆相訓，即采地之名。 鄭注職方氏云：「服，服事天子也。詩云：『侯服于周。』」韋昭注周語云：「服，服其職業也。」五服者，禹貢甸服、侯服、綏服、要服、荒服。至于五千者，甸服在千里之内，侯服在二千里之内，綏服在三千里之内，要服在四千里之内，荒服在五千里之内。史遷之説禹貢，亦與今文同。中國方五千里，亦有萬國者，五五二十五，爲方千里者二十五，除王圻千里，則方千里者二十四也。八州，每州方千里者三。依鄭注建國之法差之，一州方七十里之國二百，方五十里之國四百，方三十里之國八百，餘方百里者三十，不在數内，州共一千四百國。以二百國爲名山大川不封之地，八州共九千六百國。四百國在圻内，適得爲萬國也。鹽鐵論結和篇：「伯翳之始封秦，地爲七十里。」詩殷武疏引中侯契握曰：「若稽古王湯，既受命興，由七十里起。」孟子亦云：「湯以七十里。」知虞夏封，大不過七十里也。史公以「弼」爲「輔」者，釋詁文。知五千爲方五千里者，舜本紀云：「禹定九州，各以其職來貢，不失厥宜。方五千里。」下云：「至于荒服。」今尚書、古尚書説，見王制疏引異義説。中國方五千里者，以五服四面相距爲五千里。甸服千里，侯、綏、要、荒各五百里也。史記説禹貢「五服」亦同，云：「天子之國以外五百里甸服，甸服外五百里侯服，侯服外五百里綏服，綏服外五百里要服，要服外五百里荒服。」故詩殷武正義云：「司馬遷説以爲諸小數者，皆是五百里之别名，大界與堯不殊。」案：禹貢甸服之外有「百里賦納緫」之屬，是謂小數，史公不爲正數也。鹽鐵論地廣篇云：「古者天子之立于天下之中，縣内方不過千里，諸侯列國不及不食之地，禹貢至于五千里。民各供其君，諸侯各保其國，是以百姓均調，而繇役不勞也。」説苑修文篇云：「禹定九州，各以其職來貢，不失厥宜。方五千里，至于荒服。」漢書賈捐之傳云：「以三聖之德，地方不過數千里。」案：三聖謂堯舜禹，此西漢人之説。論衡別通篇：「殷周之地，極五千里，荒服、要服，勤能牧之。漢氏廓土，牧萬里之外。」俱同今文也。王制疏又引許氏謹案：「以漢地考之，自黑水〔一〕外至東海，衡山之陽至於朔方，經略萬里。」從古尚書說。馬注見釋文。鄭注見詩殷武疏、書疏、王制疏。云「廣輔五服而成之，至于面各五千里」者，鄭注禹貢云：「堯之五服，服五百里耳。禹平水土之後，每服更以五百里輔之，是五服服別千里，故一面而爲差至于五千也。」云「禹所受地記書」者，河圖括地象也。周禮職方氏疏及曲禮疏皆引括地象文，與此同。以在〔二〕崑崙山東南，地方五千里，名曰神州者，史記孟子列傳引騶衍之說云：「中國名曰赤縣神州。赤縣神州內有九州，禹之序九州也。」說文：「丘，从北从一。一，地也。中邦之居，在昆侖東南。」是神州在崑崙東南。云「神」者，釋詁云：「治也。」蓋言神農至禹所治之地。云禹弼五服之殘數之內，故有萬里之界也。云「去王城五百里曰甸服」云云者，周禮夏官職方氏云：「乃辨九服之邦國：方千里曰王畿，其外方五百里曰侯服，又其外方五百里曰甸服，又其外方五百里曰男服，又其外方五百里曰采服，又其外方五百里曰衛服，又其外方五百里曰蠻服，又其外方五百里曰夷服，又其外方五百里曰鎮服，又其外方五百里曰藩服。」是周之九服爲方萬里，其中方千里爲王畿。堯之五服，甸、侯、綏、要、荒各五百里，爲方五千里。禹輔成之，至于面各五千里，則亦爲方萬里。而其中方千里爲甸服，是甸服當周之王畿，甸服之弼當周之侯服。由是以推，則侯服當周之甸服，其弼當其男服。綏服當其采服，其弼當其衛服也。要服于周爲蠻服，鄭言「與周要服相當」者，周禮大行人職于「衛服」之下言：「又其外方五百里謂之要服。」注云：「要服，蠻服也。」是周之蠻服亦爲要服也。云「是九州之內」者，大行人職云：「又其外方五百里謂之要服，六歲一見，其貢貨物。九州之外，謂之藩國，

〔一〕「自黑水」原訛作「百里」，據禮記王制疏原引異義「許慎謹案」之文改。

〔二〕「在」字原在「崑崙山」下，文義舛誤，今據下文所疏乙正。

世一見。」于要服下特言九州之外，明要服在九州之内也。玉篇云：「三千五百里曰華夏。」據一面言之。顧野王同鄭說也。周禮蠻服之外爲夷、鎮、蕃三服，故鄭云「要服之弼當其夷服。荒服當鎮服，其弼當藩服」也。周書立政云：「其克詰爾戎兵，以陟禹之迹。旁行天下，至于海表，罔有不服。」是周之幅員，與禹弼成九服同，故鄭從古尚書說，爲廣輔至于萬里也。

州十有二師，外薄四海，咸建五長。

注大傳說：「古之處師，八家而爲鄰，三鄰而爲朋，三朋而爲里，五里而爲邑，十邑而爲都，十都而爲師。州十有二師焉。家不盈三口者不朋，由命士以上不朋。」鄭康成曰：「猶用要服之内爲九州，州更方七千〔一〕里。七七四十九，得千里者四十九。其一以爲圻内，餘四十八，八州分而各有六。春秋傳曰：『禹朝羣臣於會稽，執玉帛者萬國。』言執玉帛者，則九州之内諸侯也。其制特置牧。以諸侯賢者爲之師，蓋百國一師，州十有二師，則州千二百國也。二千五百人爲師。師，長也。計一州方百里之國二百，七十里之國四百，五十里之國八百，計一州有一千四百國，以二百國爲名山大川不封之地，餘有一千二百國。八州凡九千六百國，其餘四百國在圻内。舉王制之法準之，八州通率，封公侯百里之國者一，伯〔二〕七十里之國二，子男五十里之國四，方百里者三，封國七有畸。至于圻内，則子男而已。九州，州立十二人爲諸侯之師，以佐其牧。外則五國，立長使各守其職。」「薄」一作「敷」。

疏州謂九州，其一爲王畿，餘有八也。每州設師十有二者，八州當有九十六人。薄者，廣雅釋詁云：「至也。」「薄」或作「敷」，詩箋云「九夷、八狄、七戎、六蠻，謂之四海，國在九州之外。雖有大者，爵不過子」，引此文。釋文云：「諸本作『外敷四

〔一〕「千」原訛作「十」，據尚書皋陶謨疏原引鄭注改。

〔二〕「伯」原訛作「百」，據尚書皋陶謨疏原引鄭注改。

海』。」敷、薄聲相近。四海者，曲禮正義引爾雅李巡注：「四海遠于四荒，晦冥無形，不可教誨，故云四海也。海者，晦也，言其晦暗無知。」咸建五長者，王制云：「千里之內設方伯，五國以爲屬，屬有長。」八州三百三十六長，此要服內之長。外至四海，亦建焉。曲禮：「其在東夷、北狄、西戎、南蠻，雖大曰子。」左傳稱驪戎男，是四海之外，大曰子，小曰男也。大傳説「十都爲師」者，鄭注云：「州凡四十三萬二千家，此蓋虞夏之數也。」廣雅釋地文與大傳同。云「州十有二師」，則三萬六千家有一師也。周禮司徒之屬鄉大夫注：「鄭司農云：『萬二千五百家爲鄉。』」州長注：「鄭司農云：『二千五百家爲州。』」與此不同，故鄭氏知爲虞夏之數也。鄭注見書疏及釋文，又見詩蓼蕭疏。云「要服之內爲九州，州更方七千〔一〕里」者，周之九服，與禹輔成五服相等，故以周禮推之，知要服之內有九州也。要服去王城三千五百里，四面相距，則爲方七千里矣。方七千者，七以七乘七則四十九，故云七七四十九，得方千里者四十九。云「其一以爲畿內」者，詩殷頌曰：「邦畿千里。」唐虞稱服，夏或稱縣。王制云：「天子之縣內。」注云：「縣內，夏時天子所居州界名也。」云「餘四十八，八州分而各有六」者，六八四十八，故八分之各有六也。引春秋傳者，哀七年左傳文。傳言「禹會諸侯于塗山」，此云「會稽」，兼用魯語文。云「執玉帛，則九州之內諸侯」者，大行人職云：「九州之外，謂之藩國，世一見，各以其所貴寶爲贄。」是九州之外，諸侯不執玉帛也。云「其制特置牧」者，鄭注王制云：「凡長，皆因賢侯爲之。殷之州長曰伯，虞夏及周皆曰牧。」蓋據堯典有「十二州」，又云「咨十有二牧」，是州長曰牧也。云「以諸侯賢者爲之師」者，師之言長，爲諸侯之長，以佐牧者也。云「百

〔一〕「千」原訛作「十」，據尚書皐陶謨疏原引鄭注改。

國一師」者，州千二百國，當設十二師也。云「計一州方百里之國二百」云云者，鄭意以一州有方千里者六，封三等之國，各以方千里者二。計方千里，爲百里者百。千里之方二，則封方百里之國二百也。計方百里，爲方十里百。以封方七十里之國，七七四十九，得方百里者，四十九兩之，則九十八。是方百里者，截長補短，可封方七十里者二國，猶餘方十里者二也。故方千里者二，以封方七十里之國，可四百有奇。止言四百者，約舉其準數耳。計方五十里者四，當〔一〕百里之方一，故方千里者二，可封方五十里之國八百也。總此三等凡有一千〔二〕四百國。云「以二百國爲名山大川不封之地，餘有一千二百國」者，王制云：「名山大澤不以朌。」此據州十有二師，則當千二百國，故計以二百國爲名山大川不封之地也。州有千二百國，以八乘千，則八千；以八乘二百，則千有六百；故八州凡九千六百國。計滿萬國之數，當更益以四百國，故云其餘四百國在圻內。鄭志答趙商云：「公卿大夫有田祿者，其四百國，非采地爲何？」是鄭以采地在四百國之數也。王制疏引異義：「古春秋左氏說禹會諸侯于塗山，執玉帛者萬國。唐虞之地萬里，容百里地萬國。其侯伯七十里，子男五十里，餘爲天子閒田。」其說略與鄭同。云「百里者三，封國七有奇」者，王制疏云：「所以百里三封國七者，以百里之方一，爲公侯之國一。又以百里之方一，爲伯七十里之國二。又以百里之方一，爲子男五十里之國四。是百里之方三，封國七也。言『有奇』者，謂百里之方，封七十里之國二有奇者。以百里之方一，爲十里之方百。七十里之國一，用十

〔一〕「當」下原有「四」字，據上下文義，「四」字當爲衍文，故刪。

〔二〕「千」下原有「里」字，據上下文義，「里」字當爲衍文，故刪。

里之方四十九。七十里之國二，用十里之方九十八。餘有十里之方二，故云『有奇』。〔一〕以此計之，州有千里之方六，以千里之方二，爲公侯之國二百。又以千里之方二，爲伯七十里之國四百有奇。又以千里之方二，〔二〕爲子男五十里〔三〕之國八百。總爲一千四百國。」鄭又云：「外則五國，立長使各守其職。」鄭以要服之内既有師、有牧，此立長當在四海外也。王制云：「五國以爲屬，屬有長。」鄭獨言四海外者，以曲禮云：「九州之長，入天子之國曰牧。其在東夷、北狄、西戎、南蠻，雖大曰子。」注云：「謂九州之外長也，天子亦選其諸侯之賢者以爲之子。子猶牧也。」

各迪有功，苗頑弗即功，帝其念哉。」**注**史遷「迪」作「道」，「弗」作「不」。**疏**迪者，釋詁云：「作也。」即者，詩傳云：「就也。」不就功，言各作有功，惟苗頑弗就功。史公說「迪」爲「道」者，釋詁文。

帝曰：「迪朕德，時乃功惟敘。」**注**史遷說爲「道吾德，乃女功序之也」。**疏**迪，道。道者，達也。晉語：「夫成子道前志。」韋昭注云：「道，達也。」時者，是也。敘者，釋詁與「順」轉訓，言禹功順成之。史公說爲「序之」者，序同敘。魯語：「夕序其業。」韋昭注云：「序，次也。」

皋陶方祗厥敘，**注**史遷說爲「皋陶于是敬禹之德」。鄭康成曰：「歸美于二臣。」**疏**此下，虞史伯夷所述，

〔一〕「以百里之方一」至「故云『有奇』」五十一字，原作「以百里之方二，故云『有奇』」，脱漏舛誤，今據禮記王制疏原文補改。

〔二〕「又以千里之方二」至「又以千里之方二」二十五字，原作「又以千里之方三」，脱漏舛誤，今據禮記王制疏原文補改。

〔三〕「五十里」原脱，據禮記王制疏原文補。

非舜言也。史公説伯夷語帝前，即此至「庶尹允諧」經文。史公以「祗」爲「敬」者，釋詁文。「敘」爲「德」者，釋詁云：「業，敘也。」業猶德也。鄭注見書疏。云「歸美于二臣」者，大傳云：「昔舜左禹而右皋陶，不下席而天下治。」即謂此也。方施象刑，**注**史遷説：「令民皆則禹。不如言，刑從之。」大傳説：「唐虞象刑，而民不敢犯。苗民用刑，而民興犯漸。唐虞之象刑，上刑赭衣不純，中刑雜屨，下刑墨幪，以居州里，而民恥之，而反于禮。」馬融曰：「言咎繇制五常之刑，無犯之者，但有其象，無其人也。」「方」一作「旁」。惟明。**注**史遷説爲「舜德大明」。**疏**白虎通聖人篇云：「何以言皋陶聖人也？皋陶聖人，而能爲舜陳道，『朕言惠，可底行』。又旁施象刑，維明。」「方」作「旁」者，説文：「旁，溥也。」新序節士篇云：「書曰：『象刑旁施，惟明。』及禹不能。」漢書本紀元光元年詔曰：「昔在唐虞，畫象而民不犯。」楊子先知篇云：「唐虞象刑，惟明。夏后肉刑三千。」俱以象刑爲畫象也。大傳説「赭衣不純」云云者，鄭注云：「純，緣也。時人尚德義，犯刑者但易之衣服，自爲大恥。屨，履也。幪，巾也。使不得冠飾，以恥之也。周禮罷民亦然，上刑易三，中刑易二，下刑易一，輕重之差。」幪音蒙。荀子正論篇〔一〕云：「古無肉刑，而有象刑：墨黥，慅嬰；共，艾畢；非，對屨；殺，赭衣而不純。」楊倞注引慎子「慅嬰」作「草纓」，是墨刑黥俱刑在面，故以草爲冠飾也。「共，艾畢」，楊倞云：「共，未詳。」案：共當爲宫，宫刑別異其蔽前之飾，故以艾色爲韠也。「菲，對屨」，楊倞云：「對，或爲蒯。」案：菲當爲剕，言剕刑，蒯屨也。楊倞注引慎子曰：「有虞氏之誅，以畫跪當黥，以草屨當劓，以履紨當刖，以艾畢當宫。」御覽刑法部引慎子曰：「有虞氏之誅，以幪巾當墨，以草屨當劓，以菲履當刖，以艾韠當宫，布衣無領當大辟，此有虞之誅也。斬人肢體，鑿其肌膚，謂之刑。畫衣冠，異章服，

〔一〕「正論篇」原作「正義篇」，據荀子原篇名改。

謂之戮。上世用戮，而民不犯也。中世用刑，而民不從。」周禮司圜疏引孝經緯云：「三皇無文，五帝畫象，三王肉刑。畫象者，上罪墨蒙赭衣雜屨；中罪赭衣雜屨；下罪雜屨而已。」是象刑之說，自古傳之。鄭注周禮司圜云：「弗使冠飾者，著墨幪，若古之象刑與？」知鄭氏亦同古說也。史公說「方施」爲「令民皆則禹」云云者，詩傳云：「方，則也。」是說方爲則。說「象刑」以「不如言，刑從之」者，言設此畫象以示民，告以不從教則當加刑，而民無犯者，故云「舜德大明」也。白虎通五行篇云：「刑所以五何？法五行也。大辟法水之滅火，宮者法土之壅水，臏者法金之刻木，劓者法木之穿土，墨者法火之勝金。五帝畫象者，其衣服象五行也。犯墨者蒙巾，犯劓者以赭著其衣，犯臏者以墨蒙其臏處而畫之，犯宮者履雜扉，犯大辟者布衣無領。科條三千者，應天地人情也。」已上文多脱落，多見北堂書鈔、初學記、後漢書注、太平御覽所引。五刑大義引周書曰：「因五行相剋而作五刑，墨、劓、剕、宮、大辟是也。火能變金色，故墨以變其肉。金能剋木，故剕以去其骨節。木能剋土，故劓以去其鼻。土能塞水，故宮以斷其淫泆。水能滅火，故大辟以絶其生命。」又引尚書刑德放云：「大辟象天刑，罰贖之數三千，應天地人。」此是周書所說，非象刑也，蓋後又用其意而制肉刑。然大辟可贖，則肉刑亦可贖矣。此今文以象刑爲象天道而作刑也。馬注見史記集解引，在「象以典刑」之下。案：其文當是「象刑，惟明」注，故移于此。云「五常之刑」，史公所謂「令民皆則禹」，先教以五常，不如言而施之刑也。云「無犯之」，亦謂舜德明也。

夔曰：「戛擊鳴球，搏拊琴瑟以詠。

注　史遷説爲「於是夔行樂」。大傳說：「古者，聖王升歌清廟之樂，大琴練弦達越，大瑟朱弦達越，以韋爲鼓，謂之搏拊。何以也？君子有大人聲，不以鍾鼓竽瑟之聲亂人聲。清廟升歌者，歌先人之功烈德澤也，故欲其清也。故書曰：『搏拊琴瑟以詠，祖考來格。』此之謂也。」又說：「搏拊鼓振以秉，琴瑟練絲徽弦，鳴者貴玉聲也。」馬融曰：「戛，櫟也。」鄭康成曰：「戛，櫟也。戛擊鳴球三者，皆總下樂，櫟擊此四器也。鳴球即玉磬也。磬，縣也，而以合堂上之樂。玉磬和，尊之也。搏拊以韋爲之，裝之以穅，所以節樂。云『以詠』者，謂歌詩也。」「戛擊」一作「桔隔」。

疏 史公説爲「於是夔行樂」者，以「夔曰」至「鳳皇來儀」爲虞史之言，故説「曰」爲「於是」。釋詁云：「爰，曰也。」洪範「土爰稼穡」，史記「爰」作「曰」，是此曰當訓爰也。釋詁又云：「曰，於也。」曹大家注幽通賦云：「爰，于是也。」大傳以爲禹之五祀，則舜薦禹攝位之後，作樂于明堂也。鄭氏大司樂注引下「夔曰」爲「夔又曰」，則鄭氏亦以爲夔言，與史公異也。戛擊，文選揚雄長楊賦作「桔隔」，注引韋昭曰：「古文隔爲擊。」疑韋本作「虩」，後人譌爲「擊」。説文：「虩，虎聲也，讀若隔。」敔既象其形，又象其聲。明堂位：「拊搏，玉磬，揩擊，大琴，大瑟，中琴，小瑟，四代之樂器也。」鄭注云：「揩擊謂柷敔。」案：拮、揩音俱近。白虎通禮樂篇云：「柷敔者，終始之聲，萬物之所生也。柷，始也。敔，終也。」柷敔在堂下而合樂，以爲終始之節，故先特言戛柷擊敔，而堂上之聲應之也。鳴球即明堂位之玉磬。亦先言之者，白虎通、鄭氏俱以爲玉聲清，故以合堂上之樂，故商頌那亦以鼓管之聲依我磬聲也。拊搏即明堂位之器，亦名拊鼓，亦名相。周禮大師：「大祭祀，帥瞽登歌，令奏擊拊。」注云：「謂拊形如鼓，以韋爲之，著之以穅。」樂記：「會守拊鼓。」注云：「言衆皆待擊鼓乃作。」樂記又云：「治亂以相。」注云：「相即拊也。」拊搏擊在樂之先，故大戴禮三本篇云：「縣一磬而尚拊搏。」又史記禮書作「拊膈」，一作「搏膈」。搏拊在堂上，亦先及之。琴瑟即明堂位之大琴、大瑟、中琴、小瑟，儀禮鄉飲酒禮、鄉射禮、燕禮記授瑟皆在工升西堦之後，是瑟在堂上，琴亦從之也。以詠者，謂工歌。周禮太師：「大祭祀，帥瞽登歌。」郊特牲：「歌者在上，匏竹在下，貴人聲也。」大傳説爲「升歌清廟之樂」。升歌者，謂工升堂上歌詩。清廟者，明堂。明堂位云：「季夏六月，以禘禮祀周公于太廟。」下云：「升歌清廟也。」云「大琴練弦達越」云云者，説文：「琴，神農所作，洞越，練朱五絃，周加二弦。」「瑟，庖犧所作弦樂也。」廣雅釋樂云：「神農氏琴，長三尺六寸六分，上有五弦，曰商、宮、角、徵、羽。」通典引揚雄清音云：「舜彈五弦之琴而天下化，堯加二弦以合君臣之思。」廣雅釋樂又云：「伏羲氏瑟，長七尺二寸，上有二十七弦。」呂覽古樂篇云：「瞽叟乃拌以五弦之瑟，作以爲十五弦之瑟。舜乃拌瞽叟之所爲瑟，益之八弦，以爲二十三弦之瑟。」御覽引白虎通云：「大瑟謂之灑，長八尺一寸。」諸家説各不同。練者，華嚴音義引珠叢云：「煮絲令熟曰練。」越者，韋昭注周禮云：「謂爲之孔也。」云「以韋爲鼓」者，周禮正義云：「白虎通引大傳云：『拊革著以穅。』」今見白虎通禮樂篇，引云「拊搏鼓振以秉」，多三字，并下云云今本脱之也。釋名云：「搏拊也，以韋盛穅，形如鼓，以手拊拍之也。」蓋一手振秉，一手拊拍之。云「不以鍾鼓竽瑟之聲亂人聲」者，謂不以堂下之樂亂工歌也。馬注見釋文。鄭注見書疏及周禮大司樂疏。俱以戛爲櫟者，漢書揚雄賦注：「韋昭曰：『桔，櫟也。』」服虔注漢書：「轑音勞，轢也。」廣雅釋詁云：「擽，擊也。」从木。从手者誤。櫟卽籈也。爾雅釋樂：「所以鼓敔謂之籈。」郭注云：「以木長一尺櫟之。籈者其名。」鄭云「戛擊鳴球三者」〔一〕，謂柷、敔、磬三器。云「總下」者、「櫟擊此四器」者，玉磬、搏拊、琴、瑟，共四器。戛擊總舉櫟擊之名。漢書注：「師古曰：『拮隔，擊考也。一曰彈鼓也。』」是磬與拊鼓、琴、瑟皆得謂之擊。經文四者單舉其器名，故知戛擊總舉之。云「鳴球，玉磬」者，説文：「球，玉磬也。或作『璆』。」晉語：「籧篨蒙璆。」韋昭注云：「璆，玉磬。」球璆一物同字。云「磬，縣也，而以合堂上之樂」云云者，鄉飲酒禮云：「笙入堂下，磬南北面立。」又記云：「磬階閒縮霤，北面鼓之。」又大射儀云：「樂人樂縣于阼階南，笙

〔一〕「三者」原誤倒爲「者三」，據尚書皋陶謨疏原引鄭注乙正。

磬西面。」又云：「西階之西，頌磬東面。」是磬縣在堂下。商那云：「依我磬聲。」鄭箋云：「磬，玉磬也。玉磬尊，故異言之。」郊特牲曰：「擊玉磬，諸侯之僭禮也。」是知玉磬尊異也。云「搏拊以節樂」者，釋樂云「和樂謂之節」，亦即拊也。云「以詠，謂歌詩」者，周語云「詩以道之，歌以詠之」，即工歌。

祖考來格，

注 史遷說爲「祖考至」。大傳說：「舜入唐郊，丹朱爲尸。」馬融曰：「此是舜除瞽叟之喪，祭宗廟之樂。」鄭康成曰：「祖考來格者，謂祖考之神來至也。」「格」一作「假」。

疏 祖者，顓頊；考者，堯也。祭法云：「有虞氏禘黃帝而郊嚳〔一〕，祖顓頊而宗堯。」此蓋宗祀明堂之祭。史公以「格」爲「至」者，釋詁文。大傳云：「維有十三祀，帝乃稱王而入唐郊，猶以丹朱爲尸。」注云：「舜承堯，猶子承父。雖已改正易樂，猶祭天于唐郊，以丹朱爲尸。至十三年，天下既知己受堯位之意矣，將自止郊，而以丹朱爲王者後，欲天下昭然知之，然後爲之，故稱王也。晉祀夏郊，以董伯爲尸。」大傳說郊有尸者，詩君子偕老云：「胡然而天也？胡然而帝也？」箋云：「何由然女見尊敬如天帝乎？非由衣服之盛，顏色之莊乎？」詩鳧鷖云：「公尸來燕來寧。」箋云：「喻祭天地之尸也。」曲禮疏引異義，公羊說祭天無尸，左氏說祭天有尸。許氏引魯郊祝延帝尸，從左氏之說也。曲禮疏引石渠論云：「周公祭天，太公爲尸。」案：天既有尸，配天亦有尸。晉語云：「晉祀夏郊，董伯爲尸。」注云：「董伯，晉大夫。神不歆非類，則董伯其姒姓乎？」祭統云：「孫爲王父尸。」注云：「必取同姓之嫡。」曲禮云：「爲人子者不爲尸。」然則尸取同姓無父之嫡子。此是周禮，未知唐虞之禮何如？疑丹朱爲顓頊尸也，其天尸及帝嚳、堯尸，無文可知。馬注見書疏。云「舜除喪，祭宗廟」者，以經文稱

〔一〕「嚳」原訛作「鯀」，據禮記祭法原文改。

考，是爲瞽瞍已卒之稱。王制疏引禮稽命徵云：「唐虞五廟，親廟四，始祖廟一。」是馬氏以爲舜親廟之祭。鄭注見周禮大司樂疏。云「神來至」者，周禮大司樂：「六變而致象物，及天神。九變則人鬼可得而禮矣。」古文以感神及致鳳凰、舞百獸爲樂之效也。格，大傳引作「假」，今文引經「格」字俱作「假」。

虞賓在位， **注** 大傳說：「舜爲賓客，而禹爲主人。樂正進贊曰：『尚攷大室之義，唐爲虞賓。』」鄭康成曰：「云『虞賓在位』者，謂舜以爲賓，卽二王後丹朱也。」

羣后德讓。 **注** 史遷說爲「羣后相讓」。鄭康成曰：「云『羣后德讓』者，謂諸助祭者以德讓。已上皆宗廟堂上之樂所感也。」

疏 白虎通王者不臣篇云：「尚書曰『虞賓在位』，不臣丹朱也。」丹朱時來助祭。春秋繁露王道篇云「立明堂宗祀先帝，以祖配天。天下諸侯各以其職來祭，貢土地所有，先以入宗廟」，故羣后亦在焉。德讓猶言陟讓，德、陟聲相近。說文：「德，升也。」周禮大卜注：「陟之言得也，讀如『王德翟人』之德。」德、登亦音之轉，故公羊傳以「得來」爲「登來」。此「德讓」依今文義則是迎尸。祭統：「君迎牲而不迎尸。」曾子問：「尸弁冕而出，卿、大夫、士皆讓之。」諸侯亦讓之。大傳說「舜賓客」至「唐爲虞賓」者，注云：「舜既使禹攝天子之事，于祭祀避之，居賓客之位，獻酒則爲亞獻也。尚攷，猶言古攷，謂往時也。大室，明堂之中央室也。義，當爲『儀』。儀，禮儀也，謂祭太室之禮，堯爲舜賓也。」漢禮樂志：「九疑賓，夔龍舞。」注：「如淳曰：『言以舜爲賓客也。夔典樂，龍管納言，皆隨舜而來，舞以樂神。』」史記于此篇「帝拜曰：然，往欽哉」下云：「于是天下皆宗禹之明度數聲樂，爲山川神主。帝舜薦禹于天，爲嗣。十七年。」集解云：「劉熙曰：『若此，則舜格于文祖，三年之後，攝禹使得祭祀與？』」下文「簫韶九成」，史公說爲「禹乃興九招之樂」，則是以此經爲舜薦禹于天，與馬氏說「舜除瞽瞍之喪，祭宗廟」云云異也。大傳有云：「維十有四祀，帝乃雍而歌者重篇，鍾石磬筦變。聲樂未罷，疾風發屋，天大雷雨。

帝沈首而笑曰：『明哉，非一人之天下也，乃見于鍾石笙管乎？』」下又云：「乃遷虞而事夏也。」亦同史公説，而脱文甚多，不可考矣。鄭注見周禮大司樂疏。云「卽二王後丹朱」，謂存二代之後者，郊特牲云：「王者存二代之後，猶尊賢也。尊賢不過二代。」史記堯本紀云：「堯子丹朱，舜子商均，皆有疆土，以奉先祀。服其服，禮樂如之。以客見天子，天子弗臣，示不敢專也。」詩振鷺疏引鄭駁異義云：「言所存二王之後者，命使郊天，以天子禮祭其始祖受命之王，自行其正朔服色，此之謂通天三統。」是丹朱稱賓，得郊天，又以天子禮祭其先。舜存二王後，更有高辛氏後，當是帝摯子孫封于唐者。云「謂諸侯助祭者以德讓」者，鄭以德爲讓之美德。魯語曹劌曰：「天子祀上帝，諸侯會之受命焉。」韋昭注云：「助祭受政命也。」

下管鼗鼓，合止柷敔， **注** 鄭康成曰：「云『下管鼗鼓』，已下謂舜廟堂下之樂，故言下。云『合止柷敔』者，合樂用柷敔。柷，狀如漆甬，中有椎，搖之以節樂。合之者，投椎於其中而撞之。敔，狀如伏虎，背有刻，以物櫟之，所以止樂。」「鼗」一作「鞀」。 **疏** 下，謂堂下。周禮大師「下管」注：「特言管者，貴人氣也。鄭司農云：『下管，吹管者在堂下。』」管爲竹樂之總名。白虎通禮樂篇引樂記云：「竹曰管。」高誘注淮南原道訓云：「管，簫也。」孟子梁惠王：「聞王管籥之音。」趙氏注：「管，笙。」説文云：「籥音律管壎之樂也。」「龥，管音也。」是管兼笙鏞壎篪也。或説管者，説文云：「如篪，六孔，十二月之音。物開地牙，故謂之管。」又作「琯」，云：「古者玉琯以玉。舜之時，西王母來獻其白琯。前零陵文學姓奚，於伶道舜祠下得笙玉琯。夫以玉作音，故神人以和，鳳皇來儀也。」宋書樂志引月令章句云：「管形長尺，圓寸，有六孔，無底。」鄭氏注周禮小師云：「管如篴而小，併兩而吹之，今大予樂官有焉。」鼗，説文作「鞀」，又作「鞉」。王制疏引漢禮樂器制度云：「鞀，如小鼓，長柄，旁有耳，搖之使自擊。」詩那傳云：「鞉鼓，樂之成也。」高誘注呂氏春秋五月紀云：「鞀鞞，所以節樂也。」

釋名云：「鞉，導也，所以導作樂也。」鼓者，古以瓦爲質。杜子春注周禮籥章〔一〕「土鼓」云：「土鼓，以瓦爲匡，以革爲面。」考工記：「鞸人爲皋陶。」陶亦瓦器之名。周語伶州鳩〔二〕說八音，有瓦無土，下云「節之鼓」，是以鼓兼革土二音也。經文有八音無塤，恐有疑其缺土音者，故及之。止者，釋樂云：「所以鼓柷謂之止。」郭注云：「其椎。」柷敔者，一名椌楬，樂記：「聖人作爲椌、楬、壎、篪。」詩傳云：「柷，木椌也。圉，楬也。」說文云：「椌，柷樂也。」「柷，樂木空也，所以止音爲節。」「敔，樂器椌楬也，形如木虎。」云「椌楬」者，連柷命之。廣雅釋樂云：「柷象桶，方三尺五寸，深尺八寸，四角有𨻶鼠。」釋樂云：「所以鼓敔謂之籈。」郭注云：「敔如伏虎，背上有三十七鉏鋙刻，以木長尺櫟之，籈其名。」白虎通禮樂篇云：「歌者在堂上，舞在堂下何？歌者象德，舞者象功，君子尚德而下功。書曰：『下管鞀鼓，笙鏞以間。』」是今文以爲舞也。明堂位「升歌清廟」之下，即云「下管象，朱干玉戚，冕而舞大武」。樂記：「聖人作爲鞉、鼓、椌、楬、壎、篪。此六者，德音之音也。然後鍾、磬、竽、瑟以和之，干、戚、旄、狄以舞之，此所以祭先王之廟也。」論語：「樂則韶舞。」詩簡兮：「左手執籥，右手秉翟。」鄭箋云：「籥舞。」韓詩外傳云：「韶用干戚。」是知下管即有舞。鄭注見周禮大司樂疏及詩有瞽疏。云「合樂用柷敔」者，書疏引漢初以來學者相傳，皆云樂之初，擊柷以作之；樂之將末，戛敔以止之；故謂之合。柷敔之狀，與諸家說同，惟釋名云：「柷敔如伏虎，如見柷柷然也，故訓爲始以作樂也。敔，衙也。衙，止也，所以止樂也。」與鄭注正相反，疑劉熙誤也。

笙鏞以間， **注** 鄭康成曰：「云『笙庸以間』者，東方之樂謂之笙。笙，生也，東方生長之方，故名樂爲笙也。西方之樂謂

〔一〕「章」原訛作「師」。案：「土鼓」之文見于周禮籥章，今據改。

〔二〕「周語伶州鳩」原作「周禮單穆公」。案：下引之文見國語周語伶州鳩對周王，今據改。

之庸。庸，功也，西方物熟有成功。亦謂之頌，頌亦是頌其成也。『以間』者，堂上堂下間代而作。庸卽大射『頌』，一也。」「鏞」一作「庸」。

疏 釋樂云：「大鐘謂之鏞。」郭注云：「書曰：『笙鏞以間。』亦名鑮。」然周禮眡瞭「掌凡樂事，播鼗，擊頌磬、笙磬」，故鄭以笙爲東方之樂，庸爲西方之樂。皆樂縣也。間者，釋詁云：「代也。」間代，謂如樂記云「鍾、磬、竽、瑟以和之」，鄉飲酒義「工入，升歌三終。主人獻之，笙入三終。主人獻之，間歌三終，合樂三終，工告樂備」。鄭注見周禮大司樂疏。云「東方之樂謂之笙，西方之樂謂之庸」，不以爲樂器笙鏞二物者，大射禮云：「樂人宿縣于阼階東，笙磬西面，其南笙鍾，其南鑮，皆南陳。建鼓在阼階西，南鼓。應鼙在其東，南鼓。」注云：「笙猶生也，東爲陽中，萬物以生，是以東方鍾磬謂之笙，皆編而縣之。」大射禮又云：「西階之西，頌磬東面，其南鍾，其南鑮，皆南陳。一建鼓在其南，東鼓，朔鼙在其北。一建鼓在西階之東，南面。簜在建鼓之間，鼗倚于頌磬西紘。」注云：「言成功曰頌。西爲陰中，萬物之所成，是以西方鍾磬謂之頌[一]。古文頌爲庸。」義與此同。鄭以經言笙庸，而東西階樂器畢舉，兼有磬鑮諸器縣也。宮縣之制，大傳云：「六律者何？黃鍾、蕤賓、無射、大蔟、夷則、姑洗是也。故天子左五鍾，右五鍾。天子將出，則撞黃鍾，右五鍾皆應。入則撞蕤賓，左五鍾皆應。」注云：「六律爲陽，六呂爲陰。凡律呂十二，各一鍾。天子宮縣，黃鍾、蕤賓在南北，其餘則在東西。」又云：「黃鍾在陽，陽氣動；西五鍾在陰，陰氣靜。君將出，故以動告靜，靜者皆和也。蕤賓在陰，東五鍾在陽。君入，故靜告動，動則亦皆知之也。」周禮小胥：「正樂縣之位，王宮縣。」注云：「樂縣，謂鍾磬之屬縣于筍虡者。鄭司農云：

[一]「鍾磬」原誤作「磬鍾」，「頌」原誤作「庸」，據儀禮大射禮鄭注原文乙正校改。

『宮縣，四面縣。』」經又云：「凡縣鍾磬，半爲堵，全爲肆。」注云：「鍾磬者，編縣之。二八十六〔一〕枚而在一虡，謂之堵。鍾一堵，磬一堵，謂之肆。西縣鍾，東縣磬。」此樂縣之大概，見于經者。鏞，周禮眂瞭注引作「庸」。

鳥獸蹌蹌， **注** 史遷說「蹌蹌」爲「翔舞」。馬融曰：「鳥獸，筍簴也。」鄭康成曰：「鳥獸牄牄者，謂飛鳥走獸牄牄然而舞也。」「蹌」亦作「牄」。

疏 鳥獸，今文以爲感樂而馴舞，古文以爲象樂形聲也。蹌，周禮大司樂注引作「牄」。說文云：「牄，鳥獸來食聲也。」引經文。玉篇引作「食穀聲」。此古文說，以蹌蹌爲樂聲，如鳥獸之來食穀，不以爲真鳥獸也。呂氏春秋古樂篇云：「顓頊效八風之音，湊湊鏘鏘。」是蹌爲樂聲。史公云「翔舞」者，與鄭義同。大傳云：「奏鍾石，論人聲，及鳥獸咸舞于前。」是今文同史公說也。鳥爲翔，獸爲舞。說文云：「翔，回飛也。」馬注見釋文，以鳥獸爲筍簴。考工記：「梓人爲筍虡。天下之大獸五，臝者、羽者、鱗者，以爲筍虡。小蟲之屬，以爲雕琢。擊其所縣，而由其虡鳴。」明堂位：「夏后之龍簨虡。」注云：「簨虡，所以縣鍾磬也。橫曰簨，飾之以鱗屬。植曰虡，飾之以臝屬、羽屬。簨以大版爲之，謂之業。」說文云：「業，大版也，所以飾縣鍾鼓。捷業如鋸齒，以白畫之，象其鉏鋙相承也。」「虡，鍾鼓之柎也，飾爲猛獸，从虍，異象其下足。」或作「鐻」，篆文作「虡」。是筍一名業，爲橫版。虡爲樂縣之柎，飾爲猛獸，擊之由其虡鳴，故馬氏以爲「鳥獸蹌蹌」卽此也。鄭注見周禮大司樂疏。

簫韶九成，鳳皇來儀。」 **注** 史遷說：「於是禹乃興九招之樂，致異物，鳳皇來翔。天下明德皆自虞帝始。」鄭康成曰：「簫韶，舜所制樂。宋均注樂說云：『簫之言肅。舜時民樂其肅敬，共紹堯道，故謂之簫韶。』或云：『韶，舜樂。名舜樂者，其秉簫乎？』樂備作，謂之成，成猶終也。每曲一終，必變更奏。云『簫韶九成，鳳皇來儀』者，若樂九

〔一〕「二八十六」原訛作「二十八」，據周禮小胥鄭注原文改。

夔，人鬼可得而禮，故致得來儀乘匹。謂致得雄曰鳳、雌曰皇來儀止集而乘匹。」「簫」一作「箾」。

疏 簫，說文作「箾」，云：「虞舜樂曰箾韶。」他書或通作「簫」，則簫非簫管，此則謂韶樂也。風俗通音聲篇「謹案尚書『簫韶九成，鳳皇來儀』，其形參差，象鳳之翼，十管，長一尺」，直以爲鳳皇象樂之儀形，與馬氏以爲鳥獸爲筍虡，許氏以樂象鳥獸來食聲同，疑古文說也。鳳皇，今文說爲瑞應。論衡引大傳云：「鳳凰在列樹。」漢書元康元年「鳳凰集泰山」，引此經文。史公說爲「禹興九招」者，謂此大室之祭，是薦禹于天，禹爲主人，故云禹作九招也。義見前。說苑修文篇云：「禹乃興九招之樂，致異物，鳳凰來翔，天下明德也。」亦同史公說。鄭注見公羊哀十四年疏及書疏、周禮大司樂疏。以簫韶爲舜所制樂者，呂氏春秋古樂篇云：「帝嚳歌九招六列六英。帝舜乃令質修九招六列六英，以昭帝德。」樂記云：「韶〔一〕，繼也。」鄭注云：「舜樂名也。韶之言紹也，言舜能繼紹堯之德。」漢禮樂志云：「舜作招。」又云：「招〔二〕，繼堯也。」史記樂書作「韶」。左傳云：「舞韶箾。」周禮大司樂：「九磬之舞。」是知舜紹堯作樂，名韶；以有九成，謂之九韶；以其肅敬，謂之簫韶。此不以簫爲樂器之說也。云「名舜樂者，其秉簫」者，言以簫名舜樂，或竟以作樂持簫而言之，如應劭說也。大戴禮：「夔作樂，歌，簫舞，和以鍾鼓。」則鄭云「秉簫」，亦謂樂舞，如詩簡兮「左手執籥，右手秉翟」也。說文「簫」作「箾」，云：「以竿擊人也。」虞舜樂曰箾韶。禮樂志天門十一：「飾玉梢以舞歌〔三〕，體招搖若永望。」師古曰：「梢，竿也，舞者所持。玉梢，以玉飾之也。音所交反。」云「樂備作，謂之成」者，周禮樂師：「凡樂成，則告備。」注云：「成謂所奏一竟。」云「若樂九變，人鬼可得而禮」者，周禮

〔一〕「韶」原訛作「紹」，據禮記樂記原文改。

〔二〕〔三〕「招」原訛作「紹」，「舞」下原脫「歌」字，據漢書禮樂志原文改補。

大司樂文。云「來儀乘匹」者，釋詁云：「儀，匹也。」乘匹，謂升合之雌雄成匹。釋鳥云：「鶠，鳳。其雌皇。」鄭説鳳皇爲應樂聲來者。列子黄帝篇云：「堯使夔典樂，擊石拊石，百獸率舞，鳳皇來儀，簫韶九成，此以聲致禽獸者也。」此鄭説之所本也。

夔曰：「於，予擊石拊石，百獸率舞，庶尹允諧。」

注 史遷無「夔曰：於，予擊石拊石」之文，「簫韶九成，鳳皇來儀」下云：「百獸率舞，百官信諧。」鄭康成曰：「夔説舜云，磬有大小，予擊大石磬，拊小石磬，則感百獸相率而舞。百獸，服不氏所養者。謂音聲之道，與政通焉。庶，衆也。尹，正也。允，信也。言樂之所感，使衆正之官得其諧和。」

疏 「夔曰」，鄭注周禮大司樂引作「夔又曰」，知古文有此二「夔曰」。蒙上文，故云「又」也。史記并此「夔曰」俱無者，或史公節其文，或今文無之。擊石拊石，俱擊也。周禮大師：「大祭祀，奏擊〔一〕拊。」注：「鄭司農云：『樂或當〔二〕擊，或當拊。』」論語有「擊磬襄」。楚辭：「揚枹兮拊鼓。」王逸注云：「拊，擊也。」百獸率舞，猶云順舞。釋詁云：「率，循也。」説文云：「循，行順也。」春秋繁露王道篇云：「毒蟲不螫，猛獸不搏，抵蟲不觸，言順也。」大傳：「奏鍾石，論人聲，及乃鳥獸，咸變于前。」吕氏春秋古樂篇云：「質乃拊石擊石，以象上帝玉磬之音，以致舞百獸。」高誘注：「質，當爲夔。」庶尹允諧，言樂和神人。周禮大司樂：「以六律、六同、五聲、八音、六舞大合樂，以致鬼神祇，以和邦國，以諧萬民，以安賓客，以説遠人，以作動物。」史公無「夔曰」者，以禹、伯夷、皋陶相與語帝前時，本無夔，此文又已見堯典，不應重出也。説「庶」爲「百」者，庶，衆，故爲百。「尹」爲「官」者，廣雅釋詁文用此義。「允，信也」、「諧，和也」，俱釋詁文。鄭注見周禮大司樂疏、公羊哀四年疏。云「磬有大小」者，以經文有二石字知之。釋器云：「大磬謂之毊。」郭注云：「毊形似犂錧，以玉石爲之。」云「百獸爲服不氏

〔一〕〔二〕「擊」原訛作「樂」，「當」原訛作「作」，據周禮大師原文及原引鄭司農注文分別改正。

所掌」者，周禮服不氏：「掌養猛獸而教擾之。」注云：「猛獸，虎豹熊羆之屬。」鄭以舜作樂廟堂，不應有野獸率舞，故以爲服不氏之獸也。「庶，衆」、「尹，正」，釋詁文。

帝庸作歌，**疏**段氏曰：「句絶，目下文。」曰：「勑天之命，惟時惟幾。」**注**史遷說「庸」爲「用」，「勑」爲「陟」，又說「時」爲「維是」。鄭康成曰：「戒臣。」**疏**勑天之命，一作「陟天」。釋詁：「假、陟，陞也。」陟假同義，謂薦禹于天而告之。經文作「勑」，同「敕」。敕者，釋詁云：「勤，勞也。」〔一〕又云：「勞，勤也。」廣雅釋言云：「敕，謹也。」樂書：「太史公曰：余每讀虞書，至於君臣相敕，維〔二〕是幾安，而股肱不良，萬事墮壞。」知史公用今文作「陟」，又引古文義作「相敕」，義兩通也。惟幾者，釋詁云：「惟，思也。」「幾，危也。」說文云：「幾，微也，殆也。」荀子解蔽篇引道經曰「人心之危，道心之微，危微之幾，惟明君子而後知之」，以釋「舜之治天下也，不以事詔而萬物成」。史公又說「惟時惟幾」爲「維是幾安」者，「時，是」，釋詁文。以幾爲危，以康爲安，安卽下「庶事康哉」之義。鄭注見書疏，云「戒臣」，臣謂禹、皐陶之屬。

乃歌曰：「股肱喜哉，元首起哉，百工熙哉！」**注**大傳說：「元首，君也。股肱，臣也。」**疏**漢書魏相丙吉傳：「贊曰：經謂君爲元首，臣爲股肱，明其一體，相待而成也。」股肱者，經文云：「臣作朕股肱。」元者，釋詁云：「首也。」易象云：「首出庶物，萬國咸寧。」廣雅釋詁云：「元首，君也。」「喜、康，樂也」、「興，起也」、「熙，興也」，俱釋詁文。皐陶拜手稽手颺言曰：「念哉，**注**史遷「颺」作「揚」。鄭康成曰：「使羣臣念帝之戒。」**疏**荀子大略篇云：「平衡曰拜，下

〔一〕依文例，此句似當作「敕，勞也」。「敕，勞也」見爾雅釋詁。
〔二〕「維」原訛作「惟」，據史記樂書原文改。

衡曰稽首。」釋詁云：「揚，續也。」郭氏云：「未詳。」揚與颺同。鄭注見史記集解，敕令念百工興，卽「率作興事」也。

率作興事，愼乃憲〔一〕，屢省乃成，欽哉！」**注**史遷作「率爲」，「欽」作「敬」。**疏**「率，循也」、「愼，誠也」、「憲，法也」、「省，察也」，俱釋詁文。「作，爲也」，「興，起也」，屢，本作「婁」，亟也，俱釋言文。漢書谷永傳：「婁省無怠。」注：「師古曰：『婁，古屢字也。』」此言百工之事，信守常法，而數察之，乃不敗壞也。屢，蓋屢省文，當爲婁。

乃賡載歌曰：「元首明哉，股肱良哉，庶事康哉！」**注**史遷說「乃更爲歌」。鄭康成曰：「載，始。」**疏**賡者，釋詁云：「續也。」說文以爲「續」古文。載者，孟子滕文公：「自葛載。」注云：「一說言當作再字。」言續帝歌，再爲歌也。明者，大戴禮誥志篇云：「明，孟也。」釋詁云：「孟，勉也。」明、孟聲相近，明卽勉也。良者，詩鶉奔傳云：「善也。」康者，釋詁云：「安也。」史公以「賡」爲「更」者，晉語：「性利相更。」注云：「更，續也。」以「載」說「爲」者，釋詁云：「載，僞也。」僞與爲通。鄭注周禮大宗伯云：「載，爲也。」鄭注見書疏。以載爲始者，詩載見傳文。始歌，謂帝所作歌。

又歌曰：「元首叢脞哉，**注**史遷爲「舜又歌曰」。馬融曰：「叢，總也。脞，小也。」鄭康成曰：「叢脞，總聚小小之事以亂大政。」**疏**脞，當从說文爲「睉」。說文：「叢，聚也。」「睉，目小也。」說文又有婎字，云：「訬疾也。」疑「脞」亦作「婎」。廣雅釋詁：「叢湊，遽也。」說文「奏」古文作「屛」，疑脞卽屛字。叢奏，猶言急遽。今本廣雅脫湊字，以七侯反音叢，蓋誤。馬注見釋文。鄭注見書疏。以叢爲總聚、脞爲小者，說文義。鄭云「小小」者，徐仙民：「脞音瑣。」釋訓云：「瑣瑣，小也。」易旅：「瑣瑣。」鄭注云：「猶小小。」小、瑣聲相近。

股肱惰哉，萬事墮哉！」**注**「惰」一作「墮」，「墮」一作「隳」。**疏**

〔一〕「愼乃憲」下，尚書正義經文有「欽哉」二字。

惰〔一〕者，說文云：「不敬也。」史記樂書曰：「萬事墮壞。」墮，說文作「隓」，方言：「隓，壞也。」說文「隓」篆文作「墮」〔二〕，「敗城阜曰隓」，是亦爲敗也。中論審大臣篇引「惰」作「墮」，「墮」作「隳」。

帝拜曰：「俞，往欽哉！」

注 史遷說「俞」爲「然」，又說：「於是天下皆宗禹之明度數聲樂，爲山川神主。」

疏 拜者，揖也。周禮司儀：「詔王儀，南鄉見諸侯，土揖庶姓，時揖異姓，天揖同姓。」注：「土揖，推手小下之也。時揖，平推手也。天揖，推手小舉之。」又司士：「孤卿特揖。」說文引揚雄說：「拜从兩手下。」是君于臣亦拜也。云「往欽哉」，舜踐帝位二十二年而薦禹攝位，又十七年而崩，見堯本紀。

〔一〕「惰」原訛作「隋」，據說文原文改。說文：「憜，不敬也。」「惰，憜或省自。」

〔二〕「墮」原訛作「隋」，據說文原文改。

禹貢第三上　虞夏書三　尚書今古文注疏卷三

疏貢者，廣雅釋詁云：「上也，稅也。」釋言云：「獻也。」楚語：「觀射父曰：『天子之田九畡，王取經入焉，以食萬官。』」注云：「經，常也。常入，征稅也。」詩甫田傳云：「彼太古之時，以丈夫稅田也。歲取十千，於井田之法則一成之數也。九夫爲井，井稅一夫，其田百畝。井十爲通，通稅十夫，其田千畝。通十爲成，成方十里，成稅百夫，其田萬畝。欲見其數從井通起，故言十千。上地穀畝一鍾。」據此，則黄帝制井田，當有稅夫之法，卽貢也。史記五帝本紀云：「軒轅乃習用干戈，以征不享。」索隱云：「謂征諸侯之不朝享者。本或作『亭』。」案：考工記注：「鄭司農云：『奠讀爲亭。』」則亭卽奠，顧命所謂「一二臣衛，敢執壤奠」。鄭注以爲享禮亦貢也。古有稅民之法及諸侯貢法，堯時遭洪水，不能修其制，至禹始更作之。夏本紀云：「禹乃行相地宜所有以貢，及山川之便利。」詩韓奕云：「維禹甸之。」箋云：「禹甸之者，決除其災，使成平田，定貢賦於天子。」孟子滕文公篇云：「夏后氏五十而貢，殷人七十而助，周人百畝而徹，其實皆什一也。」注云：「民耕五十畝者，貢上五畝。」古以貢當稅，卽經所言賦，凡貢之物不在賦外，故孟子云夏貢什一也。

禹敷土，**注**史遷「敷」作「傅」。馬融曰：「敷，分也。」鄭康成曰：「敷，布也，布治九州之水土。」「敷」一作「溥」。

疏史公「敷」作「傅」者，夏本紀云：「禹乃遂與益、后稷奉帝命，命諸侯百姓興人徒以傅土。」傅與敷音相近，蓋釋傅爲治也。孟子滕文公篇云：「舉舜而敷治焉。」注引經，云：「是言治其土也。」廣雅釋言云：「傅，敷也。」治水土非一人之力，故奉

帝命與人徒。 馬注見史記集解。云「分」者，言分爲九州。漢書地理志注云：「敷，分也。」書序云：「禹别九州。」馬義所本。鄭注見周禮大司樂疏。云「敷，布」者，山海經海内經云：「帝乃令禹卒布土以定九州。」布土卽敷土。詩傳云：「敷，布也。」說文云：「尃，布也。」「敷，㪔也。」書傳以「敷」爲「尃」，音相近，假借字。又鄭注周禮大司樂云：「禹治水傅土，言其德能大中國也。」商頌長發云：「禹敷下土方。」箋云：「禹敷下土正四方，廣大其竟界之時，始有王天下之萌兆。」鄭意又以敷爲大者，詩傳云：「溥，大。」詩釋文引韓詩「敹敦淮濆」云：「敷，大也。」荀子成相篇作「溥」。

隨山刊木， 注 史遷「隨」作「行」，「刊」作「表」。鄭康成曰：「必隨州中之山而登之，除木爲道，以望觀所當治者，則規其形，而度其功焉。」「刊」一作「栞」，亦作「琹」。

疏 史公說「隨」爲「行」者，廣雅釋詁云：「隨，行也。」淮南修務訓：「隨山琹木。」高誘注：「隨，循也。」循義近行。「刊」爲「表」者，周語云：「道無列樹。」注云：「古者列樹以表道。」刊蓋削而識之。鄭注見書疏。以刊爲除者，春秋左氏襄廿五年傳云：「井堙木刊。」注云：「刊，除也。」刊，說文作「栞」，云：「槎識也。」引此文，讀若刊，篆又作「琹」。又云：「槎，衺斫也。」魯語云：「山不槎櫱。」注云：「槎，斫也。」槎識者，斫木爲識，卽表道也。管子形勢解云：「禹身決瀆，斬高橋下，以爲民利。」蓋古說以刊木爲斬高木以橋下隰也。

奠高山大川。 注 史遷說「奠」爲「定」。大傳說：「高山大川，五嶽、四瀆之屬。」馬融曰：「定其差秩，祀禮所視也。」

疏 史公說「奠」爲「定」者，周禮司市云：「平肆展成奠賈。」注云：「奠讀爲定。杜子春云：『奠當爲定。』」是奠與定通也。大傳說高山大川爲五嶽四瀆者，見史記集解，今大傳脱文。大傳云：「五嶽，謂岱山、霍山、華山、恒山、嵩山也。」「江、淮、河、濟爲四瀆。」「五嶽視三公，四瀆視諸侯，其餘山川視伯，小者視子男。」見白虎通巡守篇。五嶽以南嶽爲霍山，今文家說也，見堯典疏。馬氏注見史記集解。書疏及王制疏引鄭注大傳云

「所視者，謂其牲幣粢盛籩豆爵獻之數，非謂尊卑」，足證馬義也。

冀州既載， **注** 史遷說爲「禹行自冀州始。冀州既載」。馬融曰：「載，載于書也。」鄭康成曰：「兩河間曰冀州。不書其界者，時帝都之，使若廣大然。載之言事，事謂作徒役也。禹知所當治水，又知用徒之數，則書於策以告帝，徵役而治之。」 **疏** 說文云：「冀，北方州也。」淮南子地形訓云：「正中冀州曰中土。」注云：「冀，大也。四方之主，故曰中土也。」呂氏春秋有始覽云：「兩河之間爲冀州，晉也。」注云：「東至清河，西至西河。」書疏引李巡云：「兩河間其氣清，厥性相近，故曰冀。冀，近也。」釋名云：「冀州，取地以爲名也。其地有險有易，帝王所都，亂則冀治，弱則冀彊，荒則冀豐也。」案：鄭注「舜肇十有二州」云，舜於舊九州外，分青州爲營州，冀州爲并州、幽州。至夏仍合爲九，則禹貢冀州兼幽、并二州之地，故說文以爲北方州，字从北也。史公說爲「自冀州始」者，詩傳云：「載，始也。」則史記下云「冀州既載」，說爲冀州既始耳。馬注見釋文。云「載於書」者，春秋左氏僖六年傳云：「載在盟府。」注云：「載，載書也。」鄭注見史記集解，又見公羊傳莊十年疏及書疏。云「兩河間曰冀州」者，用釋地文。云「不書其界」者，據下兖州有云「濟、河惟兖州」，「海、岱惟青州」已下諸州，皆書其界，則此亦當以山河爲界，而不書之，使若廣大也。云「時帝都之」者，春秋左氏哀六年傳引夏書曰：「惟彼陶唐，有此冀方。」注云：「唐虞及夏同都冀州。」疏云：「堯治平陽。」在冀州也。地理志云：「河東，本唐堯所居，詩風唐、魏之國也。」又「平陽」，應劭曰：「堯都也，在平河之陽。」郡國志：「太原郡晉陽，本唐國。」注云：「毛詩譜曰堯始都於此，後遷河東平陽。」平陽故城，在今山西臨汾縣西南。云「使若廣大」者，高誘注淮南云：「冀，大也。」義與鄭同。云「載之言事」者，周書謚法云：「載，事也。」漢書「載其清静」卽「事其清静」。云「作徒役」者，因夏本紀有「奉帝命，命諸侯百姓興徒以傅土」，故云然也。

壺口治梁及岐。 注 馬融曰：「壺口，山名。」鄭康成曰：「地理志壺口在河東北屈，梁山在左馮翊夏陽，岐山在右扶風美陽西北。於此言『治梁及岐』者，蓋治水從下起，以襄水害易也。」疏 馬注見釋文。鄭注見史記集解，又見詩周南召南譜疏及書疏。引地理志者，漢志云：「河東郡北屈，禹貢壺口山在東南。」鄭于「北屈」下脫「東南」，或省文。水經禹貢山水澤地所在同。案：北屈在今山西吉州西，山在州西南七十里。又漢志：「馮翊夏陽，禹貢梁山在西北。」鄭脫「西北」。水經禹貢山水澤地所在云：「在夏陽縣西北河上。」案：夏陽縣在今陝西韓成縣西南，山在縣西北九十里。漢志：「右扶風美陽，禹貢岐山在西北。中水鄉，周太王所邑。」案：美陽在今陝西扶風縣北，山在陝西岐山縣東北十里。水經汾水注云：「汾水南與平水合。水出平陽西壺口山，尚書所謂『壺口治梁及岐』也。」此山在今山西汾陽縣西南，與地理志說異。云「治水從下起」者，書疏云：「壺口西至梁山，梁山西至岐山，從東向西言之也。」案：梁岐是雍州山而見于冀州，故云從下起。

既修太原，至于岳陽。 注 鄭康成曰：「岳陽縣，太岳之南。于地理志，太原今以爲郡名。太岳在河東故縣彘東，名霍太山。」疏 修者，廣雅釋詁云：「治也。」陽者，說文云：「山南曰陽。」鄭注見詩唐風譜疏。云「太原今以爲郡名」者，地理志及郡國志云：「太原郡，在晉陽，屬并州。」杜氏春秋釋例云：「晉、大鹵、太原、大夏、參虛、晉陽，一地六名。」案：今山西太原府太原縣也。云「太岳在河東故縣彘」者，漢志：「河東郡彘，霍太山在東，冀州山。」案：彘縣在今山西霍州西，山在州東南三十里。

覃懷厎績，至于衡漳。 注 史遷說「厎績」爲「致功」。馬融曰：「衡漳，水名。」鄭康成曰：「懷縣屬河內。地理志云：「漳水出上黨沾縣大要谷，東北至安平阜城入河，行千六百八十里。衡漳者，漳水橫流入河。」疏 覃懷者，地理志河內郡有懷縣。經云「覃懷」者，史記索隱云：「蓋覃懷二字，或當時共爲一地之名。」案：懷縣故城在今河南武陟縣西，即覃懷也。史公說「底」爲「致」者，釋言文。「績」爲「功」者，釋詁文也。馬注見釋文。鄭注見史記集解，又見周禮職方氏疏及書疏。引地理志云云者，漢志「上黨長子鹿谷山，濁漳水所出，東至鄴入清漳。沾縣大要谷，清漳水所出，東北至阜城入大河，過郡五，行千六百八十里。」與鄭所引略同，而鄭不引濁漳，以其入清漳，略之也。案：沾縣，今山西樂平縣。阜城，字或譌爲「邑城」，今屬直隸河間府。云「衡漳，漳水橫流入河」者，經典衡多與橫通。水經：「濁漳水又東北過斥章縣南。」注云：「魏太祖鑿渠引漳水，東入清洹以通河漕，名曰利漕渠。漳津故瀆水，斷舊溪東北出，涓流濂注而已，尚書所謂『覃懷底績，至於衡漳』者也。又北逕平恩故城西。」案：斥章故城在今直隸曲周縣東，平恩故城在今山東邱縣西。史記正義引括地志云：「衡漳水在瀛州東北百二十里平舒縣界也。」平舒，漢之東平舒，今直隸大城縣。清漳水過郡五者，上黨、魏郡、廣平、鉅鹿、信都也。

厥土惟白壤，

注史遷「厥」皆作「其」。馬融曰：「壤，天性和美也。」

疏史公「厥」皆爲「其」，下不更出。馬注見釋文。以壤爲天性和美者，說文云：「壤，柔也。」鄭注周禮云：「壤亦土也，變言耳。以萬物自生焉，則言土，土猶吐也。以人所耕而樹藝焉，則言壤，壤，和緩之貌。」然則鄭于此雖缺注，義亦與馬同也。

厥賦惟上上錯，

注馬融曰：「地有上下相錯，通率第一。」鄭康成曰：「此州入穀不貢。賦之差，一井，上上出九夫稅，上中出八夫稅，上下出七夫稅，中上出六夫稅，中中出五夫稅，中下出四夫稅，下上出三夫稅，下中出二夫稅，下下出一夫稅。通率九州，一井稅五夫。」

疏賦者，廣雅釋詁云：「稅也。」錯者，詩傳云：「雜也。」馬注見釋文。云「通率第一」者，九州之中爲第一也。僞傳云「雜出第二」，非馬義。鄭注見書疏及王制疏。云「此州入穀不貢」者，王制云：「天子百里之內以共官，千里之內以爲御。」注云：「謂此州之田稅所給也。官，謂其文書財用也。御，謂衣食。」周禮閭師疏引鄭志云：「田税如今租矣。」王制又云：「千里之内曰甸。」注云：「服治田出穀税。」「千里之外曰采。」注云：「九州之内，地取其美物以當穀税。」據此，知冀州畿内惟入穀税也。詩甫田疏引鄭志云：「凡所貢篚之物，皆以税物市之，隨時物價以當邦賦。」周禮太宰：「以九貢致邦國之用。」疏云：「諸侯國内得民税，大國貢半，次國三之一，小國四之一。所貢者市取當國所出美物，則禹貢所云『厥篚厥貢』之類是也。」據此，知餘州雖有厥貢之文，不入穀，準其賦之額，買土物以貢。此州不言厥貢，以帝都所需，令有司市買，不煩諸侯貢篚，故入穀不貢也。云「賦之差，一井，上上出九夫税」者，江氏聲云：「孟子云：『夏后氏五十而貢，殷人七十而助，周人百畝而徹，其實皆什一也。』又云：『井九百畝，其中爲公田。』又云：『惟助爲有公田。』是則夏制什一，税夫，田不畫井。鄭注周禮匠人備引孟子文而云：『周制畿内用夏之貢法，税夫，無公田。』是鄭氏亦謂夏時無井田也。此以井計者，以九夫爲井，差爲九等甚便，故假以言之爾。王制疏云『以禹貢九州有上中下三等，故以井田計之』是也。云『一井，上上出九夫税』者，一井之中，九夫各以所收之什一爲税。『上中出八夫税』者，謂通九夫共出八夫所收之什一爲税。以下至『出一夫税』，皆謂九夫通出其什一也。詩甫田疏節引此注，而以爲『鄭欲品其多少，無所比況，遂以九井擬之，以示税之多少，非其實税之也』。是以其賦之輕重懸殊，而疑其非實税。案：左氏襄二十五年傳云：『度山林，鳩藪澤，辨京陵，表淳鹵，數疆潦，規偃豬，町原防，牧隰皋，井衍沃。』疏引賈逵注，以爲賦税差品，云：『山林之地，九夫爲度，九度而當一井也。藪澤之地，九夫爲鳩，八鳩而當一井也。京陵之地，九夫爲辨，七辨而當一井也。淳鹵之地，九夫爲表，六表而當一井也。疆潦之地，九夫爲數，五數而當一井也。偃豬之地，九夫爲規，四規而當一井也。原防之地，九夫爲町，三町而當一井也。隰皋之地，九夫爲牧，二牧而當一井也。衍沃之地，畝百爲夫，九夫爲井。』夫曰『九度而當一井』，非即一井出一夫税乎？其九等之差，正與此九等之税同，何見而疑此非實税耶？雖此是田賦，與左傳通計山林等九者不同，然周禮授民田，有不易、一易、再易，則田之肥磽固有相懸數倍者。且如左傳所云九等之地，九州皆有。苟是州沃衍之地多，則統一州而計，通率一井可得八九夫税。設是州山林藪澤之地多，則統一州而計，通率出一二夫税。況其田有不易、一易、再易之殊，則九夫一夫之差，理勢固然，不足怪也。『通率九州，〔一〕一井税五夫』者，有九夫税，有一夫税，合之共十夫，均分之則各五夫。其八夫通二夫，七夫通三夫，六夫通四夫，均之則皆然。是〔二〕率一井税五夫也。周禮授民田，不易者百畝〔三〕，一易者倍之，再易者三之，通率三家而受六夫，其野則六家而受十三夫。其賦則惟計見耕之田而税之，通而計之，則一夫之地惟税五十畝，故管子幼官篇云『田租百取五』，即此制也。地力肥磽，古今如一，推之夏制，田賦之法當亦一夫惟税五十畝，故孟子曰『夏后氏五十而貢，其實什一也』。熊安生禮疏云『夏政寬簡，一夫之地惟税五十』是也。」

厥田惟中中。

注馬融曰：「土地有高下。」鄭康成曰：「地當陰陽之中。能吐生萬物者，曰土；據人功作力競得而田之，則爲之田。田著高下之等者，當爲水害備也。」

疏田者，説文云：「陳也，樹穀曰田。象四口。十，阡陌之制也。」爾雅釋文引李注云：「田，陳也，謂陳列種穀之處。」馬注見釋文。云「土地有高下」者，據地勢言之，不論肥瘠也。鄭注見書疏。云「地著高下之等」者，田之九等，以地形高下分之，不與賦同。漢書敍傳云：「坤作墜勢，高下九則。」注引劉德

〔一〕「九夫一夫之差」至「通率九州」十八字原脱，據江聲尚書集注音疏原文補。

〔二〕〔三〕「是」字原脱，「畝」原訛作「數」，據江聲尚書集注音疏原文補改。

曰：「九則，九州土田上中下九等也。」是鄭本舊說。且田之九等，上者非肥，下者非磽。溝洫志賈讓奏言：「若有渠溉，則鹽鹵下濕，填淤加肥；故種禾麥，更爲秔稻，高田五倍，下田十倍。」詩信南山疏引孝經注云：「高田宜黍稷，下田宜稻麥。」是田之高下，各有宜種之物，故鄭云「當爲水害備也」。江氏聲云：「崑崙高一千里，九州在崑崙東南，故西北高，東南下。雍州在西北，田上上。揚州在東南，田下下。推之餘州，知以高爲上、卑爲下也。」王肅等云：「土地各有肥瘠，不應冀州中中之田，反出上上之賦，雍州田上上，反出中下之賦。」其說非是。云「地當陰陽之中」者，五行木火爲陽，王于春夏；金水爲陰，王于秋冬；土位中央，王于四者之間，是當陰陽之中也。云「吐生萬物」者，白虎通五行篇云：「土主吐含萬物，土之爲言吐也。」云「據人功作力競得而田之，則謂之田」者，釋名云：「田，填也，五稼填滿其中也。已耕者曰田。」周書多方云「畋爾田」是也。

恒、衞既從，大陸既作。

注 史遷「恒」作「常」，說「既作」曰「既爲」。鄭康成曰：「地理志恒水出恒山，衞水在靈壽，大陸澤在鉅鹿北。爾雅釋地：『八藪，晉有大陸。』」

疏 史公「恒」作「常」，地理志亦稱恒山爲常山郡。鄭注見史記集解及通典；又見周禮大司徒疏。引地理志者，漢志：「常山郡上曲陽，恒山北谷在西北。并州山。禹貢恒水所出，東入滱。靈壽縣，禹貢衞水出東北，東入虖池。」水經云：「滱水東過中山上曲陽縣北，恒水從西來，南注之。」注云：「自下滱水，兼納恒川之通稱焉，即禹貢所謂『恒衞既從』也。」案：上曲陽，今直隸曲陽縣，恒山在西北，恒水合滱水在縣東北。靈壽，今屬直隸真定府，衞水在縣東北，又南流逕縣東入虖池。鄭以大陸爲鉅鹿者，地理志：「鉅鹿，禹貢大陸澤在北。」案：古澤在今直隸鉅鹿縣北，今則在新河、寧晉二縣之交。此班氏及鄭氏義也。呂氏春秋有始覽云：「晉之大陸。」注云：「魏獻子所居。」又云：「趙之鉅鹿。」注云：「廣阿澤也。」是則秦時說大陸、鉅鹿爲二處。春秋左氏定元年傳：「魏獻子田于大陸，還，卒于甯。」注云：「疑此田在汲郡吴澤荒蕪之地。甯，今修武，近吴澤。」書疏引杜氏春秋說云：「嫌鉅鹿绝遠，以爲汲郡修武縣吴澤也。」淮南地形訓亦分大陸、鉅鹿爲二藪，然則爾雅既云「晉有大陸」，注以爲趙之鉅鹿廣河澤，非也。禹貢大陸，亦當以晉之吴澤爲是，在今河南修武縣。水經淇水注引晉書地道記曰「朝歌城本沬邑也，紂都，在禹貢冀州大陸之野」，即此矣。水經濁漳水注云「自甯迄於鉅鹿，出於東北，皆爲大陸」，則合大陸、鉅鹿爲一。酈氏爲調停之說，疑非也。古說當從修武之大陸。

島夷皮服。

注 史遷「島」作「鳥」。馬融曰：「鳥夷，國。」鄭氏曰：「鳥夷，東北之民賦食鳥獸者。」

疏 史公「島」作「鳥」者，島當爲「鳥」。集韻三十二晧云：「島，古作『鳥』。」馬注見釋文，鄭注見史記集解及書疏，皆作「鳥」。疏引「東北」作「東方」，「賦」作「搏」。

夾右碣石，入于河。

注 史遷「河」作「海」。鄭康成曰：「戰國策碣石在九門縣，今屬常山郡。蓋別有碣石，與此名同，今驗九門無此山也。禹由碣石山西北行，盡冀州之境，還從山東南行，入河。治水既畢，更復行之，觀地肥瘠，定貢賦高下。」

疏 漢書武帝紀：「詔曰：東巡海上，至碣石。」注：「文穎曰：『在遼西絫縣。絫縣今罷，屬臨渝。此石著海旁。』」水經禹貢山水澤地所在云：「碣石山在遼西臨榆縣南水中。」注云：「大禹鑿其石，夾右而納河，秦始皇、漢武帝皆嘗登之。海水西侵，歲月逾甚而苞其山，故云海中矣。」水經河水注又云：「河之入海，舊在碣石，今川流所導，非禹瀆也。周定王五年河徙故瀆，故班固曰『商竭周移』也。」又云：「漢武帝元光二年，河又徙東郡，更注勃海，是以漢司空王横言曰『往者，天嘗連雨，東北風，海水溢，西南出，侵數百里』，故張揖云『碣石在海中』，蓋淪於海水也。」案：臨渝，今奉天府西境地。史公「河」作「海」者，集解徐廣曰：「海，一作『河』。」酈道元既云「夾右而納河」，則入河亦是也。鄭注見書疏。云「戰國策碣石在九門縣」云云者，地理志常山九門無碣石山，郡國志「常山國九門」劉昭注有碣石山，引戰國策云在縣界。今戰國策無此文。案：九門，今直隸藁城縣，無山可指，故鄭云「今驗九門無此山也」。地理志：「右北平〔一〕驪成，大揭石山在縣西南。」案：驪成，今直隸撫寧縣，屬永平府，蓋近臨渝。然則九門既無山，可證鄭云「別有碣石」，或以禹貢碣石在臨渝，今注脫文耳。

濟、河惟兗州。**注**史遷「兗」作「沇」。鄭康成曰：「言沇州之界在此兩水之間。」「濟」一作「泲」，「兗」一作「沿」。**疏**兗即沇字，橫水在上，隸之變也。經文下作「沇」。濟，本字作「泲」，說文：「泲，沇也，東入于海。」經作「濟」，假音字。此濟出常山房子贊皇山，名石濟，今在直隸。爾雅釋地云：「濟、河間曰沇州。」注云：「自河東至濟。」公羊疏引李巡云：「濟、河間其氣專質，厥性信謹，故曰兗。兗，信也。」釋名云：「兗州，取兗水以爲名也。」晉書地理志引春秋元命包云：「兗，端也，信也。」呂氏春秋有始覽云：「河、濟之間爲兗州，衞也。」注云：「河出其北，濟經其南。」「沇」作「沿」者，說文云：「沇，九州之渥地也，故以沇名焉。」古文作「沿」，又作「容」。鄭注見史記集解。云「在此兩水之間」者，亦如高誘注「河出其北，濟經其南」也。

九河既道，**注**馬融曰：「九河名徒駭、太史、馬頰、覆釜、胡蘇、簡、潔、鉤盤、鬲津。」鄭康成曰：「河水自上至此，流盛而地平無岸，故能分爲九以衰其勢。壅塞，故通利之也。九河之名：徒駭、太史、馬頰、覆釜、胡蘇、簡、潔、鉤盤、鬲津。周時齊桓公塞之，同爲一，今河間弓高以東，至平原鬲津，往往有其遺處焉。」**疏**九河之名見爾雅，云：「從釋地已下至九河，皆禹所名也。」曰徒駭，書疏引李巡云：「徒駭者，禹疏九河，以徒衆起，故曰徒駭。」孫炎云：「徒駭，禹疏九河，用功雖廣，衆懼不成，故曰徒駭。」郭注云：「今在成平縣。」漢地理志：「勃海成平，虖池河，民曰徒駭河。」

〔一〕「右北平」原訛作「漁陽」，據漢書地理志原文改。

太平寰宇記云：「滄州清池縣，本漢浮陽縣。徒駭河，九河之一，與清池相接。」案：成平在今直隸獻縣東南也。曰太史，書疏引李巡云：「太史，禹大使徒衆通其水道，故曰太史。」詩疏引孫炎云：「太史者，徒衆，故依名云。」釋文引或云：「太史者，史官記事之處。」元于欽齊乘云：「太史在東光之北，成平之南。」又云：「當在清、滄二州之間。」明一統志云：「太史河在南皮縣北。」曰馬頰，爾雅釋文引李巡、孫炎云：「河勢上高下狹，狀如馬頰也。」通典云：「馬頰在平原郡界。」元和郡縣志云：「德州安德縣，馬頰河在縣南五十里。」又云：「平昌縣，馬頰河在縣南十里。」安德縣，今山東德州也。曰覆鬴，詩疏引李巡云：「覆釜者，水多清，其渚往往而處，狀如覆釜。」釋文引孫炎云：「水中多渚，往往而有可居之地，狀如覆釜之形。」通典云：「覆釜在平原郡界。」齊乘云：「在東光之北。」明一統志云：「舊志所載，有覆釜枯河，自慶雲經海豐縣南入海。」曰胡蘇，詩疏引李巡云：「胡蘇者，其水下流，故曰胡蘇。胡，下也。蘇，流也。」孫炎云：「胡蘇者，水流多散，胡蘇然。」地理志：「勃海東光，有胡蘇亭。」水經淇水注云：「清河東至東光縣西南，逕胡蘇亭。」通典：「滄州東光縣，漢舊縣，古胡蘇河在此。」齊乘云「滄州之南有大連澱，西踰東光，東至海」是也。今在直隸滄州。曰簡，詩疏引李巡云：「簡，大也，河水深而大也。」書疏引孫炎云：「簡者，水通易也。」史記正義云：「簡在貝州歷亭縣界。」歷亭，今山東恩縣，屬東昌府也。曰潔，書疏引李巡云：「潔，言河水多山石，治之苦潔。潔，苦也。」釋文引孫炎云：「水多約潔。」輿地廣記云：「簡、潔在臨津。」金史地理志：「滄州南皮，有潔河。」南皮，今直隸縣。曰鉤盤，書疏引李巡云：「鉤盤，言河水曲如鉤，屈折如盤也。」釋文云：「『李本作『股』』，云水曲如鉤，折如人股，故曰鉤股。」詩疏引孫炎云：「水曲如鉤，盤桓不前也。」釋文引郭氏音義云：「鬲、般今皆爲縣，屬平原郡。」後漢書袁紹傳云：「公孫瓚還屯槃河。」注云：「故河道在今德州昌平縣界，入滄州樂陵縣，今名枯槃河。」通典云：「鈎盤在景城郡。」水經河水注云：「大河故瀆東出，亦通謂之篤馬河，故渠川派東入般縣，爲般河，亦九河之一道也。」元和郡縣志云：「棣州陽信縣，鈎盤河經縣北四十里。」太平寰宇記：「滄州樂陵縣，鈎盤河在縣東南五十里。」案：樂陵，今山東縣，屬武定府也。曰鬲津，詩疏引李巡云：「鬲津者，河水狹小，可隔曰津，故曰鬲津。」孫炎云：「鬲津者，水多阸狹，可隔以爲津而横渡也。」地理志：「平原鬲縣，平當以爲鬲津。」元和郡縣志：「德州安德縣，本漢舊縣，鬲津枯河在縣南七十里。」案：鬲縣故城在今山東德州北。詩疏云：「徒駭是九河之最北者，鬲津是九河之最南者，爾雅之文從北而說也。太史、馬頰、鈎盤，文在胡蘇之上，則三者在成平之南、東光之北也。簡、潔、覆釜，文在胡蘇之下，則三者在東光之南、鬲縣之北也。」邵氏晉涵云：「案九河次第，詩疏以鈎盤列第四，覆釜列第八。陸氏釋文以覆鬴列第四，鈎盤列第八。所見本異也。」漢書溝洫志云：「許商以爲『古說九河之名，有徒駭、胡蘇、鬲津，今見在成平、東光、鬲界中。自鬲以北至徒駭間，相去二百餘里，今河雖數移徙，不離此域』。」水經漳水注云：「九河既播，八枝代絶，遺迹故稱，往往時存。故鬲、盤列於東北，徒駭瀆聯漳絳。同逆之狀麤分，陂障之會猶存，是古說九河遺迹也。」馬注見史記集解。鄭注見詩般疏。云「周時齊桓公塞之，同爲一河」者，公羊疏引尚書中候云：「齊桓之霸，遏八流以自廣。」書疏引春秋緯寶乾圖云：「移河爲界在齊呂，填遏八流以自廣。」是鄭說所本也。

雷夏既澤，灉、沮會同，

注 鄭康成曰：「雍水、沮水相觸而入此澤中。地理志曰：『雷澤在濟陰城陽縣西北。』」

疏 雷夏既澤，謂雷澤。五帝本紀云：「舜耕歷山，漁雷澤。」集解引鄭氏云：「雷夏，兖州澤，今屬濟陰。」水經禹貢山水澤地所在云：「雷澤在濟陰成陽縣西北。」注云：「瓠子河故瀆自句陽縣西又東逕雷澤北。澤在大成陽故城西北十餘里，其陂東西二十餘里，南北十五里，即舜所漁也。」案：句陽故城在今山東菏澤縣北。

雍、沮，水名。爾雅釋水云：「水自河出爲灉。」許氏說文云：「河灉水在宋。」濮州南則宋地也。史記正義引括地志云：「雷夏澤在濮州雷澤縣郭外西北。灉、沮二水在雷澤西北平地也。」案：其水故道在今山東濮州，河漫，變爲平陸矣。鄭注見史記集解，引地理志與漢志同。

桑土既蠶，

注　鄭康成曰：「其地尤宜蠶桑，因以名名之。今濮水之上，地有桑間者。」

疏　蠶者，說文云：「任絲也。」任同妊。鄭注見詩譜疏。云「今濮水之上，地有桑間」者，樂記：「桑間濮上之音。」注云：「桑間在濮陽。」郡國志「東郡濮陽」劉昭注引博物記曰：「桑中在其中。」

是降丘宅土。

注　史遷作「於是民得下丘居土」。鄭康成曰：「此州寡於山，而夾川兩大流之間，遭洪水，其民尤困。水害既除，於是下丘居土。以其免于戹，尤喜，故記之。」

疏　史公「降」作「下」者，爾雅釋詁降、下同訓落，降亦下也。「宅」作「居」者，釋言文也。風俗通山澤篇引「宅」作「度」，說之云：「堯遭洪水，萬民皆山棲巢居，以避其害。禹決江疏河，民乃下丘，營度爽塏之場而邑落之。故丘之字，二人立一上。一者地也。四方高，中央下，像形也。」義與鄭同，而云「丘从二人」，與說文「从北」不合。鄭注見書疏。云「夾川兩大流之間」者，謂河、濟也。

厥土黑墳，厥草惟繇，

注　馬融曰：「墳，有膏肥也。繇，抽也。」「草」一作「屮」，「繇」一作「蘨」。

疏　馬注見釋文。云「墳，有膏肥」者，鄭注周禮草人云：「墳壤，潤解。」義相近。墳、肥聲之轉，故漢地理志「壤墳」，應劭讀墳爲肥。太平御覽引倉頡解詁云：「膹，臛多滓也。」墳音近膹。云「繇，抽也」者，繇聲近㽕，說文：「㽕，木生條也。」玉篇作「草木生條也」，蓋後人因說文引商書「顛木㽕枿」之詞，刪其草字。生條，即抽也。草，漢地理志作「屮」。說文云：「屮，艸木初生也，讀若徹。」漢書借爲艸字也。「繇」一作「蘨」，見說文引此經，云：「草盛貌。」

厥木惟條。

疏　條者，詩傳云：「長也。」漢書集注云：「分也，暢也。」

厥田惟中下，厥賦貞作，十有三載乃

同。**注**史遷「載」作「年」。馬融曰：「禹治水三年，八州平，故堯以爲功而禪舜。是十二年而八州平，十三年而兖州平。兖州平，在舜受終之年也。」鄭康成曰：「貞，正也。治此州正作不休，十三年乃有賦，與八州同，言功難也。其賦中下。」「乃」一作「迺」。

疏 史公「載」爲「年」者，經文本作「年」，後人泥「唐虞曰載」之文，盡改爲「載」也。馬注見書疏。云「十二年而八州平，十三年而兖州平」者，史記河渠書引夏書曰：「禹抑鴻水十三年，過家不入門。」今云「治水三年，八州平」，蓋并縣九年數之爲十二年，與鄭異也。鄭注見史記集解。云「貞，正也」者，子夏易傳云：「貞，正也。」云「治此州正作不休」者，讀「厥賦貞作」爲句，以作爲耕作也。應劭注漢書云：「東作，耕也。」蓋兖州被水害最深，故成賦最後，十三年乃有賦也。江氏聲改鄭注「中下」爲「下下」，云：「九州之賦當有九等，參八州八等，獨無下下，此州當下下也。」則史記集解所引，或誤作「中下」也。「乃」一作「迺」，見漢書地理志。

厥貢漆絲，厥篚織文。**注** 鄭康成曰：「貢者百功之府，受而藏之。其實于篚者，入于女功，故以貢篚別之。胤征云：『篚厥玄黃，昭我周王。』」「篚」一作「棐」。

疏 漆，當爲「桼」，此假漆水字爲之。說文：「桼，木汁，可以髤物。」周禮載師：「漆林之征。」注：「鄭司農云：『故書漆林爲桼林。』杜子春云：『當爲桼林。』」絲者，說文云：「蠶所吐也。」篚，當爲「匪」，漢地理志引此作「棐」，假音字。說文：「匪，器似竹篋。」「篚，車笭也。」鄭注儀禮云：「篚，竹器如笭者。」織文者，玉藻云：「士不衣織。」鄭注云：「織，染絲織之也。」說文云：「錦，襄邑織文也。」案：襄邑，陳留縣。水經淮水注引陳留風俗傳曰：「縣南有渙水，故傳曰：睢、渙之間出文章，天子郊廟御服出焉，尚書所謂『厥篚織文』者也。」詩甫田疏引鄭志云：「凡所貢篚之物，皆以稅物市之，隨時物價以當邦賦。」是夏時以賦爲貢，非貢外別有賦也。鄭注冀州，特言此州入穀不貢，明餘州有貢，皆無穀稅也。鄭注見書疏。云「貢者百物之府」云云者，周禮貨賄入于大府、王府、內府之等，嬪婦之功入典婦功、典絲、典枲之等。夏官雖少于周，當亦物各有司，所入異處，故云「其實于篚者，入于女功」也。引胤征者，史記集解引鄭注云：「胤，臣名。」詩鹿鳴傳引書曰：「篚厥玄黃。」郭氏注爾雅引逸書曰：「釗我周王。」釗音同昭，卽此文。蓋孔壁逸十六篇，鄭氏猶見之，非今僞傳胤征也。云「周王」者，鄭注禮記云：「忠信爲周。」猶云平王、寧王，非三代之周也。

浮于濟、漯，達于河。

注 史遷「達」作「通」。鄭康成曰：「地理志云，漯水出東郡東武陽。」「濟」一作「泲」，「漯」一作「濕」。

疏 濟字，當爲「泲」。說文：「泲，沇也。」「沇，水出河東東垣王屋山，東爲泲。」「漯」當爲「濕」，說文：「水出東郡東武陽，入海。桑欽云，出平原高唐。」地理志云：「平原郡高唐，桑欽言漯水所出。」「東郡東武陽，禹治漯水，東北至千乘入海，過郡三，行千二百里。」「濕」作「漯」者，假音字。案：東武陽，今爲山東朝城縣。高唐，今爲山東高唐州。漢志言禹所治者，史記河渠書云：「禹斯二渠，以引其河。」孟康云：「二渠，其出貝丘西南南折者卽河之經流也，其一則漯川也。河自王莽時空，惟用漯耳。」故班氏以爲禹所治也。經云「達于河」者，河之通濟，在成皐。水經：「河水東過成皐縣北，濟水從北來，注之。」注：「河水東經懷縣南，濟水故道之所入是也。」案：懷，今河南武陟縣。漯之通河，在高唐。水經：「河水過高唐縣東，注河水於縣，漯水注之。」高唐故城在今山東禹城縣西，漯水通河故道也。今大清河卽故濕，小清河卽故泲。過郡三，當爲五。五者，東郡、清河、平原、濟陰、千乘也。史公「達」爲「通」者，與廣雅釋詁同。鄭注見史記集解。鄭引地理志「漯水出東武陽」，不引「平原高唐，桑欽言漯水所出」者，水經河水注云：「案穆天子傳，天子自五鹿東征，釣於濕水，尋其沿歷逕趣，不得近出高唐也。」桑氏所言，蓋津流所出，次於是間也，故鄭略之。水經注又引地理風俗記曰：「濕水東北至千乘入海。河盛則通津委注，水耗則微涓絕流。」書『浮于濟、潔』，亦是水者也。」案：千乘，今山東高苑縣地也。

海、岱惟青州。 **注** 鄭康成曰：「東自海，西至岱。東嶽曰岱山。」**疏** 海者，東海。春秋左氏僖四年傳云：「管仲曰：『召康公賜我先君履，東至于海。』」岱者，水經禹貢山水澤地所在云：「岱山爲東嶽，在泰山博縣東北。」詩疏引風俗通云：「泰山尊曰岱宗。岱者，長也。萬物之始，陰陽交代。」青州者，呂氏春秋有始覽云：「東方爲青州，齊也。」釋地云：「齊曰營州。」公羊疏引李巡云：「齊，其氣清舒，受性平均，故曰營。營，平也。今爲青州。」又引孫氏云：「自岱東至海。」詩疏引孫炎云：「此蓋殷制。」釋文云：「爾雅營州爲禹貢之青州矣。」鄭注見史記集解。

嵎夷既略， **注** 馬融曰：「嵎夷，地名。用功少曰略。」「嵎」一作「禺」，又作「堣」。「夷」一作「鐵」。**疏** 嵎夷，史記索隱引今文尚書及帝命驗並作「禺鐵」，云：「在遼西。鐵，古夷字也。」説文「鐵」古文从夷，蓋緩讀之，卽爲夷聲矣。説文又云：「堣夷在冀州陽谷。立春日，日值之而出。尚書曰：『宅堣夷。』」以「嵎」爲封嵎山字。則古文「堣」本从土。唐虞青州既兼營州，則當越海而至遼東，與冀州連界，故許氏云「在冀州」也。略者，説文云：「經略土地也。」廣雅釋詁云：「略，治也。」經言略者，義當爲治。馬注見史記集解。以略爲云「用功少」者，漢書集注：「略，簡也。」高誘注淮南子云：「略，約要也。」簡約，是用功少之義。以在海外治之，不多用功也。

濰、淄其道。 **注** 史遷「其」作「既」。鄭康成曰：「濰、淄，兩水名。地理志云，濰水出瑯邪箕屋山，淄水出泰山萊蕪縣原山。」「淄」一作「甾」。**疏** 淄，俗字，漢志作「甾」，周禮作「菑」，説文無淄字，俗加水也。史公「其」作「既」者，經典通字。鄭注見史記集解及詩譜疏。引地理志者，漢志：「琅邪郡箕縣，禹貢濰水北至都昌入海，過郡三，行五百二十里，兗州寖也。」説文云：「濰，水出琅邪箕屋山，東入海，徐州浸。夏書曰：『濰、甾其道。』」案：箕縣故城在今山東莒州東。屋山在州西北。過郡三者，琅邪、高密、北海也。都昌，今山東昌邑縣。云「淄水出泰山萊蕪」者，地理志：「泰山萊蕪原山，淄水所出，東至博昌入泲。」萊蕪，今山東縣，屬泰安府。博昌，今山東博興縣。地理志言「入泲」，鄭不引者，漢志言「入泲」，水經云：「東過利縣東，又東北入于海。」案：水經注：「甾水經琅槐故城南，又東北逕馬井城北，與時繩之水互受通稱，又東北至皮丘沈入于海。」是甾水下流異名，且非禹貢及漢時故道矣。　厥土白墳，海濱廣斥。　**注**史遷「斥」作「潟」，一作「澤」，下又云「厥田斥鹵」。鄭康成曰：「斥謂地鹹鹵。」「濱」一作「瀕」。　**疏**濱，俗字，當爲「瀕」，漢書地理志作「瀕」。說文：「瀕，水厓也。」史公「斥」作「潟」，徐廣曰：「一作『澤』，又作『斥』。」地理志亦作「潟」，「潟」當爲「舄」。史記河渠書云：「溉澤鹵之地。」索隱曰：「澤，一作『舄』，本或作『斥』。」文選海賦云：「襄陵廣舄。」注云：「『斥』爲『舄』，古今字也。」周禮草人：「鹹潟〔一〕用貆。」注云：「潟，鹵也。」是澤、斥、舄三字通，俗加水作「潟」。鄭注見史記集解。云「斥謂地鹹鹵」者，說文云：「鹵，鹹地。東方謂之斥，西方謂之鹵。」　厥田惟上下，厥賦中上。厥貢鹽、絺，海物惟錯，　**注**鄭康成曰：「海物，海魚也。魚種類尤雜。」　**疏**此州貢鹽者，爾雅釋地云：「中有岱岳，與其五穀魚鹽生焉。」春秋左氏昭廿〔二〕年傳云：「海之鹽蜃，祈望守之。」管子地數〔三〕篇云：「齊有渠展之鹽。」又云：「煮濟水爲鹽。」史記貨殖傳云：「太公望封于齊，其地潟鹵，通魚鹽，則人物歸之。」絺者，詩葛覃傳云：「精曰絺，麤曰綌。」說文云：

〔一〕「潟」原誤作「舄」，據周禮草人原文改。

〔二〕「廿」下原有「一」字。案：下引之文見春秋左氏昭廿年傳，「一」字衍，故删。

〔三〕「數」原作「員」，案：下引之文見管子地數篇，故據改。

「絺，細葛也。」鄭注見史記集解。以海物爲海魚者，爾雅：「岱岳生魚、鹽。」周禮職方：「兗州，其山鎮曰岱山，其利蒲、魚。」故據以爲説也。**岱畎絲、枲、鉛、松、怪石，** **注**「畎」一作「甽」。**疏**説文「畎」作「𡿨」，云：「水小流也。」古文作「㽕」，篆文作「畎」。釋文引徐本作「畎，谷」，言「畎」作「甽」，甽卽谷也。蓋徐本作「畎」，釋之爲谷。釋名云：「山下根之受霤處曰㽕。㽕，吮也，吮得山之肥潤也。」枲者，釋草云：「麻也。」馬氏注喪服傳云：「麻之有蕡者。」鉛者，説文云：「青金也。」怪石，顔師古注漢書云：「石之次玉美好者也。」**萊夷作牧，** **注**史遷云「爲牧」。**疏**地理志：「東萊黄縣，有萊山。」春秋宣九年：「齊侯伐萊。」服虔注：「東萊黄縣是。」春秋左氏定十年傳：「齊使萊人以兵劫魯侯。孔丘曰：『裔夷之俘亂之。』」注云：「萊人，齊所滅萊夷也。」云「東萊黄縣是」者，案：黄縣，今屬山東萊州府。作牧者，當以鳥獸爲貢。周禮太宰職：「以九職任萬民。四曰藪牧，養蕃鳥獸。」據「徐州淮夷玭珠暨魚」鄭注云「獻珠與魚」，知此亦當貢其所牧也。**厥篚檿絲。** **注**史遷「檿」作「酓」。**疏**檿者，爾雅釋木云：「檿桑，山桑。」注云：「似桑，材中作弓及車轅。」漢書注：「師古云：『食檿之蠶絲，可以絃琴瑟。』」史公作「酓」者，與地理志同，假音字。**浮于汶，達于濟。** **注**鄭康成曰：「地理志汶水出泰山萊蕪原山，西南入濟。」「濟」一作「泲」。**疏**鄭注見史記集解。引地理志者，漢志：「泰山萊蕪原山，禹貢汶水出，西南入泲。汶水，桑欽所言。」萊蕪，今山東縣。云「西南入濟」者，水經：「汶水出泰山萊蕪縣原山。」又云：「汶水出泰山萊蕪縣原山，過壽張縣北，又西南至安民亭入于濟。」案：安民亭在今山東東平州安山鎮，汶達于濟，故道在此。

海、岱及淮惟徐州。 **注**鄭康成曰：「徐州界又南至淮水。」**疏**釋地云：「濟東曰徐州。」書疏引李巡云：

「淮、海閒其氣寬舒，稟性安徐，故曰徐。徐，舒也。」釋名云：「徐州：徐，舒也，土氣舒緩也。」釋文引太康地記以爲取徐丘爲名。周合其地於青州。呂氏春秋有始覽云：「泗上爲徐州，魯也。」鄭注見公羊莊十年傳。云「南至淮水」，不言海、岱者，蒙上青州之注。徐州直青州之南，故云「又南」。

淮、沂其乂，注史遷「乂」作「治」。鄭康成曰：「淮、沂，二水名。地理志沂水出今太山蓋縣。」疏史公「乂」爲「治」者，說文：「嬖，治也。」乂，省文。鄭注見周禮職方氏疏。水經注引鄭注云：「出沂山。」引地理志者，漢志：「泰山蓋，沂水南至下邳入泗，過郡五，行六百里。」今沂山及蓋故城，俱在山東沂水縣西北。過郡五，當爲四，泰山、成陽、琅邪、東海也。

蒙、羽其藝。注鄭康成曰：「蒙、羽，二山名。」「藝」一作「蓺」。疏地理志：「泰山蒙陰，禹貢蒙山在西南。」「東海祝其，禹貢羽山在南，鮌所殛。」案：蒙陰，今山東縣，屬沂州府，故城在新泰縣東南。祝其，今江南海州。藝者，廣雅釋詁云：「治也。」僞傳云「種藝」，非也。漢地理志作「蓺」，此加「云」，俗字。鄭注見史記集解。

大野既豬，注史遷「豬」作「都」。鄭康成曰：「大野在山陽鉅野北，名鉅野澤。」「野」一作「壄」。疏地理志：「山陽鉅壄〔一〕，大壄〔二〕澤在北。」水經禹貢山水澤地所在云：「在東北。」「野」作「壄」，見漢地理志。史公「豬」作「都」者，鄭注檀弓云：「豬，都也，南方謂都爲豬。」周禮稻人：「以豬畜水。」鄭注見史記集解。鉅野，今山東縣，屬曹州府。

東原底平。注鄭康成曰：「東原，地名。今東平郡即東原。」疏鄭注見史記集解。云「東平郡即東原」者，史記索隱引張華博物志云：「兗州東平郡即尚書之東原也。」釋地云：「廣平曰原。」說文云：「邍，廣平之野，人所登。」史記正義云：「徐州在東，故曰東原。水已去，致平復，言可耕種也。」

厥土赤埴墳，注鄭康成

〔一〕〔二〕「壄」原俱作「野」，據漢書地理志原文改。

「埴」作「戠」，曰：「戠，讀曰熾。熾，赤也。」**疏** 埴者，史記集解徐廣云：「黏土也。」考工記注同。鄭注見釋文，云：「徐、鄭、王皆讀曰熾。韋昭音試。」云「熾，赤也」，見李善注蜀都賦。廣韻「戠」作「戴」，云：「赤土也。」加「土」，俗字。釋言云：「熾，盛也。」說文：「熾，盛也。」古文作「戠」。火盛色赤，故戠爲赤也。**草木漸包。** **注** 馬融曰：「漸包，相包裹也。」「漸」一作「蔪」，「包」一作「苞」。**疏** 漸者，釋文云：「本作『蔪』。」說文：「蔪，草相蔪苞也。」引此文，或作「𧄢」。包者，詩傳云：「裹也。」釋詁云：「苞，豐也。」馬注見釋文。云「相包裹」者，文選蜀都賦云：「柯葉漸苞。」劉淵林注云：「漸苞，相苞裹而同長也。」玉篇云：「蔪，草相蔪包裹也。」疑用說文，今說文「蔪包也」包下當脫裹字。**厥田惟上中，厥賦中中。厥貢惟土五色，** **注** 鄭康成曰：「土五色者，所以爲大社之封。」**疏** 鄭注見史記集解。云「所以爲大社之封」者，周書作雒解云：「諸受命于周，乃建大社于國中。其壝：東，青土；南，赤土；西，白土；北，驪土；中央，釁以黄土。將建諸侯，鑿取其方一面之土，以爲土封。」又見韓詩外傳，云：「天子社廣五丈。」又云：「將封諸侯，各取方土，苴以白茅，以爲社。」釋名云：「徐州貢土五色，青黄赤白黑也。」史記正義引太康地記云：「城陽姑幕有五色土，封諸侯，錫之茅土，用爲社。此土即禹貢徐州土也。今屬密州莒縣也。」案：姑幕，今山東莒州。**羽畎夏翟，** **注** 鄭康成曰：「羽山之谷，貢夏翟之羽。」「畎」一作「甽」，「翟」一作「狄」。**疏** 夏翟者，周禮天官有「夏采」，注云：「夏采，夏翟羽色。禹貢徐州貢夏翟之羽。」又染人：「秋染夏。」注云：「染夏者，染五色。謂之夏者，其色以夏狄爲飾。禹貢曰：『羽甽夏狄。』是其總名。其類有六：曰翬，曰摇，曰䎘，曰甾，曰希，曰蹲。其毛羽五色皆備成章。染者擬以爲深淺之度，是以放而取名焉。」案：其注見爾雅釋鳥，文字小異。「畎」、「翟」，染人注引作「甽」、「狄」。詩衛風「右手秉翟」，韓詩作「狄」。地理志引此亦作「狄」。鄭注見詩節南山疏及周禮天官疏。

嶧陽孤桐，**注**鄭康成曰：「地理志嶧山在下邳。今下邳西葛嶧山也。」**疏**鄭注見史記集解及太平御覽。引地理志者，漢志：「東海下邳，葛嶧山在西，古文以爲嶧陽。」班氏以嶧陽爲山名，與鄭異也。說文：「嶧，葛嶧山，在東海下邳。」引此文，不以嶧陽爲山名。鄭義本此。史記正義引括地志云：「嶧山在兗州鄒縣南二十二里。」引鄒山記「今猶多桐樹」。此是鄒縣嶧山，在兗州，非邳州之葛嶧山也。案：下邳，今江南邳州地。孤桐，桐特生者。周禮大司樂云：「孤竹之管。」注云「孤竹，竹特生者」是也。

泗濱浮磬，**注**鄭康成曰：「泗水出濟陰乘氏也。」「濱」一作「瀕」。**疏**鄭注見史記集解。云「泗水出濟陰乘氏」者，地理志：「濟陰乘氏，泗水東至睢陵入淮，過郡六，行一千一百一十里。」水經注：「泗水東南過呂縣南。水上有石梁，故曰呂梁。晉太康地記曰：『水出磬石，書所謂「泗濱浮磬」也。』」史記正義引括地志云：「泗水至彭城呂梁，出石磬。」案：乘氏，今山東鉅野縣地。泗水至此，分爲二，一入菏水，一入淮，其源實出泗水縣泉林，鄭據分流處言之也。過郡六者，濟陰、山陽、沛、楚、東海、臨淮也。呂梁洪，今在江南徐州東南也。「濱」作「瀕」，見地理志，即說文頻字異文。

淮夷蠙珠暨魚，**注**史遷「暨」作「臮」。馬融曰：「淮、夷二水，出蠙珠與魚。」鄭康成曰：「蠙珠，珠名。淮夷，淮水之上夷民，獻此蠙珠與美魚也。」「蠙」一作「玭」。**疏**淮夷，詩傳云：「東國，在淮浦而夷行也。」蠙，說文作「玭」，云：「珠也。宋弘云：淮水中出玭珠。玭，珠之有聲。」史記索隱云：「蠙，一作『玭』。」地理志顏注同。大戴禮保傅篇云：「玭珠以納其間。」盧氏注云：「玭，亦作『蠙』。」書釋文「玭」引韋昭：「薄迷反，蚌也。」段氏玉裁云：「說文『玭，珠之有聲』當作『蚌之有聲者』，脫蚌字。」引山海經「䰽魮之魚，音如磬石之聲，是生珠玉」以證之。史公「暨」作「臮」者，地理志亦作「臮」。說文云：「臮，與也。」詩泮水疏引此又作「洎」，皆古文也。周禮籩人：「朝事之籩有鮑魚、鱐。」注云：「鮑者，於𥻆室中糗乾之，出於江、淮也。鱐者，析乾之，出東海。王者備物，近者腥之，遠者乾之，因其宜也。」馬注見釋文。云「二水」，未詳。鄭注見史記集解及書疏。云「淮水上夷民」者，費誓云「淮夷徐戎」，則徐州實有夷民在淮水之上，與詩傳異也。云「美魚」者，禮器云：「三牲魚腊，四海九州之美味也。」

厥篚玄纖縞。

注 鄭康成曰：「纖，細也。祭服之材尚細。」

疏 玄者，詩傳云：「黑而有赤也。」縞者，廣雅釋器云：「練也。」說文云：「練，湅繒也。」然則縞是湅繒，卽湅帛也。司馬彪注子虛賦云：「縞，細繒。」猶鄭氏云「纖，細」也。鄭注見史記集解。云「纖，細」者，說文訓也。云「祭服之材」者，周禮齋服有玄端，又有素端，是祭服有玄縞也。鄭注間傳云：「黑經白緯曰纖。」不注此者，禫之變服，非祭服之材也。

浮于淮、泗，達于河。

注 史遷「達」作「通」。「河」一作「菏」。

疏 說文云：「菏水，在山陽湖陸南。禹貢：『浮于淮、泗，達于菏。』」[一]地理志：「山陽湖陵，禹貢『浮于淮、泗，通于菏』，水在南。」注：「應劭曰：『尚書菏水，一名湖。』」水經：「濟水又東至乘氏縣西，分爲二。其一水東南流。」注云：「南爲菏水，北爲濟瀆。」經又云：「其一水東南流者，過乘氏縣南。」注云：「菏水分濟于定陶東北，東南流，右合黃溝。枝流又東北于乘氏縣西而北注菏水。」水經又云：「濟水又東過湖陸縣南，東入於泗水。」注云：「澤，水所鍾也。尚書曰『浮于淮、泗，達于菏』是也。」又水經：「泗水南過方與縣東，菏水從西來注之。又屈東南流，過湖陸縣南。」又云：「泗水東南，過下邳縣西，又東南入淮。」注云：「泗水又東逕角城北，而東南流，注於淮。」案：乘氏縣，今山東菏澤縣。湖陸縣，今山東魚臺縣。角城故城在今江南清河縣西。然則徐州之貢，浮淮入泗，故道在今清河縣。達于菏，故道在今魚臺縣也。菏字，今誤作「河」，史記夏本紀亦誤作「河」，應從說文等書更正。

[一]案之說文，「菏水」原作「菏澤水」，「湖陸南」原作「胡陵」。

禹貢第三中　虞夏書三　尚書今古文注疏卷三

淮、海惟揚州。 **注**鄭康成曰：「揚州界，自淮而南〔一〕至海以東也。」 **疏**釋地云：「江南曰揚州。」公羊疏引李巡云：「江南其氣慘勁，厥性輕揚，故曰揚州。」又引孫氏曰：「自江南至海也。」釋名云：「揚州州界多水，水波揚也。」釋文引太康地記云：「以揚州漸太陽位，天氣奮揚，履正含文明，故取名焉。」呂氏春秋有始覽云：「東南爲揚州，越也。」鄭注見公羊莊十年傳疏。云「自淮而南至海以東」者，此經下云「東漸于海」，則青、徐、揚之海皆東海也，故云「至海以東」也。僞傳云「南距海」，則遠至閩、廣，非經義。

彭蠡既豬，陽鳥攸居。 **注**史遷「豬」作「都」，「攸」作「所」。鄭康成曰：「彭蠡澤在豫章彭澤西。南方謂都爲豬。陽鳥，鴻雁之屬，隨陽氣南北。」「攸」一作「逌」。 **疏**史公「豬」爲「都」者，義見鄭注。「攸」爲「所」者，爾雅釋言文。鄭注見史記集解及索隱，又見詩匏有苦葉疏。云「彭蠡澤在豫章彭澤西」者，地理志云：「豫章彭澤，禹貢彭蠡澤在西。」水經禹貢山水澤地所在云：「在西北。」案：彭澤故城在今江西都昌縣北，澤卽鄱陽湖，在縣西。云「陽鳥，鴻雁之屬」者，論衡書虛篇云：「會稽，衆鳥所居。」引此文。王充言「衆鳥」，故鄭以鴻雁之屬統之。云

〔一〕「南」字原脱，據公羊莊十年傳疏原引鄭注補。

「隨陽氣南北」者，淮南時則訓：「仲秋之月，候雁來。」注云：「時候之〔一〕雁從北漠中來，過周雒，南至彭蠡也。」又：「季秋之月，候雁來。」注云：「是月，時候之雁從北漠中來，南之彭蠡。蓋以爲八月者，其父母也。是月來者，蓋其子也，羽翼稚弱，故在後耳。」又見高誘注呂氏春秋，則漢時有此說，鄭用之也。「攸」作「逌」，見地理志。

三江既入，

注 鄭康成曰：「三江：左合漢爲北江；會彭蠡爲南江；岷江居其中，則爲中江。故書稱『東爲中江』者，明岷江至彭蠡，與南北合，始得稱中也。三江分于彭蠡爲三孔，東入海。」

疏 鄭注見初學記地部及書疏。云「左合漢爲北江」者，水經：「江水東北，至江夏沙羨縣西北，沔水從北來注之。」注云：「江水又東逕魯山南，古翼際山也。地說曰『漢與江合於衡北翼際山旁』者也。」地理志曰：「夏水過郡入江，故曰江夏也。」又水經云：「沔水又南，至江夏沙羨縣北，南入於江。」「沔水與江合流，又東過彭蠡澤，又東北出居巢縣南，又東過牛渚縣南，又東至石城縣，分爲二。其一東北流，其一又過毗陵縣北，爲北江。」注云：「丹徒縣北二百步，有故城，本毗陵郡治也。城北有揚州刺史劉繇墓，淪於江，即北江也。」地理志云：「會稽毗陵，江在北，東入海。」案：今江南丹徒鎮即是也。云「會彭蠡爲南江」者，地理志：「會稽吴縣，南江在南，東入海。」水經注云：「江水自石城東出，逕吴國南，爲南江。東逕石城縣北，又東與貴長池水合，又東逕宣城之臨城縣南，又東合涇水。南江又東與桐水合，又東逕安吴縣。江之北，即宛陵縣界也。南江又東逕寧國縣南，又東北爲長瀆歷湖口。南江東注于具區，謂之五湖口。尚書謂之震澤，爾雅謂之具區。」地理志：「丹陽石城，分江水首受江，東至餘姚入海，過郡二，行千二百里。」過郡二者，丹陽、會稽也。石城，今安徽池州府西境。餘姚，今浙江縣。吴國，今江南吴縣。此鄭所云南江也。云「岷江居

〔一〕「之」字原脫，據淮南子時則訓高注原文補。

其中，則爲中江」者，地理志：「丹陽蕪湖，中江出西南，東至陽羨入海。揚州川。」陽羨，今江南宜興縣。建康志云：「中江舊逕溧陽縣，今永陽江卽其遺跡。景福三年，作五堰。是時中江置堰，江流亦既狹矣。其後東壩既成，中江遂不復東，惟永陽江水入荆溪。」此鄭所云中江，今不復至陽羨也。**震澤厎定。** **注**史遷「厎」作「致」。「震」一作「振」。**疏**震澤，亦名具區。地理志：「會稽吳縣，具區澤在西，古文以爲震澤。」水經禹貢山水澤地所在云：「在吳縣南五十里。」鄭注周禮職方氏云：「具區在吳南。」則此注亦同也。震，史記索隱云：「一作『振』。」**篠簜既敷，** **注**史遷「篠簜」作「竹箭」，「敷」作「布」。鄭康成曰：「篠，箭。簜，大竹也。」「篠」一作「筱」。**疏**史公「篠簜」作「竹箭」，今文異字也。說文「榗」引「書曰竹箭，如榗」。言夏書「竹箭」讀箭如榗也。周禮職方氏：「揚州，其利金、錫、竹箭。」注：「故書『箭』爲『晉』。杜子春云：『「晉」當爲「箭」，書亦或爲「箭」。』」是榗與箭聲相近。「敷」爲「布」者，經典多通用。鄭注見儀禮大射疏及竹譜注。云「篠，箭」者，爾雅釋草云：「篠，竹箭。」說文作「筱」，云：「箭屬，小竹也。」引此文。云「簜，大竹」者，爾雅釋草文。書疏引孫炎云：「竹闊節者曰簜。」又引李巡云：「竹節相去一丈曰簜。」**厥草惟夭，** **注**馬融曰：「夭，長也。」**疏**馬注見釋文。云「夭，長」者，詩桃夭傳云：「夭夭，其少壯也。」鄭注大學云：「夭夭，美盛貌」壯、盛與長，義相近。**厥木惟喬，** **疏**喬者，詩傳云：「南方之木美。喬，上竦也。」**厥土惟塗泥。** **注**馬融曰：「漸洳也。」**疏**塗，當爲「涂」，俗加「土」。論語陽貨：「遇諸塗。」釋文：「『塗』本作『涂』。」考工記引爾雅「堂涂謂之陳」，今爾雅作「塗」。馬注見史記集解。云「漸洳」者，詩汾沮洳傳云：「其漸洳者。」說文：「溼，漸溼也。」漢書東方朔傳云：「塗者，漸洳徑也。」馬義所本。**厥田惟下下，厥賦下上上錯。** **疏**江氏聲云：「上錯，謂雜出上等，蓋時或出中下之賦也。九等之賦，下上爲第七，中下爲第六。」

厥貢惟金三品，　**注**鄭康成曰：「金三品者，銅三色也。」　**疏**鄭注見書疏及詩泮水疏。云「銅三色」者，詩疏云：「梁州貢鏐、鐵、銀、鏤。釋器云：『黃金之美者謂之鏐，白金謂之銀。』貢金銀者既以鏐銀爲名，則知『金三品』者，其中不得有金銀也。又檢禹貢之文，厥貢鏐、鐵、錫、鉛、銀，獨無銅，故知金卽銅也。春秋左氏僖十八年傳曰：『鄭伯始朝于楚，楚子賜之金，既而悔之，與之盟曰：「無以鑄兵。」故以鑄三鐘。』考工記云：『六齊：六分其金而錫居一，謂之鐘鼎之齊。』是謂銅爲金也。三色者，蓋青白赤也。」案：楚賜鄭伯金，是荊州之銅。揚州亦出銅，史記貨殖傳「吳有章山之銅」是也。禮器疏云：「荊、揚二州貢『金三品』者，禹貢文，鄭注以爲金銀銅。三品者，三色也。」與書及詩疏所引鄭注不同，疑禮器疏誤。

瑤、琨、篠簜，　**注**史遷「篠簜」作「竹箭」。「琨」一作「瑻」。　**疏**瑤者，詩傳云：「美玉。」說文云：「瑤，玉之美者。」「琨」作「瑻」者，釋文云：「馬本作『瑻』。」說文：「琨，石之美者。虞書曰：揚州貢瑤、琨。」或作「瑻」。地理志亦作「瑻」。史公「篠簜」作「竹箭」者，與上「篠簜既布」同，非詁字，蓋今文也。

齒、革、羽、毛、惟木。　**疏**齒、革、羽、毛四者，周禮地官司徒角人「掌以時徵齒、角、凡骨物於山澤之農，以當邦賦之政令」，羽人「掌以時徵羽、翮之政于山澤之農，以當邦賦之政令」，天官冢宰掌皮「掌秋斂皮，冬斂革，春獻之」是也。史記夏本紀及漢志全引此經，俱無「惟木」二字，江氏聲曰：「衍文。」

島夷卉服，　**注**鄭康成曰：「此州下濕，故衣草服。貢其服者，以給天子之官。」「島」一作「鳥」。　**疏**島夷，漢志作「鳥夷」，顏師古注云：「東南之夷善搏鳥者。」後漢書度尚傳云：「深林遠藪椎髻鳥語之人置於縣下。」注云：「鳥語，謂語聲似鳥也。書曰：『鳥夷卉服。』」則唐時尚作「鳥夷」。鄭注見書疏。云「下濕，衣草服」者，說文：「衰，草雨衣。秦謂之萆。」越語云：「譬如衰笠，時雨既至，必求之。」云「貢其服，給天子之官」者，郊特牲云：「黃衣黃冠而祭，息田夫也。野夫黃冠。黃冠，草服也。大羅氏，天子之掌鳥獸者也，諸侯貢屬焉。草笠而至，尊野服也。」是卉服共給官用也。爾雅釋草云：「卉，草。」

厥篚織貝，

注 鄭康成曰：「貝，錦名也。詩云：『成是貝錦。』凡織者，先染其絲，織之即成矣。禮記曰：『士不衣織。』」

疏 鄭注見史記集解及詩疏。以貝爲貝錦者，爲實篚之物，且與織連文，知非水貝。詩巷伯傳云：「貝錦，錦文也。」箋云：「錦文者，文如餘泉、餘蚳之貝文也。」云「士不衣織」者，玉藻文。

厥包橘、柚，

疏 包者，詩木瓜箋云：「以果實相遺者，必苞苴之。」引此文。橘者，說文云：「果出江南。」又云：「柚，條也，似橙而酢。夏書曰：『厥包橘柚。』」釋木云：「柚，條。」列子湯問篇云：「吳楚之國有大木焉，其名爲櫾。碧樹而冬生，實丹而味酸。食其皮汁，已憤厥之疾。」櫾與柚同。

錫貢。

注 鄭康成曰：「此州有錫則貢之，或時乏則不貢。錫，所以柔金也。」

疏 鄭注見史記集解及書疏。云「有錫則貢之，或時乏則不貢」者，江氏聲云：「此既是貢而不于『厥篚』之上言之，退之在下，別出貢文，故知非常貢也。」云「錫，所以柔金」者，呂氏春秋物類篇云「金柔錫柔，合而柔則爲剛」，考工記云「攻金之工，掌執金錫之齊」，又云「金有六齊，或錫居一，或金錫半」是也。

沿于江、海，達于淮、泗。

注 史遷「沿」作「均」。馬融作「均」，曰：「均，平。」一作「松」。鄭康成曰：「松，讀曰沿。沿，順水行也。」

疏 沿，釋文云：「鄭本作『松』。」蓋古文。又云：「馬本作『均』。」與史公同，蓋今文也。地理志亦作「均」。經云「沿于江、海，達于淮、泗」者，水經：「淮水東北至下邳淮陰縣西，泗水從西北來注之。」注云：「淮、泗之會，即角城也。」經又云：「淮水東至廣陵淮浦縣，入于海。」案：角城故城在今江南清河縣西南，淮浦縣在今沭陽縣東南。蓋其故道，由江岸海濱入淮達泗，禹時尚未溝通江、淮也。又地理志：「丹陽郡陵陽，桑欽言淮水出東南，入大江。」此則今五溪河，逕安徽青陽縣西北，南入江者，疑非此淮水。史公「沿」作「均」者，

「均」蓋彴字，一切經音義三引三倉云：「循，古文作『彴』。」則謂循于江、海也。馬注見釋文。云「均，平」者，未詳。顏師古注漢志云：「均，平也。通淮、泗而入江、海，故云平。」鄭注見史記集解，字誤爲「均」，據釋文當爲「松」。云「松，讀爲沿」者，以松字古文似沿，讀其字爲沿。云「順水行」者，吴語云：「率師沿海泝淮。」注云：「沿，順也。」論語先進篇云：「浴乎沂。」唐人讀爲沿。蓋言傍水陸行，不謂順流而下，故經文變言沿，不言浮。自暴秦元季始有海運之事，古昔盛時所必無也。

荆及衡陽惟荆州。 **注** 鄭康成曰：「荆州界，自荆山南至衡山之南。」 **疏** 釋地云：「漢南曰荆州。」書疏引李巡云：「荆州其氣燥剛，稟性彊梁，故曰荆。荆，彊也。」釋名云：「荆州取名於荆山也。必取荆爲名者，荆，警也。南蠻數爲寇逆，其民有道後服，無道先彊，常警備之也。」吕氏春秋有始覽云：「南方爲荆州，楚也。」荆即荆山。地理志：「南郡臨沮，禹貢南條荆山在東北。」案：臨沮，今湖北南漳縣，山在縣西。鄭注見公羊莊十年傳疏。説文云：「山南曰陽。」經云「衡陽」，故云在衡山之南也。

江、漢朝宗于海。 **注** 鄭康成曰：「江水、漢水，其流湍疾，又合爲一，共赴海也。猶諸侯之同心，尊天子而朝事之。荆楚之域，國有道則後服，國無道則先彊，故記其水之義，以著人臣之禮。」 **疏** 朝，説文作「淖」，云：「水朝宗于海。」御覽引説文「淖，朝也」，疑古文有作「淖」者。説文云：「潨，小水入大水也。」疑「宗」之本字。論衡書虚篇云：「夫地之有百川也，猶人之有血脈也。血脈流行，汎揚動静，自有節度。百川亦然，其朝夕往來，猶人之呼吸出入也。經曰：『江、漢朝宗于海。』其發海之時，漾馳而已；入三江之中，殆小淺狹，水激沸起，故騰爲濤。」虞翻注易習坎「有孚」曰：「水行往來，朝宗于海，不失其時，如月行天。」則是謂朝宗爲潮水。此蓋今文家説。鄭注見書疏。云「江水、漢水合爲一」者，謂沔左合漢水，分三江俱入海也。云「猶諸侯之同心尊天子」者，詩沔水云：「沔彼流水，朝宗于海。」傳云：「沔，水流滿也。水猶有所朝宗。」箋云：「水流而入海，小就大也。喻諸侯朝天子，亦猶是也。諸侯春見天子曰朝，夏見曰宗。」毛、鄭義同也。云「荆楚之域，國有道則後服」云云者，吕氏春秋召類篇云：「堯戰於丹水之浦，以服南蠻。」淮南子兵略訓云：「舜伐有苗。」修務訓云：「舜南征三苗，道死蒼梧。」韓詩外傳云：「當舜之時，有苗不服。其不服者，衡山在南，岐山在北，左洞庭之陂，右彭澤之水，由此險也。以其不服，禹請伐之。」故鄭以説此經也。公羊僖四年傳云：「楚有王者則後服，無王者則先叛。」與鄭義同，蓋本古説。

九江孔殷，

注 史遷「孔殷」作「甚中」。鄭康成曰：「地理志九江在尋陽南，皆東合爲大江。殷猶多也。九江從山谿所出，其孔衆多，言治之難也。」

疏 九江者，地理志：「廬江郡尋陽，禹貢九江在南，皆東合爲大江。」「豫章郡鄱陽縣，鄱水西入湖漢。」「餘汗縣，餘水在北，至鄡陽入湖漢。」「艾縣，修水東北至彭澤入湖漢，行六百六十里。」「贛縣，豫章水出西南，北入大江。」「南城縣，盱水西北至南昌入湖漢。」「建成縣，蜀水東至南昌入湖漢。」「宜春縣，南水東至新淦入湖漢。」「雩〔一〕都縣，湖漢水東至彭澤入江，行千九百八十里。」「南壄縣，彭水東入湖漢。」史記河渠書云：「余南登廬山，觀禹疏九江。」書釋文引地記云：「九江，劉歆以爲湖漢九水入彭澤也。」凡此八水，并湖漢水爲九，俱入江。史公説「孔」爲「甚」、「殷」爲「中」者，俱釋言文。言「九江甚中」者，九江之水在豫章郡，非荆州水，而水經云「沔至江夏沙羨縣北，南入于江。沔水與江合流，又東過彭蠡澤」，是九江入此澤而合大江，故云「甚中」。鄭注見書疏。引地理志，見前文。云「殷猶多」者，詩傳云：「殷，衆也。」衆多同義。云「九江從山谿所出，其孔甚多」者，即謂

〔一〕「雩」原訛作「雲」，據漢書地理志原文改。

地理志入湖漢諸水。史記索隱又引尋陽記烏江等九江，非古義也。**沱、潛既道，**注史遷「潛」作「涔」，「既」作「已」。馬融曰：「沱，湖也。其中泉出而不流者謂之潛。」鄭康成曰：「爾雅釋水云：水自江出爲沱，漢別爲涔。今南郡枝江縣有沱水，其尾入江耳，首不于江出也。華容有夏水，首出江，尾入沔，蓋此所謂沱也。潛則未聞象類。」「潛」一作「灊」。疏史公「潛」爲「涔」者，地理志：「漢中安陽，鬵谷水出西南，北入漢。」水經作「涔水」，云：「出南鄭縣東南旱山，北至安陽縣南，入于沔。」注云：「卽黄水也。」案：卽今陜西西鄉縣洋河。鄭氏以其入漢，非出于漢，故云「未聞象類」。又見下疏。馬注見釋文。鄭注見吴志注及書疏。云「枝江有沱水」者，地理志：「南郡枝江，江沱出西南，東入江。」水經禹貢山水澤地所在云：「荆州沱水，在南郡枝江縣。」今在湖北枝江縣。云「首不於江出」，謂與釋水義不合也。云「華容有夏水，首出江，尾入沔」者，地理志：「南郡華容，夏水首受江，東入沔，行五百里。」卽今湖北沔陽州南長夏水也。鄭又云「蓋此所謂沱」者，無實證，以其出江入沔，疑爲沱耳。云「潛則未聞象類」者，荆州境内，漢水爲潛，無首出漢之水以應之也。**雲土夢作乂。**注史遷作「雲夢土爲治」。「夢」一作「瞢」。疏「雲夢」作「雲土夢」者，楚語：「王孫圉曰：『有藪曰雲連徒洲。』」注云：「楚有雲夢，徒其名也。」案：徒、土音相近。地理志：「南郡華容，雲夢澤在南，荆州藪。」案：華容故城在今湖北荆州東。澤卽洞庭湖，在今岳州府西南。王逸注楚辭云：「夢，澤中也。楚中名澤中謂夢中。」是雲爲澤名，夢非二澤也。史公「雲土夢」作「雲夢土」者，亦見地理志。〔一〕「作」曰「爲」、「乂」曰「治」者，見前疏。王氏引之云：「『作』者，詩傳云：『始

〔一〕案：中華書局點校本史記夏本紀作「雲土夢」，漢書地理志則作「雲夢土」。

也。』古字爲乍，言乍治。」較舊説爲長。「夢」一作「瞢」者，史記索隱文。

厥土惟塗泥。厥田惟下中，厥賦上下。厥貢羽、毛、齒、革，注史遷「毛」作「旄」。惟金三品，杶、幹、栝、柏，注馬融曰：「栝，白栝也。」鄭康成曰：「櫄、幹、栝、柏，四木名。幹，柘幹。柏葉松身曰栝。」疏杶者，説文云：「木也。夏書曰：『杶、榦、栝、柏。』」或作「櫄」。鄭注考工記引此亦作「櫄」。櫄者，郭璞注中山經云：「櫄木似樗樹，材中車轅。」吴人呼櫄音輴，車或曰輴車。郭注爾雅引俗語曰：「櫄、樗、栲、漆，相似如一。」圖經本草云：「椿木、樗木，形幹大抵相類。但椿木實而葉香可噉，樗木疏而氣臭，北人呼樗爲山椿。」是本草以櫄爲椿也。幹字，當依説文引經作「榦」。釋文本作「榦」。馬注見釋文。鄭注見考工記疏及詩竹竿疏。云「幹，柘幹」者，詩皇矣云：「其檿其柘。」考工記云：「荆之幹，材之美者。」弓人云：「取幹之道七，柘爲上。」云「柏葉松身曰栝」者，釋木云：「檜，柏葉松身。」柏者，釋木云：「椈。」説文字作「鞠」也。礪、砥、砮、丹，注鄭康成曰：「礪，磨刀石也。精者曰砥。」「礪」一作「厲」。疏礪，俗字，地理志作「厲」。説文：「厲，旱石也。」或作「蠣」。「旱石」當爲「悍石」。韋昭注語：「悍，强也。」史記集解引應劭注云：「礪，砥石也。」説文云：「厎，柔石也。」或作「砥」。「砮，石可以爲矢鏃。」「丹，巴、越之赤石也。」鄭注見書疏。云「磨刀石，精者曰砥」者，史記集解引應劭注云：「厲，砥石也。」郭璞注西山經云：「砥礪，磨石也。精爲砥，粗爲礪也。」與鄭義同。厲有粗義者，詩傳云：「厲，惡也。」言粗惡之石。

惟箘、簵、楛，三邦厎貢厥名，注史遷作「三國致貢其名」。馬融曰：「言箘、簵、楛，三國所致貢，其名善也。」鄭康成曰：「箘、簵，聆風也。楛，木類。竹有二名，或大小異也。箘、簵是兩種竹也。肅慎氏貢楛矢，卽楛中矢幹。三物皆出雲夢之澤，當時驗之猶然。經言『三邦厎貢』，知近澤之國致此貢也。」「簵」一作「簬」，「楛」一作「枯」。

疏 箘、簵者，說文云：「箘，箘簵也。」古文作「簬」，〔一〕引此文。又「枯，夏書曰：『唯箘輅、枯。』木名也。」箘者，呂氏春秋本味篇云：「越駱之箘。」注云：「箘，竹箭也。」中山經：「暴山，其木多䉋箘。」注云：「箘亦篠類，中箭。」簵者，廣雅釋草云：「箭也。」是與楛三者，皆箭材也。史公作「三國致貢其名」者，以「厥名」上屬爲句，與鄭說異也。集解徐廣曰：「一作『箭足杆』。」箭足以訓箘簵，杆當从干，杆音近枯也。馬注見史記集解及釋文。鄭注見史記集解，又見考工記疏及書疏。云「聆風」者，史記集解聆从竹，俗字，茲依書疏。馬融長笛賦有「聆風」，是竹別名。云「肅慎氏貢楛矢」者，考工記疏作「周之始，肅慎氏貢枯矢、石砮」。魯語云「武王克商，通道于九夷、八蠻，使各以其方賄來貢，使無忘職業。于是肅慎氏貢枯矢、石砮，其長尺有咫」是也。

包匭菁茅，

注 鄭康成曰：「厥名包匭。匭，纏結也。菁茅，茅有毛刺者，給宗廟縮酒。重之，故包裹又纏結也。」

疏 書疏云：「鄭玄以『厥名』下屬。」與史公、馬氏義異也。鄭注見史記集解。云「匭，纏結」者，說文「簋」，古文作「匭」，「黍稷方器也。」江氏聲云：「鄭讀匭爲糾，匭從九得聲，與糾音近。」劉逵注吴都賦云：「匭猶結也。」引此文，云：「生桂陽，可以縮酒，給宗廟異物也。重之，故既包裹而又纏結之。一曰：匭，柙也。」蓋用鄭義。而云「一曰柙也」，又泥匭字之詁。云「菁茅，茅有毛刺」者，管子輕重丁篇云：「江、淮之間，一茆三脊，名曰菁茅。」云「給宗廟縮酒」者，見春秋左氏僖四年傳。周禮甸師：「祭祀，共蕭茅。」注：「鄭大夫云：蕭字或爲莤，莤讀爲縮。束茅立之祭前，沃酒其上，酒滲下去，若神飲之，故謂之縮。縮，浚也。杜子春讀爲蕭。蕭，香蒿也。玄謂茅以共祭之苴，亦以縮酒，苴以藉祭。縮酒，泲酒也。醴齊縮酌。」說文：「禮，祭束茅加于裸圭，而灌鬯酒，是爲莤，象神歆之也。一曰：莤，榼上塞也。」先鄭

〔一〕案：此句當作「簬，古文作『簵』」，見說文。

與許説宗廟縮酒雖異，皆用茅也。劉逵注吴都賦云：「茅生桂陽。」史記正義引括地志云：「辰州盧溪縣西南三百五十里有包茅山。武陽記云：『山際出苞茅，有刺而三脊，因名苞茅山。』」僞傳以包爲包橘柚，菁爲菁葅，與管子名「菁茅」、左傳稱「包茅」之義不合，失之矣。

厥篚玄纁璣組，**注**馬融曰：「組文也。」**疏**玄以爲衣，纁以爲裳，組以佩玉系冠。周禮染人：「夏纁玄。」注云：「玄纁者，天地之色，以爲祭服。」詩傳云：「玄，黑而有赤色也。」説文：「纁，淺絳也。」廣雅釋器云：「纁，赤也。」鄭注士冠禮云：「纁裳，淺絳裳。」此注雖不具，鄭義當與注禮同也。璣組玄纁，同爲篚實，當非珠璣與組二物。證以徐州蠙珠、雍州琅玕皆不入篚，疑組文似璣，故曰璣組，猶織貝之爲錦文也。少儀：「車不雕幾。」注云：「幾，附纏爲沂鄂也。」璣聲近幾。璣或璂字。周書王會云：「王玄繚、璧、綦十二。」孔晁注云：「玄繚，謂以黑組組之。綦，玉名，有十二也。」説文：「組，綬屬。其小者以爲冕纓。」應劭注漢書本紀云：「組者，今綬紛縧是也。」馬注見釋文。云「組文」者，當云「璣，組文也」，今本脱字耳。

九江納錫大龜。**注**史遷「納錫」爲「入賜」。馬融曰：「納，入也。」**疏**史公「納」作「入」者，納、入經典通字。錫者，釋詁云：「賜也。」大龜者，元龜。白虎通蓍龜篇引禮三正記曰：「天子龜長一尺二寸，諸侯一尺，大夫八寸，士六寸。」馬注見釋文。

浮于江、沱、潛、漢，逾于洛，至于南河。**注**史遷「潛、漢」作「涔，于漢」。「潛」一作「灊」，「逾」一作「踰」。**疏**經以「浮于江、沱、潛、漢」爲九江納龜之道，則此江、沱、潛、漢當在九江已東，故鄭注不取蜀郡江沱及巴郡潛水之説，欲以夏水爲江沱，而云未聞潛水也。經云「逾于洛」者，江、漢與洛不通流，故云逾。詩傳云：「踰，越也。」逾與踰同。史公作「涔，于漢」者，讀「浮于江、沱、涔」爲句，又云「于漢」。釋文云：「本或作『潛于漢』，非。」是唐人不善讀史記文，反非之也。段氏玉裁云：「無逸篇云：『無淫于觀、于逸、于游、于田。』以『淫』領四

『于』字，此以『浮』領二『于』字，句法正同。陸氏誤絶其句，故非之。」南河者，顏師古注地理志云：「在冀州南。」「潛」作「濦」，見地理志。

荆、河惟豫州。**注**鄭康成曰：「豫州界，自荆山而北至于河。」**疏**釋地云：「河南曰豫州。」書疏引李巡云：「河南其氣著密，厥性安舒，故曰豫。豫，舒也。」公羊疏引孫氏云：「自東河至西河之南曰豫州。」釋文引春秋元命包云：「豫之言序也，言陽氣分布各得其處，故其氣平靜多序也。」呂氏春秋有始覽云：「河、漢之間爲豫州，周也。」注云：「河在北，漢在南，故曰之間。」鄭注見詩王風譜及公羊莊十年疏。云「自荆山而北至于河」者，荆山注在經文「至于荆山」下。云「北至于河」者，即高誘所云「河在北」也。

伊、洛、瀍、澗既入于河，**注**「洛」一作「雒」。**疏**地理志云：「弘農郡盧氏，伊水出，東北入雒，行四百五十里。」「上雒，禹貢雒水出冢領山，東北至鞏入河，過郡二〔一〕，行千七百〔二〕里，豫州川。」「河南郡穀城，禹貢瀍水出朁亭北，東入雒。」「弘農郡新安，禹貢澗水在東，南入雒。」案：瀍字當作「廛」。淮南本經訓云「導廛、澗」，不从水。水經：「河水過鞏縣北，洛水從縣西北注之。」「伊水東北至洛陽縣南，北入于洛。」「瀍水東過偃師縣，又東入於洛。」「澗水出新安縣南白石山，東南入于洛。」鞏縣、洛陽、偃師、新安，皆今河南縣，蓋伊、澗、瀍會洛入河也。伊出盧氏，今河南縣。洛出上洛，今陝西商州。過郡二者，弘農、河南也。瀍出穀成，在今河南洛陽縣西北。「洛」一作「雒」，見地理志。

榮波既豬，**注**史遷「波」作「播」，一作「潘」。「豬」一作「都」。馬融曰：「榮播，澤名。」

〔一〕「二」原訛作「三」，據漢書地理志原文改。

〔二〕「七百」，漢書地理志作「七十」。

鄭康成曰：「沇水溢出河爲澤也。今塞爲平地，滎陽民猶謂其處爲滎播，在其縣東。春秋魯閔公二年，衛侯及狄人戰于滎澤。此其地也。」**疏**史公「波」作「播」者，書疏云：「馬、鄭皆作『滎播』。」史記索隱曰：「今文。」是今文與馬、鄭書及史記合也。說文云：「潘，水名，在河南滎陽。」亦卽此水。「豬」作「都」者，周禮職方氏：「其浸波溠。」注：「波讀爲播。禹貢曰：『滎播既都。』」水經云：「濟水南當鞏縣北，南入於河。與河合流，又東過成皋縣北，又東過滎陽縣北，又東至礫谿南，東出過滎澤北。」注引晉地道志曰：「濟自大伾入河，與河水鬬，南泆出爲滎。」注又云：「濟水又東逕滎澤北，故滎水所都也。京相璠曰：「滎澤在滎陽縣東南，與濟隧合。濟隧上承河水于卷縣北，南去新鄭百里。蓋滎播、河、濟往復徑通矣。」滎陽，今爲河南滎澤、河陰二縣地。馬注見釋文。云「滎播，澤名」者，水經注引闞駰說同。又引呂忱曰：「播水在滎陽。」則滎播是一澤。僞傳以爲「滎澤、波水，已成遏豬」，似二水名，失之。鄭注見詩竹竿疏。云「沇水溢出河爲澤」，卽下入于河，溢爲滎是也。云「今塞爲平地」者，水經濟水注云：「出河之濟，卽陰溝之上源也，濟隧絕焉，故世亦或謂其故道爲十字溝。自于岑造八激隄於河陰，水脈經斷，故瀆難尋，又南會于滎澤。然水既斷，民謂其處爲滎澤。春秋衛侯及翟人戰于滎澤而屠懿公，弘演報命納肝處也。」與鄭義合。春秋左氏宣十二年傳：「楚潘黨逐晉魏錡，及滎澤。」亦此地。

導菏澤，被孟豬。

注史遷「導」作「道」。「孟豬」一作「明都」，一作「盟豬」。

疏地理志：「濟陰郡，禹貢菏澤在定陶東。」「梁國睢陽，禹貢盟諸澤在東北。」水經禹貢山水澤地所在俱同。水經濟水注云：「尚書曰：『導菏澤，被孟豬。』孟豬在睢陽縣之東北。闞駰十三州記曰：『不言入而言被者，明不常入也，水盛方乃覆被矣。』」史記正義引括地志云：「菏澤在曹州濟陰縣東北九十里，定陶城東，今名龍池，亦名九卿陂。」案：定陶，今山東縣，屬曹州府。睢陽，今河南商邱縣。自河決徙流，孟諸故迹不可考矣。史公「導」作「道」者，周語：「爲川者，决之使導。」注云：「導，通也。」法言問道篇云：「道也者，通也。」是導與道，俱爲通也。「孟豬」作「明都」者，經典豬、都通字。周禮職方作「望諸」。釋地云：「宋有孟諸。」地理志作「盟豬」。孟、明、盟、望，豬、都、諸，俱聲相近，古假借用之。

厥土惟壤，下土墳壚。 **注**馬融曰：「豫州地有三等，下者墳壚也。豫州地青。」鄭康成曰：「壚，疏也。」**疏**馬注見史記集解及太平御覽地部。云「地青」者，青卽黑也。鄭注禮器「或素或青」云：「變白黑言素青者，秦二世時，趙高作亂，或以青爲黑，黑爲黄，民言從之，至今語猶存也。」則言土青者，猶言壚也。鄭注見禮書卌四卷。云「壚，疏」者，説文：「壚，黑剛土也。」釋名云：「土黑曰壚，壚然解散也。」鄭注周禮草人云：「埴壚，黏疏者。」以黏訓埴，疏訓壚也。疏者，溝洫志云：「地形下而土疏惡。」詩箋云：「疏，麤也。」

厥田惟中上，厥賦錯上中。厥貢漆、枲、絺、紵，厥篚纖纊， **注**史遷「枲」作「絲」，「纊」作「絮」。**疏**紵者，説文云：「檾屬，細者爲絟，粗者爲紵。」纊者，説文云：「絮也。」一切經音義一引説文：「纊，緜也。絮之細者曰纊。」故此云纖纊也。史公「枲」作「絲」者，蓋今文異字。「纊」爲「絮」者，見説文，云：「絮，敝緜也。」似與纊微異，史公取以釋纊，但取義于緜耳。

錫貢磬錯。 **疏**磬，玉磬。錯，爲「厝」借字，説文云：「厝，厲石也。」詩鶴鳴云：「他山之石，可以爲錯。」傳云：「錯，石也，可以琢玉。」顔師古注地理志云：「亦待錫命而貢。」案：玉磬惟天子得用之。郊特牲云：「擊玉磬，諸侯之僭禮也。」詩那箋云：「玉磬尊，故異言之。」則治磬之石，必待錫命而貢，示諸侯不敢有治玉磬之器也。

浮于洛，達于河。 **疏**唐石經作「浮于洛、河」。

華陽、黑水惟梁州。 **注**鄭康成曰：「梁州界，自華山之南至于黑水也。」**疏**釋地無梁州，吕氏春秋有始覽九州亦無梁，蓋殷周雍州兼有梁州之地，與夏時異也。經云「黑水」者，水經：「沔水東過南鄭縣南。」注云：「漢水又東，黑水注之。水出北山，南流入漢。庾仲雍曰：『黑水去高橋三十里。』諸葛亮牋云：『朝發南鄭，暮宿黑水西五十里。』卽是水也。」史記正義引括地志云「黑水源出梁州城固縣西北太山」以注「華陽、黑水」，蓋本古説。案：城固，今陝西縣也。鄭注見公羊十年傳疏。云「至于黑水」者，地理志：「益州郡滇池，滇池澤在西北。有黑水祠。」或以爲卽鄭氏所云黑水，然疑其太遠。夏時荒服之地，禹迹不至也。滇池，今雲南晉寧州地。

岷、嶓既藝，

注 史遷「岷」作「汶」。鄭康成曰：「地理志岷山在蜀郡湔氏道，嶓冢山在漢陽西。」「藝」一作「蓺」。

疏 岷，史公作「汶」，漢志作「崏」。史記索隱云：「汶，一作『岷』，又作『峧』。」峧卽汶俗字。藝，史記、漢志皆作「埶」。加「云」，俗字。藝者，廣雅釋詁云：「治也。」或云「種藝」，失之。鄭注見史記集解。引地理志者，漢志：「蜀郡湔氏道，禹貢崏山在西徼外。」「隴西郡西縣，有禹貢嶓冢山。」水經禹貢山水澤地所在云：「嶓冢山在隴西氐道縣之南。」郡國志：「漢陽西，有嶓冢山。」鄭説嶓冢山在漢陽西者，據後漢時天水郡縣名也。

沱、潛既道，

注 史遷「潛」作「涔」。一作「灊」。鄭康成曰：「二水亦謂自江、漢出者。地理志在今蜀郡郫縣江沱及漢中、安陽皆有沱水、潛水，其尾入江、漢耳，首不於此出。江原有鄬江，首出江，南至犍爲武陽又入江，豈沱之類與？潛蓋漢，西出嶓冢東南，至巴郡江州入江，行二千七百六十里。漢別爲潛，其穴本小，水積成澤，流與漢合。大禹自導漢疏通，卽爲西漢水也。故書曰：『沱、潛既道。』」

疏 潛者，説文云：「一曰漢水爲潛。」史記作「涔」，漢志作「灊」。水經「沔水」條言涔水注沔，正作「涔水」。地理志安陽鬵水，又作「鬵」。鄭注見書疏及水經潛水注。云「二水亦自江、漢出」者，因「荆州沱、潛」注引爾雅言之。云「蜀郡郫縣江沱」者，地理志：「蜀郡郫縣，禹貢江沱在西，東入大江。」水經禹貢山水澤地所在云：

「益州沱水在蜀郡汶江縣西南，其一在郫縣西南，皆還入江。」案：郫縣之沱，今名郫江，自四川灌縣西南分江，至瀘州復合者，自李冰鑿離碓穿江以後，已變禹迹矣。地理志：「蜀郡汶江，江沱在西南，東入海〔一〕。」水經江水注云：「江水逕汶江道，又有湔水入焉。江水又東別爲沱，開明之所鑿也。渡江有笮橋。」鄭所云江沱，疑郫縣、汶江二縣之江沱，但汶江縣江沱今無水，或以爲四川保縣玉輪江也。云「漢中、安陽皆有沱水、潛水」者，地理志：「漢中郡南鄭旱山，池水所出，東北入漢。」「安陽，鬵谷水出西南，北入漢。」案：南鄭，今陝西縣，屬漢中府。後漢書注：「故城在今縣東北。」安陽，今陝西洋縣東北地。太平寰宇記「洋州真符縣，本安陽地」是也。云「其尾入江漢」者，水經：「沔水東過南鄭縣南。」注云：「漢水右合池水，水出旱山，俗謂之獠子水。」又水經：「沔水東過魏興安陽縣南，涔水出自旱山，北注之。」是沱水、涔水尾俱入沔，沔卽漢也。入沔之處，當在今陝西洋縣。二水皆出旱山，首不從江出，與爾雅不合，故鄭云「首不於此出」也。云「江原有鄺江，首出江」云云者，地理志：「江原，鄺水首受江，南至武陽入江。」太平寰宇記云：「鄺江，一名皁里水，自青城縣南流，逕温江縣入江原界，今曰南江也。」案：地理志犍爲郡有武陽縣，故城在今四川眉州彭城縣東十里。鄭以其首受江，疑爲沱也。又云「潛蓋漢，西出嶓冢東南，至巴郡江州入江」者，漢水卽漾水，見下「嶓冢道漾」疏。地理志：「巴郡宕渠，潛水西南入江。」水經云：「潛水出巴郡宕渠縣。」注云：「潛水蓋漢水枝分潛出，故受其稱。今爰有大穴，潛水入焉，通岡山下，西南潛出，謂之伏水，或以爲古之潛水。」引鄭氏此注。劉逵注蜀都賦云：「禹貢梁州云：『沱、潛既道。』有水從漢中沔陽縣南流，至梓潼漢壽縣入穴中，通岡山下，西南潛出，今名復水。舊說云禹貢潛水也。」書疏引郭氏音義云：「有水從漢中沔陽

〔一〕「海」，漢書地理志作「江」。

縣南流，至梓潼漢壽入大穴中，通岡山下，西南潛出，一名沔水，舊俗云卽禹貢潛也。」史記正義引括地志云：「潛水一名復水，源出利州緜谷縣東龍門山大石穴下。」元和郡縣志云：「緜谷縣，潛水出東北龍門山，書曰『沱、潛既道』是也。」案：宕渠縣故城在今四川渠縣界，渠江在縣東，卽此水也。然則鄭注所云潛卽漢西出嶓冢者是也。**蔡蒙旅平，注**鄭康成曰：「地理志蔡蒙在漢嘉縣。」**疏**鄭注見史記集解。引地理志者，漢志：蜀郡青衣有禹貢蒙山。鄭云「在漢嘉」者，「青衣」，應劭注漢志云：「順帝更名漢嘉也。」案：青衣，今四川雅州府名山縣地。鄭以蔡蒙爲一山，僞傳誤云「二山」，疏云：「蔡山不知所在。」蓋本無此山也。旅，當讀如論語「旅於泰山」之旅。漢書班固述贊曰「大夫臚岱」，史記六國表曰「位在藩臣而臚于郊祀」，故釋文引「韋音盧」也。**和夷厎績。注**馬融曰：「和夷，地名也。」鄭康成曰：「和夷，和上夷所居之地也。和讀曰桓，地志曰桓水出蜀郡蜀山西南，行羌中者也。」**疏**馬注見史記集解。鄭注見水經桓水注。云「和讀爲桓」者，如淳注漢書云「陳留之俗言桓聲如和」是也。引地志者，漢地理志：「蜀郡，禹貢桓水出蜀山西南，行羌中，入南海。」或云桓水卽大金河江，入蕃地南海。**厥土青黎。注**史遷「黎」爲「驪」。馬融曰：「黎，小疏也。」**疏**史公「黎」爲「驪」者，詩傳云：「純黑曰驪。」馬注見釋文。云「小疏」者，蓋前釋豫州壚爲疏，故此云小疏，卽小麤也。釋名云：「土青曰黎，似黎草色也。」**厥田惟下上，厥賦下中三錯。注**鄭康成曰：「三錯者，此州之地有當出下下之賦者，少耳，又有當出下上、中下者，差復益少。」**疏**鄭注見書疏。江氏聲云：「經言三錯，是正賦之外雜出三等。而正賦下中之下，止有下下一等，故知并其上二等爲三錯。僞傳乃謂『賦第八等，雜出第七第九』，則是雜出二等，并正賦爲三等。鄭以他州言錯者，皆是正賦之外別出一等，此言三錯，明是正賦之外別爲三等矣。若并正賦爲三等，則當言再錯，不言三錯，傳說非也。云『差復益少』者，正賦下中，間有出下下者，但少耳，又或有出下上者，亦少差而上之。又有出中下者，復益少也。」書疏作「益小」，當爲「益少」。古小、少通字。

厥貢璆、鐵、銀、鏤、砮、磬，

注 馬融「璆」作「鏐」。鄭康成曰：「黄金之美者，謂之鏐。鏤，剛鐵，可以刻鏤也。」

疏 釋文「璆」一作「鏐」，馬同。釋器云：「黄金謂之璗，其美者謂之鏐。」注云：「鏐即紫磨金。」鐵者，說文云：「黑金也。」銀者，釋器云：「白金謂之銀。」鏤者，說文云：「剛鐵，可以刻鏤。夏書曰：梁州貢鏤。」砮者，說文云：「石可以爲矢鏃。夏書曰：梁州貢砮丹。」丹，當爲「磬」也。華陽國志云：「臺登縣山有砮石，火燒成鉄，剛利。禹貢『厥賦砮』是也。」

熊、羆、狐、貍，

疏 熊者，釋獸云：「虎醜。」說文云：「獸，似豕，山居，冬蟄。」羆者，釋獸云：「如熊，黄白文。」說文同，古文作「㿿」。狐、貍者，釋獸云：「貍、狐、貒、貈，醜，其足蹯，其跡厹。」說文云：「狐，妖獸也，鬼所乘之。」「貍，伏獸，似貙。」周禮司裘云：「王大射，則共熊侯。」詩云：「熊羆是裘。」又云：「取彼狐貍，爲公子裘。」

織皮。西傾因桓是來，

注 馬融曰：「治西傾山，因桓水是來，言無他道也。」鄭康成曰：「織皮，謂西戎之國也。西傾，雍州之山也。雍戎二野之間，人有事於京師者，道常由此州而來。桓是，隴阪名。其道盤桓旋曲而上，故名曰桓是。今其下民謂是阪，曲爲盤也。地理志：西傾山在隴西臨洮。」「來」一作「倈」。

疏 織皮者，罽之屬。釋言云：「氂，罽也。」釋文引李巡本「氂」作「毳」。周書：「正西昆侖狗國等，請令以丹青、白旄、紕罽、龍角、神龜爲獻。」說文：「罽，西胡毳布也。」「紕，氐人罽也。」鄭注周禮巾車云：「樊與纓，皆以五色罽飾之。」漢書高帝紀：「八年，令賈人毋得衣錦繡綺縠絺紵罽。」罽禁賈人衣，又飾樊纓，是以貢之。或以爲賤者之服，非也。經文「是」爲「氏」之假音字，見下疏。馬注見史記集解。云「因桓水是來」者，地理志：「蜀郡，桓水出蜀山西南，行羌中，入南海。」水經同。注引經文及馬注，云：「余案據書，岷山、西傾，俱有桓水。桓水出西傾山，更無別流。所導者，惟斯水爾。浮於潛、漢，而達江、沔，故晉書地道記曰：「梁州南至桓水，西抵黑水，東限扞關。今漢中、巴郡、汶山、蜀郡、漢嘉、江陽、朱提、涪陵、陰平、廣漢、新都、梓潼、犍爲、武都、上庸、魏興、新城，皆古梁州之地。自桓水以南爲夷，書所謂『和夷厎績』也。然所可當者，惟斯水與江耳。桓水蓋二水之別名，爲兩川之通稱矣。」則酈道元與班氏、馬氏以「因桓」爲桓水來無他道之說同也。鄭注見水經桓水注及史記集解。酈氏既引其說，又駁之云：「斯乃玄之別致，恐乖尚書『因桓』之義，非『浮潛、入渭』之文。」案：鄭不從班氏說「因桓」爲桓水者，以桓水入南海，道不通漢也。云「桓是，隴阪名」者，讀是爲氏。說文云：「氏，巴蜀名山岸脅之旁箸欲落墮者曰氏。揚雄賦：『響若氏隤。』」段氏玉裁讀鄭注「是阪」以爲「今其下民謂坂爲是，曲爲桓也」。鄭引地理志者，漢志：「隴西郡臨洮，禹貢西傾山在縣西。」臨洮，今甘肅洮州衛，山在北。「來」作「倈」，見地理志。

浮于潛，逾于沔，

注 史遷「逾」作「踰」。鄭康成曰：「或謂漢爲沔。」

疏 經云「浮于潛」，此潛水即郭氏音義所云「一名沔水」者。水經漾水注引劉澄之說同。又引庾仲雍言：「漢水自武遂川南入蔓葛谷，越野牛，逕至關城，合西漢水，故諸言漢者，多言西漢水至葭萌入漢。」注又云：「漢水有二源，始源曰沔。」又云：「東西兩川俱受沔、漢之名。」沔水注云：「沔水一名沮水。庾仲雍云：『是水南至關城，合西漢水，又東北合沮口，同爲漢水之源也。』故如淳曰：『此方人謂漢水爲沔水。』」案：地理志：「武都郡武都，東漢水受氏道水，一名沔。」志所云氏道水，卽漾水也。志于沮水云，至河南入江。不云沔，然江卽沔也。故說文以沮水爲沔水。葭萌，今四川昭化縣，郭氏、庾氏所云潛水通西漢者在是，卽經所謂浮潛入沔之水也。或以水經云「漾水至葭萌縣東北，與羌水合」，謂羌水出臨洮，一名白水，卽指爲桓水。水道則通，但與班氏所說桓水、鄭氏所說桓氏之義俱不合。鄭注見史記集解。水經桓水注云：「自西傾至葭萌入于西漢，即鄭玄之所謂潛水者也。自西漢遡流而屆於晉壽界，阻漾枝津，南歷岡穴，迆邐而接漢，書所謂浮潛而逾沔矣。」説見前疏。

入于渭，亂于河。 **疏** 沔不通渭，故經文言「逾」。水經桓水注云：「沔歷漢川至南鄭縣，屬於褒水，遡褒暨於衙嶺之南，谿水枝灌於斜川，屆於武功，而北達於渭水。此乃水陸之相關，川流之所經，復不乖禹貢『入渭』之字，實符尚書『亂河』之義也。」是酈氏以斜水入渭，褒水入沔，謂沔、渭相通，恐未必是禹迹也。亂者，釋水云：「正絶流也。」水經：「渭水又東，過華陰縣北，東入於河。」注云：「春秋之渭汭也。」案：華陰今陝西縣。

黑水、西河惟雍州。 **注** 鄭康成曰：「雍州界，自黑水而東至于西河。」 **疏** 釋地云：「河西曰雍州。」書疏引李巡云：「河西其氣蔽雍，受性急凶，故云雍。雍，壅也。」釋名云：「雍州在四山之内，雍翳也。」釋文引太康地記云：「雍州兼得梁州之地，西北之位，陽所不及，陰氣雍閼，故取名焉。」呂氏春秋有始覽云：「西方爲雍州，秦也。」黑水，或以爲瀘江，或以爲滇池，皆失之。書疏引水經云：「黑水出張掖雞山，至敦煌，過三危山，南流入於南海。」今水經缺此文。此云南海及海，皆即居延海之屬，在張掖之南者。案：張掖郡治觻得縣，今甘肅甘州府城是也。鄭注見公羊莊十年疏及史記索隱，引地説云「三危山，黑水出其南」者，似非張掖之黑水。

弱水既西， **注** 鄭玄曰「衆水皆東，此獨西流，故記其西下也。」「弱」一作「溺」。 **疏** 地理志：「張掖郡删丹，桑欽以爲弱水自此，西至酒泉合黎。」説文作「溺水」，云：「溺水自張掖删丹西至酒泉合黎，餘波入于流沙。桑欽所説。」又云：「屼山，溺水所出。」此屼山，即雞山。删丹，今甘肅山丹縣。

涇屬渭汭。 **注** 馬融曰：「屬，入也。」鄭康成曰：「涇水、渭水發源皆幾二千里，然而涇小渭大，屬于渭而入于河。」地理志云：「涇水出今安定涇陽西幵頭山，東南至京兆陽陵，行千六百里，入渭。」**疏** 渭汭者，說文云：「汭，水相入也。」鄭注召誥云：「汭，隈曲中也。」此渭汭，卽今陝西高陵縣地。馬注見釋文。云「屬，入」者，鄭注士冠禮云：「屬，注也。」注卽入也。鄭注見詩谷風疏及史記集解。云「涇水、渭水發源皆幾二千里」者，地理志：「隴西郡首陽，渭水所出，東至船司空入河，過郡四，行千八百七十里，雍州寖。」過郡四者，隴西、天水、右扶風、左馮翊也。地理志：「安定郡涇陽，幵頭山在西，禹貢涇水所出，東南至陽陵入渭，過郡三，行千六百里，雍州川。」過郡三者，安定、右扶風、左馮翊也。案：涇陽縣在今甘肅平涼府城西。陽陵故城在今陝西高陵縣西南，涇水在縣東入渭。鄭云「屬于渭而入于河」者，渭水至船司空入河，在今陝西華陰縣東北。

漆沮既從，

疏 漆沮卽瀘水也。說文：「瀘水出北地直路西，東入洛。」水經、地理志俱作「沮」。水經云：「東過馮翊祋祤縣北，東入洛。」地理志：「北地郡直路，沮水出西，東入洛。」「左馮翊懷德，洛水東南入渭。」案：漢直路縣在今陝西中部縣西北二百里。懷德縣在今陝西富平縣西。水經云：「渭水又東過華陰縣北。」注云：「洛水入焉。闞駰以爲漆沮之水也。」水經沮水注云：「沮水東注鄭渠。濁水與沮水合，俗謂之漆水，又謂之爲漆沮水。絶白渠，逕萬年縣故城北，其水又南屈，更名石川水。又西南，與白渠枝渠合。又南入於渭水也。」案：今石川河至富平縣南入渭，卽此水。是漆沮、瀘水、洛水一也，說文又有：「漆水出右扶風杜陵岐山，東入渭。一曰入洛。」卽地理志在漆縣西之漆水，詩緜所云「自土沮、漆」者。但經文于「涇屬渭汭」下云「漆沮既從」，似以瀘水從洛入渭爲是。若此漆入渭，又在上流。水經云：「漆水出杜陽縣俞山東，北入于渭。」渭水注云：「渭水又東逕雍縣南，雍水注之。雍水東南流，與橫水合。水出杜陽山，其水南流，謂之杜陽川。東南流，左會漆水。水出杜陽縣之漆谿，謂之漆渠。徐廣曰：漆水出杜陽之岐山者也。」詩潛云：「猗與漆、沮。」傳云：「漆、沮，岐周之二水也。」案：此漆水在今陝西岐山縣。

灃水攸同。

注「灃」一作「酆」，「攸」一作「逌」。

疏地理志「右扶風鄠，酆水出東南，北過上林苑入渭」，作「酆」。水經：「渭水東過槐里縣東，豐水從南來注之。」注云：「豐水出豐谿，西北流，分爲二水。一水東北流，爲枝津。一水北，逕靈臺西，又北至石墩，注於渭。地說云：渭水又東與豐水會於短陰山內。水會無他高山異巒，惟有原阜石激而已。」案：今豐水在陝西咸陽縣東南入渭。同者，說文云：「合會也。」「攸」作「逌」，見地理志。

荊、岐既旅，

疏地理志：「左馮翊褱德，禹貢北條荊山在南，下有疆梁原。」「右扶風美陽，禹貢岐山在西北。」案：褱德縣，今陝西富平縣。美陽，今扶風縣也。

終南、惇物，至于鳥鼠。

注鄭康成曰：「地理志終南、惇物皆在右扶風武功也。」

疏地理志：「右扶風武功，太壹山，古文以爲終南；岳山，古文以爲敦物。」案：武功，今陝西郿縣。太壹山，今名太白山，在縣東南。岳山，今名武功山，在縣東南，俗呼敖山。敖、岳聲之轉。今本地理志「岳」或誤作「垂」。鳥鼠，見後疏。鄭注見史記集解。

原隰厎績，至于豬野。

注鄭康成曰：「詩云『度其隰原』，卽此原隰是也。原隰，豳地。從此致功，西至豬野之澤也。地理志都野在武威，名曰休屠澤。」「野」一作「壄」。

疏釋地云：「下溼曰隰，廣平曰原。」又曰：「可食者曰原，下者曰溼。」鄭注見書疏及史記集解。云「詩云『度其隰原』，卽此原隰」者，見詩公劉篇，當是豳地，今陝西邠州及三水縣是其處也。鄭又引地理志者，漢志：「武威縣，休屠澤在東北，古文以爲豬壄澤。」「野」作「壄」，卽壄省文。武威縣，今甘肅鎮番縣地。

三危既宅，

注史遷「宅」作「度」。鄭康成曰：「河圖及地說云：三危山在鳥鼠西南，與岐山相連，當岷山，則在積石之東南。」

疏三危者，禹貢山水澤地所在云：「在燉煌縣南。」史記正義引括地志云：「在沙州燉煌縣西南四十里。」春秋左氏昭九年傳云：「允姓之姦，居于瓜州。」注云：「允姓之祖，與三苗俱放于三危。」地理志「燉煌郡」引「杜林以爲古瓜州地」，則是燉煌有三危山，據古說也。燉煌，今甘肅燉煌縣。鄭注見史記集解及書疏。引地說者，書疏作「地記書」。三危既不見于地理志，故鄭別引地說也。太平御覽地部引河圖括地象曰「三危山在鳥鼠之西南，與汶山相接」，卽鄭所據也。郡國志「隴西郡首陽縣」注：「地道記曰：『有三危，三苗所處。』」案：首陽爲今甘肅渭源縣，則此三危與燉煌之三危非一山也。鄭又云「當岷山，則在積石之東南」，蓋班氏不記，後世失其名也。水經：「江水又東，過江陽縣南，雒水從三危山東道廣魏雒縣南，東南注之。」注云：「山海經不言雒水所導，經曰三危山，所未詳。」案：此卽地說所云與岷山相連者。雒縣，今四川漢州也。三危山疑在此近地。

三苗丕敘。

注史遷「丕」作「大」。

厥土惟黃壤。厥田惟上上，厥賦中下。厥貢惟球、琳、琅玕。

注史遷「球」作「璆」。「琳」一作「玲」。鄭康成曰：「球，美玉也。琳，美石也。琅玕，珠也。」

疏史遷「球」作「璆」者，說文：「球，玉磬也。」或作「璆」。琳，釋文云：「字亦作『玲』。」說文云：「玲瓏，石之次玉者。」故鄭以爲美石也。琅玕，釋文云：「似珠者。禹貢『雝州球、琳、琅玕』，古文作『玕』。」鄭注見詩韓奕疏。

浮于積石，至于龍門西河，會于渭汭。

疏地理志：「金城郡河關，積石山在西南羌中。」水經禹貢山水澤地所在同。史記正義引括地志云：「積石山今名小積石山，在河州枹罕縣西七里。」案：河關及枹罕，皆在今甘肅河州，山在河州西北七十里也。地理志：「馮翊夏陽，龍門山在北。」史記正義引括地志云：「龍門山在同州韓城縣北五十里。」李奇云：「『禹鑿河水處，廣八十步。』」案：夏陽，今陝西韓城縣，山在縣東北八十里。西河者，史記正義案：「河在冀州西，故云西河。」

織皮崑崙、析支、渠搜，西戎卽敘。

注馬融曰：「崐侖在臨羌西，析支在河關西。」鄭康成曰：「衣皮之民居此崑崙、析支、渠搜三山之野者，皆西戎也。別有崑侖之山，非河所出者也。」「搜」一作「叜」。**疏**崑崙，俗字，當爲「昆侖」。析支，史記索隱引大戴禮「鮮支」，後漢書西南夷傳作「賜支」，皆音相近。渠搜，五帝本紀云：「西戎，析支、渠廋、氐、羌。」「搜」作「廋」，俗字。地理志作「叜」，是也。西戎即序，漢書西域傳贊引此云：「禹就而序之，非上威服致其貢物。」就者，詩箋云：「即也。」馬注見釋文。云「崐侖在臨羌西」者，戰國趙策蘇秦上書云：「此代馬、胡駒不東，而崑山之玉不出也。」注：「後志金城臨羌有崑山。」地理志：「金城郡臨羌，西北至塞外，有西王母石室、石釜。有弱水、昆侖山祠。」案：臨羌在今甘肅西寧府西。云「析支在河關西」者，應劭注漢武紀云：「禹貢析支、渠搜屬雍州，在金城河關之西，西戎也。」馬義同此。鄭注見書疏。云「衣皮之民」，以其織皮爲衣。以崑崙、析支、渠搜爲三山者，太平御覽地部引崔鴻十六國春秋云：「酒泉太守馬岌上言，酒泉南山即昆侖之體也。周穆王見西王母，樂而忘歸，即在此山也。山有石室王母堂，珠璣鏤飾，焕若神宫。」是鄭意與馬說同。析支亦爲山者，後漢書西羌傳云：「西羌之本，出自三苗，羌姓之別也。其國近南岳。及舜流四凶，徙之三危，河關之西南羌地是也。濱於賜支，至乎河首，緜地千里。賜支者，禹貢所謂析支者也。」水經：「河水又東，入塞，過敦煌、酒泉、張掖郡南。」注引司馬彪曰：「西羌者，自析支以西，濱於河首左右居也。河水屈而東北流，逕析支之地，是爲河曲矣。」是言析支爲河曲之地，其地多山，亦爲山名也。渠搜爲山者，水經：「河水屈南過五原西安縣南。」注云：「河水自朔方東轉，逕渠搜縣故城北。」地理志朔方有渠搜縣。禮三朝記曰：『北發渠搜，南撫交趾。』此舉北對南，禹貢之所云『析支、渠搜』矣。」案：渠搜縣在今陝西懷遠縣北番界中，或因山名縣也。云「別有昆侖之山，非河所出」者，爾雅釋水云：「河出崑崙墟。」西山經云：「東望泑澤，河水之所潛也，其源泡泡渾渾。」又云：「敦薨之水注于泑澤，出于崑崙之西北隅，實惟河源。」水經云：「崑崙墟在西北，河水出其東北陬。」說文：「丘，从北从一。一，地也。人居在丘南，故从北。中邦之居，在昆侖東南。」「虛，大丘也。昆侖丘謂之昆侖虛。」是則昆崙山，河所出者，在中國之西北。而此昆侖在正西，卽周書王會解云：「正西昆侖等九國。」孔氏晁注云：「九者，西戎之別名。」故鄭不以爲河出之山。高誘注淮南云：「鍾山，昆崙也。」是鍾山亦有崑崙之名，今陝西塞外陰山也。後人于河源所出，卽名曰崑崙，又不與河潛行南出之說合，故不引爲經證。

尚書今古文注疏卷三

禹貢第三下　虞夏書三

導岍及岐，　**注**史遷作「道九山：汧及岐」。鄭康成曰：「地理志汧在右扶風也。」　**疏**史公「導」作「道」者，揚子法言：「道，治也。」字與導通。「岍」及「岐」上有「九山」二字，蓋孔安國古文也，今文亦有之，故漢人有三條之說。馬、鄭本或無。岍，俗字，當從史公爲「汧」。釋水云：「汧，出不流。」又云：「水決之澤爲汧。」蓋山以水得名，後人譌作「岍」也。鄭注見史記集解。引地理志者，漢志：「右扶風汧縣，吴山古文以爲汧山，雍州山。」案：汧縣，今陝西隴州，山在州南七十里。

至于荆山，　**注**馬融曰：「三條：導汧，北條；西傾，中條；嶓冢，南條。」鄭康成曰：「四列：導汧爲陰列，西傾爲次陰列，嶓冢爲次陽列，岷山爲正陽列。」　**疏**荆山即前云「荆、岐既旅」之山，在漢懷德縣，故城在今陝西富平。馬、鄭注見書疏。地理志云：「懷德，禹貢北條荆山。」馬義所本也。

逾于河；　**注**史遷「逾」作「踰」。

壺口、雷首，　**疏**地理志：「河東郡蒲反，雷首山在南。」案：蒲反即今山西蒲州府，雷首山在府南。

至于太岳；　**注**史遷「岳」作「嶽」。　**疏**河東彘縣霍太山稱太岳者，因帝都冀州，于此捔功德也。白虎通云：「嶽之言捔也，捔功德也。」詩疏引鄭志集問云：「周都豐、鎬，故以吴岳爲西岳。」據此，知西周以華岳爲中岳，不數嵩高也。左氏昭四年傳司馬侯云「四岳、三塗、陽城、太室」，名嵩高爲太室，別於四岳之外，是周時不以嵩高爲中岳，知虞、夏時亦然，故當以霍太山爲太岳也。

砥柱、析城，至于王屋；　太行、恒山，至于碣石，入于海；　**疏**砥柱，山名。水經禹貢山水澤地所在云：「砥柱山在河東大陽縣東河中。」地理志云：「河東郡濩澤，禹貢析城山在西南。」「垣縣，禹貢王屋山在東北。」案：濩澤縣在今山西陽城，山在縣西南。垣縣，今山西垣曲，山在今河南濟源縣西，連麓至山西垣曲也。太行，山名。地理志：「河內郡山陽，東太行山在西北。」水經禹貢山水澤地所在云：「在野王縣西北。」案：山陽，今河南修武縣，山在縣西北。野王，今河南懷慶府。志云「東太行山」者，錢氏玷云：「山陽縣在野王之東也。」恒山，地理志：「常山郡上曲陽，恒山北谷在西北，有祠，并州山。禹貢恒水所出，東入滱。」水經禹貢山水澤地所在云：「恒山爲北岳，在常山上曲陽縣西北。」案：上曲陽，今直隸曲陽縣，山在縣西北，祠內多有漢碑也，古恒岳在此。碣石在今奉天臨渝縣，故城疑在今昌黎縣界，見前「冀州」疏。

西傾、朱圉、鳥鼠，至于太華；

注鄭康成曰：「地理志云：朱圉在漢陽南。太華山在弘農華陰南。」

疏地理志：「天水郡冀縣，禹貢朱圉山在縣南梧中聚。」「隴西郡首陽、禹貢鳥鼠同穴山在西南。」「京兆郡華陰，太華山在南，有祠，豫州山。」案：冀縣，今甘肅伏羌縣，朱圉山在縣西南。首陽，今甘肅渭源縣，鳥鼠山在縣西。華陰縣，今屬陝西西安府，華山在縣南。鄭注見史記集解。云「朱圉在漢陽」者，天水郡，明帝改漢陽。云「太華山在弘農華陰」者，續志云：「弘農郡華陰，故屬京兆。」鄭俱據後漢志言之。

熊耳、外方、桐柏，至于陪尾；

注史遷「陪」作「負」。鄭康成曰：「地理志熊耳在盧氏東。外方在潁川嵩高山。桐柏山在南陽平氏東南。陪尾在江夏安陸東北，若橫尾者。」

疏地理志：「弘農郡盧氏，熊耳山在東。」「潁川郡密高縣，武帝置，以奉太室山，是爲中岳。有太室少室山廟。古文以爲外方山也。」「南陽郡平氏縣，禹貢桐柏太復山在東南，淮水出。」「江夏郡安陸，橫尾山在東北，古文以爲陪尾山。」案：盧氏，今屬河南陝州，熊耳山在東南。密高，今登封縣，中岳卽外方山，在縣北。平氏，今河南唐縣，桐柏山在桐柏縣西南。安陸，今湖北德安府，陪尾山在府治東北。史公「陪」作「負」者，史記索隱云：「負音陪。」鄭注見史記集解。**導嶓冢，至于荆山；** **注** 鄭康成曰：「地理志荆山在南郡臨沮。」**疏** 地理志：「南郡臨沮，禹貢南條荆山在東北。」案：臨沮，今湖北遠安縣，荆山在今南漳縣西。鄭注見史記集解。**内方，至于大別；** **注** 鄭康成曰：「地理志内方在竟陵，名立章山。大別在廬江安豐縣。」**疏** 地理志：「江夏郡竟陵，章山在東，古文以爲内方山。」「六安國安豐，禹貢大別山在西南。」案：竟陵故城在今湖北鍾祥縣南，章山在今湖北荆門州南。安豐故城在今安徽霍山縣，大別山在今霍邱縣西南。元和郡縣志云：「魯山一名大別山，在漢陽縣東北一百步。」此蓋水經注所云古翼際山也，唐人謂之大別，誤矣。鄭注見史記集解。以章山爲立章山者，續志：「江夏郡竟陵，有立章山，本内方。」鄭據當時山名也。又以大別在廬江安豐者，續漢志安豐改屬廬江。書疏云「地理志無大別」，撿之不密也。**岷山之陽，至于衡山，** **注** 史遷「岷」作「汶」。**疏** 地理志：「長沙國湘南，禹貢衡山在東南，荆州山。」案：湘南，今湖南湘鄉縣，衡山在今湖南衡山縣西北。通典引三禮義宗云：「唐虞以衡山爲南岳，周氏以霍山爲南嶽。」案：崔靈恩説未是也，蓋古文尚書以衡山爲南岳，今文以霍山爲南岳耳。唐虞、周氏，恐互誤，見堯典疏。**過九江，至于敷淺原。** **注**「敷」一作「傅」，「淺」一作「滅」。**疏** 地理志：「豫章郡歷陵，傅易〔一〕山、傅易〔二〕川在南，古文以爲傅淺原。」案：歷陵，今江西德安縣，傅易山在今縣南。敷，一作「傅」，見史記及漢志。史記集解引徐廣曰：「淺，一作『滅』。」疑「傅易」當爲「傅易」，與滅聲相近。

〔一〕〔二〕「易」原作「昜」，據漢書地理志原文改。

導弱水，　注鄭康成曰：「弱水出張掖。」「弱」一作「溺」。　至于合黎，　注馬融曰：「合黎，地名。」鄭康成曰：「山名。　地説云：『合黎山在酒泉會水縣東北。』」疏〔一〕説文：「屼，山也，或曰溺水之所出。」案：即張掖雞山。地理志：「張掖郡刪丹，桑欽以爲道弱水自此，西至酒泉合黎。」水經禹貢山水澤地所在云：「合離山在酒泉會水縣西北。」案：刪丹，今甘肅山丹縣。弱水，今名山丹河，西北流，與張掖河合，亦曰羌谷水也。會水縣在今甘肅高臺縣西北。鄭注弱水云云，見史記集解，説本地理志及説文也。馬注「合黎，地名」，見史記集解。鄭注「山名」，見書疏。引地説，見史記索隱。地理志酒泉會水不載合黎山，故馬以爲地名，鄭別引地説也。地説者，卽下地記，桑氏欽、許氏慎之説所本。　餘波入于流沙。　注馬融曰：「流沙，地名。」鄭康成曰：「地理志流沙，居延縣西北，名居延澤。地記曰：『弱水西流入合黎山，餘波入于流沙，通于南海。』」　疏馬注見史記集解。王逸注楚辭云：「流沙，沙流如水也。」故馬以爲地名。鄭注見史記集解。引地理志者，漢志：「張掖郡居延縣，居延澤在東北，古文以爲流沙。」案：居延縣在今甘肅甘州府治東北一千五百里。史記正義引括地志云：「蘭〔二〕門山，一名合黎，一名窮石山，在甘州刪丹縣西南七十〔三〕里。淮南子云：『弱水源出窮石山。』」又云：「合黎，一名羌谷水，一名鮮水，一名覆表水，今名副投河，亦名張掖河，南自吐谷渾界流入甘州張掖縣。」「今

〔一〕「疏」字原脱，據文例補。

〔二〕「蘭」原訛作「龍」，據史記正義原引括地志改。

〔三〕「十」字原脱，據史記正義原引括地志補。

案：合黎水出臨松縣臨松山〔一〕東而北流，歷張掖故城下，又北流經張掖縣二〔二〕十三里，又北流逕合黎山，折而北流，逕流砂磧之西，入居延海，行千五百里。合黎山在張掖縣西北二百里也。」云「通于南海」者，淮南地形訓云：「弱水出自窮石，至于合黎，餘波入于流沙，南至南海。」謂流沙迤南之澤，卽括地志之居延海也。

導黑水，至于三危，入于南海。

注 鄭康成曰：「地理志益州滇池有黑水祠，而不記此山水所在。地記曰：三危山在鳥鼠之西南，而南當岷山。又在積石之西，南當黑水祠，黑水出其南脇。今中國無也。」

疏 黑水，書疏引酈道元水經：「黑水出張掖雞山，南流至敦煌，過三危山，南流入于南海。」太平御覽地部引張掖記曰：「黑水出縣界雞山，亦名玄圃，有娀氏女簡狄浴于玄丘之水，卽黑水也。」史記正義引括地志云：「黑水源出伊吾縣北百二十里，又南流二千〔三〕里而絕。三危山在沙〔四〕州燉煌縣東南四十里。」案：地理志有張掖郡；又有張掖縣，屬武威。水經所云「張掖」及張掖記，皆指郡境也，卽今甘州府治。說文「屼，山，溺水所出」，卽雞山，黑水亦出于此。山丹縣西南窮石山，卽屼山也。三危山在燉煌，卽今甘肅敦煌縣，黑水經此入南海。經云南海者，卽居延海之屬。史記大宛傳索隱引太康地記云「河北得水爲河，塞外得水爲海也」，故地理志羌谷水亦云「北至武威入海」，不謂大海也。孔氏書疏以爲越河入海；張守節以南海爲揚州東大海，謂黑水合從黃河而行，河〔五〕

〔一〕「臨松縣臨松山」原訛作「臨路松山」，據史記正義原文改。

〔二〕「二」原訛作「三」，據史記正義原文改。

〔三〕「千」原訛作「十」，據史記正義原引括地志改。

〔四〕「沙」原訛作「河」，據史記正義原引括地志改。

〔五〕「河」，史記正義原文作「何」。

得入于南海。俱失之矣。鄭氏亦謂中國無此河，泥地說「三危在鳥鼠西南」，不用燉煌有三危之說也。考地理志，張掖郡觻得羌谷水出羌中，東北至居延入海。其水逕甘州府城東，北與山丹河合，又西北逕高臺縣東北，又東北流一千五百餘里，入流沙，匯爲二澤，東北爲居延澤。疑羌谷水卽水經注、張掖記之所稱黑水也。括地志所云伊吾縣，今爲哈密，出美瓜。左傳所謂瓜州，允姓之戎所居，正三苗所竄之三危，故楚辭天問云「黑水玄阯，三危安在」，設詞以問天，非竟不知其處也。鄭注見史記集解，又見通典州郡篇及書疏。云「益州滇池有黑水祠」者，地理志：「益州滇池，有黑水祠。」鄭求黑水之入南海，故及之。又以「三危在鳥鼠之西南」者，漢書司馬相如傳注引張揖曰「三危山在鳥鼠山之西，與岷山相近，黑水出其南陂」，引此經，是與鄭說同也。云「疑中國無此水」者，甘肅之黑水亦在塞外，此黑水鄭亦知絕遠，不足當雍梁黑水矣。

導河積石，

注馬融曰：「北條行河，中條行渭、洛、濟、淮，南條行江、漢。」**疏**釋水云：「河出崑崙虛。」經言積石者，據禹所導言之。且河自蒲昌海潛行地下，至是始出。不溯其源，聖人闕所不見也。漢書西域傳云：「蒲昌海，一名鹽澤，去玉門、陽關三百餘里，廣袤三百里。其水停居，冬夏不增減，皆以爲潛行地下，南出於積石，爲中國河云。」案：鹽澤在今鎮西府闢展巡檢司西南。地理志云：「金城郡河關，積石山在西南羌中。河水行塞外，東北入塞內，至章武入海，過郡十六，行九千四百里。」案：河關在今甘肅河州西北，山在州西北七十里。河水過郡十六者，金城、天水、武威、安定、北地、朔方、五原、雲中、定襄、雁門、西河、上郡、河東、馮翊、河南、河內、東郡、平原、千乘，共十九郡也。後漢書段熲傳云：「羌寇隴西、金城塞，熲追之，遂至河首積石山，出塞二千餘里。」此積石之見于史者。水經禹貢山水澤地所在云：「積石山在隴西河關縣南。」亦同史說。惟水經河水條云：「河水南至積石山下，有石門。又南入蔥嶺山。」酈氏道元注云：

「河自蒲昌海潛行地下，南出積石，而經文在此似如不比積石，宜在蒲昌海下矣。」唐人疑積石有二，以大積石在吐谷渾界，小積石在河州，謂即禹貢「浮于積石，至于龍門」者，見史記正義引括地志，恐誤認段熲傳「至河首積石山，出塞二千餘里」之言，指一山以當積石，猶後人尋得河源，即指一山以當昆侖，非古說也。段熲傳云「出塞二千餘里」，蓋言追羌至積石，又出塞二千餘里，非積石在塞外二千餘里也。馬氏注見黄庶書說二卷。道水亦如道山，分三條也。

至于龍門，南至于華陰，東至于砥柱，

注鄭康成曰：「地說河水東流，貫砥柱，觸閼流。今世所謂砥柱者，蓋乃閼流也。砥柱當在西河，未詳也。」

疏水經禹貢山水澤地所在云：「砥柱在河東大陽縣東河中。」薛綜注東京賦云：「底柱，山名也，在河東縣東南，向居河中，猶柱然也。」案：大陽縣在今山西平陸縣東北。砥柱，一名三門，在河南陝縣東北五十里。鄭注見水經河水注。以地說「貫砥柱」當在西河者，地理志河東郡大陽不載砥柱，故疑其在西河也。水經：「河水東過大陽縣南，又東過砥柱間。」注引鄭氏說而云「非是」。酈氏以三門爲砥柱，五户灘爲閼流，恐非西漢已前之說也。

又東至于孟津，

注史遷「孟」作「盟」。

疏「孟津」亦作「盟津」者，孟、盟聲相近。水經云：「河水東過平縣北。」注云：「河南有鈎陳壘。河水至斯，有盟津之目，又曰富平津，又謂之爲陶河。」薛綜注東都賦云：「孟津，四瀆之長。」引尚書作「盟津」，云：「地名，在洛北，都道所湊，古今以爲津。」案：平縣在今河南孟津縣西北。

東過洛汭，至于大伾，

注史遷「伾」作「邳」。一作「坯」。鄭康成曰：「山一成曰伾。地喉也。沇出伾際矣。然則大伾在河内修武、武德之界，濟、沇之水與滎播水出入自此。」

疏洛汭在今河南鞏縣。水經云：「河水又東，過鞏縣北，洛水從縣西北流注之。」注云：「洛水於鞏縣東逕洛汭，北對琅邪渚，入于河，謂之洛口矣。」案：鞏故城在今河南鞏縣西南三十里。伾，史公作「邳」。書釋文云「一作

『岯』，或作『伾』」者，岯，俗字；伾卽邳之譌字也。說文作「坯」，云：「丘再成。」再，當作「一」。水經：「河水又東，過成皐縣北。」注云：「河水又東，逕成皐大伾山下。爾雅曰：『山一成謂之伾。』」許慎、吕忱等並以爲丘一成也。孔安國以爲再成曰伾，亦或以爲地名，非也。又云：「成皐縣之故城在伾上。」案：成皐故城今在河南汜水縣西一里大伾山上，則虎牢連麓大伾也。漢書集注臣瓚云：「今修武、武德無此山也，成皐縣山又不一成也，今黎陽縣山臨河，豈是與？」案：大伾在河南，薛瓚求之河北修武、武德之界，故無此山。一成之山最卑，瓚又疑爲高山，故以成皐山不一成，指黎陽大山當之，云「豈是」，尚是疑詞。隋地理志：「黎陽有大伾山。」遂承薛氏之誤。案：卽今河南濬縣東南二里黎陽山，山甚高，不止一成，唐洪經綸刻石名爲大伾，俱不足據。鄭注見溝洫志注及水經河水注。云「山一成曰伾」者，見前疏。云「地喉」者，後文引地說「大陸爲地腹」，此爲地喉，知亦本地說也。云「沇出伾際」者，水經云：「濟水當鞏縣北，南入於河，與河合流，又東過成皐縣北，又東過滎陽縣北，又東至礫谿南，東出過滎澤北。」注云：「晉地道志曰：『濟自大伾入河，與河水鬭，南泆爲滎澤。』」故鄭云「沇出伾際」，下又云「濟、沇之水與滎播澤出入自此」也。云「大伾在河內修武、武德之界」者，謂在修武之西、武德之東，以北岸山言之。云在成皐，南岸也。修武，河南縣，今屬懷慶府。武德縣故城在今河南武陟縣東。

北過降水，至于大陸，

注　史遷說爲「北載之高地，過降水，至于大陸」。鄭康成曰：「地說云：大河東北流，過降水千里，至大陸爲地腹。地理志曰：大陸在鉅鹿。絳水在安平信都南。如志之言，鉅鹿與信都相去不容此數也。水土之名變易，世失其處，見降水則以爲絳水，故依而廢讀，或作絳字，非也。今河內共北山，淇水、共水出焉，東至魏郡黎陽入河，近所謂降水也。降，讀當如『郕降於齊師』之降，聲轉爲共。蓋周時國有地者，惡言『降』，故改云『共』耳。今河所從，去大陸遠矣，館陶北屯氏河其故道與？」**疏** 降水，鄭以爲共水；大陸，班氏固以爲鉅鹿，疑俱非也。呂氏春秋有始覽云：「晉之大陸。」注云：「魏獻子所居。」又云：「趙之鉅鹿。」注云：「廣阿澤也。」則周、秦已前人，皆不以大陸爲鉅鹿。左氏定元年傳：「魏獻子田于大陸，焚焉。還，卒於甯。」注云：「禹貢大陸在鉅鹿北，嫌絶遠，疑此田在汲郡吴澤荒蕪之地。」水經淇水注引晉書地道記曰：「朝歌城本沬邑也，殷王武丁始遷居之，爲殷都也。紂都在冀州大陸之野，即此矣。」則此大陸即魏獻子所田之處。案：修武，今河南縣，與成皋接界，是大陸在河南懷慶府境內，去直隸之鉅鹿絶遠。水經濁漳水注爲調停其説，云：「自甯迄於鉅鹿，出於東北，皆爲大陸。」案：釋地云：「高平曰陸。大陸曰阜。」尋大陸，當是高平之土，不合以鉅鹿澤當之。河渠志云：「禹以爲河所從來者高，水湍悍，難以行平地，數爲敗，乃厮二渠以引其河。北載之高地，過降水，至于大陸。」是史公以高地釋大陸，亦不得以爲鉅鹿澤也。且據鄭氏以屯氏河爲大河故道，屯氏河不經鉅鹿澤也。自大河屢徙，故道不可復考，姑存古説之在班氏前者，以爲經證。史公説見上疏。鄭注見水經濁漳水注。鄭注云云者，據地説駁班氏以絳水爲禹貢降水之失也。云「如志之言，大陸在鉅鹿」者，地理志：「鉅鹿郡鉅鹿，禹貢大鹿澤在北。」「信都國信都縣，故章河、故虖池皆在北，東〔一〕入海。禹貢絳水亦入海。」案：鉅鹿縣在今直隸平鄉境，信都縣在今直隸冀州東北，相去四百餘里，不得如地説之言有千里，故云「不容此數也」。云「河内北共山，淇水出」者，地理志：「河内郡共縣北山，淇水所出，東至黎陽入河。」説文：「淇水出河内〔二〕共北山，東入河。或曰出隆慮西。」案：黎陽，今濬縣，淇水故道在此入

〔一〕「北」、「東」原誤倒，據漢書地理志原文乙正。
〔二〕「内」原訛作「南」，據説文原文改。

河。漢志無共水，疑卽淇水，以出共山，亦名共水也。云「館陶北屯氏河其故道」者，地理志：「魏郡鄴縣，故大河在東北入海。館陶縣，河水別出爲屯氏河，東北至章武入海，過郡四，行千五百里。」水經河水注云：「河之故瀆，自沙丘堰南分，屯氏河出焉。」又云：「一水分大河故瀆北出爲屯氏河，逕館陶縣東，東北出。」案：館陶，今山東縣，屬東昌府。衞河所經，卽隋之永濟渠，漢之屯氏河也。溝洫志云：「道河北行二渠，復禹舊迹。」又云：「自塞宣房後，河復北決於館陶，分爲屯氏河，東北逕魏郡、清河、信都、勃海入海。」是班氏以河故道在鄴東，謂屯氏以爲塞宣房後別出之河。鄭則以屯氏爲禹河故迹，與班說亦異也。河至天津入海，卽漢章武地。今濬縣、滑縣、開州、內黃、清豐、南樂、大名、元城、冠縣、館陶、堂邑、清平、清河、博平、高唐、平原、德州、青縣、静海、天津，皆大河故瀆所經。蓋自周時河徙，至漢王莽時絶，則今山東海豐入海之河俗稱老黃河，衞河在其東北入海，故鄭氏以爲禹河故瀆。

又北播爲九河， **注** 鄭康成曰：「播，散也。」 **同爲逆河，入于海。** **注** 鄭康成曰：「下尾合名曰逆河，言相逆受也。」

疏 又北者，水經：「河水又東北，過黎陽縣南。」注云：「河水舊於白馬縣南泆，通濮、濟、黃溝。」又云：「故瀆東逕白馬縣之涼城北，又東南逕濮陽縣，散入濮水。」又云：「河水又東北，爲長壽津，河之故瀆出焉。漢書溝洫志曰：『河之爲中國害尤甚，故導河自積石，歷龍門，釃二渠以引。』一則漯川，卽今所流。一則北瀆，王莽時空，故世俗名是瀆爲王莽河也。故瀆東北逕戚城西，又逕繁陽縣故城東，北逕陰安縣故城西，又東北逕昌樂縣故城東，又東北逕平邑郭西，又東北逕元城縣故城西北而至沙丘堰。堰者，障水也。尚書禹貢曰：『北過降水。』不遵其道曰降，亦曰潰。『至於大陸，北播爲九河。』風俗通曰：『河，播也。』昔禹治洪水，播爲九河，自此始也。」案：禹河最不可考在沙丘堰已南之地，故備載水經注以諗後人。涼城，今河南滑縣。戚城，今直隸開州。繁陽，今河南内黄。陰安，今直隸清豐。昌樂、平邑，皆今直隸南樂縣。元城，今直隸大名府。沙丘在府治北，舊説河自此分爲九河也。水經注引經「北過絳水」云「不遵其道曰降，亦曰潰」，則是古文書説亦有不以降水爲水名者，與班、鄭俱異也。「逆」一作「迎」者，河渠書、溝洫志皆作「同爲迎河，入于勃海」。地理志：「勃海郡，莽曰迎河。」「南皮縣，莽曰迎河亭。」初學記云：「逆，迎也。言海口有朝夕潮以迎河。」徐堅，初唐人，疑亦引鄭説也。以不明言鄭注，故不附于經。入海者，地理志金城郡，言河至章武入海；魏郡，屯氏河亦言章武入海。章武屬勃海郡，今直隸滄州。薛、瓚則云：「『禹貢』夾右碣石，入于河』，則河入海乃在碣石。元光三年，河徙從東郡，更注勃海。禹時不注勃海也。」水經注云：「河之入海，舊在碣石。今川流所導，非禹瀆也。」鄭注見詩般正義及史記集解。云「播，散」者，淮南要略篇云：「禹劚河以道九岐。」注云：「九岐，河水播岐爲九，以入海也。」説文云：「播，布也。」案：播聲相近布，猶布散也。云「下尾合名曰逆河」者，勃海郡及南皮，王莽皆有迎河之名，是本古説，則鄭以禹河入海在勃海，勃海距碣石五百餘里，鄭不以迎河在碣石也。

嶓冢導漾，東流爲漢，

注史遷「漾」作「瀁」。鄭康成曰：「地理志瀁水出隴西氐道，至武都爲漢，至江夏謂之夏水。」「漾」一作「養」。

疏史公「漾」作「瀁」者，地理志作「養」，説文「漾」古文作「瀁」，「養」蓋省文。鄭注見史記集解。引地理志者，漢志：「隴西氐道，禹貢養水所出，東至武都爲漢。」「西縣，禹貢嶓冢山在西，西漢水所出，南入廣漢白水。」「南郡華容，夏水首受江，東入沔，行五百里。」常璩漢中志云：「漢源有二，東源出武都氐道漾山，因名漾；西源出隴西嶓冢山，會白水，經葭萌入漢。始源曰沔，故曰漢沔。」案：氐道在今甘肅上邽下辨北，西縣在今甘肅秦州西，華容在今湖北荆州府治東南。云「至武都爲漢，過江夏謂之夏水」者，地理志：「武都郡武都縣，東漢水受氐道水，一名沔，過江夏謂之夏水。」水經：「沔水出武都沮縣東狼谷中。」注云：「沔水一名沮水。」又云：「沔水又東南，逕沮水戍而東南流注漢，曰沮口，所謂沔漢者也。」引此文，又云：「庾仲雍云：是水南至關城，合西漢水，又東北，合沮口，同爲漢水之源也。」又云：「漾水至漢中爲漢水。」案：沮縣在今陝西畧陽縣東南。又水經夏水云：「夏水出江津於江陵縣東南，東過華容縣南，又東至江夏雲杜縣，入于沔。」注云：「應劭十三州記曰：『江別入沔，爲夏水源。夫夏之爲名，始於分江，冬〔一〕竭夏流，故納厥稱。』今案：夏水是江流沔，非沔入夏。自堵口下沔水通兼夏目，而合于江，謂之夏汭也。」案：雲杜縣，今在湖北天門縣西北。水經注云「漾水至漢中爲漢水」，則漾水至陝西畧陽爲漢，至湖北天門縣爲夏水也。

又東爲滄浪之水，

注 鄭康成曰：「滄浪之水言今謂夏水來同，故世變名焉，卽漢河之別流也。漁父謌曰『滄浪之水清兮，可以濯吾纓』，是此水也。」

疏 鄭注見水經夏水注。史記集解引馬融說同。以滄浪爲夏水者，水經夏水注引劉澄之永初山川記云：「夏水，古文以爲滄浪水，漁父所歌也。」史記正義引括地志云：「均州武當縣有滄浪水。庾仲雍漢水記云：『武當縣西四十里漢水中有洲，名滄浪洲也。』地記云：『水出荆山，東南流爲滄浪水。』」案：武當，今湖北縣。

過三澨，至于大別，

注 馬融曰：「三澨，水名也。」鄭康成同，曰：「三澨在江夏竟陵之界。」

疏 水經禹貢山水澤地所在云：「三澨，地在南郡邔縣之北沱。」說文：「澨，埤增水邊土，人所止者，夏書曰：『過三澨。』」水經注云：「服虔或謂之邑，或又謂之地。京相璠、杜預亦云水際及邊地名也。惟鄭玄及劉澄之言在竟陵縣界。經云『邔縣北沱』，然沱流多矣，論者疑焉，而不能辨其所在。」邔縣故城在今湖北宜城縣東北。竟陵，今天門縣。據說文爲水邊土，人所止也，非地名，不必求其所在也。馬注見水經山水澤地所在注。鄭注見史記集解。史記索隱云：

〔一〕「冬」原訛作「東」，據水經注原文改。

「今竟陵有三參水，俗云是三澨水。參音去聲。」大別，鄭于「導山」以爲在安豐，此不注者，亦必以在安豐。漢志、續漢志同。京相璠亦曰：「大別，漢東名山，在安豐縣南。」杜預、酈道元皆不信其說，又不能言其所在，然酈氏于水經「決水出廬江雩婁縣南大別山」注云：「俗名爲檀山峴，蓋大別之異名也。」案：雩婁在安豐縣南，不信漢所至之大別在安豐，何也？自元和郡縣志始以漢陽江側之魯山當之，唐已前無是說也。酈氏沔水注：「按地說，言漢水東行，觸大別之阪，南與江合。則與尚書、杜預相符，但今不知所在矣。」據此知酈氏亦不以魯山爲大別。或言漢水觸大別之阪，阪者山脉之靡迤不盡者耳，非直至山下也。

南入于江，

疏 水經：「沔水南至江夏沙羡縣北，南入于江。」沙羡縣在今湖北嘉魚縣東北。

東匯澤爲彭蠡，東爲北江，入于海。

注 鄭康成曰：「匯，回也。漢與江鬭，轉東成其澤矣。」

疏 鄭注見水經沔水注。云「匯，回」者，一切經音義三引蒼頡云：「匯，水回也。」廣雅釋詁云：「匯，大也。」足以增足鄭義成澤之說。彭蠡，見前經。云「東爲北江」者，水經：「沔水與江合流，又東過彭蠡澤，又東北出居巢縣南，又東過牛渚縣南，又東至石城縣，分爲二。其一東北流，其一又過毗陵縣北，爲北江。」注云：「經所謂石城縣者，卽宣城郡之石城縣也。牛渚在姑孰、烏江兩縣界中，於石城東北減五百許里，安得逕牛渚而方届石城也？蓋經之謬誤也。」北江入海，見前「三江」疏。

岷山導江，東別爲沱，

注 史遷「岷」作「汶」。一作「嶓」，一作「峪」。

疏 地理志：「蜀〔一〕郡湔氐道，禹貢嶓山在西徼外，江水所出，東南至江都入海，過郡七，行二千六百六十里。」說文云：「嶓山在蜀湔氐西徼外。」江水出蜀湔氐徼外嶓山入海，則嶓、岷卽嶓省字也。楚辭作「汶」，地理志汶江縣亦作「汶」，借字也。案：湔氐道，今四川茂州東北地，山在今龍安府

〔一〕「蜀」原訛作「成都」，據漢書地理志原文改。

松潘同知城北邊外。江水出山之羊膊領，有二源。過郡七者，蜀郡、犍爲、巴郡、長沙、江夏、廣陵也。東別爲沱者，地理志：「蜀〔一〕郡郫縣，禹貢江沱在西，東入大江。」「汶江縣，江沱在西，東入海〔二〕。」水經禹貢山水澤地所在云：「益州沱水在蜀郡汶江縣西南，其一在郫縣西南，皆還入江。」案：郫，今四川縣，屬成都府。沱卽郫江，自四川灌縣西南分江，至瀘州復合者。汶江縣，今爲茂州，驗無此水。保縣東南有玉輪江，疑是沱故瀆。水經江水注云：「江水歷氐道縣北，又逕汶江道，又東別爲沱，開明之所鑿也。」開明，七國時人，當因禹迹鑿深之，酈氏以此爲江沱，然不自江出，故鄭欲以鄗水當之也，詳見前疏。

又東至于澧，

注 史遷「澧」作「醴」。馬融曰：「澧，水名。」鄭康成曰：「醴，陵名也。大阜曰陵。長沙有醴陵縣，其以陵爲名乎？此經自『導弱水』已下，其過言『會』者，皆是水名；言『至于』者，或山或澤，皆非水名。」

疏 馬注見史記集解。云「水名」者，水經：「澧水東至長沙下雋縣西北，東入于江。」注云：「澧水流注於洞庭湖。」又水經云：「江水又東至長沙下雋縣北，澧水、沅水、資水合東流注之。」案：澧水注湘，由湘達江，在今洞庭湖北，故馬氏以爲水名也。鄭注見史記集解及書疏。云「大阜曰陵」者，爾雅釋地文。云「長沙有醴陵縣」者，郡國志長沙郡有醴陵，蓋後漢分地理志臨湘縣之南境所置。臨湘，今湖南長沙府治。下雋，今在湖北通城縣西。

過九江，至于東陵，

疏 地理志：「廬江金蘭西北有東陵鄉。」水經禹貢山水澤地所在云：「東陵在廬江金蘭縣西北。」水經注：「江水又西北逕下雉縣。江水又東，右得蘭溪水口，又東，左得青林口。江水左傍青林湖，水出廬江郡之東陵鄉。江夏有西陵縣，故是言東矣。尚書云

〔一〕「蜀」原訛作「成都」，據漢書地理志原文改。
〔二〕「海」，漢書地理志作「江」。

『江水過九江，至於東陵』者也。 西南流，水積爲湖，湖上有青杉山。」案：下雉在今湖北興國州東南。 水經決水注云：「灌水導源廬江金蘭縣西北東陵鄉大蘇山。」錢氏坫曰：「大蘇山卽東陵，在今河南固始縣南。」

東迤北會于匯，

注馬融曰：「迤，靡也。」鄭康成曰：「東迤者爲南江。」「迤」一作「迆」。

疏說文云：「迆，衺行也。」引此文。 馬注見釋文。云「迤，靡」者，鄭司農注考工記，迤，讀爲「倚移從風」之移。 文選甘泉賦注云：「迤靡，相連貌也。」鄭注見史記集解。云「東迤者爲南江」者，地理志：「丹陽郡石城，分江水東至餘姚入海。」「會稽郡吳縣，南江在南，東入海。」水經〔一〕：「沔水東至石城縣，分爲二，其一東北流。」注云：「地理志曰：江水自石城東出，逕吳國南，爲南江。 江水自石城東入，爲貴口，東逕石城縣北，又東逕宣城之臨城縣南，又東逕安吳縣，又東逕寧國縣南，又東逕故鄣縣南、安吉縣北，又東北爲長瀆歷湖口，南江東注於具區，謂之五湖口。」據此，則鄭以「會于匯」爲入于具區也。「迤」一作「迆」，見地理志及說文。

東爲中江，入于海。

疏中江水今絕流，已見前「三江」疏。

導沇水，東流爲濟，入于河，溢爲滎，

注史遷「溢」爲「泆」。鄭康成曰：「地理志沇水出河東東垣王屋山，東至河內武德入河，泆爲滎。」「濟」一作「泲」，「溢」一作「軼」。

疏史公「溢」爲「泆」者，鄭注周禮引經亦作「泆」。 漢志作「軼」。 說文云：「溢，器滿也。」廣雅釋詁云：「出也。」義相同。 泆者，說文云：「水所蕩泆也。」莊子釋文：「泆，本或作『溢』。」是溢、泆本通。 字作「軼」者，文選西都賦注引三蒼云：「從後出前也。」亦滿出之義。 鄭注見史記集解。 引地理志者，漢志：「河東東垣縣，王屋山在東北，沇水所出，東南至武德入河，軼出滎陽北地中，又東至琅槐入海，過郡九，行千八百四十里。」水經云：「濟水出河東垣縣東王屋山，爲沇水。 又東至溫縣西北，爲

〔一〕「水經」下原衍「沔水注」三字，徑刪。

濟水。」又云：「又南當鞏縣北，入於河，與河合流。又東過成皋縣北，又東過滎陽縣北，又東至礫谿南，東出過滎澤北。」注云：「釋名曰：『濟，濟也。源出河北，濟河而南也。』晉地道志曰：『濟自大伾入河，與河水鬭，南泆爲滎澤。』」見上疏。

東出于陶丘北，**注**鄭康成曰：「地理志陶丘在濟陰定陶西北。」「出」一作「至」。**疏**説文云：「陶，丘再成也，在濟陰。夏書曰：『東至于陶丘。』」引「出」字作「至」。鄭注見史記集解。引地理志者，漢志：「濟陰郡定陶，禹貢陶丘在西南。」水經云：「濟水過定陶縣南，又屈從縣北流。」注云：「南濟也。又東北合菏水，水上承濟水於濟陽縣東，世謂之五丈溝，又東逕陶丘北，墨子以爲釜丘也，尚書所謂道菏水自陶丘北，謂此也。」案：陶丘在今山東定陶縣。

又東至于菏，**疏**水經：「濟水東至乘氏縣西，分爲二。其一水東南流，一水從縣東北流，入鉅野澤。」又云：「其一水東南流者，過乘氏縣南，又東過方與縣北，爲菏水。」案：乘氏縣，今山東曹州府治。方與縣，今山東魚臺縣。

又東北會于汶，**疏**水經：「濟水至乘氏縣西，分爲二。其一水從縣東北流，入鉅野澤。又東北過壽張縣西界安民亭南，汶水從東來注之。」注云：「戴延之所謂清口也。郭緣生述征記曰：『清河首受洪水，北注濟。』或謂清卽濟也。禹貢：『濟東北會於汶。』今枯渠注鉅澤，北則清口，清水與汶會也。桑欽曰『汶水出泰山萊蕪縣西南，入濟』是也。」案：壽張故城在今山東東平州西南，去縣五十里有安山鎭，卽安民亭。

又北東入于海。**注**史遷「北東」作「東北」。**疏**合汶之濟入河。一水東南流，合菏之濟入淮。此云「入海」，謂入汶之濟也。水經云：「濟水又東過甲下邑，入於河。」注云：「濟水東北至甲下邑南，東歷琅槐縣故城北，山海經曰『濟水絶鉅野，注勃海，入齊琅槐東北』者也。又東北，河水枝津注之，水經以爲入河，非也。斯乃河水注濟，非濟入河。又東北入海。郭景純曰：『濟自滎陽至樂安、博昌入海。』今河竭，濟水仍流不絶。經言入河，二説並失。然河水於濟、漯之北，別流注海，今所輟流者，惟漯水耳。郭或以爲濟注之，卽實非也。尋經脈水，不如山經之爲密矣。」案：濟水卽今小清河也，北逕山東利津縣城東，又東北入于海。地理志「過郡九」者，濟水從武德已下，過河內、河南、陳留、濟陰、山陽、太山、濟南、齊、千乘也。其入淮之流，或在溝通江、淮之後，非禹迹與？**導淮自桐柏，** **注**鄭康成曰：「凡言導者，發源于上，未成流。凡言自者，亦發源于上，未成流。」**疏**地理志：「南陽郡平氏，禹貢桐柏大復山在東南，淮水所出，東南至淮浦入海，過郡四，行三千二百四十里。」水經云：「淮水出南陽平氏縣胎簪山，東北過桐柏山。」注云：「淮水與醴水同源，俱導西流爲醴，東流爲淮。潛流地下三十許里，東出桐柏大復山南，謂之陽口水。南卽復陽縣也，元帝元延二年置，在桐柏大復山之陽，故曰復陽也。」案：平氏故城在今河南桐柏縣西北。鄭注見書疏。云「言自者，發源於上，未成流」，蓋以淮伏流地下，道而通之也。**東會于泗、沂，** **疏**水經：「淮水又東，至下邳淮陰縣西，泗水從西北來流注之。」注云：「淮、泗之會，卽角城也。左右兩川翼夾，二水決入之所，所謂泗口也。」案：角城故城在今江南清河縣西南。水經：「沂水又南，過下邳縣西，南入於泗。」案：下邳，今江南邳州。沂水入泗而達河，〔一〕在今清河縣也。**東入于海。** **疏**水經：「淮水又東，至廣陵淮浦縣入於海。」地理志：「臨淮郡淮浦，游水北入海。」水經淮水注云：「淮水於縣分，北爲游水。游水東北逕紀、鄣故城南。杜預曰：『紀、鄣，二地名。』東海贛榆縣東北有故紀城，卽此城也。游水東北入海。」案：贛榆，今江南縣，屬海州。淮浦故城在安東縣西也。**導渭自鳥鼠同穴，** **注**鄭康成曰：「鳥鼠之山有鳥焉，與鼠飛行而處之。又有止而同穴之山焉，是二山也。鳥名爲鵌，似鵽而黄黑色。鼠如家鼠而短尾。

〔一〕據上下文義，此「河」字疑當作「淮」。

穿地而共處，鼠内而鳥外。」疏地理志：「隴西郡首陽，禹貢鳥鼠同穴山在西南，渭水所出，東至船司空入河，過郡四，行千八百七十里，雍州浸。」水經云：「渭水出隴西首陽縣渭谷亭南鳥鼠山。」注云：「渭水出首陽縣首陽山渭首亭南谷，山在鳥鼠山西北。縣北有高城嶺，嶺上有城，號渭源城，渭水出焉。三源合注，東北流，逕首陽縣西，與別源合。水南出鳥鼠山渭水谷，尚書所謂『渭出鳥鼠』者也。地說曰：『鳥鼠山，同穴之枝幹也，渭水出其中，東北過同穴枝間。』既言其過，明非一山也。」案：首陽，今甘肅渭源縣，山在縣西二十里。鄭注見水經禹貢山水澤地所在注。鄭亦以鳥鼠之山與同穴之山爲二者，鄭信地說，見上疏。説文云：「渭水出隴西首陽渭谷亭南谷，東入河。杜林說夏書，以爲出鳥鼠山。」鄭氏尚書本于杜林，杜氏單名鳥鼠，是析同穴而別言之。云「鳥名爲鵌」者，釋鳥云：「鳥鼠同穴，其鳥爲鵌，其鼠爲鼵。」書疏引李巡云：「鵌、鼵，鳥鼠之名，共處一穴，天性也。」郭氏璞注與鄭畧同，云：「穴入地三四尺。」宋書云：「沙州甘谷嶺有雀鼠同穴，或在山巔，或在平地，雀色白，鼠色黃。地生黃紫花草，便有雀鼠穴。」皆足增足鄭義。鄭云「似鵽」者，釋鳥云：「鵽鳩，寇雉。」一切經音義引爾雅注云：「今鵽大如鴿，亦言如鶉，似雌雉，鼠脚無後指，岐尾爲鳥，憨急羣飛，出北方沙漠地，肉美，俗名突厥雀，在蒿萊之間。」較郭注文多，疑孫、李舊注也。

東會于灃，又東會于涇，又東過漆沮，疏經云「東會于灃」云云，見前「雍州涇屬渭汭」及「漆沮既從，灃水攸同」疏，不復出。入于河。疏渭水在今陝西華陰縣北入河。地理志言過郡四者，隴西、天水、右扶風、左馮翊也。船司空在今陝西華陰縣東北。

導洛自熊耳，注「洛」一作「雒」。疏地理志：「弘農郡上雒，禹貢雒水出冢領山，東北至鞏入河，過郡二，行千七百里，豫州川。熊耳獲輿山在東北。」水經云：「洛水出京兆上洛縣讙舉山。」注引山海經曰：「出上洛西山，又曰讙舉之山，洛水出焉。」案：上雒縣，今陝西商州，水出商州洛南縣西冢領山，東南流逕盧氏縣南。讙舉，卽獲輿之異名也，聲相近。上洛熊耳卽盧氏山也。**東北會于澗、瀍，又東會于伊，** **疏**水經云：「澗水出新安縣南白石山，東南入於洛。」「瀍水東過偃師縣，又東入于洛。」案：水經洛水不言合于澗、瀍，惟云「東過洛陽縣南，伊水從西來注之」者，周時開渠，失禹故迹也。**又東北入于河。** **疏**水經云：「洛水過鞏縣東，又北入于河。」案：鞏縣故城在今河南鞏縣西南二十里。地理志云「過郡二」者，弘農、河南也。

九州攸同， **注**「攸」一作「逌」。 **疏**禮運云：「是謂大同。」注云：「同猶和也，平也。」「攸」作「逌」，見地理志。

四隩既宅， **注**史遷「隩」作「奧」。一作「墺」。 **疏**説文云：「墺，四方土可居也。」文選西都賦注引説文「居」作「定居」。宅者，釋言云：「居也。」周語云：「宅居九隩。」注云：「隩，内也。九州之内，皆可宅居也。」**九山刊旅，** **注**「刊」一作「栞」。 **疏**周語云：「封崇九山。」注云：「言九者，皆謂九州之中山川藪澤。」「刊」作「栞」，見地理志。**九川滌源，** **疏**河渠書云：「九川既疏滌。」滌同條。周禮「條狼氏」注：「杜子春云：『條當爲滌。』」漢書集注云：「條，達也。」滌源者，謂疏達其水原也。史公云「疏」者，説文云：「滌，洒也。」洒與灑，聲相近。河渠書云：「乃厮二渠以引其河。」索隱曰：「厮，漢書作『灑』。」史記舊本亦作「灑」。韋昭云：「疏決爲灑。」是灑與洒，皆疏決也。川者，鄭注周禮「川衡」云：「流水也。」引此文。源，俗字，説文作「厵」，經典或作「原」，周語云：「汨越九原。」**九澤既陂，** **疏**九澤，謂九州之澤。周語：「陂障九澤。」注云：「障，防也。」河渠書云：「九澤既灑。」灑義見上疏。澤者，鄭注周禮「澤虞」云：「水所鍾也。」引此文。陂者，説文云：「阪也。」「阪，一曰澤障。」**四海會同。** **疏**周語云：「合通四海。」注云：「使之同軌也。」**六府孔**

修，注史遷「孔」作「甚」。疏春秋左氏文七年傳云：「水、火、金、木、土、穀，謂之六府。」修者，高誘注淮南子云：「治也。」史公「孔」作「甚」者，爾雅釋言文。

庶土交正，厎慎財賦，注史遷「庶」作「衆」，「厎」作「致」。鄭康成曰：「衆土美惡及高下得其正矣。亦致其貢篚，慎奉其財物之稅，皆法定制而入之也。」疏鄭注見史記集解。

咸則三壤成賦。注鄭康成曰：「三壤，上、中、下各三等也。」疏則者，釋詁云：「法也。」鄭注見史記集解。

中邦錫土姓：「祇台德先，不距朕行。」注史遷「邦」作「國」。鄭康成曰：「中邦九州也。天子建其國，諸侯祚之土，賜之姓，命之氏，其敬悅天子之德既先，又不距違我天子政教所行。」疏史遷「邦」作「國」者，非避諱字。後人遇國字率改爲邦，誤矣。鄭注見史記集解。云「中邦九州」者，周禮大行人職云：「九州之外，謂之蕃服。」是中邦在九州之內也。云「天子建其國，諸侯胙之土」云云者，春秋左氏隱八年傳「衆仲曰『天子建國，因生以賜姓，胙之土而命之氏』」是也。白虎通姓名篇引刑德放曰：「堯知命，表稷、契賜姓子、姬，皋陶典刑，不表姓，言天任德遠刑。禹姓姒[一]氏，祖昌意以薏苡生。殷姓子氏，祖以玄鳥子生。周姓姬氏，祖以履大人迹生也。」以祇台爲敬悅者，釋詁云：「祇，敬也。」「怡，樂也。」台與怡，聲相近。悅即樂也。云「距違」者，廣雅釋言云：「距，困也。」周語注云：「距，去也。」故鄭以距爲距違也。

五百里甸服：注史遷說爲「令天子之國以外五百里甸服」。疏里者，穀梁宣十五年傳云：「古者三百步爲里。」韓詩外傳云：「廣三步長三百步爲一里。」王制云：「天子之甸方千里。」注云：「象日月之大，亦取晷同也。」又云：「千里之内曰甸服。」注云：「服治田出穀稅也。」周語云：「夫先王之制，五百里甸服。」注云：「甸，王田也。服，服其職業也。」白虎

[一]「姒」原誤作「似」，據白虎通姓名篇原文改。

通京師篇云：「法日月之徑千里。」然則云五百里者，去王城外面各五百里也，故史公説爲「令天子之國以外」。國者，鄭注曲禮云：「城中也。」

百里賦納總，二百里納銍，三百里納秸服，

注 馬融曰：「秸，去其穎。」

疏 馬注見釋文，詳後疏。

四百里粟，五百里米。

注 鄭康成曰：「甸服者，堯制，賦其田使入穀。禹弼其外。百里者賦入總，謂入刈禾也。二百里銍。銍，斷去藁也。三百里秸。秸，又去穎也。四百里入粟，五百里入米者，遠彌輕也。甸服之制，本是納總。禹爲之差，使百里從之耳。」

疏 史公云「令天子之國五百里甸服：百里賦納總」者，是以百里爲去王城百里。下二百里至五百里，皆爲去王城之數也。僞傳以百里賦納總，爲甸服内之百里近王城者。書疏云：「司馬遷與孔意同。」是也。王制疏引五經異義云：「今尚書歐陽、夏侯説中國方五千里，古尚書説五服旁五千里，相距萬里。」太平御覽六百廿六引孫武曰：「夫帝王處四海之内，居五千里之中，焉能盡專其利？是以分建諸侯，以其利而利之，使食其土之毛，實役其人民之力，故賦税無轉徙之勞，徭役無怨曠之歎矣。」歐陽及孫子説皆同史公，是用秦已前書古文説也。鄭注見詩甫田疏。云「禹弼其外」者，鄭以禹廣輔堯之五服。百里，是甸服之外百里，去王城六百里。下二百里至五百里，皆去五百里甸服之數，與史公及古説異也。云「賦入總，謂入刈禾」者，禮器疏引作「謂所刈禾」。説文：「總，聚束也。」史記索隱引説文作「聚束草」，誤多一字。總，是聚禾束，則并藁秸納之。云「銍，斷去藁」者，禮器疏引作「謂刈穗也」。説文：「銍，穫禾短鎌也。」「藁，稈也。」故知經言銍，是斷藁之名，去稈留穗，故云刈穗也。云「秸，又去穎」者，禮器疏引作「禾去其實，惟藁秸也」。説文云：「稭，禾藁去其皮。」玉篇作「鞂」，云：「秸，同上。」則秸是稭俗字。云「去穎」者，説文云：「穎，禾末也。」案：禾去其穎，所輕無幾，鄭説蓋用詩傳云「穎，垂穎也」，言斷去其藁，惟留穎于穗，納之。許君以銍爲穫禾連藁者，稭爲禾稾去皮者。鄭氏以禾連稾則爲總，與納總無差；以銍爲去稾惟留其莖；又以秸爲去莖惟留其穗也。「入粟入米，遠彌輕」者，論衡量知篇云：「穀未〔一〕舂烝曰粟。」說文云：「粟，嘉穀實也」，「米，粟實也。」米質比粟更輕也。云「甸服之制，本是納總」者，鄭以甸服之弼在五百里外，猶使百里納總，則甸服之內自皆納總矣。

五百里侯服： **注** 史遷說爲「甸服外五百里侯服」。

百里采， **注** 馬融曰：「采，事也。各受王事者。」

二百里男邦， **注** 史遷「男邦」作「任國」。

三百里諸侯。 **疏** 馬注見史記集解。云「采，事」者，釋詁文。史公「男」作「任」者，大戴禮本命篇云：「男者，任也。男子者，任天地之道。」案：男、任，聲相近，經典多通。

五百里綏服： **注** 史遷說爲「侯服外五百里綏服」。

三百里揆文教，二百里奮武衛。 **疏** 綏者，釋詁云：「安也。」揆者，釋言云：「度也。」衛者，周之衛服，義取藩衛，鄭云「綏服于周爲采服，其弼當衛服」是也。

五百里要服： **注** 史遷說爲「綏服外五百里要服」。 **疏** 周書王會云：「方千里之內〔二〕爲比服，方二千里之內爲要服，方三千里之內爲荒服。」注云：「此服名因於殷，非周制也。」史公說要服去甸服一千五百里，荒服去要〔三〕服五百里，要服在方三千里之內，荒服在方五千里之內也。

三百里夷， **注** 馬融曰：「夷，易也。」

二百里蔡。 **注** 馬融曰：「蔡，法也。受王者刑法而已。」鄭康成曰：「蔡之言殺，減殺其賦。」 **疏** 馬注「夷，易也」，見釋文。史記五帝本紀以堯典「厥民夷」作「其民夷易」，是夷卽易也。馬注「蔡，法也」云云，見史記集

〔一〕「未」原訛作「米」，據論衡量知篇原文改。
〔二〕「內」原訛作「外」，據周書王會原文改。
〔三〕「要」原訛作「甸」，史記夏本紀曰：「要服外五百里荒服。」今據改。

解。云「蔡，法」者，漢書宣帝紀云：「骨肉之親，粲而不殊。」北堂書鈔親戚封部引作「粲然不殊」。如淳曰：「粲，或作『散』。殊，或作『誅』也。」粲卽蔡，左傳所云「蔡蔡叔」也，言置之于法，不令殊死。顏氏師古以粲爲明，非也。馬義同此，謂在中國之外，但奉王法，不共賦役也。鄭注見書疏。以蔡爲殺者，周禮廩人：「詔王殺邦用。」注云：「殺，猶減也。」廣雅釋詁云：「殺，減也。」蔡聲近殺。春秋左氏昭元年傳：「蔡蔡叔。」釋文引說文作「𥺦」，故爲減殺也。周禮大行人職侯服以至要服，各有朝貢之歲，是夷服之貢，減殺于中國。貢所以當賦，故云「減殺其賦」也。

五百里荒服：**注**史遷說爲「要服外五百里荒服」。馬融曰：「政教荒忽，因其故俗而治之。」**疏**馬注見史記集解。韋昭注周語「戎、狄荒服」云：「與戎、狄同俗，故謂之荒。荒，荒忽無常之言也。」義與馬同。

三百里蠻，二百里流。**注**今尚書歐陽、夏侯說，中國方五千里。古尚書說，五服旁五千里，相距萬里。馬融曰：「蠻，慢也。禮簡怠慢，來不距，去不禁，流行無城郭常居。甸服之外，每百里爲差。所納總、銍、秸、粟、米者，是甸服之外特爲此數。其侯服之外，每言三百、二百里者，還就其服之內別爲名耳，非是服外更有其地也。甸服之外五百里，至城千里。其侯、綏、要、荒服，各五百里。是面三千里，相距爲方六千里。」鄭康成曰：「蠻者，聽從其俗，羈縻其人耳，故云蠻，蠻之言緡也。每言五百里一服，是堯舊服。每服之外，更言三百里、二百里者，是禹所弼之殘數也。堯之五服，服五百里耳。禹平水土之後，每服更以五百里輔之，是五服服別千里，故一面而爲差至於五千也。堯之時，土廣五千里；禹弼成五服，土廣萬里。甸服比周爲王畿，其弼當侯服，在千里之內。侯服爲甸服，其弼當男服，在二千里之內。綏服於周爲采服，其弼當衞服，在三千里之內。要服於周爲蠻服，其弼當夷服，在四千里之內。荒服於周爲鎭服，其弼當蕃服，在五千里之內。」**疏**今尚書歐陽、夏侯說，及古尚書說，見王制疏引五經異義。御覽六百廿六引孫武曰：「夫帝王處四海之内，居五千里之中，焉能盡專其利？是以分建諸侯，以其利而利之，使食其土之毛，實役其人民之力，故賦〔一〕税無轉徙之勞，傜役無怨曠之歎矣。」此與今文書説同也。漢書王莽傳注：「服虔曰：『唐、虞及周要服之内方七千里，夏、殷方三千里，漢地南北萬三千里也。』」馬注見史記集解，又見詩殷武疏及書疏。云「蠻，慢」者，王制疏引風俗通云：「君臣同川而浴，極爲簡慢。蠻者，慢也。」義與馬同。云「流行無城郭常居」者，王制云：「千里之外曰采，曰流。」鄭注云：「流謂夷狄流移，或貢或不。」引此經爲證。云「甸服之外，每百里爲差」者，馬氏以百里納總至二百里、三百里，俱在甸服之外，與史公説又異。史公則以爲在王城之外、甸服之内。餘服又與史公説同，故馬以爲面三千里，相距爲方六千里也。云「其侯服之外，每言三百、二百里者，還就其服之内別爲名耳，非是服外更有其地」者，馬義皆同史公，書疏云「賈逵、馬融以爲甸服之外百里至五百里米，特有此數」是也。賈、馬、鄭説以甸服之内自皆納總，不當有納銍、納秸之差，故不從史公之説，亦或本之歐陽、夏侯也。鄭注見書疏，又見詩殷武及天作疏、齊譜疏。云「蠻之言緍」者，鄭注周禮大司馬職云：「蠻者，縻也。」縻、緍，皆聲近蠻也。云「每服之外，更言三百里、二百里，是禹所弼之殘數」者，謂此「百里納總」至「五百里米」之殘數，不在甸服正數之内，是禹所輔廣堯封五服皆然，則堯之五千里至禹廣爲萬里矣。鄭云「土廣萬里」者，同古尚書説。詩殷武疏辨王肅之非鄭云：「傳稱禹會諸侯于塗山，執玉帛者萬國。執玉帛者，惟中國耳。若要服之内唯止四千，率以下等計之，正容六千餘國。況諸侯之大，地方百里，三等分土，纔容數千，安得有萬國之言乎？」其辨甚當。案：禹貢山川，皆在漢時郡縣之内。漢地廣萬里，則知禹時五服亦然，不得謂鄭説異于

〔一〕原脱「力」字，「故賦」爲「賦故」，據太平御覽卷六二六引孫武語補改。

今文之非也。云「甸服比周爲王畿，其弼當侯服」云云者，文見周禮夏官職方氏，詳載臯陶謨「弼成五服」疏，此不復出。

東漸于海，西被于流沙，朔、南暨聲教，訖于四海。 **注**鄭康成曰：「朔，北方也。南北不言所至，容踰之。」「暨」一作「臮」。**疏**漸者，漢書集注云：「入也。」被者，廣雅釋詁云：「加也。」暨者，說文作「臮」，云：「與也。」漢地理志作「臮」。爾雅釋詁云：「暨，與也。」訖者，說文云：「止也。」爾雅釋詁云：「迄，止也。」藝文志引經作「迄」。迄，俗字。漢書賈捐之傳云：「以三聖之德，地方不過數千里，西被流沙，東漸于海，朔南暨聲教，迄于四海，欲與聲教則治之，不欲與者不彊治也。」漢紀引作「北盡朔裔，南暨聲教，欲豫聲教者則治之，不欲豫者不彊治也」，是亦訓暨爲與也。與，讀爲豫。四海者，爾雅釋地云：「九夷、八狄、七戎、六蠻，謂之四海。」鄭注見史記集解及書疏。云「朔，北方」者，釋訓文。

禹錫玄圭，告厥成功。 **注**史遷說爲「帝乃錫禹玄圭，告成功于天下」。**疏**禹錫，言禹受賜。圭者，說文云：「瑞玉也，上圜下方。公執桓圭，九寸；侯執信圭，伯執躬圭，皆七寸；子執穀璧，男執蒲璧，皆五寸；以封諸侯。从重土。」古文作「珪」。雜記又云：「博三寸，厚半寸，剡上左右各寸半，玉也。藻三采六等。」史公以爲帝錫禹者，言舜賜禹玄圭，以酬庸也。太平御覽皇王部引尚書旋璣鈐曰：「禹開龍門，道積石山，玄圭出，刻曰：『延喜玉，受德天錫佩。』」漢武梁祠堂石刻祥瑞圖云：「玄圭，水泉疏通，四海會同，則至。」則以玄圭爲天錫瑞應，此今文說也。

甘誓第四　虞夏書四　尚書今古文注疏卷四

疏書序云：「啓作甘誓。」史記夏本紀云：「有扈氏不服，啓伐之，大戰於甘。將戰，作甘誓。」俱以爲啓伐有扈。墨子明鬼篇作「禹誓」，引此文。莊子內篇人間世云：「禹攻有扈，國爲虛厲。」呂氏春秋先己篇云：「夏后相與有扈戰於甘澤而不勝，六卿請復之。」案：相，當爲柏字。又召類篇云：「禹攻曹魏、屈鰲、有扈，以行其教。」則所云「柏」者，謂伯禹也。楚辭天問云：「伯禹腹鯀。」說苑正理篇云：「昔禹與有扈氏戰，三陳而不服。禹於是修教一年，而有扈氏請服。」凡此諸書，或與孔子同時，皆未見書序，而以甘誓爲禹事，當必本古文書說也。莊子既云「國爲虛厲」，則有扈滅於禹時，不應啓復伐之。惟淮南齊俗訓云：「昔有扈氏爲義而亡。」注云：「有扈，夏啓之庶兄也，以堯、舜舉賢，禹獨與子，故伐啓。啓亡之。」不知高誘所據何書，又與禹伐有扈違異。至書序以爲啓作者，因此篇序在禹貢後，故定爲啓事耳，亦不必以書序廢古說也。

大戰于甘，**注**大傳說：「戰者，憚警之也。」馬融曰：「甘，有扈南郊地名。甘，水名，今在鄠縣西。」鄭康成曰：「天子之兵，故曰大。」**疏**大傳說，見白虎通誅伐篇，云：「戰者，何謂也？尚書大傳曰：『戰者，憚警之也。』」夏本紀云：「將戰，作甘誓，乃召六卿申之。」是未戰也。未戰稱大戰者，謂天子親征之師，故大傳以戰爲憚警之，不以爲鬬也。馬注見史記集解及釋文。云「甘，有扈南郊地名」，又云「水名」者，呂氏春秋先己篇云：「戰于甘澤。」水經注云：「渭水東逕槐里縣故城南。渭水又東，合甘水。水出南山甘谷，北逕秦文王萯陽宮西，又北逕五柞宮東，又北逕甘亭西，在水東鄠縣，昔夏啓伐有扈，作誓於是亭。甘水又東，得涝水口，涝水北注甘水，而亂流入於渭，即上林故地也。」與馬注合，在今陝西鄠縣。鄭注見書疏。云「天子之兵，故曰大」者，白虎通三軍篇説爲「天子自出」也。

乃召六卿。**注** 史遷説「乃召六卿申之」。鄭康成曰：「六卿者，六軍之將。周禮六軍皆命卿，則三代同矣。」**疏** 墨子明鬼篇云：「王乃命左右六人，下聽誓于中軍。」史公説爲「申之」者，史記孫子列傳云：「約束不明，申令不熟，將之罪也；既已明而不如法者，吏士之罪也。」六軍吏士多，必告六卿，使申令也。鄭注周禮大司馬云：「天子六軍，三三而居一偏。」賈誼新書云：「紂將與武王戰，紂陳其卒，左臆右臆。」是天子親征，王爲中軍，六卿左右之也。鄭注見詩棫樸疏及曲禮疏。云「六卿，六軍之將」者，詩小雅瞻彼洛矣：「以作六師。」傳云：「天子六軍。」疏云：「一卿將一軍。」周禮司馬：「政官之屬。凡制軍，萬有二千五百人爲軍。王六軍，大國三軍，次國二軍，小國一軍，軍將皆命卿。」注云：「言軍將皆命卿，則凡軍帥不特置，選于六官、六卿之吏，自卿以下德任者使兼官焉。」魯語云：「天子作師，公帥之，以征不德。」注云：「師，謂六軍之衆也。公，謂諸侯爲王卿士者也。周禮：『軍將[一]皆命卿。』」曲禮疏又引鄭注大傳夏書云：「所謂六卿者，后稷、司徒、秩宗、司馬、作士、共工也。」鄭云「三代同」者，夏時六卿，即謂六卿后稷等也。

王曰：「嗟，六事之人，**注** 鄭康成曰：「變六卿言六事之人者，言軍吏已下及士卒也。」**疏** 嗟，當爲「𧫒」，此省文。釋詁云：「嗟、咨，蹉也。」蹉亦俗字。鄭注見書疏。云「言軍吏下及士卒」者，

[一]「軍將」原作「將軍」，據國語魯語韋昭注原文乙正。

周禮司馬：「政官之屬。二千有五百人爲師，師帥皆中大夫。五百人爲旅，旅帥皆下大夫。百人爲卒，卒長皆上士。二十五人爲兩，兩司馬皆中士。五人爲伍，伍皆有長。一軍，則二府、六史、胥十人、徒百人。」此周制，或夏、殷已然也。

予誓告汝： **注**史遷「汝」作「女」。馬融曰：「軍旅曰誓，會同曰誥。」鄭康成曰：「誓戒，要之以刑，重失禮也。」**疏**誓者，曲禮云：「約信曰誓。」注云：「誓禮亡。誓之辭，尚書見有六篇。」謂此誓及湯誓、大誓、牧誓、費誓、秦誓也。馬注見釋文。云「軍旅曰誓」者，軍旅者，周禮小司徒云：「五人爲伍，五伍爲兩，四兩爲卒，五卒爲旅，五旅爲師，五師爲軍，以起軍旅。」注云：「兩，二十五人；卒，百人；旅，五百人；師，二千五百人；軍，萬二千五百人也。」誓，如湯誓、大誓等也。云「會同曰誥」者，會同諸侯以伐國，若大誥等事也。大誓，諸侯咸會，武王乃作大誓，告於衆庶。不言「誥」者，不期而會，非武王誥諸侯以伐商也。鄭注見書疏。

有扈氏 **注**馬融曰：「姒姓之國，爲無道者。」鄭康成曰：「有扈，與夏同姓。」**疏**地理志：「右扶風鄠，古國。有扈谷亭。扈，夏啓所伐。」說文：「鄠，右扶風縣名。」「扈，夏后同姓所封，戰于甘者，在鄠，有扈谷甘亭。」古文作「𡵍」。史記正義引訓纂云：「户、扈、鄠三字，一也，古今字不同耳。」又引地理志，「扈谷亭」作「户亭」。馬注見釋文。云「姒姓之國」者，周語：「帝嘉禹德，賜姓曰姒，氏曰有夏，謂其能以嘉祉殷富生物也。」注云：「堯賜禹姓曰姒。姒，猶祉也。」楚語：「觀射父曰：『堯有丹朱，舜有商均，夏有觀、扈，周有管、蔡。』」是觀及有扈，皆夏同姓。高誘注呂氏春秋先己篇云：「有扈，夏同姓諸侯。」鄭注見書疏。

威侮五行，怠棄三正， **注**大傳說：「正色三而復者也。三正之相承，若順連環也。王者一質一文，據天地之道。」馬融曰：「建子、建丑、建寅，三正也。」鄭康成曰：「五行，四時盛德所行之政也。威侮，暴逆之。三正，天、地、人之正道。」**疏**威者，老子「民不畏威」注云：「害也。」後漢杜詩傳：「威侮二垂。」注云：「威，虐也。侮，慢也。」五行者，史記曆書云：「黄帝建立五行，起消息。」洪範九疇：一，五行。一曰水，二曰火，三曰木，四曰金，五曰土。文子微明篇引中黄子曰：「天有五方，地有五行，人有五位。」五行大義第五引詩緯等説云：「木神則仁，金神則義，火神則禮，水神則信，土神則智。」又引毛公傳及京房等説，皆以土爲信，水爲智。五常配五行，虐慢五行，則是無五常也。威侮，謂虐用而輕視之。怠者，釋言云：「懈，怠也。」怠亦爲懈。棄者，釋言云：「忘也。」三正，在夏、殷、周已前，則公羊疏引鄭注堯典云：「高陽氏之後用赤繒，高辛氏之後用黑繒，其餘諸侯皆用白繒。」宋均注禮含文嘉云：「三帛，謂朱、白、蒼，象三正。」宋書禮志云：「『三而復者，正色也。二而復者，文質也。』以前檢後，謂軒轅、高辛、夏后氏、漢，皆以十三月爲正；少昊、有唐、有殷，皆以十二月爲正；高陽、有虞、有周，皆以十一月爲正。」又通典引尚書中候亦有其事。據此，則夏以前有三正。懈廢之，謂不奉正朔也。大傳説，見白虎通三正篇，云：「正朔有三何？本天有三統，謂三微之月也。禮三正記曰：『正朔三而改，文質再而復也。』十一月之時，陽氣始養根株黄泉之下，萬物皆赤。赤者，盛陽之氣也，故周爲天正，色尚赤也。十二月之時，萬物始牙而白。白者，陰氣，故殷爲地正，色尚白也。十三月之時，萬物始達孚甲而出，皆黑，人得加功，故夏爲人正，色尚黑。」書微子疏引大傳云：「周人以日至爲正，殷人以日至後三十日爲正，夏人以日至後六十日爲正。」略説云：「夏以平旦爲朔，殷以雞鳴爲朔，周以夜半爲朔。」已上注引大傳及此引略説，據孔氏廣林集大傳本。案：以平旦爲朔者，平旦值寅時，雞鳴值丑時，夜半值子時，然則夏、殷、周分日各異，不皆以子時分日也。馬注見釋文，亦同大傳説。鄭注見史記集解。以爲「天、地、人之正道」者，據繫辭陰陽柔剛仁義爲説。以夏已前三正，經無明文，故不從大傳也。

天用勦絶其命。

注「勦」一作「剿」。

疏勦者，説文云：「勞也。」勞與天，聲相近。淮南地形訓云：「食穀者，智慧而夭。」千金方引「黃帝問伯高，對曰『食穀者，則有智而勞神』」，是勞卽夭也。白虎通壽命篇云：「隨命者，隨行爲命。若言怠棄三正，天用勦絶其命矣。」勦，說文作「劋」，云：「絶也。」引此文。廣雅釋言云：「劋，夭也。」言其廢捐五常人道，天用夭絶其命。說文用「劋」，則孔壁古文也。漢書外戚傳云：「命樔絶而不長。」假音字。高誘注淮南云：「搔，勞也。」樔卽搔字之俗，音相近。

今予惟恭行天之罰。

注 史遷「惟」作「維」。墨翟書作：「有曰：『日中，今予與有扈氏争一日之命，且爾卿大夫庶人，予非爾田野葆士之欲也，予共行天之罰也。』」史遷「恭」爲「共」。一作「龔」。

疏 史公「惟」作「維」者，凡尚書「惟」多作「維」，熹平石經同。墨翟書見明鬼篇，引禹誓云「有曰：日中，今予與有扈氏争一日之命」云云，三十字。墨子所見古文書，與今本異，或脱簡，或孔子所删也。云「日中，與有扈氏争一日之命」者，與傳記所載義異。呂氏春秋先己篇云：「夏后相與有扈戰於甘澤而不勝，六卿請復之。夏后相曰：『不可。吾地不淺，吾民不寡，戰而不勝，是吾德薄而教不善也。』於是乎處不重席，食不貳味，琴瑟不張，鐘鼓不修，子女不飭，親親長長，尊賢使能。期年而有扈氏服。」說苑亦云：「修教一年，而有扈請服。」則不當如墨子所引「與有扈氏争一日之命」也。云「田野葆士」者，葆同保。鄭注月令云：「小城曰保。」俗作堡。言不貪其土地人民。「共」作「恭」，與史記同。高誘注呂氏春秋作「龔」，漢書、文選多引作「龔」。說文：「龏，慤也。」「龔，給也。」此恭行天罰，當作「龏」，慤謹也。言謹行天罰。白虎通三軍篇云：「命予惟恭行天之罰。」此言開自出伐有扈也。」

左不攻于左，汝不恭命。右不攻于右，汝不恭命。御非其馬之正〔一〕，汝不恭命。

注 史遷「恭命」俱作「共命」，「正」作「政」。鄭康成曰：「左，車左。右，車

〔一〕「正」原誤作「政」，據尚書正義甘誓經文改。

右。」「汝」一作「若」。

疏 攻者，釋詁云：「善也。」恭命，恭與龔聲相近。說文云：「龔，給也。」給亦具也，義與共通。史公作「共」者，釋詁云：「共，具也。」「正」作「政」者，墨子亦云「御非爾馬之政」。詩出車箋云：「御夫則茲益憔悴，憂其馬之政。」亦用此文。是古文作「政」也。鄭注見史記集解。云「左，車左。右，車右」者，此左右三人共乘一車，謂士卒之車。魯頌閟宮箋云「兵車之法，左人持弓，右人持矛，中人御」是也。「汝」墨子作「若」者，鄭注考工記云：「若猶女也。」莊子齊物論注云：「若、而，皆汝也。」俱假音字。

用命，賞于祖；弗用命，戮于社，予則孥戮汝。」

注 史遷「弗」作「不」，「戮」作「僇」，「孥」作「帑」。一作「奴」。

疏 墨子明鬼篇引此文，說云：「賞於祖者何也？言分命之均也。僇于社者何也？言聽獄之事也。」又云：「賞于祖者何也？告分之均也。僇于社者何也？告聽之中也。」祖者廟主，社者社主。太平御覽三百六引摯虞決疑要注曰：「古者，帝王出征伐，以齊車載遷廟之主及社主以行，故尚書甘誓曰：『用命，賞于祖；不用命，戮于社。』秦漢及魏，行不載主也。」路史疏仡紀有虞引尚書大傳云：「古者巡守，以遷廟之主行。出，以幣帛皮圭告于祖，遂奉以載于齊車，每舍奠焉，然後就舍。反必告奠。卒，斂幣玉，藏之兩階之間，蓋貴命也。」說本曾子問。社主亦在軍者，周禮：「大司馬之職，涖釁主及軍器。」注云：「主謂遷廟之主及社主在軍者也。凡師既受甲，迎主于廟，及社主，祝奉以從，殺牲，以血塗主及軍器，皆神之。」然則出載主與釁主，是古禮也。 奴者，漢書注：「李奇曰：『男女徒總名爲奴。』」戮者，廣雅釋詁云：「辱也。」周禮司厲：「其奴，男子入于罪隸，女子入于舂槀。」注：「鄭司農云：『今之奴婢，古之罪人也。故書曰：「予則奴戮汝。」論語曰：「箕子爲之奴。」罪隸之奴也。』」漢書季布欒布傳贊云：「奴僇苟活。」是亦以奴僇爲奴辱也。 鄭注周禮云：「奴，從坐而沒入縣官者，男女同名。」案：三代已前，父子兄弟罪不相及。至秦，始有連坐收帑之法。以此說夏書，更不合。周禮司厲又云：「凡有爵者，與七十者，與未齔者，不爲奴。」此先王寬政，七十與未齔，俱不與服戎。有爵者，蓋別有罰，故此言奴戮以誓衆也。僞孔既以爲「辱及汝子」，其于湯誓又云「權以脅之，使勿犯」，皆失之。史公「戮」爲「僇」者，與墨子文同。表記云：「則刑戮之民也。」釋文：「戮，本作『僇』。」廣雅釋詁云：「戮，辱也。」是戮僇通字。僇，蓋書古文也。孥，俗字，當爲「奴」。鄭司農所引，蓋今文也。漢書王莽傳引此文亦作「奴」。詩常棣「樂爾妻孥」疏引此文作「帑」，亦假借字。說文以「帑」爲「金幣所藏」字。

湯誓第五　商書一　尚書今古文注疏卷五

注鄭康成曰：「契始封商，遂以商爲天下之號。商國在太華之陽。」**疏**湯誓者，告民伐桀之詞。百篇之書，湯誓前有帝告、釐沃、湯征、汝鳩汝方、夏社、疑至、臣扈等共七篇。僞傳誤以汝鳩汝方一篇爲二，失之。今唯湯征篇存于殷本紀，餘篇俱亡，則湯誓爲商書第一篇也。鄭注見書疏，云：「契始封商，湯遂以商爲天下之號。鄭玄之説亦然。」又見殷本紀集解引鄭玄云：「商國在太華之陽。」殷本紀云：「殷契佐禹治水有功，封于商，賜姓子氏。」此鄭所據。云「商國在太華之陽」者，史記正義引括地志云：「商州東八十里商洛縣，本商邑，古之商國，帝嚳之子卨所封也。」然則契始封在今陝西商州。左傳襄九年疏引服虔云：「相土居商丘，故湯以爲天下號。」與鄭異者。案：春秋左氏襄九年傳：「士弱曰：『陶唐氏之火正閼伯居商丘，相土因之。』」則商丘是閼伯所居，非契所封之商。殷本紀云：「自契至成湯八遷。」蓋自相土遷居於此。此商丘在今河南歸德府，爲縣名。左傳疏引釋例云：「宋、商、商丘，三〔一〕名一地，梁國睢陽縣也。」或以爲漳水之南故殷虚爲商丘，非也。」據此，則與鄭所稱「商國在太華之陽」者相去甚遠。服説失之。湯既以商爲有天下之號，後又稱殷者，商頌譜疏云：「成湯之初，以商爲號。及盤庚遷于殷，以後或呼爲殷，故書序云：『盤庚五遷，將治亳殷。』注云：『商家改號

〔一〕「三」原訛作「二」，據春秋左氏襄九年傳疏原引釋例改。

爲殷。』玄鳥云：『殷受命咸宜。』殷武云：『撻彼殷武。』是其兼稱殷也。雖或稱殷，不是全改商號，故大明云：『殷商之旅。』蕩云：『咨汝殷商。』皆取先後二號而雙言之，不全改也。」襄九年疏又云：「如鄭玄意，契居上洛之商，至相土而遷于宋之商，及湯有天下，遠取契所封商以爲一代大號。」說此注最明。湯名履，殷本紀云：「契卒，子昭明立。昭明卒，子相土立。相土卒，子昌若立。昌若卒，子曹圉立。曹圉卒，子冥立。冥卒，子振立。振卒，子微立。微卒，子報丁立。報丁卒，子報乙立。報乙卒，子報丙立。報丙卒，子主壬立。主壬卒，子主癸立。主癸卒，子天乙立，是爲成湯。」集解引張晏曰：「禹、湯，皆字也。二王去唐、虞之文，從高陽之質，故夏、殷之王皆以名爲號。」謚法曰：「除虐去殘曰湯。」索隱云：「稱天乙者，譙周云：『夏、殷之禮，生稱王，死稱廟主，皆以帝名配之。天亦帝也，殷人尊湯，故曰天乙。』從契至湯十四代，故國語曰：『玄王勤商，十四代興。』玄王，契也。」湯都有二說：一在今河南偃師。漢書地理志云：「河南郡偃師尸鄉，殷湯所都。」史記正義引括地志云：「亳邑故城在洛州偃師縣西十四里，本帝嚳之墟，商湯之都也。」一在今山東曹縣。詩玄鳥疏引漢書音義曰：「臣瓚案：湯居亳，今濟陰薄縣是也。今薄有湯冢，己氏有伊尹冢，皆相近。」疏又引皇甫謐以「穀熟爲南亳，即湯都也；蒙爲北亳，即景亳，是湯所受命也；偃師爲西亳，即盤庚所徙者也」，與班氏及鄭說不合，謐言不足爲據也。

王曰：

疏此將伐桀而稱王者，殷本紀載此誓，下云：「於是湯曰『吾甚武』，號曰武王。」詩長發云：「武王載旆，有虔秉鉞。」傳云：「武王，湯也。」是湯改號，在伐桀之前。

「格爾衆庶，悉聽朕言。

注史遷「格」作「來」，「爾」作「女」。**疏**史記殷本紀載此文云：「湯曰：『格女衆庶，來，女悉聽朕言。』」比經文多出「來」、「女」二字者，蓋以訓「格」、「爾」也。「格，來」，釋言文。悉者，釋詁云：「盡也。」

非台小子敢行稱亂，

注史遷「非」作「匪」，「稱」作「舉」。馬融曰：「台，我也。」**疏**台者，釋詁云：「我也。」稱者，釋言云：「偁，舉也。」説文：「再，再舉也。」稱與再、偁聲相近，故史公以稱爲舉。馬氏以台爲我也。馬注見史記集解。

有夏多罪，天命殛之。**注**史遷「有夏多罪」下作：「予維聞女衆言，夏氏有罪。予畏上帝，不敢不正。今夏多罪，天命殛之。」**疏**經文「予惟聞女衆言」已下四句，在「舍我穡事而割政夏」之後。「今夏多罪」一句，經文所無。史公次在此，與經文異者，或古文如是。殛者，釋言云：「誅也。」

今爾有衆，汝曰：『我后不恤我衆，舍我穡事而割正夏。』**注**史遷「爾」作「女」，「后」作「君」，「穡」作「嗇」，「正」作「政」，無「夏」字。**疏**后者，釋詁云：「君也。」我后，謂桀也。恤者，釋詁云：「憂也。」舍者，釋詁云：「廢，舍也。」穡者，詩傳云：「斂之曰穡。」割者，廣雅釋言云：「害，割也。」正與政通。言舍我穡事，而爲害民之政者。桀時重斂，民無蓋藏也。下文言「率割夏邑」，史記「割」作「奪」。多方言桀「劓割夏邑」，是言其害政也。史公「后」爲「君」，用釋詁文。「穡」爲「嗇」，説文：「嗇，愛濇也。田夫謂之嗇夫。」古文作「𤲸」。方言云：「嗇，積也。」儀禮特牲饋食禮：「主人寫嗇于房。」注云：「嗇者，農力之成功。」政，言政令。無「夏」字者，段氏玉裁云：「僞傳云：『正，政也。言奪民農功，而爲割剥之政。』疏云：『爲割剥之政于夏邑。』增此三字，以暢經意耳。今文古文皆無『夏』字，後人據疏妄增之。」

予惟聞汝衆言，夏氏有罪。予畏上帝，不敢不正。**注**史遷「惟」作「維」。自「予維」至「不正」，在「今夏多罪，天命殛之」之前。**疏**云「夏氏」者，周語稱禹有平水之功，「皇天嘉之，胙以天下，賜姓曰姒、氏曰有夏」，則夏雖爲有天下之號，實即氏也。言女衆俱言夏氏有罪，天聽自我民聽，予畏天，不敢不正夏之罪。上帝，天也。段氏玉裁云：「『天命殛之。今女有衆，女曰：我君不恤我衆，舍我嗇事而割政』共廿三〔一〕字，『予惟聞女衆言，夏氏有罪。予畏上帝，不敢不正。今夏多罪』共廿二字，適與尚書先後倒易。以漢書考之，尚書每簡或廿二字，或廿五字。此則伏生壁藏之簡，甲乙互異之故也。劉歆移書太常博士曰：『得此逸禮、逸書，以考學官所傳，經或脱簡，傳或間編。』湯誓正間編之一證。」今汝其曰：『夏罪，其如台？』

注史遷「夏罪」作「有罪」，「如台」作「柰何」。**疏**史公「夏罪」爲「有罪」者，今文異字。「如台」爲「柰何」者，薛綜注東京賦云：「如，柰也。」台，何，音之轉。一切經音義八引蒼頡篇云：「奚，何也。」台聲近奚，故爲「何」。班固典引云：「作者七十有四人，今其如台獨闕也！」謂如何而不封禪。僞傳以台爲我，失之。夏王率遏衆力，率割夏邑。有衆率怠弗協。

注史遷「遏」作「止」，「割」作「奪」，「協」作「和」。馬融曰：「遏，止也。衆民相率怠惰，不和同。」**疏**此三「率」字，借爲聿。聿者，文選江賦注引薛君韓詩章句云：「聿，辭也。」聿蓋欥假借字。馬氏以「率怠」之率爲相率，亦失之。夏邑者，白虎通京師篇云：「或曰：夏曰夏邑，殷曰商邑，周曰京師。尚書曰『率割夏邑』，謂桀也。」怠者，釋言云：「懈，怠也。」民不得收斂，則怠於耕作。弗協者，言多怨言。史公「遏」爲「止」者，釋詁文。止衆力，卽上文舍穡事也。「割」爲「奪」者，今文異字，言奪其收斂。「協」爲「和」者，釋詁文。説文：「協，衆之同和也。」馬注見史記集解。曰：『時日曷喪？予及汝皆亡！』

注史遷「時」作「是」，「曷喪」作「何時喪」，「及」作「與」。鄭康成曰：「桀見民欲叛，乃自比于日，曰：是日何嘗喪乎？日亡，我與汝亦皆喪亡。引不亡之徵，以脅恐下民也。」**疏**史公「時」爲「是」者，釋言文。「曷」爲「何」者，詩傳文。「及」爲「與」者，釋詁文。鄭注見書疏。云「桀自比于日」云云者，尚書大傳云：「伊尹入告于桀曰：『大命之亡有日矣。』桀曰：『天之有日，猶吾之有民也。日有亡哉？日亡，吾亦亡矣。』」鄭注云：「自比于天，言常在也。比于日，言去復來

〔一〕「三」原訛作「二」，據段玉裁古文尚書撰異原文改。

也。」又見新序刺奢篇及韓詩外傳。今本大傳脱「日有亡哉」一句，据史記集解增之。孟子梁惠王篇引湯誓「曷」爲「害」，説之云：「民欲與之偕亡。」注云：「時，是也。日，乙卯日也。害，大也。言桀爲無道，百姓皆欲與湯共伐之。湯臨士衆誓，言是日桀當大喪亡，我與汝俱往亡之。」與鄭説異者，鄭用大傳今文説，孟子蓋古文説也。

夏德若兹，今朕必往。爾尚輔予一人致天之罰。**注**史遷「輔」作「及」。**疏**兹者，釋詁云：「此也。」輔者，釋詁云：「俌也。」又云：「弼，輔也。」予一人者，白虎通號篇云：「尚書曰或稱一人。王者自謂一人者，謙也，欲言己材能當一人耳。論語曰：『百姓有過，在予一人。』」史公「輔」作「及」者，今古文異字，非詁也。

予其大賚汝。**注**史遷「賚」作「理」。鄭康成曰：「賚，賜也。」**疏**史公「賚」爲「理」者，理與釐通，玉篇引蒼頡：「釐，賜也。」書序：「帝釐下土方。」馬注云：「釐，賜也，理也。」鄭注見史記集解。云「賚，賜」者，釋詁文。

爾無不信，朕不食言。**注**史遷作「女毋不信」。**疏**食者，釋詁云：「僞也。」

爾不從誓言，予則孥戮汝，罔有攸赦。」**注**史遷「爾」作「女」，「孥」作「帑」，「戮」作「僇」，「罔」作「無」。鄭康成曰：「大罪不止其身，又孥戮其子孫。周禮云：『其奴，男子入于罪隸，女子入于舂槀。』」**疏**孥，俗字，當從史記作「帑」。戮者，廣雅釋詁云：「辱也。」鄭司農説周禮司厲甚是，見甘誓疏。漢書季布欒布傳贊云「奴僇苟活」，謂奴隸僇辱之也。説文云：「男有辠曰奴，奴曰童也。女曰妾。」古無從坐之法，漢法因暴秦之舊，未能盡除。鄭用漢法説經，失之。「罔有攸赦」者，軍法無赦令，非常法也。常刑則有赦。史記秦始皇本紀：「二十六年，於是急法，久者不赦。」是不赦者，亦秦法也。史公「孥」爲「帑」者，説文無「孥」字，有「帑」，云：「金幣所藏。」左傳「秦人歸其帑」，詩「樂爾妻帑」，皆作「帑」。「戮」爲「僇」者，僇，假借字。表記云：「則刑戮之民也。」釋文亦作「僇」。「罔」爲「無」者，釋言文。鄭注見書疏。云「大罪不止其身，又孥戮其子孫」者，蓋謂叛軍之法，故云大罪。然古之用刑，父子兄弟罪不相及。史記商君傳：「孝公以衞鞅爲左庶長，卒定變法之令。令民爲什伍，而相收司連坐。事末利及怠而貧者，舉以爲收孥。」索隱云：「收錄其妻子，没爲官奴婢，蓋其法特又重於古制也。」然則鄭云「奴戮其子孫」，又注周禮司厲以爲「奴，從坐而没入縣官者」，皆暴秦商君之法，至漢除之未盡，不足爲經證也。

盤庚第六　商書二　尚書今古文注疏卷六

注 史遷説：「帝盤庚崩，弟小辛立，是爲帝小辛。帝小辛立，殷復衰。百姓思盤庚，迺作盤庚三篇。」馬融曰：「盤庚，湯十世孫，祖乙曾孫，祖丁之子。不言盤庚誥何？非但録其誥也，取其徙而立功，故以盤庚名篇。」鄭康成曰：「盤庚，湯十世孫，祖乙之曾孫，以五遷繼湯，篇次祖乙，故繼之。于上累之，祖乙爲湯玄孫七世也，又加祖乙，復其祖父，通盤庚，故十世。祖乙居耿後，奢侈踰禮，土地迫近，山川嘗圮焉。至陽甲立，盤庚爲之臣，乃謀徙居湯舊都。上篇是盤庚爲臣時事，下篇盤庚爲君時事。」

疏 盤庚爲第六者，百篇之書，湯誓後皆爲亡篇，惟盤庚在伏生二十九篇中。堯典疏云：「鄭玄則於伏生二十九篇之内，分出盤庚三篇。」則知今文盤庚爲一篇也，今仍爲一篇。史公説見殷本紀。云此盤庚三篇是小辛時百姓所作者，啻小辛時民思盤庚，追紀盤庚遷居申戒羣臣之事。此孔安國故，與馬、鄭異也。魏志董卓傳注引華嶠漢書曰：「司徒楊彪曰：『昔盤庚五遷，殷民胥怨，故作三篇以曉天下之民，而海内安穩。』」則謂盤庚自作也。馬注見釋文。云「不言盤庚誥何」者，春秋左氏哀十一年傳引此篇云「盤庚之誥」。經不言誥，直以盤庚名篇者，書疏云：「桓六年左傳云：『周人以諱事神。』殷時質，未諱君名，故以王名名篇也，上仲丁、祖乙亦是王名。」馬以爲「取其徙而立功」，是也。鄭注俱見書疏。云「盤庚爲湯十世孫」者，考殷本紀，湯太子太丁未立而卒，太丁弟外丙，外丙弟仲壬，太丁子太甲，太甲子沃丁，沃丁弟太庚，太庚子小甲，小甲弟雍己，雍己弟太戊，太戊子仲丁，仲丁弟外壬，外壬弟河亶甲，河亶甲子祖乙，祖乙子祖辛，祖辛弟沃甲，沃甲兄子祖丁，沃甲子南庚，祖丁子陽甲，陽甲弟盤庚，相繼立者凡十八世。不數兄弟相及之外丙、中壬、太庚、雍己、小甲〔一〕、太戊、外壬、河亶甲、沃甲、南庚，則盤庚上數湯爲十世孫也。云「篇次祖乙」者，書序之次，盤庚在祖乙後。祖乙爲湯七世孫，亦不數兄弟相及。盤庚則祖乙曾孫也，故云復其祖父者，爲其祖之父也。「祖乙居耿」者，殷本紀云：「祖乙遷于邢。」索隱曰：「邢音耿。近代本亦作『耿』。今河東皮氏有耿鄉。」正義曰：「括地志云：『絳州龍門縣東南十二里耿城，故耿國也。』」案：漢書地理志：「河東皮氏耿鄉，故耿國。」在今山西河津縣。云「祖乙居耿後，奢侈踰禮」云云者，後漢書文苑傳杜篤奏論都賦曰：「盤庚去奢，行儉于亳。」書疏引汲冢古文云「盤庚自奄遷于殷」者，蓋祖乙圮於耿，遷於奄，盤庚自奄遷於亳殷，與鄭説不合。汲冢書未可據也。云「徙湯舊都」者，殷本紀云：「帝盤庚之時，殷已都河北，盤庚渡河南，復居成湯之故居。」案：即偃師也。云「上篇是盤庚爲臣時事」者，篇中有云「我王來」，又云「盤庚斅于民」，又云「王若曰」，是爲臣時所稱也。

盤庚遷于殷，**注**「盤」一作「般」。**疏**盤，熹平石經作「般」。漢書揚雄傳「般庚所遷」，亦作「般」。遷者，廣雅釋詁云：「徙也。」言將徙於殷。　民不適有居。**疏**適者，一切經音義引三蒼云：「悦也。」言民不悦新邑。率籲衆慼出矢言，**注**「慼」一作「戚」。**疏**率者，借爲聿，辭也，本字作「欥」，説文云：「詮詞也。」籲者，説文云：「呼也。」引此經「慼」作「戚」，蓋謂貴戚近臣。矢者，釋詁云：「陳也。」言呼衆近臣聽其陳言。又，矢言或是正言。廣雅釋詁云：

〔一〕案：史記殷本紀曰：「帝太庚崩，子帝小甲立。」是小甲非兄弟相及者也。

「矢，正也。」史記殷本紀云：「盤庚乃告諭諸侯大臣曰。」鄭注周禮云：「盤庚將遷于殷，誥其世臣卿大夫，道其先祖之善功。」是知衆戚爲貴戚近臣也。

曰：「我王來，既爰宅于茲。重我民，無盡劉。不能胥匡以生，卜稽曰：其如台？

疏 我王，謂祖乙。爰者，釋詁云：「於也。」「宅于茲」，謂居于耿。「重我民」者，言以重違民情。劉者，釋詁云：「殺也。」言我民若爲水所害，是我殺之。所謂思天下有溺，由己溺之，毋令其盡戹于水也。胥者，釋詁云：「相也。」匡者，杜氏注左傳「匡救其災」云：「匡亦救也。」稽者，廣雅釋言云：「考也。」考卜者，周禮太卜：「國大遷，則貞龜。」

先王有服，恪謹天命，茲猶不常寧，不常厥邑，于今五邦。

注 馬融曰「五邦，謂商丘、亳、囂、相、耿也。」鄭康成曰：「湯自商徙亳，數商、亳、囂、相、耿爲五。」

疏 釋詁云：「服，事也。」「恪，敬也。」「寧，安也。」邑、邦者，說文皆云：「國也。」言先王有事，敬謹順天，此猶不敢常安其邑，往來遷居，凡有五國。殷本紀云：「湯始居亳，從先王居。」正義引括地志云：「亳邑故城在洛州偃師縣西十四里，本帝嚳之墟，商湯之都也。」又云：「帝仲丁遷于隞。」索隱云：「隞，亦作『囂』，並音敖字。」正義曰：「括地志云：『滎陽故城在鄭州滎澤縣西南十七里，殷時敖地也。』」書疏引李顒云：「囂在陳留浚儀縣。」則在今開封府西北。殷本紀又云：「河亶甲居相。」正義曰：「括地志云：『故殷城在相州内黄縣東南十三里，卽河亶甲所築都之，故名殷城也。』」又云：「祖乙遷于邢。」正義曰：「括地志云：『絳州龍門縣東南十二里耿城，故耿國也。』」亳在今河南偃師縣，隞在今河南滎陽縣，相在今河南内黄縣，耿在今山西河津縣，并湯前所都商丘，今河南商丘縣，共爲五邦也。馬注見釋文。鄭注見書疏。

今不承于古，罔知天之斷命，

疏 承者，詩傳云：「繼也。」天之斷命，言天命絕于此邑，將永其命于新邑，當繼古人遷都之事。

矧曰其克從先王之烈。

疏 矧，俗字，當爲「矤」。釋言云：「矧，況也。」「克，能也。」釋詁云：「烈，業也。」若顛木之有由蘖，注馬融曰：「顛木而肆生曰枿。」天其永我命于茲新邑，紹復先王之大業，厎綏四方。」疏顛者，廣雅釋言云：「倒也。」由，說文作「甹」，云：「木生條也。」引此經作「甹枿」，云：「古文言『由枿』。」蘖，說文作「𣡌」，云：「伐木餘也。」引此經。或作「櫱」，云：「古文作不。」「梓」，亦古文。釋詁云：「永，長也。」「紹，繼也。」「厎，待也」「綏，安也。」言我遷于殷，如仆木之更生枝條，是天將引長我命于此邑，繼復先王之大業，待安四方。馬注見釋文。云「肆生」者，詩傳云：「肆，餘也，斬而復生曰肆。」枿者，釋詁云：「餘也。」方言云：「枿，餘也。陳、鄭之間曰枿，秦、晉之間曰肆。」盤庚斅于民，由乃在位，以常舊服，正法度。注史遷說爲「告諭諸侯大臣」，又說爲「法則可修」。曰：「毋或敢伏小人之攸箴。」注馬融曰：「箴，諫也。」鄭康成曰：「奢侈之俗，小民咸苦之，欲言于王，今將屬民而詢焉，故敕以無伏之。」王命衆，悉至于廷。疏斅者，說文云：「覺悟也。」舊服，謂故事。法度，法則也。說文云：「度，法制也。」正，謂修正之。史公說見殷本紀，云：「般庚乃告諭諸侯大臣曰：『昔高后成湯與爾之先祖俱定天下，法則可修。』」卽約此文。伏者，廣雅釋詁云：「藏也。」悉者，釋詁云：「盡也。」廷者，朝中也。在位，謂有位諸臣。由在位以曉諭衆民。周禮小司寇「掌外朝之政，以致萬民而詢焉」是也。以者，說文云：「用也。」舊命衆至于廷，則民箴無敢伏矣。馬注見釋文。云「箴，諫」者，周語召公諫厲王云：「師箴，百工諫，庶人傳語。」注云：「箴刺王闕。」鄭注見書疏。云「屬民而詢」者，周禮鄉大夫職云：「國大詢于衆庶，則各帥其鄉之衆寡，而致之朝。」小司寇職云：「一曰詢國遷。」是遷國必詢衆庶也，故云「屬民而詢」也。屬，聚；詢，謀也。云「敕以無伏之」者，說文云：「敕，誡也。」王若曰：疏史公以爲小辛時百姓思盤庚所作，則王卽盤庚也。鄭氏云「上篇是盤庚爲臣時事」，則此王謂陽甲也。「格汝衆，予告汝， 疏格者，釋言云：「來也。」「予告汝」，當斷句。 訓汝猷， 疏釋詁云：「訓，道也。」道卽導。又云：「猷，道也。」訓汝猷者，言導汝以道也。 黜乃心，無傲從康。 疏廣雅釋詁云：「黜，去也。」「傲、慢，傷也。」康者，釋詁云：「安也。」言去汝傲慢從安之心。下文云「汝克黜乃心」，知「黜乃心」爲句。 古我先后〔一〕，亦惟圖任舊人共政。 疏圖者，釋詁云：「謀也。」任者，廣雅釋詁云：「使也。」舊人，久于其位者。 王播告之， 注「播」一作「譒」。 疏播者，廣雅釋詁云：「布也。」說文作「譒」，云：「敷也。商書曰：『王譒告之。』」則當斷句。 修不匿厥指。 疏修者，王逸注楚辭云：「遠也。」匿者，廣雅釋詁云：「隱也。」指者，釋言云：「示也。」說文有恉字，云：「意也。」指亦同旨。言王爲敷告之言，行之甚遠，無隱其意旨者。 王用丕欽，罔有逸言，民用丕變。 疏欽者，釋詁云：「敬也。」逸者，釋言云：「過也。」變，讀如論語「齊一變」、「魯一變」之變，廣雅釋詁云：「移、變，敡也。」變卽移易。言王敬其令，無有過言，民從其令，用是變化。二丕字，詞也。 今汝聒聒， 注馬融曰：「聒聒，拒善自用之意。」鄭康成曰：「聒，讀如聒耳之聒。聒聒，難告之貌。」 疏聒，說文作「𢟪」，云：「善自用之意也。」引此經。重文作「𨬟」，云：「古文从耳。」此聒字，卽𨬟省也。善，疑當作「拒善」，說文脱一字。馬注見書疏。云「拒善自用」者，孟子云：「苟不好善，則將曰：『訑訑，予既已知之矣』。訑訑之聲音顏色距人于千里之外。」是拒善之意。鄭注見書疏。云「讀如聒耳之聒」者，一切經音義廿一引蒼頡篇云：「聒，擾亂耳孔也。」杜預注左傳云：「聒，讙語也。」爲讙語以拒人言，故云難告。 起信險膚，予

〔一〕「后」，尚書正義盤庚經文作「王」。

弗知乃所訟。**疏**起者，高誘注呂氏春秋云：「興也。」險者，廣雅釋詁云：「衺也。」說文有「憸」，云：「詖也。」險聲近憸。膚者，廣雅釋詁云：「傳也。」訟者，說文云：「爭也。」言羣臣讙言拒善，而與信邪險膚傳之語。或膚，浮也，即下「浮言」。我不知其所爭辨何事。

非予自荒茲德，惟汝含德，**注**史遷說：「舍而弗勉，何以成德。」**疏**荒者，賈誼新書道術篇云：「以己量人謂之恕，反恕爲荒。」詩箋云：「荒，廢亂也。」言非我廢前人之德，汝自舍其德而弗勉也。史公約此文云「舍而弗勉」，則當爲「舍德」。

不惕予一人。**注**「惕」一作「施」。**疏**惕者，爾雅郭注引韓詩云：「惕惕，悅也。」言汝不悅從我也。白虎通號篇云：「天下之大，四海之內所共尊〔一〕者一人耳，故尚書曰：『不施予一人。』」即引此文也。詩釋文六引韓詩曰：「施，善也。」施，蓋惕之緩讀，善義亦近悅也。釋言云：「夷，悅也。」惕與施，皆聲近夷。

予若觀火，予亦拙，謀作乃逸。**注**「拙」一作「炪」。**疏**觀，讀當爲爟。周禮司爟注云：「爟，讀如『予若觀火』之觀。今燕俗，名湯熱爲觀。」則鄭以此觀火爲爟火也。說文云：「炪，火光也。商書曰：『予亦炪〔二〕謀。』讀若巧拙之拙。」類篇引說文作「火不光也」，今本說文脫一字。言我如爟火之不用其光，謂無赫赫之威也。「謀作乃逸」，逸者，高誘注呂氏春秋云：「安也。」作者，釋言云：「爲也。」言謀爲汝安居耳。說文謀字屬上句，莊氏述祖云：「當讀『謀作乃逸』。」

若網在綱，有條而不紊，若農服田力嗇，乃亦有秋。**疏**綱者，說文云：「維紘繩也。」詩棫樸云：「綱紀四方。」箋云：「以綱罟喻爲政，張之爲綱，理之爲紀。」疏引說文云：「綱，網紘也。」約詞。紊者，說文云：「亂也。」引此經。說文云：「農，耕

〔一〕「尊」字原脫，據白虎通號篇原文補。

〔二〕「炪」原訛作「拙」，據說文原文改。

也。」「艮，治也。」服與艮通。畬者，詩傳云：「斂之曰畬。」言汝當從我教令，若網之有綱，綱舉而紀不亂。若農之治田，用力畬事，乃有秋收。漢書成帝紀詔云：「書不云乎？『服田力畬，乃亦有秋。』」注：「應劭曰：『農夫服田，厲其膂力，乃有秋收也。』」

汝克黜乃心，施實德于民，至于婚友，丕乃敢大言，汝有積德。**疏**克者，釋言云：「能也。」言汝能去其傲慢從康之心，施實惠于衆民，至于婚姻、僚友，乃可大言，汝有積德。時諸臣之不欲遷居者，方自謂有積德于民、于婚友，皆虚言也。

乃不畏，戎毒于遠邇，**疏**戎者，釋言云：「相也。」毒者，廣雅釋詁云：「惡也。」言其不畏虚言，取相惡于遠近。

惰農自安，不昏作勞，不服田畝，越其罔有黍稷。**注**鄭康成曰：「昏，讀爲敃。敃，勉也。」**疏**惰者，廣雅釋詁云：「嬾也。」昏者，釋詁云：「强也。」服者，説文云：「艮，治也。」服與艮通。畝，説文云：「六尺爲步，步百爲畝。」越者，釋詁云：「粵，於也。」越聲近粵。釋文云：「越，本一作『粵』。」罔者，釋言云：「無也。」黍者，説文云：「禾屬而黏者也。以大暑而種，故謂之黍。」黍之屬，穄也、䵗也。稷者，説文云：「齋也。」齋，或作「粢」，漢人謂之嘉穀，亦謂之粟，即今俗云小米也。言汝畏遷居，如惰農之圖安，不强力作爲勞苦之事，田畝不治，無有收穫也。鄭注見魏志注及書疏。云「昏，讀爲敃」者，説文有敃字，云：「彊也。」以敃爲冒，此借字。云「敃，勉」者，薛綜注西京賦云：「昏，勉也。」玉篇云：「敃，勉也。」是敃、敃，字之正俗。

汝不和吉言于百姓，惟汝自生毒，乃敗禍姦宄，以自災于厥身。乃既先惡于民，乃奉其恫，汝悔身何及！**注**「身」一作「命」。**疏**和者，釋詁云：「諧，和也。」吉者，説文云：「善也。」毒者，説文云：「㑵，毒也。」或作「嫉」。是嫉爲毒也。敗者，方言云：「露，敗也。」敗亦爲露。姦宄者，魯語里革曰：「竊寶者爲軌，用軌之財者爲姦。」言以致敗禍，發露其姦宄之行。災者，釋詁云：「烖，危也。」烖同災。奉者，説文云：「承也。」恫者，釋言云：「痛也。」言汝不以善言和諭百官，惟汝自生嫉惡，以致敗露姦宄之行，危及其身。既導民以惡，乃自承其禍痛，悔之無及矣。熹平石經「身」作「命」。**相時憸民，**注馬融曰：「相，視也。憸，利小小見事之人也。」「憸」一作「⿱冊心」，一作「散」。疏釋詁云：「相，視也。」「時，是也。」憸，說文云：「詖也。憸利於上佞人也。」說文又作「⿱冊心」，云：「疾利口也。」引此經。熹平石經「憸」作「散」。案：說文憸與⿱冊心，義相近，蓋古文作「憸」，孔壁古文作「⿱冊心」，今文作「散」也。馬注見釋文。云「憸，利小小見事之人」者，廣雅釋詁云：「鑯，利也。」方言云：「纖，小也。」憸音與鑯、纖相近，故馬氏以利及小釋之。**猶胥顧于箴言，其發有逸口，矧予制乃短長之命。**疏言視此利口少少見事之人，尚猶相顧于箴刺之來，恐發言有口過，況我制汝短長之命令，而可輕發乎？命者，鄭注禮記云：「謂政令也。」是命即令也。**汝曷弗告朕，而胥動以浮言，恐沈于衆。**疏曷者，釋言云：「盍也。」廣雅釋詁云：「何也。」沈者，莊子釋文引司馬注云：「深也。」說文：「抌，讀若告言不正曰抌。」疑告言不正是沈字。書說惟君制令，汝不禀承，而相動以虛言，恐衆惑之深。左傳引下文有云「惡之易也」，恐惡衆易。字形相似，或古文作「惡之易」三字，未敢定之。**若火之燎于原，不可嚮邇，其猶可撲滅？**注「嚮」一作「鄉」。疏春秋左氏隱六年傳云：「君子曰：『長惡不悛，從自及也。雖欲救之，其將能乎？商書曰：惡之易也，如火之燎于原，不可鄉邇，其猶可撲滅？』」注云：「言惡易長，如火焚原野，不可鄉近，言不可撲滅。」莊十四〔一〕年傳引云「商書所謂『惡之易也』」，亦作鄉字。案：今經本無「惡之易也」。「鄉」作「嚮」，俗字，當爲「鄉」。燎者，說文云：「放火也。」**則惟汝衆自作弗靖，**注馬融曰：「靖，安也。」疏靖者，藝文類聚八十七引韓詩

〔一〕「四」原訛作「二」。案：下引之文見春秋左氏莊十四年傳文，故據改。

曰：「靖，善也。」堯典「静言」，史記五帝本紀作「善言」，漢書王莽傳作「靖言」，是靖與善同義。言汝自作不善，卽上文所云「先惡于民」也。馬注見釋文。云「靖，安」者，靖與静通，故廣雅釋詁云：「安，静也。」義與安通。**非予有咎。遲任有言曰：**注馬融曰：「遲任，古老成人。」鄭康成曰：「遲任，古之賢史。」疏馬注見釋文，鄭注見書疏。**『人惟求舊，器非求舊，惟新。』**注「人惟求舊」一無「求」字，下「求」一作「救」。疏言「人惟求舊」者，明上文言先王「圖任舊人」。用器舊則更新，喻國邑圮毁，當遷新邑也。「人惟求舊」，熹平石經作「人惟舊，器非救舊」。「求」作「救」者，周禮大司徒之職云：「正日景以求地中。」注云：「故書『求』爲『救』。」杜子春云：「當爲『求』。」堯典「旁求」，説文引爲「旁救」，是求救通也。

古我先王，暨乃祖乃父，胥及逸勤，予敢動用非罰？注「敢」一作「不敢」。疏釋詁云：「暨，及，與也。」「勤，勞也。」先王謂湯。殷本紀云：「盤庚乃告諭諸侯大臣曰：『昔我高后成湯與爾之先祖俱定天下。』」卽約此文。言相與共勞逸，我不敢輒用非罰也。非罰，謂罰之不當者。敢，詩文王疏引五經異義作「不敢」。**世選爾勞，予不掩爾善。茲予大享于先王，爾祖其從與享之。**注大傳説：「古者諸侯始受封，則有采地。百里諸侯以三十里，七十里諸侯以二十里，五十里諸侯以十五里。其後子孫雖有罪黜，其采地不黜，使其子孫賢者守之，世世以祠其始受封之人。此之謂興滅國，繼絶世。書曰『茲予大享于先王，爾祖其從與享之』，此之謂也。」鄭康成曰：「大享，謂烝嘗也。」「掩」一作「絶」，又作「弇」。疏選者，漢書注：「孟康云：『數也。』」勞者，周禮司勳職云：「事功曰勞。」不絶其善者，卽大傳所云諸侯子孫采地不黜也。大享，謂禘祭于明堂。曲禮云：「大饗不問卜。」注云：「祭五帝於明堂。」禮器云：「大饗，腥。」注云：「大饗，祫祭先王也。」疏引鄭注論語云：「禘祭之禮自血腥始。」禮器又云：「大饗其王事與？」下言諸侯之貢、諸侯之賓，是大饗即禘祭也。商頌長發，大禘之詩，云：「受小球大球，爲下國綴旒。受小共大共，爲下國駿厖。」惟禘有諸侯助祭。公羊文二年傳何休注云：「禘所以異于祫者，功臣皆祭也。」案：經云大享，即禮記大饗也。云「爾祖其從與享之」，知爲禘也。大傳說，見路史國名紀四。鄭注見周禮司勳疏。云「大享，謂烝嘗」者，王制云：「天子諸侯宗廟之祭，春曰礿，夏曰禘，秋曰嘗，冬曰烝。」注云：「此蓋夏、殷之祭名，周則改之，春曰祠，夏曰礿，以禘爲殷祭。」祭統云：「凡祭有四時，春祭曰礿，夏祭曰禘，秋祭曰嘗，冬祭曰烝。」注云：「謂夏、殷時禮也。」祭統又云：「礿禘，陽義也。嘗烝，陰義也。禘者，陽之盛也。嘗者，陰之盛也。故曰莫重於禘嘗。」案：此則大享當是禘嘗，而鄭以爲烝嘗者，周禮司勳云：「凡有功者，銘書於王之大常，祭於大烝，司勳詔之。」注云：「生則書于王旌，以識其人與其功也。死則于烝先王祭之。詔，謂告其神以辭〔一〕也。般庚告于卿大夫曰『茲予大享于先王，爾祖其從與享之』是也。」書疏之釋鄭注云，知烝嘗有功臣與祭者，以周禮此文。嘗是烝之類，故以嘗配之。又云：「秋冬之祭尚及功臣，則禘祫可知。」又釋「大享」云：「若烝嘗對禘祫，則禘祫爲大，烝嘗爲小。若四時自相對，則烝嘗爲大，礿祠爲小。」是鄭注雖舉烝嘗爲大享，亦未嘗不兼祫禘也。爾雅禘爲大祭，凡祭之大於餘祭者皆得爲禘。故冬至祭昊天上帝于圜丘，夏正祭感生帝于南郊，及宗廟五年一祭，皆爲禘。左傳云：「烝嘗禘于廟。」是烝嘗亦得名禘也。掩，詩文王疏引五經異義用此文作「絶」，釋文云：「掩，又作『弇』。」

作福作災，予亦不敢動用非德。

疏 言汝之福災，皆由自作，我亦不敢動用非罰。此言不敢動用非德者，祭統云：「古者於禘也，發爵賜服，順陽義也。於嘗也，出田邑，發秋政，順陰義也。」非德，謂發爵賜服之不當者。

予告汝于難，若射之有志。 **注** 鄭

〔一〕「辭」原訛作「祠」，據周禮司勳鄭注原文改。

康成曰：「我告汝于我心至難矣。夫射者，張弓屬矢，而志在所射必中，然後發之。爲政之道，亦如是也。以己心度之，可施于彼，然後出之。」

疏志字，古作「識」。論語子張篇「賢者識其大者，不賢者識其小者」，熹平石經作「志」。是古文「識」，今文作「志」也。鄭注周禮保章氏云：「志，古文『識』。」疑說文爲「識」重文，今脫之。志者，儀禮既夕記云：「志矢一乘。」注云：「志猶擬也，書云『若射之有志』。」是志者，擬也。廣雅釋詁云：「志，識也。」春秋左氏定八年傳云：「顔息射人中眉，退曰：『吾志其目也。』」言爲政之難，不可輕發。鄭注見書疏。云「張弓屬矢」者，屬，綴讀則爲注。杜注左傳云：「注，傅矢也。」

汝無老侮成人，無弱孤有幼。

注鄭康成曰：「老弱，皆輕忽之意也。」「老」一作「翕」，「弱」一作「流」。

疏侮者，廣雅釋詁云：「傷也。」老侮，孔氏書正義本作「侮老」，據唐開成石經更正。鄭注見書疏。以老弱爲輕忽之意者，漢書趙充國傳云：「上老之。」臧氏鏞曰：「左傳：『宋華閱卒，華臣弱皋比之室。』杜注云：『弱，侵易之。』是老弱爲輕侮之詞。」熹平石經「老」作「翕」，今文也。翕侮，猶言狎侮，假音字。石經又以「流」爲「弱」，鄭注鄉飲酒義云：「流，猶失禮也。」

各長于厥居，勉出乃力，聽予一人之作猷。

疏釋詁云：「育，長也。」「猷，謀也。」作者，釋言云：「爲也。」各自愛養其身，勉出其力，從予之謀。段氏玉裁云：「猷，已也。」以作猷爲作止，謂或作或輟也。

無有遠邇，用罪伐厥死，用德章厥善。

疏伐者，廣雅釋詁云：「擊也。」章，同彰，廣雅釋詁云：「明也。」言遠則諸侯，近則臣工，一體伐死章善，無偏詖。

邦之臧，惟汝衆；邦之不臧，惟予一人有佚罰。

疏臧者，釋詁云：「善也。」佚，同逸，釋言云：「過也。」周語内史過云：「在盤庚曰：『國之臧，則惟汝衆；國之不臧，則惟予一人有逸罰。』」注云：「臧，善也。國俗之善，則惟汝衆，歸功于下也。逸，過也。罰，猶罪也。國俗之不善，則惟予一人，是我有過也。言其罪當在我也。」經文

「國」爲「邦」者，後人疑「國」爲漢人避諱字，改之，實當爲「國」。佚，經作「逸」，義通。**凡爾衆，其惟致告：自今至于後日，各恭爾事，齊乃位，度乃口，罰及爾身，弗可悔。」****注**「恭」一作「共」，「乃口」一作「爾口」，「度」一作「渡」。**疏**恭，與共通，釋詁云：「共，具也。」齊者，廣雅釋言云：「整也。」度，說文作「敷」，云：「閉也。」此省文。熹平石經「恭」作「共」，「乃口」作「爾口」。度，釋文云：「字亦作『渡』。」言自今至于異日，各供具爾事，齊一其位，杜塞其口，不然者，罰及其身，悔之已遲也。此爲上篇。段氏玉裁云：「熹平石經中篇『建乃家』之下，下篇『盤庚既遷』之上，空一字，則上篇、中篇交接處，石本亦必空一字。」今用其例。

盤庚作，惟涉河以民遷。**注**鄭康成曰：「作渡河之具。」**疏**涉者，廣雅釋詁云：「渡也。」耿在河北，殷在河南。鄭注見書疏。作，謂造作舟檝也。鄭以經云「惟涉河」，則上云「作」，必渡河之具。**乃話民之弗率，誕告用亶，****注**馬融作「單」，曰：「話，告也，言也。單，誠也。」**其有衆咸造。****注**馬融曰：「造，爲也。」**疏**話者，說文云：「合會善言也。」率者，釋詁云：「循也。」「誕，大也。」「亶，誠也。」言會合民之不循教遷居者，而善言告之以誠，其有衆咸爲渡河之具也。馬注俱見釋文。「話，告」者，詩抑云：「告之話言。」釋詁云：「話，言也。」「造，爲也。」馬云「造，爲也」，當卽鄭注所言作渡河之具。詩文王〔一〕云：「造舟爲梁。」箋云：「天子造舟，周制也，殷時未有等制。」釋水李巡曰：「比其舟而渡曰造。」說文云，古文「造」从舟，字作「艁」。**勿褻在王廷，盤庚乃登進厥民。****疏**褻者，韋昭注楚語云：「近也。」言未近在王廷。登者，釋詁云：「升也。」言升進民于中廷而詢之也。鄭云「作渡河之具」，則以此登爲登舟。**曰：「明聽朕言，無荒失朕命。****疏**荒者，詩傳云：「虚也。」失，江氏聲讀爲「佚」。

〔一〕案：「造舟爲梁」見詩文王之什大明。

說文云：「佚，一日忽也。」嗚呼！古我先后，罔不惟民之承保，后胥慼鮮，注「慼」一作「高」。以不浮于天時。疏承者，文選注廿五引薛章句曰：「受也。」保者，說文云：「任保也。」蓋言任使。下文「承汝俾汝」，俾，使也。洛誥云：「承保乃文祖受命民。」是承保讀當絶句。承保猶易言「容保民」也。后胥慼者，說文云：「慽，憂也。」謂后亦與民共憂患。鮮者，釋詁云：「罕也。」浮，當讀爲「孚」，言君民親附，罕有不孚于天時者。孟子云：「天時地利不如人和。」熹平石經「慼」作「高」。江氏聲云：「胥高，謂相度高山。鮮者，詩云『度其鮮原』，下篇所謂『適于山』也。鮮字屬上讀。」如江氏說，「以不浮于天時」浮者，高誘注淮南子云：「猶罰也。」殷降大虐，注鄭康成曰：「殷者，將遷于殷，先正其號名。」

先王不懷厥攸作，視民利用遷。汝曷弗念我古后之聞？疏云「殷降大虐」者，謂先王時天降大災也。時未遷殷而稱殷者，如鄭說，先正其號名。先王不懷厥攸作者，言先王不安其所始居之地，視利于民則遷之。懷者，釋詁云：「安也。」作者，詩傳云：「始也。」言汝何不念我古后之舊聞乎？鄭注見書疏。云「先正其號名」者，述降虐之時，尚未遷殷，而即以此爲號名，是先正之也。承汝俾汝，惟喜康共，非汝有咎，比于罰。予若籲懷茲新邑，亦惟汝故，以丕從厥志。疏承俾，卽上文承保也。承汝，卽受汝。俾汝者，釋詁云：「使也。」「喜，樂」、「康，安」、「共，具」，並釋詁文。「若，順」、「懷，來」，並釋言文。丕，詞也。言我之遷徙者，受汝使汝，惟喜安居以供爾事，非因汝有過，比于放流之罰也。予順呼汝來此新邑，亦惟承保汝之故，汝當從其志勿違之。今予將試以汝遷，安定厥邦。

汝不憂朕心之攸困，注「汝遷」一作「爾遷」，「邦」一作「國」，「汝不」作「今汝不」。乃咸大不宣乃心，欽念以忱，動予一人。疏試者，說文云：「用也。」咸者，釋詁云：「皆也。」宣，讀爲和。王氏引之云：「周禮太宰之職

『正月之吉，始和布令于邦國都鄙』，卽小司寇職『正歲，帥其屬而觀刑象，乃宣布于四方』也。」檀弓：「曹桓公卒於會。」鄭注云：「曹伯廬謚宣。言桓，聲之誤也。」是宣聲近桓。禹貢「和夷厎績」，鄭注讀和爲桓，則宣乃心謂和乃心也。欽者，釋詁云：「敬也。」忱者，詩傳云：「信也。」言我用遷居汝者，將令安定于新邑。汝大不和衷，敬思以誠信，感動我也。

爾惟自鞠自苦，若乘舟，汝弗濟，臭厥載。

疏鞠，同「鞫」，釋言云：「窮也。」卽說文𥷚字省。濟者，釋言云：「渡也。」臭，讀當爲「殠」，說文云：「腐气也。」又云：「歾，腐也。」或作「朽」。廣雅釋器云：「歾，臭也。」言爾徒自窮苦，譬如登舟不渡，坐待其朽敗。

爾忱不屬，惟胥以沈。

注馬融曰：「屬，獨也。」

不其或稽，自怒曷瘳？汝不謀長，以思乃災，汝誕勸憂。

注「稽」一作「迪」，「怒」一作「怨」，「誕」一作「永」。

疏屬者，鄭注士昏禮云：「注也。」沈者，廣雅釋詁云：「没也。」稽者，說文云：「留止也。」瘳者，說文云：「疾病愈也。」誕者，釋詁云：「大也。」勸者，廣雅釋詁云：「助也。」言乘舟弗濟，汝誠不專注之故。既朽敗其載，當相與有沉溺之患。其或留止不進，自恚怒何能愈乎？汝無遠謀以思災患，大足助憂耳。江氏聲說以左傳「兆憂」，杜注云：「開憂兆。」熹平石經「稽」作「迪」，「怒」作「怨」，「誕」作「永」。釋詁云：「迪，進也。」言汝不肯進，自怨何益？徒長助我憂。馬注見釋文，未詳。王氏鳴盛云：「當云不獨也。」

今其有今罔後，汝何生在上？

疏罔者，釋詁云：「無也。」上，謂地上。有今無後，言死亡無日，汝何得尚生在地上乎？

今予命汝一，無起穢以自臭，恐人倚乃身，迂乃心。

疏穢，當作「薉」。漢書武帝紀注：「晉灼云：『薉，古穢字。』」說文有「薉」無「穢」。薉者，考工記云：「敗薉。」臭，同殠。倚，同掎。說文：「掎，偏引也。」詩小弁云：「伐木掎矣。」傳云：「伐木者掎其顛。」疏云：「掎者，倚也。」迂者，說文云：「避也。」又云：「避，回也。」言今予令汝一其心志，無以敗藏之物以自齅，喻浮言之不可鄉邇也。恐人之犄引汝身，迂回汝心，言牽掣誘引之，使不得自由也。

予迓續乃命于天，予豈汝威？用奉畜汝衆。注「迓」一作「御」。疏釋詁云：「訝，迎也。」「續，繼也。」高誘注淮南子云：「奉，助也。」鄭氏注易云：「畜，養也。」言天將永我命于茲新邑，我爲汝迎而續之，非以威脅汝遷也，用助養汝衆民而已。顔師古匡謬正俗引經文「迓」作「御」，云：「詩鵲巢云：『百兩御之。』訓解皆爲迎，徐仙民並音訝。」案：説文無迓字，當爲「訝」，或爲「御」。初唐人引書作「御」，則「迓」是衛包所改矣。

予念我先神后之勞爾先，予丕克羞爾，注「丕」一作「不」。用懷爾然，失于政。陳于茲，高后丕乃崇降罪疾，注「崇」一作「知」。曰：『曷虐朕民？』疏神后、高后，皆謂成湯也。神者，配天之稱，説文天神曰神。克者，釋言云：「能也。」「羞，進」、「懷，安」，皆釋詁文。陳者，釋詁云：「延也。」聲又近塵，釋詁云：「塵，久也。」崇者，釋詁云：「重也。」言我念先后成湯之與汝祖共勞，我今不克進爾于樂土以安爾身，然則是我失于政令，而延久于此，我高后在天之靈將重降罪疾于我，曰：「何爲而虐我民？」熹平石經「崇」作「知」。江氏云：「今文爲『知』者，言高后毋乃知之。」

汝萬民乃不生生，暨予一人猷同心，先后丕降與汝罪疾，曰：『曷不暨朕幼孫有比？』疏生者，詩傳云：「財業也。」生生者，莊子大宗師云：「生生者不生。」釋文引崔云：「常營其生爲生生。」「猷，謀」、「比，俌」，皆釋詁文也。幼孫，盤庚自謂。陽甲爲長，故曰幼也。言汝萬民乃不知自營其生，與我同心共謀遷徙之事，先后將降與汝罪疾，曰：「何不與我幼孫爲輔？」下篇云「不肩好貨，敢共生生」，又云「無總于貨寶，生生自庸」，敕戒君臣不可營生生之事，此責萬民不生生者，春秋左氏文七年傳云：「正德、利用、厚生，謂之三事。」文六年傳云：「時以作事，事以厚生。」孟子云：「孳孳爲利，小人之事。」王者藏富于民，百姓足，君孰與不足。」故責之以不生生。下文又云「往哉生生」，謂去舊都奢侈之俗，適新邑以營生。故有爽德，自上其罰汝，汝罔能迪。疏 故者，釋詁云：「今也。」爽者，釋言云：「差也，忒也。」自上，言先后在天之靈。迪者，馬氏注多方「迪」作「攸」。攸，同「⿺辶攸」，說文云：「長也。」即下文「崇降弗祥」，石經作「不永」也。言汝今有差忒之行，先后自上其罰汝，汝無能自久長也。古我先后，既勞乃祖乃父，汝共作我畜民。汝有戕，則在乃心。注「戕」一作「近」。疏 作者，釋詁云：「爲也。」畜音近好，祭統云：「順于禮，不逆于倫，是之謂畜。」注云：「畜謂順于道教。」戕者，鄭注易云：「傷也。」在者，釋詁云：「察也。」言我先王既勞汝之祖、父，汝共爲我順于道教之民。有傷及汝，則乃祖乃父當察知之。下文云「救乃死」是也。熹平石經「戕」作「近」。云「有近則在乃心」者，釋詁云：「則，法也。」蓋言汝當近法乃祖父。我先后綏乃祖乃父，乃祖乃父乃斷棄汝，不救乃死。疏 綏者，釋詁云：「安也。」斷者，說文云：「絕，斷絲也。」斷亦爲絕。棄者，說文云：「捐也。」言我先王遷居以安汝祖、父，今汝不從令，汝祖、父將絕棄汝，不救其死，何止有傷乎？茲予有亂政同位，具乃貝玉。疏 釋詁云：「共，具也。」說文云：「貝，海介蟲也。」古者貨貝而寶龜，周而有泉，至秦廢貝行錢。管子國畜篇云：「玉起于禺氏，金起于汝、漢，珠起于赤野，距周七千八百里。先王爲其途之遠，至之難，故託用于其重，以珠玉爲上幣，黃金爲中幣，刀布爲下幣。」是貝玉古以代刀布。言有亂政之臣在位，惟知共具貨幣，以致民俗奢侈。乃祖乃父，丕乃告我高后，注「乃父」一作「先父」，「我高后」一作「乃祖乃父」。疏 乃父，唐開成石經作「先父」。我高后，釋文云：「本又作『乃祖乃父』。」段氏玉裁云：「當讀『乃祖乃父丕乃告』絕句，『乃祖乃父曰作丕刑于朕孫』絕句。」曰：『作丕刑于朕孫。』注「孫」一作「子孫」。疏 唐石經「孫」上有「子」字。

迪高后，丕乃崇降弗祥。注「崇」一作「興」，「弗祥」一作「丕永」。疏崇降弗祥，熹平石經作「興降丕永」。丕、不同。説文云：「刑，罰罪也。」「祥，福也。」迪者，釋詁云：「道也。」道，猶導也。崇者，釋詁云：「重也。」言汝祖、父惡子孫之貪婪，乃告高后，以爲罰于我子孫。導我高后，重降殃禍于汝。漢石經「崇」作「興」者，馬注君奭云：「崇，充也。」詩天保箋云：「興，盛也。」充、盛義相近，故今文云「興降」也。丕永者，不永，言不長也。祥以羊爲聲，養、漾俱長也。今文作「不永」，知弗祥亦言弗長也。嗚呼！今予告汝不易。注「嗚呼」一作「於戲」。鄭康成曰：「我所以告汝者不變易，言必行之。」疏鄭注見書疏。嗚呼，熹平石經作「於戲」。永敬大恤，無胥絶遠。汝分猷念以相從，各設中于乃心。注「分」一作「比」，「設」一作「翕」。疏恤者，釋詁云：「憂也。」分者，高誘注吕氏春秋云：「猶異也。」論語集解引孔氏注云：「民有異心曰分。」言遇大憂，當長敬其上，無相絶遠。汝之異謀，當思從順，以各設中正于汝心。諭令同心遷徙，無疑貳也。熹平石經「分」作「比」，「設」作「翕」。詩傳云：「擇善而從曰比。」廣雅釋詁云：「猷，順也。」翕者，釋詁云：「合也。」言汝當比順思以相從，各合于中道。此今文義。乃有不吉不迪，顛越不恭，暫遇姦宄，我乃劓殄滅之，無遺育，無俾易種于茲新邑。疏吉者，説文云：「善。」迪者，釋詁云：「道也。」顛，與瘨通，廣雅釋詁云：「狂也。」越者，漢書集注：「文穎云：『踰也。』」恭，與龔聲相近，説文云：「愨也。」暫遇，王氏引之云：「暫，讀曰漸。漸，詐也。遇，讀偶●睉智故謂之偶，人不正謂之遇。」荀子正論篇云：「上幽險，則下漸詐矣。」吕刑曰：「民興胥漸。」大傳云：「苗民用刑，而民興犯。」漸俱謂詐也。淮南原道篇云：「偶睉智故，曲巧僞詐。」是以偶爲姦邪之稱也。説文云：「齵，齒不正也。」遇音近齵，義亦爲不正。姦宄者，説文云：「宄，姦也。外爲盜，内爲宄。」古文作「𡧍」、「𢖿」。劓者，説文「劓」之或字，廣雅釋詁云：「剿，斷也。」殄者，釋詁云：「絶也。」育者，釋詁云：「長也。」易者，魯語云：「譬之如疾，余恐易焉。」醫書有陰易、陽易，言病相延染。俾者，釋詁云：「使也。」言有不善不道、顛狂踰法不愿愨者，及詐邪姦宄之行，我則斷絶之，無使滋長其類于新邑。春秋左氏哀十一年傳子胥引盤庚之誥曰：「其有顛越不共，則劓殄無遺育，無俾易種于茲邑。」注云：「顛越不共，從横不承命者也。劓，割也。殄，絶也。育，長也。俾，使也。易種，轉生種類。」史記伍子胥傳引此經略同，比左傳文多。吳世家集解引服虔曰：「顛，殞也。越，墜也。顛越無道，則割絶無遺也。」

往哉生生。今予將試以汝遷，永建乃家。

疏 建者，廣雅釋詁云：「立也。」言汝往營生生于新邑。今我將用以汝徙，長立汝家。熹平石經「建乃家」下空一字，段氏玉裁云：「此歐陽尚書舊式也。」

盤庚既遷，奠厥攸居，乃正厥位，

注 鄭康成曰：「徙主于民，故先定其里宅所處，次乃正宗廟朝廷之位。」

疏 鄭注見書疏。以奠爲定者，見禹貢疏。云「徙主于民」者，王制云「司空執度，度地居民」，周禮地官小司徒云「經土地而井牧其田野，九夫爲井，四井爲邑」云云是也。云「正宗廟朝廷之位」者，鄭注天官「辨方正位」，引召誥「太保乃以庶殷攻位于洛汭，越五日甲寅，位成」，與此解「正厥位」略同。

綏爰有衆，

注 鄭康成曰：「爰，于也，安隱于其衆也。」

疏 鄭注見魏志武帝紀注。以綏爲安，爰爲于，皆釋詁文。隱亦爲安者，廣雅釋詁文也。

曰：「無戲怠，懋建大命。」

注 鄭康成曰：「勉立我大命，使心識教令，常行之。」「無戲怠」一作「女罔台民」。「懋」一作「勖」。

疏 戲者，釋詁云：「戲，謔也。」怠者，釋言云：「懈，怠也。」鄭注見書疏。以懋爲勖，釋詁文。建爲立，廣雅釋詁同。命爲教令者，釋詁「命」、「令」同爲告也。鄭注禮記云：「命謂政令也。」無戲怠，熹平石經爲「女罔台民」，作「勖建大命」。以「罔」代「無」者，釋言文。台者，方言云：「失也。宋、魯之間曰台。」「懋」爲「勖」者，釋訓云：

「懋懋，勉也。」與勸同義。言汝無失民，勉立大令也。

今予其敷心腹腎腸，歷告爾百姓于朕志。

注夏侯等書敷「心腹腎腸」爲「優賢揚歷」。

疏敷，同「尃」，說文云：「布也。」志者，廣雅釋詁云：「意也。」心、腹、腎者，白虎通情性篇云：「五藏者何也？謂肝、心、肺、腎、脾也。六腑者何謂也？謂大腸、小腸、胃、膀胱、三焦、膽也。」然則心腎屬藏，腸屬腑。釋名云：「腹，複也，富也。腸胃之屬，以自裹盛，復於外複之。其中多品，似富者也。」春秋左氏宣十二年傳鄭伯云「敢布腹心」，用此經文也。夏侯等書爲「優賢揚歷」者，見書卷二疏，云：「夏侯等書『心腹腎腸』曰『憂腎陽』。」疏文舛誤，當爲「優賢揚」三字。文選左太沖魏都賦曰：「優賢著於揚歷。」張載注云：「尚書盤庚曰：『優賢揚歷。』歷，試也。」魏志管寧傳陶丘一等薦寧曰：「優賢揚歷。」裴氏注曰：「今文尚書曰『優賢揚歷』，謂揚其所歷試。」未知此云「歷，試也」及「謂揚其所歷試」，是鄭注否，不敢妄載爲注。案：心腹二字似優，賢字似腎，腸字似揚，歷字上屬，則下「告百姓于朕志」爲句。漢成陽令唐扶頌「優賢颺歷」，國三老袁良碑「優賢之寵」，皆用今文尚書。

罔罪爾衆，爾無共怒，協比讒言予一人。

注協比者，詩正月云：「洽比其鄰。」傳云：「洽者，春秋左氏僖廿二年傳引作『協比』。」與此同義。言我不罪及汝衆民，汝無共相恚怒，合附爲讒言謗我。

古我先王，將多于前功，適于山，用降我凶德，嘉績于朕邦。

注「嘉」一作「綏」。

疏先王，謂湯。釋詁云：「將，大也。」「適，往也。」降者，釋言云：「下也。」說文云：「凶，惡也。象地穿，交陷其中。」績者，釋詁云：「業也。」契父帝嚳始居亳，其後屢遷而不安。湯大前人之功以爲多，故又往亳，從先王居。鄭注立政「三亳」云「東成皋、南轘轅、西降谷」，故云「適于山」也。降下凶德者，依山地高水下，則無河圮之患，以致墊陷爲凶德也。或，德者，說文云：「升也。」「用降我凶」爲句，下云「升嘉績于朕邦」。熹平石經「嘉」作「綏」，釋詁云：「綏，安也。」

今我

民用蕩析離居，罔有定極，爾謂朕：『曷震動萬民以遷？』注「爾」一作「今爾」，「謂」一作「惠」，「震」一作「祗」。疏蕩者，說文云：「泆，水所蕩泆也。」析者，廣雅釋詁云：「分也。」「極，至」，「震，動」，皆釋詁文。言我民爲水蕩泆離析，不安其居，無有定至之處，汝方怪朕之動民遷居。言不得已。熹平石經「爾」作「今爾」，「謂」作「惠」，「震」作「祗」。惠者，釋詁：「惠，順也。」「曷，盍也。」「祗，敬也。」今文之意，言汝順我，盍敬動萬民徙居避患之爲得也。祗、震聲之轉。堯典「震敬」，史記作「振敬」。內則「祗見孺子」，鄭注：「祗，或作『振』。」肆上帝將復我高祖之德，亂越我家。朕及篤敬，恭承民命，用永地于新邑。疏釋詁云：「肆，今也。」「亂，治也。」越，同「粤」，釋詁云：「于也。」及者，公羊隱元年傳云：「猶汲汲也。」「篤，厚也」，「恭，敬也」，皆釋詁文。承，同「抍」，謂拯也。永者，釋詁云：「長也。」言今天將與復我高祖之德，治于我家。我汲汲敬恭以抍民于溺，以順天命，用久長其地于此新邑。肆予沖人，非廢厥謀，弔由靈。各非敢違卜，用宏茲賁。疏沖者，後漢書沖帝紀引謚法曰：「幼少在位曰沖。」弔者，釋詁云：「至也。」說文作「䢔」，解同。釋詁云：「由、從，皆自也。」是由亦從也。靈者，廣雅釋詁云：「善也。」龜曰卜。宏，與「洪」同，釋詁云：「大也。」賁者，廣雅釋詁云：「美也。」言今我幼少之人，非不用衆謀，但謀之來至，當從其善者。汝衆各不違卜，用大此美績。美績，卽上「嘉績」。江氏聲以靈爲龜，以下云卜知之。易頤初九云：「舍爾靈龜。」嗚呼！邦伯、師、長、百執事之人，尚皆隱哉。予其懋簡相爾，念敬我衆。注「隱」一作「乘」，「懋」一作「勖」。疏邦伯，州伯也。師，連帥；長，屬長也。王制云：「千里之內設方伯。五國以爲屬，屬有長。十國以爲連，連有帥。三十國以爲卒，卒有正。二百一十國以爲州，州有伯。」注云：「殷之州長曰伯，虞、夏及周皆曰牧。」百執事，謂在朝之臣。金縢云：「二公及王，乃問諸史與百執事。」遷都時，畿外諸侯各率其屬以衛從王，故邦伯、師、長與百執事之人並在而呼告之也。隱者，釋言云：「占也。」郭注云：「隱度。」上言「非敢違卜」，故此言「尚皆占哉」。論語云：「不占而已矣。」懋，同「茂」，釋詁云：「勉也。」簡者，虞翻注易云：「閱也。」相者，說文云：「視也。」我其勉閱視汝，其思敬我衆民也。熹平石經「隱」作「乘」，「懋」作「勖」。乘者，周禮稾人：「乘其事。」鄭司農云：「乘，計也。」宰夫：「乘其財用之出入。」鄭注云：「乘猶計也。」言當計度之，亦猶云隱度也。「懋」作「勖」者，釋詁云：「勉也。」

朕不肩好貨，敢共生生？

疏 釋詁云：「肩，作也。」「共，具也。」言我不作好貨之事，敢具生生之財？此明己之去奢卽儉，非爲己也。江氏聲云：「生生，猶生息也。」周禮泉府云：「凡民之貸者，與其有司辨而受之，以國服爲之息。」注：「鄭司農云：貸者，謂從官借本賈也，故有息，使民弗利。玄謂以國服爲之息，以其於國服事之稅爲息也。於國事受園廛之田而貸萬泉者，則期出息五百。」

鞠人、謀人之保居，敘欽。

注 鄭康成曰：「鞠，養也。言能謀養人、安其居者，我則次敘而敬之。」

疏 鹽鐵論本義篇云：「盤庚萃居。」疑卽此「保居」也。萃者，聚也。保居，謂相保守。鄭注見書疏。以鞠爲養、保爲安，皆詩傳文也。敘爲次序者，說文云：「敘，次第也。」欽爲敬，釋詁文。

今我既羞告爾于朕志，若否，罔有弗欽。

疏 若者，釋言云：「順也。」言我既告汝以意，于汝心順否，我無不敬而告之也。

無總于貨寶，生生自庸。

疏 總者，說文云：「聚束也。」庸者，廣雅釋詁云：「用也。」戒諸臣無聚于貨寶，生殖以自用者，上自言不作好貨，下敕其臣以生生爲萬民之事，不可與之争利。

式敷明德，永肩一心。

疏 式者，釋言云：「用也。」敷者，說文云：「𢻫也。」肩者，釋詁云：「克也。」戒之以用施明德，長能一心，不貳其志也。

尚書今古文注疏卷七

高宗肜日第七　商書三

注史遷說：「帝武丁崩，子帝祖庚立。祖己嘉武丁之以祥雉爲德，立其廟爲高宗，遂作高宗肜日及訓。」**疏**史公說此爲祖庚時祖己作，古文義也。既稱高宗，則是立廟後追記其事。武丁稱高宗者，喪服四制云「高宗者，武丁。武丁者，殷之賢主也。繼世卽位，而慈良于喪。當此之時，殷衰而復興，禮廢而復起，故善之。善之，故載之書中而高之，故謂之高宗」是也。宗者，不毀廟之稱也。肜者，祭名也。釋天云：「繹，又祭也。周曰繹，商曰肜，夏曰復胙。」詩疏引孫炎云：「肜者，亦相尋不絕之意。」何休注公羊云：「殷曰肜，周曰繹。繹者，據今日道昨日，不敢斥尊，言之文意也。肜者，肜肜不絕，據昨日道今日，斥尊，言之質意也。」詩鳧鷖箋云：「祭天地、社稷、山川、五祀，皆有繹祭、禘祫與四時之祭。明日亦皆爲肜祭。」此是祭成湯，其何時之祭，無文可知。案：肜，卽彤字，从舟，肆省。說文云：「彤，船行也。」玉篇：「彤，余弓切，祭也。又，丑林切，舟行也。」是知彤字从舟，與从丹之彤異。

高宗肜日，越有呴雉。 **疏**肜日，祭成湯之明日。史記殷本紀云：「帝武丁祭成湯，明日，有雉登鼎耳而呴。」呴，漢書郊祀志、藝文志皆作「雊」，經作「呴」者，後世改之，當从隹。大戴禮夏小正云：「雉震呴。呴也者，鳴也〔一〕。」說

〔一〕大戴禮記夏小正原文作：「雉震呴。震也者，鳴也。呴也者，鼓其翼也。」

文云：「雊，雄雉鳴也。雷始動，雉乃鳴而雊其頸。」論衡指瑞篇引尚書大傳云：「有雉升鼎耳而鳴。」知雊即鳴也。說文云「雉有十四種」，見爾雅釋鳥文。越，同「粵」，釋詁云：「于也。」有者，說文云：「不宜有也。」漢書五行志云：「劉向以爲雉雊鳴者雄也，以赤色爲主。於易，離爲雉，雉，南方，近赤祥也。劉歆以爲羽蟲之孽。易有鼎卦，鼎，宗廟之器，主器奉宗廟者長子也。野鳥自外來，入爲宗廟器主，是繼嗣將易也。」案：通典五十一引賀循議曰：「殷之盤庚，不序陽甲之廟，而上繼先君，以弟不繼兄故也。」疑賀循所議，出古文書說，或卽馬、鄭等「典祀無豐于昵」之注。如其言，是雊雉之祥，爲廟祀不序陽甲也。陽甲爲祖丁長子。劉歆說鼎宗廟之器，主器者長子。雉聞雷則雊。震爲雷，亦爲長子。是缺長子之祀，故有此異也。劉向說以離爲雉，雉，南方，近火祥，火爲禮，是爲宗廟失禮之應。歆又說野鳥自外來，入，繼嗣將易。後不驗者，高宗修德興廢，則天災消弭也。

祖己曰：

注史遷說爲祖己告王。鄭康成曰：「祖己謂其黨。」

疏經文「祖己曰」之下，又有「訓於王曰」。案：大傳云：「武丁問諸祖己。」五行志云：「武丁恐駭，謀於忠賢。」故史公以爲先告王勿憂，乃陳其訓也。不如鄭說者，人臣無退有後言之義。鄭注見書疏。云「謂其黨」者，王逸注楚辭云：「黨，朋也。」祖己將訓王，先告其朋僚。知者，大傳記高宗之訓，桑穀生朝，武丁召問其相，次問祖己，則知祖己之黨尚有相也。

「惟先格王，正厥事。」

注史遷說爲「王勿憂，先修政事」。「格」一作「假」。

疏漢書成帝紀詔引經，云：「羣公孜孜，帥先百寮，輔朕不逮。」是以格王爲正王也。孔光傳光曰：「上天聰明，苟無其事，變不虛生。」引此經，云：「言異〔一〕變之來，起事有不正也。」格，漢書多引作「假」，今文也。孟子：「格君心之非。」趙氏注云：「正也。」事，當讀如春秋傳「有事於太廟」，李賢後

〔一〕「異」原作「事」，據漢書孔光傳原文改。

漢書注：「有事，謂祭也。」漢書杜周傳云：「高宗遵雊雉之戒，飭己正事。」飭己亦以釋告王也。史公云「王勿憂」者，疑釋「假王」爲寬暇王心。詩長發云：「昭假遲遲。」箋云：「假，暇。」又以爲「寬暇」。王粲登樓賦云：「聊暇日以銷憂。」文選王元長曲水詩序引孫子兵法曰：「優游暇譽。」是假與暇通也。

乃訓于王曰：「惟天監下民，典厥義。

疏「訓，道」、「監，視」，皆釋詁文。典者，鄭注周禮云：「主也。」義者，詩傳云：「善也。」淮南齊俗訓云：「義者，循理而行宜也。」

降年有永有不永，非天夭民，民中絶命。

注史遷作「非天夭民，中絶其命」。鄭康成曰：「年命者，惷愚之人尤愒焉，故引以諫王也。」

疏降者，釋言云：「下也。」永者，釋詁云：「長也。」夭者，釋名云：「少壯而死曰夭，如取物中夭折也。」史公作「非天夭民，中絶其命」，「中絶」上無「民」字，是言非天夭民，而中道絶其命。江氏聲云「經文衍『民』字」，是也。鄭注見書疏。云「惷愚之人尤愒」者，疑上有脱文，若聖賢正德以順天命等詞，不當專以惷愚之人擬王也。惷愚，見周禮司刑，云：「三赦曰惷愚。」注云：「生而癡騃童昏者也。」愒者，釋詁云：「貪也。」案：殷自陽甲已來，兄弟相及，皆不永年。竹書紀年陽甲四年，小辛三年，小乙十年，惟盤庚二十八年，則此云「降年有永有不永」者，似指兄弟相及。不敢斥言前王，故泛推天命人事也。

民有不若德，不聽罪。

疏若者，荀氏易注云：「順也。」聽者，廣雅釋詁云：「從也。」言民命之夭，有不順天德，不從引咎者，由自取也。

天既孚命，正厥德。」

注史遷「孚」作「付」。

疏孚，漢熹平石經作「付」，與史記合，是今古文皆作「付」也。漢書孔光傳引經亦作「付」，說爲「正德以順天也」。封禪書云：「高宗懼，祖己曰：『修德。』」漢書五行傳云：「武丁謀於忠賢，修德而正事。」釋此文也。付者，說文云：「與也。」德者，說文云：「悳，外得於人，內得於己。」德，同「悳」。祖己以爲天命雖有修短之殊，既付於我，當修德以待之。殷之先王，兄弟相及，皆不永年，有不修德者，亦有修德者，未可以不永年而謂其失德，缺其常祀。禮記祭法疏引孝經援神契云：「命有三科：有受命以保慶，有遭命以謫暴，有隨命以督行。受命，謂年壽也。遭命，謂行善而遇惡也。隨命，謂隨其善惡而報之。」案：受命保慶，卽付命正德之謂。

乃曰：「其如台？」

注 史遷說「如台」爲「奈何」。

疏 祖己陳訓已畢，又言王當奈何，亟勉王以正德也。正德者，當敬民以修常祀。史公「如台」作「奈何」者，據湯誓及西伯戡黎皆有「其如台」之文，史記俱作「奈何」。薛綜注東京賦云：「如，奈也。」台，何聲之轉。一切經音義八引蒼頡篇云：「奚，何也。」皇氏用以疏論語「奚其爲爲政」。鄭注檀弓云：「奚若，何如也。」台音近奚，故可釋爲何。僞傳以台爲我，失之。

嗚呼！王司敬民，罔非天胤，

注 史遷「司」作「嗣」，「胤」作「繼」。

疏 王司者，言王嗣位也。民者，對天之稱，謂先王。坊記注云：「先民，謂上古之君也。」言嗣位當敬先王以順天。胤者，釋詁云：「繼也。」天胤，猶言天之子。言陽甲已來，先王有不永年者，既嗣天位，卽爲天胤，王當修敬也。殷本紀云：「帝陽甲之時，殷衰。自仲丁以來，廢適而更立諸弟子，弟子或爭相代立，比九世亂，於是諸侯莫朝。帝陽甲崩，弟盤庚立。」則自陽甲已來，有兄弟爭立廢適之事，或不爲嫡立廟，未失禮也。陽甲嫡長嗣位，盤庚不爲立廟，是爲棄其常道，故明之曰「罔非天胤」。史公「司」作「嗣」者，詩傳云：「司，主也。」鐘鼎多司嗣通。「胤」作「繼」者，釋詁云：「胤、嗣，繼也。」是胤訓同嗣。

典祀無豐于昵。」

注 史遷作「常祀無禮于棄道」。馬融曰：「昵，考也，謂禰廟也。」

疏 典者，釋詁云：「常也。」豐者，鄭注周禮云：「猶厚也。」韋昭注楚語云：「盛也。」昵，同「暱」，說文云：「暱，日近也。」或作「昵」。玉篇云：「昵，親近也。」案：四親廟最近爲父廟，故稱之爲昵。史公作「常祀無禮于棄道」者，言盤庚尊禰廟，而廢嫡長前王之祀。高宗以子繼父，亦不改其道，是爲棄道。豐字形近「禮」，或亦當爲「豐」也。穀梁春秋文二年：

「大事於太廟，躋僖公。」傳云：「先親而後祖也，逆祀也。」范〔一〕氏注云：「高宗，殷之賢主，猶祭豐于禰，以致雊雉之變，然後率修常禮。」故史公以「豐于昵」爲「棄道」也。馬注見釋文。以昵爲考，云「禰廟」者，禰從示，說文所無，繫傳新附有禰字，云：「秋畋也。」則古或借「獮」爲之。玉篇作「祢」，云：「秋田祭也。」與「獮」同。馬氏釋昵爲禰，或漢時隸書已有禰字，或借獮爲之，不可知也。通典引賀循議，以盤庚不序陽甲之廟，是陽甲無廟祀。詩殷武箋云：「高宗之前，王有廢政教不修寢廟者。高宗復成湯之道，故新路寢焉。」疏云：「其不修者，蓋小辛、小乙耳。」案：史記殷本紀：祖丁〔二〕子陽甲，陽甲弟盤庚，盤庚弟小辛，小辛弟小乙，小乙子武丁。又云：「帝小辛立，殷復衰。」是殷自祖丁之後，陽甲至小乙，皆兄弟相及。盤庚既不爲陽甲立廟，小辛繼世，又值殷衰，未能修復廟祀。高宗繼父小乙，居喪盡禮，其于父廟，祀亦必豐。而世父之廟不序，猶承盤庚之失，故于祭成湯廟之明日，有雊雉之祥。既感祖己之言，乃修建寢廟。喪服四制云：「禮廢而復起。」尚書大傳云：「武丁思先王之政，繼絶世。」是殷時，至高宗始有興廢之事，如殷武詩所言「寢成孔安」也。知寢即廟者，周禮隸僕：「掌五寢之埽除糞洒之事。」注云：「五寢，五廟之寢也。周天子七廟，惟祧無寢。」殷武疏云「經止有寢耳，箋言廟者，君子將營宮室，宗廟爲先，明亦修廟」是也。殷之廟制，據詩烈祖疏引禮稽命徵云：「殷五廟，至於子孫六。」注云：「契爲始祖，湯爲受命王，各立其廟。與親廟四，故六。」何氏休注公羊云：「禮，天子立五廟。受命始封之君立一廟，至于子孫過高祖，不得復立廟。」禮器正義引五經異義云：「兄弟無相後之道〔三〕。」則高宗時陽甲廟猶在不毁之列，祖己所以言常

〔一〕「范」原訛作「何」。案：「高宗」以下乃穀梁春秋文二年傳范寗注文，故據改。

〔二〕「丁」原訛作「乙」，據史記殷本紀改。

〔三〕案：據禮記禮器孔穎達正義所引，此爲鄭玄駁許慎五經異義之文，非五經異義語。

祀應修，毋得獨豐于近也。然則立陽甲之廟，禮當如何？何氏注公羊云：「弟無後兄之禮，爲亂昭穆之序，失父子之親。」通典引賀循議曰：「若兄弟相代，共是一代，昭穆位同，不得兼毁二廟，禮之常例也。」又曰：「殷人六廟，比〔一〕有兄弟四人襲爲君者，便當上毁四廟乎？如此，四代之親盡，無復祖禰之神矣。又按成湯已下，至于帝乙，父子兄弟相繼爲君，合〔二〕十二代，而正代惟六。易乾鑿度曰：『殷帝乙，六代王也。』以此言之，明不數兄爲正代。」案此諸議，則高宗當爲陽甲立廟，而以盤庚、小辛、小乙共爲四室。至祫祭時，兄弟不分昭穆，昭則同爲昭，穆則同爲穆也。通典引華恒議，以爲兄弟旁及，禮之變也。則宜爲神主立室，不宜以室限神主。是知陽甲之廟當一廟四室，共爲一代也。高宗修寢廟之禮，雖無文可知，大率宜以父祔陽甲矣。尚書大傳云：「武丁祭成湯，有雉飛升鼎耳而雊。武丁問諸祖己，祖己曰：『野鳥也，不能升鼎。今升鼎者，欲爲用也。無則遠方將有來朝者乎？』故武丁内反諸己，以思先王之道。三年，編髮重譯來朝者六國。」孔子曰：「吾於高宗肜日，見德之報之疾也。」其説無補經文，故附及之。

〔一〕「比」原訛作「只」，據通典卷五十一原引賀循議改。
〔二〕「合」原訛作「今」，據通典卷五十一原引賀循議改。

西伯戡黎第八　商書四　尚書今古文注疏卷八

疏此戡黎，史公用孔安國故，以爲在文王被囚釋歸之後，受命之四年。周本紀于散宜生等獻寶而赦西伯之後，斷虞、芮之訟，云：「諸侯聞之，曰：『西伯蓋受命之君。』明年，伐犬戎。明年，伐密須。明年，敗耆國。明年，伐邘。明年，伐崇侯虎。明年，西伯崩。」是戡黎爲文王五年事。其被囚以聞脯鄂侯而歎，不因三伐皆勝也。大傳則以被囚在伐于、伐密須、伐畎夷之後五年，獻寶得免，出而伐耆，與史記不同。又云：「西伯既戡黎，紂囚之牖里。」又于散宜生等獻寶之後，紂曰：「非子罪也，崇侯也。」遂遣西伯伐崇。是戡黎又在被囚之前。大傳又云：「六年伐崇，乃稱王。」又與史記斷虞、芮之訟後受命之説異。此又夏侯、歐陽説之不同者。案：春秋左氏襄三十一年「衞北宫文子云『紂囚文王七年』」，則必在斷虞、芮之前，古文説也。戰國趙策魯仲連云「拘之牖里之庫百日」，則可爲四年被囚，五年獻寶得免事。但魯仲連説被囚，亦以聞脯鄂侯而歎，與古文同，不以爲三伐皆勝，紂始惡之也。又見書序疏。

西伯既戡黎，

注鄭康成曰：「西伯，周文王也。時國于岐，封爲雍州伯也，南兼梁、荆。國在西，故曰西伯。戡黎，入紂圻内。」「戡」一作「𢦏」，「黎」一作「䵻」，又作「耆」，又作「飢」、「阢」。**疏**西伯者，周本紀云「公季卒，子昌立，是爲西伯。西伯曰文王」是也。得戡黎者，紂赦西伯，賜之弓矢斧鉞，使西伯得征伐也。黎，説文作「䵻」，云：「殷諸侯國，在上黨東北者。」戡，説文作「𢦏」，云：「殺也。」蓋黎侯無道，殺之而不取其國，故云𢦏，不云滅也。鄭注見書疏及詩周南召南譜疏。云「時國于岐」者，周本紀：「古公亶父去豳，渡漆、沮，踰梁山，止於岐下。古公卒，季歷立，是爲公季。公季卒，子昌立。」說文云：「郊，周文王所封，在右扶風美陽中水鄉。岐，郊〔一〕或从山，因岐山以名之也。」地理志：「右扶風美陽，禹貢岐山在西北。中水鄉，周太王所邑。」在今陝西扶風縣西北。岐山在今岐山縣也。云「封爲雍州伯」者，王制曰：「二百一十國以爲州，州有伯。八州，八伯。」鄭注云：「殷之州長曰伯。」此言雍州伯，則是八州八伯之一矣。王制又云：「分天下以爲左右，曰二伯。」周禮大宗伯職云：「八命作牧。」注：「鄭司農云：『一州之牧。』」又云：「九命作伯。」注云：「上公有功德者，加命爲二伯。」公羊莊元年疏引含文嘉云：「禮有九錫：一曰車馬，二曰衣服，三曰樂則，四曰朱戶，五曰納陛，六曰虎賁，七曰弓矢，八曰鈇鉞，九曰秬鬯。」文王賜弓矢鈇鉞，是八命之牧，非九命之伯，故鄭不以爲二伯也。云「南兼梁、荆」者，周書大匡解云：「維周王宅程，三年，遭天之大荒，作大匡以詔牧其方，三州之侯咸率。」是文王雖爲雍州伯，實兼牧三州也。知三州是兼梁、荆者，詩序云：「文王之道，被于南國，美化行乎江、漢之域。」是荆州之地也。梁在荆西、雍南，兼之可知也。云「戡黎，入紂圻內」者，地理志「上黨郡壺關」注：「應劭曰：『黎侯國也，今黎亭是。』」黎亭，今在山西長治縣西南，距紂都在千里之內，故云入圻內也。若呂氏春秋武王封帝堯之後於黎，其後，黎侯爲狄人所逐，棄其國而寄於衛。邶風式微序云：「黎侯寓于衛。」水經「黎陽縣」注云：「式微『黎侯寓于衛』是也。」黎陽爲漢魏郡屬縣，有黎陽山，故城在今河南濬縣西南。此則堯後之黎，非「戡黎」之黎，恐後人誤以爲一，故附及之。「黎」作「耆」者，周本紀云：「敗耆國。」集解徐廣曰：「一作

〔一〕「郊」上原衍一「作」字，據說文原文刪。

『阢』。」殷本紀云：「及西伯伐飢國，滅之。」集解徐廣曰：「飢，一作『肌』，又作『耆』。」案：阢，不成字，卽「肌」誤也。

祖伊恐，奔告于王，曰：「天子，天既訖我殷命，

注 史遷說「紂之臣祖伊」。

疏 恐者，釋詁云：「懼也。」奔者，說文云：「走也。」訖，同「迄」，釋詁云：「止也。」祖伊懼而走告王，不俟駕也。止我殷命，謂天命終也。史公說見殷〔一〕本紀。殷高宗時有祖己，則知祖姓是殷世臣也。

格人元龜，罔敢知吉。非先王不相我後人，惟王淫戲用自絕，

注 史遷「格」作「假」，「罔」作「無」，「惟」作「維」，「戲」作「虐」。馬融曰：「元龜，大龜也，長尺二寸。」「元」一作「卜」，「人」一作「尒」。

疏 格者，方言云：「正也。」後漢書傅燮傳云：「朝廷重其方格。」注：「方，正也。格，猶標準也。」罔者，釋言云：「無也。」相者，釋詁云：「勴也。」說文：「勴，助也。」是相卽助也。淫者，王逸注楚辭云：「游也。」戲者，說文云：「謔，戲也。」言正人大龜，無敢知吉。非先王之不助後人也，惟王游戲，自絕于天。史公「格」爲「假」，「惟」爲「維」者，凡尚書「格」字皆作「假」，「惟」作「維」。「罔」爲「無」者，釋言文。「戲」爲「虐」者，古文也。或謔字省。馬注見史記集解。云「元龜，大龜，長尺二寸」者，詩泮水：「元龜象齒。」傳云：「元龜，尺二寸。」白虎通蓍龜篇引禮三正記云：「天子龜長一尺二寸，諸侯一尺，大夫八寸，士六寸。」史記「元龜」集解徐廣曰：「一作『卜』。」「格人」作「格尒」者，潛夫論卜列篇引尚書曰：「假尒元龜，罔敢知吉。」尒形近人，蓋今文作「尒」也。曲禮云：「假爾泰龜有常。」蓋命龜之詞。論衡卜筮篇云：「紂，至惡之君也。當時災異繁多，七十卜而皆凶，故祖伊曰：『格人元龜，罔敢知吉。』賢者不舉，大龜不兆。」案：以賢者訓格人，則古文尚書自作「人」，與今文異也。

故天棄我，不有康食，不虞天性，不迪率典。

注 史遷「棄」作「弃」，「康」作「安」，

〔一〕「殷」原訛作「周」。案：史記殷本紀稱「紂之臣祖伊」，周本紀稱「殷之祖伊」，故據改。

「虞」下有「知」字。鄭康成曰：「王暴虐于民，使不得安食，逆亂陰陽，不度天性，傲狠明德，不修教法者。」疏說文云：「棄，捐也。」康者，釋詁云：「安也。」江氏聲云：「爲天所棄，不得安食。鄭氏言民不得安食，似不合。」虞者，釋言云：「度也。」天性，謂天命之性，仁義禮智信也。迪者，漢書揚雄傳集注云：「由也。」率者，孟子盡心篇云：「變其彀率。」陸注云：「法也。」廣雅釋言云：「律，率也。」律、率訓同，俱爲法也。典者，釋詁云：「常也。」不有康食，謂將不能安食天祿。不虞天性，謂不度善性。不迪率典，謂不由法常也。史公「棄」爲「弃」者，說文云「棄」古文作「弃」。「康」爲「安」者，釋詁文。「虞」爲「虞知」者，言度知也。鄭注見史記集解。云「暴虐於民，使不有安食」，則謂民之安食，暴疾殘虐以使之，如微子云「用乂稠斂，多瘠罔詔」也。云「逆亂陰陽」者，易繫辭云：「立天之道曰陰與陽，立人之道曰仁與義。」〔一〕棄其仁義之性是逆天也。云「不修教法」，迪从由，亦與逌形相近。多方「不克終日勸于帝之迪」，馬融作「攸」，說文：「⿺廴攸，長也。」修，亦同「攸」，故迪可訓爲修。中庸篇云：「率性之謂道，修道之爲教。」率爲率教。釋詁典、法俱常，故典亦法也。今

我民罔弗欲喪，曰：『天曷不降威？大命不摯。』今王其如台？」注史遷「弗」作「不」，「不摯」作「胡不至」，「如台」作「柰何」。「摯」一作「𡠗」。疏釋言云：「罔，無也。」「曷，盍也。」摯者，釋詁云：「臻也。」注云：「臻，至也。」論衡藝增篇云：「罔，無也。言我天下民無不欲王亡者。」是說此文也。天曷不降威？大命不至。民之望天降威與大命之至，急欲革命去暴主也。史公「弗」作「不」者，今文尚書字。「不摯」爲「胡不摯」，唐開成石經于「命」「不」二字之間，旁添「胡」字。「如台」爲「柰何」，見前疏。摯，說文引周書「大命不𡠗」，云：「讀若摯。」周，當爲「商」。

王曰：「嗚呼！

〔一〕案：此句引文見周易說卦，非繫辭語。

我生不有命在天？」　**注**史遷「天」下有「乎」。　**疏**言有命在天，民無能爲也。墨子非命中篇引太誓之言云：「紂曰：我民有命，毋僇其務。」言紂恃天命不去，不勠力其事也。

祖伊反，　**注**「反」一作「返」。　**疏**反，說文作「返」，云：「還也。」引商書曰：「祖甲返。」即此文。甲，當爲「伊」。

曰：「嗚呼！乃罪多參在上，　**注**馬融曰：「參字累在上。」

乃能責命于天？　**疏**參者，論語衞靈公篇云：「立則見其參於前也。」皇氏疏云：「參，猶森也。」文選思玄賦舊注云：「森，衆貌也。」責者，廣雅釋詁云：「讓，責也。」言紂罪衆多，森列在天，豈能責讓天之降罰乎？馬注見釋文。云「參字累在上」者，似謂參字从厽。說文「厽」云：「絫坺土爲牆壁。」「絫，增也。」參則從晶。馬義未詳，豈以隸體言之與？玉篇：「厽，力捶切。累壍爲牆壁也。尚書以爲參字。」疑尚書本作「厽」，馬氏云「厽字累在上」也。段氏玉裁亦云：「汗簡、古文四聲韻皆云絫字見石經尚書戡黎篇，字作厽。」

殷之即喪，指乃功，不無戮于爾邦。」　**疏**指者，釋言云：「示也。」示與視通，釋名云：「是也。」功者，釋詁云：「事也。」言殷之就于喪亡，是紂事所致，我將被刑戮于此邦也。

微子第九　商書五　尚書今古文注疏卷九

注史遷說：「帝乙長子曰微子啟，啟母賤，不得嗣。少子辛，辛母正后，辛爲嗣。」又說：「周武王之東伐，至盟津，乃復歸。紂愈淫亂不止。微子數諫不聽，乃與太師、少師謀，遂去。殷之太師、少師乃持其祭樂器奔周。」又說：「紂昏亂暴虐滋甚，殺王子比干，囚箕子。太師疵、少師彊抱其樂器而犇周。」鄭康成曰：「微與箕，俱在圻内。箕子，紂之諸父。微子，與紂同母。當生微子，母猶未正。及生紂時，已得正爲妻也。故微子大而庶，紂小而嫡也。」**疏**史公說見宋微子世家及殷本紀、周本紀。云「啓母賤，不得嗣」云云者，吕氏春秋仲冬紀當務篇云：「紂之同母弟三人，其長曰微子啓，其次曰仲衍，其次曰受德，受德乃紂也，甚少矣。紂母之生微子啓與仲衍也，尚爲妾。已而爲妻，而生紂。」說在史遷之前，當有古書所本也。鄭注見書疏及論語微子篇皇侃疏。云「微在圻内」者，禮記王制疏引鄭志云：「張逸問：『殷爵三等：公、侯、伯。尚書有微子、箕子何？』答云：『微子、箕子，畿内采地之爵，非畿外治民之君，故云子。』」論語集解：「馬曰：『微、箕，二國名；子，爵也。』」水經注：「濟水又北，逕須句城西。濟水西有安民亭，亭北對安民山。濟水又北，逕微鄉東，春秋莊公二十八年經書『冬，築郿』。京相璠曰：『公羊謂之微。』東平壽張縣西北三十里有故微鄉，魯邑也。杜預曰：『有微子冢。』」此在今山東東平州境，疑采地亦在是。郡國志：「薄，故屬山陽，湯所都。」注：「杜預曰：蒙縣西北有薄城。中有湯冢。其西又有微子冢。」元和郡縣志：「沛縣微山，上有微子冢，去縣六十有五里。」蒙縣西薄城湯冢當在今山東曹縣南。沛，今江南縣，古宋地。魯宋相鄰，皆在殷千里畿內，未知孰是。

微子若曰：「父師、少師，　**注** 史遷「父師」作「太師」，說：「微子數諫，紂不聽。微子度紂終不可諫，欲死之，及去，未能自決，乃問於太師、少師。」馬融曰：「箕子，紂之諸父。」鄭康成曰：「父師者，三公也，時箕子爲之。少師者，太師之佐，孤卿也，時比干爲之，死也。」　**疏** 史公「父師、少師」作「太師、少師」者，以爲紂時樂師，說見微子世家。漢書儒林傳云：「司馬遷亦從安國問故，遷書微子篇多古文說。」則此卽安國故也。太師、少師者，鄭注儀禮大射儀云：「工之長也，凡國之瞽矇正焉。」論語微子篇云：「大師摯適齊，少師陽入于海。」漢書古今人表在伯夷、叔齊之下一格，是亦以爲紂時樂師也。摯卽疵，陽卽强，聲皆相近。淮南氾論訓云：「殷之將敗也，太史令向藝先歸文王，期年而紂乃亡。」向聲近陽，藝字形近摯。漢書禮樂志云：「書序：『殷紂斷棄先祖之樂，迺作淫聲，用變亂正聲，以說婦人。』樂官師摯〔一〕抱其器而犇散，或適諸侯，或入河海。」董仲舒傳：「對云：『殷紂殺戮賢知，守職之人皆奔亡，逃入河海。」古今人表又有「向摯」，又有「太師疵」，蓋班氏書兼采尚書、論語說。史公不言是箕子、比干者，是時比干死，箕子囚，故微子世家云：「紂殺王子比干。微子曰：『父子有骨肉，而臣主以義屬。故父有過，子三諫不聽，則隨而號之；人臣三諫不聽，則其義可以去矣。』於是太師、少師乃勸微子去，遂行。」是時不得有比干、箕子也。馬注見書疏。以箕子爲紂之諸父者，史記索隱云：「司馬彪曰：『箕子名胥餘。』馬融、王肅以箕子爲紂之諸父。服虔、杜預以爲紂之庶兄。」是以父師爲箕子也。鄭注見皇侃論語疏。云「以父師

〔一〕「師摯」，漢書禮樂志原文作「師瞽」。

爲三公，箕子爲之」者，漢書五行志「禹治洪水，賜雒書，法而陳之，洪範是也。降及于殷，箕子在父師位而典之」是也。又云「少師，太師之佐，孤卿，比干爲之」者，大傳云：「古者，天子三公。每一公，三卿佐之。」周禮掌次：「孤卿有邦事。」注云：「孤，王之孤三人，副三公論道者。」漢書百官公卿表云：「大師爲三公。少師爲孤卿，與六卿爲九焉。」鄭不從史公者，以論語微子篇云：「微子去之，箕子爲之奴，比干諫而死。」其文似以微子去在囚箕子、殺比干之前。馬氏注亦云：「微子見紂無道，早去之。」是以與史公異説也。

殷其弗或亂正四方。

注 史遷作「殷不有治政，不治四方」。

疏 史公「或」作「有」者，高誘注淮南子云：「或，有也。」説文以「或」同「域」。韓詩商頌「奄有九域」，毛詩作「九有」。「亂」作「治」者，釋詁文。「正」作「政」者，廣雅釋詁云：「政，正也。」是政與正通。四方者，詩傳云：「中國也。」史公「四方」上又有「不治」二字者，言殷其不有治政，是不治四方也。

我祖厎遂陳于上，

注 史遷無「厎」字。馬融曰：「我祖，湯也。」

疏 厎者，釋言云：「致也。」遂者，高誘注呂氏春秋云：「成也。」陳者，漢書注：「李斐曰：『道也。』」言我祖致成道于上也。馬注見史記集解。云我祖爲湯者，以史記下文「敗厥德」作「敗湯德」知之。

我用沈酗于酒，用亂敗厥德于下。

注 史遷作「紂沈湎於酒，婦人是用，敗湯德於下」。馬融曰：「下，下世也。」

疏 經文言「我」，不斥言紂者，爲尊親諱。「用亂」上不言「婦人」，亦諱也。酗，當爲「酠」，説文云：「酠，醉醟也。」書疏引説文作「酗」，俗字。史公説爲「紂沈湎于酒，婦人是用」者，大戴禮少閒篇云：「紂不率先王之明德，乃上祖夏桀行，荒耽於酒，淫泆於樂，德昏政亂。」列女孽嬖傳云：「妲己者，殷紂之妃也，嬖幸於紂。紂好酒淫樂，不離妲己。妲己之所舉貴之，妲己之所憎誅之。積糟爲丘，流酒爲池，懸肉爲林，使人裸形相逐其間，爲長夜之飲，妲己好之。」是其事也。漢書敘傳班伯曰：「沈湎于酒，微子所以告去也。」蓋今文「酗」作「湎」。鄭注酒誥云：「飲酒齊色曰湎。」初學記廿六引韓詩云：「齊顔色、均衆寡，謂之沈。閉門不出者，謂之湎。」文選注六引「沈」作「流」。似鄭注誤以沈爲湎，皆謂醉之甚也。亂者，大戴禮本命篇云：「亂家子不取。」盧辨注云：「亂，淫亂也。」史公以「沈酗」爲「湎」者，説文云：「湎，沉於酒也。」馬注見史記集解。云下爲下世者，下世猶言後世，則前文云「上」，亦當謂上世也。案：大誓云：「紂乃斷弃其先祖之樂，乃爲淫聲，以説婦人。」則史公言「婦人是用，敗湯德於下」，正謂弃其先祖之樂，爲淫聲，大師將抱樂器犇周，故先言此也。

殷罔不小大，好草竊姦宄，

疏小大者，無逸云：「至于小大。」鄭氏注云：「小大，謂萬民，上及羣臣也。」草竊者，廣雅釋詁云：「寇，鈔也。」釋言云：「鈔，掠也。」説文云：「鈔，叉取也。」鈔、抄聲俱與草相近。江氏聲以爲莠害苗爲草竊，引吕氏春秋辨土篇「凡耕之道，無與三盜」，又云「弗除則蕪，除之則虚，則草竊之也」。姦宄者，晉語長魚矯曰：「亂在内爲軌，在外爲姦。」魯語里革曰：「竊寶者爲軌，用軌之財者爲姦。」宄與軌，聲相近。

卿士師師非度，凡有罪辜，[一]乃罔恒獲。

注史遷「凡」作「皆」，「乃罔恒獲」作「乃無維獲」。馬融曰：「非但小人學爲姦宄，卿士已下，轉相師效，爲非法度。」鄭康成曰：「凡猶皆也。獲，得也。羣臣皆有是罪，其爵禄又無常得之者。」

疏史遷説「凡」爲「皆」者，廣雅釋詁云：「凡，皆也。」「罔」爲「無」者，釋言文。「恒獲」作「維獲」，廣雅釋詁云：「唯，獨也。」維唯同義。言此有罪之人，不必獨能得之，則所獲者無恒。馬注見史記集解。以師師爲師效者，漢書敘傳：「高平師師。」注：「鄧展云：『師師，相師法也。』」薛綜注東京賦「百僚師師」亦同。非度，言非法度者，説文云：「度，法制也。」詩瞻卬云「此宜無罪，女反收之。彼宜有罪，女覆説之」也。案：此「師師」，上「師」言衆，下「師」言長，或如梓材云「我有師師」，

[一]「罪辜」，尚書正義微子經文作「辜罪」。

謂卿士師長，不必如馬氏所云也。鄭注見書疏及史記集解。云「獲，得也」者，公羊傳云：「生得曰獲。」云「羣臣皆有是罪」者，言羣臣皆有草竊姦宄不法之罪。云「爵禄又無常得之」者，鄭以獲爲得爵禄，言罰罪既不當，則爵人亦可以無常得之也。案：此經義蓋如牧誓所云「乃惟四方之多罪逋逃，是崇是長，是信是使，是以爲大夫卿士，俾暴虐于百姓，以姦宄于商邑」。此言有罪逋逃者，紂爲之主，不能卽獲，致使民交相仇怨也。

小民方興，相爲敵讎。

注 史遷「方興」作「乃並興」。鄭康成曰：「言屢相攻奪。」

疏 方者，漢書叙傳注：「晉灼云：『並也。』」興者，釋言云：「起也。」罪人不得，則民將並起爲讎怨矣。周禮調人：「掌司萬民之難而諧和之。過而殺傷人者，以民成之。」注云：「難，相與爲仇讎。」夫過殺傷人，猶須和難以辟之，今殷民有罪不獲，則怨家將起而爲難矣。鄭注見史記集解。

今殷其淪喪，

注 史遷「淪」作「典」。

疏 史公「淪」作「典」者，集解云：「駰謂典，國典也。」鄭注曲禮「典司六典」云：「典，法也。」喪者，詩傳云：「亡也。」禮記月令云：「乃命太史，守典奉法。」注云：「典，六典；法，八法也。」周語云：「啓先王之遺訓，省其典圖刑法。」注云：「典，禮也。圖，象也。」蓋謂圖法。呂氏春秋先識篇云：「殷内史向摯，見紂之愈亂迷惑也，於是載其圖法，出亡之周。」此必古文尚書「典喪」之義。春秋傳亦云：「舊章不可亡也。」前云「致成道於上」，亦卽此圖法。

若涉大水，其無津涯。

疏 涉者，釋水云：「由膝以上爲涉。」津者，鄭注論語云：「濟渡處也。」涯者，釋水云：「滸，水涯。」説文無「涯」有「厓」，云：「山邊也。」則「涯」當爲「厓」。段氏玉裁云：「經文當無涯字，故僞傳以涯際釋津也。」又一切經音義十四引尚書曰「涉水無津」，今本譌爲「池水無涯」。集解引徐廣曰：「一作『陟水無舟航』，言危也。」蓋史記異字。「涉」作「陟」者，陟與涉，聲相近，字之假借。「津涯」作「舟航」者，方言云：「自關而東，舟或謂之航。」高誘注淮南氾論訓云：「舟相連謂航也。」説文無

「航」有「沆」，云：「方舟也。」又有潢字，云：「小津也。一曰以船渡也。」言國之有典，猶水之有涯，渡之有舟航也。典喪，則國從而亡。錢少詹大昕則以「典喪」爲「殄喪」，云：「考工記注『鄭司農讀典爲殄。』」殷遂喪，越至于今。」**注**馬融曰：「越，於也。於是至矣，於今〔一〕到矣。」**疏**越者，釋詁云：「粵，於也。」越音同粵。馬注見史記集解。曰：「父師、少師，**注**馬融曰：「重呼告之。」我其發出狂？**注**史遷「狂」作「往」。鄭康成曰：「發，起也。紂禍敗如此，我其起作出往也。」**疏**發者，詩傳云：「行也。」鄭注大學云：「起也。」史公「狂」作「往」者，當爲「俇」，說文云：「俇，遠行也。」言我當出行遠去。今書作「狂」者，楚辭抽思云：「狂顧南行。」王逸注云：「狂，猶遽也。」僞傳云「發疾生狂」，失之。吾家耄遜于荒？**注**史遷「耄遜于荒」作「保于喪」。一作「於是家保」。馬融曰：「卿大夫稱家。」鄭康成曰：「耄，昏亂也。」「耄」一作「旄」。**疏**史公「耄遜于荒」作「保于喪」，集解引徐廣曰「一云『於是家保』」者，吾，今文作「於是」，耄與保，喪與荒，俱聲相近。遜，疑衍字。保者，鄭注周禮云：「守也。」大戴記保傅注云：「謂安守之。」言殷之圖法將喪，我若出往，則吾家可以保于喪亡。微子志存宗祀，故欲去而告太師以抱器歸周也。管子宙合篇云：「微子不與於紂之難，而封於宋，以爲殷主。先祖不滅，後世不絶，故曰大賢之德長。」馬注見史記集解。云「卿大夫稱家」者，周禮家宗人、家司馬謂大夫采地。馬意以微子之去，欲自保其家，故老耄而遯于荒野。鄭注見書疏。以耄爲昏亂者，曲禮：「八十曰耄。」注：「耄，惛忘也。」昏亂亦惛忘也。謂我年耄，將遁于荒遠以終老。微子欲去，而問父師也。耄，釋文云：「字又作『旄』。」今爾無指告予，顛隮，若之何其？」**注**史遷「爾」作「女」，「指」作「故」，「隮」作「躋」，「若」作「如」。

〔一〕「今」原訛作「是」，據史記宋微子世家集解原引馬注改。

馬融曰：「躋，猶墜也。恐顛墜于非義，當如之何也。」鄭康成曰：「其，語助也。齊、魯之間聲如『姬』。記曰：『何居？』」

疏 指者，廣雅釋詁云：「恉，意也。」指與恉同。顛者，詩傳云：「仆也。」隮，當爲「躋」，說文云：「躋，登也。商書曰：『予顛躋。』」春秋昭十三年傳：「知擠于溝壑矣。」注云：「擠，隊也。」躋、隮與擠，俱聲相近。顛躋，言顛仆不得升也。史記宋微子世家云：「微子欲死之，及去，未能自決。」故欲太師以己意告之。言若不以意告我，將仆墜于地。史公「指」作「故」者，高誘注淮南子、韋昭注國語俱云：「故，意也。」馬注見史記集解。云「躋猶墜」者，躋登又爲墜，如亂之訓治，徂之訓存也。云「恐顛墜于非義」者，言恐去之非義，則當死之。鄭注見史記集解。引禮記曰「何居」者，檀弓篇檀弓曰：「何居？」注云：「居，讀爲姬姓之姬。齊、魯之間語助也。」

父師若曰：

注 鄭康成曰：「少師不答，志在必死。」

疏 鄭注見史記集解及書疏。

「王子，天毒降災荒殷邦，方興沈酗于酒，乃罔畏畏，咈其耇長舊有位人。

注 史遷「毒」作「篤」，「降」作「下」，「荒」作「亡」，「邦」作「國」，「罔」作「無」，「咈其耇長」爲「不用老長」。

疏 王子，謂微子，帝乙之子也。毒者，說文：「厚也。」降者，釋詁云：「下也。」荒者，詩傳云：「虛也。」揚子太玄經云：「荒家及國。」音與亡相近。畏畏，當爲「畏威」。禮記表記引甫刑曰：「德威惟威。」鄭注云：「德所威，則人皆畏之。」是以威爲畏。鄭注考工記又云：「故書『畏』作『威』。」咈者，說文云：「違也。」引此文作「周書」，蓋「商書」之誤。耇者，詩傳云：「老也。」釋詁云：「耇，壽也。」詩疏引孫炎曰：「耇面凍梨，色如浮垢。」江氏聲云「史記無『方興沈酗于酒』六字，疑衍文」，是也。史公「毒」作「篤」者，釋詁云：「篤，厚也。」「降」作「下」云云，俱見上疏。云「不用老長」者，釋咈字之意。無「舊有位人」，蓋卽指老長。然此所云「咈其耇長」，似謂不聽比干之諫。比干，紂之諸父，故云「老長」。舊有位人，似指箕子。時比干死，而箕子囚矣，故史公以爲太師向摯之言也。**今殷民乃攘竊神祇之犧牷牲，用以容，將食無災。** **注**史遷作「乃陋淫神祇之祀」。馬融曰：「因來而取曰攘，往盜曰竊，天曰神，地曰祇。」鄭康成曰：「犧，純毛。牷，牲體完具。」 **疏**史公「攘竊」作「陋淫」者，言祀牲不豐，有司攘竊其經費。陋者，隱也。說苑臣術篇云：「晏子隱君之賜。」淫者，文選演連珠云：「時累不能淫。」注：「淫，侵也。」言有隱匿侵没其貲者，故史記集解引徐廣說，曰「一云『殷民侵神犧』，又一云『陋淫侵神祇』」也。馬注見釋文及史記集解。云「因來而取曰攘」者，論語「其父攘羊」，周生烈曰：「有因而盜。」孟子「攘鷄」，趙岐注：「取自來之物也。」又以竊爲往盜者，說文云：「盜自中出爲竊。」此對因來而攘，則竊是往盜矣。天神、地祇者，說文云：「神，天神，引出萬物者也。」「祇，地祇，提出萬物者也。」案：曲禮疏云：「天神有六，祭之，一歲有九。地神有二，歲有二祭。」此周禮，可推之殷也。鄭注見周禮犬人疏。以犧爲純毛，牷爲牲體完具者，詩傳云：「犧，純也。」鄭注周禮云：「犧牲，毛羽完具也。」周禮牧人注：「鄭司農云：『牷，純也。』玄謂：『牷，體完具。』」春秋左氏桓六年傳：「吾牲牷肥腯。」注云：「牷，純色完全也。」此以爲體完具者，郭注山海經云：「牷謂體全具也。」鄭以上「犧」既言其純色，下「牷」則當言體完。周禮「用牷物」釋文云「牷，本作『全』」是也。以容者，容，隱也。將食無災，言盜大祀神御物，罪至重，且相容隱，則民將食之，亦不懼神禍。墨子天志中篇引泰誓云「紂越厥夷居，不肯事上帝，棄厥先神祇不祀，乃曰吾有命」，是其事也。**降監殷民用乂，讎斂，召敵讎不怠，罪合于一，多瘠罔詔。** **注**馬融曰：「稠，數也。斂，賦斂也。」鄭康成曰：「斂謂賦斂也。」

疏監者，釋言云：「視也。」乂者，釋詁云：「治也。」釋言云：「徵，召也。」「懈，怠也。」合，說文云：「讀若集。」〔一〕瘠者，漢書

〔一〕案：說文曰：「亼，三合也。讀若集。」「合，合口也，从亼从口。」此處當是孫氏誤記。

食貨志注：「孟康云：『肉腐曰瘠。』」詔，當爲「紹」，禮記禮器注：「詔，或爲『紹』。」是詔卽紹俗字。鄭注周禮云：「詔，告也。」言下視殷人所用治國者，惟以聚斂爲事，以此致怨讎，不肯懈怠，罪將集于一身，多致死亡者，無所告。馬、鄭注俱見釋文。

商今其有災，我興受其敗。注「敗」一作「退」。商其淪喪，我罔爲臣僕。注「臣僕」一作「僕」。詔王子出迪。疏敗，說文作「退」，引周書此文，云：「敹也。」蓋商書之誤。出者，高誘注呂覽云：「去也。」迪者，行也。字从由，行也。馬氏注多方，「迪」作「攸」。說文云：「攸，行水也。」言商其有災患，我與國同休慼，當起而受其禍敗。惟以商之典法將亡，無用我爲臣僕矣。禮運云：「仕於公家曰臣，仕於私家曰僕。」〔一〕一說，我無徒爲罪人，無救于國也。西伯戡黎祖伊曰「不無戮于爾邦」，意與此同。詩傳云：「古者，有罪不入於刑，則役之圜土，以爲臣僕。」臣僕，釋文云：「一本無『臣』字。」詩傳云：「僕，附也。」言我無所附。段氏玉裁云：「說文云，僕，古文作『䴸』。書古本作『䴸』，析爲二字。」淪，亦如上文作「典」。宋世家云：「今誠得治國，國治身死不恨。」釋「我興受其敗」。又云：「爲死終不得治，不如去。」釋「商其淪喪」至「詔王子出迪」也。

我舊云刻子。王子不出，我乃顛隮。」注馬融曰：「云，言也。刻，侵刻也。」「我舊云」上，一有「微子若曰」。「刻」一作「孩」。疏馬氏注見釋文。以云爲言者，詩傳文。云「刻，侵刻」者，莊子釋文引司馬注：「刻，削也。」義同侵刻。大傳云：「弱而受刑謂之剋。」剋與刻音相近，卽說文勀字，云：「尤極也。」馬氏以爲太師言我舊時曾言紂當刻害于子，而王子比干終不肯出，是使我亦顛墜也。一有「微子曰」，及「刻」一作「孩」，見論衡本性篇，云：「微子曰：『我舊云孩子，王子不出。』紂爲孩子之時，微子睹其不善之性。性惡不出衆庶，長大爲亂不變，故云也。」

〔一〕禮記禮運原文作「仕於公曰臣，仕於家曰僕」。

則今文多「微子若曰」四字，以此爲微子之言。「刻」作「孩」者，聲義皆相近。云「性惡不出衆」者，釋名云：「出，推也，推而前也。」言其資質不能在衆庶之前，荀子修身篇〔一〕云「其出人不遠矣」是也。人性皆善，而情或有不善。樂記云：哀、樂、喜、怒、敬、愛，「六者非性也，感於物而動」。又云：「人生而静，天之性也。感於物而動，性之欲也。」則是性無不善，情欲亂之。荀子、王充合言性情，故有惡也。充時猶見古尚書章句，當本歐陽、夏侯之義，非臆説也。

「自靖，人自獻于先王，我不顧行遯。」

注馬融「靖」作「清」，曰：「潔也。」

疏靖者，廣雅釋詁云：「安也。」周語云：「安靖神人。」獻者，詩傳云：「享，獻也。」獻亦爲享。國語注云：「獻，致饗也。」顧者，鄭注顧命云：「回首曰顧。」遯者，釋言云：「遜，遯也。」孫炎注云：「遁，逃去也。」微子告太師，言居者安靖神人，以修享獻，我則不能返顧而行遯也。宋微子世家云：「微子曰：『父子有骨肉，而臣主以義屬。故父有過，子三諫而不聽，則隨而號之；人臣三諫不聽，則其義可以去矣。』於是太師、少師乃勸微子去，遂行。」卽其事也。春秋左氏僖六年傳：「蔡穆公將許僖公以見楚子。許男面縛銜璧。楚子問諸逢伯。對曰：『昔武王克殷，微子啓如是。武王親釋其縛，受其璧而祓之。焚其櫬，禮而命之，使復其所。』」微子世家云：「周武王伐紂克殷，微子乃持其祭器造於軍門，肉袒面縛，左牽羊，右把茅，膝行而前以告。於是武王乃釋微子，復其位如故。武王封紂子武庚禄父以續殷祀。」則微子之去，爲抱器以存宗祀。後世不信史記肉袒牽羊之事，又不察其出于左傳逢伯之言，所見蓋陋，甚不可與論世矣。案：微子抱祭器奔周，太師、少師則抱樂器奔周，而殷本紀云「太師、少師持其祭樂器奔周」，周本紀云「太師疵、少師彊抱其樂器而犇周」，蓋祭樂器卽祭時奏樂之器，不謂祭器。呂氏春秋又云「圖法」，是太師、少師

〔一〕「修身篇」原作「勸學篇」。案：下引之文見荀子修身，今據改。

樂器之外，尚有圖法，經言「我祖厎遂陳于上」及「商其典喪」者是也。馬注見釋文。云「清，潔也」者，字亦作「清」，即「瀞」之省。說文云：「瀞，無垢穢也。」故云「潔」。釋詁云：「靖，治也。」言自治者，義亦爲潔也。

泰誓第十　周書一　尚書今古文注疏卷十

疏泰誓，當爲大誓。漢書律曆志云：「書序曰：『惟十有一年，武王伐紂，大誓〔一〕。』八百諸侯會。」是泰誓爲「大」也。據史記，「還師歸」已上爲太公作，「十一年」已下爲武王作。此篇在伏生二十九篇中。史記儒林傳、漢書藝文志俱云伏生壁藏書，得二十九篇。大誓之文見于尚書大傳及史記周本紀、齊世家，婁敬、董仲舒、終軍等皆引之，則不似武帝末始得于民間者。書序疏引別録曰：「武帝末，民有得泰誓書於壁内者，獻之，與博士使讀説之，數月，皆起傳以教人。」又引後漢史獻帝建安十四年黄門侍郎房宏等説云，宣帝本始元年，河内女子有壞老子屋，得古文泰誓三篇。論衡正説篇云：「孝宣皇帝之時，河内女子發老屋，得逸易〔二〕、禮、尚書各一篇，奏之。宣帝下示博士，然後易、禮、尚書各益一篇，而尚書二十九篇始定矣。」書疏又云：「史、漢書皆云伏生得二十九篇，則司馬遷時已得泰誓，以并歸于伏生，不得云宣帝時始出也。或者爾時重得之，故于後亦據而言之。」案：王充既稱宣帝時得泰誓三篇，則合二十八篇，不止二十九，而云「二十九篇始定」，蓋今文以三篇連屬爲一，每篇空一字，如熹平石經盤庚之式也。藝文志云：「經二十九卷。大、小夏侯章句各二

〔一〕「大誓」上疑脱「作」字。

〔二〕「易」字原脱，據論衡正説篇原文補。

十九卷。大、小夏侯解故二十九篇。」明今文家以泰誓爲一篇。不獨今文如是，鄭本亦爲一篇。鄭注曲禮云：「誓之辭，尚書見有六篇。」謂泰誓及甘誓、湯誓、牧誓、費誓、秦誓也。史記以「還師」已上爲「與太公作此泰誓」，「十一年，師畢渡盟津」已下爲「武王作泰誓，告于衆庶」，則似史公所見僅有上下二篇。其中篇告諸侯之詞，史記約其文云「殷有重罪」，似其時已不見全文，故書傳所引太誓不在太誓中也。史公所載，蓋從孔安國問故得之者，既非伏生所藏，亦非武帝末壁內所得。或後得之泰誓文，與之適合耳。今以史記合之，大傳及唐時所稱今文泰誓又有較多之文，蓋史公用經文，略有删定，故杖鉞、把旄及蒼兕之語，互見于齊世家，不復載于周本紀也。今并唐人所見本亡之。近時諸儒刺取書傳，連綴其文，以附于經，未可徵信。今用史記所載。其後人所引，詞可連屬者，升爲經文，餘則附見于書序，存闕疑慎言之義。至百篇之書未失時，泰誓自合有三篇。馬氏所疑書傳所引泰誓不在泰誓者甚多，蓋所失中篇之文，不足爲怪。恐書疏云「上篇觀兵時事」，「中下二篇伐紂時事」，亦未見中篇，意度之詞。今唐人所引今文泰誓較史記多出之詞亦少，又不與傳記所引同，則中篇之亡已久，宣帝時所得三篇，或强分之，非本書也，故仍爲一篇。

唯九年四月，　**疏**此據周本紀云「九年」，無「四月」二字；大傳引書曰「唯四月」，無「九年」二字。九年者，文王受命之九年，武王遵父業，不改元也。周本紀云：「西伯蓋即位五十年。」又云：「西伯陰行善，諸侯皆來決平。」又于「虞、芮決獄，皆讓而去」下云：「諸侯聞之，曰：『西伯蓋受命之君。』」是以虞、芮質成，爲文王受命之年也。大傳亦云：「文王受命一年，斷虞、芮之質。」周本紀下云：「明年，伐犬戎。明年，伐密須。明年，敗耆國。明年，伐邘。明年，伐崇侯虎。明年，西伯崩。」則是文王受命七年而崩。周本紀又云：「西伯蓋受命之年稱王而斷虞、芮之訟。後十年而崩。」則此「十年」

當爲「七年」之誤，大傳正作七年而崩。漢書婁敬傳：「敬曰：『及文王爲西伯，斷虞、芮訟，始受命。』」律曆志引三統云：「文王受命九年而崩。」與史公異。周書文傳解云：「文王受命之九年，時維暮春，在鄗，召太子發。」似是文王九年猶存之證。案：文王賜弓矢得征伐，在虞、芮質成之前，或以此爲受命之年。數之七年，可以爲九也。律曆志又云：「再期，在大祥而伐紂，故書序云：『惟十有一年，武王伐紂。』」案之史記，七年而崩，則此九年觀兵，爲文王再期也。文王崩，不知何月。鄭注大傳云：「四月者，周四月也。」周四月，爲夏二月。以再期言之，則是文王崩在七年之二月。此史公古文義也。淮南齊俗訓云：「武王伐紂，載尸而行。海内未定，故不爲三年之喪始。」太平御覽三百卅九引桓譚新論曰：「『維四月，太子發上祭于畢，下至于孟津之上。』此武王已畢三年之喪，欲卒父業。」然則西漢諸儒皆以武王大祥伐紂，東漢始有畢喪之說也。

太子發上祭于畢，下至于盟津之上。

注史遷作「武王上祭于畢。東觀兵，至于盟津」，說云：「爲文王木主，載以車，中軍。武王自稱太子發，言奉文王以伐，不敢自專。」馬融曰：「畢，文王墓地名也。」鄭康成曰：「盟津，地名。」

疏此據大傳引書曰。孟子離婁篇趙氏注引書曰：「太子發上祭于畢，下至于盟津。」是知經文稱「太子發」，史公改稱「武王」，且說爲「東觀兵」也。齊太公世家云：「東伐以觀諸侯集否。」亦說其意。史公下云「武王自稱太子發」，則知爲文王木主至，不敢自專。是釋經之詞，故不以爲經文。稱太子發者，白虎通爵篇云：「天子之子稱太子，尚書曰『太子發升于舟』也。」詩文王疏引我應云：「文王之戒武王曰：『我終之後，但稱太子發，河洛復告，遵朕稱王。』」太平御覽一百四十六引尚書中候云：「予稱太子發，明慎父以名卒考。」注：「予，我也。父死曰考。」文王命武王，我終之後恒稱太子者，明順文王之命也。君存稱世子，薨稱太子，未葬稱太子，已葬稱公。今踰年猶稱太子發，若父業有不成者而將軍。此武王之稱太子發，遵父命之事也。祭于畢者，孟子離婁篇云：「文王卒于畢郢。」注引此經，云：「畢，文王墓，近豐、鎬之地。」是趙氏岐亦以祭畢爲祭文王也。史記伯夷列傳夷、齊諫武王云：「父死不葬，爰及干戈。」是時文王未葬者，武王亦以紂尚存，示文王有未卒之業。白虎通崩薨篇云：「稽命徵曰：『天子舟車殯。』」蓋畢是文王之殯所，主未入廟，故武王祭之，而載主東征也。曾子問云：「曾子問曰：『古者師行，必以遷廟主行乎？』孔子曰：『天子巡狩，以遷廟主行，載于齊車，言必有尊也。』」禮，卒哭而祔，祔而作主。天子七月而葬，九月而卒哭。文王未葬而作主，皆變禮也。盟津在今河南孟津縣。水經注云：「河水又東，逕平縣故城北。河南有鉤陳壘，世傳武王伐紂，八百諸侯所會處。河水至斯有盟津之目，故曰孟津，亦曰盟津，又曰富平津。」書疏云：「孟者，河北地名，春秋所謂向、盟是也。於孟地置津，謂之孟津。」經云「上祭」，又云「下至」者，尊文王，故言「上祭」。史公爲「東觀兵」者，說其至盟津之意。馬注見史記集解。云「文王墓地名」者，與趙氏注孟子義同。史記周本紀云：「所謂『周公葬於〔一〕畢』，畢在鎬東南杜中。」正義引括地志云「周文王墓在雍州萬年縣西南二十八里畢原上」是也。今在陝西咸寧縣南。或誤以爲在咸陽畢陌，則秦文王所葬。書傳辨誤者多，不復引也。後漢書蘇竟傳竟曰：「畢爲天綱，主網羅無道之君，故武王伐紂，上祭於畢，求助天也。」案：天官書「畢曰罕車」，亦可謂之天綱，但主弋獵。以爲網羅無道之君，不知其說何本，故知馬義爲長。鄭注見詩思文疏。

乃告司馬、司徒、司空〔二〕、**諸節**：

注 馬融曰：「諸節，諸受符節有司也。」

疏 此據周本紀文。吳中本大傳「司徒」在「司馬」前，誤也。藝文類聚十一、太平御覽一

〔一〕「於」原作「我」，顯爲訛字，徑改。

〔二〕「司徒」、「司空」原誤倒爲「司空」、「司徒」，據史記周本紀原文乙正。

百四十六引尚書，皆作「司馬、司徒、司空」，同周本紀。詩大明疏引泰誓「司馬」在前，即謂此文。月令疏引書傳有「司馬公、司徒公、司空公領三卿」，可見唐本大傳亦「司馬」在「司徒」前也。白虎通封公侯篇云：「司馬主兵，司徒主人，司空主地。王者受命爲天地人之職，故分〔一〕職以置三公，各主其一，以効其功。一公置三卿，故九卿也。」又云：「司馬主兵，不言兵〔二〕言馬者，馬陽物，乾之所爲，行兵用焉。不以傷害爲度，故言馬也。司徒主人，不言人言徒〔三〕者，徒，衆也，重民。司空主土，不言土言空者，空尚主之，何況於實？以微見著。」諸節者，說文云：「卪，瑞信也。」卪，今字作「節」。周禮有掌節之官。春秋左氏文八年傳云：「司馬握節而死。」韋昭注周語云：「六節：山國用虎節，土國用人節，澤國用龍節，皆以金爲之；道路以旌節，門關用符節，都鄙用管節，皆以竹爲之。」案：節爲軍中所執瑞信，故以諸節名其官，謂卿大夫已下百執事也。馬注見史記集解。以諸節爲諸受符節有司者，孟子離婁篇云：「若合符節。」注云：「節，玉節也。周禮有六節。」鄭注周禮掌節云：「符節者，如今宫中諸官詔符也。」釋名云：「符，付也。書所敕命于上，付使傳行之也。亦言赴也，執以赴君命也。」節者，號令賞罰之節也，皆有司之所受也。

「齊栗，允哉！」

注史遷「允」作「信」。大傳引書作「亢才」。

疏此據周本紀文，大傳無「齊栗」。史公「信哉」蓋允字之詁，經文當爲「允」。大傳今本作「亢」者，形近「允」之誤也。才與哉通。齊者，詩傳云：「敬也。」栗者，韋昭注魯語云：「栗取敬栗。」是亦敬也。孟子萬章篇引書曰：「夔夔齊

〔一〕「分」原訛作「八」，據白虎通封公侯篇原文改。

〔二〕「不言兵」三字原脱，據白虎通封公侯篇原文補。

〔三〕「不言人言徒」原作「不言徒人」，據白虎通封公侯篇原文改。

栗。」注云：「敬慎戰懼貌。」此戒六師之詞。呂氏春秋貴信篇引周書「允哉，允哉」，又說之云：「以言非信，則百事不滿也。」注云：「周書，逸書也。滿，猶成。」疑用此文，而高氏偶未及照。**予無知，以先祖先父之有德之臣左右予小子，予受先公，** 注 史遷作「以先祖有德臣，小子受先功」。一作「予小子受先公功」。 疏 此據大傳引書文，史記節之。先祖先父者，中庸云：「武王纘太王、王季、文王之緒，壹戎衣而有天下。」先祖謂太王、王季，先父謂文王。不稱考者，亦以未卒父業也。有德之臣謂祖、父所遺有德行之臣，如太公、周公諸臣也。左右，釋詁云：「道也。」郭注云：「謂教導之。」稱「予小子」者，曲禮云：「天子未除喪，曰予小子。」予受先公者，釋詁云：「公，事也。」史公無「先父」及「左右」者，省文。魏志三少帝紀詔曰：「庶憑先祖先父有德之臣，左右小子。」蓋用此經文，故知史記省之也。史記「受先功」，集解引徐廣曰：「一云『予小子受先公功』。」其義同。**必力賞罰，以定厥功，明于先祖之遺。」** 注 史遷「必力」爲「畢立」，「厥」爲「其」。「必」一作「戮」，「力」一作「協」。 疏 此據大傳引書文。太平御覽一百四十六引大傳「必力」作「戮力」，「于」作「明于」二字，與吳中本不同，今從之。白虎通諫諍篇引尚書同。必力者，管子七臣七主篇云：「賞罰必，則下服度。」詩箋云：「力，猶勤也。」白虎通諫諍篇云：「賞一善而衆臣勸，罰一惡而衆臣懼。」引尚書此文以證。定者，高誘注淮南云：「成也。」明與孟聲相近，釋詁云：「勉也。」先祖之遺，謂先人之緒。史公「必」爲「畢」者，聲相近。畢者，釋詁云：「盡也。」說文作「斁」。畢力，御覽引大傳作「戮力」。戮者，勠字假借，說文云：「勠，併力也。」說苑正理篇引作「畢協」，鄭注禮運云：「協，合也。」抱朴子用刑篇云：「盟津之令，畢立賞罰。」又以「立」爲「力」。義俱相近。「厥」爲「其」者，釋言文。史公無「明于先祖之遺」句，省文也。**遂興師，** 疏 此據周本紀文，齊太公世家作「師行」。**師尚父左杖黃鉞，右把**

白旄以誓，號曰：「蒼兕蒼兕，

注馬融曰：「蒼兕，主舟楫官名。」鄭康成曰：「師尚父，文王于磻谿所得聖人吕尚，立以爲太師，號曰尚父，尊之。號令之軍法重者。」「兕」一作「雉」。

疏自「師尚父」至「蒼兕」，大傳無文，周本紀但作「師尚父號曰」，此據齊太公世家。索隱云：「此文上下並今文泰誓。」周禮伊耆氏疏引今文泰誓此文，「以誓號曰」作「誓曰」。云「師尚父」者，太公望吕尚也。孫子兵法云：「吕牙。」詩大明云：「維師尚父，時惟鷹揚。」傳云：「師，太師也。尚父，可尚可父。」史記集解引劉向别録曰：「師之，尚之，父之，故曰師尚父。父亦男子之美稱也。」周本紀云：「武王卽位，太公望爲師，周公旦爲輔。」論衡是應篇云：「師尚父爲周司馬，將師伐紂，到孟津之上，杖鉞把旄，號其衆曰：『倉兕倉兕。』倉兕者，水中之獸也，善覆人船。因神以化，欲令急渡。不急渡，倉兕害汝。」又云：「河中有此異物，時出浮揚，一身九頭，人畏惡之，未必覆人之舟也。尚父緣河有此異物，因以威衆。」杖者，説文云：「持也。」黄鉞者，薛綜注東京賦云：「黄鉞，以黄金飾之。說文引司馬法曰：『周左杖黄戉。』」把者，説文云：「握也。」白旄者，牧誓釋文引馬注云：「旄牛尾。」明堂位云：「夏后氏之綏。」注云：「綏爲注旄牛尾於杠首，所謂大麾。」號者，樂記云：「鏗以立號。」注云：「號，號令，所以警衆也。」蒼兕，見論衡王充説，未知何本。史記索隱云：「本或作『蒼雉』。」馬注見史記集解。以蒼兕爲主舟楫官名者，以下文有「與爾舟楫」之文知之，未知何本。鄭注見詩大明疏。云「文王於磻谿得聖人吕望」者，齊太公世家云：「西伯獵，遇太公於渭之陽，與語，大説，曰：『自吾先君太公曰「當有聖人適周，周以興」，子真是耶？吾太公望子久矣。』故號之曰太公望，載與俱歸，立爲太師。」大傳云：「周文王至磻谿，見吕望釣，文王拜之。」磻谿者，水經注渭水條云：「汧水逕郁夷縣平陽故城南，又東流注于渭。渭水之右，磻谿水注之。水出南山兹谷，谿中有泉，謂之兹泉，卽吕氏春秋所謂『太公釣兹泉』也。」云「號令之軍法重者」，以下文有「後至者斬」，故云軍法之重。**總爾衆庶，與爾舟楫，後至者斬！」** 疏此據周本紀及齊世家。索隱曰此文今文泰誓，大傳脱之。楫者，詩傳云：「所以櫂舟也。」斬者，軍法，春秋傳謂之轘，古不以爲常刑也。**太子發升于舟，** 疏此據大傳引書文。周本紀作「武王渡河」，改説其文也。白虎通爵篇引尚書曰「太子發升于舟」，又見藝文類聚十六引尚書。**中流，白魚入于舟中，王跪取，出涘以燎。** 注馬融曰：「魚者，介鱗之物，兵象也。白者，殷家之正色。言殷之兵衆與周之象也。」鄭康成曰：「白魚入舟，天之瑞也。魚無手足，象紂無助。白者，殷正也。天意若曰，以殷予武王，當待亡助。今尚仁人在位，未可伐也。得白魚之瑞，卽變稱王，應天命定號也。涘，涯也。王出於岸上，燔魚以祭，變禮也。」 疏此據大傳引書，又據藝文類聚十六引尚書作「王跪取，出涘以燎」，增「王」字。漢書董仲舒傳引書曰：「白魚入于王舟。」周本紀作「白魚躍入王舟中，武王俯取以祭」。升者，登也。大傳又云：「王升舟入水，鼓鐘惡，觀臺惡，將舟惡，宗廟惡。」鄭注云：「惡讀爲亞。亞，次也。」周禮肆師注引此以證宗廟之爲遷主。此皆王出征所隨行，疑亦經文，以無所據，不敢增入。白魚入于舟中者，漢書董仲舒傳仲舒引書曰：「『白魚入于王舟，有火復于王屋，流爲烏』，此蓋受命之符也。」終軍傳軍曰：「昔武王中流未濟，白魚入于王舟，俯取以燎，羣公咸曰：『休哉！』」又曰：「白魚登舟，順也。」詩思文疏云：「太誓止云白魚，不言魚之大小。中候合符后云：『魚長三尺，赤文，有字，題之目下：「授右」。之下有一百二十餘字，王維退寫，成以二十字，魚文消。』」後漢書光武紀引中候合符后云：「武王伐紂，度孟津，中流，白魚躍入王舟，長三尺，赤文，有字，告以伐紂之意。」〔一〕王跪取者，太子至是稱王，所謂「河洛復告，遵朕稱王」，見前疏。説文

〔一〕案：此爲後漢書光武紀李賢注文，非光武紀本文。

云：「跪，拜也。」涘者，説文云：「水厓也。」引周書曰：「王出涘。」大傳「跪取」上無「王」字。案：説文約爲「王出涘」，則藝文類聚所引尚書有「王」字是也。董仲舒傳「舟中」作「王舟」，是時未得魚瑞，疑非經本字。燎，説文作「尞」，云：「柴祭天也。」公羊僖卅一年傳何休注云：「燎者，取俎上七體與其珪寶在辨中，置于柴上燒之。」今取魚以燎，告天示受命也。馬注見史記集解。以魚爲兵象者，洪範五行傳云：「聽之不聽，時則有魚孽。」劉歆説爲介蟲孽。介爲甲，故以爲兵象也。鄭注見詩思文疏。以魚無手足者，儀禮有司徹疏引尚書中候云：「魚者，水精，隨流出入，得申朕意。」鄭彼注引春秋璇璣樞曰：「魚無足翼，紂如魚，乃討之是也。紂雖有臣，無益于殷肱；魚雖有翼，不能飛。」亦與此意同也。以仁人在位未可伐者，太平御覽百四十六引尚書中候曰：「太子發以紂存三仁附，即父位不稱王。」注云：「三仁：箕子、比干、微子。」稱仁者，論語云「殷有三仁」是也。論衡初稟篇云：「文王得赤雀，武王得白魚、赤烏，儒者論之，以爲雀則文王受命，魚、烏則武王受命。」故鄭以爲得瑞稱王，應天定號也。釋丘云：「涘爲厓。」説文無涯字，當爲「厓」。云「變禮」者，祭天禮用特牲，此以魚爲瑞，燎以告祭，非禮所常有也。終軍傳注：「張晏曰：『周，木德。舟，木也。殷，水德。魚，水物。魚躍登舟，象諸侯順舟以討，畀武王也。』」亦與鄭説相似。

羣公咸曰：「休哉！」周公曰：「雖休勿休。」

疏　此據大傳及楚辭注，周本紀無文。大傳「出涘以燎」下有「羣公咸曰『休哉』」。王逸注天問云：「白魚入于王舟，羣臣咸曰：『休哉！』周公曰：『雖休勿休。』」大傳無「周公曰」，周本紀亦省其詞。漢書宣帝紀云：「書不云乎？『雖休勿休，祗事不怠。』」顔師古誤以其文爲吕刑之詞。案：當是今文太誓。其「祗事不怠」一語，或亦經文周公之言，或爲漢人釋「勿休」之意，未敢定之。王氏、江氏之集太誓，俱無王逸所引周公語。休者，釋詁云：「美也。」

既渡，

疏　此據周本紀。

至于五日，

疏　此據詩思文疏引太誓

云「至于五日，有火自上復于下」云云，周本紀省此四〔一〕字。有火自上復于下，至于王屋，流爲烏，其色赤，其聲魄，五至以穀俱來。**注**大傳作「有火流于王屋，化爲赤烏，三足」。「烏」一作「鵰」。馬融曰：「王屋，王所居屋。流，行也。魄然，安定意也。鵰，鷙鳥也。明武王能伐紂。」鄭康成曰：「五日，燎後日數〔二〕。王屋，所在之舍上。流，猶變也。雕，當爲鴉。鴉，烏也。燎後五日，而有火爲烏，天報武王以此瑞。書說曰烏有孝名。武王卒父業，故烏瑞臻。赤，周之正。穀，記后稷之德。又禮說〔三〕曰武王赤烏穀芒，應周尚赤用兵。王命曰，爲牟，天意若曰，須假紂五年，乃可誅之。武王即位，此時已三年矣。穀，蓋牟麥也。詩云：『貽我來牟。』」「烏」一作「雕」。**疏**此經「有火自上復于王屋」至「其聲魄」，據周本紀，文較大傳詳，恐大傳有脱字也。「五至以穀俱來」，據詩思文疏引太誓，在「其聲魄」之下。周本紀及大傳俱無此語。五日者，燎祭後既渡，越五日也。漢書董仲舒傳引「有火復于王屋」，注：「師古云：『復，歸也。』」火本在下，今自上而下，故云歸也。王屋者，屋與幄通。詩抑云：「尚不愧于屋漏。」箋云：「屋，小帳也。」周禮幕人：「掌帷幕幄帟綬之事。」注云：「王出宫，則有是事。四合象宫室曰幄。」流者，詩傳云：「下也。」烏者，史記索隱云：「今文泰誓『流爲雕』。」雕者，說文云：「鷻也。」堯典疏引賈逵奏尚書云「流爲烏」，周本紀等書作「烏」，蓋古文作「烏」也。魄者，白虎通情性篇云：「魄，猶迫然著人也。」五至以穀俱來者，思文疏云：「泰誓之注不解『五至』，而合符后注云：『五至，猶五來。』不知爲

〔一〕「四」原作「五」，顯是訛字，徑改。

〔二〕「日數」原誤倒爲「數日」，據詩思文疏原引鄭注乙正。

〔三〕「說」原訛作「記」，據詩思文疏原引鄭注改。

一日五來，爲當異日也。言五至以穀，則第五至時乃有穀耳。」春秋繁露同類相動篇云：「尚書傳言周將興之時，有大赤烏銜穀之種，而集王屋之上。」卽謂大傳也。大傳「烏」下有「三足」二字，周本紀及思文疏引太誓俱無，不敢從大傳增入經文，存于注中。馬注見史記集解及索隱。以王屋爲居屋者，説文云：「屋，居也。」「流，行」，廣雅釋詁文。云「雕，鷙鳥」者，夏小正云：「六月，鷹始鷙。」雕亦鷹屬，能擊殺鳥獸，故以爲能伐紂之象。云「魄然，安定」者，釋詁魄與虛、無，同訓爲閒。鄭注禮運云：「莫，虛無也。」詩皇矣釋文引韓詩云：「莫，定也。」魄與莫聲相近，故以爲安定意也。鄭注見詩思文疏。以王屋爲所在之舍上者，周禮虎賁氏「舍則守王閑」注云：「舍，王所止宿處。」云「雕，當爲鴉」者，説文云：「雅，楚烏也。」鄭意以今文與古文無異義也。書説者，尚書璇璣鈐文。云「烏有孝名」者，論衡指瑞篇云：「魚，水精。白者，殷之色也。烏者，孝鳥。赤者，周之應氣也。先得白魚，後得赤烏，殷之統絶，色移在周矣。」講瑞篇云：「武王之時，火流爲烏，其色赤。赤非烏之色，故言其色赤。」與鄭説同也。云「天意若曰，須假紂五年，乃可誅之」，知者，以穀五至，每一至爲一年之期，必五年然後可伐也。多方云：「天惟五年須夏之子孫。」鄭注云：「夏之言暇。天覬紂能改，故待暇其終，至五年，欲使復傳子孫。」五年者，文王七年至十一年，數亦適合。鄭據古文，以爲文王九年崩，十一年觀兵，與史記異説也。引詩者，思文云：「貽我來牟。」漢書劉向傳引作「釐麰」。趙氏注孟子云：「麰麥，大麥也。」

武王喜，諸大夫皆喜。周公曰：「茂哉茂哉！天之見此以勸之也，恐恃之。」

注「茂」一作「復」。

疏此據大傳引書文。春秋繁露同類相動篇亦引尚書傳，言「周之將興，有大赤烏銜穀之種，而集王屋之上者。武王喜，諸大夫皆喜。周公曰：『茂哉茂哉！天之見此以勸之也，恐恃之。』」漢書董仲舒傳仲舒引書曰：「周公曰：『復哉復哉！』」注：「師古曰：『亦見今文泰誓。』」已上周本紀省文。茂者，釋詁云：「勉也。」漢書作「復哉復哉」，復與茂聲相近。顏師古云：「復，報也。言周有盛德，故天報以此瑞也。」恐者，釋詁云：「懼也。」恃者，河上公老子章句云：「待也。」言天之見此，正以爲勸勉我君臣，當恐懼以待天命。

使上附以周公書報誥于王，王動色變。 **疏**此據周禮太祝疏引今文太誓。周本紀省其文，大傳亦無。檀弓疏引尚書太誓「火流爲烏，王動色變」。上附者，洪君頤煊以爲四鄰之疏附，周初官名也。周公書，即上「茂哉」云云也。誥者，釋詁云：「告也。」動色變者，鄭氏以爲振動之拜。周禮太祝：「辨九拜：四曰振動。」注：「玄謂振動，戰栗變動之拜。書曰：『王動色變。』」漢書劉輔傳云：「昔武王、周公承順天地，以享魚烏之瑞，然猶君臣祗懼，動色相戒。」是說此經也。

遂至盟津， **疏**此據齊太公世家有此四字。周本紀省其文，云「是時，諸侯不期而會盟津」，故知當有此四字。

八百諸侯不召自來，不期同時，不謀同辭， **注**史遷爲「是時，諸侯不期而會盟津者八百諸侯」。**疏**此據書疏引馬氏書序所稱太誓。史記周本紀、齊太公世家俱以「不期而會」省其文。經文不如是，故用馬本。漢書婁敬傳敬曰：「武王伐紂，不期而會孟津上八百諸侯。」李善注文選任彥升表，引周書又曰：「武王伐紂，渡河，中流，白魚入于王舟，王俯取，出涘以祭。不謀同辭，不期同時，一朝會于武王郊下者八百諸侯。」又注于令升晉紀總論，引周書曰：「武王將渡河，不期同時，一朝而會於武王郊祀下者八百諸侯。」據此，則經文當有「郊祀下」三字，或卽巾燎白魚之意，不敢妄增。春秋繁露王道篇云：「周發兵，不期會於孟津之上者八百諸侯。」越絶書云：「文王死九年，天下八百諸侯皆一旦會於孟津之上，不言同辭，不呼自來，盡知武王忠信，欲從武王，與之伐紂。」水經河水注云：「河南有鈎陳壘，世傳武王伐紂，八百諸侯所會處。尚書所謂『不期同時』也。河水至斯有盟津之目。」論衡云：「武王伐紂，陽侯波起，疾風逆流。武王操黃鉞而麾之，風波畢除。中流，白魚入於王舟，燔以告天，與八百諸侯咸同此盟。尚書所謂『不謀同辭』也。」皆曰：「帝紂可伐矣。」　**注**「紂」一作「受」。　**疏**此據周本紀。又文選幽通賦舊注引周書曰：「武王觀兵於孟津，諸侯皆曰：『帝紂可伐矣。』」多「帝」字。紂，詩閟宮疏引作「受」。

武王曰：「女未知天命，未可也。」乃還師歸。　**疏**此據周本紀。詩閟宮疏引太誓說：「十一年，觀兵孟津之時，八百諸侯皆曰：『受可伐。』王曰：『爾未知天意，未可伐。』」案：云「十一年觀兵」者，用鄭義也。越絕書云：「是時比干、箕子、微子尚在，武王賢之，未敢伐也。」鄭注樂記云：「武王除喪，至盟津之上，紂未可伐，還歸。二年，乃遂伐之。」疏云：「並出今文太誓。」後漢書鄭興傳〔一〕云：「八百諸侯不謀同會，皆曰：『紂可伐矣。』武王以未知天命，還兵待時。」公孫述傳云：「昔武王伐紂，先觀兵孟津，八百諸侯不期同辭，然猶還師以待天命。」俱說此經也。案：史記伯夷列傳云：「西伯卒，武王載木主，號爲文王，東伐紂。伯夷、叔齊叩馬而諫曰：『父死不葬，爰及干戈，可謂孝乎？以臣弒君，可謂仁乎？』左右欲兵之。太公曰：『此義人也。』扶而去之。」武王知天命未可伐，不獨爲三仁之存，必因夷、齊之諫也。聖人以人心知天命。義士非之，故知未可伐也。已上太誓上篇也。

惟丙午，王逮師。　**注**史遷說：「居二年，聞紂昏亂暴虐滋甚，殺王子比干，囚箕子。太師疵、少師彊抱其樂器而犇周。於是武王偏告諸侯曰：『殷有重罪，不可以不畢伐。』乃遵文王，遂率戎車三百乘，虎賁三千人，甲士四萬五千人，以東伐紂。」　**疏**此據大傳及漢書律曆志。堯典疏引云：「劉歆作三統曆，引今文泰誓云『丙午還師』。」詩閟宮疏引漢律

〔一〕「鄭興傳」下原有「注」字。案：下引之文見後漢書鄭興傳，「注」字衍，故刪。

曆〔一〕志作「逮師」。太平御覽五百七十四引尚書大傳曰：「惟丙午，王建師。」還與建，皆逮字之誤。逮者，釋言云：「及也。」諸侯之師以殷十一月二十八日戊子先發，而武王以周正月初三日癸巳始發，故至十六日丙午及之也。漢書律曆志引三統云：「師初發，以殷十一月戊子，日在析木箕七度。是夕也，月在房五度。後三日得周正辛卯朔，合辰在斗前一度。明日壬辰，晨星始見。癸巳武王始發，丙午逮師，戊午度於孟津。孟津去周九百里，師行三十里，故三十一日而度。明日己未冬至，晨星與婺女伏，歷建星及牽牛，至於婺女天黿之首。」荀子儒效篇云：「武王之誅紂也，行之日以兵忌。」漢書翼奉傳云：「北方之情，好也；好行貪狼，申子主之。東方之情，怒也；怒行陰賊，亥卯主之。貪狼必待陰賊而後動，陰賊必待貪狼而後用，二陰並行，故王者忌子卯也。」春秋左氏昭九年傳云：「辰在子卯，謂之疾日。」然則戊子日，是兵家所忌也。史公説即周本紀文。殷本紀云：「紂愈淫亂不止。微子數諫不聽，乃與太師、少師謀，遂去。比干曰：『爲人臣者，不得不以死爭。』迺强諫紂。紂怒曰：『吾聞聖人心有七竅。』剖比干，觀其心。箕子懼，乃詳狂爲奴，紂又囚之。殷之太師、少師方持其樂器奔周。」即此事也。云「武王徧告諸侯」云云者，後漢書袁術傳云：「武王伐紂，曰『殷有重罰』。」吳志孫策傳注引張紘云：「武王伐紂，曰『殷有罪罰重哉』。」用此文也。遵者，釋詁云：「循也。」循文王之緒以伐紂，不敢自專也。戎車者，兵車。周禮戎僕：「掌凡戎車之儀。」注云：「凡戎車，衆之兵車也。」兩〔二〕者，詩鵲巢疏引風俗通，以爲車有兩輪，馬有四匹，故車稱兩，馬稱匹。甲士者，帶甲之士也。四萬五千人，書傳無文。

前師乃鼓鼗譟，師乃慆，前歌後舞，格于

〔一〕「律曆」原誤倒爲「曆律」，據漢書原篇名乙正。

〔二〕案：周本紀作「戎車三百乘」，稱「乘」不稱「兩」，依文例此處當釋「乘」，不當釋「兩」。

上天下地。　**注**「鈘」當爲「拊」，「慆」一作「搯」，「格」一作「假」。　**疏**此據大傳及詩大明疏。大傳無「格於上天下地」。大明疏引大誓曰：「師乃鼓鈘譟，前歌後舞，格於上天下地，咸曰：『孜孜無怠。』」周禮大司馬注引書曰：「前師乃鼓鈘譟。」說文引周書曰：「師乃搯。」已上周本紀無文。鼓鈘譟者，周禮大司馬職：「鼓皆駴，車徒皆譟。」注云：「吏士鼓譟，象攻敵克勝而喜也。譟，讙也。」引此經。字書無「鈘」字，當爲「拊」。文選馬季長長笛賦云：「拊譟踴躍。」卽用此文。拊者，拊手，字同「撫」，釋名云：「撫，敷也。敷手以拍之也。」王逸注天問云：「言武王三軍，人人樂戰，並載驅載馳，赴敵争先，前歌後舞，鳧藻讙呼，奮擊其翼。」鳧藻讙呼，一云「如鳥梟呼」。案：鳧，亦「拊」假借字也。諸侯先發，武王後至，故曰前師。前師聞武王至，若已勝敵，皆駴鼓讙呼而喜也。師乃慆者，鄭注大傳云：「慆，喜也。衆士喜。」許氏作「搯」，引周書此文，云：「搯者，抽刀以習擊刺也。詩曰：『左旋右搯。』」案：詩清人作「左旋右抽」，箋云：「左，謂御者。右，車右也。使其御者習旋車，車右抽刃。」是搯爲抽刃，與鄭注大傳異也。莊氏述祖云：「前師是諸侯之師，此師則從王之虎賁三千人、革車三百兩。車右卽虎賁，主擊刺，故云師乃搯。車有步卒七十二人，凡二萬一千六百人，故稱師也。」前歌後舞者，白虎通禮樂篇云：「樂所以必歌者何？夫歌者，口之言之也。中心喜樂，口欲歌之，手欲舞之，足欲蹈之，故尚書曰：『前歌後舞，假於上下。』」凡尚書格字，書傳引俱作「假」，蓋今文也。「上天下地」作「上下」，省文。

十一年十二月，師畢渡盟津，諸侯咸會，曰：「孳孳無怠。」　**注**「孳」一作「孜」。　**疏**此據周本紀文。詩大明疏引太誓云「咸曰孜孜無怠」，在「格於上天下地」之後，無「十一年」已下云云，或省文，故從史記。十一年殷十二月，周正月。漢書律曆〔一〕志引三統說，

〔一〕「律曆」原誤倒爲「曆律」，據漢書原篇名乙正。

「戊午度於孟津」，蓋二十八日，去丙午逮師十有二日也。孳孳，大明疏及詩譜序俱引太誓作「孜孜」。說文「孜」，引周書曰：「孜孜無怠。」史記作「孳孳」者，古文。白虎通三綱六紀篇云：「孳孳無已也。」漢書谷永傳云：「夙夜孳孳，屢省無怠。」作「孜孜」者，今文也。說文云：「孜孜，汲也〔一〕。」漢書成帝紀云：「羣公孜孜。」蓋勸勉之意。怠者，韋昭注周語云：「緩也。」詩大明云：「上帝臨女，無貳爾心。」疏云：「伐紂之事，本出武王之心，詩人反言衆人之勸武王，見其勸戰之甚。」引此經爲證。則此爲諸侯勸戰之詞也。

天將有立父母，民之有政有居。」**注**鄭康成曰：「言將有立聖德者爲天下父母，民之得有善政有安居。」

疏此據詩譜序疏引太誓說，「武王伐紂，衆咸曰『孜孜無怠。天將有立父母，民之有政有居』」，知「孜孜無怠」下有「天將有立」云云。周本紀省之。詩鴻雁箋引書曰：「天將有立父母，民之有政有居。」疏云：「今太誓文。」鄭注亦見此疏。疏又申之云：「武王將欲伐紂，民喜其有安居。」立者，高誘注淮南云：「置也。」漢書谷永傳云：「天生烝民，不能相治，爲立王者以統理之。」父母者，謂天子也。洪範云：「天子作民父母，以爲天下王。」政者，孔氏注論語云：「謂法教也。」居者，高誘注呂氏春秋云：「安也。」言此者，以見紂時國無善政，民無安居也。

武王乃作太誓，告于衆庶：

疏此據周本紀文。莊氏述祖曰：「經文當爲『王曰：告爾衆庶』。」案：前云「殷有重罪，不可以不畢伐」，是偏告諸侯之詞，疑是太誓中篇。既佚其文，故史公約其旨爲「殷有重罪」也。其佚文即書傳所引太誓。然則太誓中篇之闕久矣。此下篇，武王以紂罪告於衆庶也。

「今殷王紂乃用其婦人之言，自絕于天，毀壞其三正，**注**馬融曰：「動逆天地人也。」

離逷其王父母弟。**注**鄭康成曰：「王父母弟，祖父母之族。必言『母弟』，舉親者

〔一〕說文原文作「孜，汲汲也」。

言之也。」**疏**此據周本紀文。婦人，謂妲己。殷本紀：「紂嬖於婦人，愛妲己，妲己之言是從。」列女傳云：「紂好酒淫樂，不離妲己。妲己所舉者貴之，所憎者誅之。百姓怨望，諸侯有叛者。妲己曰：『罰輕誅薄，威不立耳。』乃重刑辟，爲炮烙之刑，妲己乃笑。」是用其婦人之言也。漢書谷永傳引此經，注：「師古曰：『言紂用妲己之言，自取殄滅，非天滅之也。』」毀者，說文云：「缺也。」壞者，說文云：「敗也。」三正，謂天地人之常祀。此篇經文與牧誓同，即牧誓所云「昏棄厥肆祀弗答」也。離者，高誘注淮南云：「去也。」遏者，釋詁云：「遠也。」王父母弟者，釋親云：「父之考爲王父。」公羊隱七年傳云：「母弟曰弟。」謂紂之同祖昆弟至親者，皆遠去而不用，即牧誓云「昏棄厥遺，王父母弟不迪」也。馬注見史記集解。云「動逆天地人」者，甘誓云：「怠棄三正。」鄭注云：「天地人之正道。」馬義與之同也。鄭注見史記集解。**四方之多罪逋逃，是宗是長，是信是使。**

疏此據漢書谷永傳引書曰：「迺用婦人之言，自絕於天。四方之多罪逋逃〔一〕，是宗是長，是信是使。」注：「師古曰：『亦泰誓之辭也。』」知與「自絕於天」連屬有此經文。周本紀省之者，因其文見牧誓也。漢書五行志谷永引書云：「乃用其婦人之言，四方之逋逃多罪，是信是使。」注：「師古曰：『周書泰誓也。』」逋、逃者，說文云：「亡也。」春秋左氏文三年傳云：「凡民逃其上曰潰，在上曰逃。」宗者，白虎通宗族篇云：「尊也。」牧誓作「崇」，釋詁云：「高也。」長者，周語云：「古之長民者。」注云：「長，猶君也。」信者，高誘注呂覽云：「從也。」使者，說文云：「伶也。」言四方有罪逋逃之人，紂反尊重而信用之。微子云「凡有罪辜，乃罔恒獲」是也。呂覽先識篇云：「武王告諸侯曰：『商王大亂，沈於酒德，辟遠箕子，爰近姑與息。』」注云：「箕子忠臣而疎遠之，姑息之臣而與近之。」**乃斷弃其先祖之樂，乃爲淫聲，**

〔一〕「多罪逋逃」，漢書谷永傳作「逋逃多罪」。

用變亂正聲，怡悦婦人。**注**「怡」一作「以」。**疏**此據周本紀文。漢書禮樂志云：「書序：『殷紂斷弃先祖之樂，乃作〔一〕淫聲，用變亂〔二〕正聲，以悦婦人。』」注：「師古曰：『今文泰誓之辭。』」斷者，廣雅釋詁云：「絶，斷也。」弃者，說文云：「棄，捐也。」古文作「弃」。先祖之樂，謂大濩。周禮大司樂注云：「大濩，湯樂也。」淫聲者，鄭注周禮云：「淫，放濫也。」大司樂云：「禁其淫聲。」注云：「淫聲，若鄭、衛也。」正聲，謂雅樂。殷本紀云：「紂好酒淫樂，嬖於婦人。於是使師涓作新淫之聲，北里之舞，靡靡之樂。」卽所謂淫聲，變正聲也。怡者，釋詁云：「樂也。」集解引徐廣曰：「怡，一作『辭』。」說文「辤」古文作「辝」，怡與辝，形聲相近。堯典「舜讓於德不嗣」，今文作「怡」，是「辝」爲「怡」之古文也。漢書禮樂志「怡」作「以」，亦聲相近。

故今予發維共行天罰。勉哉夫子！**注**鄭康成曰：「夫子，丈夫之稱。」

不可再，不可三！**疏**此據周本紀。共，同「恭」，釋詁云：「敬也。」甘誓云：「恭行天之罰。」勉，經文當爲「勖」，史公以訓詁代之，今亦不復更正。不可再，不可三者，史記孫子列傳有「三令五申」，軍法也。言勉從誓令，不可待三令五申。漢書文三王傳引書曰：「至於再三，有不用，我降爾命。」注：「師古曰：『此周書多方篇之辭也。』」鄭注見史記集解。云夫子爲丈夫者，說文云：「夫，丈夫也。从大，一以象簪也。」御覽三百八十二引說文作「一象簪，冠而既簪。人二十而冠，成人也。故成人曰丈夫。」今本說文脱之。鄭注郊特牲云：「夫之言丈夫也。」

〔一〕「作」原訛爲「變」，據漢書禮樂志原文改。

〔二〕「變亂」原誤倒爲「亂變」，據漢書禮樂志原文乙正。

牧誓第十一　周書二　尚書今古文注疏卷十一

注史遷說：「十一年，伐紂，至牧野，周公佐武王，作牧誓。」**疏**史公說見魯周公世家。祭統疏引皇氏云：「師說書傳云武王伐紂，至于商郊，停止宿夜，士卒皆歡樂歌舞以待旦，因名焉。武宿夜，其樂亡也。」案：此是甲子前夕，至牧野事。

時甲子昧爽，**注**史遷作「二月甲子」。馬融曰：「昧，未旦也。」鄭康成曰：「詩曰：『肆伐大商，會朝清明。』」

疏時甲子，史記周本紀爲「二月甲子」，集解引徐廣曰：「一作『正』。」此建丑之月，殷之正月，周之二月也。」是今文有「二月」。漢書律曆志云：「序曰：『一月戊午，師度于孟津。』至庚申，二月朔日也。四日癸亥，至牧壄，夜陳，甲子昧爽而合矣。故外傳曰：『王以二月癸亥夜陳。』武成篇曰：『粵若來三月，既死霸，粵五日甲子，咸劉商王紂。』」但史公以此二月爲十一年二月甲子。律曆志云：「文王十五而生武王，受命九年而崩，崩後四年而武王克殷。克殷之歲八十六矣。」是以爲十三年二月。蓋今文古文各從文王受命數年之異也。史公以虞、芮質成之年爲文王受命，則文王七年崩。若以賜斧鉞爲受命，則又在虞、芮質成之前矣。其云「二月甲子」，或不異也。昧爽者，說文云：「旦明也。」蓋以昧爲闇，爽爲明也。馬注見釋文。以昧爲未旦者，內則云：「昧爽而朝，日出而退。」是昧爽爲日未出也。說文又云：「昧，闇也。」荀子儒效篇云：「武王之誅紂也，行之日以兵忌，東面而迎太歲，至氾而氾，至懷而懷，至共頭而山隧。朝食於戚，暮宿於百泉，厭旦於牧之野。」

楊倞注云：「厭，掩也，夜掩於旦，謂未明已前。」此與馬說合。馬蓋以下有「王朝至于商郊牧野」，下云「朝」，則此是未明已前矣。鄭注見詩大明疏。引詩「肆伐大商，會朝清明」者，箋云：「肆，故也。會，合也。以天期已至，故今伐殷，合兵以清明。」引此經，「王」作「武王」。疏云：「引牧誓，證清明之時是昧爽之義。牧誓注亦引此詩，交相爲證，以明其事同也。昧爽者，爽，明也。言其昧之而初明。晚則塵昏，旦則清，故謂朝旦爲清明。」

王朝至于商郊牧野，乃誓。

注史遷「王」作「武王」。鄭康成曰：「郊外曰野。將戰于郊，故至牧野而誓。」「牧」一作「坶」，「野」一作「壄」。

疏史公「王」作「武王」者，詩大明鄭箋引此經亦作「武王」，閟宫疏亦同，疑僞傳删武字也。史臣追加之文，如湯誓稱王，後人不省耳。鄭注見書疏。云「郊外曰野」者，釋地云：「邑外謂之郊，郊外謂之牧，牧外謂之野。」詩駉傳云：「郊外曰野。」周禮載師注：「杜子春云：『五十里爲近郊，百里爲遠郊。』」紂都朝歌，牧在朝歌南七十里，是遠郊之内，近郊之外。經言「至于商郊牧野」，故鄭云「郊外曰野」。水經清水注云：「清水東與倉水合，水出西北方山，山在衞縣西，俗謂之雹水，東南歷坶野，自朝歌以南，南暨清水。土地平衍，據臯跨澤，悉坶野矣。詩所謂『坶野洋洋，檀車煌煌』者也。」案：朝歌在今河南濬縣西南。「牧」作「坶」者，說文云：「朝歌南七十里地。周書武王與紂戰于坶野。」此孔壁古文。詩大明疏引書序注云：「牧野，紂南郊地名。禮記及詩作『⿰土每野』，古字耳。」「坶」又作「⿰土每」，字迹小異。據此則知禮記及詩舊本皆作「坶野」，故水經注引詩亦作「坶野」，今本爲後人改從近字也。「野」作「壄」者，見漢書律曆志。

王左杖黃鉞，右秉白旄，以麾。

注馬融曰：「白旄，旄牛尾。」「杖」一作「仗」，「鉞」一作「戉」，「旄」一作「髦」。

疏杖者，說文云：「持也。」鉞，說文作「戉」，云：「大斧也。」司馬法曰：『夏執玄戉，殷執白戚，周左杖黃戉，右秉白髦。』」秉者，釋詁云：「執也。」麾，說文作「⿸麻垂」，云：「旌旗所以指麾也。」今省文。馬注見釋文。云「旄，旄牛尾」者，説文作「氂」，云：「氂牛尾也。」古字通。杖，韋昭注周語引作「仗」。鉞，釋文云：「本又作『戉』。」旄，説文引司馬法作「髦」，亦古字通。

曰：「逖矣，西土之人！」

注史遷「逖」作「遠」。「逖」一作「逿」。

疏史公「逖」作「遠」者，釋詁云：「逿，遠也。」郭注引此經作「逿」。説文云：「逖，遠也。」古文作「逿」。

王曰：「嗟！我友邦冢君，

注史遷「友邦」作「有國」。馬融曰：「冢，大也。」

疏嗟者，釋詁云：「咨，𨔵也。」説文作「𨔵」，此省文。周禮大宗伯職云：「以賓射之禮親故舊朋友。」注云：「天子亦有友諸侯之義，武王誓曰『我友邦冢君』是也。」友邦，史公作「有國」者，今文不作友字説也。馬注見史記集解。「冢，大」，釋詁文。

御事：司徒、司馬、司空，

注史遷無「御事」。

疏御事，謂治事。鄭箋思齊詩云：「御，治也。」引書「越乃御事」。大傳云：「天子三公：司徒公，司馬公，司空公。」太誓與太公所作告于衆，則「司馬」在前。此述御事之臣，仍循「司徒」在前之常。白虎通封公侯篇引别名記曰：「司徒典民，司空主地，司馬順天。」案：司徒、司馬、司空爲天子三公，坐而論道，無所職司。今在軍中，不無所治，且司馬主兵，乃其專責也，故以「御事」總目「司徒」以下也。

亞旅、師氏，千夫長、百夫長，

注鄭康成曰：「師帥、旅帥也。」

疏亞者，釋言云：「次也。」旅者，釋詁云：「衆也。」春秋左氏文十五年傳：「宋華耦來盟，公與之宴。辭，請承命于亞旅。」注云：「亞旅，上大夫也。」疏引牧誓爲證。又成二年傳：「魯賜晉三帥三命之服，亞旅皆一命之服。」注云：「亞旅，大夫也。」疏云：「周禮典命：『公之孤四命，其卿三命，其大夫再命，其士一命。侯伯之卿、大夫、士亦如之。』此三帥皆卿，故魯賜以三命之服。亞旅，大夫，故受一命之服。周禮大夫再命，此一命者，春秋時事，異于周禮。」據此，則亞旅爲大夫甚明。師氏者，周禮地官序官云：「師氏中大夫一人。」「凡祭祀、賓客、會同、喪紀、軍旅，王舉則從。」注云：「舉猶行也。」又云：「使其屬帥四夷之隸，各以其兵服守王之門外，且蹕。朝在野外，則守內列。」注云：「內列〔一〕，蕃營之在內者也。守之如守王宮。」是師氏亦大夫，從王在軍中守內列者。鄭注見書疏。周禮夏官序官云：「二千有五百人爲師，師帥皆中大夫。五百人爲旅，旅帥皆下大夫。」故鄭以千夫長爲師帥，百夫長爲旅帥也。

及庸、蜀、羌、髳、微、盧、彭、濮人，　**注**史遷「盧」作「纑」。馬融曰：「武王所率，將來伐紂也。」　**疏**及者，春秋左氏宣七年傳云：「凡師出，與謀曰及。」庸者，見文十六年傳，云：「庸人率羣蠻以叛楚。」又云：「楚師滅庸。」杜注云：「今上庸縣，屬楚小國。」「百濮，夷也。」蜀者，華陽國志云：「蜀之爲國，肇於人皇，與巴同囿。至黃帝，爲其子昌意娶蜀山氏之女，生子高陽，是爲帝嚳。封其支庶于蜀，世爲侯伯，歷夏、商，周武王伐紂，蜀與焉。其地東接於巴，南接於越，北與秦分，西奄、岷、嶓。」羌者，說文云：「西戎牧羊人也。」詩殷武：「自彼氐、羌。」箋云：「氐、羌，夷狄國在西方者。」髳者，後漢書西羌傳：「武王克商，羌、髳率師會牧野。」字亦與髦通。詩角弓云：「如蠻如髦。」傳云：「髦，夷髦也。」箋云：「髦，西夷別名。武王伐紂，其等有八國從焉。」盧者，春秋左氏桓十三年傳云：「屈瑕伐羅。羅與盧戎兩軍之，大敗之。」杜注云：「盧戎，南蠻。」濮者，周書王會解正南之國有百濮。左傳云：「巴、濮，吾南土也。」鄭語史伯曰：「叔熊〔二〕逃難于濮而蠻。」又「楚蚡冒始啟濮。」注云：「濮，南陽之國。」爾雅：「南至于濮鉛。」杜預釋例云：「建寧郡南有濮夷，無君長總統，各以邑落自聚，故稱百濮。」微，又見立政，云。

〔一〕「列」原訛作「則」，據周禮師氏鄭注原文改。
〔二〕「熊」字原脫，據國語鄭語原文補。

「夷、微、盧、烝。」微、彭，不見傳記。史記正義引括地志云：「房州〔一〕竹山縣及金州，古庸國〔二〕也。益州及巴、利等州，皆古蜀國。隴右岷、洮、叢等州以西，羌也。姚府以南，古髳國之地。戎府之南，古微、盧、彭三國之地。濮在楚西南。有髳州、微、濮州、瀘府、彭州焉。武王率西南夷諸州伐紂也。」馬注見史記集解。

稱爾戈， **注**「稱」一作「偁」。 **比爾干，立爾矛，予其誓。」**

疏稱者，釋言云：「偁，舉也。」郭注引書曰：「偁爾戈。」稱，借字。說文又作「爯」，云：「并舉也。」戈者，考工記云：「戈柲六尺有六寸。」「戈廣二寸，内倍之，胡三之。」注云：「戈，今句孑戟也，或謂之雞鳴，或謂之擁頸。」比者，說文云：「相次比也。」干者，釋言云：「扞也。」說文作「𢧀」，云：「盾也。」「盾，所以扞身蔽目。」矛者，說文云：「酋矛也。建于兵車，長二丈。」古文作「𢦏」。鄭注考工記云：「酋，發聲，直爲矛。」

王曰：「古人有言曰： **注**鄭康成曰：「以古賢之言爲驗。」

『牝雞無晨。牝雞之晨，惟家之索。』

疏牝者，詩傳云：「飛曰雌雄，走曰牝牡。」亦爲飛者通稱。說文云：「雞，知時畜也。」史記曆書〔三〕云：「雞三號，卒明。」晨，當爲「晨」，說文云：「早昧爽也。」索者，釋名云：「索，素也。」案：素之義爲空也。漢書外戚傳倢伃賦云：「悲晨婦之作戒。」注：「張晏曰：『書云：牝雞之晨，惟家之索。』」鄭注見詩蕩疏。

今商王受惟婦言是用， **注**史遷作「殷王紂」。

疏婦，謂妲己也。妲，字；己，姓；見晉語及列女傳。用其言，爲炮烙之刑，見泰誓疏。史公「受」作「紂」者，漢書五行志亦作「紂」，凡今文俱作「紂」，古

〔一〕「房」原訛作「號」，據史記正義原引括地志改。

〔二〕「庸」原訛作「盧」，據史記正義原引括地志改。

〔三〕「曆」原作「律」。案：「雞三號，卒明」見史記曆書，故據改。

文或作「受」也。昏棄厥肆祀弗答，昏棄厥遺，王父母弟不迪，注史遷「昏棄厥肆〔一〕祀」作「自弃其先祖祀〔二〕」，「昏棄厥遺」作「昏弃其家國道〔三〕」，「王父母弟不迪」作「其王父母弟不用」。鄭康成曰：「肆，祭名。答，問也。」「王」一作「任」。疏昏者，王氏引之云：「蔑也。讀曰泯。」春秋左氏昭廿九年傳云：「若泯棄之。」泯棄，猶蔑棄也。周語曰：「不共神祇，而蔑棄五則。」泯、蔑，聲之轉。史公「棄」作「弃」，說文云：「古文也。」「肆祀」爲「先祖祀」者，周禮大祝：「凡大禋祀肆享。」注云：「肆享，祭宗廟也。」又典瑞：「以肆先王。」注云：「玄謂肆，解牲體以祭，因以爲名。」是肆爲祭先祖也。云「遺」爲「家國道」，與經文異者，今文多二字斷句。答者，鄭注鄉射禮云：「對也。」當讀如「對越在天」之對。郭注釋言云：「畣者，應也。」義亦或爲不應。「迪」爲「用」者，詩桑柔云「維此良人，弗求弗迪」是也。鄭注見史記集解。云「肆，祭名」者，卽注典瑞所云「肆，解牲體以祭，因以爲名」也。詩雝云：「相予肆祀。」箋以肆爲陳，與此不同也。云「答，問」者，未詳。「王父母弟」，熹平石經「王」作「任」，未詳。乃惟四方之多罪逋逃，是崇是長，是信是使，是以爲大夫卿士，俾暴虐于百姓，以姦宄于商邑。注史遷無「是以爲大夫卿士」，「宄」作「軌」，「邑」作「國」。「惟」一作「維」。疏春秋左氏昭七年傳云：「紂爲天下逋逃主。」崇者，宣十二年傳云：「師叔，楚之崇也。」漢書谷永傳引大誓作「宗」，鄭注檀弓云：「宗，尊也。」大夫卿士，不云「卿大夫士」，蓋以此士，卿之屬也。姦宄，見前大誓疏。史公「宄」爲

〔一〕「肆」字原脱，據尚書正義牧誓經文補。
〔二〕「先祖祀」，史記周本紀原文作「先祖肆祀」。
〔三〕「道」，史記周本紀原文作「遺」。

「軌」者，聲相近，借車軌字爲宄。「邑」爲「國」者，說文云：「邑，國也。」「惟」作「維」，見熹平石經。**今予發惟恭行天之罰。** **注** 史遷「恭」作「共」，「罰」作「罪」。「共」一作「龔」。**疏** 恭者，釋詁云：「敬也。」史公「恭」爲「共」者，漢書翟方進傳兩言「共行天罰」，與史記同。「恭」又作「龔」者，後漢書班固傳兩都賦云：「龔行天罰。」注云：「尚書武王曰：『龔行天罰。』」說文作「龏」，云：「慤也。」蓋借字。**今日之事，不愆于六步七步，乃止齊焉。** **注** 史遷「愆」作「過」。鄭康成曰：「好整好暇，用兵之術。」「不愆」一作「弗僭」，下同。**疏** 愆者，釋言作「僭」，云：「過也。」說文以「僭」爲籀文。史公「愆」爲「過」，用其義。鄭注見詩大明疏。春秋左氏成十六年傳欒鍼說晉國之勇云：「好以衆整。」又曰：「好以暇。」鄭用其說。司馬法云：「軍以舒爲主，雖交兵致刃，徒不趨，車不馳，不踰列，是以不亂。」是其義也。不愆，藝文類聚五十九引尚書此文作「弗僭」，蓋正義已前本。**夫子勖哉！不愆于四伐五伐六伐七伐，乃止齊焉。** **注** 史遷「勖」作「勉」，「愆」作「過」。鄭康成曰：「伐，謂擊刺也。一擊一刺曰一伐。始前就敵，六步七步當止齊，正行列。及兵相接，少者四伐，多者五伐，又當止齊，正行列也。」**疏**「勖，勉」，釋詁文。伐者，說文云：「擊也。」樂記孔子云：「天子夾振之，而駟伐。」注云：「駟，當爲『四』，聲之誤也。武舞，戰象也。每奏四伐，一擊一刺爲一伐。牧誓曰：『今日之事，不過四伐五伐。』」鄭注見詩惟清疏及曲禮疏。云「擊刺」者，擊用戈，刺用矛也。江氏聲云：「樂記注引此經，云：『不過四伐五伐。』曲禮疏、樂記疏引此經，皆無『六伐七伐』字。此注云『多者五伐』，疑鄭本古文尚書無『六伐七伐』。但史記及石經皆有此四字。」**勖哉夫子！** **注** 史遷「勖」作「勉」。**尚桓桓，** **注** 鄭康成曰：「威武貌。」「桓」一作「狟」。**疏** 鄭注見史記集解。云「威武」者，釋訓云：「桓桓，威也。」桓，說文作「狟」，引此經。**如虎如貔，如熊如羆，** **注** 史遷

「貔」作「羆」，「熊」作「財」，「羆」作「離」。歐陽尚書說：「螭，猛獸也。」「離」一作「螭」。鄭康成曰：「其威當如獸之將攫搏也。貔，一名曰豹，虎類也。」

疏 貔者，釋獸云：「白狐，其子縠。」郭注云：「一名執夷，虎豹屬。」詩韓奕疏引陸機疏云：「貔似虎，一名白狐。」說文云：「貔，豹屬，出貉國。」或作「豼」。熊者，說文：「獸似豕，山居，冬蟄。」羆者，釋獸云：「如熊，黃白文。」郭注云：「似熊而長頭高脚，猛憨多力，能拔樹木，關西呼曰貑羆者。」說文云，古文作「䏻」。史公「貔」爲「羆」者，即羆字。「熊」爲「財」者，即豺字。史記司馬相如傳正義引杜林云：「豺似狛，白色。」杜林說古文尚書，則知古文尚書「財」作「豺」也。「羆」爲「離」者，集解徐廣曰：「離，與『螭』同。」皆离字假借字。說文「离」：「歐陽喬說，离，猛獸也。」喬，當爲「高」。案：漢書儒林傳歐陽和伯曾孫名高，爲博士，「由是尚書有歐陽氏學」。今文蓋作「离」。文選西都賦注引作「螭」，非本字也。鄭注見曲禮疏。云「豹，虎類」者，說文云：「豹，似虎，圜文。」「貔，豹屬。」

于商郊，

疏 于者，釋詁云：「往也。」上言「商郊牧野」，乃是遠郊近郊之間；此言往商郊，謂近郊也。

弗迓克奔，以役西土。

注 史遷「弗迓」作「不禦」，「奔」作「犇」。馬融曰：「禦，禁也。役，爲也。」鄭康成曰：「禦，彊禦，謂彊暴也。克，殺也。不得暴虐殺紂師之奔走者，以爲周之役也。」「迓」一作「御」，又作「禦」。

疏 迓者，說文云：「訝，相迎也。」或作「迓」。克者，釋詁云：「殺，克也。」公羊隱元年傳云：「克之者何？殺之也。」役者，廣雅釋詁云：「助也。」言弗迎殺其師之來奔者，謂不殺降，可以其人爲周之助。史公「迓」爲「禦」者，釋言云：「禦，禁也。」言不禁殺其犇降者。馬注見釋文。云「禦，禁」者，釋言文。役爲助者，廣雅釋詁文。周語云：「以役上令。」注同。鄭注見史記集解。以禦爲彊禦者，詩蕩傳云：「彊禦，彊梁禦善也。」禦善是彊暴矣。「克，殺」，釋詁文。云「奔走」者，說文：「奔，走也。」爲周之役者，周國在西土。役者，謂使爲兵。周禮小宰注：「鄭司農云：「『役，謂發兵起徒役也。』」吴語云：「寡〔一〕人率不腆吴國之役。」注云：「役，兵也。」役，同「役」。迓，一作「御」者，顔師古匡謬正俗引此經作「御」。釋文云：「馬本作『禦』。」

勖哉夫子！爾所弗〔二〕勖，其于爾躬有戮。」

注史遷「勖」作「勉」，「弗勖」作「不勉」，「躬」作「身」。鄭康成曰：「『所』，言且也。」

疏戮者，釋詁云：「殺也。」史公「躬」爲「身」者，釋詁文。鄭注見史記集解。

〔一〕「寡」原訛作「家」，據國語吴語原文改。

〔二〕「弗」原訛作「不」，據尚書正義牧誓經文改。案：本句下之注文正作「弗」。

洪範第十二上　周書三　尚書今古文注疏卷十二

疏洪範者，釋詁云：「大也。」「法也。」禹得洛書，傳于箕子，爲武王陳之也。史記宋微子世家云：「箕子者，紂親戚也。紂爲淫佚，箕子諫，不聽。乃被髮佯狂而爲奴。武王既克殷，訪問箕子。」殷本紀云：「箕子佯狂爲奴，紂又囚之。周武王伐紂，釋箕子之囚。」案：訪洪範時，十有三祀，古文説在克殷釋囚之後二年。箕子既告武王以洪範，乃封于朝鮮，故史公宋世家述洪範畢，云：「於是武王乃封箕子於朝鮮而不臣也。」漢書五行志云：「劉歆以爲禹治洪水，賜雒書，法而陳之，洪範是也。聖人行其道而寶其真。降及於殷，箕子在父師位而典之。周既克殷，以箕子歸，武王親虚己而問焉。」案：此俱以武王訪問洪範爲在箕子釋囚未封朝鮮之前，孔安國故也。書疏引書傳云：「武王釋箕子之囚，箕子不忍周之釋，走之朝鮮。武王聞之，因以朝鮮封之。箕子既受周之封，不得無臣禮，故於十三祀來朝。武王因其朝而問洪範。」此今文説也。書序亦云：「武王勝殷殺受，立武庚，以箕子歸，作洪範。」書疏云：「朝鮮去周，路將萬里。聞其所在，然後封之，受封乃朝，必歷年矣，不得仍在十三祀也。宋世家得其實也。」案：周本紀云：「武王已克殷，後二年，問箕子殷所以亡。箕子不忍言殷惡，以存亡國宜告。武王亦醜，故問以天道。」又考周本紀，武王十一年十二月師渡孟津，二月朝至於商郊牧野，是十二年也。已而命召公釋箕子之囚，乃罷兵西歸，封諸侯。箕子之去朝鮮，因而封之，疑在此時。又云：「武王徵九牧之君。」箕子宜亦以此時來朝，故在武王已克殷後二年，是十三年也。大傳所説，校之周本紀，未可非，故今文與古文並存可也。孔氏穎達所駁未盡然。左傳、説文引此經，皆云商書，經文亦稱歲爲祀。或武王命箕子陳言，示不臣之義。或此篇舊次在微子之前，如漢書儒林傳云「堯典、禹貢、洪範、〔一〕微子、金縢諸篇」，不可知矣。僞傳以箕子稱祀，不忘本。書疏云必是箕子自爲之。經傳亦無明文。

惟十有三祀，王訪于箕子。注馬融曰：「箕，國名也。子，爵也。箕子，紂之諸父。」疏經稱「十有三祀」者，周本紀云「克殷後二年」也。稱「祀」者，釋天云：「載，歲也。商曰祀。」釋名云：「祀，已也。新氣升，故氣已也。」書疏引孫炎云：「祀，取四時祭祀一訖也。」訪者，釋詁云：「謀也。」馬注見史記集解。云「箕，國名。子，爵」者，王制疏引鄭志：「張逸問：『殷爵三等，公、侯、伯。尚書有微子、箕子何？』答云：『微子、箕子，實是畿内采地之爵，非畿外治民之君，故云子也。』」水經汳水注云：「汳水又東，逕大蒙城北，所謂景亳爲北亳矣。闞駰曰：『湯都也。』杜預曰：『梁國蒙縣北有薄伐城，城中有成湯冢，其西有箕子冢。』」案：蒙縣故城在今河南歸德府城北，湯都在偃師，是畿内地也。云「箕子，紂之諸父」者，史記索隱云：「馬融以箕子爲紂之諸父者，服虔、杜預以爲紂之庶兄。」又引司馬彪曰：「箕子名胥餘。」案：莊子注也。

王乃言曰：「嗚呼，箕子！惟天陰騭下民，相協厥居，我不知其彝倫攸敘。」注史遷「惟」作「維」，「騭」作「定」，「協」作「和」，「厥」作「其」，「彝」作「常」，「攸」作「所」。馬融曰：「陰，覆也。騭，升也。升猶舉也，舉猶生也。」「攸」一作「逌」。疏呂氏春秋君守篇云：「洪範曰：『惟天陰隲下民。』陰之者，所以發之也。」注云：「陰陽升陟也。」

〔一〕「洪範」原脱，漢書儒林傳原文有，據上下文義，當補此二字。

言天覆生下民，王者助天舉發，明之以仁義也。」呂覽引洪範者，先秦人書說也。云「陰之，所以發之」者，騭爲升，其義爲舉發也。注以陰爲陰陽者，春秋繁露天辨在人云：「陰者，陽之助也。」賈子六術云：「陰陽，天地之動也。」故注兼陰陽言之。「騭，陞」，釋詁文。言「天覆生下民」者，釋名云：「陰，蔭也。」蔭義近覆。云「王者助天舉發」者，釋詁云：「相、助，勴也。」相與助同訓。經云「相」，故云「王者助天」。云「明之以仁義」，言當居仁由義，所謂「協厥居」也。漢書五行志注：「應劭曰：『陰，覆也。騭，升也。相，助也。協，和也。倫，理也。言天覆下民，王者當助天居，我不知居天常理所次序也。』」義亦相同。史公「惟」作「維」者，今文經字俱作「維」。以「陰騭」爲「陰定」者，釋詁騭、格同詁。格者，趙岐注孟子云：「正也。」齊語云：「正卒伍。」漢書刑法志作「定卒伍」。堯典「以閏月定四時」，史記作「正四時」。論語云：「就有道而正焉。」正、定通字，故騭爲定也。言天陰覆下民而定其居，視其合于善惡以定之。史公故明白于高誘、馬、應諸人也。協爲和，彝爲常，釋詁文。厥爲其，攸爲所，釋言文。馬注見釋文。云「陰，覆。騭，升。升猶舉」，義亦同呂覽也。攸，五行志俱作「逌」。

箕子乃言曰：「我聞在昔，鯀陻洪水，汩陳其五行，**注**史遷「洪」作「鴻」。「陻」一作「垔」，「汩」一作「曰」。

疏五行志引此文，注：「應劭曰：『陻，塞也。汩，亂也。水性流行，而鯀陻塞之，失其本性，其餘所陳列皆亂，故曰亂陳五行。』」陻，說文作「垔」，云：「塞也。」引此經。古文作「𡋯」，或作「陻」。汩爲亂者，江氏聲引司馬相如上林賦云：「汩乎混流。」又云：「說文：『汩，治水也。』反其義則爲亂。」汩與滑聲相近，故爲亂。熹平石經「陻」爲「伊」者，陻、伊聲之轉。石經「洪」爲「鴻」，聲相近。「汩」爲「曰」，省文。

帝乃震怒，不畀洪範九疇，彝倫攸斁。**注**史遷「畀」作「從」，「洪」作「鴻」，「疇」作「等」，「彝」作「常」。鄭康成曰：「帝，天也。天以鯀如是，乃震動其威怒，不與天道大法九類，言王所問所由敗也。」「斁」一作「殬」，一作「釋」。**疏**畀者，釋詁云：「賜也。」史公「畀」爲「從」者，今文尚書字也。釋詁云：「俾，從也。」俾與畀聲相近。「疇」爲「等」者，漢書宣帝紀張晏注亦云。「彝」爲「常」，見上。鄭注見史記集解。云「帝，天」者，以下文又云「天錫」知之也。「洪，大」、「範，法」，皆釋詁文。疇爲類者，九家易注。斁爲敗者，詩箋亦云。說文作「殬」，云：「敗也。商書曰：『彝倫攸殬。』」斁，史記集解徐廣曰：「一作『釋』。」案：說文：「斁，解也。」與釋義相近。

鯀則殛死，禹乃嗣興。**注**鄭康成曰：「春秋傳曰：『舜之誅也殛鯀，其舉也興禹。』」「殛」一作「極」。**疏**殛，釋文云：「本又作『極』。」裴松之注魏志云：「詩曰：『致天之屆。』鄭玄云：『屆，極也。』鴻範曰：『鯀則極死。』」段氏玉裁云：「裴據古文尚書也。」釋言云：「屆，極也。」案：言極之遠方，至死不反。嗣興者，釋詁云：「嗣，繼也。」釋言云：「興，起也。」鄭注見史記集解。引春秋傳者，左氏僖三十三年文也。

天乃錫禹洪範九疇，彝倫攸敘。**注**史遷說同上。**疏**天乃錫禹洪範九疇者，太平御覽八百七十二引尚書中候云：「堯率羣臣，東沉於洛，退候至於下稷，赤光起，元龜負書，中背有赤文朱字。」宋均曰：「稷，讀曰側。」此卽禹所受洛書。云『堯率羣臣』，禹時預焉。」鄭注大傳云：「初禹治水，得神龜負文於洛，以盡得天人陰陽之用，至是奉帝命而陳之也。」漢書五行志云：「此武王問雒書於箕子，箕子對禹得雒書之意也。」又于「初一曰五行」至「畏用六極」云：「凡此六十五字，皆雒書本文，所謂天迺錫禹大法九章，常事所次者也。」

「初一曰五行；**注**馬融曰：「從『五行』已下至『六極』，洛書文也。」鄭康成曰：「行者，順天行氣。」**疏**馬注見釋文。以「五行」已下至「六極」爲洛書文，與劉歆說同。鄭注見永樂大典鑒字部。云「順天行氣」者，白虎通五行篇云：「五行者，謂金木水火土也。言行者，欲言爲天行氣之義也。」

次二曰敬用五事；**注**「敬」一作「羞」。**疏**敬用者，詩小旻箋云：「欲王敬用五事。」俱古文尚書字也。漢書五行志及孔光傳、藝文志「敬」俱作「羞」，藝文志云：「言進〔一〕用五事以順五行也。貌、言、視、聽、思心失，而五行之序亂。」羞，蓋𦵔字。次三曰農用八政；注馬融曰：「食爲八政之首，故以農名之。」鄭康成曰：「農，讀爲醲。」疏馬注見釋文。五行志注：「張晏曰：『農，食之本，食爲八政首，故以農爲名。』」與馬義同也。鄭注見書疏。讀農爲醲者，說文云：「醲，厚酒也。」廣雅釋詁云：「醲，厚也。」後漢書馬援傳朱勃上書曰：「明主醲於用賞，約於用刑。」皆與鄭義同也。次四曰協用五紀；注「協」一作「叶」。疏五行志「協」爲「叶」，注：「應劭曰：『叶，合也，合成五行，爲之條紀也。』」說文「旪」、「叶」俱「協」字古文。次五曰建用皇極；疏五行志注：「應劭曰：『皇，大；極，中也。』」漢書孔光傳對日蝕引書曰「羞用五事」，「建用皇極」，「如貌、言、視、聽、思失，大中之道不立，則咎徵薦臻，六極屢降。皇之不極，是爲大中不立」。尚書大傳洪範五行傳：「爰用五事，建用王極。」鄭注云：「王極，或皆爲『皇極』。」次六曰乂用三德；注「乂」一作「艾」。疏五行志作「艾」，注：「應劭曰：『艾，治也。治大中之道用三德也。』」熹平石經亦作「艾」。次七曰明用稽疑；疏五行志注：「應劭曰：『疑事明考之於蓍龜。』」說文云：「卟，卜以問疑也。讀與稽同。」次八曰念用庶徵；注鄭康成曰：「庶，衆也。徵，驗也。謂衆行得失之驗。」疏鄭注見禮器疏，云「庶，衆」，釋詁文。云「徵，驗」者，服虔注左傳亦云。次九曰嚮用五福，威用六極。注史遷「威」作「畏」。說爲：「初一曰五行；二曰五事；三曰八政；四曰五紀；五曰皇極；六曰三德；七曰稽疑；八曰庶徵；九曰嚮用五福，畏用六極。」馬融曰：「言天所以畏懼人，用六極。」疏五行志注：「應劭曰：『天所

〔一〕「進」原訛作「敬」，據漢書藝文志原文改。

以嚮樂人，用五福；所以畏懼人，用六極』。」案：嚮，俗字，當爲「饗」。漢書谷永傳永對曰：「經曰：『饗用五福，畏用六極。』」史公「威」作「畏」者，釋名云：「威，畏也。可畏懼也。」六十五字作四十三字者，今古文不同也。馬注見史記集解，與應氏說同，脫其上句。

「一，五行：**注**史遷「五行」上無「一」字。**疏**史公無「一」字，古今文尚書。熹平石經「爲天下王」「三德」相連，則今文皆無「一」、「二」、「三」、「四」、「五」、「六」、「七」、「八」、「九」可知。古文尚書蓋有之。釋文及疏皆不言，馬、鄭本異於孔本也。一曰水，二曰火，三曰木，四曰金，五曰土。**注**鄭康成曰：「此數本諸陰陽所生之次也。」

疏白虎通五行篇云：「水位在北方。北方者，陰氣在黃泉之下，任養萬物。水之爲言準也，養物平均，有準則也。木在東方。東方者，陰陽氣始動，萬物始生。木之爲言觸也，陽氣動躍，觸地而出也。火在南方。南方者，陽在上，萬物垂枝。火之爲言委隨也，言萬物布施。火之爲言化也，陽氣用事，萬物變化也。金在西方。西方者，陰始起，萬物禁止，金之爲言禁也。土在中央。中央者土，土主吐含萬物，土之爲言吐也。」鄭注見史記集解。云「此數本諸陰陽所生之次」者，陰陽謂天地。易繫辭云：「天一，地二，天三，地四，天五，地六，天七，地八，天九，地十。」月令疏引鄭注云：「天一生水于北，地二生火于南，天三生木于東，地四生金于西，天五生土于中。陽无耦，陰无配，未得相成。地六成水于北，與天一并；天七成火于南，與地二并；地八成木於東，與天三并；天九成金于西，與地四并；地十成土於中，與天五并也。」故其次如此。若四時之次，則春德在木，夏火，中央土，秋金，冬水。五音之次，則宮土，商金，角木，徵火，羽水。皆與此次不同，故鄭明之。水曰潤下，火曰炎上，木曰曲直，金曰從革，**注**馬融曰：「金之性從人而更，可銷鑠。」土爰稼穡。　注史遷「爰」作「曰」。　疏白虎通五行篇云：「五行之性，或上或下何？火者陽也，尊，故上。水者陰也，卑，故下。木者少陽，金者少陰，有中和之性，故可曲可直，從革。土者最大，苞含物，將生者出，將歸者入，不嫌清濁，爲萬物母。」引此經文。又云：「五行所以二陽二陰何？土尊，尊者配天。金、木、水、火，陰陽自偶。」潤者，廣雅釋詁云：「濕也。」炎者，說文云：「火光上也。」易文言云：「水流濕，火就燥。」曲直者，言木可揉曲，亦可從繩正直。從革者，言金可從順，又可變革。稼穡者，詩傳云：「種之曰稼，斂之曰穡。」史公「爰」爲「曰」者，釋詁云：「爰，曰也。」馬注見史記集解。云「金之性從人而更」者，說文：「金，從革不違，西方之行。」亦以從革爲從人而更。但曲直似有二義，則從與革，亦當分訓。

潤下作鹹，炎上作苦，曲直作酸，從革作辛，稼穡作甘。　疏白虎通五行篇云：「水味所以鹹何？是其性也。所以北方鹹者，萬物鹹與，所以堅之也，猶五味得鹹乃堅也。木味所以酸何？東方萬物之生也，酸者以達生也，猶五味得酸乃達也。火味所以苦何？南方主長養，苦者所以長養也，猶五味須苦可以養也。金味所以辛何？西方煞傷成物，辛所以煞傷之也，猶五味得辛乃委煞也。土味所以甘何？中央者中和也，故甘，猶五味以甘爲主也。」引此經文。

「二，五事：一曰貌，二曰言，三曰視，四曰聽，五曰思。　注史遷無「二」字。今文尚書歐陽說：「肝，木也。心，火也。脾，土也。肺，金也。腎，水也。」古尚書說：「脾，木也。肺，火也。心，土也。肝，金也。腎，水也。」鄭康成曰：「此數本諸陰陽昭明人相見之次也。」五行傳曰：『貌屬木，言屬金，視屬火，聽屬水，思屬土。』」　疏史公無「二」字者，說苑修文篇云：「書曰：『五事：一曰貌。』貌者，男子之所以恭敬，婦人之所以姣好，行步中矩，折旋中規，立則磬折，拱則抱鼓。」「五事」上亦無「二」字，與史公同。今古文說，見月令疏引異義云。許與古尚書同，鄭駁之。五行大義引孝經援神契云：「肝仁，故目視；肺義，故鼻候；心禮，故耳司；腎智，故竅寫；脾信，故口誨。」案：肝仁、肺義、心禮、腎智、脾信，是肝爲木，肺爲金，心爲火，腎爲水，脾爲土，同今文説。白虎通情性篇云：「五藏：肝仁，肺義，心禮，腎智，脾信也。」古文以心爲土者，鄭注大傳云：「心明曰聖。」又云：「兼四而明，則所謂聖者，包貌、言、視、聽。」是土之位也。心爲思，則脾爲貌，肺爲視，肝爲言，腎爲聽也。鄭注見書疏。云「此數本諸陰陽昭明人相見之次」者，江氏聲云：「人相見，則先見其貌。既見，則必有言。因其言，則可以知其所視、所聽，且可以知其所思。是人相見之次也。」引五行傳者，五行傳，伏生所作，劉向又作五行傳論，俱見漢書五行志。

貌曰恭，言曰從，視曰明，聽曰聰，思曰睿。

注馬融曰：「發言當使可從。睿，通也。」鄭康成曰：「此恭、明、聰、睿，行之於我身。其從，則是彼人從我，以與上下違者。我是而彼從，亦我所爲不乖剌也。睿，通於政事。」五行傳「思」爲「思心」，「睿」爲「容」。

疏春秋繁露五行五事篇云：「王者貌曰恭，恭者敬也。言曰從，從者可從。視曰明，明者知賢不肖者，分明黑白也。聽曰聰，聰者能聞事而審其意也。思曰容，容者言無不容。」漢書五行志云：「『言之不從』，從，順也。」春秋左氏文十四年傳：「宣子曰：『其詞順。』」禮記冠義云：「順詞令。」是言取其順，自我言之也。馬注見史記集解及釋文。云「發言當使可從」，自人從言之。云「睿，通」者，説文云：「睿，深通川也。」鄭注見書疏及詩凱風疏。江氏聲云：「馬、鄭皆解從爲聽從，則從是就人説，與恭、明、聰、睿就己身説者不同。鄭欲明其不異，故反復以決之，云：『此恭、明、聰、睿，行之于我身。其從，則是彼人從我，似與上下違者。』此特設難詞也。乃後解之云：『我是而彼從，亦我所爲不乖剌也。』竊以爲費解〔一〕。解爲從順，則差勝也。」今用江説。云「睿，通于政事」者，韋

〔一〕「解」原訛作「詞」，據江聲尚書集注音疏原文改。

昭注楚語云：「睿，明也。書曰：『睿作聖。』」馬、鄭皆用古文尚書說。孔壁本亦作「睿」，而今文尚書作「思曰容」。尚書大傳云：「次五事曰思心。思心之不容，是謂不聖。」高誘注戰國策，引五行傳曰：「思心之不容，是謂不聖。」春秋繁露五行五事篇云：「五曰思，思曰容，容者言無不容。容作聖，聖者設也。王者心寬大無不容則聖，能施設，事各得其宜也。」說苑君道篇：「齊宣王謂尹文曰：『人君之事何如？』尹文對曰：『人君之事，無爲而能容下。夫事寡易從，法省易因，故民不以政獲罪也。大道容衆，大德容下，聖人寡爲，而天下理矣。書曰：容作聖。』宣王曰：『善。』」可見先秦古書，俱如今文說也。漢書五行志曰「經曰：五事」，「五事：五曰思心」，「思心曰容」，「容作聖」。「傳曰：『思心之不容，是謂不聖。』思心者，心思慮也。容，寬也。孔子曰：『居上不寬，吾何以觀之哉！』言上不寬大寬容臣下，則不能居聖位。」此容字，今本誤作「容」，注：「應劭曰：『容，通也。古文作睿。』」言古文尚書與此異也。詩小旻鄭箋云：「書曰：『睿作聖，明作哲，聰作謀，恭作肅，從作艾。』詩人之意欲王敬用五事，以明天道。」又鄭注大傳云：「容，當爲『睿』。睿，通也。心明曰聖。孔子說休徵曰：聖，通也。兼四而明，則所謂聖者，包貌、言、視、聽而載之以思心者，通以持之。君思心不通，則是不能心明其事也。」此鄭引古文尚書，不從今文說也。

恭作肅，從作乂，明作哲，聰作謀，睿作聖。

注 史遷「乂」作「治」，「哲」作「智」。馬融曰：「出令而從，所以爲治也。上聰，則下進其謀。」鄭康成曰：「皆謂其政所致也。君貌恭，則臣禮肅；君言從，則臣職治；君視明，則臣照晳；君聽聰，則臣進謀；君思睿，則臣賢智。」「乂」一作「艾」，「睿」一作「容」。

疏 春秋繁露五行五事篇云：「『恭作肅』，言王誠能内有恭敬之姿，而天下莫不肅矣。『從作乂』，言王者言可從明正從行，而天下治矣。『明作哲』，哲者知也。王者明，則賢者進，不肖者退，天下知善而勸之，知惡而恥之矣。『聽作謀』，謀者謀事也。王者聽，則聞事與臣下謀之，故事無失謀矣。『容作聖』，聖者設也。王者心寬大無不容則聖，能施設，事各得其宜也。」史公「乂」作「治」者，說文：「⿱辟乂，治也。」此省文。漢書五行志云：「乂，治也。」「哲」爲「智」者，說文：「哲，知也。」或作「悊」，古文作「嚞」。馬注見史記集解。鄭注見書疏及詩小旻疏。云「皆謂政所致」者，謂君致其臣。鄭注大傳五行傳云：「乂，治也。君言不從，則是不能治其事也。君臣不治，則僭差矣。哲，視瞭也。君視不明，則是不能瞭其事也。荼，緩也。君臣不瞭，則荼緩矣。君聽不聰，則是不能謀其事也。君臣不謀，則急矣。容，當爲『睿』。睿，通也。君思心不通，則是不能心明其事也。霿，冒也。君臣心有不明，則相霿冒矣。」此鄭以肅、乂、哲、謀、聖不專屬之君爲說也。乂，五行傳作「艾」；睿，一作「容」者，今文家說，見上疏。

「三，八政：一曰食，二曰貨，三曰祀，四曰司空，五曰司徒，六曰司寇，七曰賓，八曰師。

注史遷「八政」上無「三」字。馬融曰：「司空，掌營城郭，主空土以居民。司寇，主誅寇害。」鄭康成曰：「此數本諸其職先後之宜也。食，謂掌民食之官，若后稷者也。貨，掌金帛之官，若周禮司貨賄是也。祀，掌祭祀之官，若宗伯者也。司空，掌居民之官。司徒，掌教民之官也。司寇，掌詰盜賊之官。賓，掌諸侯朝覲之官，周禮大行人是也。師，掌軍旅之官，若司馬也。」

疏漢書食貨志云：「洪範八政，一曰食，二曰貨。食謂農殖嘉穀可食之物，貨謂布帛可衣，及金刀龜貝所以分財布利通有無者也。二者，生民之本。」郊祀志云：「洪範八政，三曰祀。祀者，所以昭孝事祖，通神明也。」此西漢人書說也。馬注見史記集解。鄭注見書疏。云「此數本諸其職先後之宜」者，江氏聲云：「大傳云：『八政何以先食？傳曰：食者，萬物之始，人事之所本也，故八政先食是也。』貨，所以通有無，利民用，故次之。聖王成民而後致力於神，故祀又次之。王制云：『食節事時，民咸安其居，樂事勸功，尊君親上，然後興學。』故司空在司徒之先。先教而後誅，故司寇在司徒之後。德立刑行，遠方賓服，故次之以賓。其有暴虐無道，不率化者，則出六師以征之，故又次以師。是其職先後之宜〔一〕也。」云「食，謂掌民食〔二〕之官，若后稷」者，案：周語云：「昔我先王世后稷。」又云：「夏之衰也，棄稷弗務，我先王不窋用失其官。」則稷是官名。堯典曰：「女后稷，播時百穀。」是掌民食之官也。云「貨，掌金帛之官，若周禮司貨賄」者，周禮秋官有掌貨賄之官，職闕無考。王制：「冢宰以三十年之通，制國用，量入以爲出。」蓋自古食貨皆掌於天官，天官有太府等職，皆其屬也。云「祀，掌祭祀之官，若宗伯」者，周禮「大宗伯之職，掌建邦之天神、人鬼、地祇之禮」是也。云「司空，掌居民之官」者，王制云「司空執度，度地居民」是也。云「司徒，教民之官」者，王制「司徒明七教以興民德，上賢以崇德，簡不肖以絀惡」是也。云「司寇，掌詰盜賊之官」者，王制：「司寇正刑明辟，以聽獄訟。」周禮司寇爲刑官。小宰職云「五曰刑職，以詰邦國，以糾萬民，以除盜賊」是也。云「賓，掌諸侯朝覲之官」者，周禮大行人「掌大賓之禮及大客之儀，以親諸侯。春朝諸侯而圖天下之事，秋覲以比邦國之功」是也。云「師，掌軍旅之官，若司馬」者，周禮：「大司馬卿一人，小司馬中大夫二人，軍司馬下大夫四人，輿司馬上士八人，行司馬中士十有六人。凡制軍，萬有二千五百人爲軍，王六軍，軍將皆命卿。二千五百人爲師，師帥皆中大夫。五百人爲旅，旅帥皆下大夫。」是司馬掌軍旅也。

「四，五紀：一曰歲，二曰月，三曰日，四曰星辰，五曰曆數。」**注**史遷「五紀」上無「四」字。馬融

〔一〕「宜」原訛作「次」，據江聲尚書集注音疏原文改。

〔二〕「食」字原脫，據書疏原引鄭注補。

曰：「星，二十八宿。辰，日月之所會也。」鄭康成曰：「星，五星也。」

疏 紀者，廣雅釋詁云：「識也。」歲者，白虎通四時云：「遂也。三百六十六日一周天，萬物畢成，故爲一歲也。」說文云：「歲，木星也。越歷二十八宿，宣徧陰陽，十二月一次。」漢書天文志注：「晉灼云：『太歲在四仲，則歲行三宿；太歲在四孟、四季，則歲行二宿。二八十六，三四十二，而行二十八宿。十二歲而周天。』」其歲陽、歲名，見爾雅釋天。月者，釋天有月陽、月名。書疏云「月從朔至晦，大月三十日，小月二十九日」是也。日者，高誘注呂氏春秋云：「從甲至癸也。」淮南天文訓云：「禹以爲朝晝昏夜。晝者，陽之分；夜者，陰之分。是以陽氣勝，則日脩而夜短；陰氣勝，則日短而夜脩。」又案：大傳云：「夏以十三月爲正，色尚黑，以平旦爲朔。殷以十二月爲正，色尚白，以鷄鳴爲朔。周以十一月爲正，色尚赤，以夜半爲朔。」然則三代分日夜，各從其正。書疏云「從夜半以至明日夜半，周十二辰爲一日」，非古義也。星辰者，星謂二十八宿，辰當爲曟，謂十二曟。說文日月合宿爲曟。周書周月解云：「日月俱起於牽牛之初，右回而行。月周天進一次，而與日合宿。日行月一次而周天，歷舍十有二辰，終而復始。」春秋左氏昭七年傳「士文伯曰『日月之會，是謂辰』」是也。曆數者，曆，如五帝本紀「曆日月而迎送之」。釋詁云：「歷，相也。」相與象通。數，如算經云：「黃帝爲法，數有十等。」漢書律曆志云：「廼定東西，立晷儀，下漏刻，以追二十八宿相距于四方，舉終以定晦朔分至，躔離弦望。」注：「臣瓚曰：『案離，歷也，日月之所歷也。』」志又云：「方士唐都分天部，而落下閎運算轉曆。」則知曆象日月，爲天部占驗之法，數爲算法也。馬、鄭注俱見史記集解。云「星，五星」者，謂金、木、水、火、土五緯也。案：周禮大宗伯疏謂鄭于堯典、洪範皆星辰合釋，與此注異。

洪範第十二下　周書三　尚書今古文注疏卷十二

「五，皇極：皇建其有極，　**注**史遷無「五」字。　**疏**漢書五行志：「傳曰：『皇之不極，是謂不建。』皇，君也。極，中；建，立也。人君貌、言、視、聽、思心五事皆失，不得其中，則不能立萬事。」是皇極爲君道之中，皇建有極，爲君立其中也。

斂時五福，用敷錫厥庶民。　**注**史遷「敷」作「傅」，「厥」作「其」。　馬融曰：「當斂是五福之道，用布予衆民。」　**疏**釋詁云：「斂，聚也。」「時，是也。」五福，謂五者皆備，下文鄭注云：「福之言備也。」史公「敷」作「傅」者，廣雅釋言云：「傅，敷也。」「厥」爲「其」者，釋言文。　馬注見史記集解。　以敷爲布者，說文：「尃，布也。」錫爲予者，釋詁云：「錫、予，賜也。」庶爲衆者，釋詁文。

惟時厥庶民于汝極，　**注**史遷「惟」作「維」，「厥」作「其」。　馬融曰：「以其能斂是五福，故衆民于汝取中正以歸心也。」　**疏**馬注見史記集解。　以于爲取者，詩傳文。

錫汝保極。　**注**鄭康成曰：「又賜汝以守中之道。」　**疏**錫者，詩傳云：「錫，予，賜也。」是錫、與同義。　言君與汝守中之道也。　鄭注見史記集解。　以保爲守者，詩崧高云：「南土是保。」箋云：「守也，安也。」

凡厥庶民，無有淫朋，　**疏**淫者，王逸注楚辭云：「遊也。」大傳引九共云：「使民無敖。」敖亦游也。

人無有比德，　**疏**比者，說文云：「密也。反从爲比。」論語爲政篇云：「君子周而不比。」集解引孔注云：「阿黨爲比。」

惟皇作極。　**注**史遷「惟」作「維」。

凡厥庶民，有猷有爲有守，汝則念之。　**注**馬融曰：「凡其衆民，有謀有爲，有所執守，當思念其行有所趣舍也。」　**疏**馬注見史記集解。以猷爲謀者，釋詁文。云「行有所趣舍」者，有謀有爲是有所趣，有守則不爲不義，是有所舍也。

不協于極，不罹于咎，皇則受之。

注 史遷「罹」作「離」。**疏** 史公「罹」爲「離」者，罹，俗字，當爲「離」。詩兔爰云：「雉罹於羅。」釋文云：「罹，本又作『離』。」文選思玄賦：「循法度而離殃。」注：「離，罹也。」漢書集注云：「罹，遭也。」言臣民之行有不合于中，亦不至獲咎于汝，爲君者當寬容以受之。

而康而色，曰予攸好德，汝則錫之福。時人斯其惟皇之極。

注 史遷「康」作「安」，「攸」作「所」，「惟」作「維」。**疏** 而者，鄭注中庸云：「而之言汝也。」史公「康」爲「安」者，釋詁文。言當和顏以告臣民，示之好德，乃錫之福。是人當以此得大中也。

無虐煢獨而畏高明。

注 史遷作「毋侮鰥寡」。馬融亦作「毋侮」，曰：「高明顯寵者，不枉法畏之。」**疏** 史公作「毋侮鰥寡」者，今文尚書與古文異也。困學紀聞引尚書大傳云：「毋侮矜寡而畏高明。」列女傳楚野辯女引周書：「毋侮鰥寡而畏高明。」後漢書肅宗紀元和二年詔曰：「經曰：『毋侮鰥寡。』」釋文云：「馬本作『毋侮』。」皆今文也。煢獨者，詩正月云：「哀此惸獨。」傳云：「獨，單也。」釋文云：「惸，本又作『煢』。」王逸注楚辭云：「煢，孤也。」煢蓋惸假借字。馬注見史記集解。以高明爲顯寵者，揚雄解嘲云：「高明之家，鬼瞯其室。」是謂顯寵之家也。「不枉法畏之」，言不曲法以縱之。案：此言臣有不侮鰥寡、不畏强禦者，及下有能有爲之人，皆當進用。

人之有能有爲，使羞其行，而邦其昌。

注 史遷「邦」作「國」。**疏** 能者，鄭注周禮云：「多才藝者。」羞者，釋詁云：「進也。」潛夫論思賢篇引書曰：「人之有能，使循其行，國乃其昌。」説云：「是故先王爲官擇人，必得其材，功加於人，德稱其位。」循、修，古字多通。

凡厥正人，既富方穀。汝弗能使有好于而家，時人斯其辜。

疏 正人，謂在位之正長。富，謂重其禄。穀者，詩傳云：「善也。」中庸云：「重禄所以待士。」好于而家，謂善于國家。詩鹿鳴：「人之好我，示我周行。」箋云：「好，猶善也。」言凡其正長，當重其祿，使之作善。汝不能使賢者善於家國，是人以此爲其罪也。

于其無好德，汝雖錫之福，其作汝用咎。

注 史遷「無」作「毋」，無「德」字。鄭康成曰：「無好于汝家之人，雖錫之以爵祿，其動作爲汝用惡。謂爲天子結怨于民。」

疏 史公無「德」字者，好與咎爲韻。鄭本亦無，是後人妄增「德」字也。鄭注見史記集解，亦無「德」字。云「無好于汝家之人」，言不爲國家作善也。福爲爵祿者，周禮太宰職云：「祿以馭其富。」作爲動作、咎爲惡者，釋言云：「作，爲也。」爲卽動作。廣雅釋詁云：「咎，惡也。」云「爲天子結怨于民」者，言非善人，雖厚其祿，猶朘民以爲汝斂怨也。

無偏無陂，遵王之義。無有作好，遵王之道。無有作惡，遵王之路。

注 史遷「無」俱作「毋」，「陂」作「頗」。馬融曰：「好，私好也。」「有」一作「或」，「好」一作「𢼸」。

疏 史公「陂」爲「頗」者，經文本作「頗」，釋文云：「舊本作『頗』。」熹平石經亦作「頗」，唐玄宗改爲「陂」，今本承其誤。荀子修身篇引此文，說之云：「此言以公義勝私欲也。」馬注見史記集解。云「好，私好」者，謂好惡之私，非大中之道。呂氏春秋貴公篇引「陂」作「頗」，二「有」字作「或」。注云：「義，法也。或，有也。好，私好，黷公平于曲惠也。惡，擅作威也。」韓非亦引「有」作「或」。說文「𢼸」引此經，蓋孔壁古文。

無偏無黨，王道蕩蕩。無黨無偏，王道平平。無反無側，王道正直。

注 史遷「無」皆作「毋」。馬融曰：「反，反道也。側，傾側也。」鄭康成曰：「黨，朋黨。」「平平」一作「便便」。

疏 呂氏春秋貴公篇引洪範曰：「無偏無黨，王道蕩蕩。」注云：「蕩蕩，平易也。」詩云：『魯道有蕩。』」平平者，詩采菽云：「平平左右。」傳云：「平平，辯治也。」釋文云：「平平，韓詩作『便便』。」史記張釋之馮唐傳贊引作「王道便便」。徐廣曰：「便，一作『辯』。」馬注見史記集解。云「反，反道。側，傾側」者，詩何人斯』「以極反側。」傳云：「反側，不正直也。」鄭注周禮云：「反側，猶背違法度也。」與馬義相近。鄭注見史記集解。云「黨，朋黨」者，説文作「攩」，云：「朋羣也。」孔安國注論語，以黨爲「相助匿非」，又以爲「助私」。

會其有極，**注**鄭康成曰：「謂君也當會聚有中之人以爲臣也。」

歸其有極。**注**鄭康成曰：「謂臣也當就有中之君而事之。」**疏**鄭注俱見史記集解。

曰皇極之敷言，**注**史遷「皇」作「王」，「敷」作「傅」。馬融曰：「王者當〔一〕極行之，使臣下布陳其言。」**疏**史公此「皇極」作「王」者，蓋以爲大中之敷言。「傅」同「敷」，見上疏。馬注見史記集解。以極爲盡也，以下「極之敷言」屬庶民言之，故變其義。高誘注淮南云：「極，盡也。」

是彝是訓，于帝其訓。**注**史遷「彝」作「夷」，「訓」作「順」。馬融曰：「是大中之道而常行之，用是教訓天下，于天爲順也。」**疏**史公「彝」爲「夷」者，詩傳云：「夷，常也。」「訓」爲「順」者，聲相近。馬注見史記集解。云「于天爲順」者，易曰：「天且不違，而況於人乎？」

凡厥庶民，極之敷言，**注**史遷「敷」作「傅」。馬融曰：「亦盡極敷陳其言於上也。」

是訓是行，以近天子之光。**注**史遷「訓」作「順」。**疏**周禮「詢萬民」，詩「詢芻蕘」，周語邵公曰「庶人傳語」，故古者庶民得近天子也。

曰天子作民父母，以爲天下王。**注**大傳説：「聖人者，民之父母也。母能生之，能食之，父能教之，能誨之。聖王曲備之者也，能生之，能食之，能教之，能誨之也。故書曰：『作民父母，以爲天下王。』此之謂也。」**疏**王者，呂氏春秋下賢篇云：「王也者，天下之往也。」

〔一〕史記宋微子世家集解所引馬注，「當」下「極」上有一「盡」字。

「六」，三德：注史遷無「六」字。一曰正直，注鄭康成曰：「中平之人。」二曰剛克，三曰柔克。注鄭康成曰：「克，能也。剛而能柔，柔而能剛，寬猛相濟，以成治立功。」疏此言人有三德，當自治其性也。漢書匡衡傳衡上疏曰：「傳曰：『審好惡，理情性，而王道畢矣。』」又云：「治性之道，必審己之所有〔一〕餘，而彊其所不足。」又云：「齊之以義，然後中和之化應。」經言「三德」者，說文云：「悳，外得於人，內得於己。」似如皋陶謨言「九德」，據德行言之，不及政治。僞傳所說未是，馬、鄭亦未爲得之。此「三德」謂天、地、人之道。正直者，論語云「人之生也直」，人道也。剛克，天道。柔克，地道。克者，釋詁云：「勝也。」皋陶謨疏以九德配三德，云：「其洪範三德，先人事而後天地是也。」鄭注見史記集解。云「中平之人」者，言不剛不柔，中正和平之人。詩羔裘云：「彼其之子，邦之司直。」又云：「三英粲兮。」傳云：「三英，三德也。」箋云：「三德，謂剛克、柔克、正直也。」疏引鄭注，申之云：「剛則彊，柔則弱，此陷於滅亡之道，非能也。然則正直者，謂不剛不柔，每事得中也。」史公「三德」上無「六」字，熹平石經同。蓋今文也。

平康正直，彊弗友剛克，燮友柔克。注史遷「弗」作「不」，「燮」作「內」。鄭康成曰：「人臣各有一德，天子擇使之。安平之國，使中平守一之人治之，使不失舊職而已。國有不順孝敬之行者，則使剛能之人誅治之。其有中和之行者，則使柔能之人治之，差正之。」

疏此又申言三德之性行。正直者平康，是得其中正，不須克制也。彊弗友者，廣雅釋詁云：「友，親也。」言其性彊毅，不可親。剛克之人有是性。燮友者，釋詁云：「燮，和也。」言柔克之人有此性。二者，君德之偏，故下言自克之道。史公「燮」作「內」者，內與燮聲相近，假借字。鄭注見書疏，以此三德爲人臣各有一德。云「安平之國，使中平守一之人治之」

〔一〕「有」字原脫，據漢書匡衡傳原文補。

者，上文云「乂用三德」，馬、鄭皆以乂爲政治也。安平之國，謂其國平康，無事紛更，使中平守一之人，循其舊職可矣。云「不順孝敬之行」者，爾雅云：「善兄弟爲友。」彊弗友，是不順孝敬之行；當使剛能之人治之。云「中和之行」者，釋詁訓燮爲和，和而友，當使柔能之人治之。馬、鄭俱以下文有「惟辟作福、作威」之言，故爲此説也。

沈潛剛克，高明柔克。

注 史遷「潛」作「漸」。馬融曰：「沈，陰也。潛，伏也。陰伏之謀，謂賊臣亂子非一朝夕之漸，君親無將，將而誅。高明君子，亦以德懷也。」

疏 經言「三德」，蓋謂君德有中正者，有偏于剛柔者，須先自治其德，至於中和，乃可作福作威。故云：「乂用三德。」又言自治也。春秋左氏文五年傳甯嬴之説陽處父曰：「以剛。商書：『沈潛剛克，高明柔克。』夫子壹之，其不没乎！天爲剛德，猶不干時，况在人乎？」杜注云：「沈潛，猶滯弱也。高明，猶亢爽也。言各當以剛柔勝己本性，乃能成全也。」此周人引書，卽言治性，不言治人，蓋書古文説。杜氏所云，亦不同馬、鄭之説，意以沈漸地道近弱，當以剛勝之；高明天道近剛，當以柔勝之，乃成德也。此言君德之明證。谷永傳永説王音曰：「意豈將軍忘湛漸之義，委曲從順，所執不彊？」此亦用洪範「沈漸剛克」。班氏、谷永皆用今文書説，亦不與馬、鄭同也。馬注見史記集解。云「沈，陰；潛，伏」者，月令云：「天多沈陰。」詩：「潛雖伏矣。」故沈、陰，潛、伏同義。云「賊臣亂子非一朝一夕之漸」者，易文言傳曰：「積不善之家，必有餘殃。臣弒其君，子弒其父，非一朝一夕之故，其所由來者漸矣。」馬説本此。云「君親無將，將而誅」者，公羊莊三十二年傳文。案：如馬、鄭所云，君無自治之德，亦必不能用人，專作威福，似非洪範垂教之道。此衞、賈諸君孔壁古文之説，未必合古經義也。

惟辟作福，惟辟作威，惟辟玉食。

注 史遷「惟」皆作「維」。馬融曰：「辟，君也。玉食，美食。不言王者，關諸侯也。」鄭康成曰：「此凡君抑臣之言也。作福，專慶賞也。作威，專刑罰也。

玉食，備珍美也。」**疏** 此言爲君者自治其性行至於中和，則喜怒中節，可以專威福也。辟者，釋詁云：「君也。」玉食，猶言好食。史記封禪書索隱引三輔決録云：「杜陵有玉氏，音肅。」説文以爲從玉，音畜牧之畜。案：玉讀爲畜。畜、好聲之緩急。孟子梁惠王篇云：「畜君者，好君也。」高誘注呂覽云：「畜，好。」凡經言「玉女」、「玉色」，義皆爲好。後人忽之，并删説文音讀。馬注見史記集解。云「辟，君」者，釋詁文。云「不言王者，關諸侯」者，謂諸侯於其國亦君也，得專威福者，王制云：「次國三卿，二卿命於天子，一卿命於其君。小國二卿，皆命於其君。」是諸侯得爵命大夫也。康誥是周公誥康叔之書，而云：「敬明乃罰。」文王世子云：「獄成，有司讞於公。」是諸侯得專刑罰也。玉藻云：「諸侯朝服以食，特牲三俎，祭肺。夕深衣，祭牢肉。朔月少牢，五俎四簋。」是諸侯亦得備美食也。鄭注見公羊傳成元年疏及史記集解。案：齊策高誘注引書曰：「無有作威、作福。」後漢書荀爽傳引洪範曰：「惟辟作威，惟辟作福，惟辟玉食。」皆先「威」後「福」。段氏玉裁云：「今文尚書如是。」

臣無有作福、作威、玉食。臣之有作福、作威、玉食，其害于而家，凶于而國。

注 鄭康成曰：「害于汝家，福去室。凶于汝國，亂下民。」一作「而凶于而國」。**疏** 熹平石經「凶」上有「而」字。

人用側頗僻，民用僭忒。

注 馬遷「僻」作「辟」。馬融曰：「忒，惡也。」**疏** 漢書王嘉傳嘉奏封事曰：「箕子戒武王曰：『臣無有作威、作福，亡有玉食。臣之有作威、作福、玉食，害于而家，凶于而國。人用側頗僻，民用僭慝。』言如此則逆尊卑之序，亂陰陽之統，而害及王者，其國極危。國人傾仄不正，民用僭差不壹。」是説此經之義也。亦先「威」後「福」。楚元王傳劉向上封事引書曰：「臣之有作威、作福。」及後漢書張衡傳所引，皆先「威」後「福」，蓋今文尚書。惟漢書武五子傳策曰：「書曰：『臣不作福，臣不作威。』」師古注引洪範云：「臣無有作威、作福。」似唐初所據古文尚書，亦有先「威」後「福」

者。王嘉以側爲傾仄者，馬注「無反無側」亦云：「傾，側也。」以頗僻爲不正者，文選思玄賦注云：「邪佞也。」鄭注見公羊傳成元年疏。馬注見釋文。云「忒，惡」者，詩傳云：「慝，惡也。」馬以慝訓忒，江氏聲不以爲然。詩傳云：「僭，差也。」「忒，疑也。」疑是疑貳，卽王嘉傳所云「不壹」。此優於馬説。權歸于臣，則吏民諂附，有貳心也。

「七，稽疑：注史遷無「七」字。擇建立卜筮人。注鄭康成曰：「言將攷疑事，選擇可立者，立爲卜人、筮人。」疏鄭注見書疏。以稽爲攷者，廣雅釋言亦云。建者，鄭注周禮云：「立也。」經言「建」，復言「立」，故云：「選擇可立者，立爲卜人、筮人。」白虎通蓍龜篇云：「龜曰卜，蓍曰筮何？卜，赴也，爆見兆也。筮也者，信也，見其卦也。」乃命卜筮，曰雨，曰霽，曰蒙，曰驛，曰克，曰貞，曰悔，凡七。卜五，占用二，衍忒。注史遷「霽」爲「濟」，「曰蒙、曰驛」作「曰涕、曰霧」，「占用二」作「占之用」，「忒」爲「貣」。馬融曰：「占，筮也。」鄭康成曰：「卜五占之用，謂雨、霽、圛、霧、克也。二衍貣，謂貞、悔也。將立卜筮人，乃先命名〔一〕兆卦而分別之。兆卦之名凡七，龜用五，易用二。審此道者，乃立之也。雨者，兆之體，氣如雨然也。濟者，如雨止之雲氣在上者也。圛者，色澤而光明也。霧〔二〕者，氣不釋，鬱冥冥也。克者，如祲氣之色相犯也。内卦曰貞，貞，正也。外卦曰悔，悔之言晦也，晦猶終也。卦象多變，故言『衍貣』。」「悔」一作「䀺」。疏史公「霽」爲「濟」者，釋天云：「濟謂之霽。」「曰驛」爲「曰涕」在「曰蒙」上者，史記集解及書疏等引鄭注皆先「圛」後「霁」也。「驛」爲「涕」者，詩載驅：「齊子豈弟。」鄭箋云：「弟，古文尚書以『弟』爲『圛』。圛，明也。」

〔一〕「名」字原脱，據史記宋微子世家集解所引鄭注原文補。

〔二〕「霧」下原衍「蝨」字，據史記宋微子世家集解所引鄭注原文删。

疏引古文作「悌」。悌、弟卽「涕」，今文尚書字也。「蒙」爲「霧」者，蒙、霧聲之轉。說文「霚」籀文作「雺」，周禮太卜注引書作「日蟊」，字之假借也。「占用二」爲「占之用」者，謂雨、濟、蒙、驛、克，卜之兆象有此五者，爲占者之用也。江氏聲云：「鄭本與史記同。僞孔脫『之』字，非也。」「忒」爲「貣」者，詩傳云：「忒，變也。」緇衣：「其儀不忒。」釋文云：「忒，本作『貳』。」易豫釋文云：「忒，京本作『貸』。」皆卽「貣」字。馬注見釋文。云「占，筮」者，是以占屬貞、悔，則「占之用二」爲句，與鄭異也。鄭注見史記集解。云「雨、霽、圛、霧、克」者，書疏引作「謂雨、霽、蒙、驛、克」也。云「雨者，兆之體，氣如雨然也」，周禮太卜疏引作「兆之體，如雨氣」。云「濟者，如雨止之雲氣在上者也」，太卜疏引作「兆之光明，如雨之雲氣在上」。云「圛者，色澤而光明者也」，案：說文：「圛，回行也。」引商書此文，云：「圛，升雲半有半無，讀若驛。」鄭不用其說，而于載驅詩箋云：「圛，明也。」又注周禮占人云：「凡卜象吉，色善〔一〕，墨大，坼明，則逢吉。」此言色澤而光明，則是吉兆矣。許氏云「升雲半有半無」，雲氣在上，亦開明之義。云「霧者，氣不釋，鬱冥冥也」，書疏引作「氣澤鬱鬱冥冥也」。說文云：「霚，地氣發，天不應也。」則霧是氣不揚越。兆氣如之，故云「氣不釋」。云「克者，如祲氣之色相犯也」，書疏引作「如雨氣色相侵入」。周禮眡祲：「掌十煇之法，一曰祲。」注：「鄭司農云：『祲，陰陽氣相侵也。』」兆名爲克，如彼陰陽之氣相侵犯也。云「內卦曰貞，外卦曰悔」者，易蠱卦巽下艮〔二〕上，巽爲風，艮爲山。春秋左氏僖十五年傳云：「蠱之貞，風也；其悔，山也。」是

〔一〕「色善」原作「色尚」，據周禮卜人鄭注原文改。

〔二〕「艮」原譌作「坤」，據易蠱原文改。

「內卦曰貞，外卦曰悔」，卦以下爲內，上爲外也。說文作「𠧩」，云：「易卦之上體也。」引此經，云商書。「貞，正」者，子夏易傳文。云「卦象多變，故言『衍貣』」者，書疏引「貣」俱作「忒」。易繫辭云：「爻者，言乎變者也。」說卦云：「觀變於陰陽而立卦。」是卦象多變也。繫辭又云：「大衍之數五十也。」鄭注云：「衍，演也。」王廙、蜀才皆云：「衍，廣也。」貣與忒通，詩傳云：「變也。」

立時人作卜筮，注史遷作「爲卜筮」。鄭康成曰：「立是能分別兆卦之名者，以爲卜筮人。」

三人占則從二人之言。注鄭康成曰：「卜筮各三人，太卜掌三兆、三易。從其多者，蓍龜之道幽微難明，慎之深。」

疏白虎通蓍龜篇云：「或曰：『天子占卜九人，諸侯七人，大夫五人，士三人。』又尚書曰：『三人占則從二人之言。』」鄭注見史記集解，又見士喪禮疏。「從其多者」已下，亦見史記集解。云「卜筮各三人，太卜掌三兆、三易」者，士喪禮：「筮宅，卒筮執卦，以示命筮者。受視反之，東面旅占。」注云：「旅，衆也。反與其屬共占之，謂掌連山、歸藏、周易者。」又，卜葬日「占者三人」，注云：「占者三人，掌玉兆、瓦兆、原兆者也。」然則此言卜筮各三人，亦謂卜則掌三兆者各一人，筮則掌三易者各一人也。周禮云：「太卜掌三兆之法：一曰玉兆，二曰瓦兆，三曰原兆。」注云：「兆者，灼龜發於火，其形可占者，其象似玉、瓦、原之釁罅，是用名之焉。杜子春以玉、瓦、原三兆爲帝顓頊、堯、周之兆。」又云：「掌三易之法：一曰連山，二曰歸藏，三曰周易。」注云：「連山，似山出內氣也。歸藏，萬物莫不歸而藏於其中。杜子春云：『連山，宓犧；歸藏，黃帝。』」是鄭說三兆、三易，既用子春說矣。易贊乃云「夏曰連山，殷曰歸藏」，與周禮注違者，鄭志趙商據子春三兆、三易之注而問云：「子春何由知之？」鄭答之曰：「此數者非有明文，改之無據，故著子春說。」而以「近師皆以爲夏、殷、周」。然則三兆、三易，其說難定，鄭氏不敢專從，兩存可也。云「從其多」者，春秋左氏成六年傳云：「欒武子曰：『善鈞從衆。』商書曰：『三人占，從二人。」衆故也。』」[一] 汝則有大疑，謀及乃心，謀及卿士，謀及庶人，謀及卜筮。 **注** 史遷「乃」作「汝」。鄭康成曰：「卿士，六卿掌事者。」「人」一作「民」。 **疏** 白虎通蓍龜篇云：「所以先謀及卿士何？先盡人事。念而不能得，思而不能知，然後問於蓍龜。聖人獨見先睹，必問蓍龜何？示不自專也。或曰：清微無端緒，非聖人所及，聖人亦疑之。尚書曰：『汝則有疑。』謂武王也。」鄭注見書疏，「人」作「民」，見熹平石經。

汝則從，龜從，筮從，卿士從，庶民從，是之謂大同，身其康强，子孫其逢， **注** 史遷「身」作「而身」，「子孫」作「而子孫」。馬融曰：「逢，大也。」 吉。汝則從，龜從，筮從，卿士逆，庶民逆，吉。卿士從，龜從，筮從，汝則逆，庶民逆，吉。庶民從，龜從，筮從，汝則逆，卿士逆，吉。 **注** 鄭康成曰：「此三者皆從多，故爲吉。」 汝則從，龜從，筮逆，卿士逆，庶民逆，作内吉，作外凶。 **注** 鄭康成曰：「此逆者多，以故舉事於境内則吉，境外則凶。」 龜、筮共違於人，用静吉，用作凶。 **注** 鄭康成曰：「龜、筮皆與人謀相違，人雖三從，猶不可以舉事。」 **疏** 馬注見釋文。云「逢，大」者，鄭注儒行「逢掖之衣」云：「逢，猶大也。」鄭注俱見史記集解。

「八，庶徵： **注** 史遷無「八」字。 曰雨，曰暘，曰燠，曰寒，曰風。 **注** 史遷「暘」作「陽」，「燠」作「奥」。鄭康成曰：「雨，木氣也；春始施生，故木氣爲雨。暘，金氣也；秋物成而堅，故金氣爲暘。燠，火氣也。寒，水氣也。風，土氣也；凡氣非風不行，猶金、木、水、火非土不處，故土氣爲風。」 **疏** 史公「暘」爲「陽」者，祭義云：「殷人祭其陽。」注云：「陽讀爲『曰雨曰暘』之『暘』。」「燠」作「奥」者，五行志、何休注公羊皆作「奥」。堯典「厥民奥」，馬氏云：「煖也。」

[一] 據成公六年左傳原文，「商書曰」以下爲「或謂欒武子」之語，「善鈞從衆」則武子答語。此概屬之武子，誤。

是陽與暘、燠與奧通。鄭注見書疏。以雨、暘等配五行者，大傳五行傳云：「貌之不恭，是謂不肅，厥罰恒雨。言之不從，是謂不乂，厥罰恒暘。視之不明，是謂不悊，厥罰恒燠。聽之不聰，是謂不謀，厥罰恒寒。思之不容，是謂不聖，厥罰恒風。」鄭據此爲説也。

曰時五者來備，各以其敍，庶草繁廡。**疏**後漢書李雲傳雲上書曰：「得其人則五氏來備。」注引史記「五者來備」。荀爽傳爽對策曰：「嘉瑞降天，吉符出地，五韙咸備，各以其敍矣。」注云：「韙，是也。」史記曰：『休徵：曰肅，時雨若；曰乂，時暘若；曰哲，時燠若；曰謀，時寒若；曰聖，時風若。』五者〔一〕來備，各以其敍也。」經作「時」者，釋詁云：「是也。」繁廡，説文作「緐橆」，云：「橆，豐也。」引商書此文。釋詁云：「蕪，豐也。」晉語云：「黍不爲黍，不能蕃廡。」注云：「蕃，滋也。廡，豐也。」蕃爲緐，無〔二〕爲蕪，皆假借字。

一極備，凶。一極無，凶。**注**史遷「無」作「亡」。**疏**江氏聲曰：「極備，卽所謂恒也。五者之中，一者極備，或一者極無，皆凶。」史公「無」作「亡」者，詩谷風「何有何亡」，以亡爲無也。

曰休徵：**疏**漢書五行志引此文，注：「孟康曰：『善行之驗也。』」

曰肅，時雨若；曰乂，時暘若；曰哲，時燠若；曰謀，時寒若；曰聖，時風若。**疏**大傳鄭注云：「孔子説休徵曰：聖者，通也。兼四而明，則所謂聖。聖者，包貌、言、視、聽而載之以思心者，通以待之。君思心不通，則是不能心明其事也。」

曰咎徵：曰狂，恒雨若；**注**史遷「恒」皆作「常」。鄭康成曰：「狂，倨慢。若，順也。五事不得，則咎氣而順之。」**疏**史公「恒」皆爲「常」者，訓詁改字也。鄭注見書疏及詩正月疏。云「狂，倨

〔一〕「五者」，後漢書荀爽傳注原文作「五是」。

〔二〕視上文，此「無」字疑爲「廡」字之訛。

慢」者，漢書五行志云：「肅，敬也。內曰恭，外曰敬。人君行己，禮貌不恭，怠慢驕蹇，則不能敬萬事，失在狂易，故其咎狂也。上嫚下暴，則陰氣勝，故其罰常雨也。」鄭據之爲說。

曰僭，恒暘若；

疏 漢書五行志云：「言上號令不順民心，虛譁憒亂，則不能治海內，失在過差，故其咎僭。僭，差也。刑罰妄加，羣陰不附，則陽氣勝，故其罰常陽也。」後漢書楊震傳震上疏曰：「書曰：『僭，恒陽若。』」注：「僭，差也。若，順也。君行僭差，則常陽順之也。」

曰豫，恒燠若；

注 史遷「燠」作「奥」。鄭康成「豫」作「舒」，曰：「舉遲也。若，順也。言人君舉事太舒，則有常燠之咎氣來順之。」「舒」一作「荼」。

疏 鄭注見書疏及公羊成元年傳疏。漢書五行志云：「言上不明，暗昧蔽惑，則不能知善惡，親近習，長同類，亡功者受賞，有罪者不殺，百官廢亂，失在舒緩，故其咎舒也。盛夏日長，暑以養物，政弛緩，故其罰常奥也。」言「舒緩」即鄭「舉遲」之義。舒，尚書大傳作「荼」。

曰急，恒寒若；

注 鄭康成曰：「急促自用也。言由君急促太酷，致恒寒之氣來應之。」

疏 鄭注見書疏及詩正月疏。漢書五行志云：「言上偏聽不聰，下情隔塞，則不能謀慮利害，失在嚴急，故其咎急也。盛冬日短，寒以殺物，政促迫，故其罰常寒也。」荀悦高帝紀云：「人君急則日晷進而疾，舒則日晷退而緩。故曰：『急，恒寒若；舒，恒燠若。』」論衡寒温篇引經文，云：「若，順；燠，温；恒，常也。人君急則常寒順之，舒則常温順之。」又云：「且雨氣温，且暘氣寒。夫雨者陰，暘者陽也。」

曰蒙，恒風若。

注 史遷「蒙」作「霧」。鄭康成曰：「蒙，見冒亂也。」「蒙」一作「雺」。

疏 史公「蒙」作「霧」者，即說文「霚」。大傳作「雺」，亦「霚」之籀文也。鄭注見書疏。漢書五行志作「霿」，云：「言上不寬大包容臣下，則不能居聖位。貌、言、視、聽，以心爲主，四者皆失，則區霿無識，故其咎霿也。雨、旱、寒、奥，亦以風爲本，四氣皆亂，故其罰常風也。」鄭云「冒亂」者，鄭注大傳五行傳云：「雺，冒也。君臣心有不明，則相蒙冒矣。」曰王省惟歲，**注**史遷「省」作「眚」，「惟」皆作「維」。馬融曰：「言王者所眚職，如歲兼四時也。」**疏**史公「省」爲「眚」者，古省、眚通字。公羊春秋莊二十二年「肆大省」，左氏、穀梁春秋皆作「眚」。康誥「人有小罪非眚」，潛夫論引作「省」。是眚亦省也。馬注見史記集解。云「眚職」者，如魯語「夕省其典刑」之「省」。云「歲兼四時」者，謂一歲有春夏秋冬。

卿士惟月，師尹惟日。歲月日時無易，百穀用成，乂用明，俊民用章，家用平康。日月歲時既易，百穀用不成，乂用昏不明，俊民用違，家用不寧。**注**史遷「無」作「毋」，「乂」作「治」，「俊」作「畯」。鄭康成曰：「所以承休徵、咎徵言之者，休咎五事，得失之應，其所致尚微，故大陳君臣之象，成皇極之事，其道得則其美應如此，其道失則敗德如彼，非徒風、雨、寒、燠而已。」**疏**史公「惟」皆爲「維」者，匡謬正俗云：「古文尚書作『惟』，今文尚書作『維』也。」然尚書多有「思惟」之字，亦不盡作「維」。「俊」爲「畯」者，李善注文選陸韓卿詩「俊民」，引尚書「畯民用康」，云：「畯，與『俊』同。」太甲、說命釋文皆云：「俊，本亦作『畯』。」北堂書鈔引書俱作「畯」。是「畯」古字，「俊」爲唐已後改字也。鄭注見書疏。云「大陳君臣之象，成皇極之事」者，「王眚惟歲」云云，言君之統臣，如歲之統月日，是陳君臣之象也。「歲月日時無易」，承「王眚」云云而言，則是喻君臣位正，成皇極之事也。「日月歲時既易」，則所謂「王之不極，是謂不建」也。王極配五事爲六，故承庶徵而言之也。案：馬義以王所眚職，如歲兼四時，則「卿士惟月」，當謂統於王，如月統於歲。師尹統於卿士，如日統於月。師者，釋詁云：「衆也。」尹者，釋言云：「正也。」易者，賈子道術篇云：「緣法循理謂之軌，反軌爲易。」俊者，說文云：「俊，材過千人。」章者，鄭注考工記云：「明也。」微者，釋詁云：「隱也。」寧者，詩傳云：「安也。」

庶民惟星，星有好風，星有好雨。**注**史遷「惟」作「維」。馬融曰：「箕星好風，畢星好雨。」

鄭康成曰：「風，土也，爲木妃。雨，木也，爲金妃。故星好焉。中央土氣爲風，東方木氣爲雨。箕屬東方木，木克土，土爲妃，尚妃之所好，故箕星好風也。西方金氣爲陰，克東方木，木爲妃。畢屬西方，尚妻之所好，故好雨也。是土十爲木八妻，木八爲金九妻。故月離於箕，風揚沙。月離于畢，俾滂沱。推此而往，南宮好暘，北宮好燠，中宮四季好寒也。是由己所克而得其妃，從其妃之所好故也。」**疏** 馬注見史記集解。云「箕星好風，畢星好雨」者，詩漸漸之石云：「月離于箕，風揚沙。」〔一〕周禮大宗伯注：「鄭司農云：『風師，箕也。雨師，畢也。』」是馬說所本。鄭注見詩漸漸之石疏，月令疏，周禮大宗伯、大司徒疏，書疏。云「風，土也，爲木妃。雨，木也，爲金妃。故星好焉」云云者，五行大義說干支各象天地，自相配合，有夫婦之道。干合者：「己爲甲妻，故甲與己合；辛爲丙妻，故丙與辛合；癸爲戊妻，故癸與戊合；乙爲庚妻，故乙與庚合；丁爲壬妻，故壬與丁合。季氏陰陽說曰：「木八畏庚九，故以妹乙妻庚。火七畏壬六，故以妹丁妻壬。金九畏丙七，故以妹辛妻丙。土五畏甲八，故以妹己妻甲。」春秋左氏昭九年傳云：「火，水妃也。」又十七年傳云：「水，火之牡也。」是五行以受克者爲妃也。云「推此則南宮好暘，北宮好燠，中宮四季好寒」者，五行以所克者爲好，可類推也。經言庶民所好無常，當示之以大中之道。

日月之行，則有冬有夏。

注 鄭康成曰：「四時之間，合于黃道也。」**疏** 開元占經六十引黃帝占曰：「兩角之間，三光之道也。南三度，大陽道。北三度，大陰道。日、月、五星出入中道，天下太平。出陽多旱，出陰多雨。」漢書天文志云：「月爲風雨，日爲寒温。冬至日南極，晷長，南不極則温爲害。夏至日北極，晷短，北不極則寒爲害。故書曰『日月之行，則有冬有夏』也。」荀悅高后紀引洪範曰：「日月之行，則有冬有夏，有寒有暑。」段氏

〔一〕「月離于箕，風揚沙」，案之詩漸漸之石原文，當作「月離于畢，俾滂沱矣」。此爲孫氏誤記。

玉裁疑今文尚書多此四字。漢書天文志云：「日行不可指而知也，故以二至二分之星爲候。至月行，則以晦朔決之。日冬則南，夏則北；冬至於牽牛，夏至於東井。日之所行爲中道，月、五星皆隨之也。」後漢律曆志云：「晦朔〔一〕合離，斗建移辰，謂之日月之行，則有冬有夏。冬夏之間，則有春有秋。是故日行北陸謂之冬，日行西陸謂之春，南陸謂之夏，東陸謂之秋。」案：此言日月不當亂行也。太平御覽三十四引春秋運斗樞云：「日失行，則當燠反寒。」鄭注見月令正義。云「四時之間，合于黃道」者，廣雅月行九道云：「四季之月，還從黃道。」漢志紀月之行，止言其四時從青赤白黑之間，而不及黃道，故鄭補其未備。

月之從星，則以風雨。

注鄭康成曰：「不言日者，日之從星，不可見故也。」

疏漢書天文志云：「箕星爲風，東北之星也。及巽在東南，爲風；其星，軫也。月去中道，移而東北入箕，若東南入軫，則多風。西方爲雨；雨，少陰之位也。月去〔二〕中道，移而西入畢，則多雨。書曰：『星有好風，星有好雨，月之從星，則以風雨。』言失中道而東西也。」漢書云月有九行：黑道二，出黃道北；赤道二，出黃道南；白道二，出黃道西；青道二，出黃道東。立春、春分，從青道；立夏、夏至，從赤道；立秋、秋分，從白道；立冬、冬至，從黑道。然一決之於房中道。若月失道而妄行，出陽道則旱風，出陰道則陰雨。箕、軫之星爲風，畢星爲雨。故月失度入箕、軫則多風，入畢星則多雨。天官書云：「月行中道，安寧和平。」論衡明雩篇云：「月之行天〔三〕，三十日而周，一月之中，一過畢星。」開元占經十三引河圖帝覽嬉云：

〔一〕「朔」原訛作「明」，據後漢書律曆志原文改。

〔二〕「去」原訛作「失」，據漢書天文志原文改。

〔三〕「天」原訛作「大」，不可通，據論衡明雩篇原文改。

「月行中道，是謂安寧，天下和平。」又占經十一引石氏云：「明王在上，用行依道。若主不明臣執勢，則月行乍南乍北。女主外戚擅權，則或進退朓朒。皆君臣刑德不正之咎也。」鄭注見書疏。云「不言日者，日之從星，不可見」者，即天文志所云「日行不可指而知」也。月令孟春之月，日在營室。所以知日在星分者，注云：「日月之行，一歲十二會。聖王因其會而分之，以爲大數焉。觀斗所建，命其四時。此云『孟春』者，日月會於諏訾，而斗建寅之辰也。」然則欲知日行，以月行與日會于十二次測之。欲知會于何次，以斗建知之。日光盛則星微而不見也。

「九，五福：一曰壽，注史遷無「九」字。「一曰壽」一作「一曰富」。疏說苑建本篇云：「河間獻王曰：『夫穀者，國家所以昌熾，士女所以姣好，禮義所以行，而人心所以安也。尚書「五福」，以富爲始。』」據此則今文尚書爲「一曰富」也。「一曰富」，則當云「二曰壽」矣。江、王、段三君均未及指出。二曰富，注「富」一作「壽」。三曰康寧，四曰攸好德，五曰考終命。注鄭曰：「此數本諸其尤者。福是人之所欲，以尤欲者爲先；極是人之所惡，以尤所不欲者爲先。以下緣人意輕重爲次耳。康寧，人平安也。攸好德，人皆好有德也。考終命，考，成也；終性命，謂皆生佼好以至老也。此五者皆是善事，自天受之，故謂之福。福者，備也。備者，大順之總名。」疏漢書五行志云：視之不明，其極疾；順之，其福曰壽。聽之不聰，其極貧；順之，其福曰富。言之不從，其極憂；順之，其福曰康寧。貌之不恭，其極惡；順之，其福曰攸好德。思心之不容，其極凶短折；順之，其福曰考終命。此蓋劉向今文說也，與鄭氏異。壽者，詩傳云：「考也。」廣雅釋詁云：「久也。」鄭注大傳云：「視曰火，火主夏，夏氣長，長氣失，故於人爲疾。」案：反疾爲壽者，夏氣得遂其長也。富者，郊特牲云：「富也者，福也。」鄭注曲禮云：「富之言備也。」富無所不備，故今文以爲「五福」之始。中庸言舜富有四海之內。孟子謂豐年謂富歲。鄭注大傳云：「聽曰水，水主冬，冬氣藏，藏氣失，故於人爲貧。」案：反貧爲富者，冬主固藏，藏富於民，則用不竭也。康者，釋詁云：「樂也。」寧者，詩傳云：「安也。」説文云：「木至西方戰慄。」釋言云：「慄，慼也。」鄭注大傳云：「言曰金，金主秋。」案：大傳云秋者，愁也，秋氣主愁。愁者，憂也。反憂爲康寧。鄭云：「秋氣殺，殺氣失，故於人爲憂。」似非也，故易之。攸者，釋言云：「所也。」所好德，言好善。鄭注大傳云：「貌屬木，木主春，春氣生，生氣失，故於人則爲惡。」案：東方德，西方刑，失其氣則惡；順之，則好德也。考者，説文云：「老也。」終命謂終其正命。鄭注大傳云：「思心曰土，主四時，四時主消息生殺長藏之氣，風亦出內雨暘寒燠之徵，皆所以殖萬物之性命者也。殖氣失，則於人爲凶短折。」案：反凶短折爲考終命者，五行大義云：「土，其時季夏。季，老也。萬物於此成就方老，王于四時之季，故曰老也。」萬物老而成就，是考終命也。詩傳云：「考，成也。」檀弓子張曰：「君子曰終。」注云：「事卒爲終。」鄭注見書疏及詩既醉疏。云「緣人意輕重爲次」者，以不循五行、五事之次也。云「終性命，謂皆生佼好以至老」者，鄭以考終命與惡反對，故爲此説也。孝經云：「身體髮膚，受之父母，不敢毀傷。」謂不爲五刑所傷。鄭説「生佼好以至老」，謂此矣。

六極：一曰凶短折，二曰疾，三曰憂，四曰貧，五曰惡，六曰弱。」

注 馬融曰：「凶，終也。」鄭康成曰：「未齔曰凶，未冠曰短，未婚曰折。愚懦不壯毅曰弱。凶短折皆是夭枉之名。凶短折，思不睿之罰；疾，視不明之罰；憂，言不從之罰；貧，聽不聰之罰；惡，貌不恭之罰；弱，皇不極之罰。反此而云，王者思睿則致壽，聽聰則致富，視明則致康寧，言從則致攸好德，貌恭則致考終命。所以然者，不但行運氣性相感，以義言之，以思睿則無擁，神安而保命，故壽；若蒙則不通，殤神夭性，所以短折也。聽聰則謀當所求而會，故致富；違而失計，故貧也。視明照了性得而安寧；不明以擾神而疾也。言從由於德，故好者德也；不從而無德，所以憂耳。貌恭則容儼形美，而成性以終其命；容毁故致惡也。不能爲大中，故所以弱也。」**疏** 六極之「極」，詩菀柳：「後予極焉。」箋云：「極，誅也。」釋詁作：「殛，誅也。」言不順天降之罪罰。漢書五行志云：「『思心之不容，是謂不聖。』貌、言、視、聽，以心爲主，四者皆失，則區霿無識，故其咎霿也。雨、旱、寒、奥，亦以風爲本，四氣皆亂，故其罰常風也。常風傷物，故其極凶短折也。傷人曰凶，禽獸曰短，草木曰折。一曰：凶，夭也。兄喪弟曰短〔一〕，父喪子曰折。」此今文説也。今文以爲君行失中，則有人物夭折之咎，故以禽獸草木及兄喪弟、父喪子爲説，言其咎延于民物也。志又云：「『視之不明』，言上不明則不能知善惡，亡功者受賞，有罪者不殺，百官廢亂，失在舒緩，故其咎舒也。盛夏日長，暑以養物，政弛緩，故其罰常奥也。奥則冬温，春夏不和，傷病民人，故其極疾也。」又云：「『言之不從』，言上號令不順，故其咎僭也。僭，差也。刑罰妄加，羣陰不附，則陽氣勝，故其罰常陽也。旱傷百穀，則有寇難，上下俱憂，故其極憂也。」又云：「『聽之不聰』，言上偏聽不聰，下情隔塞，則不能謀慮利害，失在嚴急，故其咎急也。盛冬日短，寒以殺物，政促迫，故其罰常寒也。寒則不生百穀，上下俱貧，故其極貧也。」又云：「『貌之不恭』，人君失在狂易，故其咎狂也。上嫚下暴，則陰氣勝，故其罰常雨也。水傷百穀，衣食不足，則姦軌並作，故其極惡也。一曰：民多被刑，或形貌醜惡，亦是也。」又云：「『皇之不極，是謂不建。』皇，君也。極，中；建，立也。人〔二〕君貌、言、視、聽、思心五事皆失，不得其中，則不能立萬事，失在眊悖，故其咎眊也。王者自下承天理物，雲起於山，而彌於天；天氣

〔一〕「短」原作「凶」，據漢書五行志原文改。

〔二〕「人」原訛作「大」，據漢書五行志原文改。

亂，故其罰常陰也。一曰：上失中，則下彊盛而蔽君明也。易曰：『亢龍有悔，貴而亡位，高而亡民，賢人在下位而亡輔。』如此，則君有南面之尊，而亡一人之助，故其極弱也。」此皆今文說，不以爲注者，以是向、歆之言，今之大傳佚其文也。後漢書鄭崇傳崇諫曰：「臣聞師曰：『逆陽者，厥極弱。逆陰者，厥極凶短折。犯人者，有亂亡之患。犯神者，有疾夭之禍。』」亦書說也。馬注見釋文。云「凶，終」者，謂凶短折不以天年終也。鄭注見史記集解及書疏。云「未齔曰凶」者，說文云：「齔，毁齒也。男八月生齒，八歲而齔；女七月生齒，七歲而齔。」則未齔謂七歲以下。喪服傳所謂「無服之殤」也。中古男子二十而冠，三十而娶。「未冠曰短」，謂不及二十。「未昏曰折」，謂不及三十也。以思不睿則凶短折爲壽之反，與五行志爲考終命之反異義者，鄭既以凶短折爲未齔、未冠、未昏之屬，不以爲凶終及人物夭折，故反之則爲壽也。以聽不聰則貧爲富之反，與五行說同。云「聽聰則謀當所求而會，故致富。違而失計，故貧」，即五行志所謂「偏聽不聰，下情隔塞」也。以視不明則疾爲康寧之反，與五行志言不從則疾爲憂之反〔一〕異義，及以貌不恭則惡爲考終命之反，與五行志思心不容則凶短折爲考終命之反異義，似鄭說俱遜于今文說也。以不能爲大中所以弱，與五行志同。

〔一〕「言不從則疾爲憂之反」，據漢書五行志文義，似當作「言不從則憂爲康寧之反」。

金縢第十三　周書四　尚書今古文注疏卷十三

疏書序云：「周公作金縢。」史記魯周公世家載其文，又云：「周公奉王命，興師東伐，作大誥。」又云：「寧淮夷東土，二年而畢定。」是以周公居東二年爲伐叛，非避居也。又云：「唐叔得禾，成王命唐叔以餽周公于東土，作餽禾。周公既受命禾，嘉天子之命，作嘉禾。」下云：「東土以集，周公歸報成王，乃爲詩貽王，命之曰鴟鴞。王亦未敢訓周公。」案：金縢篇中有「公乃爲詩以貽王，命之曰鴟鴞」等詞，是金縢作于大誥、歸禾、嘉禾之後，今篇次在前者，以禱疾事在二年也。史記又載：成王病，周公祝神藏策。成王用事，周公被譖奔楚。成王發府，見禱書，反周公。是非因天變開金縢。又載周公卒後，乃有暴風雷雨，命魯郊祭之事。是經文「秋大熟」已下，必非金縢之文。孔子見百篇之書，而序稱周公作金縢，周公不應自言死後之事，此篇經文當止于「王翼日乃瘳」。或史臣附記其事，亦止于「王亦未敢誚公」也。其「秋大熟」已下，考之書序，有成王告周公作薄姑，則是其逸文。後人見其詞有「以啓金縢之書」，乃以屬于金縢耳。説詳後疏。但馬、鄭曾見孔壁古文，不爲别白者，馬、鄭所守衞宏、賈逵古文説，又與史公之問故孔氏安國者不同。經文傳之既久，不可改易，仍爲一篇，分行以别之。通經碩儒，以爲然否？

既克商二年，**疏**二年者，史記周本紀云「十一年伐紂」，則此爲武王十三年。詩豳譜疏引鄭注云：「武王于文王崩後六年伐紂，後二年有疾。」則此爲武王之十五年也。史記集解引皇甫謐曰：「武王元年，歲在乙酉。」則此年歲在丙戌也。蓋帝王世紀之説，尤不足信。王有疾，弗豫。注史遷「弗」作「不」。「豫」一作「悆」。疏曲禮疏引白虎通曰：「天子病曰不豫。言不復豫政也。」今本白虎通脱文。史公爲「不豫」者，書序「武王有疾」，釋文云：「馬本作『有疾不豫』。」論衡死僞篇、後漢禮儀志皆引作「不豫」，與史公同也。豫，説文作「悆」，云：「喜也。」引此經。釋文云：「豫，本又作『忬』。」案：忬非古字。二公曰：「我其爲王穆卜。」周公曰：「未可以戚我先王。」注史遷説：「太公、召公乃繆卜。」「穆」一作「睦」。鄭康成曰：「二公欲就文王廟卜。戚，憂也，未可憂怖我先王也。周公既内知武王有九齡之命，又有文王曰『吾與爾三』之期，今必瘳，不以此終，故止二公之卜。」疏穆者，釋詁云：「穆穆，敬也。」單言亦爲敬。一切經音義引作「睦」，並引孔傳云：「睦，敬也。」睦音近穆。蓋正義已前本。説文：「睦，一曰敬和也。」史記司馬相如傳「旼旼睦睦」，漢書作「穆穆」。史公「穆」作「繆」者，集解引徐廣曰：「古書穆字多作『繆』。」鄭注見史記集解及書疏。云「二公欲就文王廟卜」者，尚書多士云：「乃穆考文王。」周家世次，文王爲穆，武王爲昭也。戚爲憂者，詩傳云：「戚，憂也。」怖者，説文：「悑，惶也。」或作「怖」。言「未可憂怖我先王」者，入廟當行吉禮，未可以疾病請禱，當於壇也。云「周公既内知文王有九齡之命」云云者，見文王世子載其事。云「今必瘳，不以此終」者，書疏引鄭志云：「弟子趙商問曰：『若武王未終，疾固當瘳。信命之終，雖請不得。自古以來，何患不爲？』鄭答曰：『君父疾病方困，忠臣孝子不忍默爾視其欷歔，歸其命于天，中心惻然，爲之請命。周公達于此義，著在尚書。若君父之病，不爲請命，豈忠孝之志也？』」案：周公欲自禱請代，故止二公之卜。疑戚爲近，未可以戚我先王，謂此大事，未可僅禱於考廟，當并禱太王、王季于壇耳。不應如鄭説也。

公乃自以爲功，注史遷「功」作「質」。爲三壇同墠。爲壇于南方，北面，周公立焉。注馬融曰：「壇，土堂。」鄭康成曰：「時爲壇墠於豐，壇墠之處猶存焉。」**疏**功者，釋詁云：「功、質，成也。」功與質同訓。壇者，説文云：「祭場也。」墠者，詩傳云：「除地町町者。」蓋既除地爲墠，又加三壇其上。鄭注祭法云：「封土曰壇，除地曰墠。」引此文。史公「功」爲「質」者，晉語云：「沈璧以質。」注云：「質，信也。」沈璧以自誓爲信。自以爲質者，以身爲質也。馬注見釋文。云「壇，土堂」者，公羊莊十三年傳：「莊公升壇。」注：「土基三尺，土階三等曰壇。」鄭注見書疏。云「時爲壇墠於豐」，地理志：「酆，豐水出縣東南。」今爲陝西長安縣地。

植璧秉珪，**注**史遷「植」作「戴」，「珪」作「圭」。鄭康成曰：「植，古置字。」**疏**周禮大宗伯：「以玉作六器，以禮天地四方。」注云：「謂始告神時，薦於神坐，書曰『周公植璧秉珪』是也。」秉者，釋詁云：「执也。」言植璧於神前，秉珪於手。史公「植」作「戴」者，戴亦植也。鄭注喪大記云：「戴之言值。」植與值通。易林需之无妄又作「載」。月令釋文：「戴，本作『載』。」是戴亦通載。「圭」爲「珪」者，説文「圭」，古文作「珪」。鄭注見書疏。云植爲「古置字」者，熹平石經論語「置其杖而芸」，今作「植」，説文「植」重文作「櫃」，故知櫃、置爲古字。

乃告太王、王季、文王。

史乃册，祝曰：「惟爾元孫某，遘厲虐疾。**注**史遷「册」作「策」，「某」作「王發」，「遘厲虐疾」作「勤勞阻疾」。「阻」一作「淹」。鄭康成曰：「策，周公所作，謂簡書也。祝者，讀此簡書以告三王。讀之者，由成王讀之也。」**疏**史，史佚也。洛誥云：「作册逸誥。」逸即史佚。册，説文有「笧」字，云：「告也。」疑孔壁古文「册」作「笧」，與下「納册」之「册」異。祝者，説文云：「祭主贊詞者。」武王于太王爲曾孫，此稱「元孫」者，猶召誥云「元子」。遘者，易彖傳云：「遇也。」厲者，釋名云：「疾氣也。」中人如磨厲傷物也。虐者，廣雅釋詁云：「惡也。」言遇厲氣致惡疾。史公「册」作「策」者，策與册，經典通字。聘禮云：「百名以上書於策，不及百名書於方。」注云：「名，書文，今謂之字。策，簡也。方，板也。」疏云：「簡者，未編之稱。策是衆簡相連之名。」案：說文云：「册，象其札，一長一短，中有二編之形。」古文作「笧」。知册卽策也。「某」爲「王發」者，發，武王名，禮臨文不諱。又父前子名，古文本作「王發」，與鄭康成所見本異也。云「勤勞阻疾」者，「遘厲」爲「勤勞」，蓋古今文之異，非史公詁訓，言武王勤勞以致險疾也。說文云：「阻，險也。」集解引徐廣曰：「阻，一作『淹』。」淹與險聲相近，疑經文本作「淹疾」，史公易爲「阻」也。淹，久也。見廣雅釋詁。鄭注見史記集解及書疏。

若爾三王，是有丕子之責于天，**注**史遷「丕」作「負」。馬讀如字。鄭康成曰：「丕讀曰不，愛子孫曰子。元孫遇疾，若汝不救，是將有不愛子孫之過，爲天所責。欲使爲之請命也。」**疏**史公「丕」作「負」者，曲禮疏引白虎通曰：「諸侯疾曰負子。子，民也，言憂民不復子之也。」後漢書隗囂傳囂告州牧部監等曰：「申命百姓，各安其所，庶無負子之職。」蓋謂民安其所，乃無背棄子民之咎。以負爲背也。段氏玉裁云：「此文『是有負子之責于天』，言武王有背棄子民之咎，而將死也。」馬融讀如字，見釋文，云：「丕，普悲反。馬同。」馬氏蓋訓丕爲大，與史公、鄭康成俱異義者，言天與三王以大慈愛其子孫之責任也。鄭注見書疏。丕讀曰不，樂記云：「易直子諒之心。」注云：「子，讀如『不子』之『子』。」用此經文。史記索隱引作「讀曰負」，恐誤也。云「愛子孫曰子」者，中庸「子庶民」注云：「子，猶愛也。」

以旦代某之身。**注**史遷「某」作「王發」。

予仁若考能，多材多藝，能事鬼神。**注**史遷「予仁若考能」作「旦巧能」。

乃元孫不若旦多材多藝，不能事鬼神。**注**史遷「元孫」作「王發」，「若」作「如」。**疏**史公「某」及「元孫」皆作「王發」者，古文如是。「予」作「旦」，「考能」作「巧能」，知「考」字當爲「巧」。「仁若考能」，言仁順巧能也。「不若」、「不能」，兩

「不」字當讀爲「丕」，語詞。中庸引詩曰：「不顯惟德。」鄭注云：「不顯，言顯也。」則此言我多材藝，能事鬼神，乃元孫武王豈不多材藝，能事鬼神乎？事鬼神者，謂生而主其祀事，非謂死而事之。僞傳、孔疏説皆非也。

乃命于帝庭，敷佑四方，

注 馬融曰：「武王受命于天帝之庭，布其道以佑助四方。」

疏 帝庭者，詩文王云：「文王陟降，在帝左右。」傳云「帝，天」是也。敷者，詩傳云：「布也。」佑同祐，説文：「祐，助也。」馬注見史記集解。

用能定爾子孫于下地，四方之民罔不祇畏。嗚呼！無墜天之降寶命，我先王亦永有依歸。

注 史遷「爾」作「汝」，「祇」作「敬」，「寶」作「葆」。鄭康成曰：「降，下也。寶，猶神也。有所依歸，爲宗廟之主也。」

疏 祇者，釋詁云：「敬也。」墜，當爲「隊」，説文云：「從高隊也。」詩、禮釋文俱云：「墜，本作『隊』。」國語注：「墜，失也。」史公「寶」作「葆」者，易繫辭「聖人之大寶曰位」，釋文引孟喜本作「保」，留侯世家集解引徐廣曰「史記珍寶字皆作『葆』」是也。鄭注見史記集解。云「寶，猶神也」者，後漢皇甫嵩傳注云：「寶器，猶神器也。」故云：「寶，猶神也。」

今我卽命于元龜，

注 馬融曰：「元龜，大龜也。」

爾之許我，我其以璧與珪歸，俟爾命；

注 馬融曰：「待汝命。武王當愈，我當死也。」

爾不許我，我乃屏璧與珪。」

注 史遷「珪」俱作「圭」。

疏 卽者，釋詁云：「就也。」命，謂命龜。已下至「屏璧與珪」，皆命龜詞也。馬注俱見史記集解。云「元龜，大龜」者，馬注西伯戡黎云：「長尺二寸。」白虎通蓍龜篇引禮三正記云：「天子龜長一尺二寸，諸侯一尺，大夫八寸，士六寸。」許者，廣雅釋詁云：「聽也。」俟者，釋詁云：「待也。」屏，同「庰」，廣雅釋詁云：「藏也。」詩傳云：「屏，蔽也。」義亦近藏。藏之者，禮記曾子問云：「天子、諸侯將出，以幣帛皮圭告于神明，奉以出。反必告，設奠。卒，斂幣玉藏兩階之間。」是藏幣玉之事。曲禮正義云：「金縢告太王、王季、文王云：『爾之許我，乃卜三龜，一襲吉。』是能傳神命也。」又云：「假爾泰龜有常，假爾泰筮〔一〕有常。爾，謂指蓍龜也。」是「爾之許我」已下，爲命龜之詞。

乃卜三龜，一習吉。啟籥見書，乃并是吉。

注史遷説：「周公已令史策告太王、王季、文王，欲代武王發，於是乃即三王而卜。卜人皆曰『吉』，發書視之，信吉。周公喜，開籥，乃見書遇吉。」馬融曰：「籥，藏卜兆書管。」鄭康成曰：「籥，開藏之管也。開兆書藏之室以管，乃復見三龜占書，亦合於是吉。」「啟」一作「開」。

疏三龜者，史公以爲「即三王而卜」，是太王、王季、文王前各置一龜，以占祖考之意也。習者，易象上傳云：「習坎，重險也。」是習爲重。籥者，説文云：「書僮竹笘也。」又云：「潁川人名小兒所書寫爲笘。」廣雅釋器云：「籥，籤也。」一切經音義引纂文云：「關西以書篇爲書籥。」然則籥者竹觚，非管籥也。説文所用，古文書義也。并者，漢書集注云：「合也。」史公云「發書視之，信吉」，又云「開籥，乃見書遇吉」，則亦以籥爲管籥也。云「遇吉」者，論衡卜筮篇云：「周武王不豫，周公卜三龜。公曰：『乃逢是吉。』」逢者，釋詁云：「遇也。」故史公作「遇」。逢之與并，亦聲相轉也。馬注見釋文，鄭注見書疏。云「籥，卜兆書管」者，周禮卜師：「掌開龜之四兆。」注云：「開謂出其占書也。書金縢曰『開籥見書』是謂與？」又地官：「司門掌管鍵，以啟閉國門。」注：「鄭司農云：『管謂籥，鍵謂牡〔二〕。』」説文：「䦨，關下牡也。」據先後鄭以籥爲管、鍵爲牡〔三〕者，方言云：「户鑰自關而東，謂之鍵；自關而西，謂之鑰。」文選注引鄭氏易注云：「齊、魯之間，名門户及藏器之管曰籥。」蓋籥與鑰同，鍵亦通稱，内有牡鍵，以牝管開之也。

公曰：「體，王其罔害。

注史遷無「體」字，説爲「入賀武王曰」；「罔」作「無」。

〔一〕「筮」原訛作「誓」，據禮記曲禮經文及正義原文改。

〔二〕、〔三〕「牡」原俱訛作「牝」，據周禮司門注原文改。

疏體，謂龜之四體。中庸云：「見乎蓍龜，動乎四體。」鄭注云：「四體，謂龜之四足。春占後左，夏占前左，秋占前右，冬占後右。」周禮占人：「凡卜簭，君占體，大夫占色，史占墨，卜人占坼。」注云：「體，兆象也。」引此文「罔」作「無」，云：「凡卜，象吉、色善、墨大、坼明，則逢吉。」玉藻：「卜人定龜，史定墨，君定體。」彼注云：「視兆所得也。」引「周公曰『體，王其無害』」，亦作「無」，是與史記同也。

予小子新命于三王，惟永終是圖。茲攸俟，能念予一人。

注史遷以此爲賀武王之詞。「予小子」作「且」，「新命」作「新受命」，「永」作「長」，「茲攸俟」作「茲道」。馬融曰：「一人，天子也。」鄭康成曰：「茲，此也。」

疏予小子，周公自稱。新命者，絜新以受三王之命，卽周本紀所云「祓齋自爲質」也。釋詁云：「永，長也。」「圖，謀也。」「茲，此也。」攸者，釋言云：「所也。」念者，方言云：「常思也。」予一人，謂武王也。言我小子絜新以受命於三王，惟長終是謀，此所俟者，祖宗能念武王耳。周公自稱「予小子」，則「予一人」必謂武王。白虎通號篇云：「尚書曰王者自謂『一人』者，謙也，言己材能當一人耳。臣下謂之『一人』何？亦所以尊王者也，以天下之大，四海之內所共尊者一人耳。」史公「攸」作「道」者，攸與猷聲相近，方言云：「猷，道也。」故說爲「道」。馬、鄭注俱見史記集解。

公歸，乃納册于金縢之匱中。王翼日乃瘳。

注史遷「翼」作「明」，「納」作「藏」。鄭康成曰：「縢，束也。凡藏秘書，藏之于匱，必以金緘其表。」「翼」一作「翌」。

疏縢者，詩傳云：「緄也。」又：「約也。」匱者，王逸注楚辭云：「匣也。」周禮占人：「凡卜簭，既事，則繫幣而比其命。歲終，則計其占之中否。」注：「杜子春云：『繫幣者，以帛書其占，繫之於龜也。』玄謂：既卜筮，史必書其命龜之事及兆繫于策，繫其禮神之幣而合藏焉。」引此經「王與大夫盡弁」之文，云是命龜書〔一〕。據此，是納册爲卜筮之常事，非公欲爲此以待後日之發視也。翼者，釋言云：「明也。」郭注引此作「翌」。唐顏師古、李善等注書，引此俱作「翌」。說文作「昱」，云：「明日也。」翼，蓋假借字。瘳者，詩傳云：「愈也。」史公「納冊」作「藏策」者，漢書集注云：「納，藏也。」鄭康成注見書疏。云「金縢其表」者，一切經音義引字林云：「縢，束篋也。」魯語云：「得之金櫝。」注云：「櫝，匱也。金，以金帶其外也。」「帶其外」即鄭所謂「縢其表」。

武王既喪，

注史遷作「其後，武王既崩」。鄭康成曰：「文王十五生武王，九十七而終。終時，武王八十三矣，於文王受命爲七年。後六年伐紂，後二年有疾，疾瘳，後二年崩。崩時，年九十三矣。」

疏喪者，白虎通崩薨篇云：「喪者，亡也。人死謂之喪何？言其喪亡不可復得見也。不直言死，稱喪者何？爲孝子之心不忍言也。尚書曰：『武王既喪。』」鄭注見詩豳譜疏。云「文王九十七而終，武王崩時九十三矣」，據文王世子之文。鄭以既喪爲免喪，釋詁云：「卒，既也。」既喪謂終三年喪之後，見下疏。

管叔及其羣弟乃流言于國，曰：「公將不利于孺子。」

注史遷「孺子」作「成王」。鄭康成曰：「管，國名。叔，字。周公兄，武王弟，封于管。羣弟：蔡叔、霍叔。武王崩，周公免喪，欲居攝。小人不知天命而非之，故流『公將不利於孺子』之言於京師。孺子，謂成王也。」

疏管叔名鮮，史記周本紀云：「封弟叔鮮于管。」管蔡世家云：「文王長子曰伯邑考，次曰武王發，次曰管叔鮮，次曰周公旦，次曰蔡叔度，次曰曹叔振鐸，次曰成叔武，次曰霍叔處，次曰康叔封，次曰冄季載。」是管叔爲周公兄、武王弟。周書作雒解云：「武王立王子祿父，俾守商祀，建管叔於東，建蔡叔、霍叔於殷，俾監臣。」是羣弟即謂蔡叔、霍叔也。管蔡世家云：「管叔、蔡叔疑周公之爲不利于成王。」不言霍叔。霍叔既與蔡叔同監殷，則羣弟兼及霍叔矣。流言者，荀子致仕篇云：「凡流言流說。」楊倞注云：「流者，無

〔一〕「書」原作「者」，據周禮占人鄭注原文改。

根源之謂。」呂覽知度篇云：「不好淫學流說。」高誘注云：「邪說謂之流說。」詩破斧疏引書傳曰：「武王殺紂，繼子祿父。及管、蔡流言，奄君、薄姑謂祿父曰：『武王已死，成王幼，周公見疑矣。此百世之時也，請舉事。』然後祿父及商奄畔。」此卽流言之事也。孺子者，說文云：「乳子也。」史記魯周公世家云：「武王既崩，成王少，在強葆之中。周公恐天下聞武王崩而畔，周公乃踐阼，代成王攝行政，當國。管叔及其羣弟流言於國曰：『周公將不利於成王。』」此史公從孔安國問故而爲之說。是武王崩時，成王在葆抱中。文選魏都賦注「襁負」引博物志：「織縷爲之，以約小兒於背上。」是成王年止一二齡也。淮南要略篇云：「武王立三年而崩，成王在襁褓之中，未能用事。」蒙恬列傳恬曰：「昔成王初立，未離襁褓，周公旦負王以朝。」是亦以成王在襁褓。恬親見百篇未毁之書，當可信也。琴操云：「武王崩，太子誦年七歲。」周易集解引干寶云：「武王之崩，年九十三矣，而成王八歲。」古尚書說云：「武王崩時，成王年十三。」說俱乖異。古尚書說蓋衞、賈所說孔壁古文，又與史公所問之故異也。文王世子云：「成王幼，不能涖阼，周公相，踐阼而治。抗世子法於伯禽，欲令成王之知父子、君臣、長幼之道也。成王有過，則撻伯禽，所以示成王世子之道也。」案：周公踐阼時，欲令成王知父子、君臣、長幼之道，則非強葆中矣，故鄭不從史公說也。鄭注見詩譜疏。云「周公免喪居攝」者，鄭注詩鴟鴞亦云：「時周公竟武王之喪，欲攝政，成周道，致太平之功。」是以周公爲免喪居攝，則以既喪爲終喪也。既與終，語之轉。詩伐木曰「終和且平」，卽那曰「既和且平」。與史公說異。檀弓云：「古者，天子崩，王世子聽於冢宰三年。」春秋定四年傳云：「周公爲太宰。」據此，則太宰禮當攝政。至免喪猶攝政，故管、蔡疑之也。

周公乃告二公曰：「我之弗辟，我無以告我先王。」周公居東二年，

注 史公說爲：「周公告太公望、召公奭曰：『我之所以弗辟而攝行政者，恐天下畔周，無以告我先王。』

於是卒相成王。管、蔡、武庚等果率淮夷而反。周公乃奉成王命，興師東伐。遂誅管叔，殺武庚，放蔡叔。」又云：「寧淮夷東土，二年而畢定。」馬融曰：「辟謂辟居東都。」鄭康成曰：「我今不辟孺子而去，我先王以謙讓爲德，我反有欲位之謗，無以告于先王。言媿無辭也。居東者，出處東國待罪，以須君之察己。」**疏**辟者，說文作「𢍏」，云：「法也。周書曰：『我之不𢍏。』」今本說文「法」作「治」。釋文引「治」作「法」。許氏言我之不法，謂我不以法治管、蔡，則天下畔周，無以告我先王。字與史公異而意同，蓋古文說也。史公以「居東」爲「興師東伐」，以「二年」爲「寧淮夷東土，二年而畢定」者，周書作雒解云：「武王克殷，既歸，乃歲十二月崩鎬，肂于岐周。三公立，相天子。三叔及殷、東、徐、奄及熊盈以畔。周公、召公內弭父兄，外撫諸侯。元年夏六月，葬武王于畢。二年，又作師旅，臨衛政殷，殷大震潰。降辟三叔，王子祿父北奔，管叔經而卒，乃囚蔡叔于郭凌。」是亦以居東爲東伐也。詩豳譜疏引書傳：「周公居攝，一年救亂，二年克殷，三年踐奄。」是歐陽、夏侯等亦不以居東爲辟居也。馬注見釋文。鄭注見豳譜疏。馬、鄭俱讀辟爲避者，墨子耕柱篇云：「周公旦非關叔，辭三公東處于商蓋。」蓋卽奄也。越絕書云：「周公傅相成王，管叔、蔡叔不知周公而讒之成王，周公乃辭位出，巡狩于邊。」論衡感類篇云：「古文家以武王崩，周公居攝，管、蔡流言，王意狐疑，周公奔楚，故天大雷，以悟成王。」皆與鄭合。周頌譜疏引鄭以「武王十二月崩，成王三年二月禫，周公避流言而出，明年春禘」。是鄭以周公居東在成王禫後也。此說與史公說又異，蓋今文說如此。王氏充以爲古文者，今文亦古說也。

則罪人斯得。

注史遷說：「管、蔡、武庚等果率淮夷而反，周公乃奉成王命，興師東伐，作大誥。遂誅管叔，殺武庚，放蔡叔。」鄭康成曰：「罪人，周公之屬黨，與知居攝者。周公出，皆奔，今二年盡爲成王所得。謂之罪人，史書成王意也。罪其屬黨，言將罪之。」**疏**罪人，史公以爲管、蔡。白虎通誅罰篇云：「尚書曰『肆朕誕以爾東征』，誅弟也。」又云：「尚書曰『誕以爾東征』，誅祿甫也。」此古文家說。詩鴟鴞云：「既取我子，無毁我室。」傳云：「寧亡二子，不可以毁我周室。」詩豳譜疏云：「二子，謂管、蔡。然則毛解金縢之文，其意皆異於鄭。」又云：「毛以罪人斯得爲得管、蔡，周公居東爲東征也。」是毛公與史公同。以罪人爲管、蔡，蓋古文說也。鄭注見詩鴟鴞疏。以罪人爲周公之屬黨者，鄭以詩鴟鴞云「既取我子，無毁我室」，箋云：「時周公竟武王之喪，欲攝政，成周道，致太平之功。管叔、蔡叔等流言云：『公將不利於孺子。』成王不知其意，而多罪其屬黨。興者，喻此諸臣乃世臣之子孫，其父祖以勤勞有此官位土地，今若誅殺之，無絶其位，奪其土地。」是鄭繹詩之言而爲此說。周易集解蒙初六「用說桎梏」干寶云：「此成王始覺周公至誠之象，將正四國之罪，宜釋周公之黨。」則與鄭說同也。鄭以成王迎周公歸攝政後東伐四國，則居東之時所言罪人，非管、蔡也。

于後， 注 鄭康成曰：「于二年後也。」

公乃爲詩以貽王，名之曰鴟鴞。 注 史遷「名」作「命」。鄭康成「貽」作「怡」，曰「怡，悅也。」周公傷其黨屬無罪將死，恐其刑濫，又破其家，而不敢正言，故作鴟鴞之詩以貽王，今豳風鴟鴞也。『鬻子』，斥成王。」疏 貽，當爲「詒」，詩國風「自詒伊阻」、「詒我彤管」，釋文皆作「貽」，云：「本又作『詒』。」貽，俗字。豳風鴟鴞詩序云：「鴟鴞，周公救亂也。成王未知周公之志，公乃爲詩以遺王，名之曰鴟鴞焉。」「詒」作「遺」者，爾雅釋言云：「詒，遺也。」鴟鴞者，釋鳥云：「鸋鴂。」方言云：「自關而東謂桑飛曰鸋鴂。」詩疏引陸璣〔一〕疏云：「鸋鴂，似黃雀而小，其喙尖如錐，取茅莠爲窠。幽州人謂之鸋鴂，或曰巧婦，或

〔一〕「陸璣」原作「陸機」。案：作毛詩草木鳥獸魚蟲疏者爲陸璣，作「機」誤，今改正。

曰女匠；關東謂之工雀，或謂之過羸；關西謂之桑飛，或謂之襪雀，或曰巧女。」鄭注見詩豳譜疏及鴟鴞疏。云「怡，悦」者，釋詁云：「怡，樂也。」内則注：「怡，悦也。」樂即悦。云「傷其屬黨無罪將死，恐其刑濫，又破其家」者，因詩有「既取我子，無毁我室」而繹其意。鴟鴞疏云：「馬昭云：『公黨已誅，請之無及，故但言請子孫土地。』斯不然矣。鄭意以屬臣雖爲王得罪〔一〕猶未加刑焉，馬昭之言非鄭旨也。」云「『鬻子』，斥成王」，亦見鴟鴞疏，疏云：「經解喻尊，猶言昊天，斥王也。」

王亦未敢誚公。 **注** 史遷「誚」作「訓」。鄭康成曰：「成王非周公意未解，今又爲罪人言，欲讓之，推其恩親，故未敢。」

疏 誚者，方言云：「讓也。」說文「誚」云：「古文『譙』，从言肖，周書曰：『王亦未敢誚公。』」史公作「訓」者，廣雅釋詁云：「訓，順也。」洪範「于帝其訓」、「是訓是行」，宋微子世家皆作「順」。蓋言王意亦不從周公之言也。段氏玉裁以訓爲訫字，從立心，古文信字。言王亦未敢信公也。訫，見玉篇，云：「信，古文作訫。」蓋今文尚書誚作信，亦或然也。經文自「武王既喪」至此，蓋史臣所記，以終周公作金縢之事。「其秋大熟」已下，今文以爲周公死後之事，史記亦云：「周公卒後，秋大熟。」考是亳姑逸文，故別行以別之。

秋，大熟，未穫。 **注** 史遷說爲「周公在豐，病，將没，曰：『必葬我成周，以明吾不敢離成王。』周公既卒，成王亦讓，葬周公於畢，從文王，以明予小子不敢臣周公也。周公卒後，秋，未穫」云云。鄭康成曰：「秋，謂周公出二年之後明年秋也。」 **疏** 此「秋，大熟」已下有脱簡，不知何年秋也。穫者，說文云：「刈穀也。」史公說爲「周公卒後，秋，未穫」，並言周公在豐，病，將没，欲葬成周之事。合之書序云「周公在豐，將没，欲葬成周。公薨，成王葬于畢，告周公，作亳姑」，

〔一〕「罪」應從十三經注疏校勘記作「實」。

則此是亳姑逸文，成王所作，與周公所作金縢別是一篇。亳姑篇今亡，猶可以此考見。其云「告周公」者，蓋以天變祝告改葬之。則所云「惟朕小子，其迎我國家禮，亦宜之」，謂惟我小子，其逆于國家應有之禮，亦宜有此天變也。必後人因其文有「以啟金縢」之詞，誤合于金縢耳。又案：大傳云：「周公致政封魯，三年之後，周公老於豐，心不敢遠成王，而欲事文武之廟，然後周公疾，曰：『吾死，必葬于成周，示天下臣于成王。』及周公薨，成王欲葬之于成周，天乃雷電以風，禾卽盡偃，大木斯拔，國人大恐。成王曰：『周公生欲事宗廟，死欲聚骨于畢。』畢，此文王之墓地。故周公死，成王不葬于國，而葬之于畢，示天下不敢臣也，所以明有功、尊有德。故周公封于魯，身未嘗居魯也。忠孝之道，咸在成王、周公之間。故魯郊，成王所以禮周公也。」已上大傳據孔氏廣林集本。又史記魯世家云：「初，成王少時，病，周公乃自揃其蚤沈之河，以祝於神曰：『王少，未有識，奸神命者乃旦也。』亦藏其策於府。成王病有瘳。及成王用事，人或譖周公，周公奔楚。成王發府，見周公禱書，乃泣，反周公。」又徵之蒙恬傳，恬曰：「昔周成王初立，未離襁褓，周公旦負王以朝，卒定天下。及成王有病，甚殆，公旦自揃其爪以沈于河，曰：『王未有識，是旦執事，有罪殃，旦受其不祥。』乃書而藏之記府。及王能治國，有賊臣言周公旦欲爲亂久矣，王若不備，必有大事。王乃大怒，周公旦走而奔于楚。成王觀于記府，得周公旦沈書，乃流涕曰：『孰謂周公旦欲爲亂乎！』殺言之者，而反周公旦。」恬時百篇之書未焚，當親見之而爲此說，史公用其言以作魯世家。是周公尚有爲成王禱疾之事。避居後，成王發府得書，迎周公。其暴風雷雨之事，在周公卒後也。琴操云：「周金縢者，周公作也。書曰：武王薨，太子誦襲武王之業，年七歲，不能統理海內，周公爲攝政。是時，周公因誅管、蔡之後，有謗公於王者，言公專國大權，詐謀，將危社稷。成王聞之，欲囚周公。周公乃奔于魯而死，成王以公禮葬之。天乃大暴風疾雨，禾稼皆偃，木折傷。成王懼而發金縢之書，見周公所爲武王禱命以身贖之書。成王執書而泣曰：『誰言周公欲危社稷者！』取所譏公者而誅之。天乃反風霽雨，禾稼復起。」此言周公被譖奔魯，在誅管、蔡之後，與史記同而不言爲成王禱疾。易林需之无妄云：「戴璧秉珪，請命于河。周公剋敏，沖人瘳愈。」亦言爲成王請命，蓋古文書說。然則墨子亦見百篇之文，以爲非管叔東處于商蓋者，或周公辟居兩次，或諸子誤以誅管、蔡後避居爲東征與？

天大雷電以風，禾盡偃，大木斯拔。邦人大恐。王與大夫盡弁，**注**史遷說「大雷電以風」爲「暴風雷雨」，「斯」爲「盡」，「弁」爲「朝服」。古尚書說云：「武王崩時，成王年十三。後一年，管、蔡作亂，周公東辟之。王與大夫盡弁，以開金縢之書。成王年十四言弁，明知已冠矣。」鄭康成曰：「弁，爵弁。天子、諸侯十二而冠，成王此時年十五，于禮已冠。而爵弁者，承天變，故降服也。」以啟金縢之書，**注**鄭康成曰：「開金縢之書者，省察變異所由故事也。」乃得周公所自以爲功代武王之說。**注**「說」，史遷一作「簡」。

疏「大雷電以風」，「電」當爲「雨」。偃者，孔氏安國注論語云：「仆也。」史公爲「暴風雷雨」者，漢書周舉傳注應劭引洪範五行傳作「大雷雨」，論衡感類篇亦作「雷雨」，則「電」爲誤字。「斯」爲「盡」者，高誘注呂氏春秋云：「斯，猶盡也。」「弁」爲「朝服」者，周禮司服云：「視朝皮弁。」玉藻云：「皮弁以日視朝。」故史公以朝服釋弁也。古尚書說見公羊傳隱元年疏。許君謹案：「武王崩，成王年十三，若十四而已冠，是喪冠也。」不從古尚書說。云「成王年十四」者，譙周五經然否論引此異義，云：「武王崩後，管、蔡作亂，周公出居東。是歲大風，王與大夫冠弁開金縢之書，成王年十四，是喪冠也。」蓋不以秋大熟爲二年後，與鄭異也。鄭注見書疏、詩芄蘭疏。云「弁，爵弁」者，穀梁文十二年傳疏云。爵弁者，儀禮士冠禮：「三加爵弁。」注云：「爵弁尊。」江氏聲云：「此以爵弁爲降服者，爵弁非天子之服。」蔡邕獨斷云：「冕冠周用爵弁。」又云：「以三十升布爲轂，廣八寸，長尺二寸，加爵冕其上，周黑而赤，如爵頭色，前小後大。周書曰：『王與大夫盡弁。』」是同鄭說。鄭以不加爵冕，故曰降服也。云「天子諸侯十二而冠」者，左傳襄九年：「晉侯問公年，季武子曰：『會于沙隨之歲，寡君生。』晉侯曰：『十二年矣。國君十五而生子，冠而生子，禮也。君可以冠矣。』」淮南氾論訓：「歲星十二歲而周天，天道十二而備，故國君十二歲而冠。冠而娶，十五生子，重國嗣也。」鄭說本此。云「成王年十五，於禮已冠」者，穀梁傳文十二年注引譙周曰：「書稱成王十五而冠，著在金縢。」亦與鄭說同也。鄭注見書疏。又云「開金縢書，省察變異所由故事」者，金縢之匱，藏先王舊章，必有可以考驗災異所由者，即可知消伏之術。成王不知有周公代武王之簡亦在內也。「說」史公作「簡」者，徐廣曰：「說，一作『簡』。」或今文字也。

二公及王乃問諸史與百執事，**注**鄭康成曰：「問者，問審然否也。」對曰：「信。噫！**注**史遷「噫」作「有」。馬融曰：「噫，猶億也。」**疏**史公「噫」作「有」者，言信有之。魯世家「藏其策金縢匱中」上有云「誡守者勿敢言」，故云「信有」也。馬注見釋文。云「噫，猶億」者，詩大雅：「噫厥哲婦。」箋云：「噫者，有所傷痛之辭也。」疏引此經爲說。易：「億喪貝。」釋文云：「本作『噫』。」干寶注：「億，歎辭也。」又大雅抑篇、楚語作「懿」，韋昭云：「懿，讀曰抑。」

公命，我勿敢言。」王執書以泣，**注**鄭康成曰：「泣者，傷周公忠孝如是，而無知之者。」曰：「其勿穆卜。**注**史遷作「自今後其無穆卜乎」。

昔公勤勞王家，惟予沖人弗及知。**注**史遷「沖」作「幼」。今天動威，以彰周公之德，惟朕小子其新迎，**注**史遷無「新」。馬融「新」作「親」。鄭康成曰：「新迎，改先時之心，更自新以迎周公於東，與之歸，尊任之。」**疏**史遷「沖」作「幼」者，漢書翟義傳注：「沖，稚也。」稚亦幼也。迎之義亦爲逆，禹貢「同爲逆河」，河渠書、溝洫志皆爲「迎河」。史公無「新」字，則「惟朕小子其迎」，言有逆禮致天變也。馬注見釋文。「新」作「親」者，言成王親迎周公。毛詩東山序云：「東山，周公東征也。周公東征，三年而歸。」詩九罭：「我覯之子，衮衣繡裳。」傳云：「所以見周公也。」箋云：「王見周公，當以上公之服往見之。」是毛氏亦同馬説也。越絶書三云：「周公辭位出，巡狩於邊。一年，天暴風雨。」又云：「王乃夜迎周公，流涕而行。周公反國。」亦與此説同。鄭注見詩東山疏。云「自新」者，成王悔不知周公之過。

我國家禮亦宜之。」

疏白虎通喪葬篇〔一〕云：「周公以王禮葬，何以爲？周公踐祚理政，與天同志，展興周道，顯天度數，萬物咸得，休氣充塞。原天之意，子愛周公，與文武無異，故以王禮葬，使得郊祭。尚書曰『今天動威，以彰周公之德』，下言『禮亦宜之』。」今文説皆如是。則上云「惟朕小子其逆」者，言遭天變有逆禮之處，逆非迎周公也。又見後疏。

王出郊，天乃雨，反風，禾則盡起。

注馬融曰：「反，風還反也。」鄭康成曰：「易傳云：『陽感天，不旋日。』陽謂天子也。天子行善以感天，不迴旋經日。」

疏郊者，郊祭也。因郊祭而止天變，遂賜魯以郊。魯世家云：「於是成王乃命魯得郊祭文王。」白虎通喪葬篇〔二〕亦云：「以王禮葬，使得郊祭。」後漢書和帝紀詔曰：「成王出郊而反風。」注云：「王乃出郊祭天，事見尚書。」禮運云：「魯之郊禘非禮也，周公其衰矣！」注：「言子孫不能奉行興之。」禮器云：「故魯人將有事于上帝，必先有事于頖宮。」注云：「上帝，周所郊祀之帝，謂蒼帝靈威仰也。魯以周公之故，得郊祀上帝，與周同。」郊特牲云：「祭之日，王被衮以象天。」注云：「謂有日月星辰之章，此魯禮也。」魯侯之服自衮冕而下也，公羊僖卅一年傳

〔一〕、〔二〕「喪葬篇」，案白虎通無喪葬篇，當作喪服篇。

曰：「卜郊何以非禮？魯郊非禮也。」何氏注云：「以魯郊非禮，故卜爾。昔武王既沒，成王幼少，周公居攝，行天子事，制禮作樂，致太平，有王功。周公薨，成王以王禮葬之，命魯使郊，以彰周公之德。非正，故卜。」據此諸文，是魯郊明矣。王氏充以「出郊」爲王出郊觀變，論衡感類篇云：「開匱得書，覺悟泣過，決以天子禮葬公。出郊觀變，天止雨，反風，禾盡起。」馬注見史記集解。云「風還反」者，若風從東來，還反從西。鄭注見書疏。引易傳者，後漢書郎顗傳云：「易中孚傳曰：『陽感天，不旋日。』」注云：「易中孚傳曰：『陽感天，不旋日，諸侯不旋時，大夫不過朞。』」并引鄭注云：「陽者天子，爲善一日，天立應以善；爲惡一日，天立應以惡。諸侯爲善一時，天立應以善；爲惡一時，天立應以惡。大夫爲善一歲，天亦立應以善；爲惡一歲，天亦立應以惡。」「一說：『不旋日，立應之；不旋時，三辰間；不過期，從今旦至明日旦也。』陽卽指天子也。」又：周舉傳舉對策引易傳同，注以爲易稽覽圖文，與此注同也。

二公命邦人，凡大木所偃，盡起而築之。歲則大熟。

注　史遷「邦」作「國」。馬融曰：「築，拾也。禾爲木所偃者，起其木，拾其下禾，乃無所失亡也。」鄭康成曰：「文王崩後明年生成王，則武王崩時成王年十歲，服喪三年畢，成王年十二。明年將踐祚，周公欲代之攝政，羣叔流言，周公辟之，居東都，時成王年十三也。居東二年，成王收捕周公之屬黨，時成王年十四也。明年秋，大熟，遭雷風之變，時周公居東三年，成王年十五。迎周公反，而居攝之元年也。居攝四年，封康叔，作康誥，是成王年十八也。故書傳云：『天子太子十八稱孟侯。』五年作召誥，七年作洛誥，伐紂至此十六年也。作康誥時成王年十八，洛誥時年二十一也，卽政時年二十二也。然則成王以文王終明年生也。」

疏　築者，釋言云：「拾也。」釋文云：「築，本亦作『筑』。」馬注見釋文及史記集解，書疏引作鄭注。鄭注見詩豳譜疏。明堂位疏云鄭用衞宏之說。漢書律曆志云：「文王十五而生武王，受命九年而崩。崩後四年而武王克殷。克殷之歲八十六矣，後七歲而崩。故禮記文王世子曰：『文王九十七而終，武王九十三而終。』凡武王即位十一年，周公攝政五年，正月丁巳朔旦冬至，殷曆以爲六年戊午，距煬公七十六歲，入孟統二十九章首也。後二歲，得周公七年『復子明辟』之歲。是歲二月乙亥朔，庚寅望，後六日得乙未。故召誥曰：『惟二月既望，粤六日乙未。』又其三月甲辰朔，三日丙午。召誥曰：『惟三月丙午朏。』古文月采篇曰：『三日曰朏。』是歲十二月戊辰晦，周公以反政。故洛誥曰：『戊辰，王在新邑，烝祭歲，命作策，惟周公誕保文武受命，惟七年。』成王元年正月己巳〔一〕朔，此命伯禽俾侯于魯之歲也。」此據三統曆所推，與鄭說大同小異。漢書梅福傳云：「昔成王以諸侯禮葬周公而皇天動威，雷風著災。」儒林傳谷永上疏曰：「昔周公薨，成王葬以變禮而當天心。」後漢書周舉傳詔問曰：「言事者多云昔周公攝天子事，及薨，成王欲以公禮葬之，天爲動變。及更葬以天子之禮，即有反風之應。」舉對曰：「昔周公有請命之應，隆太平之功，故皇天動威，以彰聖德。」注：「尚書洪範五行傳曰：『周公死，成王不圖大禮，故天大雷雨，禾偃木拔。乃成王寤金縢之策，改周公之葬，尊以王禮，申命魯郊，而天立復風雨，禾稼盡起。』」張奐傳奐上疏曰：「昔周公葬不如禮，天乃動威。」注：「尚書大傳：『周公薨，成王欲葬之成周，天乃雷電以風，禾即盡偃，大木斯拔，國人大恐。王葬周公於畢，示不敢臣也。』」漢紀張奐上書曰：「昔周公既薨，成王葬不具禮，天乃大風，偃禾折樹。成王發書感悟，備禮改葬，天乃立反風，樹木盡起。」論衡感類篇：「金縢曰：『秋，大熟，未穫。天大雷電以風，禾盡偃，大木斯拔，邦人大恐。』當此之時，周公死。儒者

〔一〕「己巳」原作「乙巳」，據漢書律曆志原文改。

說之，以爲成王狐疑於葬〔一〕周公。欲以天子禮葬公，公人臣也；欲以人臣禮葬公，公有王功。狐疑於葬周公之間，天大雷雨，動怒示變，以彰聖功。」又曰：「開匱得書。覺悟泣過，決以天子禮葬公。出郊觀變，天止雨反風，禾盡起。」路史及張奐傳注引尚書大傳，見前疏。何休注公羊曰：「昔武王既没，成王幼少，周公居攝，行天子事，制禮作樂，致太平，有王功。周公薨，成王以王禮葬之，命魯使郊，以彰周公之德。」案：此諸説皆今文尚書，則知「秋，大熟」已上自有脱文。鄭氏、王充所見本已在金縢篇，孔子作書序時，自是亳姑文也。

〔一〕「葬」字原脱，據論衡感類篇原文補。

大誥第十四　周書五　尚書今古文注疏卷十四

注史遷說："初，管、蔡畔周，周公討之，三年而畢定，故初作大誥。"又說："管、蔡、武庚等果率淮夷而反，周公奉成王命，興師東伐，作大誥。" **疏**史公說見周本紀，又見魯周公世家。古文以周公東征爲征管、蔡，非辟居東土，又以周公奔楚在七年還政之後，故此大誥爲周公作也。鄭氏以周公避流言而居東，成王迎歸，乃伐管、蔡。詩東山箋云："成王既得金縢之書，親迎周公。周公歸，攝政。三監及淮夷畔，周公乃東伐之，三年而後歸耳。"與史公所問孔安國故不同。

王若曰： **注**鄭康成曰："王，謂攝也。周公居攝，命大事則權代王也。" **疏**鄭注見書疏。云"王，謂攝"者，明堂位云："昔周公朝諸侯于明堂之位，天子負斧依南鄉而立。"注云："天子，周公也。"明堂位又云："周公踐天子之位以治天下。"史記魯周公世家云："武王既崩，成王少，在强葆之中。周公恐天下聞武王崩而畔，周公乃踐祚，代成王攝行政，當國。"周公既踐天子之位，則稱王作誥。鄭以王爲周公，是也。若謂是周公述王命以誥，則當如多方言"周公曰『王若曰』"，或如多士先言"周公告"，乃復言"王若曰"。今此文不然，則是王卽周公矣。云"命大事則權代王"者，見周公不欲終爲王。權者，公羊桓十一年傳云："反于經，然後有善者也。"漢書翟方進傳莽依周書作大誥，作"攝皇帝若曰"，是劉歆等所爲，多用今文說，亦以王爲攝也。

「猷！大誥爾多方，越爾御事。 **注**「猷」一作「繇」，在「大誥」下。 **疏**

釋文云：「馬本作『大誥繇爾多邦』。」書疏云：「鄭本『猷』在『誥』下。」漢書翟方進傳云：「大誥道諸侯王、三公、列侯，于汝卿、大夫、元士、御事。」注：「應劭曰：『言以大道告于諸侯已下也。御事，主事也。』」案：釋詁云：「繇，道也。」方言云：「猷，道也。」是繇與猷通。越，漢書作「于」。越聲近粵，釋詁云：「粵、于，曰也。」是越可爲于。御者，詩箋云：「治也。」引此經以證。

弗弔天降割于我家，不少延。 **注**馬融「割」作「害」。鄭康成曰：「言害不少，乃延長之。」 **疏**弔者，鄭注費誓「無敢不弔」云：「弔，至也。至，猶善也。」則弔，善也。漢書五行志引左傳「旻天不弔」，注：「應劭曰：『旻天不善於魯家。』」春秋左氏襄十四年傳云「若之何不弔」，卽雜記云「如何不淑」。襄十三年：「君子以吳爲不祥。」越語云：「助天爲虐者不祥。」「弗弔天」當連讀，言此不祥善之天，降害于我家也。降者，釋詁云：「下也。」割者，廣雅釋詁云：「害也。」「降害于我家」，謂武王既喪。「不少延」，謂遭喪後又值三監之畔，故云延。釋詁云：「延，長也。」僞傳訓弔爲至。顏師古注翟義傳云：「不弔，不爲天所弔閔。」皆于文義不協。割，馬本作「害」，見釋文。鄭注見書疏，以「割」爲「害」者，與馬同。

洪惟我幼沖人，嗣無疆大歷服。 **注**「歷」一作「鬲」。 **疏**洪與鴻聲相近，釋詁云：「鴻，代也。」鄭氏注康誥「乃洪大誥治」云：「周公代成王誥。」則此亦代成王之詞。漢書作「洪惟我幼沖孺子」。注：「師古曰：『洪，大也；惟，思也；沖，稚也。』」僞傳以洪字屬上句，非。「嗣無疆大歷服」，漢書作「承繼嗣無疆大歷服事」。嗣者，釋詁云：「繼也。」疆者，詩傳云：「竟也。」歷者，釋詁云：「數也。」郭注云：「歷，歷數也。」服，事也。周公言代我沖人繼無竟歷數之事。歷，魏三體石經作「鬲」。說文「鬲」或作「䰛」、「𤮼」，𤮼形近歷也。

弗造哲迪民康，矧曰其有能格知天命！ **疏**漢書作：「予未遭其明悊能道民于安，況其能往知天命！」注：「師古曰：『言不遭遇明智之人以自輔佐，而道百姓於安。道，讀曰導。』」案：造爲遭者，呂刑「兩造具備」，史記「造」作「遭」。哲者，釋言云：「智也。」釋詁云：「迪，道也。」「康，安也。」「矧，況也。」「格，至也。」格爲至，故可爲來，亦爲往。漢書作「往」也，言不能前知天命。釋詁云：「迪，進也。」「康，安也。」「格，陞也。」陞之義爲上。言「弗遭哲進民安」者，不遇賢人進用，使民安樂，況能上知天命乎？下文云：「亦惟兹十人迪知上帝命。」漢書以「迪」下屬，爲「道民於安」，或今文說也。

「已！予惟小子，若涉淵水，予惟往求朕攸濟，敷賁。疏漢書作「熙！我念孺子，若涉淵水，予惟往求朕所濟渡，奔走」。以「已」爲「熙」，聲相近；「惟」爲「念」，「攸」爲「所」，「濟」爲「渡」，「賁」爲「奔走」。案：已者，釋詁云：「咨、已，此也。」「咨，嗟也。」是已與咨同訓。惟者，釋詁云：「思也。」與念同義。「攸」爲「所」者，釋言文。濟者，釋言云：「渡也。」「敷」疑衍文。賁者，風俗通云：「虎賁，猶言虎之奔。」是賁與奔同。言我思小子，如涉深水，我惟往求所渡之人，任奔走之事。漢書武帝紀詔曰：「若涉淵水，未知所濟。」用此文也。江氏聲說敷爲傅，以爲疏附奔走之臣。

敷前人受命，兹不忘大功，予不敢閉。疏漢書「敷」爲「傅近奉承」，「閉」爲「比」，云：「予豈敢自比於前人乎！」敷爲傅者，廣雅釋言云：「傅，敷也。」又云「近」者，鄭注考工記云：「傅，近也。」又以爲奉承者，漢誥求其通俗，重疊訓釋之。比與閉聲相近。言我依附祖考，受此天命，不忘大功，豈敢比於前人乎？此今文說。經作「閉」者，韋昭注晉語云：「閉，壅也。」若君奭云「遏佚前人光」。

于天降威用，寧王遺我大寶龜，紹天明，卽命。

注鄭康成曰：「受命曰寧王，承平曰平王。時既卜，乃後出誥，故先云然。」「寶」一作「保」。疏于者，釋詁云：「粵，于也。」「天降威用寧王」，漢書作「天降威明，用寧帝室」。注：「師古曰：『威明，猶言明威也。』」案：

釋詁云：「威，則也。」則者，法也。言天降明法于靈龜，以寧王室。前漢人用今文之義如此。「紹天明」，漢書作「迺紹天明意」。注：「師古曰：『紹，承也。』」案：下又云「詔予」，詔卽紹字。鄭注禮器云：「詔，或爲『紹』。」釋詁云：「紹，導也。」命者，大命。漢書作「卽命居攝踐祚」，則此言周公攝王以卽大命也。鄭注見書疏。云「受命曰寧王」者，君奭云：「惟寧王德。」鄭注云：「寧王者，文王也。」又注洛誥云：「周公謂文王爲寧王，成王亦謂武王爲寧王，此一名二人兼之。」云「承平曰平王」者，詩何彼穠矣：「平王之孫。」傳云：「平，正也，文王孫。」是與漢書說異也。寶，魏石經作「保」。

曰：『有大艱于西土，西土人亦不靜，越茲蠢。』**注**鄭康成曰：「周民亦不定其心，騷動，言以兵應之。」「曰」一作「粵」，「蠢」一作「載」。**疏**「曰」者，漢書作「反虜擅興師動衆，曰」。「則有大艱」云云，卽指管、蔡流言也。「靜」，漢書作「靖」。「越茲蠢」，漢書作「於是動」。艱者，釋詁云：「難也。」靖者，說文云：「亭安也。」〔一〕越同粵，釋詁云：「於也。」蠢者，釋詁云：「動也。」說文云：「蟲動也。古文作『載』。周書曰：『我有載於西。』」節用此文也。載，既爲孔壁古文，故魏石經用之。「曰」作「粵」，亦魏石經也。鄭注見書疏。云「周民亦不定其心」者，以靜爲寧，釋詁云：「寧，靜也。」

殷小腆，**注**馬融曰：「腆，至也。」鄭康成曰：「腆，謂小國也。」**疏**馬注見釋文。段氏玉裁云：「『至也』當爲『主也』，說文云：『鼔，主也。』」鄭注見書疏。云「腆，小國」者，方言云：「腆，厚也。」說文云：「腆，多也。」左傳謙詞多言「不腆」，小腆猶不腆，故云小國。

誕敢紀其緒。**疏**漢書作「誕敢犯祖亂宗之序」。注：「師古曰：『誕，大也。』」紀，蓋今文作「犯」，形相近。緒與序通。古文作「紀」者，廣雅釋言云：「統，紀也。」漢書注如淳云：「統，繼也。」則紀言繼也。

天降威，知

〔一〕說文立部：「靖，立竫也。」「竫，亭安也。」此云說文訓「靖」爲「亭安」，當是孫氏誤記。

我國有疵，民不康。**注**馬融曰：「疵，瑕也。」鄭康成曰：「知我國有疵病之瑕。」**疏**漢書作「天降威，遺我寶龜，固知國有眚災，使民不安」。注：「師古曰：『眚，病也。』」案：「疵，病」、「康，安」，釋詁文。依漢書當言：天下法則以命龜，先告我以國有疵病，使民不安。即上文所云「遺我寶龜」，下文云「卜并吉」，得吉卜也。馬注見釋文，鄭注見書疏。曰：予復反鄙我周邦。**疏**漢書作「是天反復右我」。注：「師古曰：『右，讀曰祐。』」則今文當言天命反復助我。復反，猶云反復也。古文「啚」爲「鄙」，與「圖」字形近。釋詁云：「猷，圖也。」或今文作「猷」，聲近祐，故漢書作「祐」。今蠢，今翼日，民獻有十夫，**注**大傳「獻」作「儀」。予翼以于敉寧武圖功。**疏**「今蠢，今翼日」，漢書作「粵其聞日」。注：「孟康曰：『反書上聞日也。』」則此言今武庚蠢動之日及明日也。「翼」，説文作「昱」，云：「明日也。」「民獻」，漢書作「民獻儀」，注：「孟康曰：『民之表儀，謂賢者。』」獻者，釋詁云：「聖也。」儀者，廣雅釋言云：「賢也。」「予翼以于敉寧武圖功」，漢書作「予敬以終於此謀繼嗣圖功」。翼爲敬，武爲繼，圖爲謀，皆釋詁文。此今文説也。經作「于」者，詩箋云：「往也。」敉者，釋詁云：「撫也。」言予敬以之往撫寧民心，以繼所謀功績也。我有大事，休，朕卜并吉。**注**鄭康成曰：「卜并吉者，謂三龜皆從也。」**疏**大事者，戎事也。周禮太宰云：「作大事則戒百官。」休者，釋詁云：「美也。」鄭注見書疏。云「三龜皆從」者，古人卜用三龜，而以玉兆、瓦兆、原兆三兆各占一龜也。肆予告我友邦君，越尹氏、庶士、御事，曰：『予得吉卜，予惟以爾庶邦，于伐殷逋播臣。』**疏**肆，漢書作「故」，釋詁文。尹氏者，書疏云：「即顧命云『百尹氏』也。尹，正也，諸官之正謂卿大夫。」于者，詩箋云：「往也。」逋者，説文云：「亡也。」播者，李登聲類云：「散也。」殷亡散臣，謂禄父。爾庶邦君，越庶士、御事，罔不反，曰：『艱大，**注**「艱」一作「𪒽」。 民不靜，**注**鄭康成曰：「汝國君及下羣臣不與我同志者，無不反我之意，云三監叛，其爲難大。」 亦惟在王宮、邦君室。 **疏**漢書「罔」作「無」，「艱」作「難」。注：「師古曰：『言爾等國君，或有言〔一〕曰，禍難既大，衆庶不安。』」鄭注見書疏。「艱」，魏石經作「𪒽」。說文「艱」或作「𪒽」。 越予小子考，翼不可征，王害不違卜？』 **疏**漢書作「於小子族父，敬不可征」。注：「師古曰：『於孺子爲族父，當加禮敬，不可征討。』」則此言三監於小子爲父行，當敬之，不可討也，王何不違卜乎？廣雅釋詁云：「害，曷，何也。」 肆予沖人永思艱。曰：嗚呼！允蠢鰥寡。哀哉！ **疏**漢書作「故予爲沖人長思厥難」。「肆，故」，「永，長」，「艱，難」，皆釋詁文。「允蠢鰥寡」，漢書作「所犯誠動鰥寡」。注：「師古曰：『無妻無夫之人亦同受其害。』」「允，誠」，「蠢，動」，釋詁文。此言故予爲幼君長思其難，三監之叛誠擾動鰥寡，可哀之甚。 予造天役遺，**注**馬融曰：「造，遺也。」 大投艱于朕身。越予沖人，不卬自恤。 **疏**漢書作「予遭天役遺，大解難於予身，以爲孺子，不身自卹」。注：「師古曰：『言天以漢家役事遺我，而令身解其難，故我征伐以爲孺子除亂，非自憂己身也。』」造者，遭也。見上疏。役者，廣雅釋詁云：「使也。」遺者，釋言云：「貽，遺也。」投者，說文云：「擿也。」漢書作「解」。疑「投」本「挩」字，說文：「挩，解挩也。」「艱，難」、「朕，我」、「卬，我」、「恤，憂」，皆釋詁文。馬注見釋文。云「遺也」，疑「遭也」之誤。恤，魏石經作「卹」。 義爾邦君，越爾多士、尹氏、御事，綏予曰：『無毖于恤，**注**「恤」一作「卹」。 不可不成乃寧考圖功。』 **疏**「義爾」，漢書作「義

〔一〕「言」原訛作「亦」，據漢書翟方進傳顏注原文改。

彼」。釋詁云：「儀，善也。」「綏，安也。」「毖，慎也。」「恤，憂也。」「圖，謀也。」言善爾國君，于爾羣臣，安我曰：「慎無困于憂，不可不成就武王之謀績。」恤，說文引作「卹」。

「已！予惟小子，不敢替上帝命。注「替」一作「朁」。疏「不敢替」，漢書作「不敢僭」。注：「師古曰：『僭，不信也。言順天命而征討。』」魏石經作「朁」，隸作「朁」。說文：「僭，擬也。」「擬，一曰相疑。」〔一〕是僭爲疑不信也。作「僭」者，今文；「替」，古文也。釋言云：「替，廢也。」　天休于寧王，興我小邦周，寧王惟卜用，克綏受茲命。今天其相民，矧亦惟卜用。疏「天休于寧王」，漢書作「天休於安帝室」，「矧」作「況」；「寧王惟卜用」，無「寧王」二字。注：「師古曰：『言天美於興復漢國，故我惟用卜吉〔二〕，能安受此命。』又曰：『言天道當思助人，況更用卜，吉可知矣〔三〕。』」是今文「寧王惟卜用」止作「惟卜用」。「天休于寧王」，此寧王當爲安王室也。　嗚呼！天明畏，弼我丕丕基。」疏漢書作「烏虖！天明威，輔漢始而大大矣」。注：「師古曰：『因此難更以彊大。』」「畏，威」，廣雅，釋言文。「弼，輔」，見說文。「丕，大」、「基，始」，釋詁文。今文基訓爲始，古文基或爲基業也。

王曰：「爾惟舊人，爾丕克遠省，爾知寧王若勤哉！疏漢書「惟」作「思」，「丕」作「不」。注：「師古

〔一〕說文：「僭，假也。」「儗，僭也。一曰相疑。」「擬，度也。」此云：「說文：『僭，擬也。』『擬，一曰相疑。』」當是孫氏誤記。

〔二〕「卜吉」原作「吉卜」，據漢書翟方進傳顏注原文乙正。

〔三〕「況更用卜吉可知矣」原作「況更卜用可知矣」，據漢書翟方進傳顏注原文改。

曰：『言爾當思久舊之人，爾不能遠省識古事。』」「惟，思」，釋詁文。「丕」爲「不」，經典多通用。

天閟毖我成功所，予不敢不極卒寧王圖事。

疏 毖，漢書作「勞」。注：「孟康曰：『天慎勞我國家成功之所在。』」寧，漢書作「安」。注：「師古曰：『卒，終也；言我不敢不終祖宗之業，安帝室所謀之事。』」案：閟同毖，釋詁云：「毖，慎也。」書疏引作「閟」。毖同祕，廣雅釋詁云：「祕，勞也。」

肆予大化誘我友邦君，天棐忱辭，其考我民，予曷其不于前寧人圖功攸終？

注「忱」一作「諶」。「曷」一作「害」。

疏 漢書「化誘」作「告」，「棐忱」作「輔誠」，「其考我民」作「天其累我以民」，「曷」作「害」，「寧」作「安」，「攸」作「所」。注：「師古曰：『言有至誠之辭則爲天所輔。累 託也。言天以百姓託我，我曷敢不謀終祖宗安人之功也。害讀曰曷。下皆類此。』」案：「肆予」之「肆」，當爲「今」；釋詁文。漢書注師古曰「肆，陳也，陳其理而告之」，非也。大化誘，猶云大化道，馬融顧命〔一〕云：「誘，道也。」詩傳云：「牖，道也。」疏云：「牖與誘，古字通用。」漢書孔光傳光引書曰：「天棐諶〔二〕辭。」說之云：「言有誠道，天輔之也。」釋詁云：「棐，俌也。」「諶，誠也。」「其考我民」，今文作「天其累我以民」。古文作「其考」者，釋名云：「考，成也，亦言槁也。」案：槁爲犒勞之古字。下文云「天亦惟用勤毖我民」，孟康亦釋毖爲勞。考、勞聲相近，又與累聲相轉，則「考我民」謂勞我以民也。「曷」作「害」者，廣雅釋詁云：「害、曷，何也。」寧人，漢書多作「安人」，是今文以「寧王」、「寧人」爲安王室、安民，不如鄭說以寧王

〔一〕依文例，「馬融」下「顧命」上應有一「注」字。

〔二〕「諶」原作「誠」，據漢書孔光傳原文及顏注改。

爲文武也。　天亦惟用勤毖我民，若有疾。予曷敢不于前寧人攸受休畢？」　**疏** 漢書「勤毖」作「勞」，無「用」字；「曷」作「害」，「前寧人」作「祖宗」，「攸」作「所」，「畢」作「輔」。注：「師古曰：『言天欲撫勞我衆，衆若有疾苦，我曷敢不順祖宗之意，休息而輔助之？』」毖與祕同，故爲勞，見上疏。古文「休畢」今文作「休輔」，畢與弼聲相近，同在韻書四質，疑古文本作「弼」，經作「畢」者，據上文云「圖功攸終」，則此言「畢」者，廣雅釋詁云：「終也。」

王曰：「若昔，朕其逝，朕言艱，日思：**疏** 昔者，夜也。列子周穆王篇云：「昔昔夢爲國君。」張湛注云：「夜夜也。」若者，言如前夕。逝者，釋詁云：「往也。」言我前夕東征，所言作室、菑田之不易，當日思之；卽下「若考」云云也。又案：墨子、越絶、論衡俱以爲周公避居東土，馬、鄭義同，蓋今文說。則此云「若昔，朕其逝」，謂昔時往居東也。　若考作室，既厎法，厥子乃弗肯堂，矧肯構？　**注**「肯」一作「克」，「矧肯構」一作「矧弗肯構」。　厥考翼，其肯曰：『予有後，弗棄基？』　**注** 鄭康成曰：「其父敬職之人，其肯曰：『我有後，子孫不廢棄我基業乎？』」「予」一作「我」。**疏** 漢書云：「予聞孝子善繼人之意，忠臣善成人之事。」在「若考作室」之上。則此周公以勉成王也，卽所謂「朕言艱」矣。釋詁云：「厎、定，止也。」「肯，可也。」構者，說文云：「蓋也。」杜林以爲椽桷字，言：「如父作室，既厎定于法矣，其子弗肯爲堂基，況肯蓋屋乎？」言不肯也。後漢書肅宗紀云：「不克堂桓。」注引尚書：「乃不肯堂，矧肯桓？」疑桓是桓楹，今文「構」作「桓」也。陳壽三國志用「克構」字，則今文「肯」爲「克」也。「矧肯構」一作「矧弗肯構」者，書疏引定本云。鄭注見詩文王有聲疏。予，鄭箋引書作「我」。翼爲敬，釋詁文。　厥父菑，厥子乃弗肯播，矧肯穫？　**注** 一作「矧弗肯穫」。　厥考翼，其肯曰：『予有後，弗棄基？』　**疏** 漢書作「予思若考作室，厥子堂而構之」。注：「師古曰：『父有作室之意，則子當築堂而構棼橑以成之。』」漢書又云：「厥父菑，厥子播而穫之。」「反土爲菑，一曰田一歲曰菑。」〔一〕案：菑者，郭注爾雅云：「今江東呼初耕地反草爲菑。」詩采芑疏引孫炎云：「菑，始災殺其草木也。」說文云：「菑，不耕田也。」「不」當爲「才」字之誤也。說文云：「播，種也。」「穫，刈穀也。」一作「矧弗肯穫」，見書疏引定本云。

肆予曷敢不越卬敉寧王大命？　疏 漢書作「予害敢不於身撫祖宗之所受大命」。「曷」作「害」，「越」作「於」，「卬」作「身」，「敉」作「撫」，俱見上疏。

若兄考乃有友伐厥子，民養其勸弗救？」　疏 漢書作「若祖宗迺有效湯、武伐厥子，民長其勸弗救」。注：「師古曰：『譬有人來伐其子，而長養彼心，反勸助之，弗救其子，正以子惡故也。言湯、武疾惡，其心亦然，今所征討不得避親，當以公義。』」案：漢書用今文說而云「效湯、武伐厥子」。則湯、武，周公自比；厥子，謂武庚也。「若兄考」，考者，父也。泛譬之，父兄有弗肯成父業之子。顏氏以「民養」爲「長養彼心」，非也。民長，蓋長民者。勸弗救，謂相戒弗救其子。民長，指謂國君羣臣，言當從王討殷，勿救之。伐者，白虎通誅伐篇云：「擊也。」疑今文義如此，故漢書依仿之。段氏玉裁云：「友作效者，友與爻形相近，今文友蓋作爻說。今文家或云：爻者，效也，效湯、武也。故漢書用其說。」案：「養」爲「長」者，夏小正云：「執養宮事。」傳曰：「養，長也。」段君又云：「考，成也。謂若兄有成業，而有同志之友忽伐其子，叔父其長也，其可相戒勿救乎？兄者，周公謂武王也。厥子，成王也。伐其子謂武庚等。民之長如周公及國君羣臣，其可相勸勿救乎？」江氏聲說亦略同。但此篇既依今文解經，漢書有「效湯、武」之言，則「伐厥子」不得謂武庚之伐成王矣。

王曰：「嗚呼！肆哉爾庶邦君，越爾御事。爽邦由哲，亦惟十人迪，知上帝命。　疏 漢書

〔一〕「反土爲菑，一曰田一歲曰菑。」案：此顏注語，非漢書本文。依文例，其上當有「師古曰」三字。

「嗚呼」作「烏虖」，「爽邦由哲」作「其勉助國道明」。肆者，釋詁云：「力也。」爽者，方言及廣雅釋詁皆云：「猛也。」猛與孟聲相近，釋詁：「孟，勉也。」説文云：「爽，明也。」明都卽孟諸，明、孟通字，是明亦勉也。哲者，釋言云：「智也。」智卽明也。故漢書以「爽」爲「勉助」，以「哲」爲「明」也。迪者，釋詁云：「進也。」十人，卽論語「予有亂臣十人」。書僞泰誓疏引先儒鄭玄等皆以十人爲文母、周公、太公、召公、畢公、榮公、太顛、閎夭、散宜生、南宮括也。言爾邦君羣臣，各出爾力哉。勉于邦事者，由明智之人，亦惟兹十人進用，則知天命所在也。漢書讀爲「迪知上帝命」，則如前文「迪民康」以「迪」爲「道」，今文説也。漢書注：「師古曰：『迪亦道也，言當遵道而知天命。』」

越天棐忱，爾時罔敢易法，矧今天降戾于周邦？

疏漢書作「粤天輔誠，爾不得易定」。注：「師古曰：『粤，辭也。天道輔誠，爾不得改易天子之定命。』」漢書又云：「況今天降定于漢國。」案：越爲粤，聲相近。棐，俌；忱，誠；俱見上疏。時者，釋言云：「是也。」法字古作「佱」，與「定」相似，故今文爲「定」。「矧，況」，釋詁文。戾、定，釋詁皆訓爲止。詩傳云：「戾，定也。」言天方輔我之忱，汝是無敢易法，況我周邦有定命乎？

惟大艱人，誕鄰胥伐于厥室，爾亦不知天命不易！

疏言此大發難之人，大近相伐于其家。謂三監之近伐王家，不顧同室也。「天命不易」，卽上文所云「降定于周邦」。詩傳云：「鄰，近也。」漢書作「惟大囏人大逆，欲相伐于厥室，豈亦知命之不易乎」。注：「師古曰：『言不知天命不可改易，乃大爲囏難以干國紀，是自相謀誅伐其室也。囏，古艱字。』」案：鄰聲近遴，説文：「遴，行難也。」或作「僯」。故誕鄰卽大難。漢書以大逆訓之，今文義也。

予永念曰：天惟喪殷，若穡夫，予曷敢不終朕畝？

疏漢書「穡」作「嗇」，「曷」作「害」，「朕畝」作「予晦」。注：「師古曰：『嗇夫治田，志除草穢。天之欲喪義、信，事亦如之。我當順天以終竟田晦之事。』」案：「穡」作「嗇」者，説文云：「嗇，愛濇也，从來从㐭。來者，㐭而藏之。故田夫謂之嗇夫。」古文作「𤲯」。又解「穡」云：「穀可收曰穡。」二字假借通用。「曷」作「害」，「朕」作「予」，見上疏。「畝」作「晦」，說文「晦」或作「畝」。此言我長念曰：天思喪殷矣，我如嗇夫主藏穀之事，當終治我田畝，方有收穫以順天心也。

天亦惟休于前寧人，予曷其極卜，敢弗于從？ **疏**漢書作「天亦惟休于祖宗，予害其極卜，害敢不于從」。注：「師古曰：『言天美祖宗之事，我何其極卜法，敢不往從？言必從也。』」案：此言天亦思美于祖父安人之業，我何爲究極之于卜事哉？卜之以安衆心，何敢不往從征？于，往；見上疏。

率寧人有指疆土，矧今卜并吉！肆朕誕以爾東征。天命不僭，卜陳惟若茲。」 **疏**漢書「指」作「旨」，「矧」作「況」，「肆」作「故」，「誕」作「大」，「天命不僭」作「命不僭差」，「卜」作「兆」，「茲」作「此」。注：「師古曰：『言循祖之業，務在安人而美疆土，況今卜并吉乎！言不可不從也。』」案：率者，釋詁云：「循也。」指，書疏三云「旨意」，皆作「旨」，知經文之「指」是後人所改。說文云：「旨，美也。」矧，況；肆，故；誕，大；皆見上疏。僭者，廣雅釋詁云：「差也。」詩箋云：「僭，不信也。」「卜」作「兆」者，說文：「兆，灼龜坼也。」「卜，灼剝龜也，象灸龜之形。一曰象龜兆之從橫也。」「茲，此」，釋詁文。白虎通誅罰篇云：「誅不避親戚，尚書『肆朕誕以爾東征』，誅弟也。」又云：「征猶正也，尚書曰『誕以爾東征』，誅祿父也。」

康誥第十五　周書六　尚書今古文注疏卷十五

注馬融曰：「康，圻內國名。」鄭康成曰：「康，謚號。」**疏**馬注見書疏。以康爲國名者，史記衞康叔世家索隱云：「康，畿內國名。宋忠曰：『康叔從康徙封衞，畿內之康不知所在。』」案：司馬氏貞引宋忠之言，是康之爲國，出世本也。衞世家云：「康叔卒，子康伯代立。」索隱曰：「系本康伯名髡。宋忠曰：『卽王孫牟也，事周康王爲大夫。』」案：康叔子又稱康伯，則康非謚甚明，舊說以爲國名，是也。路史國名紀云：「姓書康叔故城在潁川，宋衷以爲畿內國。」姓書蓋何氏姓苑，今亡。云「在潁川」者，說文：「邟，潁川縣。」漢書地理志潁川有周承休，侯國，元始二年更名邟。集韻：「邟，縣名，在潁川。」又有鄜，同音地名，則卽康也。元始二年復古稱邟，今河南汝州是。鄭注見書疏，以康爲謚號者，衞世家云：「康叔卒，子康伯代立。」索隱曰：「譙周古史考無康伯而云子牟伯立，蓋以不宜父子俱謚康，故因其名云牟伯也。」則譙周亦以康爲謚也。書疏云：「康亦國名，而在圻內。馬、王亦然。惟鄭玄以康爲謚號。」故知當有此。馬、鄭注，諸家脱之。誥者，周公所作以告康叔。春秋左氏定四年傳：「子魚曰：『昔武王克商，成王定之，選建明德，以藩屏周。分康叔以大路、少帛、綪[一]茷、旃旌、大呂，殷民七族，陶氏、施氏、繁氏、錡氏、樊氏、饑氏、終葵氏，封畛土略，自武父以南，及圃田之北竟。取於有閻

[一]「綪」原訛作「倩」，據左傳定公四年經文改。

之土，以共王職；取於相土之東都，以會王之東蒐。聃季授土，陶叔授民，命以康誥，而封於殷虛。皆啓以商政，疆以周索。』」杜注云：「康誥，周書。殷虛，朝歌也。」衛世家云：「衞康叔名封，周武王同母少弟也。周公旦以成王命興師伐殷，殺武庚祿父，以武庚殷餘民封康叔爲衞君，居河、淇間故商墟。周公旦懼康叔齒少，乃申告康叔曰：『必求殷之賢人君子長者，問其先殷所以興、所以亡，而務愛民。』故謂之康誥以命之。康叔之國，既以此命，能和集其民，民大說。成王長，用事，舉康叔爲周司寇，賜衞寶祭器，以章有德。」地理志云：「河内本殷之舊都，周既滅殷，分其畿内爲三國，詩風邶、庸、衞國是也。鄁，以封紂子武庚；庸，管叔尹之；衞，蔡叔尹之。以監殷民，謂之三監。故書序曰『武王崩，三監畔』，周公誅之，盡以其地封康叔，號曰孟侯，以夾輔周室。遷邶、庸之民於洛邑。」

惟三月哉生魄，

注馬融曰：「魄，朏也。謂月三日始生兆朏名。」「魄」一作「霸」。

疏大傳云：「周公攝政四年，建侯衞。」則三月爲四年之三月也。哉者，釋詁云：「始也。」魄，說文作「霸」，云：「月始生霸然也。承大月二日，小月三日。」引此經。古文作「霄」。鄉飲酒義云：「月三日則成魄。」白虎通日月篇云：「月之爲言闕也，有滿有闕也。所以有闕何？歸功於日也。三日成魄，八日成光，二八十六轉而歸功晦。至朔旦，受符復行。故援神契曰『月三日而成魄』。」詩天保疏云：「日月在朔交會，俱右行於天，日遲月疾，從朔而分，至三日，月去日已當二次，始死魄而出，漸漸遠日，而月光稍長，八日、九日月體正半，昏而中，似弓之張而弦直，謂上弦也。漸進至十五、十六日，月體滿，與日正相當，謂之望。從此漸虧，至二十三日、二十四日，亦正半在，謂之下弦。漸虧，至晦而盡。」諸家皆言三日爲魄，以二日有時不見也。蓋前月有三十日，則是月合朔早，二日初昏，月去日差遠，已有微明見於西方。前月二十九日小盡，則是月合朔晚，二日初昏，月去日未遠，未可得見，必三日初昏始見西方也。漢書律曆志：「三統云：死霸，朔也；生霸，望也。」又云：「周書武成篇『惟一月壬辰旁死魄』。」注：「孟康曰：『魄，月質也。月二日以往，月魄死，故言死魄。』」與劉歆三統說同。蓋以霸爲月質無光之處，生則無光之處漸長，故云望。未知其何以與禮記、白虎通、說文異說。馬注見釋文。說文云：「朏，月未盛之明，从月出。」律曆志引古文月采曰：「三日曰朏。」召誥疏引作周書月令，云：「三日粵朏。」法言五百篇云：「月未望，則載魄於西；既望，則終魄於東。」宋咸曰：「載魄當作朏。」其實魄卽朏也。云「三日始生兆朏名曰魄」，與說文「二日、三日」是者，馬據其見於西方言之，二日有時不見也。

周公初基作新大邑于東國洛。四方民大和會。

注大傳說：「周公營洛，以觀天下之心。於是四方諸侯，率其羣黨，各攻位於其庭。周公曰：『示之以力役，且猶至，況導之以禮樂乎！』然後敢作禮樂。」鄭康成曰：「此時未作新邑。基，謀。岐、鎬之域，處五嶽之外，周公爲其于政不均，故東行于洛邑，合諸侯，謀作天子之居。四方民聞之，同心來會，樂卽功作，効其力焉。是時周公居攝四年也，隆平已至。」「新大邑」一作「新邑」。

疏大傳說「作禮樂」者，大傳云：「周公將作禮樂，優游之三年，不能作，然後營洛。書曰：『作新邑於東國洛，四方民大和會。』此之謂也。」是此經之傳也。云「各攻位於其庭」，則今文以基爲基址，與鄭說異矣。鄭注見書疏及周禮大司徒疏、詩芣苢疏。「基，謀」，釋詁文。云「岐、鎬之域，處五嶽之外」者，白虎通巡狩篇云：「嶽之言捔也，捔功德也。故尚書大傳曰：『五嶽謂岱山、霍山、華山、恒山〔一〕、嵩山也。』」堯典曰「羣后四朝王」者，巡狩所至，諸侯四面朝於方嶽之下。岐、鎬西土，遠在雍州，故云五嶽之外也。云「爲其於政不均，故東行於洛邑，合諸侯，謀作天子之居」者，漢書婁敬傳敬

〔一〕「恒山」原脫，據白虎通巡狩篇原文補。

曰：「成王即位，周公之屬傅相焉。乃營成周，都雒，以爲此天下中，諸侯四方納貢職，道里鈞矣。有德則易以王，無德則易以亡。凡居此者，欲令務以德致人，不欲阻險，令後世驕奢以虐民也。」呂氏春秋長利篇南宫括曰：「君獨不聞成王之定成周之説乎？其辭曰：『惟余一人，營居於成周。惟余一人，有善易得而見也，有不善易得而誅也。』」可以證婁敬之言。是周公作洛之意，於政不均爲道里不均，且不欲阻險虐民也。云「四方民同心來會，即功作」者，釋詁云：「協，和也。」「會，合也。」説文云「協，衆之和同也」、「協，同心之和」是也。云「居攝四年」者，據大傳言四年建侯衛也。云「隆平已至」者，言致太平也。詩維天之命序云：「太平告文王也。」箋云「告大平者，居攝五年之末也。文王受命不卒而崩，今天下太平，故承其意而告之，明年制禮作樂」是也。新大邑，大傳引作「新邑」，無「大」字。

侯甸男邦采衛，**注**鄭康成曰：「不見要服者，以遠于役事而恒闕焉。」

疏侯甸男邦采衛，九服之五也，見周禮職方氏。其外則蠻服、夷服、鎮服、藩服也。蠻服已内，謂之中國。蠻服，亦謂之要服，去王城三千五百里。周語云：「侯衛賓服。」注云：「此總言之也。侯，侯圻也；衛，衛圻也。言自侯圻至衛圻，其間凡五圻，圻[一]五百里，五五二千五百里，中國之界也。五圻者，侯圻之外曰甸圻，甸圻之外曰男圻，男圻之外曰采圻，采圻之外曰衛圻。周書康誥曰『侯甸男邦采衛』是也。」案：職方氏之「九服」於大司馬爲「九畿」。韋氏注國語「畿」爲「圻」，古字通也。周禮注云：「故書又爲近[二]。」鄭注見書疏。云「不見要服」者，周禮九服，經舉其五，要服即蠻服也。云「遠于役事」者，大傳云：「諸侯率其羣黨，各攻位於其庭，周公曰：『示之以力役，且猶

[一]「圻」字原脱，據國語周語韋注原文補。

[二]據阮元十三經注疏校勘記，此「近」字當爲「圻」字之訛。

至。』」是作洛爲役事，不宜勞民於中國以外也。

百工播，民和，見士于周。 疏工者，釋詁云：「官也。」播者，說文云：「布也。」見者，天官書「以星見爲效」，正義曰：「效，見也。」士者，詩傳云：「事也。」言百官布列，民皆和悅，效事於周。謂攻位也。

周公咸勤， 疏釋詁云：「咸，皆也。」「勤，勞也。」効事於周者，周公皆勞之。

乃洪大誥治。 注鄭康成曰：「洪，代。言周公代成王誥。」

王若曰： 注鄭康成曰：「總告諸侯。」 疏鄭注見書疏。云「洪，代」者，釋詁文。爾雅作「鴻」，古字通也。云「周公代成王誥」者，下稱「王若曰」，居攝則稱「王」，然仍是周公之言，故又曰「朕其弟」也。

「孟侯， 注大傳說：「天子太子年十八，曰孟侯。孟侯者，於四方諸侯來朝，迎於郊者，問其所不知也。問之人民之所好惡，地上所生美珍怪異，山川之所有無。父在時，皆知之。」鄭康成曰：「依略說，太子十八爲孟侯，而呼成王。」 疏稱孟侯者，古文說謂康叔。漢書地理志云：「周公封弟康叔，號曰孟侯，以夾輔周室。」注：「師古曰：『孟，長也，言爲諸侯之長。』」依史記言，成王在襁褓，周公攝政，則非年十八，不得稱孟侯，且迎諸侯於郊。故古文以爲稱康叔也。大傳說蓋今文也。且略說以爲太子之稱者，鄭注云：「孟，迎也。」太子稱侯者，袁宏後漢紀云：「靈帝皇子辯養於史道人家，故號爲史侯。皇子協養於董太后宮，號爲董侯。」俱用尚書說稱之也。釋詁云：「侯，君也。」故太子稱孟侯，猶云長君也。鄭注見書疏。鄭雖爲古文學，兼用今文說，此類是也。

朕其弟，小子封！ 疏朕者，釋詁云：「我也。」封，康叔名。史記管蔡世家云：「武王同母兄弟十人。母曰太姒，文王正妃也。其長子曰伯邑考，次曰武王發，次曰管叔鮮，次曰周公旦，次曰蔡叔度，次曰曹叔振鐸，次曰成叔武，次曰霍叔處，次曰康叔封，次曰冉季載。」是康叔爲周公同母弟，故曰「朕其弟」。稱「小子」者，猶云少子。以下文述文王，故謂之小子也。**惟乃丕顯考文王，克明德慎罰，**注大傳說：「子夏曰：『昔者，三王慤然欲錯刑遂罰〔一〕，平心而應之，和，然後行之。然且曰：「吾意者以不平，慮之乎？吾意者以不和，平之乎？」如此者三，然後行之。此之謂慎罰。』」疏釋詁云：「丕，大也。」「顯，光也。」克者，釋言云：「能也。」明聲近孟，故明都即孟諸。釋詁云：「孟，勉也。」大學引此經，說之云：「皆自明也。」亦謂自勉。大傳引作「克明俊德」。楚語申公巫臣曰：「周書曰：『明德慎罰。』文王所以造周也。明德，務崇之之謂也；慎罰，務去之之謂也。」荀子正論篇引經「克明明德」，說之以主道宜明，不當以玄而難知者使人疑。此非經本旨也。慎者，釋詁云：「靜也。」堯典所謂「惟刑之謐」。言文王尚德緩刑也。大傳說引子夏之言，蓋今文夏侯引前賢之義以解經也。鄭注云：「錯，處也。」「遂，行也。」此解慎爲謹慎，說文：「慎，謹也。」古文作「昚」。**不敢侮鰥寡，庸庸，祗祗，威威，顯民。用肇造我區夏，越我一二邦，以修我西土。**疏侮者，說文云：「傷也。」「傷，輕也。」春秋左氏成八年傳韓厥引周書曰：「『不敢侮鰥寡』，所以明德也。」釋訓云：「庸庸，勞也。」釋詁云：「祗，敬也。」廣雅釋訓云：「祗祗、畏畏，敬也。」威與畏，經典通用。春秋左氏宣十五年傳云「周書所謂『庸庸，祗祗』者」，杜注云：「用可用，敬可敬。」案：杜義本古書說，則「威威」當爲「畏可畏」也。顯者，釋詁云：「見也。」酒誥云：「厥命罔顯於民。」則此顯民言顯於民也。言文王不侮傷鰥寡，既勞且敬，以見我民。肇者，釋詁云：「始也。」夏者，說文云：「夏，中國之人也。」區夏者，薛綜注東京賦云：「區，區域也。」越同粵，釋詁云：「於也。」修者，鄭注中庸云：「治也。」西土，謂岐、鎬。言文王始造我區域於中夏，於我一二友邦，以修治我西土。王氏引之以此絕句，云：「猶言修和我有夏。」是也。徐幹中論法象

〔一〕「遂罰」下原衍一「遂罰」，據太平御覽卷六百三十五所引尚書大傳原文删。

篇云：「文王祗畏造區夏。」惟時怙冒，聞於上帝，帝休。疏惟時怙冒，王氏引之云當爲句。怙與祜聲相近，釋詁云：「祜，厚也。」賈子容經云：「祜，大福也。」「冒，懋勉也。」君奭云：「乃惟文王，迪見冒。」馬本作「勖」，云：「勉也。」盤庚「懋建相爾」、「懋建大命」，漢石經俱作「勖」。惟時怙冒，言惟是大懋勉也，怙冒與丕冒同意。君奭又云：「我咸成文王功于不怠丕冒。」又云：「惟茲四人，昭武王惟冒。」皆爲懋勉也。周書祭公解云：「昭王之〔一〕所勖。」勖與冒通。傳釋冒爲覆冒，失之，且斷句不詞。王氏引之云：趙岐注孟子、論衡初稟篇并引康誥曰「冒聞于上帝」，疑今文如此讀。說文云：「卯，冒也，二月萬物冒地而出。」是冒有上進之義。論衡初稟篇引而說之云：「言文王行道，上聞於天，天乃大命之也。」則「惟時怙」上屬，言西土惟是恃也。釋詁云：「怙，恃也。」休者，釋言云：「慶也。」易繫辭云：「積善之家，必有餘慶。」天乃大命文王，注大傳說：「天之命文王，非啍啍然有聲音也。文王在位而天下大服，施政而物皆聽，令則行，禁則止，動搖而不逆天之道，故曰：『天乃大命文王。』」疏大傳云云者，論衡初稟篇云：「所謂大命者，非天乃命文王也。聖人動作，天命之意也。與天合同，若天使之矣。」是今文義同大傳也。殪戎殷，誕受天命，越厥邦厥民，惟時敘。疏殪者，說文云：「死也。」古文作「𣨿」。戎者，釋詁云：「大也。」春秋左氏宣六年傳中行桓子引周書曰：「殪戎殷。」杜注云：「殪，盡也。康誥言。武王以兵伐殷，盡滅之。」中庸云：「壹戎衣。」鄭云：「戎，兵也。衣讀如殷，聲之誤也。壹戎殷者，一用兵〔二〕伐殷也。」誕者，釋詁云：「大也。」時者，詩傳云：「善也。」敘者，釋詁云：「豫，敘也。」敘亦爲豫。言武王承文王之志，

〔一〕「之」下原又衍一「之」字，據逸周書祭公解原文刪。
〔二〕「兵」字原脫，據禮記中庸鄭注原文補。

殺伐大殷，大受天命于其國，其民惟善而悦豫也。**乃寡兄勖，** **疏**詩思齊：「刑于寡妻。」〔一〕箋云：「寡妻，寡有之妻，言賢也。書曰：『乃寡兄勖。』」言殪殷受命、承文王之志者，是乃寡有之兄武王勉爲之。**肆汝小子封，在兹東土。」**

王曰：「嗚呼！封，女念哉！今民將在祗遹乃文考，紹聞，衣德言。 **注**馬融曰：「遹，述也。」 **疏**釋詁云：「肆，故，今也。」「祗，敬也。」「遹，述也。」「紹，繼也。」聞謂舊聞，衣同依。學記「不學博依」，依或爲「衣」。言今之人將在敬述文王，繼其舊聞，依其德言。馬注見釋文。「遹，述」，釋詁文。**往敷求于殷先哲王，用保乂民。汝丕遠，惟商耇成人，宅心知訓。** **注**史遷說：「必求殷之賢人君子長者，問其先殷所以興、所以亡，而務愛民。」 **疏**敷者，鄭箋詩賚篇云：「徧也。」敷求，徧求也。詩抑篇云：「罔敷求于先王。」箋訓敷求爲廣索，是其義也。釋詁云：「保，安也。」「乂，治也。」「惟，思也。」「耇，壽也。」丕遠，猶言不遠。宅與度通。訓者，釋詁云：「道也。」言徧求殷先哲王用安治民之道，並求商之遺老賢人，亦不遠，汝心度量，可以知道矣。謂東土本商邑，故告以求商先王善政賢人也。史公說見衞世家。云「賢人君子」，謂「成人」；「長者」，謂「耇」。云「務愛民」，謂「保乂民」。云「問其先所以興亡」，即上所云「紹聞依德言」也。**別求聞由古先哲王，** **注**鄭康成曰：「古先哲王，虞、夏也。」 **用康保民。** **疏**別，古與辨通。周禮小宰注云：「故書『別』作『辨』。」辨又通徧，鄉飲酒禮注：「今文『辨』皆作『徧』。」則別求猶上文敷求也。由者，詩箋云：「於也。」言既徧求殷先王保民之道，又徧求古先哲王致民安樂之道。「康，樂」，「保，安」，俱釋詁文。鄭注見書疏。**弘于天，若德，裕乃身，不廢在王命。」** **注**「弘」一作「弘覆」，「于」一作「乎」。 **疏**弘者，釋詁云：

〔一〕「刑于寡妻」爲大雅思齊句，原誤作文王，今改正。

「大也。」若者，釋詁云：「順也。」裕者，廣雅釋詁云：「寬也。」荀子富國篇云：「康誥曰：『弘覆乎天，若德，裕乃身。』」楊倞注云：「弘覆如天，又順于德，乃所以寬裕汝身。言『百姓足，君孰不足』也。」宋本荀子「裕乃身」下有「不廢在王庭」五字，元刻、近刻皆脫之。案：此則言康樂安保民之君，弘大如天，而順于德，安民卽所以裕身。若是，則不廢王命矣。「弘」下有「覆」，「于」作「乎」，見荀子。經脫「覆」字。

王曰：「嗚呼！小子封，恫瘝乃身。**注**鄭康成曰：「刑罰及己爲痛病。」**疏**後漢書和帝紀詔曰：「朕寤瘝恫矜。」注引尚書曰：「恫矜乃身。」恫者，釋言云：「痛也。」鰥者，釋詁云：「病也。」言民之痛病如在汝身，戒其愼刑罰。經文「瘝」，當爲「矜」，或爲「鰥」。瘝，俗字。鄭注見書疏。

敬哉！天畏棐忱，民情大可見。小人難保，往盡乃心，無康好逸豫，乃其乂民。**注**「畏」一作「威」。**疏**畏與威通。棐者，說文云：「輔也。」忱者，釋詁云：「誠也。」皋陶謨云：「天明威自我民明威。」釋詁云：「保、康，安也。」「豫，樂也。」「乂，治也。」廣雅釋詁云：「佚，樂也。」言：敬之哉！天威之明，惟誠是輔，驗之民情，大可見矣。小民不易安也，汝往盡心，毋苟安而好佚樂，乃治民之道。漢書武五子傳云：「毋桐好逸。」注：「張晏曰：『桐音同。』師古曰：『桐音通，輕窕之貌也。』」史記作「恫」，褚先生釋以馳騁弋獵淫康，疑用今文書義。則「康」或作「桐」，聲之轉也。畏，郭注釋詁引作「威」。忱，文選幽通賦云：「實棐諶而相訓。」李善注引尚書曰：「天威棐忱。」諶與忱，古字通也。

我聞曰：『怨不在大，亦不在小；惠不惠，懋不懋。』**疏**晉語知伯國曰：「周書有之曰：『怨不在大，亦不在小。』夫君子能勤小物，故無大怨。」注云：「或大而不爲怨，禍難或起小怨。」春秋左氏昭八年傳子旗曰：「周書曰：『惠不惠，茂不茂。』康叔所以服弘大也。」惠者，釋言云：「順也。」懋者，說文作「𢗅」，云：「勉也。」釋詁云：「茂，勉也。」此申「小人難保」之義，言民之怨不在大，亦不在小，恆起不意，當順擾其不順者，懋勉其不勉者。已，汝惟小子，乃服惟弘。王應保殷民，亦惟助王宅天命，作新民。」**疏**服同艮，說文云：「治也。」弘者，釋詁云：「大也。」「乃服惟弘」，卽左傳子旗所云「服弘大」也，言其所治弘大。段氏玉裁據以絕句。應者，韋昭注周語云：「受也。」王氏引之云：「應保，猶云受保，士冠禮字辭曰：『永受保之。』應與容、承，俱聲相近。易臨象傳曰：『容保民無疆。』容亦受也。洛誥曰：『承保乃文祖受命民。』承亦受也。」宅，通作度。大學曰：「康誥曰：『作新民。』」言惟王受殷民而安之，王方受保殷民，汝亦當思助王圖度天命，與殷民更始也。衞民被紂化日久，故戒以作新之。

王曰：「嗚呼！封，敬明乃罰。**注**「嗚呼」一作「於戲」，「明」一作「民」。**疏**春秋左氏定四年傳云：「武王之母弟八人，周公爲太宰，康叔爲司寇，冉季爲司空，五叔無官。豈尚年哉！」衞世家云：「成王長，用事，舉康叔爲司寇。」今此告以司寇之事在攝政之時者，蓋周公知康叔仁厚，可爲司寇，故先教以愼刑，後乃命以官也。「嗚呼」，潛夫論述赦篇引作「於戲」，今文俱如是。「敬明乃罰」，緇衣引經「明」作「民」。人有小罪，非眚，**注**「非」一作「匪」，「眚」一作「省」。乃惟終，自作不典，式爾，**注**「式」一作「戒」。有厥罪小，乃不可不殺。乃有大罪，非終，乃惟眚災，**注**「眚災」一作「省哉」。適爾，既道極厥辜，時乃不可殺。」**疏**潛夫論述赦篇云：「尚書康誥：『王曰：於戲！敬明乃罰。人有小罪，匪省，乃惟終，自作不典，戒爾，有厥罪小，乃不可不殺。』言恐人有罪雖小，然非以過差爲之也，乃欲終身行之，故雖小，不可不殺也。何則？是本頑凶思惡而爲之者也。『大罪，匪終，乃惟眚哉，適爾，既道極厥罪，時亦不可殺。』言殺人雖有大罪，非欲以此終身爲惡，乃過誤耳，是不殺也。若此者，雖曰赦之可也。金作贖刑，赦過宥罪，皆謂良人吉士時有過誤，不幸陷離者爾。」是說此經之義也。「眚」作「省」者，洪範「王省惟歲」，史記亦作「眚」。典者，釋詁云：「典，法，常也。」式者，釋言云：「用也。」言其自用有意爲之也。潛夫論「眚哉」當爲「眚裁」。適者，詩傳云：「過也。」「既道極厥辜」，言既以正道盡其罪，又當原情，不可殺之也。「嗚呼」作「於戲」，「非」作「匪」，「式」作「戒」，「辜」作「罪」，皆潛夫論異字，蓋今文也。

王曰：「嗚呼！封，有敍時，乃大明服，惟民其勑懋和，若有疾。**注**「勑」一作「力」，「若」一作「而」。**疏**釋詁云：「順，敍也。」「時，是也。」有敍時，蒙上文言有順是用刑者。乃大明服，言君大明而民服也。時字讀當上屬。荀子富國篇云：「誠乎上，則下應如響，雖欲無明達，得乎哉！書曰：『乃大明服，惟民其力懋和，而有疾。』此之謂也。」楊倞注云：「懋，勉也。言君大明以服下，則民勉力爲和調，而疾速以明效上之急也。」經作「勑」者，釋詁云：「勱也。」又云：「速，疾也。」若、如、而，俱聲相近。經作「若」，亦順也，見釋言。惟民其畢棄咎，若保赤子。**注**「若」一作「如」。惟民其康乂。**疏**畢者，釋詁云：「盡也。」棄者，說文云：「捐也。」咎者，廣雅釋詁云：「惡也。」康乂者，釋詁云：「康，安也。」「乂，治也。」大學篇引康誥曰：「如保赤子。」若、如，聲之轉。王氏鳴盛云：「孟子引『若保赤子』，釋之云：『赤子匍匐將入井，非赤子之罪也。』注云：『以赤子無知，故救之。』此言用刑則謂保民如保赤子，毋令無知陷于罪，如入井也。」非汝封刑人殺人，無或刑人殺人；非汝封又曰劓刵人，無或劓刵人。」**注**鄭康成曰：「刵，臣從君坐之刑。」**疏**「刑人」之「刑」，說文作「刑」，云：「剄也。」字與「𠛬」不同。劓，說文作「劓」，云：「刑鼻也。」或作「劓」。刵者，說文云：「斷耳也。」言刑殺皆由天討，非汝所得專，毋或擅刑殺人。又告之以雖輕刑如劓刵，毋或專之。鄭注見書疏。云「臣從君坐之刑」者，春秋左氏僖二十八年傳：衛侯與元咺訟，鍼莊子爲坐，衛侯不勝，刖鍼莊子。是臣從君坐之刑。但彼用刖，鄭以解刵，未詳也。古者刑不上大夫，春秋時淫刑，似未可爲經證。鄭氏律學據漢法，故以沒官從坐解經，非三代仁厚之政，學者審之。

王曰：「外事，汝陳時臬，司師，茲殷罰有倫。」 **疏**外事，江氏聲云：「聽獄之事也。聽獄在外朝，故云外事。」周禮朝士：「掌建邦外朝之法，左九棘，孤、卿、大夫位焉，羣士在其後。右九棘，公、侯、伯、子、男位焉，羣吏在其後。面三槐，三公位焉，州長、衆庶在其後。左嘉石，平罷民焉。右肺石，達窮民焉。」鄭注地官稾人云：「外朝，司寇聽獄蔽訟之朝也。」臬者，廣雅釋詁云：「法也。」師者，釋詁云：「衆也。」倫同侖，説文云：「理也。」殷罰者，荀子正名篇云：「後王之成名：刑名從商，爵名從周。」注云：「後之王者有數定成就之名，謂舊名可法效者。」「商之刑法，未聞。康誥曰：『殷罰有倫。』是言殷刑之允當也。」則此言外朝聽獄之事，汝陳列是法以司察其衆，此商家刑罰有倫理可從也。**又曰：「要囚，服念五六日，至于旬時，丕蔽要囚。」** **疏**「又曰」，書疏引顧氏云：「周公重言之也。」要者，要辭。周禮鄉士云：「異其死刑之罪而要之。」注云：「要之，爲其罪法之要辭。」服，同伏，易繫辭釋文引孟京云：「伏，服也。」旬，十日；時，一時，謂三月也。丕者，釋詁云：「大也。」蔽者，鄭注周禮云：「斷也。」春秋左氏昭十四年〔一〕傳云：「叔魚蔽罪邢侯。」至于旬時者，周禮小司寇云：「以五刑聽萬民之獄訟，附于刑，用情訊之，至于旬，乃蔽之。」鄉士云：「辨其獄訟，異其死刑之罪而要之，旬而職聽于朝。」遂士二旬而職聽于朝，縣士三旬而職聽于朝，皆司寇聽之。方士三月而上獄訟于國，司寇

〔一〕「十四年」原誤作「十年」，據左傳改。

聽其成于朝。言斷獄者據囚要辭以論罪，恐不詳慎而誤入人于刑，當伏而思念五六日，或十日至三月，乃大斷之，爲求其生可以出之，且恐囚虛承其罪，容其自反覆也。死者不可復生，斷者不可復續，三木之下，何求不得，故君子盡心焉。

王曰：「汝陳時臬，事罰蔽殷彝，用其義刑義殺，勿庸以次汝封。乃汝盡遜，曰時敍，惟曰未有遜事。**注**「次」一作「即」，「遜事」一作「順事」。**疏**荀子宥坐篇云：「孔子曰：『書曰：「義刑義殺，勿庸以即予，維曰未有順事。」言先教也。』」致仕篇引書同，「予」作「汝」。楊氏注云：「言周公命康叔，使以義刑義殺。勿用以就汝之心，不使任其喜怒也。惟刑殺義，猶自謂未有使人可順守之事，故有抵犯者，自責其教之不至也。」案：釋詁云：「時，是也。」「彝、法，常也。」義者，中庸云：「宜也。」詩傳云：「庸，用也。」「即，就也。」詩箋云：「遜，順也。」「時，善也。」釋詁云：「敍，緒也。」「惟，思也。」言汝既陳是臬，事罰斷用殷法矣，當用其刑殺之合義者，勿用以就汝之意。乃汝盡其順道，言當以善敍之，又自思曰未有順事以先教民也。下車泣罪，得情勿喜。古人責躬，不以罪當其罰而惡于民也。經文「次」荀子爲「即」者，即、次聲之緩急，義皆得爲就也。次汝封，猶言恣汝封，謂順如其心。鄭注堯典「柔遠能邇」云：「能，恣也。」高誘注呂氏春秋云：「恣，從也。」鄭箋詩「柔遠能邇」云：「能，猶伽也。」又云：「順，伽。」則此言順如其心也。下文云：「未其有若汝封之心。」若亦順也。已！汝惟小子，未其有若汝封之心，朕心朕德，惟乃知。**疏**若者，釋言云：「順也。」咨，汝惟文考之少子，用茲義刑義殺，勿以順汝之心，我心我德，亦惟汝知之。凡民自得罪，寇攘姦宄，殺越人于貨，敃不畏死，罔弗憝。」**注**「敃」一作「閔」，「弗憝」一作「不譈」。**疏**荀子君子篇云：「刑罰綦省，而威行如流，治世曉然皆知夫爲姦，則雖隱竄逃亡之由不足以免也，故莫不服罪而請。書曰：『凡人自得罪。』此之謂也。」注云：

「人之自得其罪，不敢隱也。」孟子萬章篇云：「康誥曰：『殺越人於貨，閔不畏死，凡民罔不譈。』是不待教而誅者也。」趙注云：「越，于，皆〔一〕於也。殺於人，取於貨，閔然不知畏死者。譈，殺也；凡民無不得殺之者也。若此之惡，不待君之教命，遭人得討之。」案：敃者，說文云：「冒也。周書曰：『敃不畏死。』」愍者，說文云：「怨也。周書曰：『凡民罔不愍。』」言民有自罹于罪者，寇賊攘奪，内爲姦，外爲宄，殺于人，取于貨，强冒不畏死，無不怨之者，當順民怨以行罰，則罪人亦自服其罪也。孟子「敃」作「閔」者，聲相近。「愍」作「譈」，譈非古字，云殺，未詳也。趙氏注云「遭人得討之」，若今律「登時殺死勿論」矣。

王曰：「封，元惡大憝，矧惟不孝不友。子弗祗服厥父事，大傷厥考心；于父不能字厥子，乃疾厥子；于弟弗念天顯，乃弗克恭厥兄；兄亦不念鞠子哀，大不友于弟。惟弔，茲不于我政人得罪。天惟與我民彝大泯亂，曰：乃其速由。

疏元者，釋詁云：「首也。」謂惡人之魁首。大憝者，大爲怨于人。矧，說文作「矤」，云：「詞也。」祗者，釋詁云：「敬也。」服同𠬝，說文云：「治也。」字者，愛也。疾與誒同義。廣雅釋詁云：「憎，誒也。」顯者，釋詁云：「代也。」天顯，謂兄于天倫有代父之道。釋詁云：「恭，敬也。」「鞠，生也。」弔者，鄭注費誓云：「善也。」泯，說文作「㴂」，周禮小宗伯注云：「杜子春讀爲泯。」釋詁云：「盡也。」詩傳云：「滅也。」速者，釋言云：「徵也。」徵義同召。由同訧，廣雅釋詁云：「辠也。」言此首惡爲民大怨者，其惟不孝不友之人。父子兄弟不相和睦，不可謂之同惡，惟其中有善者，此不當爲我政人所連坐。政人，爲政之人，即下文「惟厥正人」。春秋左氏僖三十三年傳晉臼

〔一〕「皆」原訛作「者」，據孟子萬章下趙注原文改。

季引康誥曰：「父子兄弟，罪不相及。」〔一〕又昭二十年傳、後漢書肅宗本紀元和元年詔、潛夫論論榮篇俱引經文同臼季，即用此義。「罪不相及」即「不于我政人得罪」也。或以爲書之佚句，失之。「天惟與我民彝大泯亂，曰：乃其速由」者，言此父子兄弟不睦之人，滅亂天常，乃其自召罪訧，不可旁及親屬。酒誥曰：「惟民自速辜。」多方云：「乃惟爾自速辜。」語意正同。或以「乃其速由」下屬「文王作罰」爲句，案之後漢書王符傳，不然也。

文王作罰，刑茲無赦。

疏　後漢書王符傳云：「夫養稂莠者傷禾稼，惠姦軌者賊良民。書曰：『文王作罰，刑茲無赦。』」風俗通皇霸篇、潛夫論述赦篇引同後漢書，則知「乃其速由」不相屬也。

不率大戛，矧惟外庶子、訓人，

注　鄭康成曰：「訓人，師長。」

惟厥正人，越小臣諸節，乃別播敷造。

注　歐陽說「造」爲「造獄」。

民大譽，弗念弗庸，瘝厥君，時乃引惡，惟朕憝。

疏　率者，釋詁云：「循也。」戛者，釋詁云：「常也。」矧者，說文云：「詞也。」外庶子，燕義云：「古者，周天子之官，有庶子官，職諸侯、卿、大夫、士之庶子之卒，掌其戒令，與其教治。」鄭氏注周禮敘官云：「諸子，主公、卿、大夫、士之子者，或曰庶子是也。」訓人者，若天官太宰「師，以賢得民；儒，以道得民」注云「師，諸侯師氏；儒，諸侯保氏」是也。正人者，釋詁云：「正，長也。」即上文「政人」。小臣諸節，謂小臣之受符節者。播者，說文云：「布也。」敷者，說文云：「㪍也。」瘝，當爲「鰥」，釋詁云：「病也。」言不循用常法，其惟在外之庶子及師長不能行其教令，致使長民之官與小臣之受節治民者，乃別布施造獄之條，于民有大譽之人，弗肯念而用之，於病其君之人，是引爲同惡，惟我其怨之。鄭注見書疏。歐陽說見

〔一〕左傳僖公三十三年臼季所引康誥之文爲：「父不慈，子不祇，兄不友，弟不共，不相及也。」此「父子兄弟，罪不相及」爲左傳昭公二十年所引。

漢書王尊傳。尊曰：「律無妻母之法，聖人所不忍書。此經所謂造獄者也。」注：「晉灼曰：『歐陽尚書有此造獄事也。』」造獄者，不循常法；遇非常之事，不得已而用之。今或别爲傳播，以陷有名之人，同惡相引，是可誅也。歐陽「造獄」，别無可附，疑今文説此條之義也。

已！汝乃其速由，茲義率殺。**疏**已同咨，歎詞。言此諸臣爲汝召訧，當循其義刑誅罰之。

亦惟君惟長，不能厥家人，越厥小臣、外正，惟威惟虐，大放王命，乃非德用乂。**疏**能者，漢書注：「師古曰：『善也。』」言又惟國君及長民者，有不以善化導其家人者，于其小臣、外正，惟爲威虐于民，放棄王命，乃非德教可治。

汝亦罔不克敬典，乃由裕民，惟文王之敬忌，乃裕民，**注**鄭康成曰：「敬忌，祇祇威威是也。」曰：『我惟有及則。』予一人以懌。」**注**一無「予」字，「懌」作「擇」。**疏**釋詁云：「典、法，常也。」由裕者，由同猷，廣雅釋詁云：「猷，順也。」「裕，容也。」惟者，釋言云：「思也。」敬忌者，謂上明德，敬也；慎罰，忌也。釋詁云：「則，法也。」「懌，樂也。」詩傳云：「懌，悦也。」荀子君道篇曰：「明主急得其人，得其人則身佚而國治，功大而名美。故君人者勞于索之，而休于使之。書曰：『惟文王之敬忌，一人以擇。』此之謂也。」案：荀子以爲用賢之義，則所謂敬忌者，謂祇祇、威威；用賢，謂庸庸也。懌，非古字，段氏玉裁云：「擇卽懌也，上文所謂身佚而國治也。敬忌，上文所謂急得其人也。此秦以前古文書説。」説苑君道篇：「孔子曰：『大哉，文王之道！敬慎恭己，而虞、芮自平。』故書曰：『文王之敬忌。』此之謂也。」又説爲虞、芮自平，則正謂平獄之事，但以敬慎恭己化導之。此與荀子異者，今文説也。言當思文王之敬忌以容民，曰「我思及之而法則之」也。經云云者，言汝亦無不能敬法，乃以道導民，思文王之敬德忌刑，乃道民曰：「我思逮及法則文王。」天子當悦懌汝矣。詩板釋文云：「『繹』本作『懌』。」又靜女釋文云：「『説懌』當作『説釋』。」則懌非古字，與擇音相近，亦可通，故荀子爲「擇」也。鄭注見書疏。

王曰：「封，爽惟民迪吉康。**注**鄭康成曰：「迪下讀。」我時其惟殷先哲王德，用康乂民作求，矧今民罔迪不適，不迪則罔政在厥邦。」**疏** 爽者，大誥「爽邦由哲」，漢書翟義傳以「爽」爲「勉」。爽爲明，明亦勉也，見前疏。惟者，思也。迪者，釋詁云：「道也。」吉者，詩傳云：「善也。」康者，釋詁云：「安也。」時者，釋詁云：「是也。」哲者，釋言云：「智也。」乂者，釋詁云：「治也。」作者，釋言云：「爲也。」求者，詩箋云：「終也。」矧者，釋詁云：「況也。」適者，廣雅釋言云：「善也。」在者，釋詁云：「存也。」言汝勉思道民于善以安之，我是以思殷先哲王之德，以安治民爲終成殷先王之道，況今民無道之者，則不能向善，不有以道民，則無政以存其國矣。鄭注見書疏。

王曰：「封，予惟不可不監，告汝德之說于罰之行。今惟民不靜，未戾厥心，迪屢未同。爽惟天其罰殛我，我其不怨，惟厥罪。無在大，亦無在多，矧曰其尚顯聞于天？」**疏** 釋詁曰：「監，視也。」「戾，止也。」屢者，釋言云：「亟也。」郭注云：「亟，太數也。」爽者，說文云「明」，明亦勉也，見上疏。惟者，釋詁云：「思也。」殛者，釋言云：「誅也。」尚者，鄭氏書贊云：「上也。」又告之曰：我思不可不視法文王，故告汝以明德之說、慎罰之行。今惟殷民不安靜，未定止其心，道之以道，屢未和同。勉思天其罰誅我，我其不敢怨天怨民，祇自思惟其罪。罪無在大，亦無在多，不可不責躬也，況曰其上能明達于天乎？

王曰：「嗚呼！封，敬哉！無作怨，勿用非謀、非彝，蔽時忱。丕〔一〕則敏德，用康乃心，

〔一〕「丕」原作「不」，據皇清經解本及尚書正義經文改。

顧乃德，遠乃猷裕，乃以民寧，不汝瑕殄。」**疏** 蔽者，文選辨命論引鄭注論語云：「塞也。」忱者，說文云：「誠也。」「敏德」，周禮師氏職「以三德教國子」，「二曰敏德，以爲行本」，注云：「敏德，仁義〔一〕順時者也。」猷裕者，方言云：「道也。」瑕者，詩傳云：「遠也。」殄者，釋詁云：「絶也。」言汝其敬之哉！無作怨於民，勿用非道之謀，非典之法，以蔽是誠心。則法敏德，以安汝心，顧省汝謀〔二〕，遠慮乃道，乃以安民，則國祚不以汝世遠而殄絶也。言當世享。僞傳以「猷」字絶句，「裕」字下屬，則不詞矣。上文云：「乃猷裕民。」君奭云：「告君乃猷裕。」

王曰：「嗚呼！肆汝小子封，惟命不于常，**疏** 大學篇引康誥曰：「惟命不于常。」說之云：「道善則得之，不善則失之矣。」春秋左氏成十六年傳范文子引周書，說之曰：「有德之謂。」襄二十三年傳：「君子謂慶氏不義，不可肆也。」引書皆同。汝念哉！無我殄享，明乃服命，高乃聽，用康乂民。」**疏** 享者，說文云：「獻也。」凡封諸侯，必命之祭其封內之山川社稷，所謂命祀。春秋左氏僖三十一年傳：「衛遷于帝丘，成公夢康叔曰：『相奪予享。』公命祀相。甯武子曰：『不可以閒成王、周公之命祀。』」服命謂服七章之服。命，七命也。周禮典命云：「侯伯七命，其國家、宮室、車旗、衣服、禮儀，皆以七爲節。」又大行人職云：「諸侯之禮，冕服七章。」高乃聽者，廣雅釋詁云：「高，敬也。」言敬聽我訓，則安治民之道也。

王若曰：「往哉，封！勿替敬，典聽朕誥，汝乃以殷民世享。」**疏** 釋詁云：「替，廢也。」「典，

〔一〕「義」字原無，據周禮師氏鄭注原文補。

〔二〕「謀」，疑是孫氏筆誤，依經文當作「德」。

常。」言往就國，勿替其敬，常聽我誥，則汝用是殷民世享其國矣。典字下屬爲句，酒誥「典聽朕教」，又云「汝典聽朕毖」，正與此同。「誥」今作「告」，從唐石經作「誥」。

酒誥第十六　周書七　尚書今古文注疏卷十六

注史遷說：「周公旦懼康叔齒少，告以紂之所以亡者以淫於酒，酒之失，婦人是用，故紂之亂自此始。故謂之酒誥以命之。」　**疏**史公說見衛世家。云「告以紂之所以亡者以淫於酒」者，書疏引鄭注云「妹邦者，紂之都所處也。其民尤化紂，嗜酒」是也。周公作此篇，在東征之後。周本紀云：「初，管、蔡畔周，周公討之，三年而畢定，故初作大誥，次作微子之命，次歸禾，次嘉禾，次康誥，次酒誥、梓材，其事在周公之篇。」

王若曰：　**注**「王」一作「成王」。三家云：「王年長，骨節成立。」馬融曰：「言成王者，未聞也。俗儒以爲成王骨節始成，故曰成王。或曰以成王爲少成二聖之功，生號曰成王，没因爲謚。衛、賈以爲戒成康叔以慎酒，成就人之道也，故曰成。此三者吾無取焉。吾以爲後録書者加之，未敢專從，故曰未聞也。」鄭康成曰：「成王，言成道之王。」　**疏**三家者，歐陽、大小夏侯也。引見書疏。據釋文引馬注，則衛、賈亦有「成」字。呂氏春秋下賢篇云：「文王造之而未遂，武王遂之而未成，周公旦抱少主而成之，故曰成王。」是秦已前書說亦同或說「少成二聖之功」也。馬注見釋文。云「慎酒，成就人之道」者，說文云：「酒，就也。所以就人性之善惡也。」云「後録書者加之」者，江氏聲云：「馬言是也，蓋此篇之誥，成王親之，史氏從後加『成』字，以別異於康誥之周公代誥也。」段氏玉裁云：「魯世家曰：『管叔及羣弟流言於國曰：「周公將不利於成王。」』周公乃告太公、召公曰：『武王蚤終，成王少。』誡伯禽曰：『我文王之子，武王之弟，成王之叔。』又曰：『必葬我成周，以明吾不敢離成王。』」詳玩此等，皆實生稱成王，如湯生稱武王之比。三家之説，固可信也。僞孔删去『成』字，大非。馬氏云後録書者加之，亦非也。顧命云：『成王崩。』馬注曰：『安民立政曰成。』蓋謂死謚，非生稱。不知初崩未有謚，春秋之例曰『公薨』，至葬而後曰『葬我君某公』。」

明大命于妹邦。

注 馬融曰：「妹邦，即牧養之地。」鄭康成曰：「妹邦，紂之都所處也。于詩，國屬鄘。故其風〔一〕有『沬之鄉』，則『沬之北』、『沬之東』，朝歌也。其民尤化紂，嗜酒。今禄父見誅，康叔爲其連屬之監。」

疏 馬注見釋文。云「妹邦即牧養之地」者，段氏玉裁云：「謂妹邦即牧野也，以妹同鉥。」鄭注見詩桑中疏及衛風譜疏。云「妹邦，紂之都所處」者，水經注淇水：「又南合泉源水，水有二源，一水出朝歌城西北，東南流，其水南流東屈，逕朝歌城南。」晉書地道記曰：「本沬邑也，殷王武丁始居之，爲殷都也。紂都在禹貢冀州大陸之野，即此矣。有糟丘、酒池之事焉，有新聲靡樂，號邑朝歌是也。」云「于詩，國屬鄘」者，春秋左氏定四年傳：「子魚曰：『康叔取於有閻之土以共王職。』」閻與鄘聲近。書「毋若火，始庸庸」，一作「燄燄」。是有閻即鄘國也。説文：「邶，故商邑，在河内朝歌以北。」則沬北爲邶也。對北則妹鄉爲鄘在南，妹東爲衛矣。故鄭言「『妹之北』、『妹之東』，朝歌也」。云「化紂嗜酒」者，紂都有糟丘、酒池，民染其習，以爲俗。云「康叔爲連屬之監」者，王制云：「五國以爲屬，屬有長；十國以爲連，連有帥。」是連屬皆諸侯之長，兼統數國者也。鄭詩譜云：「自紂城而北，謂之邶；南，謂之鄘；東，謂之衛。」又言：「更于此三〔二〕

〔一〕「風」下原衍一「言」字，據詩桑中疏所引鄭注原文删。

〔二〕「三」原訛作「二」，據詩邶鄘衛譜原文改。

國建諸侯，以殷餘民封康叔于衞，使爲之長，後世子孫稍并彼二國。」是鄭以康叔未有邶、鄘。妹既屬鄘，非康叔之邑，而明大命于其處，故説其得統之由，以爲其連屬之監故也。

乃穆考文王，肇國在西土。疏 穆考者，周語太子晉曰：「后稷始基靖民，十五王而文始平之。」注云：「十五王謂后稷、不窋、鞠、公劉、慶節、皇僕、差弗、毁隃、公非、高圉、亞圉、公叔祖類、太王、王季、文王。」案：自始祖后稷計之，文王次當穆。詩載見云：「率見昭考。」傳云：「昭考，武王也。」武王爲昭，是文王爲穆考也。肇者，釋詁云：「始也。」國在西土，謂豐邑。詩文王有聲云：「作邑于豐。」今陝西咸寧縣地。

厥誥毖庶邦庶士，越少正、御事，朝夕曰：『祀兹酒。』疏 毖同必，廣雅釋詁云：「必，敕也。」王氏念孫云：「此毖當釋爲敕。」誥庶邦者，文王爲雍州伯，南兼梁、荆，故得總告衆國也。庶士者，士之言事，總謂朝臣。少正者，正人之副，鄭有少正公孫僑，魯有少正卯，周書有大正正刑書。御事，凡朝臣皆御治事者。論衡語增篇云：「酒誥之篇『朝夕曰祀兹酒』，此言文王戒慎酒也。朝夕戒慎，則民化之。」祀兹酒，謂文王不飲，而敬祭此酒。曲禮云：「祭食，祭所先進。」注：「祭，祭先也，君子有事不忘本也。」〔一〕公食大夫禮云：「祭飲酒于上豆之閒。」是古有祭飲酒之禮。文王但祭之，不崇飲也。或爲誥勅衆邦羣臣朝夕戒之，言惟祭祀可用此酒耳。

惟天降命肇，我民惟元祀。疏 惟者，釋詁云：「思也。」命者，廣雅釋詁云：「名也。」釋詁云：「肇、元，始也。」言思天降下酒名之始，我民當思祀其始作酒者。書疏引世本云：「儀狄造酒，夏禹之臣。」又云：「杜康造酒。」或此云惟天下教命，始命我民知作酒者惟爲大祀。元，大也。

天降威，我民用大亂喪德，亦罔非酒惟行；越小大邦用喪，亦罔非酒惟辜。疏 辜者，釋詁云：「辠也。」言天降

〔一〕「祭，祭先也，君子有事不忘本也。」此爲禮記曲禮「主人延客祭」句鄭注，孫氏以爲注「祭食，祭所先進」句，誤。

威罰者，我民以大亂喪其德，惟無非以酒亂行也；于小大之國所以喪亡者，亦無非以酒爲辜也。

文王誥教小子、有正、有事，無彝酒。 **注**「正」一作「政」。 **疏**彝者，釋詁云：「常也。」小子，謂康叔。韓非子說林紹續味對宋君曰：「康誥曰：『無彝酒。』彝酒，常酒也。常酒者，天子失天下，匹夫失其身。」鄭注周禮萍氏引此文，「正」作「政」。疏云：「有政之大臣，有事之小臣。彝，常也。不得常飲。」

越庶國，飲惟祀，德將無醉， **注**大傳說：「天子有事，諸侯皆侍，尊卑之義。宗室有事，族人皆侍，終日，大宗已侍於賓奠，然後燕私。燕私者何也？已而與族人飲也。」又說：「故曰：飲而醉者，宗室之意也；德將無醉，族人之志也。是故祀禮有讓，德施有復，義之至也。」 **疏**將者，廣雅釋言云：「扶也。」大傳「宗室」已下，見儀禮特牲注引尚書傳。詩湛露疏引書傳略同，有脫字。鄭注云：「事謂祭祀，大宗謂卿大夫以下宗室大宗之家也。」言衆邦惟祀事侍于天子，或飲于大宗，得飲；又當以德相扶持，不至于醉。

惟曰我民迪。小子惟土物愛，厥心臧，聰聽祖考之彝訓。 **疏**迪者，方言云：「正也。」土物者，土所生之物，謂黍稷。洪範云：「土爰稼穡。」禮器云：「故天不生，地不養，君子不以爲禮。」注：「地不養，謂非此地所生。」臧者，釋詁云：「善也。」言非祀無敢遊飲，惟欲正我民。汝封當愛惜土地所生之物，以善其心，聰聽祖考之常訓。謂酒以糜穀，當愛惜也。

越小大德，小子惟一。 **疏**言大德不踰閑，小德亦無出入，思其純一。

妹土嗣爾股肱，純其藝黍稷，奔走事厥考厥長。 **疏**嗣者，韋昭注魯語云：「世也。」純者，賈逵注晉語云：「專也。」藝當爲「埶」，見說文。黍者，說文云：「禾屬而黏者也，以大暑而穜，故謂之黍。」稷者，說文云：「齋也，五穀之長。」齋，或作「粢」。秫，稷之黏者，或作「朮」。案：漢人謂稷爲粟米，今俗謂之小米。越絕書云：「甲貨之戶曰粢，爲上物；乙貨之戶曰黍，爲中物。」古者貴黍稷。喪大記疏云：

「案：公食大夫禮黍稷爲正饌，稻粱爲加，是稻粱卑於黍稷。」故舉五穀，以黍稷言之也。言妹土之人，世爲爾股肱，當專務種其黍稷，奔走事其父兄也。

肇牽車牛，遠服賈，用孝養厥父母。厥父母慶，自洗腆，致用酒。 **注** 馬融曰：「洗，盡也。」 **疏** 肇者，釋言云：「敏也。」注引此。廣雅釋詁云：「肇，亟也。」服者，釋詁云：「事也。」慶者，詩傳云：「善也。」洗者，韋注周語云：「濯也。」洗音近洒，說文：「洒〔一〕，滌也。」腆者，說文云：「設膳腆腆，多也。」古文作「㬵」。白虎通商賈篇云：「商之言，商其遠近，度其有亡，通四方之物，故謂之商也。賈之言固，固有其物，以待民來以求利也。書曰：『肇牽車牛，遠服賈用。』遠行可知也。方言欲厥父母，欲留供養之也。」王氏鳴盛云：「據商、賈之義本不同，今以牽車遠行之商謂之賈者，欲見留養父母之義也。」經言亟牽車牛，遠爲商賈之事，以孝養父母，及父母善慶，自滌器設膳，致用此酒。馬注見釋文。云「洗，盡」者，盡蓋盪字之誤。說文云：「盪，滌器也。」

庶士有正，越庶伯君子，其爾典聽朕教。 **疏** 庶士，見上。有正、庶伯，正、伯皆長也。君子者，釋詁云：「君，大也。」子者，馬氏注論語云：「男子通稱也。」典者，釋詁云：「常也。」欲令衆士正長大德之人，常聽朕教。

爾大克羞耇，惟君，爾乃飲食醉飽， **注** 大傳說：「古者聖帝之治天下也，五十已下，非烝社不敢遊飲；六十已上，遊飲也」 **疏** 釋詁云：「克，能也。」「羞，進也。」耇者，方言云：「老也。」飲食，鄭注周禮云：「燕饗也。」周禮酒正：「凡饗耆老、孤子，皆共其酒，無酌數。」注云：「要以醉爲度。」古者天子諸侯皆有養老之禮，言爾大以賢能進爲耇老，惟君使爾飲食醉飽。大傳說見大戴禮立事篇。注云「六十已上遊飲」者，王制云：「六十養於國。」又云：「六十不與服戎。」「六十不親學。」故可遊飲也。

丕惟曰：爾克永觀省，

〔一〕「洒」原訛作「洗」，據說文原文改。

作稽中德。　**疏**丕，辭也。稽者，鄭衆注周禮小宰云：「合也。」鄭注樂記云：「三老五更，互言之耳，皆老人更知三德五事者也。」言爾能久觀看省察于事理，將於爾所爲稽合於中道。内則云：「凡養老，五帝憲，三王有乞言。」注云：「憲，法也。養之，爲法其德行。」　爾尚克羞饋祀，　**注**鄭康成曰：「饋祀，助祭于君。」　爾乃自介用逸，茲乃允惟王正事之臣，茲亦惟天若元德，永不忘在王家。」　**疏**尚者，釋言云：「庶幾，尚也。」饋者，文選祭顔光禄文注引蒼頡云：「祭名也。」高誘注國策云：「吳謂食爲饋，祭鬼亦爲饋，古文通用，讀與餽同。」鄭注籩人云：「饋食，薦孰也。」介者，釋詁云：「右也。」逸者，薛綜注東京賦云：「樂也。」若者，釋言云：「順也。」元者，韋昭注晉語云：「善之長也。」言爾庶幾以賢能進，與於饋食祭祀之列，爾乃自右助用爲燕樂之賓，此乃信惟王有政有事之臣，此亦惟天順善德，長不遺忘爾在王家矣。

王曰：「封！我西土棐，徂邦君御事，小子尚克用文王教，不腆于酒，故我至于今，克受殷之命。」　**疏**釋詁云：「棐，俌也。」「徂，存也。」腆者，廣雅釋詁云：「美也。」言汝封當念我西土輔臣，惟在邦君治事，爾小子庶幾能用文王之教，不美于酒，故我至今能受殷大命。

王曰：「封！我聞惟曰：在昔殷先哲王迪畏天顯小民，經德秉哲，自成湯咸至于帝乙，成王畏相。　**注**易說：「書之帝乙，六世王。」先儒皆以爲紂父。　**疏**在者，釋詁云：「察也。」哲者，說文云：「知也。」迪同攸，見上疏。顯者，廣雅釋詁云：「明也。」經德者，孟子盡心云：「經德不回。」注云：「經，行也。」秉者，釋詁云：「執也。」哲者，說文作「悊」，云：「敬也。」咸者，釋詁云：「皆也。」王告康叔以察昔殷先賢知王所畏天明命，下及小民，惟行其德、執其敬，自成湯至於帝乙，咸成就王道，敬畏輔相也。周語叔向曰：「詩曰：『成王不敢康。』」注云：「謂修己自勸，以成其王功。」亦以成王爲成王功。易説見乾鑿度。鄭注檀弓云：「易説『帝乙』，曰：『易之帝乙，爲成湯；書之帝乙，六世王。』」考殷本紀，湯子太丁，太丁子太甲，太甲子沃丁，沃丁弟子小甲，小甲弟子仲丁，仲丁弟子帝祖乙。帝祖乙立，殷復興。不數兄弟相及，則祖乙爲湯已後六世孫也。先儒注見檀弓疏。云先儒皆以酒誥帝乙〔一〕紂父者，此先儒即是賈、馬、鄭，與易説異。殷本紀湯至帝乙十六世，「帝乙無道，爲偶人，謂之天神。與之博，令人爲行。天神不勝，乃僇辱之。爲革囊，盛血，仰而射之，命曰『射天』。武乙獵於河、渭之閒，暴雷，武乙震死」。則帝乙非令主，故易説以爲祖乙也。

惟御事，厥棐有恭，不敢自暇自逸，矧曰其敢崇飲？

疏 暇者，釋詁云：「偟，暇也。」逸者，詩箋云：「豫也。」矧者，釋詁云：「況也。」説文正作「弞」。崇者，薛綜注東京賦云：「興也。」言殷先王時，於治事之臣，其輔臣皆有恭敬，不敢寬暇逸豫，況復興飲酒之事？

越在外服，侯、甸、男、衛、邦伯；

疏 周語云：「先王之制：邦内甸服，邦外侯服，侯衛賓服。」注云：「甸，王田也。服，服其職業也。自商以前，并畿内爲五服。邦外，邦畿之外也。方五百里之地，謂之侯服。侯服，侯圻也。衛，衛圻也。言自侯圻至衛圻，其閒凡五圻，圻五百里，五五二千五百里，中國之界也。五圻者，侯圻之外曰甸圻，甸圻之外曰男圻，男圻之外曰采圻，采圻之外曰衛圻。」據此是「衛」上有「采」。康誥曰：「侯、甸、男、采、衛。」經文蓋省「采」字。邦伯者，王制云：「千里之外設方伯，五國以爲屬，百一十國以爲州，州有伯，八州八伯。」注云：「伯，帥。殷之州長曰伯，虞、夏及周皆曰牧。」又云：「八伯各以其屬，屬於天子之老二人，分天下以爲左右二伯。」此邦伯未必是二伯，蓋卽方伯

〔一〕揆之文義，「帝乙」下似脱一「爲」字。

也。白虎通爵篇云：「尚書曰：『侯、甸、任、衞作國伯。』」今文尚書「男」作「任」，「邦」作「國」，又多「作」字。越在內服，百僚、庶尹、惟亞、惟服、宗工，越百姓里居；**疏**釋詁云：「僚，官也。」「庶[一]，衆也。」釋言云：「尹，正也。」「亞，次也。」「服，事也。」惟亞，謂正官之倅，惟服，謂任事者，其士與？宗工，謂宗人。百姓里居，謂百官致仕家居者。罔敢湎于酒。**注**鄭康成曰：「飲酒齊色曰湎。」不惟不敢，亦不暇。惟助成王德顯，越尹人祗辟。**疏**湎者，說文：「沈於酒也。」引此文。沈與酖聲相近。說文：「酖，樂酒也。」釋詁云：「祗，敬也。」「辟，法也。」言內外諸侯臣工，皆無敢媅樂于酒，不惟不敢，亦有正事，無暇及飲，惟助君成就王德，使之顯著，至於正人敬法，無敢慢者。鄭注見詩蕩疏。云「飲酒齊色」者，詩蕩云：「天不湎爾以酒。」箋云：「天不同汝顏色以酒。」齊、同，義相近。我聞亦惟曰：在今後嗣王酣身，**疏**後嗣王，謂紂也。酣者，說文云：「酒樂也。」太平御覽四百九十七引作「樂酒也」。厥命罔顯于民祗，保越怨，不易。**疏**保者，釋詁云：「安也。」不易，不改也。言紂之命令無可顯著爲民所敬，如先王之德顯使尹人祗辟，徒安於怨，不改其所爲。祗字屬上句讀。僞傳云「所敬所安」，不詞也。論衡譴告篇云：「紂爲長夜之飲，文王朝夕曰：『祀茲酒。』非疾之者，宜有以改易之。」是說此經「不易」之意也。誕惟厥縱淫泆于非彝，用燕喪威儀，民罔不衋傷心。**疏**淫者，王逸注楚辭云：「游也。」泆者，同「佚」，廣雅釋詁云：「樂也。」燕者，詩傳云：「安也。」威者，釋言云：「則也。」衋者，說文云：「傷痛也。」引此文。殷本紀云：「紂大最樂戲於沙丘，以酒爲池，縣肉爲林，使男女裸相逐其間，爲長夜之飲。」故言大惟其縱遊佚於非法，用安樂喪其威儀，民無不痛傷心者。惟荒腆于酒，不

[一]「庶」原訛作「師」，據所疏經文及釋詁原文改。

惟自息乃逸，厥心疾很，不克畏死。辜在商邑，越殷國滅，無罹。疏荒者，詩傳云：「大也。」腆者，廣雅釋詁云：「美也。」息者，詩傳云：「止也。」逸者，釋言云：「過也。」疾者，詩箋云：「疾，害。」很者，說文云：「很，盭也。」罹，即「離」俗字，易九家注云：「離，附也。」鄭注月令云：「離，讀如儷偶之儷。」言紂惟大美於酒，不思自止其過，其心疾害乖戾，恃有命在天，不能畏死。罪在商邑，於殷邦喪滅，無附麗之者。白虎通京師篇云：「京，大；師，衆也。天子所居，故大衆言之。夏曰夏邑，殷曰商邑，周曰京師。尚書曰『在商邑』，謂殷也。」是說此經之義。弗惟德馨香，祀登聞于天。誕惟民怨，庶羣自酒，腥聞在上。故天降喪于殷，罔愛于殷，惟逸。天非虐，惟民自速辜。」疏馨者，說文云：「香之遠聞者。」庶者，釋詁云：「衆也。」逸者，釋言云：「過也。」速者，詩傳云：「召也。」周語云：「國之將興，其德足以昭其馨香；國之將亡，其政腥臊，馨香不登。」注云：「馨香，芳馨之升聞者也。腥臊，臭惡也。登，上也。芳馨不上聞於天，神不饗也。傳曰：『黍稷非馨，明德惟馨。』」正同此義也。言無德馨升聞於天，大惟民怨及衆羣臣用酒臭達於上。故天下喪亡之禍於殷而勿愛之，惟紂之過。天非暴虐，惟人自召罪耳。

王曰：「封！予不惟若茲多誥。古人有言曰：『人無于水監，當于民監。』今惟殷墜厥命，我其可不大監撫于時？疏監者，釋詁云：「視也。」墜，俗字，當爲「隊」。說文云：「隊，從高隊也。」撫者，鄭注曲禮云：「猶據也。」時者，釋詁云：「是也。」告康叔言：我不徒如此多誥。欲其有所法式，引古人言視水不如視民也。史記殷本紀引湯征：「湯曰：『人視水見形，視民知治否。』」又告以今惟殷隕喪其大命，我其可不據此以大爲鑒戒乎？予惟曰：汝劼毖殷獻臣，疏劼者，說文云：「慎也。」引此文。讀若覃。毖同必，廣雅釋詁云：「必，敕也。」獻者，釋詁云：「聖也。」侯、甸、男、衞，矧太史友、內史友，注鄭康成曰：「太史、內史，掌記言、記行。」越獻臣、百宗工，矧惟爾事服休、服采，注鄭康成曰：「服休，燕息之近臣；服采，朝祭之近臣。」疏太史友、內史友，友俱讀爲右。覲禮：「太史是右。」注云：「右讀如『周公右王』之右。」廣雅釋詁云：「右，比也。」言左右史尤比近於王，故曰友。宗工，謂尊官。詩傳云：「宗，尊也。工，官也。」事者，詩傳云：「士，事也。」鄭注「太史、內史」云云，見王制疏。云「太史、內史，掌記言、記行」者，玉藻云：「動則左史書之，言則右史書之。」疏引熊安期疏云：「太史記動作之事，在君左廂記事，則太史爲左史也。內史所掌，在君之右，故爲右史。」鄭注「服休、服采」云云，見書疏。云「服休，燕息之臣」者，說文：「休，息止也。」「服采，爲朝祭之臣」者，魯語云：「天子大采朝日，少采夕月。」注云：「虞說曰：『大采，衮織〔一〕也。』」「少采，黻衣也。」蓋掌朝祭之服。矧惟若疇圻父，注鄭康成曰：「順壽萬民之圻父。圻父，謂主封畿之事。」「疇」一作「𠷎」。疏鄭注見詩祈父疏。云「若，順」者，釋言文。云「圻父，主封畿之事」者，詩傳云：「圻父，司馬也，職掌封圻之兵甲。」疇聲近壽，圻音近畿。春秋穀梁隱元年傳云：「天子畿內。」釋文云：「畿，本作『圻』。」故鄭以圻爲封畿。詩祈父箋引此文，「疇」作「𠷎」。釋文云：「𠷎，此古疇字，或作『壽』。」薄違農父，注馬融曰：「違，行也。」疏馬注見釋文。云「違，行」者，謂邪行也。違與回聲相近。薄者，方言云：「勉也。秦、晉或曰『薄』。故其鄙語曰『薄努』，猶勉努也。」言勉去其邪行，謂司徒之職。若保宏父，定辟，矧汝剛制於酒。疏保者，詩傳云：「安也。」宏父，疑卽司空。釋詁云：「宏，大也。」詩傳云：「空，大也。」宏與空俱訓大，故宏卽空也。辟者，說文云：「法也。」剛者，廣雅釋詁云：「强也。」制

〔一〕「織」原訛爲「職」，據國語魯語韋注所引虞說改。

者，鄭注王制云：「斷也。」言汝慎勑殷之賢聖臣在侯、甸、男、衞之服者，其惟太史、內史，於賢聖臣百尊官，其惟爾之士有事休息采服之臣，其惟順壽衆民之司馬，勉行衆民之司徒，順保衆民之司空，俱有定法，汝其剛斷於酒。矧，詞也。僞傳俱說爲「況」，非。

厥或誥曰：『羣飲。』汝勿佚，盡執拘以歸於周，予其殺。 **注**「拘」一作「抲」。 **疏** 佚與失聲相近，說文：「失，縱也。」殺同𥻦，方言云：「散，殺也。」後漢書樊儵傳注引左傳曰：「周公殺管叔而𥻦蔡叔。」杜注云：「𥻦，放也。」「拘」作「抲」者，說文云：「抲，撝也。周書曰：『盡執抲。』」繫傳作「抲獻」，多一字。言其告者云有羣飲者，汝勿縱舍，盡執而指撝之，以歸於周，予其放散之。

又惟殷之迪諸臣惟工，乃湎於酒，勿庸殺之，姑惟教之，有斯明享。 **注** 鄭康成曰：「斯，析也。」 **疏** 迪者，釋詁云：「進也。」詩傳云：「工，官也。」「庸，用也。」「姑，且也。」鄭注見詩墓門釋文。以「斯」爲「析」者，詩傳文。享者，易隨云：「享于西山。」釋文引陸注云：「祭也。」言告者雖欲誅羣飲者，又當思惟殷進用之臣工，俱沈於酒，民俗染之，我勿用爲罪，且先教之，又分析其羣飲之故，或由享祀，則勿罪原之。

乃不用我教辭，惟我一人弗恤，弗蠲乃事，時同于殺。」 **疏** 恤者，說文云：「收也。」蠲者，詩傳云：「潔也。」言汝不用我教令，我不能收恤汝，汝又弗潔乃政事，是同於放殺之罪。

王曰：「封！汝典聽朕毖，勿辯乃司民湎于酒。」 **疏** 典者，釋詁云：「常也。」毖同必，廣雅釋詁云：「敕也。」辯者，廣雅釋詁云：「使也。」誥康叔，言當常聽我敕，勿使汝司民之人沈於酒也。揚子法言問神篇云：「昔之說書者序以百，而酒誥之篇俄空焉，今亡夫。」困學記聞引藝文志，云：「『劉向以中古文校歐陽、大小夏侯之家經文，酒誥脫簡一。』謂俄空，卽脫簡之謂。而大傳引酒誥：『王曰：封！惟曰若圭璧。』今無此句，疑所脫卽此等句。」

梓材第十七　周書八　尚書今古文注疏卷十七

注 史遷說：「周公旦懼康叔齒少，爲梓材，示康叔〔一〕可法則。」**疏** 梓者，梓人。史記正義曰：「若梓人爲材，君子觀爲法則也。梓，匠人也。」大傳云：「伯禽與康叔見周公，三見而三笞。康叔有駭色，謂伯禽曰：『有商子者，賢人也，與子見之。』乃見商子而問焉。商子曰：『南山之陽有木焉，名曰橋，二三子往觀之。』見橋實高高然而上，反以告商子。商子曰：『橋者，父道也。南山之陰有木焉，名曰杍，二三子復往觀焉。』見杍實晉晉然而循，反以告商子。商子曰：『杍者，子道也。二三子明日見周公，入門而趨，登堂而跪。』周公仰拂其首，勞而食之，曰：『爾安見君子乎？』二子以實對。周公曰：『君子哉，商子也！』」此事亦見說苑建本篇、論衡譴告篇。大傳所云卽史公說「示康叔可法則」者，與經義絶不同，或今古文異說，附存之。

王曰：「封！以厥庶民暨厥臣達大家，以厥臣達王惟邦君。**注** 鄭康成曰：「于邑言達大家，于國言達王與邦君。王謂二王之後。」**疏** 暨者，釋詁云：「與也。」達者，說文云：「通也。」家者，鄭注周禮載師云：「家邑，大夫之采地；小都，卿之采地。」又注周禮家司馬敘官云：「家，卿大夫采地。」蓋大夫稱家，卿稱都，對文則然，散文則可總言

〔一〕案之史記衞康叔世家原文，「康叔」應作「君子」。

家。大家，如孟子離婁言巨室也。鄭注見書疏。云「于邑言達大家」者，大家皆有采邑，故曰「于邑」，謂國中之邑也。云「于國言達王與邦君」者，王與邦君各君其國，故云「于國」，是通他國言也。云「王謂二王之後」者，以王與邦君並言，則王非謂天子，故以爲二王後。江氏聲云：「『惟邦君』，惟當爲暨，康叔所治，當有卿大夫采地，又其所職乃當州之牧，故得統領二王之後與列邦之君。」通達者，言當通達上下之情。

汝若恒越曰我有師師、司徒、司馬、司空、尹、旅，

疏若者，釋言云：「順也。」恒者，釋詁云：「常也。」越同粵，釋詁云：「於也。」師師者，上「師」，釋詁云：「衆也。」下「師」，鄭注周禮云：「猶長也。」「尹，正」、「旅，衆」，俱釋詁文。言汝當順常於以告其衆長、三卿、大夫、士。江氏聲云：「尹謂大夫，旅謂衆士也。」鄭注內則云：「諸侯并六卿爲三，或兼職焉。」案：兼職者，王制疏引崔靈恩疏云：「三卿者，依周制而言，謂立司徒兼冢宰之事，立司馬兼宗伯之事，立司空兼司寇之事。故春秋左傳云：『季孫爲司徒，叔孫爲司馬，孟孫爲司空。』」所告謂下無虐殺人及先敬勞之言。

曰：『予罔厲殺人，亦厥君先敬勞。』肆徂，厥敬勞。

疏厲者，周書謚法解云：「殺戮無辜曰厲。」「肆，今」、「徂，往」，皆釋詁文。言當告其臣以予無敢虐殺人，亦當自其君先之以敬勞民。今汝往，其敬勞之。

肆往，姦宄、殺人，歷人宥。肆亦見厥君事，戕敗人宥。

注馬融云：「戕，殘也。」「戕敗人宥」一作「彊人有」。

疏歷者，廣雅釋詁云：「過也。」見，猶效也，史記天官書以「效」爲「見」，曲禮「效馬效羊」，注云：「效猶呈見。」言汝今往，有姦宄及殺人者，其所過歷之人，不當同罪。汝今亦效其君敬勞之事，殘壞人不至死者，不當坐以殺人之罪，俱原情寬宥之。若律容止逃亡，罪止徒，知情藏匿罪人，減罪人罪一等，漢法殺人者死，傷人及盜抵罪也。墨子尚同篇引泰誓，云：「小人見姦巧，乃聞不言也，發罪鈞。」鈞，均也。蓋紂法見姦不言，事發同罪。故周公以「姦宄、殺人，歷人

宥」誥康叔，革紂法也。馬注見釋文，周禮大司馬疏引作鄭注。云「戕，殘」者，詩十月之交箋同。「戕敗人宥」，論衡效力篇引梓材曰：「彊人有王開賢，厥率化民。」蓋今文也，義見下疏。

王啓監，厥亂爲民。**注**一作「王開賢，厥率化民」。**疏**啓者，說文云：「教也。」亂者，釋詁云：「治也。」監者，周禮太宰「立其監」注云：「監，謂公、侯、伯、子、男，各監一國。」引此文。言王教諸侯使監視，其治皆爲民也。「啓」作「開」，「監」作「賢」，「亂」作「率」，「爲」作「化」者，論衡效力篇云：「梓材曰：『彊人有王開賢，厥率化民。』」說之云：「此言賢人亦壯彊於禮義，故能開賢，其率化民。化民須禮義，禮義須文章，『行有餘力，則以學文』，能學文，有力之驗也。」此今文說。以「戕」爲「彊」，「宥」爲「有」者，說文云：「能獸堅中，故稱賢能，而彊壯稱能傑也。」是知彊人爲彊壯人，謂賢傑也。中庸：「子路問强。」又云：「發强剛毅，足以有執。」是强爲美德也。開者，韋昭注晉語云：「通率，義同帥。」「王開賢，厥率化民」者，言彊能者有爲王所通達之賢，任其督帥化民之事。漢舊儀丞相、御史大夫初拜，策曰：「往悉乃心，和裕開賢。」用此經文。「和裕」當爲「弘裕」，和與從弓從厶之字形相近，用康誥「弘于天，若德裕乃身」也。

曰：無胥戕，無胥虐。**注**鄭康成曰：「無胥戕，無相殘賊；無胥虐，無相暴虐。」**疏**鄭注見周禮大司馬疏。胥爲相，釋詁文。戕爲殘，與詩十月之交箋同也。

至于敬寡，至于屬婦，**注**大傳說：「老而無妻謂之鰥，老而無夫謂之寡。」「屬」一作「媰」。**疏**敬寡，即「矜寡」。呂刑「哀敬折獄」，大傳作「哀矜」，漢書于定國傳作「哀鰥」，是敬、矜、鰥音相近，義俱通也。屬與媰，聲之緩急，假借字。又說文有「嬬」，云：「弱也。一曰：下妻也。」屬、嬬聲亦相近，疑亦弱也。大傳說，即杍材傳。下文又有：「幼而無父謂之孤，老而無子謂之獨，行而無資謂之乏，居而無食謂之困，此皆天下之至悲哀而無告者。故聖人在上，君子在位，能者任職，必先施此，使無失職。」推經義言之也。云「老而無妻」者，鄭注孝經云：「六十無妻曰鰥。」鰥，亦作「矜」，王制：「老而無妻謂之矜。」大戴禮云：「上古男子五十而娶，故六十曰鰥也。」屬，說文作「媰」，云：「婦人妊身也。」文選崔子玉清河王誄云：「惠於媰孀。」孀卽寡也。此孔壁古文。合由以容。疏合者，鄭注周禮云：「同也。」由者，詩傳云：「用也。」容者，廣雅釋詁云：「寬也。」言窮民無告，有罪寬之。王其效邦君越御事，厥命曷以？引養引恬。自古王若茲監，罔攸辟。疏效者，廣雅釋言云：「考也。」以者，詩傳云：「用也。」引者，釋詁云：「長也。」恬者，說文云：「安也。」辟者，說文云：「法也。」言王之課邦君于治事之人，其命何用哉？惟長養民、長安民。自古王如此監視其國，無所任刑辟也。

「惟曰：若稽田，既勤敷菑，惟其陳修爲厥疆畎。疏惟者，釋詁云：「思也。」稽者，鄭注周禮云：「計也。」菑者，說文云：「才耕田也。」或作「甾」。釋地云：「田一歲曰菑。」注云：「今江東呼初耕地反草爲〔一〕菑。」陳者，詩信南山「維禹甸之」，周禮稍人注引作「敶」。云：「甸，治。」是陳亦治也。疆者，說文云：「界也。」畎，說文作「〈」，以此爲篆文，云：「六畎爲一畝。〈，水小流也。周禮：『匠人爲溝洫，相廣五寸，二相爲耦，一耦之伐，廣尺深尺，謂之〈，倍〈謂之遂，倍遂曰溝，倍溝曰洫，倍洫曰巜。』」又云：「方百里爲巜，廣二尋，深二仞。」巜讀若澮同。蓋用考工記文。言爲國如計田，既勤力以布耕其土，當思修治其疆界畎澮。若作室家，既勤垣墉，惟其塗塈茨。注馬融曰：「卑曰垣，高曰墉。塈，塈色。」疏塗，俗字，當爲「涂」。塈者，說文云：「仰涂也。」漢書揚雄傳云：「獿人亡，則匠石輟斤而不敢妄斲。」注：「服虔曰：『獿，古之善塗塈者也。施廣領大袖以仰塗，而領袖不污。』」茨者，說文云：「以茅葦蓋屋也。」言如作室家，既勤

〔一〕「爲」原誤作「田」，據爾雅釋地郭注原文改。

力爲牆，當思涂塞孔穴，又蓋之以茅葦也。喻政事修舉，乃有成。馬注見釋文。云「卑曰垣」者，吳語云：「君有短垣，而自踰之。」短卽卑也。詩良耜云：「其崇如墉。」崇卽高也。說文云：「垣，牆也。」釋宮云：「牆謂之墉。」是皆牆也。墍爲堊色者，說文云：「堊，白涂也。」釋宮云：「牆謂之堊。」考工記：「匠人爲世室，用白盛。」注：「盛之言成，以蜃灰堊牆，所以飾宮室。」然則古涂牆以蜃灰，今以石灰也。

若作梓材，既勤樸斲，惟其塗丹雘。注馬融曰：「梓，古作『杍』字。治木器曰梓，治土器曰陶，治金器曰冶。樸，未成器也。雘，善丹也。」鄭康成曰：「山海經云：『青丘之山，多有青雘。』」「塗」一作「敷」。疏梓者，釋木云：「椅，梓。」韋昭注楚語云：「杞、梓，良材也。」說文云：「樸，木素也。」「斲，斫也。」「塗」作「敷」，見「雘」字解，云：「善丹也。」引周書曰：「『惟其敷丹雘。』讀若隺。敷，閉也。」集韻云：「斁，同都切；塗也。周書曰：『斁丹雘。』」羣經音辨云：「斁音徒。書：『惟其斁墍茨。』」則古文本又作「斁」也。斁亦敷之假音字。言如作梓材，既勤力治其素質，當思加以采色。喻國既治理，更須修明制度典章，使粲然可觀也。馬注見釋文。云「梓，古作『杍』字」者，說文以杍爲李字之古文，馬以爲梓字，蓋本大傳古字，以子爲聲。云「治木器曰梓」者，考工記有梓人，爲筍虡、爲飲器、爲侯，因梓材美以名工也。陶人、冶氏，俱見考工記。云「樸，未成器」者，釋木云：「樸，枹者。」樸亦同朴，說文：「木皮也。」云「雘，善丹」者，說文：「丹，巴、越之赤石也。」雘解與馬同。鄭注見書疏，引山海經者，南山經云「青丘之山，其陰多青雘」是也。古者，犧尊以木爲之，飾以青黃。

「今王惟曰：先王既勤用明德，懷爲夾，庶邦享作，兄弟方來，亦既用明德。疏懷者，釋詁云：「來也。」夾者，一切經音義十二引倉頡云：「輔也。」享者，釋詁云：「獻也。」作者，詩傳云：「始也。」享作，猶言作享。方者，鄭注儀禮云：「猶併也。」言今王爰思先王勤勞用明德之臣，來爲夾輔，是以衆邦始來享，兄弟之國並來賓服，亦已奉用明德矣。

后式典集，庶邦丕享。

疏　后者，說文云：「繼體君也。」式者，釋言云：「用也。」典者，釋詁云：「常也。」言繼體之君，當用先王之常法安集之，衆邦乃來享也。丕，語詞也。

皇天既付中國民，

注　付，馬融作「附」。

越厥疆土于先王，肆王惟德用和懌先後迷民，用懌先王受命。

疏　付，馬作「附」者，見釋文。高宗肜日「天既付命正厥德」，史記作「附」，是付、附通。說文云：「付，與也。」肆者，釋詁云：「今也。」懌者，釋詁云：「服也。」先後，江氏聲說爲教道之，引詩緜傳云：「相道前後曰先後。」迷者，釋言云：「惑也。」懌，俗字，當爲「斁」，說文云：「斁，終也。」言天既付中國民與其疆土于先王，今王思用德和服先道此迷惑之民，用終先王所受大命。

已！若茲監。惟曰：欲至于萬年，惟王子子孫孫永保民。」

疏　已者，釋詁云：「咨、已，此也。」是已猶咨也。監者，說文云：「臨下也。」言如此臨民，惟子孫長保斯民矣。王氏鳴盛曰：「『今王惟曰先王既勤用明德』已下，周公因誥康叔而并戒成王之詞，通上康誥、酒誥三篇總結之也。」

尚書今古文注疏卷十八

召誥第十八　周書九

注史遷說：「周公行政七年，成王長，周公反政成王，北面就羣臣之位。成王在豐，使召公復營洛邑，如武王之意。周公復卜申視，卒營築，居九鼎焉。曰：『此天下之中，四方入貢道里均。』作召誥、洛誥。」大傳說：「周公攝政五年，營成周。」「七年，致政。」疏史公說見周本紀。以營洛邑、作召誥爲在七年反政之時者，據經文云「王朝步自周」，下文云「周公朝至於洛」，「周公至是不稱王」；經文又云「錫周公曰」，又有「旦曰」，故知在反政之後也。此蓋孔安國古文說。周書作雒解亦云：「及將致政，乃作大邑成周於土中。」漢書律曆志亦云：「周公七年復子明辟之歲，是歲二月乙亥朔，庚寅望，後六日得乙未。故召誥曰云云。」見下「丙午朏」疏。大傳以爲在攝政五年者，今文異說也。鄭氏從大傳。

惟二月既望，越六日乙未，注史遷說：「成王七年二月乙未。」鄭康成曰：「是時周公居攝五年。二月、三月，當爲一月、二月。不云正月者，蓋待治定制禮乃正言正月故也。」疏望，假借字，說文作「朢」，云：「月滿與日相望，以朝君也。从月、从臣、从壬；壬，朝廷也。古文作『𦣠』。」釋名云：「望，月滿之名也。月大十六日，小十五日，日在東，月在西，遥相望也。」越者，漢書注：「文穎云：『踰也。』」既望是十六日，踰六日，則二十一日也。史公說見魯世家。云「二月乙未」者，不破經文「二」字爲「一」，與鄭異也。書疏云：「是月朔是乙亥，望是己丑，既望是庚寅。」鄭注見周禮大司徒疏及詩文王疏。云「是時周公居攝五年」者，據大傳說「周公攝政五年營成周」也，與史記魯世家以爲在七年歸政之時不同。

云「二月、三月，當爲一月、二月」者，謂此經當爲一月既望，下文爲二月丙午朏也。江氏聲云：「既望，十六日也。乙未，二十一日。鄭知然者，以洛誥戊辰烝是居攝七年十二月日，此是居攝五年事，計五年三月至七年十二月，凡三十四月，其間餘分積至二萬八千九百七十六有奇，以九百四十分之日法除之，則三十日有餘矣。則五年、六年之終，必置一閏。則五年三月朔至七年十一月晦，已匝三十四月。若三月丙午朏，則甲辰朔也。推之，五月當癸卯朔，七月當壬寅朔，率兩月而退一日，則七年十二月應丁亥朔，不得有戊辰。若此二月爲一月，下文丙午朏是二月，則七年十二月丁巳朔，戊辰乃其十二日。鄭說誠是也。」云「不言正月」云云者，鄭自解已注「當爲一月」、不言「當爲正月」之意也。武王初有天下，以建子月爲年首而稱一月，不云正月，武成篇「一月壬辰」是也。時未遑制禮，故改月而不稱正。周公攝政，非正爲王，遵而不改。至六年，周禮成，而洛誥當七年時，猶詔王稱殷禮，明必待七年反政之明年爲成王元年，乃稱正月，故云「待治定制禮，乃正言正月」也。

王朝步自周，則至于豐，

注馬融曰：「周，鎬京也。豐，文王廟所在。朝者，舉事上朝。將即土中，易都大事，故告文王、武王廟。」鄭康成曰：「步，行也。堂下謂之步。豐、鎬異邑，而言步者，告武王廟即行，出廟入廟，不以遠，爲父恭也。於此從鎬京行至於豐，就告文王廟。告文王，則武王可知。」

疏馬注見史記集解。云「周，鎬京」者，周自后稷居邰，公劉遷豳，太王遷岐，文王遷豐，武王遷鎬。說文：「鎬，武王所都，在長安西上林苑中。」鎬言鎬京者，詩文王有聲云「宅是鎬京」也。白虎通號篇引詩云：「命此文王，于周于京。」云：「此改號爲周，易邑爲京也。」據此，則文王已稱周京，故武王遷鎬亦曰京也。云：「豐，文王廟所在」者，說文作「酆」，云：「周文王所都，在京兆杜陵西南。」史記索隱云：「豐，文王所作邑，後武王都鎬，於豐立文王廟。」案：豐在鄠縣東，臨豐水，東去鎬二十五里也。云「告武王廟」者，考親於祖，既告祖廟，必及禰也。鄭注見史記集解及詩王風譜〔一〕疏、曲禮疏。「父恭」，曲禮疏作「文恭」。云「步，行」者，說文義也。云「堂下謂之步」者，釋宮文。云「告父廟〔二〕則武王可知」，與馬義同也。**惟太保先周公相宅。** **注**史遷說：「使太保召公先之雒相土。」鄭康成曰：「相，視也。」**疏**史公「相宅」作「相土」者，相度其土地，可以作宅也。鄭注見史記集解。云「相，視」，釋詁文。**越若來三月，惟丙午朏，** **疏**越同粵，釋詁云：「於也。」若者，鄭注周禮云：「而讀爲若，聲之誤也。」則若與而聲相近。來者，釋詁云：「至也。」「越若來」言於是而至三月也。漢書律曆志引武成篇「粵若來三月」，周書世俘解「越若來三月」，義並同。朏者，說文云：「月未盛之明。」引此文。月三日也。漢書律曆志云：「後二歲，得周公七年復子明辟之歲。是歲二月乙亥朔，庚寅望，後六日得乙未。故召誥曰：『惟二月既望，粵六日乙未。』又其三月甲辰朔，三日丙午，召誥曰：『惟三月丙午朏。』」**越三日戊申，太保朝至于洛，卜宅。厥既得卜，則經營。** **注**史遷說：「其三月，周公往營成周雒邑，卜居焉，曰吉，遂國之。」**疏**「越三日戊申」者，三月丙午朏，又踰三日，則戊申，月五日也。丁未至戊申，自豐至洛，行十四日。吉行日五十里，豐至洛七百里也。周官太卜云：「國大遷則貞龜。」故須得卜，言得吉兆也。「經營」者，詩靈臺云：「經之營之。」傳云：「經度之也。」箋云：「度始靈臺之基趾，營表其位。」**越三日庚戌，太保乃以庶殷攻位于洛汭。** **注**鄭康成曰：「汭，隈曲中也。」**疏**庚戌，月七日。庶者，釋詁云：

〔一〕「王風譜」，案之詩譜，當作「王城譜」。

〔二〕「父廟」，據上文所引鄭注，似當作「文王」。

「衆也。」攻者，詩傳云：「作也。」位者，鄭注周禮天官「辨方正位」謂「定宫位」。周書作雒解云：「乃作大邑成周于土中，城方千七百二十丈，郛方七十里，南繫于洛水，北因于郟山，以爲天下之大湊。」又云：「乃位五宫、大廟、宗宫、考宫、路寢、明堂。」注云：「五宫，宫府寺也。大廟，后稷廟。二宫，祖考廟、考廟也。路寢，王所居也。明堂，在國南者也。」案：古者，六尺四寸爲步，三百步爲里，則一里之長百九十二丈。依考工記「匠人營國方九里」，則當云方千七百二十八丈，周書云千七百二十丈，略其餘數也。言庶殷者，謂衆殷民。洛汭在洛入河之處。史記周本紀云：「武王曰：『自洛汭延于伊汭。』」説文云：「汭，水相入也。」鄭注見書疏。以「汭」爲「隈曲中」者，説文云：「隈，水曲隩也。」杜氏注左傳云：「水曲流爲汭。」

越五日甲寅，位成。若翼日乙卯，周公朝至於洛，則達觀于新邑營。

注鄭康成曰：「史不書王往者，王於相宅無事也。」

疏甲寅，月十一日。翼，同「昱」，説文云：「明日也。」達者，鄭注樂記云：「具也。」達觀，言具觀之。營謂營域，鄭注周禮云「兆爲壇之營域」是也。鄭注見書疏。

越三日丁巳，用牲于郊，牛二。

疏自甲寅翼日數之，月十四日也。越三日，説文：「粤，于也，審慎之詞。」周書曰：『粤三日丁亥。』」案：即此文，「亥」當爲「巳」。郊者，易乾鑿度云：「三王之郊，一用夏正。」據上云「三月」，正夏正建寅之月。王郊是正祭，當以上旬行禮于鎬京。此因始立郊兆而特祭天，配以后稷也。周書作雒解云：「乃設丘兆于南郊以祀上帝，配以后稷，日、月、星辰、先王皆與食。」「用牲，牛二」者，帝牛一，稷牛一也。郊特牲云：「郊特牲而社稷太牢，貴誠也。」郊惟用特牛，禮以少爲貴，無羊、豕也。公羊宣三年傳云：「養牲養二，卜帝牲不吉，則扳〔一〕稷牲而卜之。帝牲在于滌三月，于稷者，惟具是視。」郊特牲亦

〔一〕「扳」原訛爲「取」，據公羊宣公三年傳原文改。

云：「帝牛不吉，以爲稷牛，帝牛必在滌三月，稷牛惟具。所以別〔一〕事天神與人鬼也。」又云：「于郊，故謂之郊牲。用騂，尚赤也。用犢，貴誠也。」案：洛誥云「騂牛」，此不言其色者，時尚稱殷禮，用白牲也。越翼日戊午，乃社于新邑，牛一、羊一、豕一。**疏**戊午，月十五日。社者，立社祭后土，以句龍配。郊特牲云：「社祭土而主陰氣。」是社祭爲土神也。春秋左氏昭二十九年傳云：「共工氏有子曰句龍，爲后土，后土爲社。」謂句龍生爲后土之官，死則配食于社，故鄭注周禮云「共工氏之子曰句龍，食于社」是也。周書作雒解云：「乃建大社于國中，其壝東青土，南赤土，西白土，北驪土，中央疊以黃土。」白虎通社稷篇云：「王者所以有社稷何？爲天下求福報功。人非土不立，非穀不食。土地廣博，不可徧敬也；五穀衆多，不可一一祭也。故封土立社，示有土；尊稷五穀之長，故封稷而祭之也。尚書曰：『乃社于新邑。』」又云：「社稷以三牲何？重功故也。尚書曰：『乃社于新邑，羊一、牛一、豕一。』」案：稷爲封稷而祭，以后稷配。經不言稷，舉社以該之也。云「牛一、羊一、豕一」者，王制云：「天子、社稷皆太牢。」鄭注周禮云：「三牲牛、羊、豕具，爲一牢。」案：句龍配社，后稷配稷，蓋以人鬼配土穀之神，猶郊之以稷配天也。僞孔云：「句龍、后稷祀爲社稷。」與王肅謬說同。又以社稷共牢，皆誤。越七日甲子，周公乃朝用書，命庶殷侯、甸、男邦伯。厥既命殷庶，庶殷丕作。**疏**甲子，月二十日。朝用書者，春秋左氏昭三十二年傳云：「士彌牟營成周，計丈數，揣高卑，度厚薄，仞溝洫，物土方，議遠邇，量事期，計徒庸，慮材用，書餱糧，以令役于諸侯。」蓋周公以此等書于册，以命于侯、甸、男之邦伯也。丕者，釋詁云：「大也。」作者，釋言云：「爲也。」太保乃以庶邦冢君出取幣，乃復入，錫周公。**注**鄭康成曰：「所賜之幣，蓋

〔一〕「別」原作「兆」，蓋因「別」字篆文形近「兆」而誤，今據禮記郊特牲經文改正。

璋以皮，及寶玉、大弓，此時所賜。召公見衆殷之民大作，周公德隆功成，有反政之期，而欲顯之，因大戒天下，故與諸侯出取幣，使戒成王立于位，以其命賜周公。」**疏**以同與，鄉飲酒禮云「主人與賓三揖」，鄉射禮作「主人以賓三揖」是也。錫者，釋詁云：「賜也。」鄭注見書疏。云「蓋璋以皮，及寶玉、大弓」者，公羊春秋定八年云：「盜竊寶玉、大弓。」傳云：「寶者何？璋判白，弓繡質，龜青純。」是魯有此璋及寶玉、大弓也。定四年左傳云：「分魯公以大路、大旂、夏后氏之璜、封父之繁弱。」則璋與寶玉、大弓，非封魯公之分器，知是此時所賜于周公者。傳無正文，故言「蓋」以疑之。云「以皮」者，周禮小行人合六幣：「璋以皮」，是璋必薦以皮也。案：公羊傳璋即寶玉，鄭以璋與寶玉、大弓殊言之者，何氏注公羊云：「半圭曰璋，白藏天子，青藏諸侯。魯得郊天，故錫以白。不言璋言玉者，起圭、璧、琮、璜、璋五玉盡亡之也。」傳獨言璋者，所以郊，事天尤重也。」

曰：「拜手稽首，旅王若公。**疏**旅者，釋詁云：「陳也。」言「旅王若公」，則王在矣。洛誥云：「公既定宅，伻來來〔一〕，視予卜休，恒吉。」則相宅時王留西都未來，當于使來告卜之後來洛也。故上文鄭注云：「不書王往，王于相宅無事也。」誥告庶殷，越自乃御事。嗚呼！皇天上帝，改厥元子。**注**鄭康成曰：「言首子者，凡人皆云天〔二〕之子，天子爲之首耳。」**疏**鄭注見書疏。以元爲首，釋詁文。茲大國殷之命，惟王受命，無疆惟休，亦無疆惟恤。嗚呼！曷其柰何勿敬！**疏**疆者，詩傳云：「竟也。」釋詁云：「休，慶也。」「恤，憂也。」曷者，廣

〔一〕「來來」原脱一「來」字，據洛誥經文補。
〔二〕「天」原作「天子」，據尚書正義洛誥疏所引鄭注，「子」乃衍文，今删。

雅釋詁云：「何也。」 天既遐終大邦殷之命，茲殷多先哲王在天， **疏**遐，俗字，當爲「假」。釋詁云：「假，已也。」哲者，釋言云：「智也。」言天既已終殷之大命，此殷之先哲王猶多在天。 越厥後王後民，茲服厥命。 **疏**服者，詩傳云：「服政事也。」後王謂紂也。 厥終智藏瘝在。 **注**鄭康成曰：「瘝，病也。」「瘝」一作「鰥」。 **疏**藏，俗字，當爲「臧」。易繫辭「知以藏往」，釋文云「藏」劉作「臧」。高誘注呂氏春秋云：「藏，潛也。」瘝，俗字，當爲「鰥」。釋詁云：「鰥，病也。」其終，謂後王之終，卽紂時也。紂政不善，智者知幾而藏匿，在者困于行役。詩何草不黃云：「何人不矜。」箋云：「無妻曰矜。從役者皆過時不得歸，故謂之矜。」書堯典疏引書傳：「孔子對子張曰：『詩云：「何草不玄，何人不鰥。」暫離室家，尚謂之鰥。』」此書傳卽大傳。是鰥爲離家行役之人，僞傳以「瘝在」爲在位之臣，或又以爲病民者在位，俱非也。瘝，郭氏注爾雅引此文作「鰥」。 夫知保抱攜持厥婦子，以哀籲天。徂厥亡，出執。 **疏**夫者，鄭注曲禮「若夫」云：「丈夫。」知者，釋詁云：「匹也。」保，同「緥」，說文云：「小兒衣也。」籲者，說文云：「呼也。」徂者，釋詁云：「在也。」執者，廣雅釋言云：「脅也。」言丈夫之有匹偶者，繦負其子，攜持其妻屬，以哀號呼天。在者喪亡，出被迫脅。

「嗚呼！天亦哀于四方民，其眷命用懋，王其疾敬德。 **疏**眷者，說文云：「顧也。」懋者，釋訓云：「懋懋，勉也。」疾者，釋詁云：「速，疾也。」言天亦哀此四方窮民，其眷顧大命，用勉于敬德者以爲民主，王其速敬德，以答天意。 相古先民有夏，天迪從子保，面稽天若， **注**鄭康成曰：「面，猶回向也。」 今時既墜厥命。今相有殷，天迪格保，面稽天若，今時既墜厥命。 **疏**相者，釋詁云：「視也。」迪與攸通，見前疏。子當讀如字，亦見上疏。釋詁云：「格，陞也。」「保，安也。」面者，鄭注周禮云：「猶鄉也。」稽者，鄭注周禮云：「猶考也。」若者，釋言云：「順也。」隧，俗字，當爲「隊」，説文云：「從高隊也。」格者，釋言云：「來也。」言視古先人有夏，天所從字愛保安之，夏王亦鄉考天心而順之，今時既殞其大命矣。今視有殷，天所陞保，殷王亦鄉考天心而順之，今時既殞其大命矣。謂後王不能承天受命也。鄭注見書疏。云「面，猶回向」者，漢書項籍傳云：「馬童面之。」注：「面，謂背之不向也。」鄭云「回向」，回猶背也，言背而向之。

今沖子嗣，則無遺壽耇。**注**「壽耇」亦作「耇老」。曰：其稽我古人之德，矧曰其有能稽謀自天。**疏**沖子，謂成王也。耇者，釋詁云：「耇、老，壽也。」言今沖幼繼位，則無遺棄耇老者，謂其能考我古人之德，以其或能考謀以從天。卽上所云「面稽天若」也。漢書孔光傳云：「今年耆有疾，俊艾大臣，惟國之重，其猶不可以闕焉。」引書文作「無遺耇老」。

嗚呼！有王雖小，元子哉！其丕能諴于小民。**疏**元者，釋詁云：「首也。」丕，語詞。諴者，説文云：「和也。」引此文，「丕」作「不」。言王雖幼沖，亦天之首子，其能和于小民也。

今休王不敢後用顧，畏于民碞。**疏**休者，釋詁云：「美也。」顧，謂眷顧。碞者，説文云：「䛇嵒〔一〕也。」引周書曰：「『畏于民碞。』讀與巖同。」民巖，猶民險也。康誥曰：「小人難保。」言今之美王不敢後用天之眷顧，下畏于民情之險。江氏聲云：「説文引此文，不連『顧』字，漢儒以『顧』字屬上讀，是也。」王應麟困學記聞、藝文志考皆以説文「嵒，多言也」爲此「碞」字，段氏玉裁駁之。案：嵒，説文讀與聶同，緩讀則同碞。許氏訓以爲多言，或卽碞字本義，亦未可定。

「王來紹上帝，自服于土中。**注**鄭康成曰：「自，用。」**疏**紹者，釋詁云：「繼也。」自者，詩傳云：「用也。」

〔一〕「嵒」原訛作「碞」，據説文改。

服，同「𠬝」，說文云：「治也。」土中，謂王城，于天下爲中也。論衡難歲篇云：「儒者論天下九州，以爲東西南北，盡地廣長。九州之內五千里，竟三河土中。周公卜宅，經曰：『王來紹上帝，自服于土中。』雒則土之中也。」水經河水注引孝經援神契曰：「八方之廣，周洛爲中，謂之洛邑。」周禮大司徒職：「以土圭之法測土深，正日景以求地中。日南則景短多暑，日北則景長多寒，日東則景夕多風，日西則景朝多陰。日至之景，尺有五寸，謂之地中，天地之所合也，四時之所交也，風雨之所會也，陰陽之所和也。然則百物阜安，乃建王國焉。」白虎通京師篇云：「尚書王者必即土中何？所以均教道，平往來，使善易以聞，惡易以聞，明當懼慎。」此說「自服土中」之義也。

旦曰：『其作大邑，其自時配皇天，毖祀于上下，其自時中乂，王厥有成命治民，今休。』**疏**稱旦者，曲禮云：「君前臣名。」召公述周公之言曰：其作大邑，其從是配天，慎祀于上下神祇，其從是致治于中土，王其有天之成命治民，今獲休慶。釋詁云：「從，自也。」「時，是也。」「毖，慎也。」乂，同「⿱辟乂」，說文云：「治也。」休者，釋言云：「慶也。」

王先服殷御事，比介于我有周御事。**注**「介」一本作「尒」。

節性，惟日其邁，王敬作所，不可不敬德。**疏**此召公自述己意。節性者，呂氏春秋重己篇云：「節乎性也。」注云：「節，猶和也。」性者，天命五常之性。說文云：「人之陽氣，性善者也。」所者，一切經音義二引三蒼云：「處也。」邁者，釋言云：「行也。」言王先治殷治事之臣，及比近于我周治事之臣，節和其性，思日行之甚速，勉之以疾敬德也。王之治羣臣，以敬自處，不可不敬德。介，日本人山井鼎云：「足利古本作『迩』。」僞孔傳釋爲比近，則亦作「尒」字。介文與尒相似，故後又增爲「迩」也。

「我不可不監于有夏，亦不可不監于有殷。我不敢知曰，有夏服天命，惟有歷年，我不敢知曰，不其延；惟不敬厥德，乃早墜厥命。我不敢知曰，有殷受天命，惟有歷年，我不敢知曰，不其延；惟不敬厥德，乃早墜厥命。今王嗣受厥命，我亦惟茲二國命，嗣若功。**疏**歷者，釋詁云：「艾，歷也。」詩傳云：「艾，久也。」是歷亦爲久也。釋詁云：「延，長也。」「嗣，繼也。」「惟，思也。」言夏、殷歷年修短，我皆不敢知，惟知其皆以不敬德，故早失天命。今王繼受其命，我亦思此二國命之所以墜，以爲監戒而繼其功。

「王乃初服。嗚呼！若生子，罔不在厥初生，**注**「嗚呼」一作「於戲」。**疏**生者，鄭注周禮云：「猶養也。」說文云：「育，養子使作善也。」論衡率性篇云：「召公戒成王曰：『今王初服厥命。於戲！若生子，罔不在厥初生。』生子謂十五子。初生意于善，終以善；初生意于惡，終以惡。其有所漸化爲善惡，猶藍丹之染練絲，使之爲青赤也。青赤一成，真色無異。」案：云「十五子」者，學記云：「大學之法，禁於未發之謂豫。」注云：「未發，情慾未生，謂年十五時。」白虎通辟雍篇云：「古者所以年十五入大學何？以爲八歲毁齒，始有識知，入學學書計；七八十五，陰陽備，故十五成童，志明，入大學學經術。」案：十五爲太子入學之年，故王氏以釋經。若生子，謂若養子教之。初生，謂情欲初生也。「王乃初服」，論衡作「今王初服厥命」者，疑并上「今王嗣受厥命」變其詞，非經文異字。「嗚呼」作「於戲」者，今文皆如是。自貽哲命。今天其命哲，命吉凶，命歷年。知今我初服，宅新邑，肆惟王其疾敬德。王其德之，用祈天永命。**疏**貽，俗字，釋文「貽」多云本作「詒」。詩箋云：「詒，猶傳也。」肆者，釋詁云：「故也。」祈者，說文云：「求福也。」永者，釋詁云：「長也。」言王初服，如教子之初，自傳之以明哲之命。今天其命明哲、命吉、命凶，與命年歲之永短，均未可知。所可知者，今我王初服厥命，宅茲新邑，今惟王其速敬德耳。言王其敬德，以祈求天命之永長。用，以也，屬

「祈天永命」讀爲句。僞孔以「用」字斷句上屬，非。知，或語詞，說文云：「知，詞也。」案：說文「矤」亦詞也，俗矧字；與知字形相近。或當爲「矧今我初服」。

其惟王勿以小民淫用非彝，亦敢殄戮，用乂民若有功。**疏**淫者，高誘注呂氏春秋云：「過也。」釋詁云：「彝、法，常也。」「殄，盡也。」戮者，廣雅釋詁云：「罪也。」乂者，釋詁云：「治也。」若者，釋言云：「順也。」言王勿以小民有過爲非法者，因敢盡罪，以治民惟順敘則有功也。

其惟王位在德元，小民乃惟刑用于天下，越王顯。**疏**釋詁云：「元，首也。」「刑，法也。」「顯，光也。」言王位居天德之首，小民乃法之以用于天下，于王光顯矣。

上下勤恤，其曰：我受天命，丕若有夏歷年，式勿替有殷歷年，欲王以小民受天永命。」**疏**恤者，說文云：「憂也。」丕，詞也。釋言云：「式，用也。」「替，廢也。」言君臣相與勤勞憂恤，其期于有夏歷年之久，用勿廢有殷歷年之久，欲王以小民受天長命也。潛夫論正列篇云：「人君身修正，賞罰明者，國治而民安。民安樂者，天悦喜而增歷數。故書曰：『王以小民受天永命。』蓋勤恤卽安民，安民乃命永。」是說此經之義也。

拜手稽首曰：「予小臣，敢以王之讎民、百君子，**注**鄭康成曰：「拜手稽首者，召公既拜，興。『曰我小臣』以下，言召公拜訖而復言也。百君子，王之諸臣與羣吏。」越友民，保受王威命明德，王末有成命，王亦顯。**疏**讎與稠聲相近。文選補亡詩注引蒼頡云：「稠，衆也。」廣雅釋詁云：「讎，輩也。」鄭注禮記云：「君子，謂大夫以上。」友同有，白虎通三綱篇云：「友，有也。」保者，釋詁云：「安也。」末者，孔晁注周書云：「終也。」召公拜手稽首，謙稱予小臣，敢以王之衆民及百官之有民者，安受王之威命明德，則王終有成命，王亦光顯矣。鄭注見書疏。云「百君子，王之諸臣與羣吏」者，君者，釋詁云：「大也。」子者，男子之美稱。統云百者，故爲諸臣與羣吏也。

我非敢勤，惟恭奉幣，

用供王能祈天永命。」　疏勤者，説文云：「勞。」周書克殷解：「王入即位于社，召公奭贊采。」供者，孔晁注周書諡法云：「奉也。」言我非有勤勞於國，徒敬供贊采之職而已，用奉王能祈天永命。重勉之以敬德也。

洛誥第十九　周書十　尚書今古文注疏卷十九

疏史公說作召誥、洛誥在七年反政之後，見召誥注。案：周本紀云「營洛邑如武王之意」者，此經亦云：「伻來毖殷，乃命寧。」是武王命周公作洛居九鼎也。周書作雒解云「我維顯服」者，釋詁云：「顯，代也。」是命周公代事也。下云「乃今我兄弟相後」，又云「今用建庶建叔」，是武王欲周公作洛，并命傳位也。下云「旦恐，泣涕共手」，周公不敢承武王之命也。武王既崩，周公乃營洛邑，如武王之志。居攝反政，不從武王「兄弟相後」之命，仁之至，義之盡也。

周公拜手稽首，**疏**白虎通姓名篇云：「所以先拜手後稽首何？名順其文質也。尚書曰：『周公拜手稽首。』」段氏玉裁云：「白虎通此條殘闕，『名』當作『各』，當云：『殷所以先稽首後拜手、周所以先拜手後稽首何？各順其文質也。』殷之禮拜，先稽首後拜手〔一〕，其喪拜則拜手而後稽顙；周之禮拜，先拜手後稽首，其喪拜則稽顙而後拜手。文質之異也。」曰：「朕復子明辟，**疏**復者，釋言云：「返也。」辟者，釋詁云：「君也。」漢書王莽傳〔二〕云：「書逸嘉禾篇曰：『周公奉鬯立于阼階，延登，贊曰：「假王涖政，勤和天下。」』此周公攝政，贊者所稱。成王加元服，周公則致政，書曰：『朕復子明辟。』周公常稱王命，專行不報，故言我復子明君也。」後漢書桓帝紀詔曰：「遠覽『復子明辟』之義。」注云：「復，還也。子，

〔一〕「手」字原脱，據段玉裁古文尚書撰異原文補。

〔二〕下引之文爲漢書王莽傳語，原誤作元后傳，今改正。

謂成王也。辟，君也。謂周公攝政已久，故復還明君之政于成王也。」王如弗敢及天基命、定命，予乃胤保，大相東土，其基作民明辟。**疏**如者，服虔注左傳云：「而也。」基者，釋詁云：「始也。」胤者，馬注堯典云：「嗣也。」保者，詩傳云：「安也。」胤保卽保胤也。相者，釋詁云：「視也。」江氏聲云：「詩大明云：『有命自天，命此文王。』序云：『文王有明德，故天復命武王也。』又下武序云：『武王有聖德，復受天命。』是文王爲基命，武王爲定命也。」言王而弗敢自比文王基命、武王定命，予乃保安胤嗣，大相視洛邑，王其始作民明君矣。予惟乙卯，朝至于洛師，我卜河朔黎水，我乃卜澗水東、瀍水西，惟洛食；我又卜瀍水東，亦惟洛食。**注**鄭康成曰：「我以乙卯日至于洛邑之衆，觀召公所卜之處，皆可長久居民，使服田相食。瀍水東既成，名曰成周，今洛陽縣是也。召公所卜處名曰王城，今河南縣是也。先卜河北黎水者，近于紂都。爲其懷土重遷，故先卜近以悅之。」**疏**師者，釋詁云：「衆也。」河朔者，河北也。黎水，未詳。水經河水：「又東北，過黎陽縣南。」注云：「黎侯國也。晉灼曰：『黎山在其南，河水逕其東。』」案：黎陽故城在今河南濬縣東北，但有黎山，無黎水也。澗水者，水經云：「出新安縣南白石山，東南入於洛。」注云：「東北流，歷函谷東阪東，謂之八特阪，今在河南西四十里。周書所謂『我卜澗水東』者是也。」又云：「又案河南有離山水，謂之爲澗水，水西北出離山，東南流，歷郟山於穀城東，而南流注於穀。舊與穀水亂流，南入於洛。或以是水爲周公之所相卜也。」瀍水者，水經云：「出河南穀城縣北山，東與千金渠合。」注云：「周書曰『我卜瀍水西』，謂斯水也。瀍水又東南流，注於穀。」案：穀城縣，魏省入河南，亦今河南縣地。瀍，俗字；當爲「廛」，見禹貢疏。洛食，據漢書王莽傳〔一〕云：「予乃卜波

〔一〕下引之文爲漢書王莽傳語，原誤作元后傳，今改正。

水之北，郎池之南，惟玉食。予又卜金水之南，明堂之西，亦惟玉食。」仿此文。洪範云：「惟辟玉食。」則知食爲玉食此土也。顏師古注「玉」爲「玉兆」，非是。鄭注見詩王風譜〔一〕疏及書疏。疏引顧氏云「先卜河北黎水者，近於紂都」云云，用鄭康成之說，故定爲鄭注。云「觀召公所卜處」者，召公〔二〕先至洛，既得卜經營，乃後周公至洛，具觀新邑之營域，未嘗改卜。則經雖云「我乃卜」，實卽召公所卜處也。云「皆可長久居民，使服田相食」者，解經「惟洛食」之義。僞孔以爲「龜兆食墨」，非也。食墨不必盡吉，且周禮占人云：「凡卜，君占體，大夫占色，史占墨，卜人占坼。」此卜作洛，是王之事，宜占體，不宜占墨也。云「瀍水東既成，名曰成周，今洛陽縣是」者，地理志：「河南郡雒陽縣，周公遷殷民，是爲成周。」水經河水注云：「穀水又逕河南王城北，所謂成周矣。」公羊曰：「成周者何？東周也。」何休曰：「名爲成周者，周道始成，王所都也。」案：雒陽故城在今河南府城東北二十里。云「召公所卜處，名曰王城，今河南縣是」者，地理志：「河南郡河南縣，故郟、鄏地，周武王遷九鼎，周公致太平，營以爲都，是爲王城。至平王居之。」馬氏注周禮大司徒云：「王國東都王城，今河南縣。」與鄭同也。案：河南故城在今河南府城西北二十里。漢雒陽縣在洛水之北，河南縣在伊水之北、洛水之南，近洛水，故經云「洛食」也。云「先卜河朔黎水，近於紂都，爲其懷土重遷」者，言遷殷民也。江氏聲云：「河朔黎水及瀍水東，乃周公所卜。序云：『召公既相宅，周公往營成周。』是成周非召公所營，則召誥所云『厥既得卜』，止卜王城，未卜成周。鄭注以瀍水東與召公所卜處分言之，則亦以瀍水東爲召公所未卜，故知瀍水東是周公所卜也。河朔黎水與瀍水東，皆爲遷

〔一〕「王風譜」，案之詩譜，當作「王城譜」。

〔二〕「召公」上原有一「鄭」字，顯是衍文，今删。

殷民而卜，以河朔黎水不吉，故更卜瀍水東也。」　伻來，以圖及獻卜。」　疏伻，俗字。釋詁云「抃，使也。」釋文云：「『抨』，字又作『伻』。」漢書劉向傳引此經，注：「孟康曰：『伻，使也。使人以圖來示成王，明口說不了，指圖乃了。』」案：「了」即「瞭」，假音字也。

王拜手稽首曰：「公不敢不敬天之休，來相宅，其作周匹休。　疏匹者，詩傳云：「配也。」休者，釋詁云：「美也。」王拜手稽首答周公者，聘禮曰：「君勞使者及介，君皆答拜。」又曰：「大夫入門再拜，君拜其辱。」曲禮大夫、士見於國君，君若迎拜，則還辟，不敢答拜。是君於臣有拜手也。春秋左氏哀公十七年傳云：「非天子，寡君無所稽首。」諸侯尚不稽首，王稽首者，周公爲太師，盡敬，非常禮也。云「作周匹休」者，詩文王有聲云：「築城伊淢，作豐伊匹。」傳云：「匹，配也。」箋云：「築豐邑之城，大小適與城偶。」則此云「周匹」，言作王城與鎬京之城匹偶，于時爲美也。或作周爲作立周邦，以配天休命，故曰「匹休」。　公既定宅，伻來來，　注鄭康成曰：「伻來來者，使二人也。」　視予卜休，恒吉。　我二人共貞。　注馬融曰：「貞，當也。」　疏鄭注見書疏。云「使二人者」，一人爲召公至洛得卜所使，一人則周公後至，卜吉成周，乃更遣使。史臣因以「來來」書之也。視同示，曲禮云：「幼子常視毋誑。」注云：「視，今之示字。」馬注見釋文。云「貞，當」者，易師彖傳云：「貞，正也。」說文云：「正，是也。」「是，直也〔一〕。」直是相當之義。言公既定宅，兩使來示予卜吉之美，我二人共當之。　公其以予萬億年敬天之休，拜手〔二〕稽首誨言。」　疏

〔一〕「也」原訛作「者」，據說文改。
〔二〕「手」原訛作「首」，據尚書正義經文改。

億，同「意」，說文云：「十萬曰意。」詩伐檀傳云：「萬萬曰億。」箋云：「十萬曰億。」王氏鳴盛云：「知古億十萬者，以田方百里，于今數爲九百萬畝，而王制云方百里爲田九十億畝，是億爲十萬。故彼注云『億，十萬』也。」韋昭注楚語云：「十萬曰億，古數也。秦始以萬萬爲億。」誨者，說文云：「曉教也。」言公以我萬億年敬天之美，故拜手稽首，受公教誨之言。此自述前拜手稽首，非有二拜也。

周公曰：「王肇稱殷禮，**注** 鄭康成曰：「王者未制禮樂，恒用先王之禮樂。伐紂已來，皆用殷之禮樂，非始成王用之也。周公制禮樂既成，不使成王卽用周禮，仍令用殷禮者，欲待明年卽政，告神受職，然後班行周禮。班訖，始得用周禮。故告神且用殷禮也。」**疏** 肇者，釋詁云：「始也。」稱者，釋言云：「舉也。」白虎通禮樂篇云：「王者始起，何用正民？以爲且用先王之禮樂。天下太平，乃更制作焉。書曰：『肇稱殷禮，祀新邑。』此言太平去殷禮。」鄭注見書疏。云「王者未制禮樂，恒用先王之禮樂」者，本白虎通，蓋今文說。云「周公制禮既成」者，大傳云：「周公攝政六年，制禮作樂。七年，致政成王。」若然，則此時卽致政矣。而鄭又云「欲待明年卽政」者，此篇末云「王在新邑烝」，漢書律曆志引其文，以爲「十二月戊辰晦，周公反政」。是周公反政在是年年終，則成王卽政在明年歲首，故云「明年卽政」也。

祀于新邑，咸秩無文。**疏** 咸，猶徧，釋詁云：「咸，皆也。」皆亦徧也。江氏聲云：「春秋左氏莊十年傳云：『小惠未徧。』魯語作『小賜不咸』。風俗通山澤篇引傳曰：『五嶽視三公，四瀆視諸侯，其餘或伯或子男，大小爲差。尚書：「咸秩無文。」』王者報功，以次秩之，無有文也。」則『咸秩』，謂徧序其尊卑；『無文』，謂禮質無文。何氏注公羊、鄭注王制皆云：『春秋變周之文，從殷之質。』是周尚文，殷尚質。此言『無文』者，用殷禮祀之。」漢書翟方進傳云：「定五時廟祧，咸秩亡文。」注：「孟康曰：『諸廢祀無文籍，咸祭之。』」與應氏不同者，或古文説也。 予齊百工，伻從王于周。予惟曰：庶有事。今王即命，曰記功宗，以功作元祀。 **注**「曰」一作「日」。 **疏**工者，詩傳云：「官也。」周者，謂成周。 庶者，庶幾；釋言云：「尚也。」有事者，春秋左氏僖九年傳曰：「天子有事于文武。」昭十五年傳曰：「有事于武宫。」皆謂祀事也。 記者，王制云：「太史執簡記。」注云：「簡記，册書也。」則記爲書也。 宗者，白虎通宗族篇云：「尊也。」元者，詩傳云：「大也。」言我整齊百官，使從王於成周。 予徒以尚有祀事，今王就大命書識其功，尊異之，令以功助大祀。 盤庚云：「兹予大享于先王，爾祖其從與享之。」周禮司勳云：「凡有功者，銘書于王之大常，祭于大烝，司勳詔之。」是功臣有配食之禮也。 曰記功宗者，釋詁云：「爰，曰也。」言爰記功宗。 釋文曰音越，一音人實反，則古本作「日記」也。 惟命曰：『汝受命篤弼，丕視功載，乃汝其悉自教工。』 **注**大傳「教」作「學」，云：「悉，盡也。 學，效也。」 傳曰：『當其效功也，于卜洛邑，營成周，改正朔，立宗廟，序祭祀，易犧牲，制禮作樂，一統天下，合和四海，而致諸侯。 皆莫不依紳端冕以奉祭祀者，其下莫不自悉以奉其上者，莫不自悉以奉其祭祀者，此之謂也。 盡其天下諸侯之志，而效天下諸侯之功也。』」 **疏**篤者，釋詁云：「厚也。」弼者，説文云：「輔也。」丕者，漢書郊祀志集注云：「奉也。」載者，詩傳云：「識。」春秋左氏僖二十六年傳云：「載在盟府。」注云：「載，載書也。」教者，一切經音義二引三蒼云：「效也。」言王命汝諸臣曰：汝受先王命厚輔國家，既奉視記功之書，乃汝其盡自效功也。 工與功通。 大傳「悉」爲「盡」者，釋詁云：「悉，盡也。」「教」作「學」者，廣雅釋詁云：「教、學，效也。」是學、教同義。 云「序祭祀」，謂咸秩。「易犧牲」，謂下文騂牛也。 僞傳、王肅俱以汝爲告成王，失之。 孺子其朋，孺子其朋，其往。 **注**鄭康成曰：「孺子，幼少之稱，謂成王也。」 **疏**後漢書爰延傳延上封事云：「臣聞之，帝左右者，所以咨德政也。故周公戒成王曰『孺子其朋，孺子其朋，慎其往。』言慎所與也。」注云：「慎其往。」〔一〕易損注云：「朋，黨也。」朋謂朋從之臣。鄭注見書疏。以孺子爲幼少者，說文：「孺，乳子也。」戒成王于朋從之人，慎其往也。

無若火始燄燄，厥攸灼敘，弗其絶。 **注**「燄」一作「庸」，一作「炎」。 **疏**燄者，說文云：「火行微，燄燄然也。」灼者，廣雅釋詁云：「爇也。」敘者，釋詁云：「緒也。」言無使若火初然，燄雖微，其所爇端緒，至不可絶。漢書梅福傳福上書云：「書曰：『毋若火始庸庸。』勢陵于君，權隆于主，然後防之，亦無及矣。」是說此經之義。杜氏注左傳引此文，「燄」作「炎」。釋文：「炎音豔。」謂所與朋輩，當慎其始、防其微也。

厥若彝，及撫事，如予。惟以在周工，往新邑，伻嚮卽有僚，明作有功，惇大成裕，汝永有辭。」 **疏**撫者，王逸注楚辭云：「循也。」以者，說文云：「用也。」嚮，俗字。易隨「嚮晦」，釋文云：「嚮，本作『向』。」有與友通。卽者，詩傳云：「就也。」明與孟聲相近，釋詁云：「勉也。」裕者，方言云：「道也。」辭與詞通，周禮大行人注：「鄭司農云：『辭，當爲詞。』」釋名云：「詞，嗣也。令擇善言相嗣續也。」此告成王，欲其順常法及循故事，如我所爲。惟用在周之官，往治新邑，使之向就僚友，勉爲有功，厚大成道，則汝長有嗣世之慶矣。上文戒成王慎所與，此欲成王不改其政與其臣也。

公曰：「已！汝惟沖子，惟終。汝其敬識百辟享，亦識其有不享，享多儀，儀不及物，惟曰不享。惟不役志于享，凡民惟曰不享，惟事其爽侮。 **注**鄭康成曰：「朝聘之禮至大，其禮之儀不及

〔一〕此引後漢書爰延傳及其注文有誤。查後漢書爰延傳原文，當作：「故周公戒成王曰『其朋其朋』，言慎所與也。」其注文爲：「尚書周公戒成王曰：『孺子其朋，孺子其朋，慎其往！』」

物，謂所貢篚者多，而威儀簡也。威儀既簡，亦是不享也。」**疏**已同咨，見上疏。識者，鄭注周禮云：「記也。」釋詁云：「辟，君也。」「享，獻也。」役者，韋昭注鄭語云：「營也。」爽者，詩傳云：「差也。」侮者，說文云：「𢜖，傷也。」言汝今沖幼，當思其終。汝其敬識百國諸侯朝聘之享獻，享以多儀文爲敬，其儀文不及貢物者，猶不享耳。當思不營心于貢獻，凡民徒以汝不重儀文，則將任其過差侮易之矣。孟子告子篇引「享多儀」四句，云：「爲其不成享也。」注云：「享多儀，言享見之禮多儀法也。物，事也。儀不及事，謂有闕也。故曰『不成享』。」鄭注見書疏。云「朝聘之禮」者，周禮太宰：「以九貢致邦國之用，一曰祀貢，二曰嬪貢，三曰器貢，四曰幣貢，五曰材貢，六曰貨貢，七曰服貢，八曰斿貢，九曰物貢。大朝覲會同，贊玉幣，玉獻。」此所謂貢篚也，與趙氏注孟子以「物」爲「事」異。周公恐成王營心於貢篚，不重禮法，故戒之。漢書郊祀志谷永引經曰：「享多儀，儀不及物，惟曰不享。」注：「師古曰：『言祭享之道，惟以絜誠，若多其容儀而不及禮物，則不爲神所享也。』」以享爲祭享，或今文說也。

乃惟孺子頒，**注**「頒」一作「攽」。朕不暇聽。

注馬融曰：「頒，猶也。」鄭康成曰：「成王之才，周公倍之，猶未；而言分者，誘掖之也。」**疏**頒者，鄭注祭禮云：「頒之言分也。」說文「頒」作「攽」，云：「分也。」引周書曰：「『乃惟孺子攽。』亦讀與彬同。」攽，蓋孔壁古文。言聽政之事繁多，孺子分其任，我有所不遑也。馬注見釋文。云「猶」者，疑當作「猶分」，脫一字。鄭注見書疏。云「誘掖」者，詩衡門序云：「作是詩以誘掖其君也。」箋云：「誘，進也。掖，扶持也。」

朕教汝于棐民彝，汝乃是不蘉，**注**鄭康成曰：「蘉，勉也。」乃時惟不永哉！**疏**棐者，釋詁云：「俌也。」蘉，即𤺺字省文。隸釋有漢冀州從事張表碑，云：「𤺺疾而終。」即𤺺疾也。是蘉即𤺺也。徐氏說文引唐韻：「𤺺，七荏切。」釋文「蘉」引徐「武剛反」，不同者，韻書陽、蒸多有通字。詩傳云：「寐，寢也。」寐、寢，聲之轉，亦得爲蘉。周禮薙氏：「春始生而萌之。」注云：「故書萌作甍，杜子春云：『甍當爲萌。』」甍與萌聲相近，則蘉亦或爲甍，聲近明，明即勉也。言我教汝于輔民之常法，汝不勉于是，是非久長之道。鄭注見書疏，釋文作「馬注云」。鄭亦訓勉，勉與明、孟通字，釋詁云：「孟，勉也。」

篤敘乃正父，罔不若予，不敢廢乃命。

疏 篤者，釋詁云：「厚也。」敍者，釋詁云：「順，敍也。」敍亦爲順。正者，政人。父者，說文云：「家長率教者。」是父爲長也。詩傳云：「天子謂同姓諸侯、諸侯謂同姓大夫，皆曰父。」僞孔以正父爲武王，不通古義。此戒成王以厚順乃正長，無不如我正長之官，則諸臣亦不敢廢棄汝教令。

汝往，敬哉！茲予其明農哉！

注 大傳說：「大夫、士七十致仕，退老歸其鄉里，大夫爲父師，士爲少師。」又說：「餘子出學傅農事，上老平明坐于右塾，庶老坐于左塾，餘子畢出，然後歸，夕亦如之，餘子畢入。」

彼裕我民，無遠用戾。」

疏 明者，勉也，見下疏。農者，釋文云：「耕也。」籀文作「䢉」，古文作「𨑬」、「辳」。一切經音義十引說文作「耕人也」。裕者，廣雅釋詁云：「容也。」戾者，釋詁云：「來、戾，至也。」言汝往新邑，敬之哉！予其致仕歸勉耕人哉！彼能容我民，無遠勿至矣。大傳說見略說，云「大夫、士七十致仕」云云者，以歲事既畢，餘子皆入學，距冬至四十五日始出學傅農事，俱由父師、少師教勉之也。鄭注云：「上老，父師也；庶老，少師也。」此大學、小學造士之法。周公致仕則爲上老，稱父師，故欲明農。明與孟聲相近，釋詁云：「孟，勉也。」

王若曰：「公明保予沖子，公稱丕顯德，以予小子揚文武烈，奉答天命，和恆四方民。

注 大傳「烈」作「德烈」，「答」作「對」，「四方」作「萬邦四方」。

疏 明者，王氏念孫云：「釋訓云：『亹亹，勉也。』鄭注禮器云：『亹亹，猶勉勉也。』詩江漢云：『明明天子，令聞不已。』猶言亹亹文王，令聞不已也。」保者，詩傳云：「安也。」稱者，說文云：「揚也。」丕顯，猶不顯，丕、不皆語詞也。烈者，釋詁云：「烈，業也。」答與對，聲之緩急。詩箋云：「對，配也。」恒者，詩傳云：「徧。」和恒，猶恒和也。此謂周公以文武配天于明堂也。言公勉安于幼子，公稱前人之顯德，以予小子揚文武之業，奉配天命，徧和四方之民。孝經云：「宗祀文王于明堂，以配上帝。」鄭注祭法、韋注魯語皆云：「祭五帝于明堂，曰祖宗。」韋氏注又云：「周公初時祖后稷而宗文王，至武王雖承文王之業，有伐紂定天下之功，其廟不可以毁，故先推后稷以配天，而後更祖文王而宗武王也。」大傳云：「天下諸侯之悉來，進受命周公，而退見文武尸者，千七百七十三諸侯。皆莫不磬折玉音，金聲玉色，然後周公與升歌而弦文武。諸侯在廟中者，伋然淵其志，和其情，愀然若見文武之身。然後曰：『嗟，子乎！此蓋吾先君文武之風也夫。』」又云：「故周人追祖文王而宗武王也，是故周書自大誓就召誥，而盛于洛誥，故其書曰：『揚文武之德烈，奉對天命，和恒萬邦四方民。』是以見之也。」「烈」作「德烈」，「答」作「對」，「四方」作「萬邦四方」，皆今文。

居師，惇宗將禮，稱秩元祀，咸秩無文。 **疏** 師者，釋詁云：「衆也。」蓋謂洛師猶京師也。惇，厚；宗，尊；見前疏。將者，釋詁云：「大也。」此謂公相宅，令王稱殷禮，秩祀無文也。言公之來洛師，厚尊大禮，教予舉敍大祀，徧祀無文。即述上「肇稱殷禮，咸秩無文」也。

惟公德明光于上下，勤施于四方，旁作穆穆，迓衡不迷， **注** 鄭康成讀迓爲御，曰：「稱上曰衡。」 **文武勤教予沖子，夙夜毖祀。」** **疏** 旁者，說文云：「溥也。」穆穆，釋訓云：「美也。」四方，詩傳云：「諸夏也。」衡者，漢書律曆志云：「平也，所以在權而均物平輕重也。」迓，俗字；左傳釋文：「迓，本作『訝』。」鄭注士昏禮云：「御，當爲『訝』。」是與御通也。釋詁云：「迷，惑也。」「毖，慎也。」言周公之德，光于天地，施于四方，溥爲穆穆之美化，操御平天下之衡，不有迷錯。以文武之光烈，教予於沖幼之時，早夜慎修祀典。大傳孔子曰：「吾于洛誥也，見周公之德光明于上下，勤施四方，旁作穆穆，至于海表，莫敢不來服，莫敢不來享，以勤文王之鮮光，以揚武王之大訓，而天下大治。故曰：聖之與？聖也。猶規之相周，矩之相範也。」魏志文帝紀裴注引延康元年詔曰：「今王纘承前序，至德光昭，御衡不迷，布德優遠。」以「御衡不迷」爲句。僞傳以「不迷」屬下讀，非也。鄭注見文選六代論注及廣絶交論注。以迓爲御者，詩傳云：「御，迎也。」公羊成二年傳：「使跛者迓跛者。」穀梁傳「迓」作「御」。

王曰：「公功棐迪篤，罔不若時。」**疏**「棐，俌」、「迪，道」、「篤，厚」、「時，是」，皆釋詁文。言公之功輔道我甚厚，無不如我之是言。謂上所稱公德也。

王曰：「公，予小子其退，卽辟于周，命公後。」**疏**辟者，釋詁云：「君也。」後，謂立後于魯，言我小子其退就王位于新邑，爲公立後，欲留公輔我王室也。下云：「惟告周公其後。」又云：「王命周公後。」四方迪亂，未定于宗禮，亦未克敉公功。**注**鄭康成曰：「敉，安也。」**疏**釋詁云：「迪，進。」「亂，治也。」敉者，說文云：「撫也。周書曰：『亦未克敉公功。』讀若弭。」言四方雖進於治，猶未定尊禮功臣之事，亦未能撫循公之功績。鄭注見周禮小祝疏。云「敉，安」者，廣雅釋詁云：「侎，安也。」侎見說文，卽敉或字。王氏引之云：「當以『四方迪亂未定』爲句，『于宗禮亦未克敉』爲句，『公功迪將其後』爲句。方言云：『迪，正也。』四方迪亂，猶云亂正四方也。于，越也。言四方正治未定，越宗禮亦未克安也。『公功迪將其後』者，上文云『公功棐迪篤』，下文云『公功肅將祗歡』，與此並以『公功』發句。」畢氏以田云：「二『迪』字當爲乃，說文有逌字，讀如攸，義與乃同。上言四方乃治，尚未定于宗禮，亦未克敉安也。公功乃助其後，以監官而保民也。」案：說文則引「亦未克敉公功」爲句，今從之。迪將其後，監我士師工，誕保文武受民亂，疏迪者，道，見上。將者，詩箋云：「猶扶進也。」監者，釋文六引韓詩云：「領也。」士者，說文云：「事也。」師者，釋詁云：「衆也。」工者，詩傳云：「官也。」言公功以道扶助其後，監領我執事衆官，大安文武所受之民治之。後，謂後日。爲四輔。」疏四輔者，文王世子云：「虞、夏、商、周有師、保，有疑、丞，設四輔。」疏引尚書大傳云：「天子必有四鄰：前曰疑，後曰丞，左曰輔，右曰弼。天子有問無以對，責疑；可志而不志，責丞；可正而不正，責輔；可揚而不揚，責弼。」大戴保傅篇云：「明堂之位曰：『篤仁而好學，多聞而道慎，天子疑則問，應而不窮者，謂之道。道者，導天子以道者也。常立于前，是周公也。誠立而敢斷，輔善而相義者，謂之充。充者，充天子之志也。常立于左，是太公也。絜廉而切直，匡過而諫邪者，謂之弼。弼者，拂天子之過者也。常立于右，是召公也。博聞彊記，接給而善對者，謂之承。承者，承天子之遺忘者也。常立于後，是史佚也。』成王中立聽，四聖維之，是以慮無失計，而舉無過事。」漢書谷永傳永對曰：「四輔既備，成王靡有過事。」注：「師古曰：『輔、弼、疑、丞。』」引洛誥此文。

王曰：「公定，予往已公功肅將祗歡，公無困哉。注「哉」一作「我」。疏定者，釋詁云：「止也。」往者，論語云：「往者不可諫。」謂往日。已同以，用也。肅者，釋詁云：「進也。」將者，詩箋云：「奉也。」祗者，釋詁云：「敬也。」言公其留止，我往日以公功進奉而敬說之。「公無困哉」，「哉」字誤。漢書元后傳上報鳳曰：「書不云乎？『公無困我。』」杜欽傳欽說王鳳曰：「周公雖老，猶在京師，明不離成周，示不忘王室也。書稱：『公無困我。』」後漢書祭祀志劉昭注引東觀書曰：「章帝賜東平憲王蒼書曰：『宜勿隱，思有所承，公無困我。』」皆作「我」字。周書祭公解云：「公無困我哉！」「哉」與「我」形相近，字之誤也。

我惟無斁，其康事公勿替，刑四方，其世享。」疏斁者，釋文云：「解也。」康者，釋詁云：「安也。」替者，釋言云：「廢也。」刑者，釋詁云：「法也。」言我惟以無懈倦，其安事公勿廢，以公儀法于四方，其世世享公之德。詩箋云：「周公攝政，七年政太平，復成王之位。遜遁避此，成公之大美。欲老，成王又留之，以爲太師。」

周公拜手稽首曰：「王命予來，承保乃文祖受命民，注鄭康成曰：「文祖者，周曰明堂，以稱文王，是文王德稱文祖也。」越乃光烈考武王，弘朕恭。注鄭康成曰：「烈，威。」疏此周公述祀文王於明堂，以配五天帝，曰祖；後又祀武王，配五人帝，曰宗。云「王命予」者，歸美成王也。曲禮疏云：「明堂，總享五帝，以文王、武王配之。故孝經說云〔一〕『后稷爲天地之主，文王爲五帝之宗』是也。」周人祭明堂時，又兼以武王配之，故祭法云周人「祖文王而宗武王」，注云『祭五帝于明堂曰祖宗』也。言王命我來承安乃文祖受命之民，于乃有光之烈考武王，亦祀于明堂，弘我恭敬。弘者，釋詁云：「大也。」莊氏寶琛曰：「朕，當作『訓』。說文『𠈌』，古文以爲訓字。蓋尚書本作『𠈌』，後改爲『朕』。」案：大傳有云：「以揚武王之大訓。」莊氏說是也。段氏玉裁云：「僞孔釋恭爲奉，則恭本作共字。」鄭注見詩維天之命疏，又見雝疏。云「文祖，周曰明堂」者，史記堯本紀云：「舜受終於文祖。」文祖者，堯大祖也。」集解引鄭注曰：「文祖者，五府之大名，猶周之明堂。」正義引尚書帝命驗云：「帝者承天立五府，以尊天垂象也。五府者，黃曰神斗。」注云：「唐、虞謂之天府，夏謂之世〔二〕室，殷謂之重屋，周謂之明堂，皆祀五帝之所也。文祖者，赤帝赤熛怒之府名曰文祖。火精光

〔一〕「云」原訛作「文」，據禮記曲禮疏原文改。

〔二〕「世」原作「正」。史記五帝本紀正義及初學記卷十三、太平御覽卷五百三十三所引尚書帝命驗注原文皆作「世」，今據改。

明，文章之祖，故曰文祖。周曰明堂。神斗者，黄帝含樞紐之府名曰神斗。斗，主也。土精澄静，四行之主，故謂之神斗。周曰太室。顯紀者，白帝招拒之府名顯紀。紀，法也。金精斷割萬物，故謂之顯紀。周曰總章。玄矩者，黑帝汁〔一〕光紀之府名曰玄矩。矩，法也。水精玄昧，能權輕重，故謂之玄矩。周曰玄堂。靈府者，蒼帝靈威仰之府名曰靈府。周曰青陽。』」案：司馬貞所引兼鄭注五德運代，皆取相生：周木、殷水、夏金、虞土、唐火。故堯稱文祖，其夏世室，殷重屋，周明堂，名異而制同。故云「文祖，周明堂」也。云「文王德稱文祖」者，下文「乃單文祖德」，直謂明堂爲文祖，此言文祖，又與武王並稱，則以文王有文德，合於火精，故即以「文祖」稱之也。云「烈，威」者，詩雝云：「既右烈考。」亦謂武王。箋用釋詁訓烈爲光。此云威者，釋訓云：「烈烈，威也。」

孺子來相宅，其大惇典殷獻民，亂爲四方新辟，作周，恭先。曰其自時中乂，萬邦咸休，惟王有成績。**疏**作周者，詩文王序云：「受命作周。」言孺子來洛邑相宅，其大厚典法及殷之賢聖臣，治事爲四方新君，作立周邦，以恭敬爲率先。聿其用是宅中出治，萬邦皆慶，惟王有成功矣。曰，同欥，説文云：「詮詞也。」

予旦以多子越御事，篤前人成烈，答其師，作周，孚先。**疏**多，衆。子，男子之美稱，謂衆卿大夫。釋詁云：「烈，業也。」「師，衆也。」「孚，信也。」言我以衆君子于治事之臣，厚先王之成業，以答衆庶，作立周邦，以信爲先也。

考朕昭子刑，乃單文祖德。**注**馬融曰：「單，信也。」鄭康成曰：「成我所用明子之法度者，乃盡明堂之德。明堂者，祀五帝太皞之屬，爲用其法度也。周公制禮六典，就其法度而損益用之。」 **疏**考者，釋詁云：「成也。」昭者，説文云：「日明也。」刑者，釋詁云：「法也。」單者，詩箋云：「盡也。」言成明子之法

〔一〕黑帝名「汁光紀」，「汁」字原脱，據史記五帝本紀正義所引尚書帝命驗注文補。

度，乃盡明堂之盛德。昭子謂成王。詩維天之命云：「我其收之，駿惠我文王。」箋云：「我其聚斂之，以制法度，以大順我文王之意。謂爲周禮六官之職也。」引此文。馬注見釋文。以畢爲信者，詩天保「俾爾單厚」，釋詁某氏注作「亶」，毛傳云：「單，信也。」鄭注見詩維天之命疏。云「成我所用明子之法度」者，以考爲成，昭爲明，刑爲法也。云「乃盡明堂之德」者，以單爲盡，文祖爲明堂，見上注。大戴盛德篇云：「聖王之盛德，人民不疾，六畜不疫，五穀不災，諸侯無兵而正，小民無刑而治，蠻夷懷服。人民疾、六畜疫、五穀災者，生于天。天道不順，生于明堂不飾。故有天災，則飾明堂。」月令春木、夏火、中央土、秋金、冬水，皆言盛德所在，天子順四時五行之德以出治，是明堂之德也。云「祀五帝」者，月令春帝太皞、夏帝炎帝、中央帝黃帝、秋帝少昊、冬帝顓頊是也。「太皞之屬」，五人帝；配明堂五色之帝，即黃神斗、赤熛怒、白招拒、汁光紀、靈威仰之神。鄭以此文云刑即是法度，故但舉太皞等人帝，不及天帝也。郊特牲疏云：「五帝稱上帝。」孝經曰：「嚴父莫大于配天。」下卽云：「宗祀文王於明堂，以配上帝。」帝若非天，何得云嚴父配天也？而賈逵、馬融、王肅等以五帝非天，唯用家語之文，謂太皞、炎帝、黃帝五人帝之屬，其義非也。據此是知賈、馬唯言明堂有人帝，鄭於此雖言人帝，尚有天帝也。云「周公制六典」云云者，周禮太宰：「掌建邦之六典：一曰治典，二曰教典，三曰禮典，四曰政典，五曰刑典，六曰事典。」盛德篇云：「明堂，天法也；禮度，德法也。所以御民之嗜欲好惡，以順天法也。冢宰以成道，司徒以成德，宗伯以成仁，司馬以成聖，司寇以成義，司空以成禮。六官六政，以御天地人事。」據大傳，居攝六年制禮。而小雅斯干疏引鄭志答趙商、張逸二條，皆謂周公于洛邑建明堂，是制禮用明堂法也。云「就其法度」，謂就太皞等五帝之法度。「損益之」者，馬氏注論語「所損益」云：「謂文質三統是也。」

伻來毖殷，乃命寧。

注鄭康成曰：「周公謂文王爲寧王，成王亦謂武王爲寧王，此一名二人兼之。」

疏 伻，當爲抨，見上疏。毖，同祕，廣雅釋詁云：「勞也。」又見大誥。言使我來勞慰殷民，乃以寧王之命。書疏引顧氏云：「文武使我來慎教殷民，我今受文武之命以安民也。」鄭注見詩何彼襛矣疏。以寧爲寧王，謂兼文武者，周公謂文王爲寧王，大誥、君奭皆有其文。云「成王亦謂武王爲寧王」，于尚書無其文，而鄭言此者，周書度邑解云：「武王曰：『我南望過于三塗，我北望過于有嶽丕，顧瞻過于河，宛瞻于伊、洛，無遠天室。』」周本紀云：「王曰：『定天保，依天室，悉求夫惡，貶從殷王受。日夜勞來，定我西土，我維顯服，及德方明。自洛汭延于伊汭，居易毋固，其有夏之居。我南望三途，北望嶽鄙，顧詹有河，粤詹雒、伊，無遠天室。』營周居于洛邑而後去。」則營洛乃武王之意，此「毖殷」乃受命于武王也。

予以秬鬯二卣，曰明禋，拜手稽首休享。

注 鄭康成曰：「禋，芬芳之祭。曰明禋者，六典成，祭于明堂，告五帝太皞之屬也。」

疏 秬，說文作「𪏰」，以「秬」爲或作字。云：「黑黍也，一稃二米以釀也。」鬯，說文云：「以秬釀鬱草，芬芳攸服以降神也。」詩江漢云：「秬鬯一卣。」傳云：「鬯，香草也。築煑合而鬱之曰鬯。」箋云：「秬鬯，黑黍酒也。謂之鬯者，芬香條鬯也。」疏云：「禮緯有『秬鬯之草』，中候有『鬯草生郊』，皆謂鬱金之草也。」周禮鬱人：「凡祭祀、賓客之祼事，和鬱鬯以實彝而陳之。」注云：「鄭司農云：『鬱，草名。十葉爲貫，百二十貫爲築，以煑之鐎中，停于祭前。鬱爲草若蘭。』」說文同，又云：「一曰：鬱鬯，百草之華，遠方鬱人所貢芳草，合釀之以降神。鬱，今鬱林郡也。」卣者，釋器云：「中尊也。」禋者，周禮大宗伯「以禋祀祀昊天上帝」，注云：「禋之言煙。周人尚臭。煙，氣之臭聞也。」休者，釋言云：「休，慶也。」享者，釋詁云：「獻也。」秬鬯二卣者，明堂祭五天帝，以文王配，祭五人帝，以武王配，各一卣也。鄭注見周禮大宗伯疏及書疏。云「禋，芬芳之祭」，謂以秬黍釀鬱草，有芬芳也。云「明禋者，六典成，祭于明堂」，是明禋以明堂得名。周禮大宗伯「以禋祀祀昊天上帝」，則禋是祀天地之名。五人帝配五方天帝并昊天上帝，爲六天，故知禋是祭五帝也。文武亦配食于明堂。下文又祭其廟者，洛邑新廟成，復告祭之。此鄭義也。予不敢宿，則禋于文王、武王。注鄭康成曰：「既告明堂，則復禋於文武之廟，告成洛邑。」疏宿者，詩傳云：「一宿曰宿。」言不敢宿，謂即以文王配天帝，武王配人帝，而祭於明堂。上文云「秬鬯二卣」，一祭天帝、文王，一祭人帝、武王也。云「禋」者，配天之名。僞傳以上「明禋」與此「禋文武〔一〕」爲一事，或用古說也。鄭注見書疏。以上「明禋」爲既告明堂，云「復禋於文武之廟」者，周書作雒解有「大廟、宗宮、考宮」，注云：「大廟，后稷廟。二宮，祖考廟、考廟也。」據此是洛有文王、武王廟。詩清廟序云：「清廟，祀文王也。周公既成洛邑，朝諸侯，率以祀文王焉。」是其事也。不及后稷者，大事格于祖禰，經義皆然，示成先志。惠篤敍，無有遘自疾。疏惠者，廣雅釋詁云：「仁也。」遘者，釋詁云：「遇也。」疾者，詩思齊云：「肆戎疾不殄。」傳云：「故今大疾害人者。」自者，詩傳云：「用也。」言以仁意厚敍其臣民，無或于所遇之人用疾害之政。萬年厭于乃德，殷乃引考。注馬融曰：「厭，飫也。」疏釋詁云：「引，長也。」「考，成也。」言殷之士民，萬年飽厭於汝德，則殷其延長有成也。馬注見釋文。云「厭，飫」者，說文云：「厭，飽也。」鄭注曾子問云：「厭，厭飫神也。」義同。王伻殷乃承敍，萬年其永觀朕子懷德。」疏王使殷民承順其敍，將自是萬年其長觀法我周家子孫而懷其德矣。

戊辰，王在新邑，烝。注馬融曰：「『王在新邑』絶句。」鄭康成讀「王在新邑烝」。疏漢書律曆志三統云：

〔一〕「武」原作「明」，當系涉上「明禋」而誤，今據僞傳原文改。

「十二月戊辰晦，周公以反政。故洛誥篇曰：『戊辰，王在新邑，烝，祭歲，命作策。』」江氏聲云：「戊辰爲十二月日也。十二月於周爲季冬，於夏正爲首時。此十二月正當烝，以爲晦日則非也。大傳云：『周公攝政五年，營成周；七年，致政。』則召誥是攝政五年事，洛誥乃七年時事。劉歆以召誥與此篇爲一年内事，而據其三月丙午朏，以推此戊辰爲十二月晦。以聲推之，戊辰蓋十二月之十二日。鄭以經文二月既望爲一月，下文丙午朏是二月，則七年十二月丁巳朔，戊辰乃其十二日。」此鄭説也。烝者，周禮大宗伯云：「以烝祭冬享先王。」釋天云：「冬祭曰烝。」馬、鄭讀見釋文。釋文「烝」下無「祭」字。書疏云：「鄭以『烝祭』上屬。」江氏聲云：「烝下不必言祭。」舉春秋文爲證，云：「釋文是也。」今從之。

祭歲，文王騂牛一，武王騂牛一。王命作册，逸祝册，惟告周公其後。

注鄭康成曰：「歲，成王元年正月朔日也。以朝享之後，用二特牛祫祭文王、武王于文王廟，使史逸讀所作册祝之書，告神以周公其宜立爲後者。謂將封伯禽也。是非時而特格祖廟，故文武各特牛也。」「册」一作「策」。

疏祭歲者，謂歲朝朝享也。詩烈文序云：「成王卽政，諸侯助祭也。」箋云：「新王卽政，必以朝享之禮祭於祖考，告嗣位也。」騂，卽説文「觲」字，周禮牧人云：「凡陽祀，用騂牲毛之。」注云：「騂牲，赤色。」檀弓云：「周人尚赤牲，用騂。」卽大傳所云「易犧牲」也。前文不言牲色，蓋稱殷禮，則用白牡矣。爲周公立後必於廟者，祭統云：「古者明君爵有德而禄有功，必賜爵禄于太廟，示不敢專也。」下文云：「王入大室祼。」則此當在明堂。明堂亦云文王廟，卽謂文祖也。大戴明堂篇云：「或以爲明堂者，文王之廟也。」告嗣位畢，卽可封周公後，蓋一日之事，俱卽在明堂。詩烈文〔一〕疏引洛誥此文及鄭注，而云：「彼言正月朔日，與此祭祖、告嗣位同日事也。」此言以朝享之禮，彼

〔一〕「烈文」原作「維清」。案之毛詩正義，引洛誥此文及鄭注而云云者，乃烈文疏，非維清疏，今據改。

言祫祭文武者，此言即政助祭，是王自祭廟告己嗣位，彼祭文武，謂告封周公。此二禮必不得同也。何則？身未受位，不可先以封人。明是二者，各自設祭。當是先以朝享之禮徧祭羣廟，以告己嗣位，於祭之末，即勑戒諸侯，事訖，乃更以禮祫祭文武於文王之廟，以告封周公也。」案：詩疏以徧祭羣廟告嗣位，乃更祫祭文王廟，失之。鄭注見詩烈文〔一〕疏。云「歲，成王元年正月朔日」者，上文烝是冬祭，於烝下言祭歲，明是冬後改歲，有事而祭。此時周公既反政，則成王即政及封公後二事，皆當于歲首行之。故知是元年正月朔日也。云「朝享」者，鄭注周禮司尊彝云：「朝享，謂朝受政于廟。」云「祫祭文王、武王於文王廟」者，此祫非謂三年一祫之祭，止取義於「祫之言合」，文武異廟而合祭，自當遷卑就尊，故知於文王廟也。云「使史逸讀所册祝之書」者，逸與佚通；史，其官。偕周公、太公、召公俱爲成王四輔者也。云「告神以周公宜爲後」者，以言祝册，故知是告神，謂文武之神也。云「謂封伯禽」者，伯禽，周公子魯公也。公羊文十三年傳云：「封魯公以爲周公主。」是周公其後，謂封伯禽也。僞傳以「烝祭歲」爲句，合爲一事，失之。鄭云「祫祭文王、武王於文王廟」，似即明堂也。册，律曆志作「策」。

王賓殺禋咸格，王入大室祼。

注馬融曰：「大室，廟中之夾室。」

疏王賓，謂助祭諸侯。郊特牲云：「諸侯爲賓，灌用鬱鬯。」烈文詩序云：「成王即政，諸侯助祭也。」殺者，謂殺牲。禋者，堯典「禋于六宗」，大傳作「煙」，注云：「煙，祭也，字當爲禋。」魏受禪表亦作「煙」。山堂考索引三禮義宗云：「禋，煙也，潔也，精也。」釋詁云：「咸，皆也。」「格，至也。」大室者，明堂中央室，亦曰大廟。詩斯干疏載鄭志答張逸引洛誥「王入大室」一條，言：

〔一〕此「烈文」原亦誤作「維清」。

「周公于洛邑建明堂、宗廟、王寢，皆爲天子制裸者。」周禮大宗伯：「以肆獻裸享先王。」注云：「裸之言灌，灌以鬱鬯，謂始獻尸求神時也。」周禮小宰之職：「凡祭祀，贊王幣爵之事、裸將之事。」注云：「裸，謂贊王酌鬱鬯以獻尸。謂之裸，裸之言灌也，明不爲飲主。以祭祀唯人道宗廟有裸，天地大神至尊不裸，莫稱焉。」禮器云：「裸用鬱鬯。」明堂位云：「裸用玉瓚、大圭。」案：此云「入大室裸」，大室，明堂也。上云「王賓」，助祭諸侯也。明堂之祭，以祖宗配享天神，而有裸禮，則鄭云「天地大神不裸」，未詳也。馬注見釋文。以大室爲廟中之夾室者，大室在明堂中央，左青陽、右總章夾之也。

王命周公後，作册，逸誥。

疏祭統説爵賞之施云：「祭之日，一獻，君降立于阼階之南，南鄉，所命者北面，史由君右執策命之。」注：「一獻，一酳尸也。」此是諸侯命其臣之禮，與此少異。王命封伯禽爲周公後，作爲册書。王南鄉，周公北面，伯禽後之，亦北面，史逸由王右執册誥之。皆降，拜册受册。公羊文十三年傳云：「封魯公，以爲周公也，周公拜乎前，魯公拜乎後。曰：『生以養周公，死以爲周公主。』」詩魯頌云：「王曰叔父，建爾元子，俾侯于魯。大啓爾宇，爲周室輔。」蓋其誥詞。

在十有二月，惟周公誕保文武受命，惟七年。

注馬融曰：「惟七年，周公攝政，天下太平。」鄭康成曰：「文王得赤雀，武王俯取白魚受命，皆七年而崩。及周公攝政，不敢過其數也。」

疏經言「在十有二月」，則周公居攝周七年也。此上文言「祭歲」，則是成王歲朝卽政而祭也。故此于篇終記公居攝之年數，必言十有二月者，明終是歲乃帀七年也。誕者，釋詁云：「大也。」保者，詩傳云：「安也。」馬注見釋文。鄭注見詩文王序疏、周禮天官序官疏。云「文王得赤雀」者，尚書中候云：「周文王爲西伯，季秋之月甲子，赤雀銜丹書入豐，止於昌户，王再拜稽首受。最曰：『姬昌，蒼帝子，亡殺者，紂也。』」注云：「稽首，頭至地也。最，要者也。」已上中候見詩文王疏及周禮大祝疏、文王世子疏等書。云「武王取白魚」者，見大誓。文王七〔一〕年崩，見周本紀。管子小問篇云：「武王伐殷克之，七年而崩。」云周公攝政七年者，周書明堂解、韓非說難二篇、淮南齊俗訓皆言周公居攝七年，與鄭合也。鄭氏用衞宏說。武王崩，成王年十歲；武王喪畢時，年十二；周公辟居東都時，年十三；遭雷風之變時，年十四；明年迎周公，年十五；封康叔時，年十八；反政時，年二十一；明年即政，年二十二也。若史公以武王崩時成王在襁緥，則與鄭說又異。賈誼新書修政語下云：「周成王年二十歲即位享國，親以其身見於粥子之家而問焉。」與即政時年二十二之說又異。蓋古文說無周公辟居二年也。

〔一〕「七」原訛作「九」，據史記周本紀原文改。

尚書今古文注疏卷廿

多士第廿　周書十一

注史遷說：「成王既遷殷頑民，周公以王命告，作多士。」　**疏**史公說見周本紀。史記魯周公世家云：「及七年後，歸政成王，北面就臣位，匔匔如畏然。初，成王少時，病，周公乃自揃其蚤沈之河，以祝於神曰：『王少，未有識，奸神命者乃旦也。』亦藏其策於府。成王病有瘳。及成王用事，人或譖周公，周公奔楚。成王發府，見周公禱書，乃泣，反周公。周公歸，恐成王壯，治有所淫佚，乃作多士。」是此篇作於周公被譖奔楚，成王迎歸之後也。蒙恬傳云：「及王能治國，有賊臣言：『周公旦欲爲亂久矣，王若不備，必有大事。』王乃大怒。周公旦走而奔於楚。成王觀於記府，得周公旦沈書，乃流涕曰：『孰謂周公旦欲爲亂乎！』殺言之者而反周公旦。」亦與魯世家說同。蒙恬見百篇之書，未可以爲謬誤。然則周公避管、蔡居東之後，又有被譖奔楚之事，在作此多士之前、召誥之後矣。所云賊臣，卽奄君也。故經文有云「昔朕來自奄」。琴操云：「周公囚誅管、蔡之後，有謗公於王者，言公專國大權，詐策謀，將危社稷，不可置之。成王聞之，勃然大怒，欲囚周公。周公乃奔於魯而死。」云周公被譖在誅管、蔡之後，與史記說同。云奔魯而死，又異說也，或誤傳耳。若然，則經云「惟三月」，又非成王元年三月，鄭說與古文異也。

惟三月，周公初于新邑洛，用告商王士。　**注**鄭康成曰：「成王元年三月，周公自王城初往成周之邑，用成王命告商王之衆士以撫安之。」　**疏**鄭注見書疏。云「成王元年三月」者，不從史公說爲周公被譖歸也。云「自王城初往成周之邑」者，地理志云：「河南郡雒陽，周公遷殷民，是爲成周。河南，周公致太平，營以爲都，是爲王城。」案：雒陽故城，在今河南洛陽縣東北二十里；河南故城，在今洛陽縣西北二十里。漢河南縣在伊水之北，洛水之南；雒陽縣在洛水之北也。云「用成王命而告商王士」者，以下「王若曰」知之。

王若曰：「爾殷遺多士！弗弔旻天，大降喪于殷。 **注**馬融曰：「秋曰旻天。秋氣殺也，方言『降喪』，故稱旻天也。」**疏**弔者，善也。漢書五行志載哀十六年左傳「旻天不弔」，注：「應劭曰：『旻天不善於魯。』」王氏引之曰：「大誥曰『弗弔天』及此『弗弔旻天』，俱當連讀，言此不祥善之旻天也。」詩節南山云：「不弔昊天，亂靡有定。」箋云：「弔，至也。」〔一〕至猶善也。」春秋左氏襄十二年傳云：「君子以吳爲不弔。」言伐人之喪不祥，即越語云「助天爲虐者不祥」是也。僞傳以「不弔」絶句，解爲不至，固不安；顏師古注翟義傳云「不爲天所弔愍」，亦於文義不協。馬注見釋文。云「秋曰旻天」者，釋天文。云「秋氣殺」者，月令孟秋云「天地始肅」，仲秋〔二〕云「殺氣寖盛」，是秋氣殺也。云「方言『降喪』，故稱旻天」者，馬意以上文言周之三月，是建寅之月，而舉秋時天號，取義於肅殺也。鄭駁異義云：「旻天不弔，求天之生殺，當得其宜，猶人之説事，各從其主爾。」

我有周佑命，將天明威，致王罰，勅殷命終于帝。 **疏**佑者，釋詁作「右」，云：「勴也。」勴卽助也。將者，鄭注聘禮云：「猶奉也。」勅，同飭，詩傳云：「正也。」言我周佑助天命，奉天

〔一〕「弔，至也」，此毛傳文。作鄭箋，誤。

〔二〕「仲秋」原訛作「仲冬」，據禮記月令原文改。

明威，致王者之罰，以敕正殷命以終於上帝之事。　**肆爾多士，非我小國敢弋殷命，**　**注**馬融「弋」作「翼」，曰：「取也。」鄭康成曰：「翼，猶驅也，非我周敢驅取汝殷之王命。」　**疏**肆者，釋詁云：「今也。」弋，一作「翼」，翼猶掩也，掩亦取也。釋鳥云：「以翼右掩左，雄；左掩右，雌。」是翼義爲掩。詩生民「鳥覆翼之」，謂以翼覆之，覆亦掩蓋之義。詩韓奕云：「奄受北國。」傳云：「奄，撫也。」鄭注文王世子以撫爲有，則奄亦有也。說文云：「掩，自關而東，謂取曰掩。一曰覆也。」則翼、掩、覆、取，皆通義也。馬注見釋文。云「翼，取」者，以翼同弋。易小過云：「公弋，取彼在穴。」高誘注呂氏春秋云：「弋，獵也。」其義俱爲取。鄭注見書疏。云「翼猶驅」者，詩騶虞云：「壹發五豝。」傳云：「虞人翼五豝以待公之發。」此卽驅字義也。弋，鄭本亦作「翼」，見釋文。　**惟天不畀，允罔固亂，弼我。我其敢求位？**　**疏**畀者，釋詁云：「予也。」允者，釋言云：「佞也。」罔者，論語云：「罔之生也幸而免。」何氏注云：「罔，誣罔也。」固者，孔氏安國注論語云：「蔽也。」亂者，高誘注呂氏春秋云：「惑也。」弼者，說文云：「輔也。」言惟天所不與者，佞罔蔽惑之人，故輔佐我。我其敢求天位乎？　**惟帝不畀，惟我下民秉爲，惟天明畏。**　**疏**帝亦天也。秉者，釋詁云：「執也。」畏，同威，廣雅釋言云：「畏，威也。」言惟天不畀，無形可見，當驗之於我下民所執所爲，卽是天降明威矣。皋陶謨云：「天明威自我民明威。」

「我聞曰：『上帝引逸。』」　**注**「逸」一作「佚」。　**疏**論衡語增篇云：「經曰『上帝引逸』，謂虞舜也。舜承安繼治，任賢使能，恭己無爲，而天下治。」又自然篇云：「天無爲，至德之人稟天氣多，故能則天自然無爲。周公曰：『上帝引佚。』謂舜、禹也。」下同。是以上帝爲古帝也。引者，釋詁云：「長也。」逸者，高誘注呂氏春秋云：「不勞也。」　**有夏不**

適逸則，惟帝降格，嚮于時。**疏**有夏，謂桀也。適者，廣雅釋言云：「悟也。」則者，釋詁云：「法也。」降者，釋言云：「下也。」格，同假，釋詁云：「升也。」嚮，俗字，當爲「向」。時者，釋詁云：「是也。」言夏桀不悟長保之道，惟天以禍福升降善惡，向於是，冀其省改。漢書董仲舒傳對策云：「國家將有失道之敗，而天迺先出災害以譴告之；不知自省，又出怪異以警懼之；尚不知變，而傷敗乃至。以此見天心之仁愛人君，而欲止其亂也。自非大無道之世者，天盡欲扶持而安全之。」

夏弗克庸帝，大淫泆，有辭。**注**「泆」，馬融作「屑」，曰：「過也。」惟時天罔念聞，厥惟廢元命，降致罰，乃命爾先祖成湯革夏，俊民甸四方。**疏**庸者，詩傳云：「用也。」淫者，廣雅釋言云：「游也。」泆者，一切經音義五引蒼頡云：「蕩也。」二十三云：「佚，古文『泆』同。」辭者，說文云：「訟也。」「有辭」言有罪狀。呂刑「鰥寡有辭於苗。」春秋左氏襄二十三年傳云：「臧孫曰：『無辭。』」言己罪無可指斥也。元者，詩傳云：「大也。」革者，說文云：「更也。」俊者，馬、鄭注皋陶謨云：「才德過千人爲俊。」甸者，詩傳云：「治也。」言天心向夏，夏弗能用，桀大游蕩，有罪狀聞於天。惟時天亦不念聞而佑之，其惟廢大命，降致誅罰，乃命爾祖成湯改更夏命，用賢才治四方也。江氏聲以「引逸」爲不進遺佚之賢，以「不適」爲大傳「一不適謂之過」，言不貢士；義亦可通。或王氏充所說今文也。馬注見釋文。「泆」作「屑」者，多方言：「紂大淫圖天之命，屑有辭。」與此文相似，則「泆」卽「屑」字，聲相近之異文也。說文云：「屑，動作切切也。」方言云：「屑，勞也。」又云：「迹迹、屑屑，不安也。」正與「引逸」之義相反。云「過」者，仍用逸義爲訓，釋言云：「逸，過也。」

自成湯至於帝乙，罔不明德恤祀。**注**史遷說爲「無不率祀明德」。亦惟天丕建，保乂有殷。殷王亦罔敢失帝，罔不配天其澤。**疏**帝乙，湯後第六世孫祖乙，見易乾鑿度。先儒以爲武乙，紂父。據殷本紀，武乙爲偶人射天，震死，不合謂之「明德恤祀」，帝乙當爲祖乙也，見酒誥疏。明，勉也。恤者，高誘注秦策云：「顧也。」丕者，釋詁云：「大也。」建者，說文云：「立。」保者，詩傳云：「安也。」又者，釋詁云：「治也。」澤者，趙岐注孟子云：「祿也。」詩文王云：「殷之未喪師，克配上帝。」傳云：「帝乙以上也。」箋云：「紂父以前未有喪天下，皆能配天而行。」是鄭以此帝乙爲紂父，疑非也。經言自湯至於祖乙共有七世，無不勉德顧祀者，亦惟天大建立之，以安治有殷，殷王亦無敢失天意，無不配天以終其祿。史公說見魯世家，言「無不率祀明德」者，率者，釋詁云「循也」；明德，如左傳云「明德以薦其馨香」。

在今後嗣王，誕罔顯于天，矧曰其有聽念于先王勤家？誕淫厥泆，罔顧于天顯、民祇。

注史遷作「不顧天及民之從也」。馬融曰：「紂大淫樂其逸，無所能顧念于天施顯道于民而敬之也。」「泆」一作「佚」。

疏言在今嗣王紂，大無顯德于天，況其有能從念先王勤家之訓？大淫游佚豫，無顧于天之顯道及民之敬順。史記魯世家云：「多士稱曰：『自湯至于帝乙，無不率祀明德，帝無不配天者。在今後嗣王紂，誕淫厥佚，不顧天及民之從也。』」集解引徐廣曰：「一作『敬之』也。」下又云：「『其民皆可誅。』」是「民之從」言民之不順也。徐廣「從」作「敬」者，釋詁云：「祇，敬也。」別本史記詁祇爲敬。又云「民可誅」者，則謂其民化紂，亦不敬順。此古文說也。馬注見史記集解。以誕爲大，釋詁文。云「淫樂」者，王逸注楚辭云：「淫，游也，言游樂。」云「無所能〔一〕顧念於天施顯道于民而敬之」，則「祇」謂紂之不敬，以「民」字上屬「天顯」爲義也。泆，史記魯世家作「佚」。一切經音義二十三云：「佚，古文『泆』同。」

惟時上帝不保，降若茲大喪。惟天不畀不明厥德，凡四方小大邦喪，罔非有辭于罰。」

疏言惟時天

〔一〕「能」字原脫，據上注文及史記魯世家集解所引馬注補。

不保佑，下如此大喪亡之災。惟天不與不勉其德者，非惟紂也，凡四方小大國喪亡，無非有罪狀而天誅罰之。周書世俘解云：「武王遂征四方，几憝國九十有九國。」孟子滕文公篇云：「周公相武王，誅紂伐奄，三年討其君，滅國者五十。」

王若曰：「爾殷多士！今惟我周王丕靈，承帝事，有命曰：『割殷！』告勑于帝。**疏**丕者，釋詁云：「大也。」靈者，詩箋云：「善也。」割者，高誘注齊策云：「取。」湯誓「率割夏邑」，史記作「奪」。勑，同飭，詩傳云：「正也。」此告多士言：今惟我周王大善，承奉天事，天有命奪取殷國，告成勑正之事於天。禮大傳云「牧之野，武王之大事也。既事而退，柴于上帝」是也。惟我事不貳適，惟爾王家我適。**疏**貳者，釋詁云：「疑也。」適者，鄭注雜記云：「讀爲匹敵之敵。」論語里仁篇「無適也」，釋文云：「鄭本作『敵』。」是適、敵通也。言我之事不欲疑殷與之爲敵，惟汝王武庚與我爲敵而畔也。予其曰：『惟爾洪無度，我不爾動，自乃邑。』**疏**洪者，釋詁云：「大也。」我其言：惟汝大無法度，我不汝先動，動自汝邑。言由武庚發難。予亦念天卽于殷大戾，肆不正。」**疏**卽者，詩傳云：「就也。」釋詁云：「肆，故也。」「戾，罪也。」正者，鄭注周禮大司馬云：「正之者，執而治其罪。」言我亦念天之就殷降大罪戾，非汝多士之由，故不正其罪。

王曰：「猷！告爾多士：予惟時其遷居西爾，非我一人奉德不康寧，時惟天命。**疏**猷，同繇，釋詁云：「繇，於也，道也。」「遷，徙也。」「寧、康，安也。」「時，是也。」奉德，多方云「秉德」，奉猶秉也。王曰於者，歎詞。言予惟是其遷居汝於成周，非我一人秉德不安靜，是惟順天意也。成周在紂城朝歌之西南，故云西。無違，**注**一作「維天命元」。朕不敢有後，無我怨。**疏**違者，詩傳云：「去也。」言汝無違去此遷所，我不敢復有後命，亦無我怨。熹平石經作「維天命元，朕不敢有」，未詳。唐石經初刻「後」下有「誅」字。**惟爾知惟殷先人有册有典，殷革夏命。今爾又曰：『夏迪簡在王庭，有服在百僚。』** **疏**迪者，釋詁云：「進也。」簡者，詩箋云：「擇也。」釋詁云：「服，事也。」「寮，官也。」僚與寮同。言惟汝知殷先人有典册記識革夏命之事，今汝又曰：夏進用在王庭者，有殷之衆士，治事在百官。怨周之不用殷士。**予一人惟聽用德，肆予敢求爾于天邑商？** **注**鄭康成曰：「言天邑商者，亦本天之所建。」 **疏**聽者，廣雅釋詁云：「從也。」孔晁注周書云：「順。」天邑者，白虎通京師篇云：「天子所都，夏、商曰邑，周曰京師。」言我不汝用，我惟順用有德之臣，故予不敢求汝于商邑而用之也。言其不肯順周爲我用也。敢，猶言不敢也；與多士言，爲遜詞。鄭注見書疏。云「天邑商，亦本天之所建」者，詩商頌云「天命玄鳥，降而生商」，又云「帝立子生商」是也。**予惟率肆矜爾，非予罪，時惟天命。」** **注**「惟」一作「維」。 **疏**率者，同「欥」，說文云：「欥，詮詞也。」詩曰：『欥求厥寧。』」今詩作「遹」，蓋語詞。肆者，杜氏注左傳云：「緩也。」彼疏云：「緩縱罪人，謂放赦之也。」言我惟緩爾之罪，而又矜之，非予之罪過，是惟天命使然。「肆矜」作「夷憐」者，論衡雷虛篇云：「人君于罪惡，初聞之時，怒以非之，及其誅之，哀以憐之。故論語曰：『如得其情，則哀憐而勿喜。』尚書曰：『予惟率夷憐爾。』」案：此今文書說也。以夷爲誅者，易雜卦傳云：「明夷，誅也。」憐爲矜者，引論語「哀憐」亦「哀矜」異文，憐、矜聲相近。「惟」一作「維」，見熹平石經。

王曰：「多士！ **注**「多士」上一有「告爾」。**昔朕來自奄，予大降爾四國民命。** **疏**經言「昔朕來自奄」者，書序云：「成王東伐淮夷，遂踐奄，作成王征。成王既踐奄，遷其君于薄姑。周公告召公，作將薄姑。成王歸自奄，在宗周，作多方。」書疏引鄭注云：「此伐淮夷與踐奄，是攝政三年伐管、蔡時事。其編篇于此，未聞。」謂編在多士、無逸、君奭之後也。案：周本紀：「召公爲保，周公爲師，東伐淮夷，殘奄。」亦在多士、無逸之後，與上文周公奉成王命伐誅武庚、管叔，放蔡叔不同時。誅管、蔡在攝政時，踐奄在七年歸政後，蓋史公所用孔安國古文說。管、蔡流言，周公不避居，而以成王命伐誅武庚及三監。及七年反政，有譖公者，成王疑之，公乃奔楚。成王開金縢，悟，迎周公歸。乃作多士、毋逸。故此篇述「朕昔來自奄」也。管、蔡流言時，奄君亦與知，尚書大傳載其事。其時未及誅奄君也。及反政後，又有譖公者，當卽奄君。故蒙恬云：「殺言之者，而反周公旦。」當謂成王踐奄也。其周公在豐病沒，葬畢，有暴風雷雨之事，又在其後，因命魯郊。此史公說書之次，與諸子所載雖有異詞，然皆古說也。若大傳則云：「二年克殷，三年踐奄。」則踐奄者周公，與書序所言「成王征」及「成王歸自奄」不合。此今文異說，不可附合古文。且大傳有揜誥在君奭之後，百篇之序所無，疑「揜」卽「奄」也。王氏應麟以爲卽成王征。案：奄既滅於攝政三年，此時又何誥？俱不可解。宜以史公所序爲是。奄者，說文作「𨛫」，云：「周公所誅𨛫國，在魯。」郡國志「魯國，奄國」，劉昭注引皇覽曰：「奄里伯公冢在城内祥舍中，民傳言魯五德奄里伯公葬其宅。」史記周本紀正義引括地志云：「兗州府曲阜縣奄里卽奄國之地也。」案：曲阜今山東兗州府屬縣。史記集解引鄭注云：「奄國在淮夷之北。」又與說文、皇覽不同。實則淮夷北境卽魯七百里之境也。經言「予大降爾四國民命」，疑卽大傳揜誥云「四國」者。詩破斧云：「周公東征，四國是皇。」傳云：「四國，管、蔡、商、奄也。」是毛氏說伐管、蔡時卽踐奄，亦同大傳，與史記異也。「王曰多士」，熹平石經「王曰告爾多」，闕。

我乃明致天罰，移爾遐逖，比事臣我宗，多遜。」

疏　移者，同「迻」，說文云：「遷徙也。」遐，俗字。釋詁云：「遐，遠也。」詩傳云：「瑕，遠也。」當借「瑕」爲之。逖者，說文云：「遠也。」古文作「逷」。釋詁云：「逷，遠也。」比者，釋詁云：「俌也。」廣雅釋詁云：「近也。」遜，同「愻」，說文云：「順也。」言今遷汝於洛邑，遠汝故土，附近臣事我宗周，庶其多遜順矣。

王曰：「告爾殷多士！今予惟不爾殺，予惟時命有申。**疏**釋詁云：「時，是也。」「申，重也。」言今我不忍誅汝，惟是重申前命以告汝。前命謂「大降爾四國民」之命也。今朕作大邑于茲洛，予惟四方罔攸賓，**注**馬融云：「賓，卻也。」「洛」一作「雒」，「惟」一作「維」，「賓」一作「賔」。**疏**賓，釋文云：「徐音殯。」則與擯同。馬注見釋文。云「賓，卻」者，戰國趙策云「六國從親以擯秦」，史記蘇秦傳作「賓秦」。又六國表云：「秦小僻遠，諸夏賓之，比於戎翟。」是賓義爲擯卻也。「洛」作「雒」、「惟」作「維」、「賓」作「賔」，皆熹平石經字。漢石經「洛」俱作「雒」，「惟」多作「維」。段氏玉裁云：「漢人不以避諱改經字。多士篇『雒』字兩見，可以知伏生經文作『雒』，非以火行忌水之故擅改經文也。」亦惟爾多士，攸服奔走，臣我，多遜。爾乃尚有爾土，爾乃尚寧幹止。爾克敬，天惟畀矜爾；爾不克敬，爾不啻不有爾土，**注**「啻」一作「翅」。予亦致天之罰于爾躬。**疏**幹，俗字，當爲「榦」。楚辭招魂云：「去君之恒幹。」注云：「體也。」則「寧幹」謂安其身體。又廣雅釋詁云：「幹，事也。」似即此注。則「寧幹」當爲安汝之事。啻者，但也。無逸篇云：「不啻不敢含怒。」鄭注作「不但不敢含怒」。此節義易明不復釋之。「啻」作「翅」，見釋文引徐本。翅與啻聲相近，假借字。今爾惟時宅爾邑，繼爾居，爾厥有幹有年于茲洛，**注**「洛」一作「雒」。爾小子乃興，從爾遷。」**疏**居者，江氏聲云：「繼爾所居之業也。」「宅爾邑」既謂安其居處，則

「繼爾居」不得復謂居處，易文言傳云：「修辭立其誠，所以居業也。」詩蟋蟀云：「職思其居。」亦謂所爲之事爲居也。興者，詩箋云：「盛也。」言汝惟是宅於洛邑，繼其所居之業，汝其有事有年於此土，汝子孫其興盛，從汝遷居基之矣。「洛」一作「雒」，見熹平石經。

王曰，又曰：「時予乃或言，爾攸居！」　**疏**或者，鄭注論語云：「有也。」江氏聲云：「『王曰』下有脱文。」段氏玉裁云：「唐石經『或言』之間多一字，諦視是『誨』字，與僞傳教誨之言合。」此言今時乃有言告汝，汝其安所居哉！

無逸第廿一　周書十二　尚書今古文注疏卷廿一

注史遷說：「周公恐成王壯，治有所淫泆，乃作多士，作毋逸。」「無」一作「亡」，「逸」一作「佚」，一作「劮」。**疏**史公說見魯世家，云「周公奔楚，成王發府，見周公禱書，乃泣，反周公」，周公歸，作此及多士。「無」作「毋」者，困學記聞引尚書大傳同。熹平石經存「乃劮」及「毋劮于遊田」，字亦作「毋」。周本紀作「無」，疑後人改亂之，今文尚書作「毋」也。漢書梅福傳云「留意亡逸之戒」，又作「亡」。顏師古注漢書翼奉鄭崇杜欽谷永傳引書皆作「亡逸」。士昏禮「夙夜毋違命」，注云：「古文『毋』作『無』。」是毋可通無。毋者，說文云：「止之也，从女有奸之者。」大禹謨疏引作：「毋，止之也。其字从女，內有一畫，象有姦之者，禁止令勿姦也。古人言毋，今人言莫。」又見禮記釋文引說文，略同。則今本說文有脫文也。逸，大傳作「佚」。周禮庾人注：「杜子春云：『佚，當爲逸。』」是佚與逸通也。熹平石經「乃逸」作「乃劮」，則此「毋逸」亦作「劮」。劮字，說文所無。逸者，韋昭注吳語云：「樂也。」佚者，廣雅釋詁云：「樂也。」是逸、佚同義。劮者，廣雅釋詁云：「戲也。」釋言云：「劮，豫也。」此正今文尚書舊說。史記魯世家云：「恐成王治有所淫佚，乃作多士。」則經文本作「佚」可知。蓋孔氏古文作「佚」也。

周公曰：「嗚呼！君子所其無逸。」**注**鄭康成曰：「嗚呼者，將戒成王，欲求以深感動之。君子，止謂在官長者。所，猶處也，君子處位爲政，其無自逸豫也。」**疏**嗚呼者，說文：「烏，孔子曰：『烏，盱呼也。』取其助气，故以爲鳥呼。」君子者，白虎通號篇云：「君之爲言羣也。子者，丈夫之通稱也。」所者，廣雅釋詁云：「處、所，居也。」鄭注見書疏。云「君子，謂在官長者」，鄭注禮器云：「君子，謂大夫以上。」與此同義。

先知稼穡之艱難，乃逸，**注**「穡」一作「嗇」。

疏論衡儒增篇引此文，說之云：「人之筋骨，非木非石，不能不解。故張而不弛，文王不爲；弛而不張，文王不行；一弛一張，文王以爲常。」用雜記孔子論蜡之詞，「文王」作「文武」。「穡」，熹平石經作「嗇」。

則知小人之依。

疏依同衣，白虎通衣裳篇云：「衣者，隱也。」說文云：「衣，依也。」謂知小人之隱也。周語云：「勤恤民隱。」注云：「隱，痛也。」古音哀如依，故依亦作哀。康誥曰：「兄亦不念鞠子哀。」言不念稚子之隱也。說文：「㥥，痛聲也。孝經曰：『哭不㥥。』」今孝經作「偯」。

相小人：厥父母勤勞稼穡，厥子乃不知稼穡之艱難，乃逸乃諺，**注**「逸」一作「劮」，「諺」一作「憲」。既誕**注**「誕」一作「延」。否則，侮厥父母，**注**「否」一作「不」。曰：『昔之人無聞知。』」

疏史記魯世家云：「毋逸稱：『爲人父母，爲業至長久，子孫驕奢忘之，以亡其家，爲人子可不慎乎！』」釋此節之義也。相者，釋詁云：「視也。」諺者，論語先進篇云：「由也喭。」集解引鄭注云：「子路之行，失于畔喭也。」皇侃疏引王弼云：「喭，剛强也。」案：劉逵注魏都賦云：「叛換，猶恣睢也。」則畔喭爲恣睢强悍之義。喭即諺俗字。誕者，廣雅釋言云：「訑也。」則者，釋詁云：「法也。」言視小人：其父母勤勞稼穡，其子不知稼穡之艱難，乃自逸豫，又畔諺誕訑，不循法則，謂：「古昔之人，無所聞知。」「否則」當爲「不則」，句上屬。熹平石經作「乃劮乃憲，既延不則，侮厥」，下闕。「諺」作「憲」者，詩板傳云：「憲憲，猶欣欣也。」則憲亦自喜之意。「誕」作「延」、「否」作「不」，省文。

周公曰：「嗚呼！我聞曰：昔在殷王中宗，**注**古文尚書說：「經稱中宗，明其廟宗而不毀。」鄭康成曰：

「中宗，謂大戊也。」 **嚴恭寅畏，** **注**史遷「寅」作「敬」。馬融「嚴」作「儼」。鄭康成曰：「恭，在貌；敬，在心。」 **天命自度，** **注**「度」一作「亮」。 **治民祗懼，** **注**史遷「祗」作「震」。「治」一作「目」。 **不敢荒寧。** **注**馬融曰：「知民之勞苦，不敢荒廢自安也。」 **肆中宗之享國，** **注**史遷「肆」作「故」、「享」作「饗」。 **七十有五年。**

疏中宗者，詩烈祖序云：「祀中宗也。」箋云：「中宗，殷王大戊，湯之玄孫也。有桑穀之異，懼而修德，殷道復興。故表顯之，號爲中宗是也。」殷本紀云：「帝太庚崩，子帝小甲立。帝小甲崩，弟雍己立。帝雍己崩，弟大戊立。殷復興，諸侯歸之，故稱中宗。」爲湯玄孫，太庚之子也。嚴，同「儼」，詩傳云：「矜莊貌。」恭，同「龏」，說文云：「慤也。」「慤，謹也。」寅者，釋詁云：「敬也。」度者，詩傳云：「法度也。」祗者，釋詁云：「敬也。」荒者，周書謚法云：「好樂怠政曰荒。」寧者，釋詁云：「安也。」肆者，釋詁云：「故也。」言中宗自持敬畏，以天命爲法度，治民敬懼，不敢怠荒安寧，故中宗享國久也。古文尚書說見詩烈祖疏引五經異義云：「詩魯說丞相匡衡以爲殷中宗、周成、宣王皆以時毀。謹案：春秋公羊御史大夫貢禹說：『王者宗有德，廟不毀；宗而復毀，非爲德之義。』鄭從而不駁。」史公「寅」作「敬」者，釋詁文。「祗」作「震」者，鄭注內則云：「祗，或作『振』。」皋陶謨「祗敬六德」，夏本紀作「振敬」，振與震同。「肆」作「故」，釋詁文。「享」作「饗」者，熹平石經亦俱作「饗」。馬作「儼」，見釋文。「知民之勞苦」云云，見史記集解。鄭注見詩商頌譜疏及書疏。云「恭，在貌；敬，在心」者，以恭寅並舉，寅爲敬，故以在心與貌別之。熹平石經「度」作「亮」者，釋詁云：「亮，信也。」言以天命自信。亮，即說文兢字異文。

其在高宗，時舊勞于外， **注**「時」一作「寔」。 **爰暨小人。** **注**史遷「舊」作「久」，「爰暨」作「爲與」。馬融曰：「武丁爲太子時，其父小乙使行役，有所勞苦於外，與小人從事，知小人艱難勞苦也。」鄭康成曰：「高宗謂武丁也。

舊，猶久也。爰，於；暨，與也。武丁爲太子時，殷道衰，爲其父小乙將師役于外，與小人之故，言知其憂勞也。」「暨」一作「洎」。

疏　高宗者，殷本紀云：「帝小乙崩，子帝武丁立。武丁修政行德，天下咸驩，殷道復興。帝武丁崩，子帝祖庚立。祖己嘉武丁之以祥雉爲德，立其廟爲高宗。」「時舊勞于外」，中論夭壽篇引「時」作「寔」。釋詁云：「時，是也。」公羊桓六年傳云：「寔來者何？猶曰是人來也。」則時、寔、是同義。史公「舊」作「久」者，說文云：「龜，舊也。」白虎通蓍龜篇云：「龜之爲言久也。」是舊、久同義。「爰暨」作「爲與」者，爰與爲形相近，古文或作「爲」字。暨爲與，釋詁文。馬、鄭注俱見史記集解，鄭注又見詩商頌譜疏。云「爰，於」者，釋詁文。「暨〔一〕，與」者，說文作「臮」，洎又假音字，詩譜引此經亦作「洎」。云「武丁爲太子時，殷道衰」者，殷本紀云：「帝陽甲之時，殷衰。自中丁以來，廢適而更立諸弟子，弟子或爭相代立，比九世亂。於是諸侯莫朝。」是殷自中丁已下九世衰亂，至盤庚遷居，殷道復興。小辛、小乙又以弟繼兄，殷道或又衰。故漢書五行志劉向以爲「殷道既衰，高宗承敝而起，盡涼陰之哀，天下應之」也。殷本紀亦云：「武丁即位，思復興殷而未得其佐也。」云「爲其父小乙將師役于外」者，易既濟云：「高宗伐鬼方，三年克之。」詩殷武云：「撻彼殷武，奮伐荆楚，冞〔二〕入其阻。」是皆高宗師役。以爲太子時事，則未聞。

作其即位，乃或亮陰，

注　史遷「或」作「有」。「亮」一作「諒」，一作「涼」。「陰」一作「闇」。

三年不言。

注　「亮陰」，大傳作「梁闇」，說：「高宗居凶廬，三年不言，此之謂梁闇。」又

〔一〕「暨」原作「洎」，據上引鄭注改。

〔二〕「冞」原訛作「罙」，據毛詩正義殷武經文改。

說：「不言國事。」馬融曰：「亮，信也。陰，默也。爲聽于冢宰，信默而不言。」鄭康成曰：「作，起也。諒闇轉作梁闇，楣謂之梁，闇謂廬也。小乙崩，武丁立，憂喪三年之禮，居倚廬柱楣，不言政事。」**疏**作者，詩傳云：「始也。」古文多以「乍」爲「作」，乍亦始也。史公「或」作「有」者，今文也。下文「亦罔或克壽」，論衡作「亦罔有」。大傳見殷傳，云：「書曰：『高宗梁闇，三年不言。』何謂梁闇也？」注云：「闇讀如鶴，鶴謂廬也。傳曰『高宗居凶廬』〔一〕云云。」又大傳云：「高宗有親喪，居廬三年，然未嘗言國事，而天下無背叛之心者，何也？及其爲天子〔二〕之時，盡以知天下人民之所好惡，是以雖不言國事，而知天下無背叛之心。」是「三年不言」爲不言國事也。檀弓云：「古者，天子崩，王世子聽政于冢宰三年。」是有國事則冢宰代王出令也。馬注見春秋左氏隱元年疏。云「亮，信。陰，默」者，何晏論語集解引孔安國注同。馬氏不以爲凶廬也。晉書二十杜預議皇太子喪服引書傳云：「亮，信也。陰，默也。爲聽于冢宰，信默而不言。」卽論語孔注。鄭注見詩商頌譜疏。云「作，起」者，以上文有「舊勞于外」，故訓作爲起。鄭注考工記云：「作，猶起也。」云「諒闇轉作梁闇」者，用大傳義。云「楣謂之梁」者，釋宮文。喪服傳云：「居倚廬，寢苫枕塊，既虞，翦屏柱楣。」注云：「柱楣，所謂梁闇。」禮記喪服大記〔三〕云：「父母之喪，居倚廬，不塗，寢苫枕塊。非喪事不言。君爲廬宮之。既葬，柱楣塗廬，不於顯者，君大夫士皆宮之。既練，居堊室。」白虎通喪服篇云：「倚廬於中門外、東牆下，戶北面。」是倚廬爲始遭喪時所居，柱楣謂既葬後所居也。云「不

〔一〕「傳曰高宗居凶廬」，此大傳本文，孫氏以爲鄭注，誤。

〔二〕太平御覽卷一百四十六引大傳「天子」作「太子」，揆之文義，作「太子」是。

〔三〕下引禮文見喪服大記，原誤作大傳，今改正。

言政事」者，「三年聽于冢宰，王不自言也。其惟不言，言乃雍。**注**史遷「雍」作「讙」。鄭康成曰：「其不言之時，時有所言，則羣臣皆和諧。」**疏**史公「雍」作「讙」者，與檀弓、坊記同。集解引鄭玄曰：「讙，喜悦也。言乃喜悦，則民臣望其言久矣。」與書疏所引鄭注不同者，是檀弓注。又鄭注坊記云：「讙，當爲歡，聲之誤也。其既言，天下皆歡喜，樂其政教也。」或今文作「歡」，古文作「雍」，史記魯世家用今文，集解所引或檀弓注，或爲大傳鄭注也。鄭注見書疏。云「其不言之時，時有所言」者，謂冢宰攝政，出號令代王言也。羣臣知君能盡孝，故和悦從之。詩傳云：「雍，和也。」「諒」一作「涼」，見漢書五行志。不敢荒寧，嘉靖殷邦。**注**史遷「嘉」作「密」，「邦」作「國」。馬融曰：「寧，安也。」**疏**嘉者，釋詁云：「善也。」史公「嘉」作「密」者，東觀漢記序曰：「密靜天下，容於小大，高宗之極至也。」亦以「嘉」爲「密」，今文尚書也。詩傳云：「密，安也。」說文云：「宓，安也。」蓋密與宓通。靖者，詩傳云：「和也。」馬注見史記集解。云「寧，安」者，釋詁文。至于小大，無時或怨。**注**鄭康成曰：「小大，謂萬人，上及羣臣。言人臣大小皆無怨王也。」肆高宗之享國，五十有九年。**注**史遷「享」作「饗」，「九年」作「五年」。「五十有九年」一作「百年」。**疏**小大者，詩泮水云：「無小無大。」箋云：「臣無尊卑。」是小爲卑，大爲尊也。時者，釋詁云：「是也。」鄭注見書疏。以小大爲萬人及羣臣者，義同詩箋。僞傳以爲小大之政，失之。史公作「五十五年」者，異文。「五十九年」一作「百年」者，熹平石經所寫今文也。漢書五行志云：「高宗致百年之壽。」劉向、杜欽傳亦云「百年」。論衡氣壽篇云：「高宗享國百年，周穆王享國百年，并未享國之時，皆出百三十四十歲矣。」又無形篇、異虛篇皆云：「高宗享福百年。」皆用今文尚書也。其在祖甲，**注**鄭康成曰：「祖甲，武丁子帝甲也。」不義惟王，舊爲小人。**注**史遷「舊」爲「久」，「小人」下多「于外」。馬融曰：「祖甲有兄祖庚，而祖甲賢，武丁欲立之。祖甲以王廢長立少不義，逃亡民間。故曰『不義惟王，久爲小人』也。武丁死，祖庚立。祖庚死，祖甲立。」鄭康成曰：「祖甲有兄祖庚，賢，武丁欲廢兄立弟，祖甲以此爲不義，逃於人間。故云『久爲小人』。」**疏**祖甲者，殷本紀云：「帝武丁崩，子帝祖庚立。帝祖庚崩，弟祖甲立，是爲帝甲。帝甲淫亂，殷復衰。」周語衞彪傒曰：「玄王勤商，十四世而興，帝甲亂之，七世而隕。」注云：「帝甲，湯後五世也。亂湯之法，至紂七世而亡也。」是帝甲非令主，然或以能讓，且知小民之艱難，故見稱於書，古人不求備之道也。史公「舊」作「久」，見上疏，「小人」下有「于外」二字。馬注見史記集解。云「祖甲有兄祖庚，而祖甲賢，武丁欲立之。祖甲以王廢長立少不義，逃亡民間」，不知出典。惟呂氏春秋必己篇云：「孝己疑。」注云：「孝己，殷王高宗子也。」後漢書郅惲傳云：「高宗明君，吉甫賢臣，及有纖介，放逐孝子。」是高宗所廢爲孝己，祖甲以爲不義而逃之。書傳或誤作祖庚，或孝己、祖庚俱廢，未可知也。鄭注見書疏。**作其卽位，爰知小人之依，能保惠于庶民，****注**史遷「惠」作「施」，「庶」作「小」。**不敢侮鰥寡。****疏**史公「惠」作「施」者，韋昭注晉語云：「施，惠也。」「庶」作「小」者，異文。**肆祖甲之享國，卅有三年。****注**史遷「肆」作「故」，「享」作「饗」。**疏**「卅」見開成石經，說文云：「卅，三十并也。」今正義本作「三十」，史記亦作「三十」，疑後人所改。案：秦刻石「廿」及「卅」，載在史記皆爲「二十」、「三十」，則句增一字，與文體不合。是知後人改之。**自時厥後，****注**此句一在「高宗之饗國百年」下，無「其在祖甲」已下一節。**疏**熹平石經：「或怨。肆高宗之享國百年，自時厥後。」下闕。洪氏隸釋載其文，云：「此碑獨闕祖甲。」計其字，當在中宗之上，以傳序爲次也。案：漢書韋玄成傳王舜、劉歆議曰：「於殷太甲曰太宗，大戊曰中宗，武丁曰高宗。周公爲毋逸之戒，舉殷三宗以勸成王。」書疏引王肅云：「祖甲，湯孫太甲也。」殷本紀太甲稱太宗，以爲「祖」者，祖、宗爲不毁廟之通稱。孝經稱「宗祀文王於明堂」，祭法云「祖文王而宗武王」，則太甲雖太宗，亦可稱祖甲。熹平石經既以「高宗享國百年」經文接連「自時厥後」，則今文「其在祖甲」一節，必在殷王中宗之前，今文與古文簡册之異。但王肅既見今文，以祖甲爲太甲，又從古文祖甲在高宗之後，爲之説曰：「先中宗後祖甲，先盛德後有過也。」史記索隱云：「按紀年，太甲唯得十二年。此云『祖甲享國三十三年』，知祖甲是帝甲明也。」以駁王肅。案：太平御覽八十三引帝王世紀云：「太甲一名祖甲，享國三十三年，二百歲。」皇甫謐説多同王肅。肅亂經之人，言誠不足取，然與皇甫謐俱以祖甲爲太甲，似見今文，當不以人廢言，故取其説于此。他與僞傳説同，多不用之。

立王生則逸。生則逸，不知稼穡之艱難，不聞小人之勞，惟耽樂之從。自時厥後，亦罔或克壽，**注**「耽」一作「湛之」，「從」一作「是從」，「或」一作「有」。**疏**耽，同妉，釋詁云：「樂也。」詩傳云：「耽，樂也。」説文作「媅」，本字「酖」，與樂同義。並舉者，詩常棣釋文引韓詩云：「湛樂之甚也。」中庸引詩「湛」作「耽」，是耽、湛通也。論衡語增篇引此經，説之云：「長夜之飲，糟丘酒池，不舍晝夜，是必病。病則不甘飲食，困毒而死。雖未死，宜羸臞矣。」耽，論衡引作「湛之」。從，漢書鄭崇傳及論衡、中論皆作「是從」。「亦罔或克壽」，鄭崇傳、論衡引作「時亦罔有克壽」。或十年，或七八年，或五六年，或四三年。」**注**「四三年」一作「三四年」。**疏**漢書杜欽傳欽説王鳳引經曰：「『或四三年』，言失欲之生害也。」中論引作「三四年」。

周公曰：「嗚呼！厥亦惟我周。**疏**段氏玉裁云：「尚書大傳云：『書曰：「厥兆天子爵。」』系之無逸。白虎通爵篇云：『書無逸篇曰：「厥兆天子爵。」』蓋古文尚書『厥亦惟我周』五字，今文尚書如此。云『兆天子爵』者，即兆基王迹之謂。」案：兆、亦字形相近，「惟我周」不應是「天子爵」之誤，顧君廣圻以爲脱「天子爵」三字，「惟我周」三字下屬「大王、王季」爲句也。

大王、王季，克自抑畏。文王卑服，卽康功、田功。

注馬融「卑」作「俾」，曰：「使也。」

疏抑者，詩傳云：「抑抑，慎密也。」廣雅釋言云：「抑，治也。」釋詁云：「服，事也。」「安，康也。」言其惟我周先王，能自慎畏。文王就卑賤之事，安居之功，田作之功。說文有㝩字，云：「屋㝩㝗也。」是㝩同康，爲居屋也。馬注見釋文，「卑」作「俾」，云「使」者，釋詁文。言文王使就治康功、田功。蓋勤稼穡之事也。

徽柔懿恭，懷保小民，惠鮮鰥寡。

注「民」一作「人」，「鰥」一作「矜」，「鮮」一作「于」。

疏徽者，釋詁云：「善也。」柔者，韋昭注晉語云：「仁也。」懿者，釋詁云：「美也。」恭者，釋詁云：「敬也。」詩傳云：「懷，和也。」「保，安也。」釋詁云：「惠，愛也。」「鮮，善也。」墨子兼愛篇云：「文王不爲衆庶侮鰥寡，不爲暴勢奪穡人黍稷狗彘。是以老而無子者，有所得終其壽；連獨無兄弟者，有所雜于生人之閒；少失其父母者，有所放依而長。」說此經之義也。「民」作「人」，「鮮」作「于」者，漢書谷永傳所引，亦見熹平石經，是今文也。石經「鰥」作「矜」。

自朝至于日中昃，

注「昃」一作「仄」。

不遑暇食，用咸和萬民。

注「遑」一作「皇」。

文王不敢盤于遊田，以庶邦惟正之供。

注「正」一作「政」，「供」一作「恭」。

疏楚語左史倚相引周書曰：「文王至于日中昊，不皇暇食，惠于小民，惟政之恭。」說之云：「文王不敢驕。」注云：「日昳曰昊。易曰：『日中則昊。』」案：說文作「𣅡」，云：「日在西方時側也。」易離九三「日昊之離」，荀爽云：「初爲日出，二爲日中，三爲日昊。」經言日中及昊，欲見其勤也。釋文云「本又作『仄』」者，省文。遑者，釋言云：「暇也。」盤者，釋詁云：「樂也。」楚語無「以庶邦」三字。謂文王敬恭於政事。遑，俗字，當從楚語爲「皇」。「正」作「政」，「供」作「恭」，皆楚語所引也。西京賦李善注引「田」作「畋」。

文王受命惟中身，厥享國五十年。」注鄭康成曰：「受命，受殷王嗣位之命。中身，謂中年。」疏文王受命七年而崩，故鄭以爲受嗣位之命，是也。鄭注見書疏。云「受殷王」者，周禮典命〔一〕云：「凡諸侯之適子，誓于天子。」注云：「誓猶命也。言誓者，明天子既命以爲嗣，樹子不易也。」周語：「魯武公以括與戲見王，王立戲。」注云：「以爲太子。」春秋文元年：「天王使毛伯來錫公命。」穀梁傳云：「禮有受命，無來錫命。來錫命，非正也。」是諸侯世子嗣位爲君，必受命天子。殷制亦然。考文王序：「云文王受命作國也。」箋云：「受天命而王天下。」又文王有聲詩云：「文王受命，有此武功。」箋云：「武功謂伐四國及崇之功。」則又是受商王錫弓矢、專征伐之命。鄭恐人疑此受命如彼二文所言，故特言受殷王嗣位之命也。知者，大傳云「文王受命七年而崩」，此言中身，則是中年，其後享國五十年，非彼二文之受命明矣。呂氏春秋制樂篇云：「文王立國八年，歲六月，地動。改行重善，無幾何，疾乃止。文王卽位八年而地動，已動之後四十三年，凡文王立國五十一年而終。」韓詩外傳說亦與此同。經云「五十年」，舉成數也。

周公曰：「嗚呼！繼自今嗣王，則其無淫于觀、于逸、于遊、于田，以萬民惟正之供，無皇曰：『今日耽樂。』注鄭康成曰：「淫，放恣也。淫者，侵淫不止。」「嗚呼」一作「烏虖」。注「無淫于觀」至「惟正之供」，一作「毋淫于酒，毋劮于游田，維政之共」。「皇」一作「兄」。疏鄭注見書疏。云「淫，放恣」者，春秋左氏成二年傳云：「淫，縱其欲。」縱欲故爲放恣也。云「侵淫不止」者，說文：「淫，浸淫也。」「無淫于觀」至「惟正之供」，漢書谷永傳引經曰：「繼自今嗣王，其毋淫于酒，毋逸于游田，惟正之供。」說之曰：「未有身治正而臣下邪者也。」熹平石經有「酒毋劮于遊

〔一〕下引爲周禮典命文，原誤作典瑞，今改正。

田維」七字，亦同漢書，蓋今文也。石經「皇」作「兄」。秦誓「我皇多有之」，公羊傳作「而況乎我多有之」，是皇與況通。詩常棣「況也永嘆」，釋文云：「或作『兄』。」韋昭注國語曰：「況，益也。」然則「無兄曰」爲「毋益曰」也。經作「皇」者，古文，釋詁云：「暇也。」「嗚呼」，顔師古注漢書翼奉傳引作「烏虖」。

乃非民攸訓，非天攸若，時人丕則有愆，無若殷王受之迷亂，酗于酒德哉！」**注**「無」一作「毋」，「酗」一作「配」。**疏**訓者，說文云：「訓，說教也。」釋言云：「若，順也。」「迷，惑也」。酗，當爲「䣱」，說文云：「醉醟也。」丕，語詞。愆者，釋言作「僁」，云：「過也。」言無自寬暇曰：「今日湛樂。」乃非所以教民，非所以順天，是人則有愆尤，毋若殷紂之以惑亂䣱酒爲德也。論衡譴告篇云：「周公勅成王曰：『毋若殷王紂。』毋者，禁之也。」漢書翼奉傳注：「師古曰：『周書亡逸之篇曰：「周公曰：烏虖！毋若殷王紂之迷亂，配于酒德哉！」』」「酗」作「配」者，說文云：「配，酒色也。」酒色謂顔色，齊同曰湎，見上疏。

周公曰：「嗚呼！我聞曰：古之人猶胥訓告，胥保惠，胥教誨，民無或胥譸張爲幻。**注**馬本「譸」作「輈」。「譸」一作「侜」，上無「胥」字。**疏**胥者，釋詁云：「相也。」說文云：「譸，詶也；讀若醻。周書曰：『無或譸張爲幻。』」又云：「幻，相詐惑也。」引周書同。釋詁云：「侜，張誑也。」郭氏注引書曰：「無或侜張爲幻。」俱無「胥」字。言古人相訓告，相安順，相教誨，民無有誑爲詐惑者。馬本作「輈」，見釋文。後漢書皇后紀亦作「輈張」。揚雄國三老箴又作「侏張」，聲之假借。

此厥不聽人乃訓之，乃變亂先王之正刑，至于小大民，否則厥心違怨，否則厥口詛祝。」**注**「聽」一作「聖」。「乃訓之」一無「之」字。「變亂先王之正刑」一無「先王」。**疏**聽者，鄭注祭義云：「謂順教令也。」廣雅釋詁云：「從也。」刑者，釋詁云：「法也。」詛祝者，詩蕩云：「侯作侯祝。」傳云：「作祝詛也。」箋云：「祝詛，求其凶咎無極也。」言此其不從人之訓，乃至變亂先王之法度，至于小大臣民，不則違戾怨恨其上，不則詛祝其上也。「聽」作「聖」者，熹平石經文。管子四時篇云：「聽信之謂聖。」秦泰山碑「皇帝躬聽」，史記作「躬聖」。是聖與聽義相通也。「訓」下無「之」字，「變亂」下無「先王」，俱見石經，今文也。「之」字疑衍。

周公曰：「嗚呼！自殷王中宗，及高宗，及祖甲，及我周文王，茲四人迪哲。**疏**迪者，釋詁云：「作也。」哲者，方言云：「智也。」厥或告之曰：『小人怨汝詈汝！』則皇自敬德，厥愆，曰：『朕之愆。』**注**鄭康成曰：「皇謂暇，言寬暇自敬。」「皇自」一作「兄曰」。**疏**詈者，説文云：「罵也。」鄭注見書疏。以皇爲暇者，釋詁云：「遑，暇也。」「皇自」熹平石經作「兄曰」。韋氏注國語云：「兄，益也。」皇曰敬德，即益曰敬德也。不啻不敢含怒，**注**鄭康成曰：「不但不敢含怒，乃欲屢用之，以知己政得失之源也。」**疏**釋詁云：「允，信也。」允若時，「時，是也。」説文云：「啻，語時不啻也。」鄭注見書疏。以啻爲但者，聲之轉。云「知己政得失」者，周語曰：「口之宜言也，善敗于是乎興。」春秋左氏襄卅傳：「鄭人游于鄉校，以論執政。然明謂子産曰：『毁鄉校如何？』子産曰：『何爲？夫人朝夕退而游焉，以議執政之善否。其所善者，吾則行之；其所惡者，吾則改之。是吾師也，若之何毁之？』」是亦欲聞小人之言，以考己政得失也。此厥不聽，人乃或譸張爲幻，曰：『小人怨汝詈汝！』則信之。則若時不永念厥辟，不寬綽厥心，亂罰無罪，殺無辜，怨有同，是叢于厥身。」**疏**辟者，釋詁云：「法也。」綽者，釋言云：「寬，綽也。」綽亦爲寬。叢者，説文云：「聚也。」言人誑汝以民怨詈汝，即信之，則如是不長念其法，不寬裕其心，妄行殺罰，民心同怨，實叢集于其身也。

周公曰：「嗚呼！嗣王其監于茲！」注「嗚呼」一作「於戲」。一無「其」字。疏言當視此致怨之由以爲戒。熹平石經「嗚呼」作「於戲」，無「其」字，今文也。匡謬正俗云：「古文尚書皆作『嗚呼』，今文尚書皆作『於戲』。」案：古文尚書作「烏虖」，見前。

君奭第廿二　周書十三　尚書今古文注疏卷廿二

注史遷説：「成王既幼，周公攝政，當國踐祚，召公疑之，作君奭。君奭不説周公。周公乃稱『湯時有伊尹』云云，於是召公乃説。」　疏史公説見燕世家。云「召公疑之」，又云「君奭不説周公」者，漢書孫寶傳云：「周公上聖，召公大賢，尚猶有不相説，著於經典，兩不相損。」王莽傳羣臣奏引書曰「我嗣事子孫」云云，説曰：「周公服天子之冕，南面而朝羣臣，發號施令，常稱王命。召公賢人，不知聖人之意，故不説也。」皆用此經之義也。後漢書申屠剛傳注云：「言周公既還政成王，宜其自退，今復爲相，故不説也。」案：史公以召公不説在周公踐祚之時，太子賢以爲在還政之後，或今古文異説也。編篇在多士之後，疑非踐阼時矣。

周公若曰：「君奭，　疏君者，釋詁云：「大也。」君是后辟尊稱。奭者，説文云：「此燕召公名。」白虎通王者不臣篇云：「召公，文王子。」詩甘棠疏引皇甫謐云：「文王庶子。」案：史記但云「與周同姓」。穀梁莊十三年傳云：「燕，周之分子也。」注云：「分子，謂周之別子孫也。」禮大傳云：「別子爲祖。」注云：「別子，謂公子。」然則是文王之從子。傳載文王之子無名奭者。史記集解云：「譙周曰：『周之支族，食邑於召，謂之召公是也。』」弗弔天降喪于殷，殷既墜厥命，我有周既受。我不敢知曰厥基永孚于休，若天棐忱，我亦不敢知曰其終出于不祥。

注馬融「終」作「崇」，曰：「充也。」鄭康成曰：「言與君奭同知，舉其殷興亡以爲戒。」「崇」一作「道」。　疏弔者，鄭注費誓云：「善也。」墜，當依說文爲「隊」。俱見前疏。釋詁云：「基，始也。」孚、付古字通。釋言云：「休，慶也。」「若，順也。」釋詁云：「棐，輔也。」「諶，誠也。」忱同諶。祥，善也。言不善之天，降喪亡之禍于殷，殷卒墜失其命，我周受之。我不知殷之始長付畀以慶者，順天輔誠也，亦不敢知其終出于不永也。祥與羕，俱以羊爲聲，祥亦永也。盤庚「丕乃崇降不祥」，熹平石經作「不永」。馬注見釋文。「終」作「崇」者，詩傳云：「崇，終也。」云「充」者，釋詁文。樂記云：「復綴以崇。」注云：「崇，充也。凡六奏以充武樂也。」注上「六成」云：「成，奏也。每奏一終爲一成。」是充卽終也。鄭注見書疏。云「與君奭同知，舉其殷興亡爲戒」者，謂此「我不敢知」云，指殷之興亡言也。始孚于休，興也。終出于不祥，亡也。「崇」熹平石經作「道」，今文也。

嗚呼！君已曰時我，我亦不敢寧于上帝命，弗永遠念天威。 時者，釋詁云：「是也。」言君既云是我，我亦不敢安于天命，弗永遠念天之威罰。述召公委任于己，己不敢不遠慮，而遽辭委任也。

越我民罔尤違，惟人在。 **疏** 尤，同郵，釋言云：「過也。」說文作「訧」。言于我民無過失，無背違，惟恃有人在化導之。

我後嗣子孫，大弗克恭上下，遏佚前人光，在家不知天命不易，天難諶，乃其墜命。 **注** 「恭」一作「共」，「佚」一作「失」，「天難諶」一作「天應棐諶」，「其墜」作「亡隊」。 **疏** 漢書王莽傳羣臣奏曰：「臣聞周成王幼少，周道未成，成王不能共事天地，修文武之烈。周公權而居攝，周道成，王室安；不居攝，則恐隊失天命。書曰：『我嗣子孫，大不克共上下，遏失前人光，在家不知命不易，天應棐諶，乃亡隊命。』」注：「師古曰：『言我恐後嗣子孫大不能恭承天地，絕失先王光大之道，不知受〔一〕命之難。天所應輔唯在有誠，所以亡失其命也。』」案：漢書釋「後嗣子孫」爲成王，「大

〔一〕「受」字原無，據漢書王莽傳顏注原文補。

弗克恭上下」爲共事天地，白虎通以大誓「上天下地」爲上下是也。釋「遏佚前人光」爲修文武之烈，「前人」謂文武。烈者，詩傳云：「光也。」遏，止也。佚，同失。釋「在家」爲不居攝，言退老也。一作，皆今文，卽上王莽傳所引經。以「天應棐諶」爲「天難諶」者，釋詁云：「諶，信也。」詩大明云：「天難忱斯，不易維王。」傳云：「忱，信也。天之意難信矣，不可改易者天子也。」〔一〕是「天命不易」爲不可改易，師古注「不易」爲「難」，非也。經言：在家不知天命有不易之道，委之以天難信，乃其隊失大命也。

弗克經歷嗣前人恭明德，在今予小子旦非克有正，迪惟前人光，施于我沖子。

疏 經者，釋詁云：「常也。」歷者，釋詁云：「艾，歷也。」歷亦爲艾。詩傳云：「艾，久也。」嗣者，釋詁云：「繼也。」恭，同「龔」，說文云：「慤也。」迪者，釋詁云：「道也。」施者，詩箋云：「延也。」言弗能常久繼前王恭慤顯明之德，在今我小子旦非能有以正人也，惟道揚前人光美，延于我幼君而已。

又曰：『天不可信。』我道惟寧王德延，天不庸釋于文王受命。」

注 鄭康成曰：「『又曰』，人又云。周公稱人之言也。言寧王者，卽文王也。」

疏 「天不可信」卽謂上「天難諶」。「我道惟文王德延」，「道」卽上「迪」，「施」卽「延」。釋者，說文云：「捨，釋也。」言天難信，我惟道揚文王之德，使之延長，天不用捨其所受之命。鄭注見書疏，云鄭以「又曰」爲周公稱人之言，言天命靡常不可信也。云寧王卽文王，見上疏。

公曰：「君奭，我聞在昔成湯既受命，時則有若伊尹，格于皇天。

注 史遷「格」作「假」。

〔一〕上引之文「忱，信也」爲詩大明毛傳，「天之意」以下爲鄭箋，今概作傳文，誤。

在太甲時，則有若保衡。 **注**鄭康成曰：「皇天，北極大帝也。伊尹名摯，湯以爲阿衡。阿，倚；衡，平也。伊尹，湯所以倚而取平，以尹天下，故曰『伊尹』。至太甲改曰『保衡』。保，安也。言天下所取安，所取平。阿衡、保衡，此皆三公之官，當時爲之號也。」 **疏**史公「格」作「假」者，今文格皆爲假。格者，釋詁云：「陞也。」謂湯得伊尹輔佐成功，升配于天也。下文云「陟配天」，陟亦陞也。鄭注見史記集解及詩蕩疏。書疏云「伊尹名摯」者，出孫子用間篇。云「湯以爲阿衡」，詩長發云：「實惟阿衡，實左右商王。」傳云：「阿衡，伊尹也。」箋云：「阿，倚；衡，平。伊尹，湯所依倚而取平，故以爲官名。」云「以尹天下，故曰『伊尹』」者，說文：「伊，殷聖人阿衡，尹治天下者。」釋言云：「尹，正也。」云「至太甲改曰『保衡』」者，伊尹相太甲，有師保之任。文王世子云：「虞、夏、商、周有師、保，有疑、丞，設四輔。及三公不必備，惟其人。語使能也。」謂之保衡，兼其官稱之也。云「皇天，北極大帝」者，周禮太宗伯云：「以蒼璧禮天。」注云：「此禮天以冬至，謂天皇大帝在北極者。」鄭注月令云：「皇天，北辰耀魄寶也。」商人祖契而宗湯，則湯配五帝于明堂也。案：呂氏春秋本味篇云：「有侁民女子得嬰兒，其母居伊水之上，故命之曰伊尹。」則伊爲水名，因以爲氏。知鄭所云「依倚」者，釋阿衡；非伊字詁也。

在太戊時，則有若伊陟、臣扈，格于上帝。 **注**史遷「格」作「假」。馬融曰：「格，至也。道至于上帝，謂奉天時也。」鄭康成曰：「上帝，太微中其所統也。伊陟，伊尹之子。」 **疏**殷本紀：「太戊，湯五世孫。其間兄弟相及，有外丙、仲壬、沃丁、小甲、雍己等。則湯至太戊，除太丁未爲君，凡九君矣。史記三代世表未詳其年。竹書紀年：湯爲天子，至太戊元年，凡八十四年。恐不足據也。臣扈在湯時。夏社序云：「湯既勝夏，欲遷其社不可，作夏社、疑至、臣扈。」不得至太戊時尚在，或別一人也。言湯則曰「格于皇天」，大戊則曰「格于上帝」，太戊中宗，廟不毀，配食五帝於明堂，故云「格于上帝」。馬注見史記集解。云「格，至」者，釋詁文。云「道至于上帝，謂奉天時」者，太微五帝迭相休王，以成四時：春生、夏長、秋收、冬藏。「奉天時」者，順其氣以出令，若月令所紀是也。中宗蓋配食之。鄭注見史記集解及詩蕩疏。云「太微中」者，何休注公羊傳云：「上帝、五帝在太微之中，迭生子孫，更王天下。」鄭注月令「祈穀于上帝」云：「上帝，太微之帝也。」疏云：「『上帝，太微之帝』者，春秋緯文太微爲天庭，中有五帝座：蒼曰靈威仰，赤曰赤熛怒，黃曰含樞紐，白曰白招拒，黑曰汁光紀。郊天各祭所感帝，殷祭汁光紀，周祭靈威仰。以其不定，總云太微之帝。若迎春，前帝後王，皆祭靈威仰。秋、冬仿此。」云「太微中其所統」者，是指太微所統之五帝也。

巫咸乂王家。**注**史遷「乂」作「治」。**疏**後漢書張衡傳云：「咎單、巫咸，實守王家。」用此經也。

在祖乙時，則有若巫賢。在武丁時，則有若甘盤。**注**史遷「盤」作「般」。**疏**殷本紀云：「中宗崩，子仲丁立。崩，弟外壬立。崩，弟河亶甲立。崩，子祖乙立。」則祖乙是太戊孫也。漢書古今人表甘盤與傅説並列。史公作「般」，省文。

率惟茲有陳，保乂有殷。**疏**率，同「聿」，文選注引薛章句云：「聿，辭也。」陳者，漢書哀帝紀注：「李斐云：『道也。』」言惟此有道之臣，安治有殷。

故殷禮陟配天，多歷年所。**疏**殷禮，謂殷之祀禮。陟配天者，祭法云：「殷人禘嚳而郊冥，祖契而宗湯。」注云：「禘、郊、祖、宗，謂祭祀以配食也。禘謂祭昊天于圜丘也。祭上帝于南郊曰郊，祭五帝、五神于明堂曰祖、宗。祖、宗通言耳。」多歷年所，春秋左氏宣三年傳云「商載祀六百」也。

天惟純佑命則，**疏**釋詁云：「純，大也。」「右，勴也。」佑，俗字，當爲「右」。勴卽助也。則者，釋言云：「威，則也。」言天大助命于有威儀可則者。

商實百姓、王人，罔不秉德明恤。小臣屏侯甸，矧咸奔走。**疏**實者，釋詁云：「是也。」百姓者，詩傳云：「百官族姓也。」王人，江氏聲云：

「王氏族人，同姓之臣也。」恤者，漢書韋玄成傳注：「師古曰：『安也。』」當是舊注。小臣，舉其臣之微者。屏侯甸，侯甸之爲屏藩者。矧者，說文作「弞」，云：「詞也。」咸者，釋詁云：「皆也。」奔走者，詩緜云：「予曰有奔走。」言是商之異姓百官及王族，無不奉德明安者，至小臣，外而屏藩侯甸，其皆效奔走服從王事。**惟茲，惟德稱，用乂厥辟，故一人有事于四方，** **注**「故」一作「迪」，「事」一作「使」。 **若卜筮，罔不是孚。」** **疏**乂，同「艾」，釋詁云：「艾，相也。」「辟，君也。」「孚，信也。」言惟此羣臣，各稱其德，用相其君，故天子有事于四方，如卜筮，無不見信于神人也。文選王褒四子講德論引書云：「迪一人使四方，若卜筮。」或今文作「迪」、作「使」，漢人用之。事、使篆文相近。李善注引此，亦作「迪一人有事四方」，又引孔安國曰：「迪，道也。孚，信也。」今僞傳無此詁。

公曰：「君奭，天壽平格， **注**鄭康成曰：「格，謂至于天也。專言臣事。」 **保乂有殷。有殷嗣天滅威。今汝永念，則有固命，厥亂明我新造邦。」** **疏**壽者，廣雅釋詁云：「久也。」平與抨通，釋詁云：「使也。」釋詁云：「格，陞也。」「嗣，繼也。」威者，釋言云：「則也。」則亦爲威。固者，韋昭注晉語云：「定也。」亂者，釋詁云：「治也。」公告召公，言天久使假天之臣，安治有殷。有殷繼天之王至紂滅棄威則。今汝長念此天威，則當有定命，命其治以光明我新造之國矣。鄭注見書疏。云「格，謂至于天」者，釋詁云：「格，至也。」「至于天」謂「格于皇天」、「格于上帝」是也，故云「專言臣事」。

公曰：「君奭，在昔上帝，割申勸寧王之德， **注**「割申勸寧王」一作「周田觀文王」。 **其集大命于厥躬。** **疏**緇衣引君奭曰：「在昔上帝，周田觀文王之德，其集大命于厥躬。」注云：「古文『周田觀文王之德』爲『割申勸寧王之德』，今博士讀爲『厥亂勸寧王之德』。三者皆異，古文似近之。割之言蓋也。案：言文王有誠信之德，天蓋申勸之，集大命于其身，謂使之王天下也。」割爲蓋者，釋言云：「蓋，割裂也。」二字同訓。「割申勸」與「周田觀」字形相近，古「割」字作「害」也。此今文異字。博士讀「割申」爲「厥亂」，亦今文，謂夏侯、歐陽尚書也。

惟文王尚克修和我有夏。亦惟有若虢叔，有若閎夭，有若散宜生，有若泰顛，有若南宫括。

注　大傳說：「文王四年伐畎夷，紂乃囚之。五年四友獻寶，乃得免於虎口，出而伐耆。」又說：「文王以閎夭、太公望、南宫括、散宜生爲四友。」鄭康成曰：「詩傳說『有疏附、奔走、先後、禦侮之人』而曰『文王有四臣以受命』，此之謂也。不及呂望者，太師也，教文王以大德，周公謙，不敢自比焉。」

疏　有夏，謂殷都中夏。修和，謂修和於紂也。大傳說見春秋左氏襄卅一年疏。又說見玉海官制。周本紀云：「西伯曰文王，禮下賢者。太顛、閎夭、散宜生、鬻子、辛甲大夫之徒皆往歸之。崇侯虎譖西伯於殷紂曰：『積善累德，諸侯皆嚮之，將不利於帝。』帝乃囚西伯於羑里。閎夭之徒患之，乃求有莘氏美女，驪戎之文馬，有熊九駟，他奇怪物，因殷嬖臣費仲而獻之紂。紂大說，曰：『此一物足以釋西伯，況其多乎！』乃赦西伯，賜之弓矢斧鉞，使西伯得征伐。」即其事也。亦見大傳及淮南道應訓，互有詳略。今以史記正史，故載其說。虢叔者，春秋左氏僖五年傳云：「虢仲、虢叔，王季之穆也。爲文王卿士，勳在王室。」晉語云：「文王在傅弗勸，處師弗煩，敬友二虢。其卽位也，咨于二虢，度于閎夭，謀于南宫。」考地理志，右扶風有虢縣。此西虢也，是虢叔所封。「河南滎陽縣」注：「應劭曰：『故虢國，今虢亭是。』」此東虢也，是虢仲所封。此經虢叔爲西虢，其後爲晉獻公所滅者也。鄭注見詩緜疏及書疏。云「詩傳說『有疏附、奔走、先後、禦侮之人』」者，詩緜云：「予曰有疏附，予曰有先後，予曰有奔走（一），予曰有禦侮。」傳云：「率下親上曰疏附，相道前後曰先後，喻德宣譽曰奔奏，武臣折衝曰禦侮。」云「吕望，太師」者，詩大明云：「維師尚父。」傳云：「師，大師也，可尚可父。」大傳云：「散宜生、閎夭、南宫括三子者，學乎太公。」又云：「太公遂與三子見文王於羑里。」此獨不及太公，故鄭言周公謙，不敢以太師自比也。

又曰：「無能往來，**注**「無」一作「亡」。**疏**漢書朱雲傳雲疏言丞相韋玄成「容身保位，亡能往來」，注：「李奇曰：『不能有所前却。』」案：前却謂進退也，是「無能往來」爲無能進賢退不肖。 茲迪彝教，文王蔑德降于國人。**注**鄭康成曰：「蔑，小也。」**疏**釋詁云：「迪，道也。」「彝，常也。」蔑緩讀爲𢾕，説文云：「𢾕，眇也。」眇卽妙字。蔑德，言妙德也。𢾕與媺通，亦美也。周書祭公解云：「追學于文武之蔑。」言無能進退，爲文王道此常教，故文王美德不能下于國人。周公謙也。鄭注見書疏。以蔑爲小者，廣雅釋詁云：「懱，小也。」又云：「緒、懱，末也。」言無能以文王緒餘之小德教國人，明大德非國人所能企及也。 亦惟純佑秉德，迪知天威。乃惟時昭文王，迪見冒聞于上帝。**注**馬融曰：「勖，勉也。」「冒」一作「勖」。 惟時受有殷命哉！ **疏**迪者，釋詁云：「進也。」昭，同「詔」，釋詁云：「勴也。」又云：「相，勴也。」「迪見」之「迪」，用也，見牧誓疏。「見」猶顯也。冒與懋音相近，義得爲勉。言惟大助奉德之人，進知天之威命。乃惟是相文王，用顯懋勉發聞于天。惟是受有殷之大命也。馬注見釋文。云「勖，勉」者，釋詁文。崔瑗侍中箴曰：「昔在周文，創德四鄰，勖聞上帝，賴茲四臣。」亦作「勖」。 武王惟茲四人，尚迪有禄。

〔一〕「奔走」，查毛詩正義大雅緜經文，當作「奔奏」。

注鄭康成曰：「至武王時，虢叔等有死者，餘四人也。」**疏**迪，從由得聲，亦或同「猶」。言至武王時，惟此四人尚猶有祿也。鄭注見書疏。云「虢叔等有死者」，周書克殷解有泰顛、閎夭，又有南宮忽、南宮伯達，無散宜生。忽與括聲相近，蓋一人也。史記周本紀武王克紂祭社時，「散宜生、太顛、閎夭皆執劍以衞。」又言：「命南宮括散鹿臺之財，發鉅橋之粟。」又言：「命南宮括、史佚展九鼎保玉。」此展九鼎之南宮括，周書謂之南宮伯達。則惟虢叔未有見，故鄭疑其死也。論語：「武王曰：『予有亂臣十人。』」馬氏注數閎夭、散宜生、太顛、南宮括皆列其中，亦無虢叔。

後暨武王，誕將天威，咸劉厥敵。

疏暨者，釋詁云：「與也。」咸者，廣雅釋詁云：「力也。」咸與減通，廣雅釋詁云：「殺，減也。」釋詁云：「劉，克也，殺也。」說文云：「鎦，殺也。」劉卽鎦字。周書世俘篇、漢書律曆志皆引武成篇云：「咸劉商王紂。」或解咸爲皆，失之。春秋左氏文十七年傳云：「克減侯宣多。」昭二十六年傳云：「則有晉、鄭，咸黜不端。」疏云：「咸，諸本或作『減』。」此言四人後與武王，大將天力，殺克其敵也。

惟茲四人，昭武王惟冒，

注「冒」一作「䀎」。

丕單稱德。

疏昭與詔通，釋詁云：「詔、亮、相，道也。」冒與懋聲相近，又通勖，勉也。釋詁云：「丕，大也。」詩箋云：「單，盡。」周書祭公解云：「昭王之所勖。」詩：「涼彼武王。」此云「昭武王惟冒」，言相道武王惟懋勉也。「丕單稱德」，言大盡稱其德也。冒，說文作「䀎」，云：「低目視也。」周書曰：『武王惟䀎。』」蓋孔壁古文。「冒」作「䀎」，古文假借字。許氏以「低目視」釋䀎，此字詁，非經義也。亦如堯典「肆類」作「𩏂類」，皋陶謨「朋淫」作「堋淫」，或以釋經文，失之遠矣。

今在予小子旦，若游大川，予往，暨汝奭其濟。小子同未在位。誕無我責收，罔勖不及。

疏游者，詩傳云：「行也。」濟者，釋言云：「渡也。」收者，韋昭注吳語云：「還也。」言今我如行大川，我先往與汝其渡。我沖子雖卽政，與未在王位同。大無賚我還國，但無人勉我以不及前人耳。謂不及四人之功也。僞傳以「收」字屬「罔勖不及」爲句，失之。耇造德不降，我則鳴鳥不聞，注「鳥」一作「鳳」。矧曰其有能格？」注馬融曰：「鳴鳥，謂鳳皇也。」鄭康成曰：「耇，老也。造，成也。詩曰：『小子有造。』老成德之人不降志與我並在位，則鳴鳥之聲不得聞，乃曰有能格于天者乎？言必無也。鳴鳥，謂鳳也。」疏耇者，釋詁云：「老壽也。」造者，鄭注王制云：「成也。」周語云：「周之興也，鸑鷟鳴于岐山。」注云：「三君云：『鸑鷟，鸑鳳之別名也。』」後漢書賈逵傳云：「武王終父之業，鸑鷟在岐。」言天不降下老成德之人，我則猶望鳴鳳之不可聞也，況其有德能陞于天乎？馬注見釋文。云「鳳皇」者，釋鳥云：「鶠，鳳；其雌皇。」鄭注見魏志管寧傳注。云「耇，老」，釋詁文。「造，成」，與注王制「造士」同。云「不降志與我並在位」者，論語云：「不降其志。」言不事王侯，高尚其志也。「鳥」作「鳳」者，釋文云：「鳴鳥，一本作『鳴鳳』者非。」

公曰：「嗚呼！君肆其監于兹。我受命無疆，惟休，亦大惟艱。疏釋詁云：「肆，今也。」監者，視也。言君今其視于此，我國家受命無竟，惟休慶，亦大惟難。謂命不于常也。告君乃猷裕，我不以後人迷。」注鄭康成曰：「召公不說，似隘急，故令謀于寬裕也。」疏猷者，釋詁云：「謀也。」廣雅釋詁云：「裕，容也。」「迷，誤也。」言告君乃謀容人之道，我之心迹，不與後人疑誤也。鄭注見書疏。

公曰：「前人敷乃心乃悉，命汝作汝民極。曰：『汝明勖偶王，在亶。乘兹大命，惟文王德丕承，無疆之恤。』」疏敷者，詩傳云：「布也。」悉者，釋詁云：「盡也。」極者，詩傳云：「中也。」偶者，廣雅釋詁云：「耦，侑也。」偶與耦通。亶者，釋詁云：「誠也。」乘者，詩傳云：「升也。」顏氏家訓音辭篇引劉昌宗周官音〔一〕讀「乘」若

「承」。言前人布乃心甚盡，命汝立民之中，謂曰：「汝其以明德勉侑王，惟在誠心。」江氏聲云：「周公、召公蓋並受武王顧命，命輔成王。四輔偶，俱以侑王，故曰偶王。」又言：「承此大命，惟文王之德是承受，任大責重，無竟之憂也。」江氏聲以「丕承」上屬爲句，是也。

公曰：「君！告汝，朕允。保奭，其汝克敬，以予監于殷喪大否，肆念我天威。**疏**允者，釋詁云：「誠也。」保，召公官。文王世子云：「保也者，慎其身以輔翼之，而歸諸道者也。」克，能；以，與；俱見前疏。否讀如易卦之「否」。肆者，詩傳云：「長也。」威，力；見上疏。周公稱召公官而告之，言汝能敬，與予監視殷之喪亡大否阸，長念我受命之由天力。予不允，惟若茲誥？予惟曰襄我，二人汝有合哉！言曰：『在時二人，天休茲至，惟時二人，弗戡。』其汝克敬德，明我俊民，在讓後人，于丕時。**疏**襄者，杜注左傳云：「成也。」「襄我」絶句。二人者，王制云：「八伯各以其屬，屬於天子之老二人，分天下以爲左右二伯。」合者，釋詁云：「對也。」茲與滋通，說文云：「益也。」戡與堪通，釋詁云：「勝也。」明者，堯典「明明」，史記上「明」爲「悉」。俊者，說文云：「才千人也。」丕者，漢書注：「師古云：『奉也。』」周公言予不誠，而惟若此相告乎？言以誠告也。予方思曰：汝當成我之美。今之二伯，惟我與汝二人合對哉！言者曰：「在是二人，致天休美益至；惟是二人，弗敢勝當。」其汝能敬德，明揚才俊之民，則我亦可以巽讓後來之人，于以奉是天休矣。周公謙言己不敢任太平瑞應，欲召公別擧賢以相輔助。嗚呼！篤棐

〔一〕「周官音」原訛作「周官晉」，據顏氏家訓音辭篇原文改。

時二人，我式克至于今日休。**疏**釋詁云：「篤，厚也。」「棐，輔也。」式者，釋言云：「用也。」言此時厚輔王業者，惟是我二人，我用能至于今日有此休慶。我咸成文王功于不怠，丕冒，海隅出日，莫不率俾。」**注**鄭康成曰：「率，循也。俾，使也。四海之隅，日出所照，無不循度而可使也。」**疏**咸者，釋詁云：「皆也。」丕，大。冒與懋聲相近。「丕冒」當絶句。俾者，釋言云：「職也。」言我與汝皆成文王之功于不怠，而大懋勉之，使我所治東海之隅日出之所，莫不循職。漢書武帝紀云：「莫不率俾。」注：「師古曰：『言皆循其職貢而可使也。』」周公、召公分陝爲二伯，公羊隱五年傳云：「自陝而東者，周公主之；自陝而西者，召公主之。」使東海率職，是周公之任也。推本文王功者，文王亦州伯也。鄭注見魏志武帝紀。注云：「率，循」、「俾，使」，皆釋詁文。以「海隅」爲「四海之隅」，「出日」爲「日出所照」，是分海隅、日出爲二義，言疆界之廣也。

公曰：「君！予不惠，若茲多誥。予惟用閔于天越民。」**疏**惠與慧通，江氏聲云：「漢書昌邑王傳云：『清狂不惠。』注：『蘇林云：心不慧。』」周公謙也。穀梁僖二年傳云：「達心則言略。」達心卽慧也。閔者，詩箋云：「悼傷也。」越與粤通，釋詁云：「於也。」言我不智慧，故如此煩言多誥。我惟用悲閔于天命民心之不易保。若篇首所云「不敢寧于上帝命，弗永遠念天威。越我民罔尤違，惟人在」之義。

公曰：「嗚呼！君惟乃知民德，罔不能厥初，惟其終？」**注**鄭康成曰：「召公是時意說周公，恐復不說，故依違託言民德以剴切之。」**疏**呼召公言：汝亦知民之行，無不能其初，惟其終之難乎？言我當終成其業，不容去國也。鄭注見書疏。以此爲恐召公意說而復有不說，故託言民德以切告之。云「剴切之」者，詩雨無正箋云：「以事類諷，切剴微之言。」疏云：「書傳注云：『剴，切。』說文云：『剴，摩也。』謂摩切其傍，不斥言也。」祇若茲。往，敬用治！」疏祇者，馬氏注易復卦云：「祠也。」往者，謂述職，治自陝以西也。言我所告祇如此而已，君其往，敬以爲治哉！白虎通巡狩篇云：「傳云：『周公入爲三公，出爲二伯，中分天下，出黜陟。』詩曰：『周公東征，四國是皇。』言東征述職。又曰：『蔽芾甘棠，勿翦勿伐，召伯所茇。』言邵公述職，親說舍於野棠之下也。」僞傳以此經「二人」爲文王、武王，失之。鄭注以「海隅」爲四海之隅，不據陝東言之，亦未爲得也。

多方第廿三　周書十四　尚書今古文注疏卷廿三

疏此篇書序列在無逸、君奭之後，前尚有成王征、將薄姑二佚篇。史記周本紀召誥、洛誥、多士、無佚及此多方，俱在周公行政七年成王長、周公反政之後，與伐誅管、蔡非一時事。大傳則云：「周公攝政，一年救亂，二年克殷，三年踐奄，四年建侯衞，五年營成周，六年制禮作樂，七年致政于成王。」則此是攝政三年事，當在召誥、洛誥諸篇之前。故書序疏引鄭注云：「此伐淮夷與踐奄，是攝政三年伐管、蔡時事。其編篇于此，未聞。」案：古今文説書本不同，史公問故孔安國，又與書序編篇之次相合，未可非也。又考大傳云：「管叔疑周公，流言於國曰：『公將不利于王。』奄君薄姑謂祿父曰：『武王已死矣，成王幼，周公見疑矣，此世之將亂也，請舉事。』然後祿父及三監叛。周公以成王之命殺祿父。」此時不言誅奄君。周本紀亦止云：「誅武庚、管叔，放蔡叔。」蒙恬傳則云：「成王能治國，有賊臣言：『周公旦欲爲亂久矣，王若不備，必有大事。』王乃大怒，周公旦走而奔於楚。」又云：「殺言之者而反周公旦。」此賊臣流言在成王能治國之後，是反政後譖周公，與管、蔡流言俱非一時事，蓋即奄君也。奄君先導管、蔡流言，或未聞於朝，故爲誅戮所不及。此時見周公反政，又進讒言，成王悟而誅之，疑即此時踐奄也。蒙恬親見百篇之書，説當不謬。伏生亦見全書，而大傳則夏侯、歐陽所記，或不必出自伏生耳。

惟五月丁亥，王來自奄，至于宗周。**注**鄭康成曰：「奄國在淮夷之旁，周公居攝之時亦叛，王與周公征之，三年滅之，自此而來歸。」疏此五月，史公以爲在七年反政之後，大傳以爲在攝政三年，不能推其甲子也。「王來自奄」，據多士云「昔朕來自奄」，此篇應與多士相連在前，故鄭疑其編篇於此也。宗周者，詩正月云：「赫赫宗周。」傳云：「宗周，鎬京也。」周之東遷，無復西都，亦名東都王城爲宗周。此時宗周實鎬京也。周官序云：「還歸在豐。」成王是時常居豐，去鎬京二十五里。然則至鎬誥庶邦後仍歸豐也。鄭注見詩豳譜疏。云「奄國在淮夷之旁」者，奄在魯，見上多士疏。云「周公居攝之時亦叛」者，用大傳說。詩破斧云：「周公東征，四國是皇。」傳云：「管、蔡、商、奄也。」亦以伐奄爲攝政時事，與史記不同。

周公曰王若曰：「猷告爾四國多方，疏王氏鳴盛引書疏：「王肅曰：『周公攝政，稱成王命以告。及還政，稱「王曰」嫌自成王辭，故加周公以明之。』王肅以多方作在歸政後，則僞傳謂再叛、再征，與王肅合。或皇甫謐依倣肅注爲之。然再叛之事無據。惟此『周公曰王若曰』之文，蓋大誥『王若曰』鄭謂王卽周公，今此以周公冠成王之上，與攝政前之大誥異，與歸政後之多士同。謂周公在軍中，故假王自重。此凱還作誥，當稱王命，而其詞實出周公，故書法如此」。案：王肅雖亂經之人，此說多方在周公反政後，實本於史記，未爲無據。王氏所言「在軍中」及「凱旋書法不同」之說，亦未必然也。猷與繇通，釋言云：「道也。」猷告猶言告道，大誥云「猷大誥爾多邦」，馬氏作「大誥繇爾多邦」。惟爾殷侯尹民，我惟大降爾命，爾罔不知。疏釋言云：「殷，中也。」「尹，正也。」「降，下也。」命者，詩箋云：「猶教令也。」多士云「昔朕來自奄，予大降爾四國民命」，卽謂此「我惟大降爾命」也。言汝中夏諸侯之正治民者，我惟大下汝教令，汝應無不知之矣。僞傳以大降爾命謂誅紂，失之遠矣。洪惟圖天之命，弗永寅念于祀。疏洪惟，當如大誥

「洪惟」，蓋洪亦爲代也。上文言「周公曰王若曰」，是代王出誥。寅者，釋詁云：「敬也。」圖天命，謂圖度天命。弗永念于祀，卽下文「不克永于多享」及「不集于享，惟我周王克堪用德，惟典神天」也。**惟帝降格于夏，有夏誕厥逸，不肯慼言于民，乃大淫昏，不克終日勸于帝之迪，**注「迪」，馬融作「攸」，曰：「所也。」疏降，下；見上疏。格與假通，釋詁云：「陞也。」言惟帝陞降于中夏之人，卽洪範云「陰隲下民」也。逸者，釋言云：「過也。」又與佚通。廣雅釋詁云：「劮，戲也。」釋言云：「劮，豫也。」慼者，詩傳云：「憂也。」迪者，與篴聲相近，說文云：「篴，長也。」言有夏大其逸豫，不肯有憂慼之言及于民，乃大淫泆昏亂，不能有一日勸勉于帝之長，言如不終日也。馬注見釋文。「迪」作「攸」者，字從由聲，與攸相近；云「所」者，釋言文。**乃爾攸聞。厥圖帝之命，不克開于民之麗，乃大降罰，崇亂有夏。**疏厥者，釋言云：「其也。」其，謂夏桀也。麗者，麗於獄也。周禮小司寇職：「以八辟麗邦法，附刑罰。」注：「杜子春讀麗爲羅。」疏云：「羅則入羅網，當在刑書。」呂刑云「越茲麗刑」，又云「苗民匪察于獄之麗」是也。崇者，詩傳云：「終也。」言有夏淫昏之事，乃汝所聞。其君桀圖度帝命，不知天之愛民，不能開釋于民之麗于罪網者，乃大下誅罰，終亂夏邑。僞傳以麗爲施，云「施政教」，失之。**因甲于內亂，**注鄭康成曰：「習爲鳥獸之行，于內爲淫〔一〕亂。」**不克靈承于旅。**疏甲者，釋言云：「狎也。」內亂者，桀嬖有施氏女妹喜。靈者，詩箋云：「善也。」承者，詩傳云：「正也。」旅者，釋詁云：「衆也。」言桀因習于好內以亂政，不能以善正治此衆民。鄭注見書疏，云「鄭、王皆以甲爲狎」，故鄭釋

〔一〕「淫」原訛作「內」，據尚書正義多方疏所引鄭注原文改。

甲爲習也。說文云：「狎，犬可習也。」云「鳥獸行」者，周禮大司馬云：「外內亂，鳥獸行，則滅之。」注引王霸記曰「悖人倫，外內無有異于禽獸」是也。

罔丕惟進之恭，洪舒于民。亦惟有夏之民叨懫日欽，劓割夏邑。**注**「懫」一作「𦤶」。　**疏**罔丕者，釋言云：「罔，無也。」丕與不通。　進者，史記呂不韋傳云：「進用不饒。」索隱引小顏云：「財也。」漢書高帝紀云：「蕭何主進。」注：「師古曰：『進字本作贐。』」恭與共通，釋詁云：「具也。」舒者，困學記聞曰：「古文作『荼』。」此宋次道家古文。　考工記注云：「荼〔一〕，古文舒。」叨，說文作「饕」，云：「貪也。」重文作「叨」。　又：「𦤶，忿戾也。」引周書此文，云：「讀與摯同。」欽與廞通，釋詁云：「興也。」割與害通。　夏邑者，夏之京邑，見前疏。　言桀貪，無不以財進奉共職，大爲荼毒于民。　亦惟夏民貪戾日興。　謂上有好者，下必甚也。　殘害夏邑，　如湯誓所云「率割夏邑」，呂氏春秋慎大篇云「桀爲無道，暴戾頑貪，天下顫恐而患之」是也。

天惟時求民主，乃大降顯休命于成湯，刑殄有夏。惟天不畀純，乃惟以爾多方之義民，不克永于多享。惟夏之恭多士，大不克明保享。于民乃胥惟虐于民，至于百爲，大不克開。　**疏**顯者，釋詁云：「代也。」刑者，說文云：「罰辠也。」殄者，釋詁云：「絕也。」畀者，詩傳云：「與也。」純者，方言云：「好也。」樊毅修華嶽碑云：「天惟醇佑萬國。」純與醇聲相近。　謂天不與以美報也。義民者，江氏聲云：「猶民儀，謂賢者。」大誥「民獻」，大傳作「民儀」是也。　恭同共；　明，勉；　保，安；　見上疏。　胥者，釋詁云：「皆也。」言天惟是求民之主，乃大下代受美命于成湯，罰絕夏桀。　惟天不與夏以美報矣，乃惟以汝多方之賢民，不克長享

〔一〕「荼」原訛作「茶」，據皇清經解本及考工記注原文改。

祿位。惟夏之共職多士，大不能勉安其享。此當絕句。又言桀于民乃皆惟暴虐于民，至于所爲百事，大不能開釋于麗罪者。言桀不能用賢慎罰也。乃惟成湯，克以爾多方簡代夏作民主。慎厥麗，乃勸厥民。刑，用勸。**疏**簡同間，釋詁：「代也。」言惟成湯能以汝多方代夏爲民之主。慎其麗于罪者，乃所以勸勉其民。刑罰其有罪者，亦用勸勉其民也。經既云「簡」，又云「代」，疑後人增「代」字，或簡訓大也。以至于帝乙，罔不明德慎罰，亦克用勸。要囚，殄戮多罪，亦克用勸。開釋無辜，亦克用勸。**疏**明德、慎罰、要囚，俱見康誥疏。勸者，廣雅釋詁云：「教也。」帝乙謂七世王之王，祖乙也。今至于爾辟，弗克以爾多方享天之命。**疏**言至于汝君紂，不能以多方享大命也。嗚呼！」

王若曰：「誥告爾多方，非天庸釋有夏，非天庸釋有殷，乃惟爾辟以爾多方大淫圖天之命，屑有辭。**疏**釋者，韋昭注晉語云：「舍也。」淫者，高誘注呂氏春秋云：「過也。」屑有辭，多士作「泆有辭」。馬氏云：「屑，過也。」玉篇云：「屑，碎也。」楊倞注荀子云：「屑，襍碎衆多之貌。」辭者，說文云：「訟也。」言王今告汝多方，非天之捨夏、殷也，乃惟汝君以汝多方大過圖度天命，謂我生不有命在天，有罪狀衆多，以致滅亡。乃惟有夏，圖厥政不集于享，天降時喪，有邦間之。乃惟爾商後王逸厥逸，圖厥政不蠲烝，**注**馬融曰：「蠲，明也。烝，升也。」天惟降時喪。**疏**集者，詩傳云：「就也。」間者，釋詁云「代也。」蠲者，詩傳云：「絜也。」烝者，廣雅釋詁云：「美也。」言惟夏王圖度其政不就于享，天下是喪亡之咎，使有國諸侯代之。又惟汝後王紂過其佚豫，謀其政不絜不美，天惟下是喪亡之咎。馬注見釋文。云「蠲，明」者，釋言文。「烝，升」者，韋昭注周語同也。言無明德升聞于天。

惟聖罔念作狂，惟狂克念作聖。 **疏** 中論法象篇云：「墜其威儀，恍其瞻視，忽其辭令。」下引此文。大傳云：「貌之不恭，是謂不省，厥咎狂。」又云：「思心〔一〕之不容，是謂不聖。」鄭注云：「君貌不恭，則是不能敬其事也。君臣不敬，則倨慢如狂矣。」又云：「容當爲『睿』。睿，通也。心明曰聖。孔子說休徵〔二〕曰：『聖者，通也。』兼四而明，則所謂聖。聖者，包貌、言、視、聽而載之以思心者，通以待之。君思心不通，則是非〔三〕不能心明其事也。」言惟通明者無念，則慢倨矣；慢倨者能念，則通明矣。

天惟五年須暇之子孫。 **注** 鄭康成曰：「夏之言假。天覬紂能改，故待暇其終至五年，欲使復傳子孫。五年者，文王八年至十三年。」「假」一作「夏」，「之子孫」一作「湯之子孫」。 **疏** 須者，釋詁云：「待也。」說文作「頦」。假與夏通。大傳云：「夏者，假也。」釋名云：「寬假萬物，使生長也。」又與暇通，方言云：「秦、晉之間，凡物壯大而愛偉之，謂之夏；周、鄭之間謂之暇。」隸釋成陽靈臺碑「日稷不夏」即「日昃不暇」也。詩武疏引此經，作「天維五年須暇湯之子孫」，多「湯」字。思文疏引鄭注大誓云：「禮說曰：『天意若曰：須紂五年，乃可誅之。』」詩皇矣疏引我應云：「作靈臺，綏優假紂。」此云「五年」，當從文王七年數至武王十一年伐紂也。鄭注見詩皇矣疏。「文王八年」，詩武疏引鄭注作「文王受命八年」。云「夏之言假」，鄭用大傳義，是鄭本作「夏」也。自八年數至十三年，是匝五年。鄭用十三年伐紂之說，與史記十一年異也。

誕作民主，罔可念聽。天惟求爾多方，大動以威，開厥顧天。惟

〔一〕「心」字原無，據文獻通考郊社考所引大傳原文補。

〔二〕「徵」原訛作「微」，據文獻通考郊社考所引大傳鄭注原文改。

〔三〕「非」字原無，據文獻通考郊社考所引大傳鄭注原文補。

爾多方罔堪顧之，惟我周王靈承于旅，克堪用德，惟典神天。**注**鄭康成曰：「顧，由視念也。其意言天下災異之威，動天下之心，開其能爲天以視念者。衆國無堪爲之，惟我周能堪之。」**疏**典，同「敟」，說文云：「敟，主也。」言天須假紂，而紂大爲民主，無可爲天念聽者。天惟求汝衆國大動明威，以啟其爲天顧念者。衆國無堪之者，惟我周王善受衆民，能勝用德，以主神天之祀。鄭注見詩譜序疏。以動威爲災異者，金縢云「今天動威」，謂「天大雷電以風，大木斯拔，禾盡偃」也。墨子非攻篇云：「還至商王紂，天不序其德，祀用失時。兼夜中十日雨土于亳[一]，九鼎遷止，婦妖宵出，有鬼宵吟，有女爲男，天雨肉，棘生乎國道。」此紂時災異之見于傳記者。

天惟式教我用休，簡畀殷命，尹爾多方。**疏**式者，釋言云：「用也。」簡者，釋詁云：「大也。」尹者，說文云：「治也。」言天惟用教我以休祥，大付殷命，治汝多方也。

今我曷敢多誥？我惟大降爾四國民命。爾曷不忱裕之于爾多方？爾曷不夾介乂我周王，享天之命？**注**「曷」一作「害」，「不」一作「弗」。**疏**忱者，詩傳云：「信也。」裕者，方言云：「道也。」夾者，廣雅釋詁云：「近也。」介者，釋詁云：「善也。」乂與艾通，釋詁云：「相也。」言今我何敢多誥？我惟大下汝四方民之教令。汝何不以誠道之于衆國？汝何不近善相我周王，共享天命？「曷」作「害」，「不」作「弗」，見匡謬正俗引書文。段氏玉裁云：「王莽依大誥多作『害』。」是今文皆作「害」也。

今爾尚宅爾宅，畋爾田，爾曷不惠王熙天之命？**注**「畋」一作「田」。**疏**畋者，說文云：「平田也。」惠者，釋言云：「順也。」熙者，周語晉叔向云：「廣也。」言今爾猶居爾居，治爾田，爾何不順王廣天之命乎？

爾乃迪屢不靜，爾心未愛，爾乃不大宅天命，爾乃屑

[一]「亳」原訛作「毫」，據墨子非攻原文改。

播天命，爾乃自作不典，圖忱于正。 **疏** 迪者，釋詁云：「作也。」屢，俗字，當爲「婁」，釋言云：「亟也。」詩箋云：「數也。」亟即數也。康誥云：「今惟民不靜，未戾厥心。」愛者，說文云：「患〔一〕，惠也。」釋言云：「惠，順也。」宅當讀爲度。屑者，方言云：「貐也。」典者，釋詁云：「典、法，常也。」忱，誠；見上疏。正者，釋詁云：「長也。」迪屢猶言屢迪。汝數作不靜，汝心無愛順之意，乃不大圖度天命，乃以狡獪播散天命，乃自爲不法，謀取信於正長。

惟時其戰要囚之，至于再，至于三。乃有不用我降爾命，我乃其大罰殛之。我惟時其教告之，我非我有周秉德不康寧，乃惟爾自速辜。」 **疏** 要囚，見康誥疏。要者，爲其罪法之要辭也。殛者，釋言云：「誅也。」速者，鄭注鄉飲酒禮云：「召也。」言我惟是教告汝，我惟是其俘囚汝，至于再三。有不用我所下之命，我其大罰誅汝。非我周奉德不安靜，乃惟汝自召罪也。殛，釋文云：「本又作『極』。」春秋左氏昭七年傳云：「昔堯殛鯀於羽山。」釋文云：「殛，本又作『極』。」詩菀柳疏引釋言作「極誅」。是殛字古多作「極」。

王曰：「嗚呼！猷告爾有方多士，暨殷多士：今爾奔走臣我監五祀，越惟有胥伯小大多正， **注** 大傳說：「古者十稅一。多于十稅一，謂之大桀、小桀；少于十稅一，謂之大貊、小貊。王者十一而稅，而頌聲作矣。故書曰：『越維有胥賦小大多政。』」 **疏** 猷與繇同，釋言云：「道也。」猷告，猶言告道。監謂三監。五祀，五年也。釋天云：「商曰祀，周曰年。」告殷民故稱祀。江氏聲云：「武王命三叔監殷，殷民皆臣服，于茲十年矣。言五祀者，本其未叛時言也。」鄭注大射禮云：「胥，宰官之胥；伯者，州伯。」內則云：「州史獻諸州伯，州伯命藏諸州府。」詩伯兮疏云：「彼州伯

〔一〕「患」，案之說文心部，當作「㤅」。

對閭史、閭府，亦謂州里之伯。」是伯爲州里之伯也。鄭注周禮地官序官云：「正、師、胥，皆長也。」「越惟有胥伯小大多正」，言于惟有宰官之吏及州伯、小大多正長，俱謂監已下官長。言告道汝有方多士，與殷多士：今許汝奔走臣服我三監，曾歷五祀，于惟有史胥、州伯、小大多正長，汝無不能奉法也。大傳「惟」作「維」、「伯」作「賦」、「正」作「政」者，今文也。胥者，周禮天官序官云：「胥十有二人，徒百有二十人。」注云：「此民給繇役者。」是給繇役者有胥名。賦者，周禮大司馬云：「凡令賦，以地與民制之：上地食者三之二，其民可用者家三人；中地食者半，其民可用者二家五人；下地食者三之一，其民可用者家二人。」是繇役亦賦也。故漢書景帝紀詔曰「省繇賦」，後漢書第五倫傳云「倫後爲鄉嗇夫，平繇賦」，皆繇賦連言，即此胥賦也。今文言于惟有繇賦之事，小大多得中之政令也。云「什一而稅」者，公羊宣十五年傳云：「古者什一而稅藉。古者曷爲什一而藉？什一者，天下之中正也。多乎什一，大桀、小桀；寡乎什一，大貉、小貉。什一者，天下之中正也。什一行而頌聲作矣。」與大傳說同。

爾罔不克臬。

注馬本「臬」作「剌」。

疏臬者，廣雅釋詁云：「法也。」言汝無不能奉法，謂奉正長供繇賦也。馬作「剌」，見釋文。「剌」亦臬之借字。

自作不和，爾惟和哉。爾室不睦，爾惟和哉。爾邑克明，爾惟克勤乃事，爾尚不忌于凶德。

注「尚」一作「上」，「忌」一作「諅」。

疏睦者，說文云：「敬和也。」明與孟聲相近，釋詁云：「勉也。」尚與上通。言汝自作不和，今惟和哉。汝室有不和者，亦惟和之。汝邑中有能勉者，汝惟能勤勸乃事，則汝長上不忌嫉汝昔時之惡行矣。說文云：「諅，忌也。周書曰：『上不諅于凶德。』」今本「上」作「尚」。案玉篇、廣韻、集韻引說文皆止作「上」字，上與尚雖通，當從古文。說文「忌」作「諅」，孔壁古文也。

亦則以穆穆在乃位，克閱于乃邑，謀介爾乃自時洛邑，尚永力畋爾田。天惟畀矜爾，

我有周惟其大介賚爾，迪簡在王廷，尚爾事，有服在大僚。」**疏**穆穆者，釋詁云：「敬也。」閱與説通，詩傳云：「服也。」釋詁云：「介，善也。」「畀、賚，予也。」「迪，進也。」「柬，擇也。」「服，事也。」「寮，官也。」簡與柬通。僚即寮俗字。言上既不汝忌，汝亦則以敬在位，能服于乃邑，謀善汝從遷之洛邑，汝庶幾能永遠用力治汝田。天惟予汝矜汝，我周惟其大善錫予汝，進擇汝在王之廷，加汝所事，有事在大官也。

王曰：「嗚呼！多士，爾不克勸忱我命，爾亦則惟不克享，凡民惟曰不享。**疏**言汝不能勸勉信我之教令，汝亦惟不能享天命，汝之民亦不能享天命也。江氏聲説以「曲禮云『五官致貢曰享』，注云『貢，功也。享，獻也。致其歲終之功于王，謂之獻』，故云『致功曰享』」。則謂汝不共王事，凡民亦效汝不共也。爾乃惟逸惟頗，大遠王命，則惟爾多方探天之威，我則致天之罰，離逖爾土。」**注**鄭康成曰：「分離奪汝土也。」

疏逸者，漢書注：「臣瓚云：『放也。』」頗者，廣雅釋詁云：「衺也。」釋詁云：「探，取也。」「逷，遠也。」逖同逷。言汝乃惟放蕩頗邪，大不近王命，則惟汝多方取天威罰，我則致天討，離遠汝土。謂放流之。鄭注見書疏。言「分離奪汝土」者，論語云：「奪伯氏駢邑三百。」既放而離逖之，則故土非其所有也。

王曰：「我不惟多誥，我惟祇告爾命。」

又曰：「時惟爾初不克敬于和，則無我怨。」**疏**釋詁云：「祇，敬也。」「初，始也。」言我不徒多誥，我惟敬告汝以天命。又言是惟始不能敬和，故令遷居，則無怨我也。

立政第廿四　周書十五　尚書今古文注疏卷廿四

注史遷説：「周之官政未次序，於是周公作周官，官別其宜。作立政，以便百姓。百姓説。」**疏**史公説見魯世家。云「以便百姓」者，便猶辨也；百姓，百官也；見堯典疏。

周公若曰：「拜手稽首，告嗣天子王矣。」**疏**史記周本紀云：「周公行政七年，成王長，周公反政成王，北面就羣臣之位。」魯世家云：「成王長，能聽政，於是周公乃還政於成王，成王臨朝。」又云：「北面就臣位，匔匔如畏然。」是説此經「拜手稽首」之義也。

用咸戒于王曰：「王左右常伯、**注**「伯」一作「故」。常任、準人、**注**「準」一作「辟」。綴衣、虎賁。」**疏**咸者，釋詁云：「皆也。」史説言周公就羣臣之位，故與羣臣皆告戒於王。常伯者，文選藉田賦注引應劭漢官儀云：「侍中，周成王常伯，任侍中殿下稱制。」則常伯於漢爲侍中。百官表侍中、中常侍皆加官，無員，多至數十人，得入禁中。注：「應劭曰：『入侍天子，故曰侍中。』」古文苑載胡廣侍中箴云：「亦惟先正，克慎左右。常伯、常任，實爲政首。」據此則常任亦爲侍中之職。準人，江氏聲云卽下文文武時之準夫，所謂「宅乃準」也。準者，説文云：「平也，从水。」又云：「灋，平也，平之如水。」莊子内篇德充符〔一〕云：「平者，水停之盛也，其可以爲法也。」準字，熹平石經作「辟」，辟亦法也。下文言「勿誤于庶獄」，又稱「司寇蘇公」，則準人卽主治獄之官也。綴衣，不見於周官。顧命云：「狄設黼扆綴衣。」則綴衣是主衣服之官。揚雄雍州牧箴、班固西都賦、崔瑗北軍中候箴皆作「贅衣」。疑以綴衣名

〔一〕「德充符」原作「人間世」。按下引之文見莊子德充符，孫氏誤記爲人間世，今據莊子本書改。

官，是侍帷幄之臣。後漢百官志：「內者令一人，六百石。」本注曰：「掌中布張諸衣物。」疑卽此官。皆近臣也。虎賁者，周禮夏官之屬：「虎賁氏，下大夫二人，舍則守王閑，王在國則守王宮。」亦近臣。僞傳以常伯、常任爲常所長事、常所委任，謂三公、六卿，非也。伯，說文作「敀」，云：「迮也。」引周書曰：「常敀常任。」此孔壁古文。迮之訓蓋字詁，非經義也。王氏鳴盛以迮爲迫近之義，或然。準，熹平石經作「辟」，下闕。蓋作「辟人」，謂法官也。

周公曰：「嗚呼！休茲，知恤鮮哉！　**疏**釋詁云：「休，美也。」「恤，憂也。」「鮮，罕也。」言美此近臣，知憂者少也。

古之人迪惟有夏，乃有室大〔一〕競，籲俊，尊上帝，迪知忱恂于九德之行。　**疏**迪者，釋詁云：「道也。」有室，猶云有家，謂卿大夫也。競者，釋言云：「彊也。」詩烈文云：「無競惟人。」傳云：「競，彊。」箋云：「人君爲政，無彊于得賢人者。」籲者，說文云：「呼也。」俊者，釋言云：「髦也。」忱者，詩傳云：「誠也。」恂者，釋詁云：「信也。」九德，皋陶謨云：「亦行有九德。」言古之人有道者惟夏王，時其巨室多賢，其君招呼賢俊，以尊事上帝，以道知人誠信于九德之行。畢氏以田云：「二『迪』字當訓爲適。迪卽由字。由，適也，亦語詞。釋詁『適』、『由』皆訓自，『迪惟有夏』，猶云『適惟有夏』也。下『迪知』同。」

乃敢告教〔二〕厥后曰：拜手稽首后矣。曰：宅乃事，宅乃牧，　**注**鄭康成曰：「殷之州牧曰伯，虞、夏及周曰牧。」

宅乃準，茲惟后矣。謀面，用丕訓德，　**注**「謀面」一作「亂謀面」。

則乃宅人，茲乃三宅無義民。　**疏**宅者，釋言云：「居也。」亦與度通。事，謂三事大夫。詩十月之交「擇三有

〔一〕「大」原作「大大」，衍一「大」字，據尚書正義立政經文删。
〔二〕「教」字原脫，據尚書正義立政經文補。

事」，傳云：「有事，國之三卿。」謀面者，周書官人解有考言觀色。訓與順通。丕，大也。義民，王氏念孫云：「邪民。說文：『俄，行頃也。』廣雅釋詁云：『俄，衺也。』學記『蛾子時術之』，卽蟻子也。古字俄、義同聲。」言既誠信所知之人有九德之行，乃敢拜手稽首以告其君曰：居乃職事之人，居乃作牧之人，居乃平法之人，茲乃在我后矣。察其言，觀其色，用大順德之人，乃以官居人，此乃職事、作牧、平法之人皆無邪民矣。鄭注見書疏。云「殷之州牧曰伯，虞、夏及周曰牧」者，曲禮云：「九州之長曰牧。」王制云：「千里之外設方伯，八州八伯。」白虎通封公侯篇云：「州伯何謂也？伯，長也。」唐、虞謂之牧者，曰「尚質。使大夫往來牧諸侯」是也。謀面，熹平石經作「亂謀面」。言臣治其謀猷君面，用大訓德也。

桀德惟乃弗作往任，是惟暴德，罔後。**疏** 任者，韋昭注周語云：「職也。」暴者，說文云：「疾也。」罔，無也。桀之爲德，惟乃弗爲往昔先王任人之道，是惟暴虐爲德，不顧其後。

亦越成湯陟丕釐上帝之耿命，乃用三有宅，克卽宅，曰三有俊，克卽俊。嚴惟丕式，克用三宅三俊。其在商邑，用協于厥邑；其在四方，用丕式見德。**疏** 越，同「粵」，釋詁云：「于也。」丕，語詞。陟，同「勅」，皋陶謨「勅天之命」，史記作「陟」。釐者，詩箋云：「理也。」耿者，說文引杜林說：「光也。」三宅，江氏聲云：「事、牧、準也。」卽者，詩傳云：「就也。」三俊卽三英，詩羔裘云：「三英粲兮。」傳云：「三英，三〔一〕德也。」箋云：「三德：剛克、柔克、正直也。」式者，釋言云：「用也。」協者，釋詁云：「和也。」言亦于成湯能勅理天之光命，乃用事、牧、準三宅之官，能就其所居之位。言稱職。舉三德之俊，能就其俊德。言不失實。惟嚴以用人，能用三宅三俊。其在京邑，以和于其邑；其在四方，以能用人見其德。

嗚呼！其在受德暋，**注** 馬

〔一〕「三」原訛作「之」，據詩鄭風羔裘毛傳原文改。

融曰：「受德，受所爲德也。」「敃」一作「忞」。**疏**「受德」者，周書克殷解云：「殷末孫受德。」孔晁注云：「紂字受德。」吕氏春秋當務篇云：「紂之同母三人，長曰微子啓，其次曰中衍，其次曰受德。受德乃紂也。」敃者，釋詁云：「强也。」馬注見釋文。以「受德」爲受所爲德者，西伯戡黎序云：「奔〔一〕告于受。」是紂亦單稱受。上文言桀德，則此「受德」，亦可言受之德也。敃，説文作「忞」，云：「彊〔二〕也。周書曰：『在受德忞。』讀若旻。」

惟羞刑暴德之人，同于厥邦，乃惟庶習逸德之人，同于厥政。**疏**羞者，釋詁云：「進也。」暴者，説文云：「疾也。」庶者，釋詁云：「衆也。」習者，釋詁云：「狎，習也。」習亦爲狎。逸者，漢書韋賢傳注：「臣瓚曰：『放也。』」言惟進用刑殺暴虐爲德之人，與之治國，乃惟衆狎習放蕩之人，與之謀政也。

帝欽罰之，乃伻我有夏，式商受命，奄甸萬姓。**疏**欽與厥通，釋詁云：「興也。」伻與抨同，釋詁云：「使也。」夏者，説文云：「中國之人也。」式者，釋言云：「用也。」奄者，説文云：「大有餘也。」甸者，詩傳云：「治也。」言天興罰紂罪，乃使我有中國之人，用受商之大命，大治萬民。

亦越文王、武王克知三有宅心，灼見三有俊心，**注**「灼」一作「焯」，「俊」一作「會」。以敬事上帝，立民長伯。**疏**灼者，廣雅釋訓云：「灼灼，明也。」伯者，釋詁云：「長也。」言亦至于文王、武王能知事、牧、準人之心，明見三德俊士之心，以敬事上天，立明長上。灼，説文作「焯」，云：「明也。」引周書：「焯見三有俊心。」俊，熹平石經作「會」，今文與古文異也。釋詁云：「會，合也。」言明見三宅之合于心者，始用之。

立政任人：準、夫、牧作三

〔一〕「奔」原訛作「弃」，據西伯戡黎序本文改。

〔二〕「彊」原訛作「疆」，據説文改。

事，虎賁、綴衣、趣馬、小尹、左右攜僕、百司庶府、大都小伯藝人、表臣百司、太史、尹伯、庶常吉士、司徒、司馬、司空、亞旅，

疏 立政任人，言文武立政以任人也。準、夫、牧作三事，即上文「宅乃事」、「宅乃牧」、「宅乃準」之倒文。三事，見詩十月之交，云：「三事大夫。」箋云：「三公。」此似總下衆官大小言之也。虎賁、綴衣，見前疏。孟子盡心篇趙注引書云：「虎賁、贅衣、趣馬、小尹。」趣馬見詩雲漢，傳云：「歲凶，年穀不登，則趣馬不秣。」江氏聲云：「虎賁、趣馬于周禮爲校人屬。馬一十二匹立趣馬一人，掌贊正良馬，而齊其飲食。小尹即圉師之類，趣馬即下士，馬一匹有圉師一人也。〔一〕左右攜僕蓋若周禮太僕、射人也。鄭注周禮射人云：『射人與僕人俱掌王之朝位也。檀弓曰：「扶君，卜人師扶右，射人師扶左。」』注云：『卜當爲僕，聲之誤也。僕人、射人皆平生時贊正君服位者。』然則此文『左右攜僕』，正當彼二官之職也。」王氏鳴盛云：「左右攜持器物之僕，謂寺人、內小臣等也。」百司庶府，江氏云：「若曲禮云『天子之六府，曰：司土、司木、司水、司草、司器、司黄』是也。周禮則官名言司者尤多，府則有太府、玉府、內府、外府、泉府、天府之屬。言百言庶，皆凡括諸官之詞也。」王氏云：「百官有司之下主券契府藏之吏，謂其下賤人，非百官有司之身也。」江氏又云：「百司兩見者，蓋內外臣之別與？『表臣百司』，表之言外，是外百司也。」太都小伯者，大都邑之小長，謂公卿都邑之內大夫及邑宰之屬，以身有道藝，故云藝人。太史者，周禮：「太史，下大夫二人，掌建邦之六典。」所掌事重，故特言其官名。尹伯，長官大夫。周禮每官皆有長，若太史爲史官之長，大司樂爲樂官之長，如此類皆是也。庶常吉士，王

〔一〕此引江聲說有誤。虎賁、趣馬于周禮不屬校人，案之江氏尚書集注音疏原文，當作「虎賁趣馬于周禮屬夏官」，且無「馬一十二匹立趣馬一人」至「馬一匹有圉師一人也」數語。

氏云：「衆掌常事之善士。」蓋士爲長官者。其大夫及士不爲長官者，則前云「百司」也。司徒、司馬、司空，則周禮六卿之三也。曲禮云：「天子之五官，曰：司徒、司馬、司空、司士、司寇。」鄭注以爲殷制，然則殷紂時天子五官，文武時爲諸侯，降于天子，故三官。亞旅者，亞，次也，謂其副貳官。名異於周禮者，蓋稱名之異，非設官之名。如月令之有太尉、大酋，緯書之舜爲太尉，不必虞、周有此官名也。

夷微、盧烝，三亳阪尹。

注鄭康成曰：「三亳者，湯舊都之民服文王者，分爲三邑。其長居險，故云阪尹。蓋東成皋，南轘轅，西降谷也。」

疏烝者，釋詁云：「君也。」微、盧見牧誓。書疏云：「此舉夷微、盧以見彭、濮等諸夷也。」鄭注見書疏。三亳者，見詩玄鳥疏。云「湯舊都之民服文王者，分爲三邑」者，亳爲湯都，以其時商紂暴虐而服于文王。以言「三亳」，故知分爲三邑也。云「其長居險，故曰阪尹」者，阪是山陂之名，尹是正長之稱。既分亳爲三邑，自必各爲立長，其長稱阪尹，以居峻險處也。云「東成皋、南轘轅、西降谷」者，地理志云：「成皋，故虎牢，或曰制。」春秋左氏隱元年傳云：「制，巖邑也。」則成皋險矣。國策張儀曰：「塞轘轅、緱氏之口。」則轘轅亦險。水經穀水注云：「草澗水出新安縣，東南流，經毌丘興盛墓東，又南，經函谷關西。關高險陜，路出廛郭。漢元鼎三年，樓船將軍楊僕數有大功，恥居關外，請以家童七百人築塞，徙關于新安，即此處也。」然則新安之函谷亦險。函、降聲相近，鄭氏所言降谷必是此也。江氏聲云：「鄭氏以亳邑北臨大河，故于其東西南三面推求，而以成皋、轘轅、降谷當三亳阪險之處。蓋〔一〕者，以無明文左證故也。皇甫謐說三亳以蒙爲北亳、穀熟爲南亳、偃師爲西亳，不可信也。」

文王惟克厥宅心，

注一無「克」字，「宅」作「度」。

乃克立茲常事司牧人，以克俊有德。文王罔攸兼于庶言。

〔一〕案之江聲尚書集注音疏原文，「蓋」上有「誼實不疑而云」六字，今省，文義遂不完。

疏常事司牧人，最括上文之官「任人」以下至「亞旅」也。以者，說文云：「用也。」言文王惟能內度其心，乃能立此常事司牧人，以能得俊有德者。**文王無所兼聽衆言。**言謂毁譽之言也。漢書季布傳布曰：「陛下以一人譽召臣，一人毁去臣，臣恐天下有識者聞之，有以窺陛下。」是庶言之不可兼聽也。惟克厥宅心，熹平石經作「維厥度心」。宅與度，經通用。詩皇矣云：「帝度其心。」傳云：「心能制義曰度。」**庶獄庶慎，惟有司之牧夫是訓用違。庶獄庶慎，文王罔敢知于兹。****疏**訓與順通。庶獄庶慎，言諸獄事衆當慎之，惟責成于有司及牧民之人是順是違。凡諸獄事由衆慎之，文王無敢與知于此。法者，天下之平，君欲知之，必有承望意旨以爲輕重者。康誥云：「勿庸以即汝封。」又云：「未其有若汝封之心。」亦文王不敢與知之義也。庶獄庶慎，僞傳以爲衆刑獄、衆所當慎之事，非也。下文稱「蘇公式敬爾由獄」，又云「兹式有慎」，故知慎即慎獄也。**亦越武王率惟敉功，不敢替厥義德，率惟謀從容德，以並受此丕丕基。****注**「此」一作「兹」，「基」一作「其」。**疏**率與欥通，語詞，毛詩作「聿」。敉者，鄭注周禮云：「安也。」功者，詩傳云：「事也。」從者，鄭注禮記云：「順也。」容者，廣雅釋詁云：「寬也。」言亦于武王事惟安其事，不敢廢其義德，事惟謀順文王寬容之德，以並受此大業也。

「嗚呼！**注**一作「於戲」。**孺子王矣，繼自今我其立政。立事、準人、牧夫，我其克灼知厥若，丕乃俾亂，相我受民，和我庶獄庶慎。****疏**若者，釋詁云：「善也。」丕，語詞。亂者，釋詁云：「治也。」言孺子今爲王矣，繼自今我其立政。當效法文武，于立事、準人、牧夫之三宅，我其能明知其善，乃使之治政，以助我受民，以和我諸獄衆慎之事。嗚呼，熹平石經作「於戲」。**時則勿有間之。****注**「勿」一作「物」。**自一話一言，我**

則末惟成德之彥，以乂我受民。 **疏** 間者，説文云：「隙也。」末者，孔晁注周書云：「終。」彥者，釋訓云：「美士爲彥。」話者，釋詁云：「言也。」説文云：「會合善言也。」乂與艾通，釋詁云：「相也。」言是既明知厥善，則勿有間之者。自一話一言，我則終思成德之美士，以相助我受民也。論衡明雩篇〔一〕「勿」作「物」，云：「周公爲成王陳立政之言曰：『時則物有間之。自一語一言，我則末，維成德之彥，以乂我受民。』周公立政，可謂得矣。知非常之物，不賑〔二〕不至，故敕成王自一話一言，政事無非，毋敢變易。然則非常之變，無妄之氣，間而至也。水氣間堯，旱氣間湯。周宣以賢，遭遇久旱。政無細非，旱猶有，氣間之。聖主知之，不改政行，轉穀賑〔三〕贍，損酆濟耗。斯見之審明，所以救赴之者得宜也。」段氏玉裁云：「此今文尚書也。詳仲任意，於『末』字絶句。末，無也，謂無非也。『不賑不至』，當作『不賑不去』，謂去非常之災異也。」

嗚呼！予旦已受人之徽言， **注** 一作「旦以前人之徽言」。**咸告孺子王矣。** **疏** 徽者，詩傳云：「美也。」受人之徽言，熹平石經作「前人之徽言」者，漢書藝文志云：「孔子没而微言絶。」文選注引論語崇爵讖曰：「子夏等六十四人共撰仲尼微言。」微與媺聲義相近。媺言，亦美言也。

繼自今文子文孫，其勿誤于庶獄庶慎，惟正是乂之。 **疏** 正，治獄之官。周書嘗麥解云：「王命大正正刑書。」言繼自今守文之子孫，其勿誤于諸獄衆慎之事，惟大正是治之。獄者，萬民之命，故周公以立政告王，獨於庶獄庶慎之事反復致戒。篇中又呼司寇蘇公而告之，仁厚之至也。

自古商人亦越我周文王立政，立事、牧夫、準人，則克宅之，克由繹之，茲乃俾乂國。

〔一〕「明雩篇」原訛作「用雩篇」，據論衡改。

〔二〕、〔三〕二「賑」字原皆訛作「賬」，據論衡明雩篇原文改。下引段玉裁説二「賑」字同此。

疏由者，釋詁云：「用也。」繹與斁通，說文云：「終也。」言自古商王亦于我周文王，其立政也，於立事〔一〕、牧夫、準人之官，則能居得其人，能用終其事，此乃使之治國也。僞孔以「國」字屬下句，非。

則罔有立政用憸人，**注**馬融曰：「憸，利佞人也。」

不訓于德，**注**一無「于」字。

是罔顯在厥世。**注**「在」一作「哉」。

繼自今立政，其勿以憸人，**注**「憸」一作「儉」，一作「⿱罒心」。

其惟吉士，用勱相我國家。**注**「國」一作「邦」。

疏憸者，說文云：「詖也。」又有「⿱罒心」字，云：「疾利口〔二〕也。」訓與順通。顯者，釋詁云：「光也。」勱者，說文云：「勉力也。」引周書曰：「用勱相我邦家。」言商、周前人無有立政用詖佞之人者，彼不順于德，是無能光顯于世。繼自今立政，其勿用詖佞之人，其惟善士，用勉助我國家。馬注見釋文。云「憸，利佞人」者，卽說文⿱罒心字「疾利口」之借義也。勿以憸人，釋文云：「憸，又作『⿱罒心』。」說文又作「譣」，云：「問也。」引周書曰：「勿以譣人。」問者，字義，非經詁也。蓋壁書假借之文。「訓于德是罔顯在厥世」，熹平石經作「訓德是罔顯哉厥世」。

今文子文孫，孺子王矣。其勿誤于庶獄，惟有司之牧夫。

疏言今守文之子孫，乃惟孺子王矣。其勿誤于庶獄，惟有司之牧人慎擇而專任之。

其克詰爾戎兵，**注**馬融曰：「詰，實也。」

以陟禹之迹，方行天下，至于海表，罔有不服。以覲文王之耿光，**注**「耿」一作「鮮」。

以揚武王之大烈。嗚呼！繼自今，後王〔三〕立政，其惟克用常

〔一〕「事」原訛作「政」，據經文改。

〔二〕「口」字原脫，據說文補。

〔三〕「後王」二字原脫，據尚書正義立政經文補。

人。」**疏**詰者，鄭注周禮云：「謹也。」陟者，釋詁云：「陞也。」方與旁通，說文云：「溥也。」齊語云：「以方行於天下。」注云：「方當作橫。」覲者，釋詁云：「見也。」耿者，王逸注楚辭云：「明也。」烈者，釋詁云：「業也。」常人，皋陶謨曰：「彰厥有常，吉哉！」言能謹汝戎兵，以陞禹之迹，溥行天下，至于海外，無有不服。以見文王之明光，以揚武王之大業。繼自今立政，其惟能用有常之人。有常猶有恒也。此言得人之效。周之九服，卽禹弼成之五服分爲九者，故云禹迹。馬注見釋文。云「詰，實」者，實當爲「責」，形相近，字之誤也。廣雅釋詁云：「詰，責也。」

周公若曰：「太史！司寇蘇公式，敬爾由獄，以長我王國，茲式有慎，以列用中罰。」**疏**式者，釋詁云：「用也。」列者，服問云：「等比也。」注云：「上附下附，列也。」〔一〕中者，晉語云：「平也。」周公呼太史者，以其記言，記動，嘉蘇公之慎獄平法，欲使書之，故先呼之也。司寇蘇公者，春秋左氏成十一年傳云：「昔周克商，使諸侯撫，封蘇忿生以溫，爲司寇。」是忿生爲武王司寇也。言司寇蘇公之法用，敬汝用獄，以長我王國之祚，此用有慎，以其等比用平罰也。江氏聲說以周禮「刑平國，用中典」。

〔一〕案之禮記，當作：「服問曰：『上附下附，列也。』注云：『列，等比也。』」此經文注文互倒，當是孫氏誤記。

顧命第廿五上　周書十六　尚書今古文注疏卷廿五

注史遷說：「成王將崩，懼太子釗之不任，乃命召公、畢公率諸侯以相太子而立之。成王既崩，二公率諸侯，以太子釗見於先王廟，申告以文王、武王之所以爲王業之不易，務在節儉，毋多欲，以篤信臨之，作顧命。」馬融曰：「成王將崩，顧念康王，命召公、畢公率諸侯輔相之。」鄭康成曰：「臨終出命，故謂之顧命，將去之意也。迴首曰顧。」**疏**史公說見周本紀。云「二公」者，召公、畢公也。云「見於先王廟」者，經文有云：「逆子釗于南門之外。」南門，廟門。又云「諸侯出廟門俟」也。云「毋多欲」者，即經文所云「冒貢非幾」也。馬注見釋文。鄭注見史記集解及書疏。云「臨終出命」者，緇衣〔一〕云：「葉公之顧命曰。」注云：「臨死遺書曰顧命。」云「迴首曰顧」者，詩匪風箋同義。

惟四月哉生魄，**注**鄭康成曰：「此成王二十八年。居攝六年爲年端。」「魄」一作「霸」。**疏**漢書律曆志云：「三統：成王元年正月乙巳朔，此命伯禽俾侯于魯之歲也。後三十年四月庚戌朔，十五日甲子哉生霸。故顧命曰：『惟四月哉生霸云云。』」是謂成王即位三十年而崩也。案：成王在位年數，史記無文。劉歆說以哉生霸爲十五日，亦不可信。鄭注見書疏及詩烈文疏。云「此成王二十八年」者，竹書紀年云：「成王三十七年陟。」是以武王崩之明年爲成王元年，統

〔一〕「緇衣」原訛作「緇衣」，據皇清經解本改。

周公居東二年，攝政七年，凡九年，故三十七年。除此九年，則爲二十八年，與鄭合也。竹書後出，或即用鄭義。云「居攝六年爲年端」者，王氏鳴盛云：「詩疏引此注不全，當讀其下云『至此三十年』，文義乃備也。」知者，鄭於康王之誥注云：「周公居攝六年，制禮樂，至此三十年。」居攝終於七年，加二十八年，故三十年也。鄭具言此者，鄭注金縢據大戴禮：「武王崩，成王年十歲。二年喪畢，年十三。管、蔡流言，周公避居東二年，感風雷迎公歸，時成王年十五，即居攝元年。五年營成周，六年制禮，七年致政，明年成王即政，年二十二。即政二十八年崩，年四十五也。案：賈誼新書修政篇云：「周成王年二十歲即位享國，親以身見於粥子之家而問焉。」與此推爲年二十二，又不同。

王不懌。

注馬融作「不釋」，曰：「疾不解也。」一作「不豫」。

疏懌，俗字；詩傳云：「懌，說。」詩靜女云：「說懌女美。」箋云：「說懌，當作『說釋』。」是懌亦當从采也。馬注見釋文。云「疾不解」者，說文云：「釋，解也。」律曆志〔一〕引顧命曰：「王有疾，不豫。」是今文作「豫」。不豫，見金縢疏。

甲子，王乃洮頮水。

注馬融曰：「洮，洮髮也。頮，頮面也。」鄭康成讀洮爲「濯」，說：「澣衣成事。」「頮」一作「沬」、一作「湏」。

疏「洮頮」律曆志〔二〕引作「洮沬」。案：頮，俗字，當爲「湏」或「沬」，見說文。漢書禮樂志注：「晉灼曰：『沬，古靧字。』」司馬遷傳集注云：「頮，古沬字。」實則頮、靧皆湏別字也。馬注見釋文。云「洮，洮髮」者，一切經音義七引通俗文：「淅米謂之洮汰。」爾雅釋文引釋訓注：「洮猶淅也。」玉藻云：「日五盥，沐稷而靧粱。」洮是淅米，或當爲沐稷，故以洮髮爲說也。「頮，頮面」者，說文云：「沬，洒面也。」又作「湏」，云：「古文沬从頁。」鄭注見吴志虞翻傳注。以洮爲濯者，周禮守祧注：「古文祧爲濯。」是兆與翟可通用也。云「澣衣成事」者，王既病困，欲顧命羣臣，恐有不絜，又不便更

〔一〕、〔二〕「律曆志」原訛作「曆律志」，據漢書及皇清經解本乙正。

衣，澣濯其汙，方被冕服以成事耳。虞翻駁之既非，或疑鄭以濯釋洮、頮二字，尤失之矣。段氏玉裁疑説文古文作「頮」，以今本作「𩔖」爲誤字。**相被冕服，憑玉几。****注**鄭康成曰：「相者，正王服位之臣，爲太僕。冕，玄冕。」「憑」一作「凭」。**疏**相謂太保、芮伯、畢公等也。周禮司几筵注：「鄭司農云：『書顧命曰：成王將崩，命太保、芮伯、畢公等被冕服，馮玉几。』」是先鄭以相爲太保等也。此或今文説，與後鄭異。憑當作「馮」，俗又加心，卽「凭」假借字。説文云：「凭，依几也。从任几。周書曰：『凭玉几。』讀若馮。」鄭注見書疏。云「相者，正王服位之臣，謂太僕」者，周禮夏官太僕職云：「掌正王之服位。」又檀弓云：「扶君，卜人師扶右。」注云：「謂君疾時也。卜當爲僕，聲之誤也。僕人、射人皆平生時贊正君服位者。」故以此相爲相導之相，爲太僕也。云「冕，玄冕」者，周禮司服職冕服有六，玄冕爲下，皆祭服也。覲禮云：「天子衮冕者，以受諸侯朝覲于廟中，故服冕服之尊者。」比尋常視朝當加一等，則是玄冕矣。中論法象篇云：「顛沛而不亂者，成王其人也。將崩，體被冕服，然後發顧命。」是説此經之義也。**乃同太保奭、芮伯、彤伯、畢公、衛侯、毛公、師氏、虎臣、百尹御事。****注**鄭康成曰：「公兼官，以六卿爲正次。芮伯入爲宗伯，畢公入爲司馬。」**疏**同謂同召羣臣受顧命也。太保奭卽召公。論衡氣壽篇云：「武王九十三而崩。周公，武王之弟也，兄弟相差不過十年。武王崩，周公居攝七年，復政退老，出入百歲矣。召公，周公之兄也，至康王之時尚爲太保，出入百有餘歲矣。」芮伯者，詩桑柔序云：「芮伯，畿内諸侯，王卿士。」當卽此芮伯子孫。彤伯未有見，路史國名紀五云：「彤，伯爵，成王子。」唐韻作「形」，云：「成王支庶。」書疏引王肅云：「姒姓之國。」肅蓋據夏本紀禹後有彤城氏言之，未必是此彤伯也。畢公、衛侯、毛公者，鄭注周禮大宰職云：「都、鄙，公、卿、大夫之采邑。王子弟所食邑周、召、毛、聃、畢、原之屬，在畿内者。」則畢、毛皆畿内諸侯也。春秋左氏傳廿四年傳云：「管、祭、郕、霍、魯、衛、毛、聃、郜、雍、曹、滕、畢、原、酆、郇，文之昭也。」則畢、毛、衛，皆文王子也。師氏見周禮地官，有師氏，中大夫一人，其職云「掌以媺詔王」是也。虎臣卽虎賁氏，周禮夏官有虎賁氏，下大夫二人，其職云：「舍則守王閑，王在國則守王宮。國有大故，則守王門。大喪亦如之。」百尹御事者，釋言云：「尹，正也。」謂衆正之官主事者。古今人表第三等有芮伯、師伯、毛公、師氏、龍臣，師古曰：「師伯，尚書作彤伯。龍臣，尚書作武臣。」師伯、龍臣當是今文尚書也，唐人諱「虎」爲「武」。然則班氏以師氏、龍臣爲人名，非官名也。鄭注見詩淇澳序疏及桑柔疏。云「公兼官，以六卿爲正次」者，六卿分職，法天地四時，自虞、夏至周皆同此。將傳顧命，所召六人，自是六卿也。召公稱太保，畢、毛稱公，自是三公。大傳：「天子三公：司徒公，司馬公，司空公。」鄭注云：「周禮天子六卿，與太宰、司徒同職者，謂之司徒公；與宗伯、司馬同職者，謂之司馬公；與司寇、司空同職者，謂之司空公。一公兼二卿，舉下以爲稱。」鄭注君奭序、答趙商問皆謂三公兼師保，則得師保之稱。今此經六人中有三人爲三公，自是以三公兼六卿者，故云「公兼官」。而又云「以六卿爲正次」者，三公之次，首太師、次太傅、次太保，今乃以太保居首，自是依周禮天官冢宰、地官司徒、春官宗伯、夏官司馬、秋官司寇、冬官司空之次，不依三公之次。且康叔爲司寇，卽此衛侯，適居第五司寇之次，故云以「六卿爲正次」也。蓋三公官不備，有其人則設，無則闕。惟六卿爲實職，故坐而論道之時，則首太師、次太傅、次太保；及作而行之之時，不妨太保居首，太師、太傅反居其後。然則召公以冢宰兼太保，畢、毛二人未知誰爲師、誰爲傅也。太保既是冢宰，以次則芮伯是司徒，當若僞傳所說，卽鄭亦自言以六卿爲次，今乃以芮伯「入爲宗伯」，鄭必別有據也。云「入」者，蓋衛是畿外諸侯，召、芮、彤、畢、毛亦俱是畿內諸侯，而皆爲王朝公、卿，故言入。淇澳詩序：「衛武公入相于周。」國語：「鄭桓公爲周司徒。」左傳：「鄭武公、莊公爲平王卿士。」自古有此制也。

王曰：「嗚呼！疾大漸，惟幾，病日臻。既彌留，恐不獲誓言嗣，兹予審訓命汝。**疏**漸者，列子力命篇云：「季梁得疾，七日大漸。」殷敬順釋文云：「漸，劇也。」案：劇卽勮字。釋詁云：「幾，危也。」「臻，至也。」病者，説文云：「疾加也。」彌者，釋言云：「終也。」説文正作「镾」。誓者，釋言云：「謹也。」審者，説文云：「詳，審議也。」審亦爲詳。王自歎疾大劇，惟危，病至日加。既命當終而淹留之際，恐不得謹告于後嗣，此予詳訓教令汝。昔君文王、武王宣重光，**注**馬融曰：「重光，日月星也。太極上元十一月朔旦冬至，日月如疊璧，五星如連珠，故曰重光。」**疏**宣者，詩淇澳釋文引韓詩云：「顯也。」重光者，易離卦彖詞云：「日月麗乎天。」又曰：「重明以麗乎〔一〕正，乃化成天下。」言文武化成之德比于日月也。又文王、武王時有此瑞應也。周禮大宗伯疏引元命包云：「文王之時，五星以聚房也。」御覽三百卌九引桓譚新論云：「二年甲子日，日月若連璧，五星若連珠。昧爽，武王至于商郊牧野。」是其事也。馬注見釋文。云「日月星」者，是謂日月及金木水火土五星也。云「太極上元十一月朔旦冬至」云云者，律曆志云：「淳于陵渠復覆太初曆晦朔弦望，皆最密，日月如合璧，五星如聯珠。」注：「孟康云：『謂太初上元甲子夜半朔旦冬至時，七曜皆會斗、牽牛分度，夜盡如合璧聯珠也。』」案：太極卽太初，此所謂曆元也。劉昭注續漢律曆志引韓子曰：「四千五百六十歲爲一元。」周髀算經云：「陰陽之數，日月之法，十九歲爲一章，四章爲一蔀，蔀七十六歲；二十蔀爲一遂，遂千五百二十歲；三遂爲一首，首四千五百六十歲；七首爲一極，極三萬一千九百二十歲。生數皆終，萬物復始，天以更元作紀曆。」馬注殆謂此也。奠麗，陳教則

〔一〕「乎」下「正」上原衍一「中」字，據易離卦彖辭原文删。

肆，肆不違，用克達殷集大命。注「達」一作「通」，「集」一作「就」。疏莫麗者，莫，定；見禹貢疏。麗者，詩傳云：「數也。」說文作「敷」。周語伶州鳩曰：「昔武王伐殷，歲在鶉火，月在天駟，日在析木之津，辰在斗柄，星在天黿。星與日辰之位，皆在北維。」又云：「王欲合是五位三所而用之。」又云：「王以黃鐘之下宮，布戎于牧之野，故謂之厲，所以厲六師。」是以日月星定七律之數也，故云「莫麗」。「陳教則肆」者，言布陳教民習兵，卽所謂布戎厲六師也。顏氏家訓書證篇引太公六韜有「天陳、地陳、人陳、靈鳥之陳」，是陳爲戰陳也。肆者，說文云：「習也。」正作「隸〔一〕」。漢書義縱傳注：「李奇曰：『閱也。』」霍光傳云：「光出都肆郎。」注：「孟康曰：『肆，習也。』師古曰：『謂總閱試習武備也。』」達者，鄭注考工記云：「猶至也。」言文武既有日月重光之瑞，定律曆之數，列陳以教民習武伐商，習之者不違教令，前歌後舞，用能至商以就大命也。熹平石經作「通殷就大命」。「達」作「通」者，說文云：「達，通也。」「集」作「就」者，詩傳文。在後之侗，注馬融作「詷」，曰：「共也。」「後」一作「夏后」。敬迓天威，嗣守文武大訓，無敢昏逾。疏說文云：「詷，共也。周書曰：『在夏后之詷。』」則此經文脫「夏」字，「後」當作「后」也。夏者，說文云：「中國之人也。」后者，說文云：「繼體君也。」言在中夏，皆後君之共職也。徐鉉本說文及玉海藝文志考引俱作「夏后」。徐鍇本及韻會舉要引「在后之詷」，誤也。迓，當爲「訝」，釋詁云：「迎也。」昏與泯通。逾者，說文云：「越，進也。」引此文。是爲越也。言敬迎天之威命，繼守文武大教，無敢泯弃逾越者。馬注見釋文。云「詷，共」者，祭統云：「設同几。」注云：「同之言詷。」是詷卽同，與說文訓共義通也。今本作「侗」，假借字。今天降疾殆，弗興弗悟，爾尚明時朕言，用敬保元子釗弘濟于艱難。疏

〔一〕「隸」原作「肆」。案：說文云：「隸，習也。」篆文作「肆」。因知「隸」爲正字，今據改。

殆者，釋詁云：「危也。」興者，釋言云：「起也。」悟與寤通，詩傳云：「覺也。」覺猶知，方言云：「知，愈也。」尚者，釋言云：「庶幾，尚也。」明與孟聲相近，釋詁云：「勉也。」弘，大；艱，難；皆釋詁文。濟者，釋言云：「成也。」言今天下危疾，弗起弗愈，汝庶幾勉我所言，以敬安長子釗大成于艱難也。

柔遠能邇，安勸小大庶邦，思夫人自亂于威儀，爾無以釗冒，貢于非幾。」

注馬融「貢」作「贛」，曰：「陷也。」「冒」一作「勖」。

疏柔遠能邇，能，而通。而，如也。勸者，廣雅釋詁云：「教也。」夫者，鄭注曲禮云：「丈夫。」亂者，釋詁云：「治也。」威者，廣雅釋詁云：「則也。」冒者，春秋左氏文十八年傳云：「冒於貨賄。」注：「冒亦貪也。」貢者，廣雅釋言云：「獻也。」幾與機通，淮南主術訓云：「治亂之機。」高誘注云：「機，理。」言當安遠如邇，安教小大衆國，思丈夫人人當自治于儀，則汝衆國無以釗爲貪，而進奉以非法之財賄。僞傳以「冒貢于非幾」爲冒進于非危之事，江氏、王氏俱無駁。今不從之者，史記云：「申告以文王、武王之所以爲王業之不易，務在節儉，毋多欲，以篤信臨之。」此篇惟冒貢非幾爲多欲之義。釋文冒一音墨，是古説亦有以爲貪墨之義者。知史公即解此文，蓋孔安國古文説也。馬注見釋文。云「冒」馬、鄭作「勖」，「貢」馬注作「贛」，王氏鳴盛云：「即借勖爲冒也。」贛爲陷者，贛从竷省聲，竷讀若坎，坎之義爲陷。凡人爲惡，或進而冒觸，或退而墜陷，故兼言勖贛也。江氏聲云：「説文陷或作『𡒄』，則贛、臽同聲，故云『贛，陷』也。」

兹既受命還，

注「既」一作「即」。

出綴衣于庭。

注鄭康成曰：「連綴小斂、大斂之衣于庭中。」

疏兹既受命還，謂羣臣既受顧命而還退也。鄭注見周禮幕人疏，云「連綴大斂、小斂之衣」者，喪大記：「小斂，衣十九稱；大斂，君陳衣于庭百稱。」故鄭以出綴衣爲陳衣也。江氏聲以爲鄭君所云豫凶事，王氏鳴盛辨之云：「王制云：『六十歲制，七十時制，八十月〔一〕制，九十日修。惟絞、紟、衾；冒，死而後制。』疏云：『歲制，謂棺也，不易成，故歲制；時制，一時可辨，是衣物難得者。月制，一月可辨，衣物易得者。日修，棺、衣皆畢，但日修理之。』此皆謂大夫以下。人君卽位爲椑，不待六十。成王崩年四十九，喪具固宜早辦，況疾已危殆，斂衣尤不可綴。故鄭爲此說也。」

越翼日乙丑， **注**「翼」一作「翌」。**王崩。** **注**馬融本作「成王崩」，曰：「安民立政曰成。」**疏**翼與翌通。說文：「昱，明日也。」律曆志引此作「翌」，亦假音字。「王崩」，釋文云：「馬本作『成王崩』。」白虎通崩薨篇云：「書曰：『成王崩。』天子稱崩何？別尊卑、異生死也。」周禮司几筵及天府注，鄭司農皆引此作「成王崩」。是今文、古文本有「成」字，作僞傳者刪之也。成王蓋生有是稱，死而因以爲謚也。馬云「安民立政曰成」者，周書謚法解文。

太保命仲桓、南宮毛，俾爰齊侯呂伋，以二干戈、虎賁百人，逆子釗于南門之外。 **疏**太保卽上保奭。仲桓、南宮毛，古今人表第三等有中桓、南宮髦，當是今文。春秋左氏昭廿三年傳有南宮極，注云：「周卿士。」廿四年傳有南宮嚚，注云：「極之子。」疑卽毛後。則世爲卿士也。俾者，釋詁云：「使也。」爰者，釋文云：「引也。」呂伋者，齊世家云：「太公卒，子丁公呂伋立。」說文云：「齊太公子伋，謚曰玎公。」春秋左氏昭十二年傳楚靈王曰：「昔我先王熊繹與呂級、王孫牟、燮父、禽父並事康王。」釋文云：「級，本亦作『伋』。」虎賁氏，周禮夏官有虎賁氏，下大夫二人；虎士八百人。注云：「不言徒，曰虎士，則虎士，徒之選，有勇力者。」又夏官有旅賁氏，中士二人，其職云：「喪紀則執戈盾。」則此言二干戈，蓋桓與毛所執，卽旅賁氏之官也。虎賁百人，蓋呂伋從八百人中選用百人也。周禮虎賁氏之職「大喪守王門」，虎賁氏秩僅下大夫，而齊侯伋

〔一〕「月」原誤作「日」，據禮記王制原文改。

爲之者，蓋以列侯兼領此職，備非常也。逆者，説文云：「迎也。關東曰逆，關西曰迎。」南門者，廟門。史記所云「二公率諸侯以太子釗見於先王廟」是也。僞傳云：「南門，路寢門。」又云：「臣子皆侍左右，將正太子之尊，故出于路門外，更就逆門外，所以殊之。」江氏聲駁之，以爲子釗以王未疾時奉使而出，王之寢疾不過旬日，不及召太子。以南門爲外朝之皋門。似不如史公廟門之説爲長也。玉藻疏引左氏舊説及賈逵、盧植、蔡邕、服虔等皆以祖廟與明堂爲一。**延入翼室，恤宅宗。**

注「翼」一作「翌」，「宅」一作「度」。**疏**延者，釋詁云：「進也。」翼者，詩箋云：「在旁曰翼。」釋名云：「夾室，在堂兩頭，故曰夾也。」翼室者，左路寢也。説苑修文篇云：「諸侯正寢三：一曰高寢，二曰左路寢，三曰右路寢。高寢者，始封君之寢也。二路寢者，繼體君之寢也。」又云：「然則天子之寢奈何。曰：亦三。承明繼體守文之君之寢曰左右之路寢，謂之『承明』何？曰：承乎明堂之後者也。」則翼室卽左路寢也。恤者，釋詁云：「憂也。」宅宗者，後漢書班固傳典引云：「正位宗度。」注云：「尚書曰：『延入翼室，恤度宗。』度，居也；宗，尊也。」江氏聲云：「宗者，白虎通宗族篇云：『宗，尊也，爲先祖主也。』是宗猶主也。」憂居爲喪主。「翼」一作「翌」，後漢書袁紹傳注引此文。「宅」一作「度」，見後漢書班固傳注。此本蔡邕典引注，李賢襲之。今文「宅」爲「度」也。**丁卯，命作册度。**

疏命作册者，以書成王命詞也。下文「太史秉書，由賓階隮，御王册命」，卽此册也。度者，説文云：「法制也。」蓋謂喪儀。

顧命第廿五下　周書十六　尚書今古文注疏卷廿五

越七日癸酉，伯相命士須材。**注**鄭康成曰：「癸酉，蓋大斂之明日也。」狄設黼扆綴衣。**注**「扆」一作「衣」。牖間南嚮，敷重篾席，**注**「敷」一作「布」，「篾」一作「蔑」。黼純，華玉仍几。**注**鄭康成曰：「華玉，五色玉也。」馬融曰：「篾，纖蒻。」鄭康成曰：「不用生時席，新鬼神之事也。篾，析竹之次青者。」**疏**越七日癸酉者，鄭注見書疏。云「癸酉，蓋大斂之明日」者，曲禮云：「生與來日，死與往日。」注云：「與猶數也。生數來日，謂成服杖以死明日數也；死數往日，謂殯斂以死日數也。此士禮，貶于大夫者。大夫以上皆以來日數。」王制云：「天子七日而殯。」計王以乙丑崩，辛未爲七日，壬申爲八日，癸酉爲大斂之明日。然則成王以壬申大斂矣。伯相者，召公以西伯入相，初時與周公爲二伯，周公既歿，畢公代之，下文「太保率西方諸侯，畢公率東方諸侯」是也。須者，易歸妹虞注云：「需也。」材者，椁材也。檀弓云：「天子崩，虞人致百祀之木可以爲棺椁者斬之。」疏云：「百祀者，王畿內諸臣采地之祀。」檀弓又云：「既殯，旬而布材。」此則殯之明日即命士須材者，天子七日而殯，與諸侯以下不同。久之，欲其乾腊也。狄者，祭統云：「翟者，樂吏之賤者也。」喪大記云：「狄人設階。」狄與翟通。黼扆者，釋器云：「斧謂之黼。」郭注云：「黼文畫斧形，因名云。」周禮司几筵職云：「王位設黼依。」考工記云：「白與黑謂之黼。」扆者，說文云：「户牖之間謂之扆。」謂一户兩牖之間也。明堂位云：「天子負斧依，南鄉而立。」注云：「斧依，爲斧文屏風於户牖之間。」扆、依通字。綴衣，蓋即中庸所云「設其裳衣」。史公、何氏休俱以此爲在宗廟也。傳云「幄帳」，無文以證之。牖者，說文云：「穿壁以木爲交窗也。」大戴明堂篇說明堂之制「一室而有四户八牖」〔一〕，則是每室皆有二牖夾户，故云「設黼扆」。牖間，謂二牖之間，正當北户以屏風也。諸家說户牖之間以爲一户一牖之間，失之。嚮，當爲「鄉」，俗加「向」。周禮司几筵注鄭司農引此作「鄉」。「敷」者，說文引作「布」，是義爲布也。蔑，俗从竹，當爲「蔑」，即篾假音字，說文云：「筡也。」「筡，析竹筤也。」「筤，竹膚也。」筤與蔑聲亦相近。馬注見釋文。云「纖篛」者，篛當爲「蒻」，說文：「蒻，蒲子〔二〕，可以爲平席。」纖蒻，其細者。鄭注見禮器疏及書疏。云「不用生時席，新鬼神之事」者，周禮司几筵職云：「王位設黼依，依前南鄉，設莞筵紛純，加繅席畫純，加次席黼純。」是王生存時牖間之位設三重席，席有異物異純，不用篾席。今則重席，惟用篾席，黼純上下不異，是不用生時席也。舉一反三，則下文三席皆非生時席可知。此鄭義也。云「篾，析竹之次青」者，竹之外皮爲青，故竹簡有殺青之說；青之內爲竹膚，即次青也。說文以筤爲竹膚，筤、篾聲之緩急，義則一也。黼扆，熹平石經作「黼依」。蔑，說文作「莧」，引周書曰：「布重莧席。」云：「莧席，纖蒻席也，讀與蔑同。」黼純者，釋器云：「緣謂之純，其色白與黑也。」「華玉」鄭注見書疏。「華〔三〕玉，五色玉」者，說文云：「璱，玉英華相帶如瑟弦。」「瑮，玉英華羅列秩秩。」是所謂華玉也。仍者，釋詁云：「因也。」仍几者，周禮司几筵云：「凡吉事變几，凶事仍几。」注：「鄭司農云：『變几，變更其質，謂有飾。仍，因也；因其質，謂

〔一〕下引大戴禮記說明堂之制之文，見明堂篇，原誤作盛德篇，今改正。

〔二〕「子」原訛作「本」，據說文改。

〔三〕「華」字原脫，據尚書正義顧命疏所引鄭注補。

無飾也。」引此文。西序東嚮，注鄭康成曰：「此且夕聽事之坐。」敷重厎席，注馬融曰：「厎，青蒲也。」鄭康成曰：「厎，致也；篾纖致席也。」綴純，文貝仍几。疏序者，釋宮云：「東西牆謂之序。」「西序東嚮」鄭注見書疏，云：「此且夕聽事之坐，鄭、王亦以爲然。」知是鄭注，諸家脱之。疏云：「牖間是見羣臣覲諸侯之坐，見于周禮。『東序西嚮，養國老饗羣臣之坐』者，燕禮云：『坐于阼階上，西嚮。』則養國老及饗與燕禮同，其西序之坐在燕饗坐前，以其且夕聽事，重于燕飲。故西序爲且夕聽事之坐。」「厎席」馬注見釋文。云「青蒲」者，玉篇有「蒩」，引此文，云：「孔安國曰：『篛平也，本作「厎」。』」書疏云：「禮注謂蒲席爲蒻平。」考間傳鄭注云：「苄，今之蒲平也。」釋名云：「蒲平以蒲作之，其體平也。」今本釋名「苹」，誤「草」。說文云：「蒻，蒲子，可以爲平席也。」御覽引說文，下有云：「世謂蒲平即馬氏所云青蒲席也。」說文「厎」同「砥」，馬氏以其名厎，義爲平，故以爲蒲平也。鄭注見書疏。云「厎，致」者，釋詁文。致同緻，說文云：「密也。」云「篾纖致席」者，與馬以爲蒲席義異，蓋以上文「篾席析竹次青」，此厎席當亦以竹爲之。名曰厎者，加細致也。綴純者，江氏聲云：「以此上下文與周禮參之，則綴純者其繢純。周禮司几筵有莞、繅、次、蒲、熊五席，又有葦席、萑席，凡七席。而純則惟紛、畫、黼、繢四者。此經上下文有黼純、畫純、紛純，與綴純而四，則綴純當司几筵之繢純矣。」案：大戴明堂篇〔一〕云：「赤綴，户也。」盧氏注云：「綴，飾也。」以爲畫飾，則與繢同。江氏說是也。文貝者，釋魚說貝之種類有十，有云「餘蚳」，黃白文；「餘泉」，白黃文。又陸璣疏有紫貝，白質如玉，紫點爲文。皆貝之文者也。東序西嚮，敷重豐席，畫純，注鄭康成曰：「豐席，刮涷竹席。畫純，以雲氣畫之爲緣。」彫玉仍几。疏東序西嚮者，文王世子

〔一〕下引「赤綴，户也」爲大戴禮記明堂篇文，原誤作盛德篇，今改正。

云：「始之養也，適東序，釋奠于先老，遂設三老五更之席位焉。」特牲云：「祝命徹阼俎豆籩，設于東序下。」注云：「阼俎，主人之俎。設于東序下，將私燕也。」是東序爲養國老、燕羣臣之坐也。「豐席」、「畫純」鄭注見書疏。云「刮湅竹席」者，湅今本誤作「涷」。說文：「刷，刮也。」「湅，瀾也。」廣雅釋詁云：「瀾，洒也。」蓋以竹爲席，加之洒刷也。易豐卦六二云：「豐其蔀。」鄭注云：「蔀，小席。」馬融曰：「蔀，小也。」疑蔀當爲「箁」字，隸書艸、竹通用，故鄭知竹席也。云「畫純以雲氣」者，鄭注三禮凡言「畫」者，輒以雲氣爲說。鄉射禮〔一〕「凡畫者丹質」，喪大記「畫荒」注云皆爲「畫雲氣」。彫玉者，釋器云：「玉謂之彫。」又曰：「彫謂之琢。」　西夾南嚮，敷重筍席，注馬融曰：「筍，箁箬。」鄭康成曰：「筍，析竹青皮也。」禮記曰：「如竹箭之有筠。」　玄紛純，注鄭康成曰：「以玄組爲之緣。」　漆仍几。疏西夾者，即九室之右个。西南、西北皆有个，此蓋在西南。「筍席」馬注見釋文。云「箁箬」者，說文云：「箁，竹箬也。」「箬，楚謂竹皮曰箬。」是馬以爲竹皮也。鄭注見禮器疏。云「筍，析竹青皮」者，筍，俗作「筠」字，今禮器亦作「筠」，鄭所見本當借筍字爲之。筍者，說文云：「竹胎也。」「玄紛純」鄭注見書疏。云「玄組」者，鄭注司几筵云：「紛如綬。」說文云：「組，綬屬。」則綬亦可言組也。漆，說文作「桼」，云：「木汁，可以髹物。象形，桼如水滴而下。」此借用水名「漆」字也。　越玉五重，注馬融曰：「越玉，越地所獻玉也。」疏「越玉」馬注見釋文。云「越地所獻玉」，未詳。僞傳讀越爲于。　陳寶，注鄭康成曰：「陳寶者，方有大事，以華國也。」「寶」一作「宲」。　赤刀、大訓、弘璧、琬、琰，在西序。注鄭康成曰：「赤刀者，武王誅紂時刀，赤爲飾，周正色也。大訓者，謂禮法，先王德教，虞書典謨是

〔一〕「禮」原訛作「記」，據儀禮改。

也。弘，大也。琬、琰，皆度尺二寸者。」**疏**「陳寶」鄭注見書疏。云「大事」者，謂將有朝諸侯之事。周禮天府職云：「凡國之玉鎮、大寶器藏焉。若有大祭大喪，則出而陳之。」寶，說文作「宲」，引周書曰：「陳宲赤刀。」「赤刀」已下鄭注見周禮天府疏及書疏。云「誅紂時刀」者，周書克殷解云：「商辛既自燔于火，武王擊之以輕吕，斬之以黄鉞。」史記周本紀云：「以輕劍擊之。」則武王誅紂以劍，非刀也。鄭或别有所本。檀弓云：「周人尚赤。」是赤爲周正色也。云「大訓謂禮法」，先王德教，虞書典謨是」者，說文云：「典，五帝之書也。从册在丌上，尊閣之也。」云「弘，大」，釋詁文。云「大璧、琬、琰皆度尺二寸」者，考工記玉人職云：「大琮尺有二寸，宗后守之。」則王所世守之大璧，自必亦尺二寸。琬圭、琰圭，玉人職皆九寸，彼是王使之瑞節，此是宗器，或較大也。

大玉、夷玉、天球、

注「大玉、夷玉」一作「顓頊」。

注馬融曰：「夷玉，東夷之美玉。球，玉磬。」鄭康成曰：「大玉，華山之球也。夷玉，東北之珣玗琪也。天球，雍州所貢之玉，色如天者。皆璞，未見琢治，故不以禮器名之。」

河圖，

注鄭康成曰：「河圖，圖出于河，帝王聖者之所受。」一有「雒書」二字。

在東序。

注「序」一作「杼」。

疏「大玉」鄭注見書疏。云「大玉，華山之球」者，禹貢「雍州貢球琳琅玕」，不云出于華山。釋地云：「西南之美者，有華山之金石焉。」不云出玉。鄭說未詳也。「夷玉、天球」馬注見釋文。云「夷玉，東夷之美玉」者，說與鄭同。云「球，玉磬」者，說文：「球，玉聲也。」或作「璆」。聲字疑當爲「磬」。皋陶謨云「鳴球」也。鄭注見書疏。云「東北〔一〕之珣玗琪」者，釋地云：「東方之美者有醫無閭之珣玗琪焉。」鄭言「東北」者，周

〔一〕「東北」原誤作「華山」，據上引鄭注及下疏文改。

禮職方氏云：「東北曰幽州，其山曰醫無閭。」是可以云「東北」也。說文云：「珣，醫無閭之珣玗琪，周書所謂夷玉也。」是許、鄭、馬同義。云「天球，雍州所貢之玉，色如天」者，蓋卽蒼璧，亦未詳。云「皆璞，未見琢治」者，老子云：「樸散則爲器。」王注云：「樸者，真也。」案：樸字俗从玉，爾雅釋文云：「璞字又作『樸』。」云「故不以禮器名之」者，上文言璧，言琬、琰，此無器名，故知未琢治也。云「河圖，圖出于河，帝王聖者之所受」者，漢書五行志云：「劉歆以爲伏羲氏繼天而王，受河圖，則而畫之，八卦是也。」鄭不以河圖爲八卦，云「帝王聖者之所受」者，禮運疏引中候握河紀云：「堯時受河圖，龍銜，赤文綠色。」廣博物志十四引尸子曰：「禹理鴻水，觀于河，見白面長人魚身，出曰：『吾河精也。』授禹河圖而還于淵中。」是不獨伏羲受之也。江氏聲說以墨子非攻篇云：「天命文王伐殷有國，泰顛來賓，河出綠〔一〕圖。」宋書符瑞志云：「周公旦攝政七年，與成王觀于河，沈璧。禮畢，榮光出河，青龍臨壇，銜〔二〕玄甲之圖，坐之而去。周公援筆寫之。」則周家世授河圖，宜爲祕寶也。班固典引云：「御東序之祕寶，以流其占。」蔡邕注曰：「東序，牆也。尚書曰：『顓頊河圖、雒書，在東序。』流，演也。河圖、雒書，皆存亡之事，尚覽之以演禍福之驗也。」案：蔡氏所引，蓋今文尚書也。「序」作「杼」者，文選王儉褚淵碑文「餐東野〔三〕之祕寶」，李善〔四〕注云：「雒書零准聽〔五〕曰：『天球、河圖在東杼。』天球，寶器也。河圖，本紀圖帝王終始存

〔一〕「綠」原訛作「錄」，據江聲尚書集注音疏及墨子非攻原文改。

〔二〕「銜」字原脫，據宋書符瑞志補。

〔三〕「野」原作「杼」，案之文選褚淵碑文，本作「野」。下引李注亦云「『野』當爲『杼』」，所注之字自當爲「野」。今據改。

〔四〕「善」原作「奇」，案：注文選者爲李善，作「奇」顯是誤字。今徑改。

〔五〕「雒書零准聽」原作「雒書天准聽」，據文選褚淵碑文李善注原文改。案：他書「零」多作「靈」。

亡之期。典引曰：『御東序之祕寶。』然『野』當爲『杼』，古序字也。」案：尚書大傳「天子賁庸，諸侯疏杼」，注云：「杼亦牆也。」是今文尚書「序」作「杼」，假借字也。是「大玉、夷玉」一作「顓頊」，「河圖」一作「河圖、雒書」，蔡邕今文也。

胤之舞衣、大貝、鼖鼓，在西房；兌之戈、和之弓、垂之竹矢，在東房。

注 鄭康成曰：「胤也，兌也，和也，垂也，皆古人造此物者之名。大貝者，書傳曰『散宜生之江、淮之浦，取大貝如車渠』是也。鼖鼓，大鼓也。此鼖非考工記鼖鼓長八尺者，若是周物，何須獨寶守？明前代之物，與周鼖鼓同名耳。」

疏 胤者，疑卽胤征之胤。鄭注書序云：「胤，臣名。」垂，疑卽舜共工。大貝者，殷傳云：「西伯既戡耆，紂囚之牖里。散宜生遂之犬戎氏，取美馬駮身朱鬣雞目者；之西海之濱，取白狐青翰；之於陸氏，取怪獸，大不辟虎狼，尾倍其身，名曰虞；之有參氏，取美女；之江、淮之浦，取大貝，大如車渠。陳于紂之庭。紂出見之，還而觀之，遂遣西伯伐崇。」是其事也。貝大如車渠者，考工記注：「鄭司農云：『渠，謂車輮。』」則車渠謂車輪也。大貝既入于紂，又爲周祕寶者，武王克殷仍得之。是文王所以免難，使子孫守之無忘憂患也。房者，說文云：「室在傍也。」夾室蓋左右个，則房卽東西室之在明堂大室兩傍者。玉藻疏云：「太廟路寢既如明堂。」則路寢之制上有五室，不得有房，而顧命有東房、西房，鄭答趙商云：「成王崩，時在西都。文王還豐、鎬，作靈臺、辟雍而已，其餘猶諸侯制度焉。故知此喪禮設衣物有夾有房也。周公攝政，制禮作樂，乃立明堂於王城。」案：鄭氏此說亦未然，古者明堂、靈臺、辟雍同處，靈臺則明堂臺門，辟雍則明堂宮垣外四周之水。文王既作靈臺、辟雍，卽有明堂矣。鄭注見周禮天府疏。云「鼖鼓長八尺」者，釋樂云：「大鼓謂之鼖。」考工記云：「韗人爲皐陶。鼓長八尺，鼓四尺，中圍加三之一，謂之鼖鼓。」周禮大司馬云：「諸侯執賁鼓。」則或作「賁」也。

大輅在賓階面，

注 鄭康成曰：「大輅，玉輅。」「輅」一作「路」。

贅輅在

阼階面，注鄭康成曰：「贅，次。次在玉路後，謂玉路之貳也。」先輅在左塾之前，注鄭康成曰：「先路，象路。門側之堂謂之塾，謂在路門内之西北面，與玉路相對也。」次輅在右塾之前。注馬融曰：「不陳戎路者，兵車非常，故不陳之。」鄭康成曰：「象路之貳，與玉路之貳相對，在門内之東北面。不陳金輅、革輅、木輅者，主於朝祀而已。」

疏塾者，禮運疏引白虎通云：「所以必有塾何？欲以飾門，因取其名也。明臣下當見於君，必先熟思其事也。」「大路」等鄭注見周禮典路疏。云「大路，玉路」者，大戴禮朝事篇云：「乘大路，建大常十有二旒，樊纓十有再就。」周禮巾車職云：「王之五路：一曰玉路，錫，樊纓十有再就，建大常十有二斿。」合證二文，大路卽玉路也。鄭又以贅爲次，謂是玉路之貳者，巾車于玉路貳車無文，大戴禮朝事篇云：「天子乘大路，貳車十有二乘。」是大路有貳也。云「先路，象路」者，周禮巾車職「王之五路」無「先路」之名，其名惟見于此及郊特牲。鄭于郊特牲無解，而以此爲象路者，巾車職云：「象路以朝。」此經將有受朝之事，當陳象路。茲凡四路，大路既是玉路，贅、次又皆是副貳之名，故推先路以爲象路。但巾車職言「象路，朱，樊纓七就」，而郊特牲言「先路三就」不同者，蓋郊特牲言「大路繁纓一就」，亦與巾車職「玉路十有再就」不同，彼文所言，殷制尚質故也。云「門側之堂謂之塾」者，釋宮文。考工記匠人有「門堂」，注云：「門堂，門側之堂。」引釋宮文以證，卽此塾矣。塾，俗字，當爲「𦏧」。隸字譌羊爲土。或以「埻」字當之，恐未是。鄭又以次路爲象路之貳者，次者，説文云：「不前也。」對先而言，則爲副貳之名。云「不陳金輅、革輅、木輅者，主于朝祀」者，見書疏。「金」字今本誤作「象」。巾車職：「王之五路：玉路以祀，金路以賓，象路以朝，革路以卽戎，木路以田。」茲大路是玉路，贅路爲其貳；先路是象路，次路爲其貳。則此四路止五路之二，未有金輅、革輅、木輅。蓋此時將祭奠于廟而傳顧命，故陳玉路；又將受諸侯朝，故陳象路。是以鄭云

「主于朝祀」而已。周禮大宗伯職：朝于五禮屬賓禮，時諸侯受朝則金路以賓，亦宜陳之。蓋此時喪中受朝，不迎賓，無所用金路也。書疏引鄭注云：「綴，次。是從後之言，二者皆爲副貳之車。先輅是金輅也，綴輅是玉輅之貳，次輅是金輅之貳。」二「金輅」疑是「象輅」之誤。「輅」作「路」者，見周禮巾車、明堂位、禮器、郊特牲注所引。二人雀弁，執惠，**注**鄭康成曰：「赤黑曰雀，言如爵頭色也。雀弁制如冕，黑色，但無藻耳。惠狀，蓋斜刃宜芟刈。」立于畢門之內。四人綦弁，**注**馬融曰：「騏，青黑色。」鄭康成曰：「青黑曰騏。詩曰：『我馬維騏。』」「綦」一作「騏」。執戈，上刃，**注**鄭康成曰：「戈即今之句孑〔一〕戟。」夾兩階戺。**疏**雀弁者，白虎通紼冕篇云：「士冠經曰：『周弁、殷冔、夏收。』爵何以知指謂其色？周之冠色所以爵何？爲周尚赤。所以不純赤，但如爵頭何？以本制冠者法天，天色玄者，不失其質。」鄭注見書疏。云「赤黑曰雀，言如爵頭色」者，鄭注士冠禮云：「雀弁者，冕之次，其色赤而微黑，如雀頭然是也。」云「制如冕，黑色，但無藻」者，周禮弁師：「王之五冕，皆玄冕朱裏延紐，五采藻，十有二就，皆五采玉十有二，玉笄朱紘。」注云：「延，冕之覆，在上，是以名焉。紐，小鼻，在武上，笄所貫也。」又云：「諸公之藻旒九就。」又云：「諸侯及孤、卿、大夫之冕，各以其等爲之。」注云：「侯、伯藻七就，子、男藻五就，孤藻四就，三命之卿藻三就，再命之大夫藻再就。」是冕皆有藻也。雀弁之制，延紐笄紘，皆與冕同，惟無藻爲異耳。然則冕而無藻，卽與雀弁無異。而鄭注弁師又云：「一命之大夫冕而無旒，士變冕爲雀弁。」則似無藻之冕，仍與雀弁不同者。賈氏士冠禮疏云：「冕者，俛也。低前一寸二分，故得冕稱。雀弁則無前低後高之制，故不得冕名。」說文云：「弁，冕也。」「冕，大夫以上冠也。」云「惠狀」云云，未詳。畢門者，鄭司農

〔一〕「句孑」原訛作「鉤戈」，據尚書正義顧命疏所引鄭注原文改。

注周禮閽人及朝士皆云「路門一曰畢門」是也。 綦，當作「綥」，說文：「帛蒼艾色。」新修增「綦」字，卽「綥」別體也。「綦弁」馬注見釋文，鄭注見詩出其東門疏及書疏。 云「青黑曰騏」且引詩者，說文云：「騏，馬青驪，文如博棊〔一〕也。」驪是黑色，故鄭云謂騏弁色如馬騏文也。 所引詩，皇皇者華文。 詩鳲鳩云：「其弁伊騏。」傳云：「騏，騏文。」與鄭義同，而詩箋乃云：「騏當作『璂』，以玉爲之。」于此又不破騏爲「璂」者，鄭注周禮弁師云：「韋弁、皮弁，侯、伯璂飾七，子、男璂飾五，孤則璂飾四，三命之卿璂飾三，再命之大夫璂飾二。」又云：「士變冕爲爵弁，其韋弁、皮弁之會無結飾。」然則鄭氏之意以大夫以上之弁皆有璂飾，士弁則無有。 彼詩所稱「淑人君子」，是謂諸侯，此四人是士，其弁不得爲璂飾，故以騏爲青黑色也。 知此四人是士者，蓋士無位于堂下。 又弁皆冕而立于堂廉之上，自是大夫；此四人立于堂下，又弁而不冕，與上文二人爵弁立于畢門內者，皆士也。 云「戈卽今之句孑戟」者，漢時名戈爲句孑戟，鄭舉當時之名以況，便于曉人也。 鄭注周禮序官司戈盾亦云：「戈，今時句孑戟。」 戺者，廣雅釋室云：「戺，砌也。」說文云：「𠀠，古文戺，从户。」蓋堂砌如人之兩頭也。 一人冕，執劉，立于東堂。 一人冕，執鉞，立于西堂。 注鄭康成曰：「劉，蓋今鑱斧。 鉞，大斧。 序內半以前曰堂。」 疏劉字說文所無，而劉、瀏以爲聲，或「鎦」重文，脫之。 鄭注見書疏。 云「劉，今鑱斧」者，說文云：「鑱，銳也。」斧之尖銳者，其形未詳。 云「鉞，大斧」者，說文「戉」字解也。 詩公劉疏引太公六韜云：「大阿斧重八斤，一名大戉。」則戉大于斧也。 云「序內半以前曰堂」者，釋宮云：「堂東西牆謂之序。」然則序內皆爲堂。 云「半已前」者，對半以後爲房室也。 一人冕，執戣，立于東垂。 一人冕，執瞿，立于西垂。 注鄭康成曰：「戣、瞿，蓋今

〔一〕「棊」原訛作「綦」，據說文改。

三鋒矛。」**疏**戣者，說文云：「周制侍臣執戣兵也。」〔一〕垂者，釋詁云：「疆、界、邊、衛、圉，垂也。」則垂是邊，蓋堂下之邊也。鄭注見書疏。云「戣、瞿，蓋今三鋒矛」者，詩小戎云：「厹矛鋈錞。」傳云：「厹，三隅矛也。」鋒卽隅，謂三稜也。**一人冕，執銳，立于側階。****注**鄭康成曰：「銳，矛屬。凡此七兵，或施矜，或著柄。周禮戈長六尺，其餘未聞長短之數。側階，東下階也。」「銳」一作「鈗」。**疏**銳，譌字也，當从說文作「鈗」，云：「侍臣所執兵也。周書曰：『一人冕，執鈗。』讀若允。」鄭注見書疏。云「鈗，矛屬」者，案：說文編字以類相从，金部「鋋」下「鈗」，「鈗」下「鉈」，「鉈」下「鏦」，「鏦」下「錟」，云：「鋋〔二〕，小矛也。」「鉈，短矛也。」「鏦，矛也。」「錟，長矛也。」則「鈗」列其間，亦必矛屬矣。云「凡此七兵」者，最括惠、戈、劉、鉞、戣、瞿、鈗也。云「或施矜、或施柄」者，說文云：「矜，矛柄。」鄭注考工記廬人云：「凡矜八觚。」然則揩圜者柄，其手握處圜，而握不及處爲八觚者，矜也。云「側階，東下階」者，鄭注雜記云：「側階，亦旁階也。」案：考工記匠人職說「明堂九階」，注云：「南面三，三面各二。」此云「側階」，蓋在中階之側。鄭云「東下階」者，卽中階之東也。

王麻冕黼裳，**注**鄭康成曰：「麻冕，三十升布也。黼裳者，冕服有文者也。」**疏**此稱王者，白虎通爵篇云：「天子大斂之後稱王者，明士不可一日無君也。故尚書曰〔三〕：『王麻冕黼裳。』此大斂之後也。何以知王從死後如王也？以尚書言迎子釗，不言迎王。」麻冕者，白虎通紼冕篇云：「絻所以用麻爲之者，女功之始，亦不忘本也。尚書曰：『王

〔一〕「周制侍臣執戣兵也」，案之說文原文，當作「周禮侍臣執戣立于東垂兵也」。

〔二〕「鋋」原作「鏦」，案之文義並核之說文，當作「鋋」，因改正。

〔三〕「故尚書曰」原誤倒爲「故曰尚書」，據白虎通爵篇原文乙正。

麻冕。』冕所以前後邃延者何？示進賢退不能也。垂旒者，示不見邪。纊塞耳，示不聽讒也。故禮玉藻曰：『十有二旒，前後邃延。』禮器曰『天子麻冕，朱綠藻，垂十有二旒』者，法四時十二月也。諸侯九旒，大夫七旒，士爵弁無旒。」鄭注見書疏。云「麻冕，三十升布」者，孔安國注論語子罕云：「麻冕，緇布冠也。」古者積麻三十升布以爲之，故云麻冕，三十升麻之布以爲冕也。布言升者，所以辨精麤也。鄭注喪服傳云：「布八十縷爲升。」則三十升凡二千四百縷，布之至細者矣。凡冠衣之布，冠之升數，輒倍于衣。朝服十五升，故冕三十升也。云「黼裳者，冕服有文」者，周之冕服九章，黼當其第八，其等衰，則自九章以至一章，凡五等，天子備有焉。據鄭注周禮司服云：「毳畫虎、蜼，謂〔一〕宗彝也。其衣三章，裳二章，凡五也。」則此黼裳者，是毳冕之裳刺黼、黻二章者，是有文者也。此言有文，對下「蟻裳」、「彤裳」皆以色言無文也。

由賓階隮。

疏 賓階者，西階。坊記云：「子云：『升自客階，弔於賓位。』教民追孝也。」注云：「謂反哭時也。既葬矣，猶不由阼階，不忍卽父位也。」文王世子云：「成王幼，不能踐阼，周公相，踐阼而治。」注云：「代成王履阼階，攝〔二〕王位治天下。」是嗣王乃當踐阼階，今升自西階者，不忍卽父位也。隮，俗字，當爲「躋」，釋詁云：「陞也。」詩：「朝隮于西。」傳云：「隮，升。」是隮卽躋字。

卿士、邦君，麻冕蟻裳，入卽位。

注 鄭康成曰：「蟻謂色，玄也。卽位者，卿西面，諸侯北面。」

疏 蟻，說文所無，當爲「蛾」。檀弓「蟻卽于四隅」，釋文云：「蟻，一作『蛾』。」釋蟲云：「蚍蜉大螘，小者螘。」卿士、邦君入畢門以聽傳顧命也。鄭注見書疏。云「蟻謂色，玄」者，夏小正云：「十有二月玄駒賁。」玄駒也者，蟻也。賁者何也？

〔一〕「謂」字原無，據周禮司服鄭注原文補。
〔二〕「攝」字原無，據禮記文王世子鄭注原文補。

走於地中也。」方言云：「蚍蜉，西南梁、益之間謂之玄蚼。」案：玄者，色也。云「卿西面」者，謂在中廷之東。「諸侯北面」者，在中廷之南。經言「入卽位」，不言升階，知皆陪位于中廷也。

太保、太史、太宗，皆麻冕彤裳。

疏 彤者，廣雅釋器云：「赤也。」詩彤弓傳云：「彤弓，朱弓也。」丹、赤俱與纁色相近，彤裳卽纁裳。周禮樂人注：「鄭司農云：『纁，絳也。』」

太保承介圭，上宗奉同瑁，由阼階隮。

注 今文「同」一作「銅」，說爲天子副璽。大傳說：「古者圭必有冒，不敢專達也。天子執冒以朝諸侯，見則覆之。故冒圭者，天子所與諸侯爲瑞也。」馬融曰：「同者，大同天下。」鄭康成曰：「上宗猶大宗。變其文者，宗伯之長大宗伯一人，與小宗伯二人，凡三人。使其上二人也，一人奉同，一人奉瑁。同，酒杯。」

疏 承者，詩箋云：「猶奉也。」介圭者，鎭圭。考工記玉人職云：「鎭圭尺有二寸，天子守之。」釋器云：「圭大尺二寸，謂之玠。」詩崧高〔一〕云：「錫爾介圭。」郭氏注爾雅引作「玠」。同者，白虎通爵篇作「銅」。吳志注：「虞翻別傳云：『今經益「金」就作「銅」字，詁訓言天子副璽。』」云「今經」者，今文也。翻又云：「雖皆不得，猶愈於玄。」是謂今文之說勝于鄭氏也。今文以銅爲副璽者，說文：「璽，王者印也，所以主土。从土，籀文从玉。」大傳云：「湯放桀而歸於亳，三千諸侯大會。湯取天子之璽，置之於天子之坐。」是殷、周已來天子有璽也。大傳說「古者圭必有冒」云云者，白虎通文質篇云：「合符信者，謂天子執瑁以朝諸侯，諸侯執珪以覲天子。瑁之爲言，冒也；上有所覆，下有所冒也。尚書大傳曰：『天子執瑁以朝諸侯。』又曰：『諸侯執所受珪〔二〕與璧，朝于天子。無過者復得其珪，以歸其邦；有過者留其珪。』」考工記玉人

〔一〕「崧高」原作「崇高」。案：詩篇無名「崇高」者，下引「錫爾介圭」爲大雅崧高句，今據改。

〔二〕「珪」原作「瑁」，據白虎通文質篇所引尚書大傳原文改。

職云：「天子執瑁四寸以朝諸侯。」説文云：「瑁，諸侯執圭朝天子，天子執玉以冒之，似犂冠。」是説此經之義也。馬注見吳志注虞翻別傳。云「大同天下」，蓋以同、瑁爲一物。瑁者，義取覆冒天下，故爲大同也。鄭注見書疏及吳志注虞翻傳。云「上宗猶太宗。變其文者，宗伯之長太宗伯一人，與小宗伯二人，凡三人。使其上二人」者，周禮序官云：「乃立春官宗伯，使帥其屬而掌邦禮。」又云：「禮官之屬，大宗伯，卿一人；小宗伯，中大夫二人。」是宗伯爲春官之長也。此則使小宗伯之上一人與大宗伯同事，是使其三人之上二人也。小宗伯二人爵位同，而得差其上下者，蓋同等之中自有長次也。必知上宗是二人者，奉是兩手共奉之，以兩手奉一物，則同、瑁二物，必二人奉之矣。且下文「王三咤，上宗曰：『饗！』」太保授宗人同」，明是贊王者大宗伯，贊太保者小宗伯也。云「同，酒杯」者，虞翻別傳云：「鄭玄解尚書違失事四：以顧命康王執瑁，古『冃』字似『同』，從誤作『同』，既不覺定，復訓爲杯。玉人職『天子執瑁以朝諸侯』，謂之酒杯，誤莫大焉。」虞意欲以「同」爲「冃」，解經云受冃瑁，謂冃圭者瑁，以爲一物。妄詆鄭氏，實非也。下文王受同，三宿，三祭，三咤，太保受同，是同爲酒器，俱不可謂之冃。始知鄭説不可易也。江氏聲説同爲圭瓚，云：「以挹鬯祼祭者，周禮謂之祼圭。」王氏鳴盛亦云：「下文『太保以異同秉璋以酢』，則彼同是璋瓚矣。」案：「同」今文作「銅」，銅卽金也。白虎通考黜篇云：「圭瓚秬鬯，宗廟之盛禮。玉以象德，金以配情。芬香條鬯，以通神靈。玉飾其本，君子之性。金飾其中，君子之道。君子有黃中通理之道美素德。金者，精和之至也；玉者，德美之至也；鬯者，芬芳之至也。君子有玉瓚秬鬯者，以配通德也，其至矣。」是銅卽因玉瓚之飾金爲名也。江、王説是。

太史秉書，由賓階隮，御王册命。

注 鄭康成曰：「御猶嚮也。王此時正立賓階上，少東。太史東面，于殯西南而讀策書，以命王嗣位之事。」

疏 秉者，釋詁云：「執也。」書，謂所書顧命之策也。鄭注見書疏。云「御猶嚮」者，御與訝通，訝之言迎，迎則向也。云「王此時正立賓階上，少東」者，以太史隨而升階，將由其西讀策，王少東避之。曾子問云：「君薨而世子生，三日，少師奉子以衰，祝先，子從。子升自西階，殯前北面，祝立于殯東南隅。祝聲三，曰：『某之子某，從執事，敢見。』」此云「太史東面，于殯西南隅」者，少儀云：「詔詞自右。」曾子問所云是北面，而告于殯當在世子之右，故立于殯東南隅。此則以成王命詔嗣王，當立于殯之右，故東面，于殯西南隅也。

曰：「皇后馮玉几，道揚末命，命汝嗣訓，臨君周邦，率循大卞，燮和天下，用答揚文武之光訓。」

注「馮」一作「凭」。

疏皇者，釋詁云：「君也。」后者，說文云：「繼體君也。」謂康王也。末者，方言云：「緒也。」馮者，一切經音義十七引三蒼云：「依也。」說文作「凭」，云：「依几也。周書：『凭玉几。』讀若馮。」卞即弁省文。鄭注士冠禮云：「卞名出於槃。槃，大也。言所以自光大也。」案：槃與般通。廣雅釋詁云：「般，任也。」燮者，釋詁云：「和也。」此太史傳述成王之命，命康王馮玉几以聽，道揚緒餘之命。即白虎通爵篇云「即繼體之位」也。言命汝嗣守此訓，以臨君周國，率循大任，以和天下，以對揚文武光顯之訓。僞傳以王后爲大君成王，誤矣。

王再拜，興，答曰：「眇眇予末小子，其能而亂四方，以敬忌天威？」

疏興者，釋言云：「起也。」眇眇，曹大家注幽通賦云：「微也。」亂者，釋詁云：「治也。」四方者，傳云：「中國也。」言我微末小子，其何能而治中國，以敬畏天命乎？

乃受同瑁，王三宿，三祭，三咤。

注馬融「咤」作「詫」。鄭康成曰：「王既對神，則一手受同，一手受瑁。宿，肅也。却行曰咤。王徐行前，三祭，又三却，復本位。」

疏白虎通爵篇云：「王者既殯而即繼體之位何？緣臣民之心，不可一日無君，故先君不可得見，則後君繼體矣。尚書曰『王再拜，興，對，乃受銅瑁』也，明爲繼體君也。」宿與肅通，鄭注少牢饋食禮「前宿一日，宿戒尸」云：「宿讀爲肅。」釋詁云：「肅，進也。」馬氏作「詫」，見釋文。咤，俗字，說文作「詫」，云：「奠爵酒也。」周書曰：『王三宿，三祭，三詫。』」是奠酒也。玉篇云：「咤，本或作『吒』。」則卽吒字。鄭注見書疏。云徐行前日肅者，亦以宿爲肅進也。「却行日咤」，未詳。**上宗曰：「饗！」** **疏**饗者，江氏聲云：「勸彊王嚌酒也。士虞禮云：『哀薦袷事，適爾皇祖某甫，饗。』注云：『勸彊之也。』鄭又注特牲饋食禮云：『饗，勸彊之也。』」**太保受同，降，盥，以異同，秉璋以酢，** **疏**盥，說文云：「澡手也。」璋者，璋瓚。祭統云：「君執圭瓚祼尸，大宗伯執璋瓚亞祼。」郊特牲云：「灌以圭璋。」知灌地之璋瓚，得單名璋也。鄭箋詩棫樸云：「祭祀之禮，王祼以圭瓚，諸臣助之，祼以璋瓚。」以圭璋爲柄杓鬱鬯曰祼，璋瓚亞祼，既是此太保秉璋，則上文王所用以祭之同或卽圭瓚。二瓚皆「同」名，殆猶弁、冕皆名「冠」與？以酢者，謂既獻則自酢也。周禮司尊彝職，春祠、夏禴、秋嘗、冬烝，以及追享、朝享，于六彝、六尊各用其二。而其下軏云：「皆有罍，諸臣之所昨也。」注云：「昨讀爲酢，字之誤也。」諸臣獻者酌罍以自酢，異同者，臣不敢襲君器。王以上宗勸而嚌酒，既嚌，則以同授太保。太保受之以降，置于篚，盥手而取異同升酌，執其柄以獻，則自酢也。酢，說文本字作「醋」，此假借字。**授宗人同，拜，王答拜。太保受同，祭，嚌，宅，授宗人同，拜，王答拜。** **疏**宗人，小宗伯也。江氏聲云：「上文『上宗奉同瑁』，鄭注以爲『春官之長大宗伯一人，小宗伯二人，凡三人。使其上二人，一人奉同，一人奉瑁』。然則此時堂上有小宗伯一人，與大宗伯同在焉。自當大宗伯贊王，小宗伯贊太保。且上言上宗，此變文言宗人，則自是小宗伯矣。爲將拜，故授宗人同也。王答拜者，燕義云：『君舉旅于賓，及君所賜爵，皆降，再拜稽首，升，成拜，明臣禮也。君答拜之，禮無不答，明君上之禮也。』」是其義。太保受同，受于宗人也。嚌者，說文云：「嘗也。」引此文。鄭注雜記云：「嚌，嘗也。嚌至口，啐至齒。」宅疑卽詫，說文：「奠爵酒也。」鄭氏以爲却行曰咤，則是太保受同，祭，嘗酒而却退也。太保授宗人同，以傳顧命畢，王受顧命亦畢，又答拜之也。**太保降，收。**疏太保降，江氏聲云：「降而出應門。不言出者，于下言入見之，省文也。收者蓋太保收策書，宗人收同與？」**諸侯出廟門俟。**疏諸侯卽上文所云卿士、邦君入卽位者。邦君謂畿内諸侯，兼有畿外之齊侯，卿士中有衞侯，是外土諸侯，餘皆食采畿内，皆畿内諸侯矣。王制云：「天子之縣内諸侯，禄也。」是食采畿内者，亦諸侯也。廟門者，周本紀云：「二公率諸侯以太子釗見於先王之廟。」上文「逆子釗于南門之外」，則此廟門卽南門也。俟者，俟王出視朝也；下云「王出在應門之内」，何可分篇？馬、鄭本自「王若曰」已下乃爲康王之誥，蓋本孔氏古文。**王出在應門之内。**疏應門者，釋宮云：「王門謂之應門。」禮記疏引李巡云：「宮中南嚮大門，應門也。」詩傳云：「王之正朝曰應門。」明堂位云：「雉門，天子應門。」言魯之雉門比于應門也。**大保率西方諸侯入應門左，畢公率東方諸侯入應門右，**疏召公爲西伯，畢公爲東伯，是時周公已歿矣。**皆布乘黃朱。**注「布乘」一作「黼黻」。疏布者，廣雅釋詁云：「列也。」乘，四馬也。詩大叔于田〔一〕云：「乘乘黃。」傳云：「四馬皆黃。」案：古者車一乘駕四馬，故四馬爲乘。黃朱者，詩干旄疏引鄭駁異義云：「尚書顧命『諸侯入應門，皆布乘黃朱』，言獻四黃馬朱鬣也。」然則鄭注此文亦云然。「布乘」一作「黼黻」者，白虎通紼冕篇云：「天子朱紼，諸侯赤紼。詩云『朱紼斯皇，室家君王』，謂天子也。又云『赤紼金舄，會同有繹』，又曰『赤紼在股』，皆謂諸侯也。書曰『黼黻衣黃朱紼』，亦謂諸侯也。別於天子，謂之黃朱，黃朱亦赤矣。」是今文「布乘」作「黼黻」，解之者以爲衣也。布與黼聲相近，

〔一〕「大叔于田」原作「叔于田」。案：「乘乘黃」爲詩鄭風大叔于田文，作「叔于田」當是孫氏誤記，今改正。

乘與芾形相近。解黃朱以紼者，詩傳云：「朱芾，黃朱芾也。」于斯干又曰：「芾者，天子純朱，諸侯黃朱。」漢書韋孟諷諫詩云：「黼衣朱紱。」正用今文說也。

賓稱奉圭兼幣，

注 鄭康成曰：「此幣以馬，蓋舉王者之後以言耳。諸侯當璧以帛，亦有庭實。」

疏 賓者，周禮大宗伯職云：「以賓禮親邦國。」謂朝覲宗遇會同，天子以賓禮賓諸侯也。大行人職云：「掌大賓之禮。」注云：「大賓，要服以內諸侯。」武氏億云：「賓，古文通作擯。『賓稱』是擯者之辭。」圭者，考工記玉人云：「命圭九寸，謂之桓圭，公守之。命圭七寸，謂之信圭，侯守之。命圭七寸，謂之躬圭，伯守之。」注云：「命圭者，王所命之圭也，朝覲執焉，居則守之。故書或云『命圭五寸，謂之躬圭』也。」幣者，周禮小行人職云：「合六幣：圭以馬，璋以皮，璧以帛，琮以錦，琥以繡，璜以黼。」注云：「六幣所以享也。五等諸侯享天子用璧，享后用琮，其大各如其瑞，皆有庭實，以馬若皮。皮，虎豹皮也。」是說圭幣之事。鄭注見書疏。云「此幣王者之後以言」者，二王之後，謂杞、宋；位尊，故享用圭璋而特之。此經言「布乘黃朱」，又稱「奉圭兼幣」，故鄭云此幣圭以馬，蓋舉王者之後以言爾。云「諸侯當璧，亦有庭實」者，覲禮云：「四享皆束帛加璧，庭實惟國所有。」秋官大行人說朝事云「廟中將幣三〔一〕享」，彼注既用覲禮篇文，又引大戴朝事篇云：「奉國地所出重物，明臣職也。」則庭實又在圭、馬等物之外。故詩韓奕疏備引諸文而申之云：「三享者，初享以馬若皮，其餘以國地所有之物分之爲二，以備三享。」今此經文不具，故鄭補言之。僞傳以圭、馬即庭實，非也。

曰：「一二臣衞，敢執壤奠。」皆再拜稽首。王義嗣德答拜。

注 鄭康成曰：「此朝兼享禮也，與常禮不同。釋辭者一人，其餘奠幣，拜者稽首而已。」

疏 臣衞，謂蕃衞。壤，謂壤地所生之物。禮器云：「天不生，地不養，君子不以爲禮。」

〔一〕「三」原訛作「之」，據周禮秋官大行人原文改。

覲禮云：「庭實惟國所有。」則此諸侯所執以奠者，自是其國土所生之物，陳之以爲庭實也。奠者，鄭注禮記云：「猶獻也。」堯典云：「舜讓于德弗嗣。」白虎通性情篇云：「義者，宜也。」義嗣，言宜嗣德也。春秋文八年：「秋八月庚戌〔一〕，天王崩。」九年：「春，毛伯來求金。」公羊傳曰：「何以不稱使？當喪未君也。踰年矣，何以謂之未君？即位矣，而未稱王也。未稱王，何以知其即位？以諸侯之踰年即位，亦知天子之踰年即位也。」是時成王崩未踰年，康王實未嗣位。若真言王答拜，無以異于正即位者。言其宜嗣則未嗣位之意自明。鄭注見書疏。云「釋辭者一人」者，此時諸侯雖衆，但其長一人釋辭，不必人人皆釋。下文言「皆再拜稽首」，拜言「皆」，則釋辭不「皆」可知也。云「此朝兼享禮」者，覲禮「侯氏既朝而出」，乃後云「四享皆束帛加璧」。又鄭注曲禮云：「諸侯春見曰朝，受贄于朝，受享于廟。」是常禮皆朝而後享，不同時並行二事。今則人門而朝，奉圭兼幣，庭實俱設，是于常禮不同也。

大保暨芮伯咸進，相揖，皆再拜稽首，曰：「敢敬告天子，皇天改大邦殷之命，惟周文武誕受羑若，**注**馬融曰：「羑，道也。」克恤西土。**疏**羑者，說文云：「進善也。」羑，或作「誘」，或作「𧦝」，古文作「羑」。若者，釋言云：「順也。」言天改殷之命，惟文武大受而善順之，能撫恤西土也。馬注見釋文。云「羑，道」者，詩傳文。

惟新陟王畢協賞罰，戡定厥功，用敷遺後人休。**疏**陟者，釋詁云：「假、陟、登，陞也。」曲禮云：「告喪曰『天王登假』。」是赴告之詞稱天子崩爲登假也。釋詁云：「協，服也。」「戡，克也。」敷者，說文云：「𢿱也。」引此文。言惟新登假之成王盡服其賞罰，克定其功，用施于後人以休也。今王敬之哉！張皇六師，無壞我高祖寡命。」

〔一〕案之春秋文公八年經傳，此「庚戌」當是「戊申」之誤。

疏皇者，詩傳云：「大也。」六師，六軍也。詩常武云：「整我六師。」周禮夏官序官云：「萬有二千五百人爲軍，王六軍。」高祖，謂文王。寡命，如康誥「乃寡兄勖」，謂寡有之命。言今王敬之哉！張大其六軍，無毁敗我文王寡有之命。魯語展禽曰：「周人祖文王而宗武王，故稱文王爲高祖。」書疏云：「馬、鄭本此篇自『高祖寡命』以上内于顧命，『王若曰』以下始爲康王之誥。」釋文云：「『庶邦侯、甸、男、衞』，馬本從此以下爲康王之誥。」又云：「與顧命差，異序。歐陽、大小夏侯同爲顧命。」

王若曰：「庶邦侯、甸、男、衞！注史遷説：「太子釗遂立，是爲康王。康王卽位，徧告諸侯，宣告以文武之業以申之，作康誥。」歐陽、大小夏侯同爲顧命。鄭康成曰：「獨舉侯、甸、男、衞四服者，周公居攝六年制禮班度量，至此積三十年，再巡守，餘六年；侯、甸、男、要服正朝，要服國遠，既事遣之，衞服前冬來，以王有疾留之。」疏史公説見周本紀。云「作康誥」，與上文云「作顧命」非一篇，同書序。是古文本與顧命異篇也。歐陽、大小夏侯同爲顧命者，見書釋文。以此合于顧命，乃符二十九篇之數。馬、鄭雖分之，今用藝文志之目爲注疏，并取今古文，故不分也。依熹平石經般庚三篇爲一之式，空格以别之。鄭注見詩周頌譜疏。云「周公居攝六年制禮頒度量」者，明堂位云：「周公踐天子之位以治天下，六年朝諸侯於明堂，制禮作樂，頒度量，而天下大服。」是鄭氏所本也。云「至此積三十年，再巡守，餘六年」者，鄭于顧命篇首注云：「此成王二十八年。」則自制禮以來，至此積三十年矣。周禮大行人職云：「十有二歲，王巡守殷國。」然則二十四年王再巡守，三十年則再巡守而餘六年矣。云「侯、甸、男要服正朝」者，據大行人職，侯服歲一見，甸服二歲一見，男服三歲一見，采服四歲一見，衞服五歲一見，要服六歲一見。然則侯服年年朝；甸服二歲見者，至此六年當三朝；要服三歲見者，六年則再朝；要服六歲見者，適當其正朝之期也。此時朝者，當是侯、甸、男、要四服之諸侯。經乃言侯、甸、男、衞，不見要服，鄭氏推求其故，以爲「要服國遠，既事遣之，衞服前冬來，以王有疾留之。」江氏聲謂：「當周之四月，正歲爲春仲，要服國遠，蓋未至也。衞服諸侯應以往年來朝，容有往年國中多故，不得以時至，而于是來與？」說詳集注音疏〔一〕。 **惟予一人釗報告**〔二〕， **疏** 曲禮疏云：「顧命成王殯未踰年稱『予一人』者，熊氏云：『天下不可一日無王故也。今謂「予一人」者，以麻冕黼裳即位受顧命，從吉〔三〕，故暫稱一人也。』」報者，鄭注周禮云：「復之言報也。」既稱「予一人」，又稱名，亦以未除喪故。 **昔君文武丕平富，不務咎， 厎至齊。** **注** 馬融讀絶句。 **疏** 釋詁云：「丕，大也。」「平，成也。」富者，鄭注禮記云：「備也。」務與瞀聲相近，大傳云：「王之不極，是謂不建，厥咎瞀。」鄭注作「霿」，云：「冒也。」則此云冒咎者，干冒災咎也。 厎者，釋詁云：「止也。」齊者，釋言云：「中也。」言文武之道大成備，故不干災咎， 止于至中也。 **信用昭明于天下，則亦有熊羆之士，不二心之臣，保乂王家，用端命于上帝。** **疏** 保，安；乂，治；俱見上疏。 端者，說文云：「直也。」直即正也。 言周家以信顯明于天下，有如熊羆之勇士，純一其心之臣，安治王室，用正命于天也。 **皇天用訓厥道，付畀四方， 乃命建侯樹屏，在我後之人。** **疏** 訓與順通。 畀者，釋詁云：「予也。」屏者，釋言云：「蔽也。」在者，王氏念孫云：「謂相顧在。 春秋左氏襄廿六年傳云：『衞獻公使讓大叔文子曰：「吾子獨不在寡人。」』吴語云：『昔吴伯父不失，春秋必率諸侯以顧在余一人。』即此在字之義

〔一〕「集注音疏」原作「合注音疏」。案：江聲書名尚書集注音疏，作「合」誤，今改正。

〔二〕「告」，尚書正義顧命經文作「誥」。

〔三〕「吉」原訛作「古」，據皇清經解本及曲禮疏所引熊氏說原文改。

也。下文云『今予一二伯父尚須暨顧』，亦謂相顧在也。」言天用順其道，付與中國，乃命立侯樹藩，顧在我後人。

今予一二伯父尚胥暨顧，綏爾先公之臣服于先王。雖爾身在外，乃心罔不在王室。

注「乃」一作「迺」。「罔」一作「無」。

用奉恤厥若，無遺鞠子羞。」

疏稱伯父者，覲禮云：「天子呼諸侯之禮，同姓大國曰伯父，異姓曰伯舅，同姓小邦曰叔父，異姓曰叔舅。」尚者，釋言云：「庶幾，尚也。」胥者，釋詁云：「相也。」綏字說文本作「緌」，周官夏采：「以乘車建綏。」注云：「綏，當爲『緌』。」釋詁云：「緌，繼也。」「綏爾先公之臣服于先王」當爲一句，言繼爾先公之臣服于先王也。僞傳讀「綏爾先公之臣」絕句，失之。恤者，說文云：「收也。」若者，釋言云：「善也。」鞠者，釋言云：「稺也。」言今子一二同姓，庶幾相與顧在我，繼爾前人之臣服于先王。卽爾身在外，爾心無不在王家。以奉收其善，無遺我稺子羞愧也。漢書谷永傳永災異對引此經，「乃」作「迺」，「罔」作「無」。

羣公既皆聽命，相揖，趨出。王釋冕，反喪服。

注鄭康成曰：「羣公主謂諸侯與王之三公，諸臣亦在焉。王釋冕，反喪服，朝臣、諸侯亦反喪服。禮喪服：『臣爲君，諸侯爲天子，皆斬衰。』」「反喪服」一作「喪服」。

疏白虎通爵篇云：「緣始終之義，一年不可有二君也。故尚書曰：『王釋冕，喪服。』吉冕受銅，稱王以接諸侯，明已繼體爲君也。釋冕藏銅反喪，明未稱王以統事也。」何休注公羊桓元年傳云：「先謁宗廟，明繼祖也。還，之朝，正君臣之位也。事畢而反凶服焉。」鄭注見書疏。云「羣公主謂諸侯與王之三公」者，三公稱公，諸侯亦得通稱公。是時王朝之臣皆在，故又云「諸臣亦在焉」也。云「朝臣、諸侯亦反喪服」者，經止言王反喪服，故鄭補言之。又引喪服證之者，喪服篇云「斬衰裳，苴絰，杖，絞帶，冠繩纓，菅屨者」，其目首列父，其次諸侯爲天子，其次君是也。

費誓第廿六　周書十七　尚書今古文注疏卷廿六

注史遷說：「伯禽卽位之後，有管、蔡等反也，淮夷、徐戎亦並興反。於是伯禽率師伐之於肹，作肹誓。遂平徐戎，定魯。」「費」一作「肹」，一作「鮮」，一作「獮」，一作「粊」。**疏**史公說見魯世家。云「伯禽卽位之後，有管、蔡等反也，淮夷、徐戎亦並興反」者，是以淮夷、徐戎反爲在與管、蔡同時。魯世家前文亦云「於是卒相成王，而使其子伯禽代就封於魯。管、蔡、武庚等果率淮夷而反。周公乃奉成王命，興師東伐，作大誥。」周本紀云：「召公爲保，周公爲師，東伐淮夷，殘奄。」又云：「既絀殷命，襲淮夷，在豐，作周官。」是伯禽先伐淮夷，在管、蔡以殷畔之時；周公伐淮夷，在歸政踐奄之後也。但伯禽封魯，據洛誥經文「命公後」及「惟告周公其後」，則在七年歸政之時，此云卽位之後有管、蔡、淮夷等反，殊不可解。史公從安國問故，又用伏生所傳今文，故說有歧異。後漢書東夷傳云：「康王之時，肅愼復至。後徐戎僭號，乃率九夷以伐宗周，西至河上。穆王畏其方熾，乃分東方諸侯，命徐偃王征之。」此疑今文說。則魯公征徐戎在穆王時，故編篇于顧命後、呂刑前也。曾子問云：「子夏問曰：『三年之喪卒哭，金革之事無辟也者，禮與？初有司與？』孔子曰：『吾聞諸老聃，昔者魯公伯禽有爲爲之也。』」注云：「伯禽，周公子，封于魯。有徐戎作難，喪卒哭而征之，急王事也。征之作費誓。」疏云「伯禽所遭是母喪，則在周公未歿之時。云「伐之於肹」者，肹與費聲相近，卽今山東費縣地也。春秋左氏隱元年傳云：「費伯率師城郎。」後爲季氏邑，僖元年傳「公賜季氏汶陽之田〔一〕及費」是也。亦卽南武城，孟子云：「曾子居武城，有越寇。」蓋費地在曲阜東，南又通沂州府，與淮、沂連界，故淮、徐之國時爲魯難，魯公出師至此作誓也。史記集解云：「徐廣曰：一作『鮮』，一作『獮』。」索隱云：「尚書大傳作『鮮誓』。」說文「粊」云：「惡米也。周書有粊誓。」惡米之訓，與此無涉。鄭注周禮雍氏及曾子問皆引作「粊」，今曾子問注作「費」。案釋文，可證爲後人改也，許氏蓋存孔壁古文耳。書堯典疏云：「孔以費誓在文侯之命後，第九十九；鄭以爲在吕刑前，第九十七。」今從鄭本。

公曰：「嗟，人無譁！ **注** 鄭康成曰：「人謂軍之士衆及費地之民。」 **聽命徂兹！** **疏** 嗟者，釋詁云：「咨，蹉也。」蹉卽說文𧪿字。譁者，一切經音義四引三蒼云：「言語譊譊也。」釋詁云：「徂，往也。」「兹，此也。」魯公咨告軍民以無嚻譁，聽我教命，往此費地。鄭注見書疏。 **淮夷、徐戎並興，** **疏** 淮夷者，詩傳云：「東國，在淮浦而夷行也。」徐者，說文作「䣄」，云：「邾下邑也。魯東有䣄城。」魯世家：「頃公十九年，楚伐我，取徐州。」集解引徐廣曰：「徐州在魯東，今薛縣。」郡國志云：「魯國薛縣，六國時曰徐州。」案：淮夷，毛氏以爲東國之有夷行者，則此徐戎亦徐人之好興戎者，故名之，非必戎夷也。後漢書東夷傳則云：「徐戎率九夷以伐宗周，西至河上。」段氏玉裁云：「魯東近䣄，故曰『東郊不闢』。」

善敹乃甲冑， **注** 史遷「敹」作「陳」。 **敿乃干，無敢不弔。** **注** 史遷「弔」作「善」。鄭康成曰：「敹，謂穿徹之。敿，猶繫也。弔，至；猶善也。」 **疏** 敹者，說文云：「擇也。」引周書曰：「敹乃甲冑。」甲者，書疏引世本云：「杼作甲。」宋仲子云：「少康子杼也。」冑者，說文云：「兜鍪也。」「兜鍪，首鎧也。」敿者，說文云：「繫連也。」引周書曰：「『敿乃干。』讀若矯。」

〔一〕「汶陽之田」原訛作「汶暘之回」，據左傳僖公元年原文改。

弔者，說文作「遈」，云：「至也。」史公「穀」作「陳」者，說文訓穀爲擇，夏小正云：「陳筋革者，省兵甲也。」省亦擇也。「弔」作「善」者，與鄭同。鄭注見書疏。云「敹，謂穿徹之」者，考工記函人職云：「犀甲七屬，兕甲六屬，合甲五屬。」注云：「屬，謂上旅下旅札續之數。」又鞄人職云：「察其線，欲其藏也。」注：「杜子春云：『線謂縫革之縷。』」說文：「司馬法皐从革。」〔一〕是甲胄之革，必以線縷縫綴之。鄭云「穿徹」，即謂是也。云「敿，猶繫」者，與說文繫連之訓同。云「弔，至」，釋詁文。云「猶善」者，以下文「無敢不善」知之。案：經云「弔」，亦可訓至，下云「善」，不必同訓作善。說文以簡爲擇。言簡擇其甲胄，繫連其干盾，無敢不至軍所。

備乃弓矢，鍛〔二〕乃戈矛，礪乃鋒刃，無敢不善。**疏** 備與葡同，說文云：「具也。」鍛者，廣雅釋詁云：「椎也。」礪，俗字，當爲「厲」。詩公劉云：「取厲取鍛。」傳云：「鍛石也。」箋云：「鍛石，所以爲鍛質也。取厲鍛斤斧之石，可以利器用。」鋒者，鏠省字。說文：「鏠，兵耑也。」春秋左氏昭十二年傳云：「磨厲以須。」

「今惟淫舍牿牛馬，**注** 鄭康成曰：「牿爲桎梏之梏，施梏于牛馬之腳，使不得走失。」 杜乃擭，**注** 鄭康成曰：「山林之田，春始穿地爲穽，或設擭其中，以遮獸。擭，柞鄂也。」「杜」一作「敷」。 敜乃穽，無敢傷牿。牿之傷，汝則有常刑。**疏** 淫者，釋詁云：「大也。」舍者，郭注釋詁云：「放置也。」牿者，說文云：「牿，牛馬牢也。」引周書曰：「今惟牿牛馬。」無「淫舍」二字。杜，說文作「敷」，云：「閉也，讀若杜。」「擭，一曰布擭也。」穽，說文爲「阱」重文，云：「阱，陷也。」敜，說文云：「塞也。」引此文。周禮冥氏掌「爲阱擭以攻猛獸」。檻以捕虎豹，穽以捕小獸。言今大放舍牢

〔一〕「皐」爲「胄」之或字，案之說文月部胄字，此句當作「皐，司馬法胄从革。」

〔二〕「鍛」原訛作「鍜」，據尚書正義費誓經文改。

中牛馬，宜杜塞穽擭以放牧之，亦無久牿以傷其牲畜，傷之則有常法。鄭注見書疏。云「牿爲桎梏之梏，施梏于牛馬之脚，使不得走失」者，易大畜六四：「童牛之牿。」鄭注云：「巽爲木，互體震，震爲牛之足，足在艮體之中，艮爲手持木以就足，是施梏。」又鄭志：「泠剛問：『大畜六四，注云云，蒙初六注云云，不審桎梏手足定有別否？』答曰：『牛無手，以前足當之。牛旣如此，馬亦可知。故云施牿于牛馬之脚，使不得走失。失與佚通也。』」案：軍行以牛載輜重，馬駕兵車，常駕不舍，力不能任，故放置之，而以橫木閑之。説文云：「告，牛觸人，角箸橫木，所以告人也。」又云：「衡，牛觸橫大木其角。詩曰：『設其楅〔一〕衡。』」據此則牿謂閑之以木。鄭云梏其脚，亦此意也。云「山林之田，春始穿地爲穽，或設擭其中，以遮獸。擭，柞鄂」者，周禮雍氏云：「春令爲阱擭溝瀆之利于民者，秋令塞阱擭。」注云：「阱，穿地爲塹，所以禦禽獸。其或超踰，則陷焉。世謂之陷阱。擭，柞鄂也，堅地阱淺，則設柞鄂于其中。秋而杜塞阱擭，收刈之時爲其陷害人也。書棐誓曰：『敜乃擭，敜乃阱。』時秋也。」魯語云：「鳥獸成，設穽鄂。」注云「鄂，柞格，所以誤獸」是也。

馬牛其風，臣妾逋逃，注鄭康成曰：「風，走逸。臣妾，厮役之屬也。」

疏風者，春秋左氏僖四年傳云：「惟是風馬牛不相及也。」服注云：「風，放也。牝牡相誘謂之風。」臣妾者，古軍中有丁女，墨子備城門篇云：「守法：五十步丈夫十人、丁女二十人、老小十人，計之五十步四十人。」周禮太宰九職：「八曰臣妾，聚斂疏材」。書疏云「古人或以婦女從軍」是也。逋者，説文云：「亡也。」鄭注見史記集解。云「風，走逸」者，春秋左氏僖廿八年傳：「晉中軍風于澤。」杜注云「牛馬因風而走，皆失之」是也。云「臣妾，厮役之屬」者，公羊宣十二年傳云：「楚伐鄭，厮役扈養死者數百人。」何氏注云：「艾草爲防者曰厮，汲水漿者曰役，養馬者曰

〔一〕「楅」原訛作「福」，據説文原文改。

窻，炊烹者曰養。」古者兵車一乘，甲士三人，步卒七十二人，外有餘子二十五人，即廝役也。勿敢越逐，祗復之，注史遷「祗」作「敬」，一作「振」。我商賚汝。乃越逐，不復，汝則有常刑。疏說文云：「越，逾也。」「逐，追也。」祗者，釋詁云：「敬也。」商，釋文云：「徐音章。」鄭注士冠禮云：「章，明也。」賚者，釋詁云：「賜也。」言馬牛臣妾有逸逃者，勿逾次追之，以致失律。有得之者，能敬復其主，我明賜汝。汝逾次追逐，及得之不返者，皆有罪罰。史公「祗」作「敬」者，釋詁文。集解引徐廣曰：「『敬』一作『振』。」祗、振，聲之輕重。皋陶謨「祗敬六德」，史記作「振敬」。無敢寇攘，注鄭康成曰：「寇，劫取也。因其亡失曰攘。」踰垣牆，竊馬牛，誘臣妾，汝則有常刑。疏寇者，鄭注舜典云：「强取爲寇。」攘者，論語「其父攘羊」，周氏注云：「有因而盜曰攘。」釋詁云：「儴，因也。」儴，俗字。誘者，鄭注樂記云：「引也。」廣雅釋言云：「羑，致也。」鄭注見史記集解。

「甲戌，我惟征徐戎。峙乃糗糧，注史遷「乃」作「爾」。「糗糧」一作「餱粻」。無敢不逮，汝則有大刑。注馬融曰：「大刑，死刑。」疏峙从止，俗誤从山，釋詁云：「峙，具〔一〕也。」糗者，說文云：「熬米麥也。」逮者，釋詁云：「逮，及，與也。」「糗」一作「餱」者，說文云：「餱，乾食也。周書曰：『峙乃餱粻。』」案：說文無「粻」字，疑當爲「糧」。以糗爲餱者，說文云：「餥，餱也。陳、楚之間，相謁食麥飯曰餥。」是糗爲熬米穛麥乾而食之，義得通也。詩伐木云：「乾餱以愆。」史公「汝」作「爾」者，爾、汝通字。馬注見史記集解。以大刑爲死刑者，死刑，大辟是也。魯人三郊、三遂，注史遷「遂」作「隧」。大傳說：「古者百里之國，三十里之遂，二十里之郊。七十里之國，二十里之遂，九里之郊。五十里

〔一〕「具」原訛作「其」，據爾雅釋詁原文改。

之國，九里之遂，三里之郊。」疏「三郊、三遂」，王肅謂東郊留守，故不言四。江氏聲用其說，非也。郊者，釋地云：「邑外謂之郊。」鄭注王制云：「郊，鄉界之外者也。」遂者，鄭注王制云：「遠郊之外曰遂。」周禮夏官大司馬云：「凡制軍，大國三軍。」魯是大國，宜爲三軍。小司徒疏云：「凡出軍之法，先六鄉；賦不止，次出六遂；賦猶不止，徵兵于公邑及三等采；賦猶不止，乃徵兵于諸侯，大國三軍，次國二軍，小國一軍，此軍等皆出于鄉、遂；賦猶不止，則諸侯有偏境之法，則千乘之賦是也。」春秋左氏成元年疏云：「天子六軍出自六鄉，大國三軍出自三鄉，其餘公邑、采地之民不在三軍之數。古者用兵，天子先用鄉，鄉不足取遂，遂不足取公卿采邑及諸侯邦國。若諸侯出兵，先盡三鄉、三遂，鄉、遂不足，然後總徵境内之兵。」今此淮夷、徐戎兩寇並發，其勢甚急，故悉起鄉、遂之兵應之，然猶不至總徵境内也。史公「遂」作「隧」者，隧卽𨺅省文。大傳說見王制疏引尚書傳，云多士傳。周禮典命〔一〕疏云無逸傳。皆誤引也。魯國百里，則郊當在二十里之外，遂又在其外也。

峙乃楨榦。注馬融曰：「楨、榦，皆築具。楨在前，榦在兩旁。」

甲戌，我惟築，無敢不供。疏楨者，釋詁云：「楨，榦也。」舍人注云：「楨，正也，築牆所立兩木也。榦所以當牆兩邊障土者。」說文云：「榦，築牆耑木也。」「築，擣也。」馬注見史記集解。云「楨在前，榦在兩旁」者，凡築牆及城，必立木兩旁，以繩束板，又置木于其兩首，乃取土實築之。是楨爲兩首之木，榦則兩旁之木也。說文云「築牆耑木」，義亦同。

汝則有無餘刑，非殺。注鄭康成曰：「無餘刑非殺者，謂盡奴其妻子，不遺其種類，在軍使給厮役，反則入于罪隸舂稾，不殺之。」疏鄭注見書疏。云「盡奴其妻子，不遺其種類」者，以「無餘刑」，故言盡奴不遺也。云「在軍使給厮役，反則入于罪隸舂稾」者，周禮司厲職云：「其

〔一〕「命」字原脱，案：周禮典命疏引大傳此文，云無逸傳，今據補。

奴男子入于罪隸，女子入于舂槀。」注：「鄭司農云：『謂坐爲盜賊而爲奴者，輸于罪隸、舂人、槀人之官也。』」周禮又云：「凡七十者與未齔者不爲奴。」則此無餘刑亦有不爲奴之人，言其大略耳。云「不殺之」者，不供楨榦，法無死刑。

魯人三郊、三遂，峙乃芻茭，無敢不多，**注** 史遷「多」作「及」。鄭康成曰：「茭，乾芻也。」汝則有大刑。」

疏 芻茭者，說文云：「芻，刈艸也。」「茭，乾芻。」史公作「峙乃芻茭、糗糧、楨榦，無敢不逮。我甲戌築而征徐戎，無敢不及，有大刑。」則此「不及」，蓋「不多」之異文也。芻茭不至，牛馬不得食，不可以戰，故有大刑。若及而不多，不應云大刑也。當從史記。「多」字與「及」相似而誤。鄭注見書疏。

呂刑第廿七上　周書十八　尚書今古文注疏卷廿七

注史遷說：「甫侯言於王，作修刑辟。」又說：「命曰甫刑。」鄭康成曰：「周穆王以甫侯爲相。」**疏**史公「呂」作「甫」者，禮記引此經俱作甫刑，孝經引同也。詩崧高云：「生甫及申。」傳云：「堯之時姜氏爲四伯，掌嶽之祀，述諸侯之職。於周則有甫、有申、有齊、有許也。」俱以「呂」爲「甫」。惟墨子引呂刑。韋昭注周語云：「謂周穆王之相甫侯所作呂刑也。」則自漢、魏已前，書文俱作呂刑。書疏云「揚之水平王之詩云：『不與我戍〔一〕甫。』明子孫改封爲甫侯。穆王時未有甫名，稱甫刑者，後人以子孫國號名之，猶叔虞初封唐，子孫封晉，而史記稱晉世家。」其呂之所在，則齊太公世家集解徐廣曰：「呂在南陽宛縣西。」云「言於王」者，見下「呂命王」疏。鄭注見史記集解。書疏云「引書說」，謂書緯刑德放篇有此言也。

惟呂命王：

注史遷作「甫侯言于王」。鄭康成曰：「呂侯受王命，入爲三公。」**疏**史公以「命王」爲「言于王」者，鄭注緇衣云：「傳說作書以命高宗。」同此語意。讀「王」字〔二〕上屬也。鄭注見書疏。云「呂侯入爲三公」者，史記集解又引鄭注云：「爲相。」大傳云：「天子三公：司徒公、司馬公、司空公。」鄭注云：「一公兼二卿，舉下以爲稱。」是呂侯于六

〔一〕「戍」原訛作「戌」。案：詩王風揚之水原文作「戍」，尚書正義呂刑疏亦引作「戍」不誤，今據改。

〔二〕「字」原訛作「宇」，據皇清經解本改。

卿爲司寇，于三公爲司空公也。以諸侯而爲王朝之卿，故言入爲三公。是輔相之臣，故引書説「吕侯爲相」也。「享國百年，耄荒，**注**「耄」一作「眊」。**疏**享國百年者，論衡氣壽篇云：「周穆王享國百年，并未享國之時，皆出百三十、四十歲矣。」此今文説也。周本紀云：「穆王即位，春秋已五十矣。」又云：「穆王立五十五年崩。」是百年兼數未即位之年，古文説也。列子周穆王篇云：「穆王幾神人哉！能窮當身之樂，猶百年乃徂。」俱從生年數之，不知王充説何據。耄者，曲禮曰：「九十曰耄。」注云：「耄，惛忘也。」似非也。耄是九十之名，猶百年曰期頤，不必引春秋傳「謂老將知，耄又及之」。荒者，詩傳云：「治也。」言耄而治事。此古文以爲告王之詞。耄，釋文云：「本亦作『薹』。」薹即説文「薹」之譌字。漢書刑法志作「眊荒」，鄭注周禮大司寇職引書曰：「王旄荒。」周禮釋文作「旄」。孔氏正義本作「耄」。羣經音辨引書「王秏荒」，云：「鄭康成讀『秏』，即旄字。」度作刑，以詰四方。」**注**大傳「度」作「鮮度」。馬融曰：「度，法度也。」「刑」一作「詳刑」，「詰」一作「誥」。**疏**大傳「度」作「鮮度」者，釋詁云：「鮮，善也。」漢書刑法志云：「度時作刑。」詩傳云：「時，善也。」則今文「鮮度」、「度時」，俱言度善也。或以度時爲相度時宜，非也。史記以「命王」爲「言於王」，則享國二語是告王之詞。吕侯告王，言王享國日久，老而治事，當度善作刑，以謹四方也。「刑」作「詳刑」者，周禮大司寇引有「詳」字，疏云：「謂周穆王年老，耄亂荒忽，猶能用賢，量度詳審之刑，以詰謹四方。」案：以荒爲荒忽，亦似非也。「詰」作「誥」，今文尚書也。馬注見釋文。云「度，法度」者，説文云：「度，法制也。」詰者，周禮太宰職云：「刑典以詰邦國。」注以詰爲禁。大司寇云：「佐王刑邦國，詰四方。」注以詰爲謹。俱引此經以證。又布憲職云：「憲邦國之刑禁，以詰四方。」注云：「詰，謹也。使四方謹行之。」則此「詰四方」，鄭義與之同也。

王曰：「若古有訓，蚩尤惟始作亂，延及于平民，罔不寇賊，**注**馬融曰：「蚩尤，少昊之末九黎君名。」鄭康成曰：「蚩尤霸天下，黄帝所伐者。學蚩尤爲此者，九黎之君，在少昊之代也。」**疏**蚩尤者，周書嘗麥解云：「昔天之初命赤帝，分正二卿，命蚩尤于宇少昊以臨四方。蚩尤乃逐帝，爭于涿鹿之阿，九隅無遺。赤帝大懾，乃説于黄帝，執蚩尤殺之于中冀，用名之曰『絶轡之野』。」史記五帝本紀云：「神農氏世衰，諸侯相侵伐，蚩尤最爲暴，莫能伐。」又云：「蚩尤作亂，不用帝命。黄帝乃徵師諸侯，與蚩尤戰于涿鹿之野，遂禽殺蚩尤，而諸侯咸尊軒轅爲天子，代神農氏，是爲黄帝。」大戴禮用兵篇：「子曰：『蚩尤，庶人之貪者也。』」案：孔子三朝記以蚩尤爲庶人者，蓋上古或諸侯相侵伐，惟蚩尤以庶人作亂犯上。史記正義引龍魚河圖云「黄帝攝政，有蚩尤兄弟八十一人，並獸身人語，銅頭〔一〕鐵額，食沙，造五兵，仗刀戟大弩，威振天下，誅殺無道，萬民欽命」云云。夫云「兄弟八十一人」，必非天子、諸侯。是庶人之作亂者始于蚩尤，民效之以爲寇盜，故云「延及平民」。延者，釋詁云：「引也。」平者，詩箋云：「齊等也。」則平民謂齊民也。然則史記集解引應劭曰：「蚩尤，古天子。」傳記或言諸侯，或言霸天下，皆由庶人僭位言之，孔子説不誤也。馬注見釋文。云「蚩尤，九黎君名」者，高誘注國策同。韋昭注楚語云：「九黎，黎氏九人。」書疏引韋注，下云：「蚩尤之徒也。」是後民之效蚩尤爲亂者。鄭注見書疏。云「霸天下」，蓋言其竊霸號也。云「學蚩尤爲此者，九黎之君，在少昊之代」，據楚語「及少皞之衰也，九黎亂德」而言也。然則九黎九人，亦黎民之作亂者。寇，鈔；賊，害：見前疏。鴟義姦宄，**注**馬融曰：「鴟，輕也。」鄭

〔一〕「頭」字原無，據史記五帝本紀正義所引龍魚河圖原文補。

康成曰：「盜賊狀如鴟梟，鈔掠良善，劫奪人。」「鴟」一作「消」，「宄」一作「軌」。疏鴟、義，舊解均失之。王氏念孫曰：「馬注云：『鴟，輕也。』鴟者，冒没輕儳。義者，傾衺反側也。說文云：『俄，行頃也。』詩箋云：『俄，頃貌。』廣雅釋詁云：『俄，衺也。』古者俄、義同聲，或訓義爲仁義字，非也。」姦宄，見堯典疏。馬注見釋文。云「鴟，輕」者，廣雅釋詁云：「蚩，輕也。」鴟與蚩聲相近。鄭注見書疏。云「狀如鴟梟」者，御覽引馬融周禮注云：「鴟鴞，惡聲之鳥也。」王逸注楚辭云：「鴟梟，惡鳥。」廣雅釋鳥云：「鴟鵂，怪鳥也。」云「鈔掠良善」者，鄭以善訓義也。潛夫論述赦篇云：「古者唯始受命之君，承大亂之後，被前王之惡，其民乃並爲敵讎，罔不寇賊消義，姦宄奪攘。」是說此經之義。或今文「鴟義」爲「消義」。廣雅釋詁云：「消，滅也。」則「消義姦軌」，或爲滅義善而干軌法也。宄，周禮司刑疏引作「軌」，或鄭本如此。既訓「鴟義」爲鈔掠良善，則鄭于「姦軌」亦爲干犯軌法也。

奪攘矯虔。注鄭康成曰：「有因而盜曰攘。矯虔謂撓擾。春秋傳：『虔劉我邊陲。』謂劫奪人物以相撓擾也。」「奪」一作「敚」，「矯」一作「撟」。疏奪、攘，見前疏。「矯虔」者，漢書注：「孟康曰：『虔，固也。撟稱上命，以貨賄爲固。』」引此文作「敚」、作「撟」。韋昭曰：「詐稱爲矯，强取爲虔。」一切經音義十二云：「撟，擅也，假詐也。」案：「擅也」出說文。方言云：「秦、晉之北鄙，燕之北郊，翟縣之郊，謂賊爲虔。」杜注左傳云：「虔、劉，皆殺也。」鄭注見周禮司刑疏。云「有因而盜曰攘」者，釋詁云：「儴，因也。」云「矯虔謂撓擾」者，矯與撓聲相近。引春秋傳者，成十二年傳文。奪，說文作「敚」，云：「彊取也。」引周書此文。矯，周禮司刑注作「撟」。

苗民弗用靈，制以刑，惟作五虐之刑曰法，殺戮無辜。注鄭康成曰：「苗民謂九黎之君也。九黎之君于少昊氏衰而棄善道，上效蚩尤重刑，必變九黎。言苗民者，有苗，九黎之後。顓頊代少昊，誅九黎，分流其子孫，居于西裔者爲三苗。至高辛之衰，又復九黎之惡。堯興，又誅之。堯末，又在朝。舜臣堯，又竄之。禹攝位，又在洞庭逆命，禹又誅之。穆王惡此族三生凶惡，故著其惡〔一〕而謂之民。民者，冥也，言未見仁道。」「弗」一作「匪」，一作「否」；「靈」一作「命」，一作「練」；「虐」一作「殺」。**疏**緇衣引甫刑「弗」作「匪」，「靈」作「命」。注云：「匪，非也。命謂政令也。高辛氏之末，諸侯有三苗者作亂，其治民不用政令，專制御之以嚴刑，乃作五虐蚩尤之刑，以是爲法。」案：詩箋云：「靈，善也。」與令通義。「弗用靈」當是弗用善以治姦民，卽下文云「報虐以威」也。墨子尚同中篇云：「昔者聖王制爲五刑以治天下，逮至有苗之制五刑以亂天下。」則此豈刑不善哉？用刑則不善也。是以先王之書呂刑道之曰：『苗民否用練，折以刑，惟作五殺之刑曰法。』」則此言善用刑者以治民，不善用刑者以五殺。靈字，緇衣作「命」，墨子作「練」，聲俱相近。制、折，匪、否、不，亦聲相近；虐、殺，義相同也。鄭義具緇衣注，不復釋之。鄭注見書疏。云「苗民謂九黎之君」者，謂當顓頊之時，三苗之先世九黎之君也。云「九黎之君于少昊氏衰而棄善道」者，楚語云「少昊之衰也，九黎亂德」是也。云「有苗，九黎之後」者，楚語云：「其後三苗復九黎之德。」注云：「三苗，九黎之後者。高辛氏衰，苗爲亂，行其凶德，如九黎之爲也。」云「顓頊代少昊，誅九黎，分流其子孫」者，楚語云：「顓頊受之。」是代少昊也。下云：「遏絕苗民，無世在下。」是分流其子孫也。云「高辛氏衰，又復九黎之惡。堯興，又誅之」者，楚語注亦云：「堯興而誅之。」云「堯末，又在朝。舜承堯，又竄之」者，堯典云「竄三苗于三危」是也。云「後禹攝位，又在洞庭逆命，禹又誅之」者，檀弓云：「舜葬蒼梧之野。」注云：「舜征三苗而死，因留葬焉。」墨子兼愛篇引禹誓曰：「蠢茲有苗，用天之罰。若予既率爾羣對諸羣，以征有苗。」此禹誅有苗之證也。云「民者，冥也」者，孝經援神契文。賈誼新書大政篇

〔一〕「惡」原訛作「氏」，據書疏所引鄭注原文改。

云：「民之言瞑也，萌之言盲也。」云「故著其惡」，緇衣疏引鄭注作「後王作，故著其氏」。

爰始淫爲劓、刵、椓、黥，

注夏侯等書「劓、刵、劅、剠」爲「臏、宫、劓、割頭、庶黥」。鄭康成作「刵、劓」，曰：「刵，斷耳；劓，截鼻；椓謂椓破陰；黥謂羈黥人面。苗民大爲此四刑者，言其特深刻，異于皋陶之爲。」

疏「劓、刵、椓、黥」，夏侯等書爲「臏、宫、劓、割頭、庶黥」，見書堯典疏。劓，刵者，說文云：「劓，刑鼻也。」重文作「劓」。「刵，斷耳也。」椓者，詩召旻云：「昏椓靡共。」箋云：「椓，椓毁陰也。」黥者，說文云：「墨刑在面也。」重文作「剠」。四者并大辟爲五刑也。椓卽斀假借字，說文云：「斀，去陰之刑也。」引周書「刖、劓、斀、黥」。案：五刑本有刖無刵，則刖，刵，字之誤也。夏侯等書是今文，以臏當刖，宫當椓，割頭卽大辟，庶黥之庶未詳。案：庶，煮也。鄭注周禮序官庶氏云：「庶讀如藥煮之煮。」司刑注云：「墨黥先刻其面，以墨窒之。」墨須煮，故云庶黥也。鄭注見詩正月疏。以「劓、刵」爲「刵、劓」者，疑說文之「刖、劓」。云「大爲此四刑」者，釋詁云：「淫，大也。」云「其特刻深，異于皋陶之爲」者，唐、虞象刑，皋陶明之，如周禮所云「加明刑」，非必刑之也。苗民深文苛刻，實用之，是異于古制。

越兹麗刑，并制，罔差有辭。

注鄭康成曰：「越，于也。兹，此也。麗，施也。于此施刑，并制其無罪者。」

疏越與粵同，釋詁云：「于也。」「兹，此也。」麗者，王制云：「郵罰麗於事。」周禮小司寇云：「以八辟麗邦灋。」又鄉士云：「各麗其灋，以議獄訟。」鄭注皆云：「麗，附也。」辭者，說文云：「訟也。」言于此附于刑，并制作五虐之法，無有差減，亦無罪狀。讞其可輕可緩，刻深之至。鄭注見詩正月疏。云「麗，施」者，鄭注士喪禮同文，亦見廣雅釋詁。

民興胥漸，

注大傳云：「唐、虞象刑，而民不敢犯，苗民用刑，而民興犯漸。」

疏胥者，釋詁云：「相也。」漸猶詐也。荀子不苟篇云：「小人知則攫盗而漸。」正論篇云：「上幽險則下漸詐矣。」王氏引之云：「楊氏注漸爲進，又爲浸，皆非也。盤庚中云：『暫遇姦宄。』暫讀曰漸。漸，詐欺也。莊子胠篋篇云：『知詐漸毒。』此云『民興胥漸』，言小民方興，相爲詐漸。故下文『罔中于信，以覆詛盟』也。」大傳說見唐傳。云「犯漸」者，亦言與詐以犯上也。**泯泯棼棼，罔中于信，以覆詛盟。虐威，庶戮方告無辜于上。上帝監民，罔有馨香德，刑發聞惟腥。**注「泯泯」一作「湎湎」，「戮」一作「僇」，「方」一作「旁」。疏泯，或作「湎」，周禮小宗伯注：「杜子春讀『湎』爲『泯』。」周書祭公解云：「汝無泯泯芬芬。」孔晁云：「泯、芬，亂也。」紛與芬通。王充論衡寒溫篇云：「前世用刑者，蚩尤、亡秦甚矣。蚩尤之民，湎湎紛紛；亡秦之路，赤衣比肩。」作「湎湎」，蓋今文尚書也。王氏多用今文。覆者，詩傳云：「反也。」鄭注王制云：「敗也。」方與旁通，說文云：「溥也。」監者，釋詁云：「視也。」德者，說文云：「升也。」腥，當爲「胜」，說文云：「胜，犬膏臭也。」論衡變動篇云：「甫刑曰：『庶僇旁告無辜于天帝。』此言蚩尤之民被冤，旁告無罪于上天也。」案：言蚩尤時民多昏亂，以敗詛祝盟誓。用其虐威，使衆被戮之民，溥告無罪于上天。天帝視民無有馨香升聞，惟刑之發聞腥薉爾。**皇帝哀矜庶戮之不辜，報虐以威，**注「戮」一作「僇」，「以」一作「用」。**遏絕苗民，無世在下。**疏皇者，釋詁云：「君也。」此皇帝，鄭以爲顓頊也。論衡譴告篇云：「甫刑篇曰：『報虐用威。』威、虐皆惡也。用惡報惡，亂莫甚焉。」蓋言民罔不寇賊，民興胥漸，既已惡矣，苗民用威報之也。「戮」作「僇」，「以」作「用」，蓋今文。遏者，一切經音義一引蒼頡篇云：「遮也。」言顓頊哀憐衆民被戮之無罪，疾苗民之以暴易暴，因遮絕竄逐之，無令嗣世在下土也。**乃命重、黎絕地天通，罔有降格。羣后之逮在下，明明棐常，鰥寡無蓋。**注墨翟書引「羣后之逮在下」十四字在「有辭有苗」之下，「德威維威」之上。「逮」作「肆」，「棐」作「不」，「無蓋」作「不蓋」。疏重、黎，顓頊時司天地官名。楚語：「昭王問於觀射父曰：『周書所謂重、黎，實使天地不通者，何也？若無然，民將能登天乎？』對曰：『非此之謂也。少皞之衰也，九黎亂德，民神雜糅，不可方物。夫人作享，家爲巫史，無有要質。民匱于祀，而不知其福。烝享無度，民神同位。民瀆齊盟，無有嚴威。神狎民則，不蠲其爲。嘉生不降，無物以享。禍災薦臻，莫盡其氣。顓頊受之，乃命南正重司天以屬神，命火正黎司地以屬民，使復舊常，無相侵瀆。是謂絶地天通。其後三苗復九黎之德，堯復育重、黎之後，不忘舊者，使復典之。以至于夏、商，故重、黎氏世敘天地，而別其分土也。』」釋詁云：「降，下也。」「格，陞也。」逮者，釋言云：「遝也。」謂遝訟。周禮禁殺戮：「掌遝訟者，以告而誅之。」注：「鄭司農云：『遝訟者，遝止獄訟者也。』」明明者，釋訓云：「察也。」棐者，釋詁云：「俌也。」蓋者，高誘注淮南子云：「蔽也。」言顓頊命重司天、黎司地，使神民不同位，上下分絶，以禮烝享而通之，祭則受福，無有升降雜糅。于羣后之遝訟在下者，能明揚明哲之人，以輔天常，使鰥寡無壅蔽之情也。墨子說見尚賢中篇，文具後疏。「逮」作「肆」者，說文云：「肆，極陳也。」「棐常」作「不常」者，言非常明察。「無蓋」作「不蓋」，義同。

皇帝清問下民鰥寡有辭于苗。

注馬融曰：「清問，清訊也。」鄭康成以「皇帝哀矜庶戮之不辜」至「罔有降格」皆說顓頊之事。「乃命重、黎」，即是命重、黎之身，非羲、和也。「皇帝清問下民」以下乃說堯事。顓頊與堯再誅苗民，故上言「遏絶苗民」，云「有辭于苗」，異代別時，非一事也。「皇帝」一作「帝」，「于」一作「有」。

疏皇帝，今文以爲堯。則皇者，釋詁云：「君也。」魏志鍾繇傳繇上疏引此經，說之云：「此言堯當除蚩尤有苗之刑，先審問於下民之有辭者也。若今蔽獄之時，訊問三槐、九棘、羣吏、萬民。」清者，鄭注玉藻云：「明察於事也。」荀子楊倞注云：「明，審也。」鄭說見書疏，與鍾繇說同者，今文義也。趙岐注孟子引甫刑「皇帝」作「帝」（一），謂帝爲天，云天不能問民。此今文歐陽、夏侯異說也。「于苗」墨子作「有苗」，古文也。**德威惟畏，德明惟明。** **注**「惟」一作「維」，「畏」一作「威」。**疏**表記引甫刑曰：「『德威惟威，德明〔二〕惟明。』非虞帝其孰能知此乎？」注云：「德所威，則人皆畏之，言服罪也。德所明，則人皆尊之，言得人也。」案：得人謂下文三后。「惟」作「維」，「畏」作「威」，俱見墨子。**乃命三后，恤功于民：伯夷降典，折民惟刑；** **注**大傳說：「『伯夷降典禮，折民以刑。』謂有禮然後有刑也。」馬融曰：「折，智也。」**禹平水土，主名山川；稷降播種，農殖嘉穀。三后成功，惟殷于民。** **注**「命」一作「名」，「折」一作「哲」，一作「制」，「惟」一作「維」，「殷」一作「假」。

疏墨子尚賢中篇云：「先王之書呂刑道之曰：『皇帝清問下民，有辭有苗。』曰：『羣后之肆在下，明明不常，鰥寡不蓋。德威維威，德明維明。乃名三后，恤功於民：伯夷降典，哲民維刑；禹平水土，主名山川；稷降播種，農殖嘉穀。三后成功，維假於民。』則此言三聖人者，謹其言，慎其行，精其思慮，索天下之隱事遺利，以上事天。故天鄉其德，下施之萬民。萬民被其利。」後漢書楊賜傳賜曰：「『三后成功，維殷于民。』皋陶不與焉，蓋吝之也。」注云：「吝，恥也。殷，盛也。」引此云云。言皋陶不預其數者，蓋恥之。釋詁云：「后，君也。」「恤，憂也。」功者，詩傳云：「事也。」折與制聲相近。陶潛四八目引「折」亦作「制」。農者，廣雅釋詁云：「勉也。」殖者，文選藉田賦注引倉頡篇云：「種也。」嘉穀者，謂稷，今之小米也。漢書本紀云：「嘉穀元稷。」言堯之得人，乃命三君憂民之事：伯夷先降下典禮，使民明習而止其刑；禹平水土，主名山川，釋水

〔一〕「帝」下原衍一「云」字，據孟子趙注所引甫刑原文刪。

〔二〕「明」原訛作「刑」，據禮記表記原文改。

注〔一〕云「從釋地以下至『九河』，皆禹所名也」；稷下布種，勉民種禾。大戴五帝德云：「使后稷播種，務勤嘉穀。」管子大匡云：「耕者用力不農，有罪無赦。」皆以農爲勉也。三后成功，惟民享其盛矣。舉伯夷不舉皋陶者，漢書刑法志云：「書云：『伯夷降典，悊民惟刑。』言制禮以止刑，猶隄之防溢水也。」大傳説引孔子曰：「古之刑者省之，今之刑者繁之。其教古者有禮然後有刑，是以刑省也。今反是，無禮而齊之以刑，是以繁也。書曰：『伯夷降典禮云云。』」與刑法志義同。馬注見釋文。云「馬、鄭皆音悊，智也」者，見釋文。刑法志亦作「悊」，注：「師古曰：『悊，知也。』」言伯夷下禮法以道民，民習知禮，然後用刑也。墨子「殷」作「假」者，正也。言三后正民以成功也。「命」作「名」者，史記張耳傳「亡命」，索隱引晉灼漢書注云：「命者，名也。」是名亦命也。折、制聲相近，墨子所用蓋古文。

士制百姓于刑之中，**注**「士」一作「爰」，「中」一作「衷」。**疏**士者，堯典云：「皋陶作士。」言三后成功而後，士師制止百姓于刑之中也。後漢書梁統傳統曰：「經又曰：『爰制百姓于刑之衷。』孔子曰：『刑罰不衷，則人無所措手足。』衷之爲言，不輕不重之謂也。」王氏鳴盛云：「此經無皋陶，下文命諸侯監伯夷播刑，亦專舉伯夷，不及皋陶。僞孔以此篇言刑事而皋陶不見，遂妄改『爰』爲『士』，以就其説也。」案：士但舉刑官，亦不必指皋陶也。

以教祗德。穆穆在上，明明在下，灼于四方，罔不惟德之勤。故乃明于刑之中，率乂于民棐彝。**疏**祗者，釋詁云：「敬也。」穆穆者，釋訓云：「美也。」灼者，廣雅釋訓云：「灼灼，明也。」率與欥同，語詞也。釋詁云：「乂，治也。」「棐，備也。」「彝，常也。」言刑得中，則民服教而敬德。堯有穆穆之美在上，三后明明之察在下，灼見于四方，無不思德之勤。故乃明于刑之中正，聿治于民以輔彝常也。

典獄，非

〔一〕「注」字原無。案：下引爲郭璞注文，非釋水本文，因知脱一「注」字，今徑補。

訖于威，惟訖于富。敬忌，罔有擇言在躬。**注**「罔有」上一有「而」字。**疏**典卽敷省，說文云：「主也。」訖者，釋詁云：「迄，止也。」富者，詩瞻仰云：「何神不富。」傳云：「富，福也。」郊特牲云：「富也者，福也。」言主獄不當終于立威，惟終于作福。卽下文「一人有慶，兆民賴之」也。表記云：「甫刑曰：『敬忌而罔有擇言在躬。』」多「而」字，注云：「忌之言戒也。言己外敬而心戒慎，則無有可擇之言加于身也。」案：擇爲殬假借字，說文云：「殬，敗也。」孝經云：「口無擇言，身無擇行。」法言吾子篇云：「君子言也無擇，聽也無淫。擇則亂，淫則辟。」是擇與淫對，下文云「邪哆」是也。則此言敬忌而無有敢言出于身也。

惟克天德，自作元命，**注**鄭康成曰：「大命，謂延期長久也。」配享在下。」**疏**克者，說文云：「肩也。」天德，謂五常之德。元者，易文言云：「善之長也。」命者，白虎通壽命篇云：「人之壽也，天命已使生者也。」配謂配天，享謂享其祿。言惟能肩任天德，自作善命，則配天命而享天祿于下矣。鄭注見書疏。以「元」爲「大」者，易曰：「大哉乾元。」九家易曰「陽稱大」是也。云「大命，謂延期長久」者，洪範「建其有極，斂時五福」，一曰壽，五曰考終命也。

呂刑第廿七下　周書十八　尚書今古文注疏卷廿七

王曰：「嗟！四方司政典獄，非爾惟作天牧？今爾何監？非時伯夷播刑之迪？**注**「迪」一作「不迪」。**疏**司政典獄，謂諸侯也。春秋左氏襄十四年傳云：「天生民而立之君以司牧之。」言惟汝非爲天牧民乎？今汝何所視法？非是伯夷施刑之道乎？緇衣引甫刑曰：「播刑之不迪。」注云：「播猶施也。不，衍字耳。迪，道也。言施刑之道。」

其今爾何懲？惟時苗民匪察于獄之麗，罔擇吉人，觀于五刑之中，惟時庶威奪貨，斷制五刑，以亂無辜。上帝不蠲，降咎于苗。**注**鄭康成曰：「天以苗民所行腥臊不潔，故下禍誅之。」

苗民無辭于罰，乃絶厥世。」**疏**懲者，鄭注表記云：「謂創艾。」蠲者，詩傳云：「潔也。」周語云：「明神不蠲。」注同。咎者，鄭注大傳云：「極也。」極卽誅也。言汝今何所懲戒？惟是苗民不審察于獄之施，不擇善人，察于五刑之適中，惟是衆恃威奪貨之人，任之使斷制五刑，亂罰無罪。天帝不潔之，下誅有苗。苗民無辭以解于天罰，乃絶其世嗣也。鄭注見書疏。云「下禍誅之」者，「降，下」，釋詁文。極與殛通，釋言云：「誅也。」

王曰：「嗚呼！念之哉！伯父、伯兄、仲叔、季弟、幼子、童孫，皆聽朕言，庶有格命。**注**鄭康成曰：「格，登也。登命謂壽考者。」**疏**王呼親戚長幼使聽我言者，深戒之。穆王壽考，孫行甚多，故下文亦呼「嗣孫」，此云「幼子、童孫」也。格者，方言云：「正也。」正命謂不夭折。鄭注見書疏。云「格，登」者，釋詁：「格、登，陞也。」格、登轉相注。**今爾罔不由慰曰勤，爾罔或戒不勤。**注「曰」一作「日」。疏詩傳云：「由，用也。」「慰，安也。」勤者，釋詁云：「勞也。」或者，詩箋云：「或之言有也。」言今汝無不用安以謂勞，汝無有戒其不勞者。言貪逸以失時。故下文曰「俾我一日」也。「日」字，釋文「人實反，音日」。或說：慰者，説文云：「恚，怒也。」今汝治獄無不用恚怒爲勤，無哀敬折獄之心也。**天齊于民，俾我一日，**注馬融「俾」作「矜」，曰：「齊，中也。矜，哀也。」「于」一作「乎」。「俾」一作「假」。疏後漢書楊賜傳賜上封事曰：「夫善不妄來，災不空發。王者心有所惟，意有所想，雖未形顔色，而五星以之推移，陰陽爲其變度。以此而觀，天之與人，豈不符哉？尚書曰：『天齊乎人，假我一日。』是其明徵也。」注云：「我，君也。天意欲整齊乎人，必假于君也。今尚書文『假』作『俾』。俾，使也〔一〕。義亦通。」案：楊賜通尚書桓君章句，即歐陽尚書。則今文「于」作「乎」，「俾」作「假」也。馬注見釋文。云「齊，中」者，釋言文。「俾」作「矜」，訓爲哀者，謂人受天地之中，天必矜哀其一日之命。**非終惟終在人。**疏終，謂考終命也。言天同此視人，其使有一日之命，非考終與？惟考終與？實在乎人。言敬刑成德，則邀天之眷而永年也。上文云「庶有格命」，此終其說。**爾尚敬逆天命，以奉我一人。雖畏勿畏，雖休勿休，惟敬五刑，以成三德。**疏逆者，釋言云：「迎也。」奉者，説文云：「承也。」三德者，洪範之「正直、剛克、柔克」也。言汝庶幾敬迎天命，以承我一人之戒。雖可畏勿畏之，雖可休勿休之，惟敬慎五刑之中，以成此三德之美。漢書宣帝詔曰：「雖休勿休，祗事不怠。」以不怠訓勿休也。外戚傳引書曰：「雖休勿休，惟敬

〔一〕「也」原訛作「者」，據後漢書楊賜傳注原文改。

五刑，以成三德。」或以「祗事不怠」爲經文，非也。僞傳以休爲美，亦非。王氏引之以休爲喜，云與「畏」正相反，引周語云：「爲晉休慼。」韋注云：「休，喜也。」

一人有慶，兆民賴之，其寧惟永。」**疏**一人，天子也。慶者，詩傳云：「善也。」兆者，鄭注內則云：「萬億曰兆。」春秋左氏閔元年傳云：「天子曰兆民。」賴者，漢書高帝紀注：「晉灼曰：『利也。』」寧者，釋詁云：「靜也。」言天子有善，兆民享其利，寧靜可致久長也。

王曰：「吁！**注**馬融作「于」，曰：「於也。」來！有邦有土，告爾祥刑。**注**鄭康成作「詳」，曰：「審察之也。」「邦」一作「國」，「詳」一作「訟」。在今爾安百姓，何擇非人，何敬非刑，何度非及？**注**史遷「度」作「居」，「及」作「宜」。馬融曰：「度，造謀也。」「爾」一作「而」，「非」一作「不」，「何擇非人」上一有「女」字。**疏**有國者，畿外諸侯。有土者，畿內有采地之臣。呼而告之。墨子尚賢下篇云：「於先王之書呂刑之書然。王曰：『於！來！有國有土，告女訟刑。在今而安百姓，女何擇言人，何敬不刑，何度不及？』能擇人而敬爲刑，堯舜禹湯文武之道可及也。」「于」作「於」者，於說文同「烏」，歎詞。「爾」作「而」者，鄭注聘禮云：「而，猶女也。」而與爾通。「何擇言人」，「言」當爲「吉」字。「何度非及」，言及前王。此墨子用古文書說也。潛夫論本政篇引此經而說之云：「將致太平者先調陰陽，調陰陽者先順天心，順天心者先安其人，安其人者先審擇其人。故國家存亡之本，治亂之機，在明選而已矣。」史公作「何擇非其人，何敬非其刑，何居非其宜乎」。古宅通度，義又爲居，見上疏。「及」作「宜」者，言何所處之非其義乎？亦與墨子法前王之說相近。馬注見釋文。以「吁」作「于」，說爲「於」者，與墨子同。云「度，造謀」者，釋詁云：「度，謀也。」言何謀不可及人。鄭注見後漢書劉愷傳注〔一〕，以「祥」爲「詳」，云「審察之」者，說文云：「詳，審議也。」周禮太宰注、大司寇注，皆引「度作詳刑」，疏俱云：「詳，審。」後漢書孝明帝紀詔曰：「詳刑愼罰，明察單辭。」俱同鄭作「詳」也。墨子作「訟」者，或「詳」之誤。段氏玉裁云：「訟，公古通用，謂公刑也。」　**兩造具備，**　**注**「造」一作「遭」。　**師聽五辭。**　**疏**兩造者，周禮大司寇職云：「以兩造禁民訟。」注云：「造，至也。使訟者兩至。」具者，詩傳云：「俱。」師，士師，周禮刑官之屬：「士師，下大夫四人。」注云：「士，察也。主察獄訟之事者。」聽者，鄭注小宗伯云：「平治也。」五辭卽五聽也。周禮小司寇職：「以五聲聽獄訟，求民情：一曰辭聽，二曰色聽，三曰氣聽，四曰耳聽，五曰目聽。」注云：「觀其出言，不直則煩；觀其顏色，不直則赧然；觀其氣息，不直則喘；觀其聽聆，不直則惑；觀其眸子，不直則眊然。」　**五辭簡孚，**　**注**史遷「孚」作「信」。　**正于五刑。五刑不簡，正于五罰。五罰不服，正于五過。**　**疏**簡者，王制云：「無簡不聽。」注云：「簡，誠也。」孚者，釋詁云：「信也。」正者，鄭注周禮云：「治也。」服者，高誘注呂氏春秋云：「從也。」不簡，謂所犯非方，其誠無惡意也。罰者，罰鍰。罰之不從，則是聽獄者之過也，故下文究其疵。　**五過之疵：惟官，惟反，惟內，惟貨，惟來。**　**注**史遷「惟官」已下十字作「官獄、內獄〔二〕」。馬融「來」作「求」，曰：「求，有求，請賕也。」**其罪惟鈞，**　**注**史遷說爲「閱實其罪，惟鈞其過」。馬融曰：「以此五過出入人罪，與犯法者等。」　**疏**疵者，釋詁云：「病也。」官，謂挾威勢。反者，孟子云：「惡聲至必反之。」謂報恩怨。內，謂從中制。貨，謂行賄賂。來，謂謁請。惠氏棟云：「漢律有受賕之條，卽此經『惟貨』也。有聽請，

〔一〕「注」字原無。案：鄭注「詳，審察之也」爲劉愷傳注文所引，不見于劉愷傳本文，因知脫一「注」字。今徑補。

〔二〕「官獄、內獄」，原作「惟官、惟內」。案之史記周本紀原文，當作「官獄、內獄」，孫氏下疏亦正引作「官獄、內獄」。今據改。

即此經『惟求』也。」案：作「惟來」亦通。史公作「官獄、内獄」者，舉其重也。官獄，謂貴官之獄；内獄，謂中貴之獄。或畏高明，或投鼠忌器也。「閱實其罪，惟鈞其過」者，罪實則過與犯者等，虚則赦之。馬注見釋文。云「請賕」者，説文云：「以財物枉法相謝也。」案：上文「有貨」，此又云「求」，蓋貨爲勒索貨賄，賕則以財干請也。馬注又見史記集解。云「以此五過出入人罪」者，謂枉法故出入之。云「罪與犯法者等」者，鄭注投壺云：「鈞，等也。」

其審克之。五刑之疑有赦，五罰之疑有赦，

注鄭康成曰：「不言五過之疑有赦者，過不赦也。禮記曰：『凡執禁以齊衆者，不赦過。』」

疏審者，釋詁云：「察，審也。」轉相訓。克與核聲相近。漢書刑法志元帝詔曰：「書不云乎？『其審核之。』」即用此文。或今文「克」作「核」也。核又通覈，説文云：「覈，實也。考事而笮，邀遮其辭得實，曰覈。」王制云：「疑獄氾與衆共之，衆疑赦之。」鄭注見書疏。引禮記者，王制文。執禁齊衆，謂有司所以禁民爲非。五過之疵，枉法亂政，不可赦之。

其審克之。簡孚有衆，惟貌有稽。

注史遷「孚」作「信」，「貌」作「訊」。「貌」一作「緢」。

疏「簡孚有衆」者，即王制所云「疑獄氾與衆共」也。言必衆誠信之。貌者，廣雅釋詁云：「治也。」故史記作「訊」。周禮小司寇：「以三刺〔一〕斷庶民獄訟之中：一曰訊羣臣，二曰訊羣吏，三曰訊萬民。」蓋欲其誠信有衆，必用三訊之法，與官民共治之也。稽者，鄭注周禮云：「考合也。」史公「貌」作「訊」者，詩傳云：「訊，問也。」貌爲治，與訊義通。説文作「緢」，云：「旄絲也。周書云：『惟緢有稽。』」説文編字以類相從，緢次細字、纖字後，則爲細微必加考察之義。蓋孔壁古文。是經文之「貌」，或「藐」省文也。

無簡不

〔一〕「刺」原訛作「剌」，據周禮小司寇原文改。

聽，具嚴天威。**注** 史遷「聽」作「疑」，「具」作「共」。**疏**「無簡不聽」，與王制文同，鄭注云：「簡，誠也。」有其意而無其誠者，不論以爲罪。「具嚴天威」，言俱當嚴敬天威也。史公「聽」作「疑」者，言無誠則非疑獄也，亦不可輕出人罪，當具嚴敬天威也。「具」作「共」者，釋詁云：「共，具也。」

墨辟疑赦，其罰百鍰，閱實其罪。**注** 史遷「墨」作「黥」，「鍰」作「率」。大傳說：「非事而事之，出入不以道義，而誦不詳之辭者，其刑墨。」夏侯、歐陽說：「『墨罰疑赦，而罰百率。』古以六兩爲率。」古尚書說：「百鍰。鍰者，率也。一率十一銖二十五分銖之十三也，百鍰爲三斤。」馬融曰：「鍰，鋝也。鋝十一銖二十五分銖之十三也。」賈逵說：「『俗儒以鋝重六兩。』周官劍重九鋝，俗儒近是。」鄭康成曰：「鍰，六兩也。」

疏 史公「墨」作「黥」者，鄭注周禮云：「墨，黥也。先刻其面，以墨窒之。」「鍰」作「率」者，鍰當爲「鋝」，率，假借字也，見下疏。閱實者，簡閱當其實也。其罰古用銅，周禮職金云：「掌受士之金罰貨罰，入于司兵。」古以銅爲兵器，今所傳戈劍皆銅也。大傳說見周禮注及華嚴音義五。「五刑」注引大傳同，不更載出典。云「非事而事之」云云者，鄭注云：「非所事而事之，今所不當爲也。」案：孝經云：「非先王之法言不敢言，非先王之法服不敢服。」然則今之浮屠，當古之墨罪也。夏侯、歐陽說及古尚書說見周禮職金疏。夏侯、歐陽說「古以六兩爲率」者，百率則六百兩也。率卽鋝，同音假借字。古尚書說「鍰」亦爲「率」者，說文云：「鍰，鋝也。書曰：『罰百鍰。』」又云：「鍰，十銖二十五分之十三也。」案：說文有脫字，同古尚書說。銖者，淮南天文訓云：「秋分而蔈定，蔈定而禾熟。律之以數十二，故十二蔈而當一粟，十二粟而當一寸。日之數十，故十寸而爲尺，十尺而爲丈。其以爲量，十二粟而當一分，十二分而當一銖，十二銖而當半兩。」是銖之重也。云「百鍰爲三斤」者，銅三斤也。馬注見釋文。云「鍰，鋝也」云云者，與古尚書說及說文同。云「俗儒以鋝重六兩」者，馬以說今文者爲俗儒。云「近是」者，以六兩當云六兩太半兩也。引周官〔一〕爲證者，考工記桃氏：「爲劍，重九鋝謂之上制，重七鋝謂之中制，重五鋝謂之下制。」注云：「上制重三斤十二兩，中制重二斤十四兩，〔二〕下制重二斤一兩。〔三〕」案：三分兩之二，〔四〕五鋝爲二斤一兩三分兩之一，十六兩爲一斤。則鄭意以一鋝爲六兩大半兩。馬氏據此而以俗儒言一鋝六兩爲近是，是與鄭合也。考工記又有治氏：「戈戟重三鋝。」注云：「許叔重說文解字云：『鋝，鍰也。』今東萊稱或以太半兩爲鈞，十鈞爲環，環重六兩太半兩。鍰、鋝似同矣，則三鋝爲一斤四兩。」疏云：「太半兩爲鈞者，凡數言太者，皆三分之二爲太，三分之一爲少。以一兩二十四銖，十六銖爲太半兩也。云十鈞爲環者，環則百六十銖，用百四十四銖爲六兩，餘十六銖爲太半兩。是鍰有六兩太半兩也。」鄭注見釋文，云：「鄭及爾雅同。」鄭注大傳云：「死罪出鐵三百七十五斤。」亦卽六兩之說。釋文云「爾雅」，謂小爾雅也。案：「鍰」今文作「率」，或作「選」，或作「饌」。史記周本紀作「率」，集解引徐廣曰：「率音刷。」索隱曰：「舊本『率』亦作『選』。」漢書蕭望之傳曰：「甫刑之罰，小過赦，薄罪贖〔五〕，有金選之品。」書大傳云：「一饌六兩。」今大傳作『鐉』，誤也。

剸辟疑赦，其罰惟倍，閱實其罪。

注　史遷「惟倍」作「倍灑」。大傳說：「觸易君命，革輿服制

〔一〕「官」原訛作「書」，據上注文所引馬融說改。

〔二〕「二斤十四兩」，案之考工記桃氏鄭注原文，當作「二斤十四兩三分兩之二」。

〔三〕「二斤一兩」，案之考工記桃氏鄭注原文，當作「二斤一兩三分兩之一」。

〔四〕此處疑有脱誤，似當作「九鋝爲三斤十二兩，七鋝爲二斤十四兩三分兩之二」。

〔五〕「贖」字原無，據漢書蕭望之傳原文補。

度，姦軌盜攘傷人者，其刑劓。」疏「惟倍」，據下文馬注云「倍二百爲四百鍰」，則此倍百爲二百鍰〔一〕也。史公作「倍灑」者，灑與差聲相近，謂倍之有差也。集解引徐廣曰：「灑，一作『蓰』。五倍曰蓰。」蓋引趙注孟子之文，實非也。大傳說同上。

刵辟疑赦，其罰倍差，閱實其罪。

注史遷「刵」作「臏」。大傳說：「決關梁、踰城郭而略盜者，其刑臏。」馬融曰：「倍二百爲四百鍰也。差者，又加四百之三分一，凡五百三〔二〕十三三分之一也。」「刵」一作「𨁈」。疏刵者，釋詁云：「刖也。」刵當作「𨁈」，說文云：「跀也。」：「跀，斷足也。」差者，廣雅釋詁云：「次也。」史公「刵」作「髕」，與漢刑法志及大傳同，蓋今文。公羊襄二十九年傳疏引鄭駁異義云：「臯陶改臏爲刵，呂刑有刵，周改刵爲刖。」司刑注亦云：「刖，斷足也。周改臏作刖。」疏云：「臏，本苗民虐刑，咎繇改臏作腓，至周改刵爲刖。書傳云『臏』者，舉本名。」案：髕者，說文云：「厀耑也。」云髕當鑽傷其厀耑之骨，刵及刖蓋斷足趾，漢書刑法志注孟康曰「刖左右趾」是也。同使不能行，而刵輕于髕。戰國時用刑深刻，左傳晏子云「踊貴屨賤」，是傷足趾也。史記孫子傳云：「以法刑斷其兩足。」太史公自序云：「孫子臏脚。」又復用苗民之刑也。則今文稱「臏」，實卽古文之「刵」也。王氏鳴盛云：「刵既起臯陶，則肉刑虞已有。」非也。刑起于三王時，唐、虞有髕名，以菲履象之而已。大傳云：「夏后氏不殺不刑，亦準令贖罪，至殷時始實用之。」故漢董仲舒對策云：「殷人執五刑以督姦，傷肌膚以懲惡。」玉篇「𨁈」引書曰：「𨁈罰疑赦。」則唐已前本作「𨁈」。馬注見史記集解。云「倍差，倍二百爲四百鍰，又加」云云者，史記正義云：「倍中之差，二百去三分一，合三百三十鍰二兩也。」案：于倍之外，又

〔一〕「鍰」原作「兩」，揆之文義，「兩」當是「鍰」之誤，今徑改。

〔二〕「三」原譌作「二」，據史記周本紀集解所引馬注原文改。

加太半倍也。　宫辟疑赦，其罰六百鍰，閱實其罪。　**注**大傳説：「男女不以義處者，其刑宫。」「六」一作「五」。　**疏**宫者，周禮司刑注云：「丈夫則割其勢，女子閉于宫中。」漢書鼂錯傳錯對策云：「除去陰刑。」注：「張晏曰：『宫刑也。』」大傳説見上。云「男女不以義處」，後世謂之爲姦也。　史記正義：「本一作『五百鍰』。」集解引徐廣云：「一作『六』。」

大辟疑赦，其罰千鍰，閱實其罪。　**注**大傳説：「降畔、寇[一]賊、劫略、奪攘、矯虔者，其刑死。」又説：「夏后氏不殺不刑，死罪罰[二]二千饌。」　**疏**大辟者，文王世子云：「其死罪則曰『某之罪在大辟』。」是卽大傳之死刑也。　大傳説見上。　又云「夏后不殺不刑，死罪罰[三]二千饌」者，下云：「禹之君民也，罰弗及强而天下治。　一饌六兩。」鄭注云：「所出金鐵，死罪出三百七十五斤，用財少爾。」此鄭從今文説也。　墨罰之屬千，劓罰之屬千，剕罰之屬五百，宫罰之屬三百，大辟之罰其屬二百，五刑之屬三千。　**注**「刑」一作「型」。　**疏**周禮司刑職云：「掌五刑之灋，以麗萬民之罪。　墨罪五百，劓罪五百，宫罪五百，刖罪五百，殺罪五百。」五五二十五，合爲二[四]千五百也。　穆王去周公時已百餘年，又有增損條目。　孝經：「孔子曰：『五刑之屬三千。』」蓋據周律言之。　江氏聲云：「墨則倍于其初，宫與大辟皆減焉。　以是差之，輕于周禮矣。　此穆王詳刑之意也。」案：罪之條目必有定數者，恐後世妄加之。　故律所無，輒比附以定罪，今例猶云比照某律也。律則古今不易，例則繁輒删除之，今令甲猶然。　「刑」作「型」者，見隸釋引三體石經。　上

[一]「寇」字原無，據周禮司刑注所引大傳原文補。

[二][三]「罰」字原無，據史記平準書所引大傳原文補。

[四]「二」原作「一」，顯是訛字，今徑改。

下比罪，無僭亂辭。　疏上下者，即下文之「適輕」、「適重」也。　比者，王制云：「凡聽五刑，必察小大之比以成之。」注云：「小大猶輕重。　已行故事曰比。」周禮大司寇：「凡庶民之獄訟，以邦成比之。」注云：「邦成，謂若今時決事比也。」疏云：「邦成是舊法成事品式，若今律其斷事皆依舊事斷之，其無條取比，類以決之。」僭者，詩傳云：「差也。」辭者，說文云：「訟也。」漢書路溫舒傳溫舒上書曰：「囚人不勝痛，則飾辭以視之；吏治者利其然，則指道以明之；上奏畏却，則鍛鍊而周内之。」又刑法志云：「姦吏因緣爲市，所欲活則傅生議，所欲陷則予死比。」是差亂囚辭及決獄之辭也。　言上下之罪，律有成事，及條目所無，比附而行之，勿增其條于三千之外。　囚之訟辭及決獄之辭，勿有差亂以失其實也。　勿用不行，惟察惟法，　疏不行者，謂蠲除之法。　晉書刑法志引春秋保乾圖曰：「王者三百年一蠲法。」已蠲，罰又行之，則刑罰不信，民無所措手足。　惟察惟法，謂惟以明察，惟用今時之法也。　其審克之。　上刑適輕下服，下刑適重上服，輕重諸罰有權。　注「適」俱作「挾」。　疏適者，詩傳云：「過也。」過謂罪過。　服與𠬝通，說文云：「治也。」權者，公羊桓十一年傳云：「反于經，然後有善者也。」言當服上刑者，其過輕，當以下刑治之；下刑過重，以上刑治之。下服，減等也；上服，加等也。　輕重諸罰有權宜也。　後漢書劉般傳劉愷引尚書曰：「上刑挾輕，下刑挾重。」說之云：「如今使臧吏禁錮子孫，以輕從重，懼及善人，非先王詳刑之義也。」注云：「今尚書呂刑篇曰『上刑適輕下服，下刑適重上服。』謂二罪俱發，原其本情，須有虧減，故言『適輕』、『適重』。　此言『挾輕』、『挾重』，意亦不殊，與今尚書不同耳。」書疏云：「劉君以『上刑適輕』、『下刑適重』皆爲一人有二罪。　上刑適輕〔一〕者，若今律重罪應贖，輕罪應居作官當者，以居作官當爲重，

〔一〕「輕」原訛作「重」，據經文及書疏原文改。

是爲上刑適輕。下刑適重者，若二者俱是贓罪，罪從重科，輕贓亦備，是爲輕并數也。」疏稱劉君，即是劉愷。王氏鳴盛云：「不知是焯是炫。」蓋偶有不照耳。劉愷蓋今文說也。

刑罰世輕世重，

注「世」一作「時」。

疏世輕謂平世，世重謂亂世。鄭注周禮大司寇職云：「掌建邦之三典：一曰刑新國用輕典，二曰刑平國用中典，三曰刑亂國用重典。」注云：「新國者，新辟地立君之國；用輕法者，謂其民未習于教。平國，承平守成之國也；用中典者，常行之法。亂國，篡弑叛逆之國；用重典者，以其化惡，伐滅之。」又注司刑云：「夏刑大辟二百，臏辟三百，宮辟五百，劓、墨各千。周則變焉。所謂『刑罰世輕世重』者也。」鄭意以周公制禮時殷民化紂凶德，故變夏刑從重。穆王改就夏刑，鄭意必以爲輕。周本紀云：「成、康之際，天下安寧，刑錯四十餘年不用。」是平國宜用中典也。荀子正論篇云：「故治則刑重，亂則刑輕。犯治之罪固重，犯亂之罪固輕。書曰：『刑罰世輕世重。』此之謂也。」楊倞注云：「治世刑必行，則不敢犯，故重；亂世刑不行，則人易犯，故輕。」又云：「治世家給人足，犯法者少，有犯則衆惡之，罪固當重。亂世人迫于飢寒，犯法者多，不可盡用重典，當輕也。」案：荀子所説就犯法者言之，非此經義。「世」作「時」者，後漢書應劭傳劭議引書曰：「刑罰時輕時重。」

惟齊非齊，有倫有要。

注「惟」一作「維」。

疏倫者，鄭注學記云：「理也。」要者，鄭司農注周禮云：「簿書也。」又注小宰「要會」云：「謂計最之簿書。月計曰要，歲計曰會。」江氏聲云：「上刑適輕，下刑適重，非齊也。輕重有權，隨世制宜，齊非齊也。齊其非齊，有倫理，有要會。」荀子王制篇云：「先王制禮義以分之，使有貧富貴賤之等，足〔一〕以相兼臨者，是養天下之本也。書曰：『維齊非齊。』此之謂也。」「惟」作「維」者，今文凡惟皆从糸，與思惟有别，後人亂之。以貧富貴賤爲非

〔一〕「足」原訛作「是」，據荀子王制篇原文改。

齊者，斷章取義，非説此經也。　**罰懲非死，人極于病。**　**疏**懲者，鄭注表記云：「謂創乂。」極與勮聲相近。文選北征賦注引説文：「勮，一曰甚也。」言罰者，謂五刑之四及罰鍰也。罰所以懲創之，非欲其死，而人已苦于病矣。言當深慎，斷者不可以復續也。　王應麟藝文志考云：「漢世諸儒所引尚書異字曰：『罰懲非死，佞極于病。』」或今文尚書。今未檢得所出書，故不以爲注。　**非佞折獄，惟良折獄，罔非在中，察辭于差，非從惟從。**　**注**大傳説：「君子之於人也，有其語也，無不聽者，皇于獄訟乎？必盡其辭矣。聽獄者或從其情，或從其辭。」　**疏**佞者，孔安國注論語云：「口才也。」良者，詩傳云：「善也。」差者，杜預注左傳云：「差池，不齊一。」言折獄者，口才辯給之人，能使囚窮于辭，容有辭屈而枉入刑者，故非口才可以折獄，惟善人折獄公正不偏，無不得中也。折獄者又當察囚辭之有參差不齊者，以求其情。既得其情，非從其辭，惟從其辭，不失其情，故謂之爰書。爰者，易也。易其文，不易其辭。　大傳云「皇于獄訟」，皇與況通，今文「皇」多作「況」，見無逸疏。云「或從其情，或從其辭」，卽釋「非從惟從」也。　徐幹中論賞罰篇云：「賞罰不可以疎，亦不可以數；不可以重，亦不可以輕。先王思中以平之，而不失其節。書曰：『罔非在中，察辭於差。』」　**哀敬折獄，**　**注**大傳説：「子曰：古之聽民者，察貧窮，哀孤獨矜寡〔一〕，宥老幼不肖無告。有過必赦，小罪勿增，大罪勿纍，老弱不受刑，有過不受罰。故老而受刑謂之悖，弱而受刑謂之尅，不赦有過謂之賊逆，率過以小謂之枳。故與其殺不辜，寧失有罪。與其增以有罪，寧失過以有赦。」又説：「子曰：聽訟雖得其指，必哀矜之。死者不可復生，斷者不可復續也。書曰：『哀矜哲獄。』」　**疏**敬與矜聲相近，今文作「矜」。哲卽折假音字。漢書于定國傳贊曰：「于定國父子哀鰥哲獄。」是亦

〔一〕「寡」原訛作「寬」，據孔子集語卷下所引大傳原文改。下疏文同此。

今文。注：「應劭曰：『哲，知也。』」哀矜者，傷上之失教，使囚罹于罪罰也。大傳說「哀矜」爲「察貧窮，哀孤獨矜寡，宥老幼不肖無告」，洪範「無虐煢獨」之指也。斀者，鄭注云：「延罪無辜曰斀。」剋卽「勊」字，說文云：「勮也。」勮者，甚也。大傳又說「雖得其指，必哀矜之」，卽論語曾子云：「上失其道，民散久矣。雖得其情，則哀矜而勿喜。」明啓刑書，胥占，咸庶中正，其刑其罰，其審克之。疏啟與啟通，說文云：「省視也。」胥者，釋詁云：「相也。」占者，史記平準書索隱引郭璞云：「自隱度也。」卽釋言「隱，占」注，今脫「自」字。克，當爲「覈」，假借字。言當明視刑書，相與占度比附之，皆庶幾合于中正，其刑其罰，其詳覈之。獄成而孚，輸而孚，其刑上備，有并兩刑。疏輸者，廣雅釋言云：「寫也。」秦策云：「常以同情輸楚。」輸猶達也。上「而」猶能也，下「而」猶汝也。備同葡，說文云：「具也。」獄成而信，乃輸寫汝信于上。文王世子云：「獄成，有司讞于公。」注云：「讞之言白也。」則成獄當奏白于上也。其刑上備者，具列爰書上之，勿增減其罪狀也。有并兩刑者，鄭注大傳云：「二人俱罪，呂侯之說刑也。犯數罪，猶以上一罪刑之。」言犯二罪以上，止科一罪也。鄭注此條雖佚，亦必云然。大傳注見御覽刑法部。一云「犯數罪，猶以上一罪刑之」當作「犯數罪以上，猶以一罪刑之」。待決于王也。

王曰：「嗚呼！敬之哉！官伯、族姓，朕言多懼，朕敬于刑，有德惟刑。疏官伯，謂司政、典獄也。族姓，謂伯父、伯兄、仲叔、季弟、幼子、童孫也。言我言詳刑多畏懼之辭者，我甚敬于刑，不敢妄用也，有德者當思此詳刑。今天相民，注馬融曰：「相，助也。」作配在下，明清于單辭，民之亂，罔不中聽獄之兩辭。疏相者，釋詁云：「相、助，勴也。」單辭者，後漢書明帝紀[一]永平三年詔曰：「明察單辭。」注云：「單辭，猶偏聽也。」

又朱浮傳：「有人單辭告浮事者。」注云：「單辭，謂無證據也。」亂者，釋詁云：「治也。」言今天助民立之君，使能配在下地，則承天以治民，聽獄可不中乎？能明察一偏之辭，片言折獄，其聽于獄之兩造之訟，更無不中矣。馬注見釋文。**無或私家于獄之兩辭，獄貨非寶，惟府辜功，報以庶尤。** **注**大傳說：「獄貨非可寶也，然後寶之者，未能行其法者也。貪人之寶，受人之財，未有不受命以矯其上者也。親下以矯其上者，未有能成〔二〕其功者也。」**疏**私者，說文云：「自營謂之厶。」家，讀如檀弓「君子不家于喪」之「家」。府者，春秋左氏昭十二年傳云：「吾不爲怨府。」注云：「怨禍之聚。」釋詁云：「辜，罪也。」功者，詩傳云：「事也。」庶，衆也。尤與訧同，說文云：「罪也。」引周書此文。言無或自營而成家于獄也，以獄聚貨不足寶也，惟聚罪事，天將報以衆罪也。大傳云「未有不受命以矯其上」者，今文讀府爲誣，聲相近也，字亦或作「誣」。周語云：「其刑矯誣。」注云：「以詐用法曰矯，加誣無罪曰誣。」受人之財則親下以矯誣其上也。以「辜功」爲「未有能成其功」者，漢書律曆志注：「孟康曰：『辜，必也。』」一切經音義引漢書音義云：「辜，固也。」謂規固販鬻以求利也。」則「辜功」謂取必規固以求功也。**永畏惟罰，** **注**大傳說：「是故聽民之術，怒必畏，畏思意，小罪勿兼。」**疏**大傳說「怒必畏」，鄭注云：「怒，責也。責囚之罪，必思意。兼謂思其辭，思其主，思重大罪。求可以出之罪也。」**非天不中，惟人在命。** **疏**言非天之降罰不中正也，惟人受天命以生，違天則自取其咎耳。**天罰不極，庶民罔有令政在于天下。」** **疏**天罰者，猶皋陶謨云「天討」。王者代天行罰，故云天罰。極者，詩傳云：「中也。」令者，釋

〔一〕「明帝紀」原作「光武本紀」。案：詔文「明察單辭」實在後漢書明帝紀，今改正。

〔二〕「成」字原無，據太平御覽卷六百四十一所引大傳原文補。下疏文同此。

詁云：「善也。」洪範云：「王建其有極。」謂王者承天建中。又云：「庶民于汝極。」馬氏注云：「衆民于汝取中正以歸心也。」王罰不中，則衆民無有善政在天下矣。

王曰：「嗚呼！嗣孫，今往何監？非德于民之中，尚明聽之哉！**疏**言嗣孫者，詔諸侯永戒其後嗣。言自今以往，何所監視？非當立德于民之中乎！庶幾免聽〔一〕之哉！　哲人惟刑，**疏**吴志步騭傳騭曰：「明德慎罰，哲人維刑，書傳所美。自今蔽獄，都下則宜諮〔二〕顧雍，武昌則陸遜、潘濬，平心專意，務在得情。」言當擇哲人任之以刑也。　無疆之辭，屬于五極，咸中有慶。**疏**疆者，詩傳云：「竟也。」屬者，鄭注周禮云：「猶合也。」辭者，說文云：「訟也。」五極謂五刑之中。慶者，詩傳云：「善也。」言惟此哲人，于無竟之訟，能審詳反復，使合于五刑之中，皆中則有善慶矣。　受王嘉師，監于茲詳刑。」**疏**釋詁云：「嘉，善也。」「師，衆也。」言受王之善衆而治之，當視此哲人之詳刑也。

〔一〕「免聽」，疑爲「明聽」或「勉聽」之誤。

〔二〕「諮」字原無，據三國志吴志步騭傳原文補。

文侯之命第廿八　周書十九　尚書今古文注疏卷廿八

注史遷說：「晉文公五年五月丁未，獻楚俘于周，駟介百乘，徒兵千。天子使王子虎命晉侯爲伯，賜大輅，彤弓矢百，旅弓矢千，秬鬯一卣，珪瓚。晉侯三辭，然後稽首受之。周〔一〕作晉文侯命。」**疏**史公說見晉世家，節載此經文，孔安國故也。案：十二諸侯年表晉文公五年，周襄王之二十年也，歲在乙丑。又周本紀云：「十七年，襄王告急于晉，晉文公納王而誅叔帶。襄王乃賜晉文公珪、鬯、弓、矢，爲伯，以河內地與晉。」本紀因晉文公納王而終述二十年錫命之事也。新序善謀篇云：「晉文公時周襄王有弟太叔之難，出亡居鄭。晉侯以師逆王，王入于王城，取太叔于溫，殺之。晉侯朝王，王享醴，命之侑。其後三年，文公再會諸侯以朝天子，天子錫之弓矢，秬鬯，以爲方伯，晉文公之命是也。」案：書序「平王錫晉文侯命」，釋文云：「馬無『平』字。」則書序不以文侯爲仇，王或是襄王也。劉向所引書多今文，則今文說亦以爲文公重耳也。馬氏不以「義」爲文侯名，亦同古說。據釋文云：「義，本亦作『誼』。」故馬氏不以爲文侯仇字也。

王若曰：「父義和，**注**馬融曰：「王順曰：『父能以義和我諸侯。』」鄭康成曰：「義讀爲儀，儀、仇皆匹也。故名仇字儀。」「義」一作「誼」。**疏**馬注見史記集解。以若爲順者，釋言文。稱父者，說文云：「父，家長率教者也。」諸侯

〔一〕「周」原訛作「因」，據史記晉世家原文改。

之長，故以父稱之。義和者，釋詁云：「和，會也。」言以義會合諸侯。馬氏不同鄭説，亦以文侯爲晉文公重耳也。鄭注見書疏。云「義讀爲儀」者，周禮肆師：「治其禮儀，以佐宗伯。」注云：「故書儀爲『義』，鄭司農云『義讀儀』是也。」云「儀、仇皆訓匹」者，俱釋詁文。釋詁「仇」作「逑」。云：「名仇字儀」者，晉世家：「穆侯四年，取齊女姜氏爲夫人。七年，伐條。生太子仇。十年，伐千畝〔一〕，有功。生少子，名曰成師。晉人師服曰：『異哉，君之命子也！太子曰仇，仇者讎也。少子曰成師，成師大號，成之者也。名，自命也；物，自定也。今適庶名反逆，此後晉其能毋亂乎？』二十七年〔二〕，穆侯卒，弟殤叔自立，太子仇出奔。殤叔四年，太子仇率其徒襲殤叔而立，是爲文侯。文侯十年，周幽王無道，犬戎殺幽王，周東徙。」鄭以文侯爲文侯仇，王爲平王，故以義爲仇之字。但文侯名仇，見春秋左氏桓二年傳及晉世家，其字儀則未見所出也。春秋左氏僖廿八年傳敍晉文公城濮之捷，獻俘錫命之事，曰：「用平禮也。」杜注云：「以周平王享晉文侯仇之禮。」享晉侯則鄭説，杜注所本也。此蓋衞、賈之義，馬不從之。義，釋文云：「本亦作『誼』。」

丕顯文武，克愼明德，昭升于上，

注史遷「克」作「能」，「升」作「登」。「昭」一作「卲」。

敷聞在下。

注馬融曰：「昭，明也。上謂天，下謂人。」

疏丕與不通，語詞。詩文王云：「有周不顯。」傳云：「不顯，顯也。顯，光也。」克者，釋言云：「能也。」愼者，釋詁云：「誠也。」明與孟通，釋詁云：「孟，勉也。」昭升于上者，詩文王云：「文王在上，於昭于天。」傳云：「在上，在民上也。昭，見也。」箋云：「其德著見于天。」敷者，詩傳云：「布也。」聞者，詩文王云：「令聞不已。」箋云：「聲聞。」言光顯之文武，能

〔一〕「千畝」原訛作「干畝」，據皇清經解本及史記晉世家原文改。

〔二〕「二十七年」原訛作「三十七年」，據史記晉世家原文改。

誠勉其德，著見于上，布聞于下也。史公「克」作「能」者，釋言文。「升」作「登」者，典引云：「昭登之績，匪堯不興，鋪聞遺策在下之訓，匪漢不弘。」蔡邕注云：「尚書曰：『昭登於上。』」是今文尚書「升」爲「登」，與史記同，「敷」又作「鋪」也。班氏訓「上」爲堯，「下」爲漢，則今文以文武爲「上」，今時爲「下」。如微子云「底遂陳于上，敗厥德于下」，今文書說也。馬注見史記集解。云「昭，明」者，說文：「昭，日明也。」云「上爲天，下爲人」者，詩文王云：「文王陟降，在帝左右。」傳云：「言文王升接于天，下接人也。」「昭」三體石經作「卲」。

惟時上帝，集厥命于文王， **注**史遷「惟」作「維」，「王」作「武」。 **疏**時者，釋詁云：「是也。」集者，詩傳云：「就也。」詩文王云：「周雖舊邦，其命維新。」傳云：「乃新在文王也。」史公「惟」作「維」者，今文「惟」皆作「維」。「文王」作「文武」者，詩大明序云：「文王有明德，故天復命武王也。」

亦惟先正， **注**鄭康成曰：「先正，先臣，謂公、卿、大夫也。」**克左右昭事厥辟，** **疏**正者，釋詁云：「長也。」釋言云：「尹，正也。」左右者，釋詁云：「導也。」「勴也。」詩傳云：「助也。」昭與釗聲相近，釋詁云：「釗，勉也。」厥者，釋言云：「其也。」辟者，釋詁云：「君也。」言亦惟先世之臣，能導助勉事其君也。漢書谷永傳永引經曰：「亦惟先正，克左右。」說之云：「未有左右正而百官枉者也。」注：「師古曰：『周書君牙之辭也。』」案：永時未有僞古文，當用此經，顏氏誤也。鄭注見魏志武帝紀注。云「先正，先臣」者，緇衣云：「昔吾有先正。」注云：「先正，先君長也。」君長兼公、卿、大夫而言，故鄭云然。

越小大謀猷，罔不率從，肆先祖懷在位。 **注**「越」一作「粵」。 **疏**越，三體石經作「粵」，於也。猷者，鄭注緇衣云：「道也。」率者，釋詁云：「循也。」從者，鄭注樂記云：「順也。」釋詁云：「肆，故也。」「懷、安，止也。」懷、安同意相受，詩箋亦云：「懷，安也。」言於小大謀道，無不循順，故先祖安在位也。

嗚呼！閔予小子嗣， **注**「閔」一作「愍」，「嗣」一作「䂊」。

造天丕愆，殄資澤于下民。侵戎，我國家純。

疏閔者，詩箋云：「悼傷之言也。」嗣者，釋詁云：「繼也。」造同遭，周本紀「兩造」，集解引徐廣曰：「造，一作『遭』。」愆，說文同「僁」，釋言云：「過也。」殄者，釋詁云：「絶也。」資者，詩傳云：「財也。」澤者，趙岐注孟子云：「禄也。」侵者，廣雅釋言云：「淩也。」戎者，說文云：「兵也。」侵戎猶戎侵。純者，釋詁云：「大也。」歎言傷悼予小子嗣位，遭天大過咎，絶財禄于下民，寇兵大侵犯我國家。謂王子帶以翟人入周也。「閔」作「愍」、「嗣」作「䂊」，俱見三體石經。愍即「慜」字，从毋、从民心，閔字古文也，見說文。云：「閔，弔者在門。」亦悲閔之義也。「嗣」作「䂊」者，說文「孠」，古文嗣字。純爲大，不詞。古屯、純通字，蓋言兵侵者爲我國家屯難也。

即我御事，罔或耆壽俊在厥服。

注「或」一作「克」，「俊」下一有「咎」字，「服」一作「躬」。

疏即者，詩傳云：「就也。」或、有通字；御事，主事之官；俱見上疏。俊者，釋言云：「髦，俊也。」服者，釋詁云：「事也。」言就今我主事之臣，無有老成俊髦任其事者。漢書成帝紀鴻嘉元年詔曰：「書不云乎？『即我御事，罔克耆壽，咎在厥躬。』」注：「文穎曰：『此尚書文侯之命篇中辭也。言我周家用事者，無能有耆壽賢者，使國之危亡；罪咎在其用事者也。』師古曰：『「咎在厥躬」，平王自謂，故帝引之以自責耳。』」是今文「或」一作「克」，「俊在厥服」作「咎在厥躬」也。文穎又云「賢者」，蓋釋「俊」字，則今文「耆壽俊」下云「咎在厥躬」。

予則罔克，曰：『惟祖、惟父，其伊恤朕躬。』

疏克者，釋詁云：「勝也。」惟祖、惟父，江氏聲以爲祖行、父行之諸侯，或即謂祖禰在天之靈也。伊者，釋詁云：「維也。」恤者，說文云：「憂也，收也。」言老成賢俊既少，我則不能勝任，謂我祖禰有靈，當收恤我身也。

嗚呼！有績予一人，永綏在位。

注史遷「績」作「繼」。

疏績者，釋詁云：「繼也。」「功也。」永者，詩傳云：「久也。」綏〔一〕者，釋詁云：「安也。」歎言予遭叔帶，出奔失位，有繼令予一人久安在位者，文公之功也。史公訓績爲繼，釋詁文。綏，俗字，當從説文爲「緌」。

「父義和，汝克紹乃顯祖，注「紹」一作「昭」。汝肇刑文武，用會紹乃辟，追孝于前文人。注「汝」一作「女」，「紹」一作「昭」。疏紹者，釋詁云：「繼也。」顯祖，謂文侯仇，受平王錫命。釋詁云：「肇，敏也。」「刑，法也。」敏者，亟也。會謂會合諸侯。文人者，詩傳云：「文德之人也。」言汝能繼乃光顯之祖文侯仇，汝能亟法文武以合諸侯安王室，繼乃君之王業，是能追孝于前文德之人。「汝」作「女」，「紹」作「昭」，見三體石經。汝多修，扞我于艱，注「扞」一作「𢼛」。若汝，予嘉。」疏多者，司馬法云：「上多前虜。」鄭注周禮云：「戰功曰多。」修者，詩傳云：「長也。」捍者，杜預注左傳云：「衛也。」説文作「𢼛」，云：「止也。」引周書此文。一切經音義九云：「古文𢼛，戰、捍、扞、仟四形，今作杆，同。」艱者，詩傳云：「亦難也。」嘉者，釋詁云：「美也。」言汝戰功甚長，衛我于艱難，如汝者，予嘉美之。扞，説文作「戰」。一切經音義引説文：「捍，止也。」又引説文：「扞，止也。」今説文：「扞，忮也。」莊子釋文引説文：「扞，抵也。」

王曰：「父義和，其歸視爾師，注「爾」一作「尒」，「視」一作「眂」。寧爾邦。用賚爾秬鬯一卣，彤弓一，彤矢百，盧弓一，盧矢百，馬四匹。注「盧」一作「旅」。疏釋詁云：「師，衆也。」「賚，賜也。」説文「賚」引周書此文，「爾」作「尒」。秬鬯者，説文云：「䰞，黑黍也。一稃二米以釀也。」或作「秬」。「鬯，以秬釀鬱艸，芬芳攸服以降神也。」彤者，説文云：「丹飾也。」詩傳云：「彤弓，朱弓也。」盧者，黸省文，説文云：「齊謂黑爲黸。」何休注

〔一〕「綏」原作「緌」，皇清經解本作「綏」，案之爾雅釋詁原文，作「綏」是，今據改。

公羊傳云：「禮，天子雕弓，諸侯彤弓，大夫嬰弓，士盧弓。」釋文云出司馬法。荀子大略篇云：「天子雕弓，諸侯彤弓，大夫黑弓，禮也。」則賜用彤弓，諸侯之制，兼以大夫、士盧弓，備用也。馬四匹者，一乘也。周禮夏官序官云：「圉師，乘一人。圉人，良馬匹一人。」注云：「四馬爲乘。」曲禮疏引含文嘉：「九賜：一曰車馬，二曰衣服，三曰樂則，四曰朱户，五曰納陛，六曰虎賁，七曰斧鉞，八曰弓矢，九曰秬鬯。」宋均注云：「進退有節，行步有度，賜以車馬，以代〔一〕其勞。言成文章，行成法則，賜以衣服，以表其德。動則有禮，賜之納陛，以安其體。長于教誨，内懷至仁，賜之樂則，以化其民。居處修理，房内不泄，賜之朱户，以明其别。勇猛勁疾，執議堅彊，賜之虎賁，以備非常。抗揚威武，志在宿衛，賜之斧鉞，使得專殺。内懷仁德，執義不頃，賜之弓矢，使得專征。慈孝父母，賜之秬鬯，以歸祭祀。」是其文也。王制疏云：「尚書大傳云：『以兵屬于得專征伐者。』此〔二〕弓矢則尚書『彤弓一、彤矢百、盧弓十、盧矢千』，於周禮則當『唐〔三〕弓、大弓，合七成規』者，故司弓矢云：『唐弓、大弓以授使者、勞者。』注云：『若晉文侯、文公受王弓矢之賜者。』」是「盧弓一」又作「盧弓十」。案：九賜有車馬，春秋左傳僖〔四〕廿八年襄王賜晉文公大路之服，戎路之服，即此云「馬四匹」是也。三體石經「視」作「眂」，「盧」作「旅」。說文云：「眂，眂貌。」「盧」作「旅」者，假音字。春秋左氏僖廿八年傳云：「旅弓矢千。」注云：「旅，黑弓。」釋文云：

〔一〕「代」原訛作「伐」，據皇清經解本及禮記曲禮疏所引含文嘉原文改。
〔二〕「此」原訛作「賜」，據禮記王制疏原文改。
〔三〕「唐」原訛作「盧」，據禮記王制疏原文改。
〔四〕「僖」字原脱，據左傳補。

「旅，本或作『玈』。」陸氏誤也。旅字俗从玄。周禮司儀職「旅擯」注云：「旅讀爲鴻臚之臚。」是旅卽盧之假借字也。父往哉！柔遠能邇，惠康小民，無荒寧。簡恤爾都，**注**鄭康成曰：「都，國都也。鄙，邊邑也。言都不言鄙，由近以及遠也。」「簡」一作「柬」。用成爾顯德。」**疏**能與而，而與如，古字俱通。柔遠能邇者，卽安遠如邇也。釋詁云：「柔，安也。」「惠，愛也。」「康，靜也。」「寧，安也。」「簡，大也。」荒者，周書謚法云：「好樂怠政曰荒。」恤者，說文云：「憂也，收也。」言父其往哉！安遠如近，愛靜小民，無荒怠貪寧，大收恤汝國都，以成汝顯著之德也。鄭注見書疏。云「都，國都。鄙，邊邑」者，說文云：「都，有先君之舊宗〔一〕廟曰都。」詩箋云：「城都之域曰都。」鄙者，杜注左傳云：「邊邑也。」釋名云：「鄙，否也，小邑不能遠通也。」簡，三體石經作「柬」。

〔一〕「宗」原訛作「家」，據說文原文改。

秦誓第廿九　周書廿　尚書今古文注疏卷廿九

注 史遷說：「三十六年，繆公復益厚孟明等，使將兵伐晉，渡河焚船，大敗晉人，取王官及鄗，以報殽之役。晉人皆城守不敢出。於是繆公乃自茅津渡河，封殽中尸，爲發喪，哭之三日。乃誓於軍中曰。」**疏** 史記說見秦本紀。封者，杜氏注左傳云：「埋藏也。」案：左傳作誓在晉襄公釋歸三帥之時，書序則云還歸之後。史公以爲在敗晉人報怨之後者，白虎通號篇以「邦之榮懷」知秦穆公之霸，是今文說也。

公曰：「嗟！我士，**注** 史遷「士」作「士卒」。鄭康成曰：「誓其羣臣，下及萬民，獨云『士』者，舉中言之。」聽無譁！予誓告汝羣言之首。**疏** 秦伯稱公者，白虎通號篇云：「伯、子、男臣子，於其國中褒其君爲公何？以爲諸侯有會聚之事，相朝聘之道，或稱公而尊，或稱伯、子、男而卑，爲交接之時不私其臣子之義，心俱欲尊其君父，故皆令〔一〕臣子得稱其君爲公也。何以知諸侯稱公？尚書曰：『公曰：「嗟！」』秦伯也。」嗟字當爲「⿰言差」隸省文。譁者，說文讙、譁轉注。首者，釋詁云：「始也。」鄭注曾子問云：「本也。」史公「士」作「士卒」者，以此時誓于軍中也。鄭注見書疏。云「誓其羣臣，下及萬民」者，周禮小司寇：「掌外朝之政，以致萬民而詢焉。一曰詢國危。」敗殽即是國危，故當爲告羣臣及

〔一〕「令」原訛作「會」，據白虎通號篇原文改。

萬民也。　古人有言曰：『民訖自若，是多盤。　責人斯無難，惟受責俾如流，是惟艱哉。』　疏民者，詩靈臺疏引孝經援神契云：「冥也。」鄭注呂刑亦同。　訖者，釋詁云：「止也。」若者，釋言云：「順也。」盤者，釋詁云：「樂也。」俾者，釋詁云：「使也。」此述古訓，言民冥無知，止以自順，是爲多樂耳。然責人此無難，惟受責于人如流之順，是惟艱也。　我心之憂，日月逾邁，若弗云來。　注「云」一作「員」。　疏逾者，高誘注呂氏春秋云：「益也。」邁者，釋言云：「行也。」云者，江氏聲引詩傳云：「旋也。」又引詩釋文云：「云，本又作『員』。」言我心之所憂，日月益行，如弗旋來。言悔過如不及也。「云」一作「員」者，書疏云：「員卽云也。」則今經作「云」，後人所改。困學記聞云：「周益公曰：『唐賦多用「員來」，讀秦誓正義，知今之「云」字乃「員」之省文。』」益公名必大。　惟古之謀人，則曰未就予忌。惟今之謀人，姑將以爲親。　疏古者，詩傳云：「故也。」廣雅釋詁云：「始也。」忌者，說文云：「憎惡也。」姑者，詩傳云：「且也。」言惟始之謀人，則以未肯就予而憎惡之。惟近之謀人，且將以爲親附。悔不聽故舊之言也。說文有「惎」，云：「毒也。」周書曰：『來就惎惎。』」蓋卽此文「未就予忌」，未、來形相近，忌、惎聲相近。春秋左氏定四年傳云：「惎間王室。」注云：「惎，毒也。」釋文：「惎音忌。」詳其義，或謂來就予而反毒之。廣雅詁釋云：「誋，毒也。」義與忌相近。「惎惎」衍一重字，或脫「予」字。　古之謀人謂蹇叔等，今之謀人謂杞子也。據春秋左氏僖三十二年傳，諫穆公襲鄭，以爲勞師襲遠者，爲蹇叔。公羊、穀梁則蹇叔與百里奚同諫。秦本紀同左傳，言蹇叔之子與師，哭而送之。公、穀、史記皆云蹇叔、百里奚同送其子而哭之。左傳載三帥之名爲百里孟明視、西乞術、白乙丙。史記以孟明視爲百里傒子；西乞術、白乙丙，蹇叔子。左傳疏引世族譜云：「姓百里名視字孟明，百里奚之子。」譜又云：「或以西乞術、白乙丙爲蹇叔子。」則此經「古之謀人」，下文「詢茲黄髮」、「番番良士」、「一介臣」，皆兼指蹇叔、百里奚二人言也。又左傳：「杞子自鄭使告于秦曰：『鄭人使我掌其北門之管，若潛師以來，國可得也。』」雖則云然，尚猷詢茲黄髮，則罔所愆。**注**史遷說爲：「古之人謀黄髮番番，則無所過。」「云」一作「員」，「愆」一作「𠎝」。**疏**尚者，釋詁云：「庶幾也。」詢，俗字，當爲「恂」，釋詁云：「謀也。」黄髮者，詩南山有臺云：「遐不黄耇。」傳云：「黄，黄髮也。」疏引舍人注釋詁云：「黄髮，老人髮白復黄也。」愆，同「𠎝」，釋詁云：「過也。」言雖則言親今之謀人，庶幾猶謀諸黄耇，則無所過也。史公「詢」作「謀」，「罔」作「無」，「愆」作「過」，皆釋詁文。漢書韋賢傳、李尋傳注師古引秦誓，俱作「雖則員然」。李尋傳注「愆」作「𠎝」，从籀文。新序襍事篇引書曰：「黄髮之言，則無所愆。」北堂書抄諫諍部引作「僁」。番番良士，旅力既愆，我尚有之。**疏**番音近皤，說文云：「皤，老人髮白貌也。」江氏聲云：「秦本紀說此文云：『古之人謀黄髮番番，則無所過。』以番番屬于黄髮，則番番爲老人狀貌。僞傳以番番爲勇武，非也。」史記正義云：「番音婆，字當作『皤』。皤，白頭貌。」良者，詩傳云：「善也。」旅卽膂省文，說文云：「吕，脊骨也。」或作「膂」。廣雅釋詁云：「膂，力也。」王氏念孫云：「膂、力一聲之轉。」尚者，詩箋云：「猶也。」下「尚不欲」同義。與上文「尚猷詢茲黄髮」、下文「亦尚一人之慶」，三「尚」字不同詁也。言番番然白頭之善士，旅力既過，我猶有之。仡仡勇夫，射御不違，我尚不欲。**注**「仡」馬融作「訖」，曰：「訖訖，無所省録之貌。」**疏**仡者，說文云：「勇壯也。」引周書此文。漢書李尋傳云：「秦穆公任仡仡之勇。」公羊宣六年傳云：「祁彌明，力士也，仡然從趙盾而入。」何氏注云：「仡然，壯勇貌。」俱與此經義同。言壯勇之夫，射御不違失，我尚不欲其如是。江氏聲云：「春秋左氏僖三十三年傳云：『秦師過周北門，左右免胄而下，超乘者三百乘。王孫滿觀之，言于王曰：「秦師輕而無禮，必敗。輕則寡謀，無禮則脫。入險而脫，又不能謀，能無敗乎！」』此誓追悔戎鄭之事，則勇夫即謂超乘者。」違者，後漢書注云：「失也。」廣雅釋詁云：「離也。」馬注見釋文。云「無所省録」者，漢書董仲舒傳集注云：「録，謂存視也。」蓋言其恃勇無知，不能有所省察存視也。

惟截截善諞言， **注**馬融「諞」作「偏」，曰：「截截，辭語截削省要也。偏，要也。辭約指明，大辨佞之人。」「截」一作「諓」；「諞」一作「竫」，又作「譔」。

俾君子易辭，我皇多有之。 **注**「辭」一作「怠」，「皇」一作「況」。

疏截截者，說文有「諓」，云：「善言也。」又云：「諞，巧言也。」引周書曰：「截截善諞言。」論語曰：「諞佞。」今論語「諞」作「便」。鄭注云：「便，辨也。謂佞而辨。」是「截截善諞言」爲便巧辯佞之言也。說文又有「戔」，云：「戔，賊也。」引周書曰：「戔戔巧言。」蓋說文用孔氏古文，亦兼取今文，故兩引之也。公羊文十二年傳作「諓諓」，注云：「諓諓，淺薄之貌。」越語范蠡曰：「又安知是諓諓者乎！」注云：「諓諓，巧辯之言。」李尋傳亦云：「穆公說諓諓之言」。截與戔、諓俱聲相近。廣雅釋訓云：「諓諓，善言也。」公羊傳「諞」作「竫」，注云：「竫猶撰也。」楚辭劉向九歎〔一〕云：「讒人諓諓。」注云：「諓諓，讒言貌。」引尚書「諓諓靖言偏」。釋文云：「又作『譔』。」聲與戔、諓亦相近。靖，善；亦巧也。易辭，公羊作「易怠」；皇，公羊作「況」；云：「俾君子易怠，而況乎我多有之。」注云：「俾，使也。易怠猶輕惰也。」易者，廣雅釋言云：「輕也。」說文辭从台籀文〔二〕，與怠聲相近。史記三王世家齊王策云：「義之不圖，俾君子怠。」與公羊同。無逸云「無皇曰」，又云「則皇自敬德」，漢石經皆作「兄」。詩桑柔「倉兄填兮」，義作況。則此言淺薄巧言之人，使君子輕忽惰廢，我況多有之。況，益也。馬注見

〔一〕「九歎」原作「九歌」。案：劉向所作爲九歎，「歌」顯是誤字，今徑改。

〔二〕「說文辭从台籀文」，疑當作「說文辭籀文从台」。

釋文。云「截截，辭語截削省要。偏，要也。辭約指明」者，就「偏」字望文生義。然則馬所據古文又作「偏」也。云「大辨佞之人」，亦與諸儒義同。此「多有之」及上「尚有之」，王氏念孫云：「有之謂親之也。春秋左氏昭二十年傳云：『是不有寡君也。』杜注云：『有，相親有也。』自悔其親佞人也。」

「昧昧我思之，如有一介臣，注馬融曰：「一介，耿介一心端慤者。」「如」一作「若」。斷斷猗，注「斷」一作「詔」，「猗」一作「兮」。無他技，注「他」一作「它」。其心休休焉，注鄭康成曰：「休休，寬容也。」其如有容。疏昧昧者，廣雅釋訓云：「暗也。」思者，公羊傳云：「惟一介斷斷焉，無他技，其心休休，能有容。」釋詁云：「惟，思也。」能、而通字，而即如也。江氏聲云：「秦本紀云：『以申思不用蹇叔、百里奚之謀，故作此誓。』則『昧昧我思』者，自謂思此一介臣。」僞孔以此文屬上讀，云：「我前多有之，以我昧昧思之不明故也。」詳玩經文，實不然。大學引此經「如」作「若」者，釋言云：「若，如也。」介，釋文云：「字又作『个』。」大學引此經，釋文作「个」，正義本作「介」，「个」即「介」字別體也。說文云：「斷，古文作詔。」引周書云：「斷斷猗無它技。」又曰：「㓷亦古文。」廣雅釋訓云：「斷斷，誠也。」「猗」作「兮」，見大學。「他」作「它」，見後漢書謝弼傳注引此文。大學釋文亦作「它」。何氏注公羊云：「一介猶一概。斷斷，猶專一〔一〕也。他技，奇巧異端也。休休，美大貌。能含容賢者逆耳之言。」則此言如有一概臣，其心專一，無他技巧，其心休美，寬大如有所容納也。馬注見釋文。云「一介，耿介」者，楚辭離騷云：「彼堯、舜之耿介。」注云：「耿，光也。介，大也。」是耿介爲光大也。云「端慤」者，端，直；慤，愿；俱見前疏。鄭注見大學釋文。以休休爲寬容貌者，何氏注

〔一〕「一」字原無，據公羊文公十二年傳何注原文補。

公羊云：「休休，美大貌。」大卽寬容之義。人之有技，若己有之。人之彥聖，**注**「彥」一作「盤」。其心好之。**疏**彥者，釋訓云：「美士爲彥。」詩疏引舍人注云：「國有美士，爲人所言道也。」大學注云：「彥，一作『盤』。」盤，大也。聖者，洪範云：「睿作聖。」不啻如自其口出，是能容之，**注**「是」一作「寔」。以保我子孫，**疏**不啻，不但也，見前無逸疏。鄭注大學云：「若己有，不啻口出，皆樂人有善之甚也。」是，大學作「寔」。釋詁云：「寔，是也。」保者，釋詁云：「安也。」言人之有技藝，如己有之。人之有美譽通明者，其心好之。語時不但如自其口出，言語不盡，「好之」之意也，寔能容納之，以能安我子孫。黎民亦職有利哉！**注**「職」一作「尚」。**疏**黎者，鄭注大學云：「衆也。」釋詁文。職者，釋詁云：「主也。」大學引作「尚」。高誘注淮南云：「尚，主也。」論衡刺孟篇云：「尚書曰：『黎民亦尚有利哉！』」此今文尚書讀也。僞傳以「子孫黎民」連讀。人之有技，冒疾以惡之。人之彥聖，而違之俾不達。**注**「冒」一作「媢」，「達」一作「通」。**疏**冒者，鄭注大學云：「媢，妒也。」說文云：「媢，夫妒婦也。」疾與嫉通，說文云：「妎也。」或作「嫉」。又云：「妎，妒也。」鄭注大學云：「違，猶戾也。俾，使也。佛戾賢人所爲，使功不通于君也。」「俾，使」，「殆，危」，皆釋詁文。大學「達」作「通」。「通，達」，說文義也。違者，曹大家注幽通賦云：「恨也。」義亦相近。是不能容，以不能保我子孫，黎民亦曰殆哉！**疏**殆者，鄭注大學云：「危也。」釋詁文。

「邦之杌隉，**注**「杌」一作「阢」。曰由一人。邦之榮懷，亦尚一人之慶。」**疏**杌，俗字，說文作「阢」，引見「隉」下，云：「隉，危也。班固說：『不安也。』周書曰：『邦之阢隉。』讀若虹蜺之蜺。」又云：「阢，石山戴土也。」榮者，韋昭注晉語云：「樂也。」懷者，釋詁云：「安也。」慶者，詩傳云：「善也。」尚者，高誘注淮南及廣雅釋詁皆云：「主也。」

言邦之不安，爰自一人爲之。邦之樂安，亦主一人之善。俱自責也。白虎通號篇云：「尚書曰：『邦之榮懷，亦尚一人之慶。』知秦穆公之霸也。」班氏據此經文知秦穆公之霸，是謂榮懷之言當在敗晉報怨之後，則是今文説，與史記同義也。

尚書今古文注疏卷卅

書序第卅上

注 史遷說：「孔子因史文次春秋，紀元年，正時日月，蓋其詳哉。至於序尚書則略，無年月；或頗有，然多闕，不可錄。故疑則傳疑，蓋其慎也。」又說：「孔子序書，上紀唐、虞之際，下至秦繆，編次其事。」馬融、鄭康成皆曰書序孔子所作。

疏 史公說見三代世表，又說見孔子世家。以序爲孔子作者，漢書藝文志云：「書之所起遠矣，至孔子纂焉，上斷于堯，下訖于秦，凡百篇，而爲之序，言其作意。」儒林傳云：「孔子奸七十餘君，自衞反魯，究觀古今篇籍，于是敍書則斷堯典。」劉歆移博士書說亦同。是兩漢諸儒皆以書序爲孔子所作也。史公云「序尚書則略，無年月」者，虞、夏書無年月。云「或頗有」者，商書有「成湯既没，太甲元年」，周書有「惟十有一年，武王伐殷」，二條是有年月也。云「然多闕」者，謂其餘皆闕文，不可錄也。漢書律曆志引三統或有年月，與史記不同。至竹書紀年及皇甫謐帝王世紀，所載甚詳，不知何據。故史記三代世表自共和以來，始有甲子也。云「上紀唐、虞之際，下至秦繆」者，卽今書起堯典訖秦誓也。云「編次其事」者，今書序之次，今古文或不同，馬、鄭又異。鄭于成王征序注云：「此伐淮夷與踐奄，是攝政三年伐管、蔡時事，其編篇此，未聞。」則書序非孔子舊編之次也。史記所載書序有大戊篇目，今本脱之。而僞傳以女鳩、女方爲二篇，以就百篇之數，非也。當并二篇爲一，增大戊。馬、鄭說見書疏。知孔子所作者，疏以爲依緯文而知之。釋文云：「馬、鄭之徒，百篇之序總爲一卷。」書序云作序者不敢廁于正經，故謙而聚于下。今僞孔傳以此序散入經中，各冠諸篇，非舊式也。

虞夏書

昔在帝堯，注鄭康成曰：「書以堯爲始，獨云『昔在』，使若無先之典然也。」聰明文思，光宅天下，將遜于位，讓于虞舜，注鄭康成曰：「堯尊如故，舜攝其事。」作堯典。注鄭康成曰：「舜之美事，在于堯時。」疏鄭注俱見書疏。云「書以堯爲始」者，史記五帝本紀云：「學者多稱五帝，尚矣。然尚書獨載堯以來。」史公意與鄭合也。云「使若無先之典然」者，楚語申叔時曰：「教之訓典。」注云：「訓典，五帝之書。」是堯已前書有名典者。此始自堯，故云「無先」也。云「堯尊如故，舜攝其事」者，嫌堯得舜卽避位不爲天子，故釋之。孟子萬章篇云：「堯老而舜攝也。」又云：「堯崩，三年之喪畢，舜避堯之子于南河之南。」是則堯在時，舜未卽真，則堯爲天子如故也，故云「堯尊如故」。堯典文自「曰若稽古」至「陟方乃死」，今古文同。今正義本以「愼徽」已下爲舜典，始自僞孔傳也。

虞舜側微，疏微，玉篇作「微」，引此文，云：「微，賤也。」微卽說文𢼸字。公羊定八年傳云：「季氏之宰，則微者也。」是微爲賤也。堯聞之聰明，將使嗣位，歷試諸難，注鄭康成曰：「入麓伐木。」疏歷者，釋詁云：「數也。」鄭注見書大題疏。作舜典。疏趙岐注孟子萬章篇云：「孟子時尚書凡百二十篇，逸書有舜典之序，亡失其文。孟子諸所言舜事，皆舜典及逸書所載。」案：趙氏雖有此言，而孟子所載諸舜事，不稱舜典，未敢據增。今以各書所引佚文有篇名者，附于序後。

帝釐下土方，**注**馬融曰：「釐，賜也，理也。」設居方，別生分類，作汩作、九共九篇、**注**馬融曰：「共，法也。」鄭康成曰：「汩作、九共已逸。」稾飫。**疏**帝釐下土，釋文云：「『下土』絶句，一讀至『方』字絶句。」今書亡，難以定之。馬注俱見釋文。云「釐，賜」者，詩傳文。詩既醉疏引釋詁：「釐、予，賜也。」今爾雅作「賚、予」。又云「理」者，理與釐聲相近。云「共，法」者，詩傳文。鄭注見書疏，云：「其汩作、典寶一十三篇見亡而云已逸。」案：逸者，不立學官，逸在秘府也。亡者，竟亡其文。故漢人所云「逸十六篇」，亡于晉永嘉之時也。書疏云「鄭注書序舜典一、汩作二、九共九篇十一、大禹謨十二」云云，不數稾飫，以其亡也。汩，依僞傳訓治當作「汩」，从曰。稾，依僞傳訓勞當作「稾」，从木。飫即䬪省文。

經予辯下土，使民平平，使民無敖。**疏**大傳虞夏傳引書曰。路史後紀十一引作「民以無敖」。辯者，說文云：「治也。」詩采菽云：「平平左右，亦是率從。」傳云：「平平，辯治也。」敖者，說文云：「出游也。」

臯陶矢厥謨，禹成厥功，帝舜申之，作大禹、臯陶謨、棄稷。**注**鄭康成曰：「大禹謨已逸。」**疏**釋文云：「『矢』本作『𡗝』，『謨』字又作『謩』。」鄭注見書疏，即上所云「一十三篇已逸」也。下同，不更出。益稷疏云：「馬、鄭所據書序，此篇名爲棄稷。又合此篇于臯陶謨，皆由不見古文。」案：僞傳割分臯陶謨「來禹」已下爲益稷，因「暨益」、「暨稷」之文，易「棄」爲「益」也，見臯陶謨疏。

禹別九州，隨山濬川，任土作貢。注鄭康成曰：「任土謂定其肥磽之所生。」疏釋文云：「『貢』字或作『贛』。」鄭注見書疏。云「任土謂定其肥磽之所生」者，鄭以經「厥田上上」等爲地形高下，下卽肥，高卽磽也。肥磽者，孟子告子篇云：「則地有肥磽。」趙注云：「磽，薄也。」鄭注周禮載師云：「任土者，任其力勢所能生育，且以制貢賦。」段氏玉裁云：「疑當有『作禹貢』三字。」

啟與有扈戰于甘之野，作甘誓。

太康失邦，兄弟五人，須于洛汭，作五子之歌。注史遷說：「夏后帝啟崩，子帝太康立。帝太康失國，昆帝五人，須于洛汭，作五子之歌。」馬融曰：「須，止也。」鄭康成曰：「避亂于洛汭。五子之歌已逸。」「邦」一作「國」。疏楚語士亹〔一〕曰：「堯有丹朱，舜有商均，啟有五觀。」注云：「五觀，啟子，太康昆弟也。觀，洛汭之地。書序〔二〕曰：『太康失國，昆弟五人，須于洛汭。』傳曰：『夏有觀、扈。』」案：春秋左氏昭元年傳云：「夏有觀、扈，商有姺、邳，周有徐、奄。」周書嘗麥解云：「其在殷之五子，忘伯禹之命，假國無正，用胥興作亂，遂凶厥國。皇天哀禹，賜以彭壽，思正夏略。」案：「殷」字當作「夏」。楚辭離騷云：「啟九辨與九歌兮，夏康娛以自縱。不顧難以圖後兮，五子用失乎家巷。」注云：「言太康不遵

〔一〕「亹」原作「亹」，案之國語楚語，當作「亹」，今據改。
〔二〕「序」字原無，據國語楚語韋注原文補。

禹、啟之樂，更作淫聲，放縱情慾以自娛樂，不顧患難，不謀後世，卒以失國。兄弟五人，家居閭巷，失尊位也。」墨子非樂篇云「于武觀曰」云云。竹書紀年云：「帝啟十一年，放王季子武觀于西河。十五年，武觀以西河叛。彭伯壽帥師征西河，武觀來歸。」注云：「武觀，五觀也。國在今頓丘縣。」潛夫論五德志篇云：「夏后啟子太康、仲康更立，兄弟五人，皆有昏德，不堪帝事，降須洛汭，是謂五觀。」段氏玉裁云：「墨子作『武觀』，楚語作『五觀』，武即五也。以左傳『斟灌』夏本紀作『斟氏、戈氏』、『若干』或言『若柯』、『桓表』讀如『和表』例之，『歌』即『觀』也。『五子之歌』即『五觀』也。『之歌』蓋謂往觀地〔一〕。觀地即雒汭，韋注最明。然則觀地不在西河，漢東郡觀縣非洛汭畔觀地也。『觀』之爲『歌』，猶『甫』之爲『呂』，『賁』之爲『肸』。作僞者泥于歌字，造爲五章。尚書不當以詩歌名篇，固不待辨而自明者。」案：段氏說誠有識之言。蓋啟子五人，兄弟五人更立，必是兄終弟及，安得同時作歌？據竹書紀年云「王季子」，則「五觀」者，其第五子也。馬注見釋文。云「須，止」，釋詁文。鄭注見書疏。

經 啟乃淫溢康樂，野于飲食，將將，銘莧磬以力，湛濁于酒，渝食于野。萬舞翼翼，章聞于天，天用弗式。 **疏** 墨子非樂篇引「武觀曰」云云。惠氏棟云「『乃』當作『子』」，是也。淫溢，溢與佚通，言淫蕩也。「野于」當作「于野」，于，往也。「將將」上疑有脫文，作樂聲也。「莧」當作「筦」，形相近，字之譌，即管磬也。湛與媅通，渝與輸通。言啟子淫泆安樂，往野飲食，樂聲鎗鎗，銘力于磬管，媅樂昏濁于酒，委輸其食于野。萬舞之盛，顯聞于天，天弗用之。

〔一〕「地」原訛作「也」，據段玉裁古文尚書撰異原文改。

羲、和湎淫，廢時亂日，胤往征之，作胤征。 **注**鄭康成曰：「胤，臣名。胤征已逸。」 **疏** 羲氏、和氏世爲日官。春秋左氏桓十七年傳云：「天子有日官，諸侯有日御。」服虔注云：「日官、日御，典曆數者也。」夏本紀云：「帝中康時羲、和湎淫。」是羲、和歷世爲日官，至中康時湎淫廢職也。鄭注見史記集解。云「胤，臣名」者，顧命云：「胤之舞衣。」鄭注云：「古人造此物者之名。」僞傳以爲國名，非也。

經篚厥玄黄，昭我周王。 **疏** 堯典疏云：「鄭注禹貢引胤征云。郭氏注爾雅釋詁引書云『釗我周王』，卽胤征也。」昭者，釋詁云：「詔、導，勴也。」釗者，釋詁云：「勉也。」義與昭相近。周王者，鄭注禮記云：「忠信爲周，非殷、周之周也。」

商書

自契至于成湯八遷，湯始居亳，從先王居， **注**鄭康成曰：「亳，今河南偃師縣有湯亭。」地理志：「河南郡偃師尸鄉，成湯所都。」 **疏** 契至湯凡十四世。周語單穆公曰〔一〕：「玄王勤商，十有四世而興。」注云：「玄王，契也。自契至湯十四世。」殷本紀云：「契生昭明，卒，子相土立。卒，子昌若立。卒，子曹圉立。卒，子冥立。卒，子振立。卒，子微立。卒，子報丁立。卒，子報乙立。卒，子報丙立。卒，子主壬立。卒，子主癸立。卒，子天乙立，是爲成湯。」亳者，薄

〔一〕案之國語周語原文，下引「玄王勤商」云云乃衛彪傒見單穆公所言，此作「單穆公曰」，當是孫氏誤記。

假借字。大傳云：「夏人歌曰：『盍歸于薄，薄亦大矣。』」俱作「薄」。説文云：「亳，京兆杜陵亭也。」史記秦本紀：「寧公三年，與亳王戰，亳王奔戎。」正義引括地志云：「其國在三原、始平之界。」案：在今陝西，非湯薄都也。

作帝告、

釐沃。

注史遷「告」作「誥」，一作「佶」。史遷無此二字。鄭康成曰：「帝告、釐沃亡。」**疏**告與嚳通。史記五帝本紀集解引皇覽曰：「帝嚳冢在東郡濮陽頓丘城南亳陰野中。」地理志：「東郡濮陽，故帝丘，顓頊墟。」案：在今河南濬縣西北。湯遷偃師，云「從先王居」者，史記正義引括地志云：「亳邑故城在洛州偃師縣西十四里，本帝嚳之墟，商湯之都也。」又云：「盤庚所從都之。」案：偃師今河南縣，與濬縣相近。史公「告」作「誥」者，鄭注緇衣云：「告，古文誥。」一作「佶」者，索隱云：「古今人表亦作『佶』。」史公無釐沃者，疑帝告、釐沃本一篇。釐、來聲相近，言帝嚳來沃土耳。僞傳既云「告來居治沃土」，又云「二篇」，未可據也。

經施章乃服，明上下。

疏困學紀聞二云：「尚書大傳帝告曰：『施章乃服，明上下。』」豈伏生亦見古文逸篇邪？」案：王氏應麟説非也。伏生以秦時藏百篇于山中，親見其文，故記其剩語。若孔壁逸書，無帝告也。

湯征諸侯，葛伯不祀，湯始征之，作湯征。

注鄭康成曰：「湯征亡。」**疏**考孟子滕文公篇云：「湯居亳，與葛爲鄰。葛伯放而不祀，湯使人問曰：『何爲不祀？』曰：『無以共犧牲也。』湯使遺之牛羊。葛伯食之，又不以祀。湯又使人問之曰：『何爲不祀？』曰：『無以供粢盛也。』湯使亳衆往爲之耕，老弱饋食。葛伯率其民要其有酒食黍稻者奪之，不授者殺之。有童子以黍肉餉，殺而奪之。書曰：『葛伯仇餉。』此之謂也。」趙注云：「葛，夏諸侯，嬴姓之國。」又注「葛伯仇餉」云：「尚書逸篇文。仇，怨也。言湯伐葛伯，怨其害此餉也。」孟子又云：「湯始征，自葛載，十一征而無敵於天下。東面而征，西夷怨；南面而征，北狄怨；曰：『奚爲後我？』」又云：「書曰：『徯我后，后來其無罰。』」注云：「載，始也。言湯初征自葛始也。十一征而服天下。一說言當作『再』字，『再十一征』而言湯再征十一國，『再十一』，凡征二十二國也。」書逸篇也。」案：此疑亦湯征文。但趙氏止云逸篇，故存其文于疏。段氏玉裁云：「書曰：『葛伯仇餉。』『徯我后，后來其無罰。』此湯征文。作僞者誤系之仲虺之誥。趙氏不云『亡書』而云『逸書』者，趙不見中古文，于亡與逸不能如鄭之區分也。」

經湯曰：「予有言：視水見形，視民知治不。」伊尹曰：「明哉！言能聽，道乃進。君國子民，爲善者皆在王官。勉哉！勉哉！」湯曰：「汝不能敬命，予大罰殛之，無有攸赦。」**疏**史記殷本紀云：「湯征諸侯。葛伯不祀，湯始伐之。湯曰：『予有言』云云。作湯征。」王氏鳴盛曰：「此乃殘章零句，不能成篇，馬遷受諸安國而載之。」

伊尹去亳適夏，既醜有夏，復歸于亳，**注**大傳「亳」作「薄」。**疏**釋詁云：「適，往也。」伊尹適夏者，趙注孟子云：「伊尹爲湯見貢于桀，不用而歸湯。」案射義，古者諸侯有貢士于天子之制，蓋伊尹爲湯貢士而適夏也。鄭注大傳云：「是時伊尹仕桀。」醜者，說文云：「可惡也。」春秋左氏昭廿八年傳云：「惡直醜正。」是醜亦惡也。

乃遇汝鳩、汝方，**注**史遷無「乃」字，「汝」俱作「女」，「方」作「房」。**疏**史公無「乃」字，江氏聲以「乃」爲衍文也。入自北門，遇者，穀梁隱八年傳云：「不期而會曰遇。」方、房古通字。詩大田云：「既方既皁。」箋云：「方，房也，謂孚甲始生而未合時也。」伊尹既入亳之北門，遇汝鳩、汝方，則知是湯之二臣名矣。

作汝鳩、汝方。

注鄭康成曰：「女鳩、女方亡。」

疏大傳云：「夏人飲酒，醉者持不醉者，不醉者持醉者，相和而歌曰：『盍歸乎薄，薄亦大矣。』伊尹退而閒居，深聽歌〔一〕聲。更曰：『覺兮較〔二〕兮，吾大命格兮。去不善而就善，何樂兮。』」見路史疏仡紀、夏后紀。新序刺奢篇云：「桀作瑶臺，罷民力，殫民財。爲酒池糟隄，縱靡靡之樂。一鼓而牛飲者三千人。羣臣相持，歌曰：『江水沛沛兮，舟楫敗兮。我王廢兮，趣歸薄兮，薄亦大兮。』又曰：『樂兮樂兮，四牡蹻兮，六轡沃兮。去不善而從善，何不樂兮。』伊尹知天命之至，舉觴而告桀曰：『君王不聽臣之言，亡無日矣。』桀拍然而作，啞然而笑，曰：『子何妖言！吾有天下，如天之有日也。日有亡乎？日亡吾亦亡矣。』於是接履而趨，遂適湯，湯立爲相。」此亦用大傳文也。大傳今多缺佚，韓詩外傳二亦于此有脫文，故載新序于疏。釋文云：「帝告、釐沃、湯征、汝鳩、汝方，此五亡篇舊解是夏書，馬、鄭之徒以爲商書。」書疏云：「鄭序以爲虞夏書二十篇，商書四十篇，周書四十篇。帝告、釐沃、湯征、汝鳩、汝方於鄭玄爲商書。」案：汝鳩、汝方，僞傳云：「二篇亡。」似非也。伊尹同時遇汝鳩、汝方，安得作書二篇？蓋一篇耳。

湯既勝夏，欲遷其社，不可，作夏社、

注史遷此序在湯誓、典寶後。鄭康成曰：「犧牲既成，粢盛既潔，

〔一〕「歌」原作「樂」，據路史夏后紀、藝文類聚卷十二、太平御覽卷八十三所引大傳原文改。

〔二〕「較」原作「覺」，據路史夏后紀、藝文類聚卷十二、太平御覽卷八十三所引大傳原文改。

祭祀以其時，然而旱暵水溢，則變置社稷。當湯伐桀之時，旱致災。明法以薦，而猶旱至七年。故湯遷柱〔一〕而以周棄代之。欲遷句龍，以無可繼之者，于是故止。」

疑至、臣扈。

注 馬融曰：「疑至、臣扈，二臣名。聖人不可自專，復用二臣自明也。」鄭康成曰：「疑至、臣扈亡。」

疏 遷，漢書郊祀志作「罨」，云：「湯伐桀欲罨夏社，不可，作夏社，迺罨烈山子柱，而以周棄代爲稷祠。」注：「應劭曰：『連大旱七年，明德以薦，而旱不止，故遷社，以棄代爲稷。欲遷句龍，德莫能繼，故作夏社。』」案：說文：「迻，遷徙也。」「䙴」或作「罨」。鄭注見周禮大宗伯疏。又書疏引「明法以薦」作「既置其禮祀，明德以薦」。云「犧牲既成」至「變置社稷」，孟子盡心篇文也。云「湯當伐桀之時，旱致災」者，呂氏春秋順民篇云：「昔者，湯克夏而正天下，天大旱五年不收。湯乃以身禱于桑林。」據言「五年不收」，鄭氏云「七年」者，大傳云：「湯伐桀之後，大旱七年。史卜曰：『當以人爲禱。』湯乃翦髮斷爪，自以爲牲，而禱于桑林之社，而雨大至，方數千里。」漢書鼂錯傳云：「湯有七年之旱。」然則五年者，據「不收」而言，七年中有禱而得雨之年也。云「故湯遷柱而以周棄代之，欲遷句龍，以無可繼之者，于是故止」者，春秋左氏昭廿九年傳云：「共工氏有子曰句龍，爲后土。后土爲社。稷，田正也。有烈山氏之子曰柱爲稷，自夏以上祀之。周棄亦爲稷，自商以來祀之。」祭法曰：「厲山氏之有天下也，其子曰農，能殖百穀。夏之衰也，周棄繼之，故祀以爲稷。共工氏之霸九州也，其子曰后土，能平九州，故祀以爲社。」考國語，則厲山氏之子曰農者，即「有烈山氏之子曰柱」也。書疏云：「孝經說社爲土神，稷爲穀神，句龍、柱、棄是配食者。」僞傳云：「革命創制，改正易服，變置社稷，以稷代，而後世莫及句龍者，故不可而止。」王氏鳴盛駁之云：「郊特牲云：『喪國之社屋之，不受天陽也。』蓋王者革命，必別

〔一〕「柱」原作「社」，下疏文則引作「柱」，案之周禮大宗伯疏所引鄭注原文，作「柱」是，今據改。

建大社。而亡國之社，則掩其上，棧其下，使無所通。周于殷之亳社然也。其所建社，必別立壇墠，易其所樹之木，而不易其神。故曰『夏后氏以松，殷人以柏』。此序所云『遷社』則非此之謂，故鄭引孟子以爲大旱而欲變置，稷則有代而遷，社則無代，故不可遷。然則此事固與革命無涉。僞孔必欲立異，然則殷之亳社，其卽仍夏之亳社乎？必不然矣。」史公無疑至、臣扈，未知是一篇名，或二篇。卽是二臣名，因遷夏社而作，亦未必二篇也。馬注見書疏。云「疑至、臣扈，二人名」者，君奭篇言大戊時有臣扈，不審卽是其人否？

伊尹相湯伐桀，升自陑，遂與桀戰于鳴條之野， **注** 鄭康成曰：「鳴條，南夷地名。」 **疏** 陑字，說文所無，未知何字之誤，亦未詳其地所在也。史記殷本紀云：「桀敗于有娀之墟。桀犇於鳴條。」正義曰：「括地志云：『高涯原在蒲州安邑縣北三十里，南坂口卽古鳴條陌也。鳴條戰地，在安邑西。』」書疏云：「或云：陳留平丘縣今有鳴條亭是也。」後漢書隱逸傳云：「昔湯卽桀于鳴條而大城于亳。」注：「或言陳留平丘今有鳴條亭也。」案：括地志以鳴條爲在安邑，本皇甫謐之言，亦見書疏，殊不可信。鄭注見書疏及夏本紀集解。云「鳴條，南夷地名」者，呂氏春秋簡選篇云：「殷湯登自鳴條，乃入巢門，遂有夏。桀奔走。」淮南主術訓云：「湯困桀鳴條，擒之焦門。」修務訓云：「湯整兵鳴條，困夏南巢，以其過放之歷山。」觀下文「伐三朡」，三朡在今山東定陶，南巢在今安徽巢縣，則桀所奔地皆在東南，故鄭以鳴條爲南夷。周書殷祝解云：「湯將放桀于中野，桀與其屬五百人南徙千里。」下又再徙，方至南巢。又舜征三苗而崩，葬于蒼梧之野，是南夷地。孟子言舜卒于鳴條，亦鳴條爲南夷之證也。**作湯誓。** **疏** 書疏云：「孔以湯誓在夏社前，於百篇爲第二十六。

鄭以爲在臣扈後，第二十九。」案：湯誓今文、古文俱有，非亡篇。而論語堯曰篇云：「予小子履敢用玄牡，敢昭告于皇皇后帝：有罪不敢赦。帝臣不蔽，簡在帝心。朕躬有罪，無以萬方；萬方有罪，罪在朕躬。」注：「孔安國曰：『此伐桀告天之文。』墨子引湯誓，其辭若此。」周語：「湯誓曰：『余一人有辠，無以萬夫；萬夫有辠，在余一人。』」注云：「湯誓，尚書伐桀之誓也。」今湯誓無此言，則已散亡矣。墨子兼愛篇引湯說：「湯曰：『惟予小子履，敢用玄牡，告於上天后曰：「今天大旱，即當朕身。履未知得罪于上下，有善不敢蔽，有罪不敢赦，簡在帝心。萬方有罪，即當朕身；朕身有罪，無以萬方。」』」呂氏春秋順民篇云：「昔者，湯克夏而正天下，天大旱，五年不收。湯乃以身禱于桑林，曰：『余一人有罪，無及萬夫；萬夫有罪，在余一人。無以一人之不敏，使上帝鬼神傷民之命。』」案：諸書所引，合證其文，知此是桑林禱雨之辭，非伐桀誓師之文也。方與夫聲相近，當爲萬夫，蓋爲民請命之詞。趙岐謂是今湯誓散亡者，非也。或此篇即是夏社佚文，所謂既致其禱祀，明德以薦，而猶旱至七年，故告天以遷社也。周語既引作湯誓，姑附爲疏于此。

夏師敗績，湯遂從之，遂伐三朡， **注** 史遷「朡」作「嵏」。鄭康成曰：「伊訓曰：『載孚在亳。』又曰：『征是三朡。』」 **疏** 敗績者，春秋左氏莊十一年傳云：「大崩曰敗績。」郡國志濟陰定陶有三鬷亭。定陶，今山東縣，屬曹州府。鄭注見堯典疏。引伊訓者，孔壁古文有伊訓，今則亡之，鄭氏猶及見也。征即伐也。孚與俘通。

俘厥寶玉， **疏** 俘者，釋詁云：「取也。」

誼伯、仲伯作典寶。 **注** 史遷「誼」作「義」。「仲」一作「中」。鄭康成云：「典寶已逸。」 **疏** 史公「誼」作「義」者，古今人表亦作義伯、中伯。是「仲」亦作「中」也。釋文云：「誼，本或作『義』。」案：書疏舉鄭注書序云：「湯誥十六，咸有一德十七，典寶十八，伊訓十九。」據此則典寶在咸有一德之後，伊訓之前。而疏說百篇次第，孔、鄭不同，但舉湯誓、咸有一德、蔡仲之命、周官、費誓五篇，不舉典寶。用此知疏所舉次第不同者，尚未備也。但據二十四篇次第，知典寶在咸有一德後，伊訓前，而百篇次第伊訓之後尚有明居，未知鄭本典寶在明居後，抑或在前。姑從孔本。

湯歸自夏，至于大坰，**注**史遷「大坰」作「泰卷陶」，一無「陶」字。「卷」一作「坰」〔一〕，又作「泂」。**疏**史公「大」作「泰」，「坰」作「卷陶」者，俱聲相近。集解引徐廣曰：「一無此『陶』字。」索隱曰：「鄒誕生『卷』作『坰』〔二〕，又作『泂』。」又云：「其下『陶』字是衍耳。舊本或傍記其地名，後人轉寫，遂衍斯字也。」

中虺作誥。**注**史遷「虺」作「𤳹」，一作「蘬」。鄭康成曰：「仲虺之誥亡。」**疏**史公「虺」作「𤳹」者，𤳹當爲「𤴓」省文，見說文。荀子堯問篇云「其在中蘬之言也」，又作「蘬」。春秋左氏定元年傳云：「仲虺居薛，以爲湯左相。」孟子盡心篇云：「若伊尹、萊朱則見而知之。」注云：「萊朱亦湯賢臣也，一曰仲虺是也。」是仲虺卽萊朱也。

經亂者取之，亡者侮之。**疏**春秋左氏襄三十年鄭子皮曰仲虺之志云。又哀十四年傳中行獻子曰仲虺有言曰，同。又宣十二年傳隨武子曰：「仲虺有言曰：『取亂侮亡。』」

我聞于夏，人矯天命，布命于下，帝伐之惡，龔喪厥師。**疏**墨子非命篇上云仲虺之告曰。中篇云：「于先王之書仲虺之告曰：『我聞有夏，人矯天命，布命于下，帝式是惡，用闕師。』」下篇云：「仲虺之告曰：『我聞有夏，

〔一〕、〔二〕「坰」原訛作「餉」，據史記殷本紀索隱原文改。

人矯天命于下，帝式是增，用爽厥師。』」江氏聲云：「式，用也。爽，當爲『喪』。」案：用爲龔，聲相近。式爲伐，厥爲闕，形相近。

諸侯自爲得師者王，得友者霸。〔一〕自爲謀而莫若己者亡。**疏** 荀子堯問篇吴起引楚莊王之言曰：「其在中蘬之言也，曰云云。」吕氏春秋驕恣篇李悝曰：「楚莊王曰：『仲虺有言，不穀説之，曰：諸侯之德，能自爲取師者王，能自取友者存，其所擇而莫如己者亡。』」

湯既黜夏命，復歸于亳，作湯誥。**注** 史遷「黜」作「絀」。鄭康成云：「湯誥已逸。」**疏** 黜者，説文云：「貶下也。」史公作「絀」，通。

經 維三月，王自至於東郊。告諸侯羣后：「毋不有功於民，勤力迺事。予乃大罰殛女，毋予怨。」曰：「古禹、皋陶久勞于外，其有功乎民，民乃有安。東爲江，北爲濟，西爲河，南爲淮，四瀆已修，萬民乃有居。后稷降播，農殖百穀。三公咸有功于民，故后有立。**注**「立」一作「土」。昔蚩尤與其大夫作亂百姓，帝乃弗予，有狀。先王言不可不勉。」曰：「不道，毋之**注**「之」一作「政」。在國，女毋我怨。」**疏** 殷本紀云：「湯既絀夏命，還亳，作湯誥，曰云云。以令諸侯。」此篇似是全文，即從孔安國問故得之者。馬、鄭諸儒不據以編入廿九篇中，以爲逸文。漢人家法如此。案：殷本紀載此文，「至

〔一〕案之荀子堯問篇原文，「得友者霸」以下尚有「得疑者存」四字。

於東郊」、「有功於民」，皆作「於」。「久勞于外」，下文「有功于民」，又作「于」。蓋傳寫誤作「於」也，尚書皆作「于」。「立」一作「土」，「之」一作「政」，皆集解引徐廣曰。

伊尹作咸有一德。**注**鄭康成曰：「『伊陟、臣扈曰』，下闕。咸有一德已逸。」**疏**堯典疏〔一〕云：「孔以咸有一德次太甲後，第四十。鄭以爲在湯誥後，第三十三。」案：殷本紀亦在湯誥後，僞傳系之太甲時，誤也。鄭注見堯典疏。

經惟尹躬及湯，咸有壹德。**疏**緇衣引「尹吉曰」，注云：「吉，當爲『告』，古文『誥』字之誤也。尹告，伊尹之誥也。書以爲咸有壹德，今亡。咸，皆也。君臣皆有壹德，不貳，則無疑惑也。」

尹〔二〕躬天見于西邑夏，自周有終，相亦惟終。**疏**緇衣引「尹吉曰」，注云：「『尹吉』亦『尹誥』也。天，當爲『先』字之誤。忠信爲周。相，助也，謂臣也。伊尹言尹之先祖，見夏之先君臣皆忠信以自終。今天絶桀者，以其自作孽。伊尹始仕於夏，此時就湯矣。夏之邑在亳西。『見』或爲『敗』，『邑』或爲『予』。」案：鄭注緇衣云「今亡」，錢氏大昕云「或『今逸』之譌」。段氏玉裁云：「是篇本逸而云〔三〕今亡者，逸篇十六，至康成時亡之。如武成逸篇，建武之際亡。然則馬、鄭亦未全見十六篇也。」

〔一〕「疏」字原無。案：下引非堯典本文，乃疏文，因知脱一「疏」字，今徑補。

〔二〕案之禮記緇衣所引「尹吉曰」原文，此「尹」字上當有一「惟」字。

〔三〕「云」原訛作「亡」，據段玉裁古文尚書撰異原文改。

咎單作明居。**注**馬融曰：「咎單，湯司空也。明居，明居人之法也。」鄭康成曰：「明居〔一〕亡。」**疏**馬注見史記集解。云「咎單，湯司空」者，王制鄭氏以爲殷制，其文云：「司空，執度度地，居民山川沮澤，時四時。」則居民是司空之事。此以「明居」名篇，是明居民之法。王制又云：「凡居民，量地以制邑，度地以居民。地邑民居，必參相得也。無曠土，無游民，食節事時，民咸安其居。」此居民之法也。

成湯既没，太甲元年，伊尹作伊訓、肆命、徂后。**注**史遷説：「湯崩，太子太丁未立而卒，於是迺立太丁之弟外丙，是爲帝外丙。帝外丙即位三年，崩，立外丙之弟中壬，是爲帝中壬。帝中壬即位四年，崩，伊尹迺立太丁之子太甲。太甲，成湯適長孫也，是爲帝太甲。太甲元年，伊尹作伊訓，作肆命，作徂后。」鄭康成曰：「肆命者，陳政教所當爲也。徂后者，言湯之法度也。伊訓逸，肆命逸，徂后亡。」**疏**史公説「太子太丁」云云，史記正義云：「太史公採世本，有外丙、仲壬。」鄭注見史記集解。以肆爲陳者，周禮注同。云「言湯之法度」，徂，往也；后，君也；已往之君，即湯之法度也。

經天誅造攻，自牧宫。朕載自亳。**疏**孟子萬章篇引「伊訓曰」。注云：「伊訓，尚書逸篇名。牧宫，桀宫。朕，我也，謂湯也。載，始也。亳，殷都也。言意欲誅伐桀，造作可攻討之罪者，從牧宫桀起，自取之也。湯曰：『我始與伊尹謀之於亳，遂順天而誅之也。』」

〔一〕「明居」原訛作「咎單」，據書疏所引鄭注改。

從諫不拂〔一〕，微諫而不倦，爲上則明，爲下則遜。 **疏**荀子臣道篇引「書曰」。注云：「書，伊訓也。」案：楊倞時伊訓已亡，此注或據舊説。

惟太甲元年十有二月乙丑朔〔二〕，伊尹祀于先王，誕資有牧方明。 **疏**漢書律曆志引「伊訓篇曰」。説云：「商十二月乙丑朔冬至。言雖有成湯、太丁、外丙之服，以冬至越茀祀〔三〕先王于方明以配上帝，是朔旦冬至之歲也。」注：「如淳曰：『覲禮，諸侯覲天子，爲壇十有二尋，加方明于其上。』孟康曰：『方明者，神明之象也，以木爲之，方四尺，畫六采：東青，西白，南赤，北黑，上玄，下黄。』」案：誕者，釋詁云：「大也。」資爲咨假借字。「資有牧」，即堯典「咨十有二牧」也。 太平御覽四百八十引三禮圖曰：「方盟木，方四尺，設六色：東青，西白，南赤，北黑，上玄，下黄。設六玉：上圭，下璧，南方璋，西方琥，北方璜，東方圭。」方明者，上下四方之神明，天之司盟。

載孚在亳，征自三朡。 **疏**堯典疏云：「鄭注典寶引伊訓云。」

太甲既立，不明，伊尹放諸桐。 **注**史遷説：「帝太甲既立三年，不明，暴虐，不遵湯法，亂德，於是伊尹放之於桐宮。」鄭康成曰：「桐，地名也，有王離宮焉。」 **疏**桐宮者，史記正義引晉太康地記，云：「『尸鄉南有亳坂，東有城，太甲所放處也。』按：尸鄉在洛州偃師縣西南五里也。」案：偃師，今河南縣，屬河南府。鄭注見史記集解。 三年，復

〔一〕「從諫不拂」，案之荀子臣道篇引書原文，當作「從命而不拂」。

〔二〕「朔」字原脱，據漢書律曆志所引伊訓篇原文補。

〔三〕「祀」原訛作「記」，據漢書律曆志原文改。

歸于亳，思庸。伊尹作太甲三篇。**注**史遷說：「三年，伊尹攝行政當國，以朝諸侯。帝太甲居桐宮三年，悔過自責，反善，於是伊尹迺迎帝太甲而授之政。帝太甲修德，諸侯咸歸殷，百姓以寧。伊尹嘉之，迺作太甲訓三篇，襃帝太甲，稱太宗。」鄭康成曰：「太甲三篇亡。」**疏**釋詁云：「思，念也。」「庸，常也。」謂思五常之德。

經民非后，無能胥以寧；后非民，無以辟四方。**疏**表記篇引「太甲曰」。注云：「太甲，湯孫也，書以名篇。胥，相也。民非君，不能以相安。」

毋越厥命，以自覆也。若虞機張，往省括于度，則釋。**疏**緇衣篇引「太甲曰」。注：「越之言蹷也。厥，其也。覆，敗也。言無自顛覆女之政教，以自毀敗。虞，主田獵之地者也。機，弩牙也。度，謂所擬射也。虞人之射禽，弩已張，從機間視括與所射，參相得，乃後釋弦發矢。爲政亦當以己心參於羣臣及萬民，可，乃後施也。」

顧諟天之明命。**疏**大學篇引「太甲曰」。注云：「顧，念也。諟，猶正也。諟，或爲『題』。」

天作孽，猶可違；自作孽，不可活。**疏**孟子公孫丑篇引「太甲曰」。注云：「殷王太甲言天之妖孽，尚可違避，若高宗雊雉、宋景守心之變，皆可以德消去也。自己作孽者，若帝乙慢神震死，是爲不可活。故若此之謂也。」緇衣篇引太甲「猶可違」作「可違也」，「不可活」作「不可以逭」。

沃丁既葬伊尹于亳，**疏**史記集解云：「皇覽曰：『伊尹冢在濟陰己氏平利鄉。亳近己氏。』」正義引括地志，云：「伊尹墓在洛州偃師縣西北八里。又云宋州楚丘縣西北十五里有伊尹墓，恐非也。」咎單遂訓伊尹事，作沃丁。**注**鄭康成曰：「沃丁亡。」

伊陟相大戊，**注**馬融曰：「大戊，太甲子。」亳有祥桑穀共生于朝。**注**史遷說：「帝大戊立伊陟爲相。亳有祥桑穀共生於朝，一暮大拱。大戊懼，問伊陟。伊陟曰：『臣聞妖不勝德，帝之政其有闕與？帝其修德。』大戊從之，而祥桑枯死而去。」鄭康成曰：「兩手搤之曰拱。」**疏**馬注見釋文。云「大戊，太甲子」者，史記述商世系，殷本紀與三代世表不同。本紀大戊爲小甲弟，大庚子；世表則以大戊爲沃丁之弟，是亦大甲子也。馬氏據世表。史公說「大戊立，亳有祥桑穀共生於朝」者，呂氏春秋制樂篇云：「成湯之時，有穀生於庭，昏而生，比旦而大拱。其吏請卜其故。湯退卜者曰：『吾聞：祥者，福之先者也；見祥而爲不善，則福不至。妖者，禍之先者也；見妖而爲善，則禍不至。』於是早朝晏退，問疾弔喪，務鎭撫百姓。三日而穀亡。」韓詩外傳三云：「有殷之時，穀生湯之廷，三日而大拱。湯問伊尹曰：『何物也？』對曰：『穀樹也。』湯問：『何爲而生於此？』伊尹曰：『穀之出澤，野物也。今生天子之庭，殆不吉也。』湯曰：『柰何？』伊尹曰：『臣聞：妖者，禍之先；祥者，福之先。見妖而爲善，卽禍不至；見祥而爲不善，則福不臻。』湯乃齋戒靜處，夙興夜寐，弔死問疾，赦過賑窮。七日而穀亡。」大傳云：「湯之後武丁之時，王道不振，桑穀俱生于朝，七日而大拱。武丁召其相而問焉。其相曰：『吾雖知之，吾不能言也。』問諸祖己，曰：『桑穀，野草也。野草生于朝，亡乎？』武丁側身修行，思先王之政，興滅國，繼絕世，舉逸民，明養老之禮，諸侯重譯來朝者六國。」說苑君道篇云：「殷大戊時，有桑穀生於庭，昏而生，比旦而拱。史請卜之湯廟，大戊從之。卜者曰：『吾聞之：祥者，福之先見者也；見祥而爲不善，則福不生。殃者，禍之先見者也；見殃而能爲善，則禍不至。』於是乃早朝而晏退，問疾弔喪。三日而桑穀亡。」漢五行志引劉向說亦同以爲高宗武丁時事。蓋大戊卜于湯廟，故謁爲湯時事。大戊爲中宗，武丁爲高宗，今古文以三宗傳聞異辭，故各從其師說。然則孔安國古文說爲大戊時伏生今文說爲武丁時。呂氏春秋以爲湯時者，誤也。鄭注見史記集解。云「兩手搤之曰拱」者，高誘注呂氏春秋云：「滿兩手曰拱。」

伊陟贊于巫咸，

注馬融曰：「巫，男巫也。名咸，殷之巫也。」鄭康成曰：「巫咸，巫官。」

疏贊者，漢郊祀志注：「孟康曰：『說也。』」案：巫咸爲巫官，伊陟爲說桑穀之祥，使禳除之。馬注見釋文。鄭注見書疏。俱以爲巫官者，楚語云：「古者民神不雜。民之精爽不攜貳者，而又能齊肅衷正，其智能上下比義，其聖能光遠宣朗，其明能光照之，其聰能聽徹之，如是則明神降之。在男曰覡，在女曰巫。是使制神之處位次主，而爲之牲器時服。」是古之巫必有智聖聰明者爲之。馬氏以經稱巫爲在女之名，故特云男巫也。周禮春官有「司巫」，掌羣巫之政令，其屬有男巫、女巫。

作咸乂四篇。

注史遷「乂」作「治」，說爲：「巫咸治王家有成，作咸乂，作大戊。」馬融曰：「乂，治也。」鄭康成曰：「咸乂四篇亡。」

疏乂與嬖同，說文云：「治也。」史公「乂」作「治」，與說文同。云「作大戊」，今書序「作咸乂四篇」下無此三字。江氏聲云：「據史記則此當有大戊篇目也。書序下云『大戊贊于伊陟』，承此序之下。『大戊』下當有二晝，作重文。俗儒疏忽，誤作單文，遂闕大戊篇目矣。」

大戊贊于伊陟，作伊陟、原命。

注史遷說：「帝大戊贊伊陟于廟，言弗臣，伊陟讓，作原命。」馬融曰：「原，臣名也。命原以禹、湯之道我所修也。」鄭康成曰：「伊陟亡，原命已逸。」

疏史公說爲「贊伊陟于廟」者，君册命其臣必于廟中。云「伊陟讓，作原命」，則「伊陟」非篇名也。江氏聲云：「釋言云：『原，再也。』命伊陟而伊陟讓，乃作原命。以是知原命爲再命也。」又云：「俗儒誤闕太戊一篇，因而增『伊陟』之目，以足百篇之數耳。」段氏玉裁云：「史記『伊陟讓，作原命』，脱『作伊陟』三字，不得緣誤立説。」堯典疏云：「鄭注書序肆命二十，原命二十一。」山井鼎考文曰：「宋板作『伊陟二十』。」馬注見史記集解。以原爲臣名者，説命、畢命、冏命等皆以臣名命篇，故依以爲説也。

仲丁遷于囂，作仲丁。**注**史遷「囂」作「隞」，説爲：「仲丁書闕不具。」鄭康成曰：「仲丁亡。」**疏**仲丁，據殷本紀爲大戊子。史公「囂」作「隞」者，二聲相近。詩車攻傳云：「敖，地名。」箋云：「敖，鄭地，今近榮陽。」水經濟水注云：「濟水又東經敖山北，詩所謂『搏狩于敖』者也。其山上有城，即殷帝仲丁之所遷也。」史記正義引括地志云：「榮陽故城在鄭州榮陽縣西南十七里，殷時敖地也。」

河亶甲居相，作河亶甲。**注**鄭康成曰：「河亶甲亡。」**疏**河亶甲，殷本紀云：「帝仲丁崩，弟外壬立。帝外壬崩，弟河亶甲立。」是河亶甲爲仲丁之弟也。相者，地理志相縣屬沛郡。史記正義引括地志云：「故殷城在相州内黄縣東南三十里，即河亶甲所築都之所，名殷城也。」

祖乙圯于耿。**注**史遷「圯」作「遷」，「耿」作「邢」。馬融曰：「圯，毁也。」鄭康成曰：「祖乙又去相居耿，而國爲水所毁。于是修德以禦之，不復徙也。録此篇者，善其國圮毁，改政而不徙。」作祖乙〔一〕。鄭康成云：「祖乙亡。」

疏祖乙，殷本紀云：「河亶甲崩，子帝祖乙立。帝祖乙立，殷復興，巫咸任職。」圮者，釋言云：「毁也。」耿者，地理志云：「弘農郡皮氏耿鄉。」史記正義引括地志云：「絳州龍門縣東南十一里耿城，故耿國也。」索隱曰：「邢音耿。近代本亦作『耿』。今河東皮氏縣有耿鄉。」案：在今山西河津縣西一里。段氏玉裁云：「説文：『邢，鄭地，有邢亭也，祖乙所遷。』當是此地。」馬注見釋文。鄭注見書疏。

盤庚五遷，將治亳殷，**注**鄭康成曰：「治于亳之殷地，商家自徙此而改號曰殷亳。」「治」一作「始」，「亳」一作「宅」。

疏五遷，見盤庚疏。「治」作「始」，「亳」作「宅」者，書疏云：「汲冢古文云：『盤庚自奄遷于殷。殷在鄴南二十里。』束晳云：『尚書序：「盤庚五遷，將治亳殷。」舊説以爲居亳，亳殷在河南。孔子壁中尚書云：「將始宅殷。」是與古文同也。』」漢書項羽傳：「洹水南殷墟上。」今安陽西有殷〔二〕。史記項羽本紀集解云：「駰案：應劭曰：『洹水在湯陰界。殷墟，故殷都也。』瓚曰：『此殷虚非朝歌也。汲冢古文曰「盤庚遷于此」，汲冢曰「殷虚南去鄴三十里」，是舊殷虚〔三〕。然則朝歌非盤庚所遷者。』」案：書疏「與古文同」，今本注疏誤衍作「不同」。「自奄遷於殷」，今本紀年作「自奄遷於北蒙曰殷」。

〔一〕「作祖乙」三字原脱，據尚書正義所録書序補。

〔二〕揆之文義，「殷」當作「殷墟」。

〔三〕「殷虚」原訛作「殷乎」，據史記項羽本紀集解原文改。

鄭注見史記集解，說見盤庚疏。民咨胥怨，**注**鄭康成曰：「民居耿久，奢淫成俗，故不樂徙。」作盤庚三篇。

疏鄭注見書疏。

高宗夢得說，使百工營求諸野，得諸傅巖，**注**史遷說：「武丁夜夢得聖人，名曰說。以夢所見視羣臣百吏，皆非也。於是使百工營求之野，得說於傅險中。是時說爲胥靡，築於傅險。見於武丁，武丁曰是也。得而與之語，果聖人，舉以爲相，殷國大治。故遂以傅險姓之，號曰傅說。」馬融曰：「高宗始命爲傅氏。」鄭康成曰：「得諸傅巖，高宗因以傅命說爲氏。」「得」一作「㝵」，「說」一作「兑」。**疏**說文：「敻，營求也。商書曰：『高宗夢得說，使百工敻〔一〕求，得之傅巖。』巖，穴也。」一切經音義一引衞宏詔定古文官書，「㝵」、「得」二字同體。云：「說文：『㝵，取也。』尚書『高宗夢㝵說』是也。」史公說「使百工營求之野」者，百工，百官也。云「得說於傅險中」者，索隱曰：「舊本作『險』，亦作『巖』也。」墨子尚賢下篇云：「昔者，傅說居北海之洲，圜土之上。衣褐帶索，庸築於傅巖之城。武丁得而舉之，立爲三公。」史記正義引地理志云：「傅巖卽傅說版築之處。所隱之處，窟名聖人窟，在今陝州河北縣北七里，卽虞國、虢國之界。又有傅說祠。注水經云：『沙澗水北出〔二〕虞山，東〔三〕南經傅巖，歷〔四〕傅說隱室前，俗名聖人窟。』」案：所引地理志當爲括地志，字誤也。

〔一〕「敻」原作「營」，據說文原文改。
〔二〕「出」字原脫，據史記殷本紀正義原文補。
〔三〕「東」字原脫，據史記殷本紀正義原文補。
〔四〕「歷」字原脫，據史記殷本紀正義原文補。

云「胥靡」者，漢書注：「晉灼云：『胥，相也。靡，隨也。古者相隨坐，輕刑之名也。』」馬、鄭注俱見書疏，說與史記同也。說，釋文云：「本又作『兑』，音悅。」

作說命三篇。 **注**鄭康成曰：「說命三篇亡。」 **疏**王逸注楚辭云：「說命是佚篇也。」

經高宗梁闇，三年不言。 **疏**禮大傳說命引「書曰」〔一〕。注云：「闇讀如鶕，鶕謂廬也。」傳曰：「高宗居凶廬，三年不言。」

曰：「以余正四方，余恐德之不類，兹故不言。」

曰：「若金，用女作礪。若津水，用女作舟。若天旱，用女作霖雨。啟乃心，沃朕心。若藥不瞑眩，厥疾不瘳。若跣不視地，厥足用傷。」

「必交修余，無余棄也。」 **疏**楚語曰：「白公〔二〕曰：『昔武丁能聳其德，至於神明，以入於河，自河徂亳，於是乎三年，默以思道。卿士患之，曰：「王言以出令也。若不言，是無所稟令也。」武丁於是作書，曰「以余正四方」云云。如是而又使以象夢求四方之賢聖，得傅說以來，升爲三公，而使朝夕規諫，曰云云。』」注云：「類，善也。兹，此也。」又

〔一〕「禮大傳說命引『書曰』」，此句似有脱誤。案：既以所引經文爲說命逸文，不得云「說命引『書曰』」；又，依文例禮及大傳于此當出篇名。疑當作「禮喪服四制、大傳毋逸引『書曰』」。

〔二〕「白公」，原脱「白」字，據國語楚語原文補。

云：「使靡礪己也〔一〕。」又云：「喻遭津水。」又云：「天旱，自比苗稼也。雨〔二〕三日以上爲霖。」「啟，開也。以賢者之心比霖雨也。」又云：「以藥喻忠言也。瞑眩頓瞀，攻己之急也。瘳，愈也。」又云：「以失道比徒跣而不視地，必傷也。」孟子滕文公篇引書曰：「若藥不瞑眩，厥疾不瘳。」注云：「書逸篇也。」説文：「寃，讀若周書『若藥不眄眩』。」案：「周」字誤。潛夫論五德志引此文與楚語略同。「若津水」作「若濟巨川」，「舟」作「舟楫」，「天旱」作「時旱」，「必交修余，無余棄也」作「爾交修余，無棄」。

念終始典于學。 **疏**文王世子篇引「兑命曰」。注云：「兑，當爲『説』。説命，書篇名，殷高宗之臣傅説之所作。」學記篇引同，注云：「兑，當爲『説』字之誤也。高宗夢傅説，求而得之，作説命三篇，在尚書，今亡。」

學學半。 **疏**學記篇引「兑命曰」。注云：「己之學半。」〔三〕

敬孫務時敏，厥修乃來。 **疏**學記篇引「兑命曰」。注云：「敬孫，敬道孫業也。敏，疾也。厥，其也。學者務及時而疾，其所修之業乃來。」

惟口起羞，惟甲冑起兵，惟衣裳在笥，惟干戈省厥躬。 **疏**緇衣篇引「兑命曰」。注云：「兑，當爲『説』，謂殷高宗之臣傅説也，作書以命高宗，尚書篇名也。羞猶辱也。衣裳，朝祭之服也。惟口起羞，當慎言語也。惟

〔一〕「使靡礪己也」，案之國語楚語韋注原文，當作「使磨礪己也」。
〔二〕「雨」字原脱，據國語楚語韋注原文補。
〔三〕「己之學半」，案之禮記學記鄭注原文，當作「學人乃益己之學半」，缺引上四字，文義不完。

甲冑起兵，當慎軍旅之事也。惟衣裳在笥，當服以爲禮也。惟干戈省厥躬，當恕己，不尚害人也。」

爵無及惡德，民立而正。事純而祭祀，是爲不敬。事煩則亂，事神則難。 **疏**緇衣篇引「兑命曰」。注云：「惡德，無恒之德。純猶皆也。言君祭祀賜諸臣爵，毋與惡德之人也，民將立以爲正；言放傚之疾。事皆如是而以祭祀，是不敬鬼神也。惡德之人使事煩，事煩則亂，使事鬼神，又難以得福也。純，或作『煩』。」

高宗祭成湯，有飛雉升鼎耳而雊， **注**史遷「祭成湯」下有「明日」，「雊」作「呴」。鄭康成曰：「鼎，三公象也，又用耳行。雉升鼎耳而鳴，象視不明，天意若云：當任三公之謀以爲政。」「飛」一作「蜚」，「升」一作「登」。**疏**史公云「明日」者，以經文云「高宗肜日」知之。「雊」作「呴」者，「呴」，俗字。漢書五行志引書序曰：「高宗祭成湯，有蜚雉登鼎耳而雊。」疑今文作「蜚」作「登」也。鄭注見書疏。云「鼎，三公象」者，易鼎彖曰：「鼎，象也。」李鼎祚引九家易曰：「卦是鼎鑊烹飪之象，亦象三公之位，上則調和陰陽，下則撫育百姓。鼎能熟物養人，故云象也。」又九四：「鼎折足。」九家易曰「鼎者三足一體，猶三公承天子」是也。云「又用耳行」者，九三：「鼎耳革。」虞翻曰「鼎以耳行」是也。又六五：「鼎黄耳金鉉。」虞翻曰：「鉉謂三貫鼎兩耳。」鄭注士昏禮云：「扃，所以扛鼎。」今文「扃」作「鉉」。然則扃、鉉同物，所以貫鼎耳舉行者。是鼎用耳行也。云視不明，故有羽蟲之痾，與劉歆合。

祖己訓諸王，作高宗肜日、高宗之訓。 **注**鄭康成曰：「高宗之訓亡。」

經三年其惟不言，言乃讙。**疏**坊記引「高宗云」。注云：「高宗，殷王武丁也，名篇在尚書。三年不言，有父小乙喪之時也。讙，當爲『歡』，聲之誤也。其既言，天下皆歡喜，樂其政教也。」疏云：「尚書序有高宗之訓，此經有『高宗云』，謂是高宗之訓篇有此語，故云：『名篇在尚書。』」

殷始咎周，周人乘黎。

注 史遷說：「紂以西伯昌、九侯、鄂侯爲三公。醢九侯，并脯鄂侯，西伯聞之，竊歎。崇侯虎知之，以告紂，紂囚西伯羑里。西伯之臣閎夭之徒，求美女奇物善馬以獻紂，紂乃赦西伯。」又說：「西伯決虞、芮之獄。諸侯聞之，曰：『西伯蓋受命之君。』明年，伐犬戎。明年，伐密須。明年，敗耆國。〔一〕明年，伐崇侯虎。明年，西伯崩。」大傳說：「文王受命一年，斷虞、芮之質。二年，伐于。三年，伐密須。四年，伐畎夷，紂乃囚之。五年，四友獻寶，乃得免虎口，出而伐耆。六年，伐崇。七年而崩。」馬融曰：「咎周者，爲周所咎。」鄭康成曰：「咎，惡也。紂聞文王斷虞、芮之訟，後又三伐皆勝，始畏而惡之，拘于羑里。」又云：「乘，勝也。紂得散宜生所獻寶而釋文王，文王釋而伐黎。明年，伐崇。」

疏 史公說「紂以西伯昌、九侯、鄂侯爲三公」云云，見殷本紀。紂囚西伯羑里，以其爲九侯、鄂侯死竊歎，非因三伐皆勝，此古文說也。又說「西伯決虞、芮之訟」云云，見周本紀。以敗耆國爲受命四年事，非出則克黎，亦古文說也。戰國趙策魯仲連云：「文王，紂之三公也。鬼侯有子而好，故入之於紂。紂以爲惡，醢鬼侯。鄂侯爭之急，辨之疾，故脯鄂侯。文王聞之，喟然而歎，故拘之牖里之庫百日，而欲令之死。」賈誼新書君道篇云：「紂作梏數千，睨諸侯之不諂己者，杖而梏之。文王桎梏于羑里，七年而後得免。」此皆古文說，亦見春秋左氏襄卅年傳。夫云「喟然而歎，拘之羑里」，與殷本紀同。云

〔一〕案之周本紀原文，「敗耆國」及「伐崇侯虎」之間尚有「伐邘」一事。孫氏下疏文及之，而此處引文脫漏。

「七年而後得免」，則非「四年，伐畎夷，紂乃囚之。五年，出而伐耆」也。大傳説伐于、伐密須、伐畎夷在囚羑里及伐耆之前，與周本紀伐犬戎、密須在敗耆之前，伐邘在後不合。此今文説異于古文者。馬注見釋文。云「咎周者，爲周所咎」，謂紂爲周所惡也。鄭注俱見詩文王疏。云「咎，惡」者，韓非子難二云：「昔者文王侵孟、克莒、舉豐，三事舉而紂惡之。」卽此序「咎周」之謂，故云：「咎，惡也。」云「紂聞文王斷虞、芮之訟」者，大傳略説云：「虞人與芮人質其成於文王，入文王之境則見其人萌讓爲士大夫，入其國，則見士大夫讓爲公卿。二國相謂曰：『此其君亦讓以天下而不居也。』讓其所争爲閒田。」見文選西征賦注。云「又三伐皆勝，而始畏惡周」者，據韓非子則三伐謂侵孟、克莒、舉豐也。韓子所言伐孟，則與邘聲相近。云「伐密須」，考詩皇矣説文王伐密之事云：「爰整其旅，以按徂旅。」孟子梁惠王篇引作「以遏徂莒」。則伐密須卽克莒也。惟舉豐則在伐黎之後。又案：周本紀惟伐犬戎、密須在敗耆之前，伐邘、伐崇、作豐皆在伐耆之後。鄭云「三伐皆勝」，蓋用大傳及韓非説也。子傳參差，今古文各異，不能畫一也。云「拘于羑里」者，地理志云：「河内湯陰有羑里城，西伯所拘也。」史記正義曰：「牖，一作『羑』，音酉。羑城在相州湯陰縣北九里，紂囚西伯城也。」案：羑里在今河南蕩陰縣北七里。云「乘，勝」者，高誘注呂氏春秋義同。云「紂得散宜生等所獻寶而釋文王」者，亦見大傳。云「文王釋而伐黎。明年伐崇」，皆大傳文也。

祖伊恐，奔告于受，

注馬融曰：「受，讀曰紂。或曰受婦人之言，故號曰『受』也。」鄭康成曰：「紂，帝乙之少子，名辛。帝乙愛而欲立焉，號曰受德。時人傳聲轉作紂也。史掌書，知其本，故曰『受』。」

疏馬注見釋文。云「受，讀曰紂」者，聲相近。云「或曰受婦人之言，故號曰『受』」者，未詳所據。鄭注見書疏。云「帝乙之少子，名辛，帝乙愛而欲立焉」者，周書克殷解云：「殷末孫受德。」呂氏春秋當務篇云：「紂之同母三人，其長曰微子啟，其次曰仲衍，其次曰受德。受德卽紂也，甚少矣。紂母之生微子啟與仲衍也，尚爲妾；既而爲妻而生紂。紂之父、紂之母欲置微子啟以爲太子，太史據法而争之曰：『有妻之子，不可置妾之子。』紂故爲後。」是紂號曰受德也。鄭云「帝乙愛而欲立焉」者，或因終立之，遂謂帝乙愛之也。云「時人傳聲轉作紂」者，受、紂聲相近，稱受德者或單言受，殷本紀云：「天下謂之紂也。」云「史掌書，知其本，故曰『受』」者，世子生既命名，必書其生年月日與名而藏之，則受德之號，史必知之。孔子作序時，猶作春秋本魯之舊史，不改其文也。案：馬、鄭本百篇之序別爲一篇，則「受」字始見于泰誓。僞孔散序冠之篇首，則「受」字始見于此序。故疏所引鄭注云云在此。此是大誓之注，今姑仍之。

作西伯戡黎。

殷既錯天命，**注**馬融曰：「錯，廢也。」　微子作誥，父師、少師。**注**鄭康成曰：「微子啟，紂同母庶兄。紂之母本帝乙之妾，生啟及衍，後立爲后，生受德。」

疏馬注見釋文。云「錯，廢」者，論語爲政篇云：「舉直錯諸枉。」包咸云：「廢置邪枉。」是錯爲廢也。鄭注見詩大明疏，說本呂氏春秋，見上「奔告于受」疏。此注亦應在微子篇中，復存于此。

尚書今古文注疏卷卅

書序第卅下

周書

惟十有一年，武王伐殷，注史遷説：「九年，東觀兵，至于孟津，乃還師歸。居二年，乃遵文王，以東伐紂。十一年十二月戊午，師畢渡孟津。武王乃作大誓。」鄭康成曰：「十有一年，本文王受命而數之，是年入戊午蔀四十歲矣。」

疏史公説「九年，東觀兵。居二年，伐紂。十一年，渡孟津，作大誓」，與今文十三年伐紂不合，蓋問故孔安國者，與書序亦無不合。此序云：「十有一年，武王伐紂，一月戊午，師渡孟津。」一月者，即史記之十二月，據終其事而言，不述觀兵還師也。吕氏春秋首時篇云：「武王不忘玉門之辱，立十二年而成甲子之事。」十一年云十二年者，以一月戊午爲明年正月數之也。是書序、史記、吕氏春秋説皆不異，蓋古文説也。鄭注見詩文王疏。云「十有一年，本文王受命而數之」者，江氏聲云：「受命謂受天命。康誥云：『天乃大命文王。』詩文王序云：『文王受命作周。』箋云：『受天命是也。』多方云：『天惟五年須夏之子孫。』鄭注云：『五年者，文王受命八年至十三年也。』然則武王自卽位至伐紂時才匝五年爾。則此言十一年，自是本文王受命之年數也。」云『是年入戊午部四十歲』者，易緯乾鑿度云：『今入天元二百七十五萬九千二百八十歲，昌以西伯受命，入戊午部二十九年。』又云：『亡殷者紂，黑期火戊倉精授命汝正昌。』鄭注云：『火戊，戊午部也。午爲火，必言『火戊』者，木精將王，火爲之將相。戊，土也，又當爲火子。又火使其子爲己塞水，是明倉精絶殷之象。』此説文王受命在戊午部之意也。案：二十九歲受命，至四十歲則十二年矣。序云十一年，而鄭云入戊午部四十歲者，蓋據中候我應文王受命在季秋三月，踰年爲元年，故十一年當戊午部四十歲也。鄭必知然者，以武王伐紂在十三年。周語伶州鳩曰：『昔武王伐殷，歲在鶉火。』鶉火，午次也。當周初之時，歲星在午，則太歲在未，然則十三年太歲在未也。却而推之，此十一年太歲在巳矣。詩文王疏引三統曆，云：『七十六歲爲一部，二十部爲一紀，積一千五百二十歲。凡紀首者，皆歲甲寅，日甲子，卽以甲子之日爲初部名。甲子部一也。滿七十六歲，其後年初日次癸卯，卽以癸卯爲部首，二也。從此以後壬午爲部，三也。辛酉部，四也。庚子部，五也。己卯部，六也。戊午部，七也。丁酉部，八也。丙子部，九也。乙卯部，十也。甲午部，十一也。癸酉部，十二也。壬子部，十三也。辛卯部，十四也。庚午部，十五也。己酉部，十六也。戊子部，十七也。丁卯部，十八也。丙午部，十九也。乙酉部，二十也。是一紀之數。終而復始，後紀還然。』準此以推，則戊午部之前凡六部，爲歲四百五十六，以六十歲除之，凡七終而餘三十六。初歲甲寅，則三十六歲己丑。然則戊午部之初年，庚寅歲也。其二十九年，歲在戊午。文王受命以三十年己未歲，爲一年。則十三年武王伐殷，歲在辛未，當戊午部之四十歲也。依鄭氏說，此十一年爲戊午部之四十歲，則己巳歲。案：三統曆云：『凡紀首者，皆歲甲寅，日甲子。』計之一部七十六歲，爲日二萬七千七百五十九，以六十除之，〔一〕凡匝四百六十二甲子，爲二萬七千七百二十日，更從甲子數至壬寅，又得三十九日，乃滿二萬七千七百五十九日，適符一部七十六歲之日數。故後年初日得癸卯，爲癸卯部。推此法以數

〔一〕此下原有「凡匝四百六十日二萬七千七百五十六以六十除之」二十一字，而江聲尚書集注音疏原文無之，合前後文以觀，其數亦不協，因知是誤衍，今删。

之，以後壬午、辛酉等各部之初日，皆如三統曆之所推，至其末乙酉部之終日，正直癸亥。故後紀之初日，仍得甲子。是紀首日必甲子，信不爽矣。惟言皆歲甲寅則未然，試推之：一紀之歲千五百二十，以六甲除之，凡二十五匝而餘二十歲。更從甲寅數至癸酉，乃終一紀。則初紀之首歲甲寅，次紀當首〔一〕甲戌，又次紀首甲午，又次紀乃首甲寅。凡歷三紀，乃復甲寅也。惟是文王受命之戊午部，若以甲戌紀、甲午〔二〕紀推之，則十三年武王伐紂皆不與周語『歲在鶉火』之言相應，則此序『十有一年』，固是甲寅紀之戊午部四十歲也。」

一月戊午，師渡孟津，作太誓三篇。

注　史遷作「十一年十二月戊午，師畢渡孟津」。

疏　史公說此爲十一年十二月戊午者，商之十二月卽周之一月，一月卽系十一年。書序本無脱誤，不必信劉歆、鄭氏之說而疑古文也。漢書律曆志云：「書序曰：『惟十有一年，武王伐紂，大誓。』八百諸侯會。還歸二年，乃遂伐紂克殷，以箕子歸，十三年也。」志又云：「序曰：『一月戊午，師度孟津。』」案：志以伐殷觀兵爲十一年事，「一月戊午，師度于孟津」爲十三年事，似書序「一月」上當有「十三年」三字也。江氏聲云：「諸家以爲十三年之一月者，國語曰：『昔武王伐殷，歲在鶉火，月在天駟，日在析木之津，辰在斗柄，星在天黿。』此謂十三年誅紂時也。律曆志引三統云：『戊午度于孟津，明日己未冬至，晨星與婺女伏，歷建星及牽牛，至于婺女、天黿之首，故傳曰：「星在天黿。」周書武成篇：「惟一月壬辰，旁死霸，若翌日癸巳，武王乃朝步自周，于征伐紂。」序曰：「一月戊午，師度于孟津。」』是以此序與國

〔一〕「首」原訛作「皆」，據江聲尚書集注音疏原文改。

〔二〕「午」原訛作「子」，據江聲尚書集注音疏原文改。

語、武成所言皆一時事，則是十三年事矣。韋昭注云：『星，辰星也。天黿，次名，一曰玄枵。從須女八度，至危十五度，爲天黿。謂周正月辛卯朔，二日壬辰辰星始見，三日癸巳武王發行，二十八日戊午度孟津，距戊子三十一日。二十九日己未晦冬至，辰星與須女伏天黿之首也。』是說本諸劉歆，亦以爲十三年事。」又云：「經文三篇，上篇是十一年事，中下二篇則十三年事。序兼總兩時于十一年。不月者，以經言『四月』，文自明矣。不言十三年者，以一月戊午既別異于四月，明非一年內事可知，故省也。且經文殘缺，安知中篇不具有年月，而序因此略其年乎？」王氏鳴盛云：「詩大明疏歷引國語、律曆志，而又云：『歲、月、日、辰、星五位所在星宿度數，非用算無以推之。鄭注尚書文王受命、武王伐紂時日，皆用殷曆。劉向五紀論載殷曆之法，惟有氣朔而已。其推星在天黿，則無術焉。』孔穎達唐人，所言已如此。今殷曆久失，據漢志考伐紂，月日已具，至其甲子，雖就乾鑿度推爲辛未，但史記年表斷自共和庚申始，以前皆不詳。伐紂月日可考，而年之甲子究當闕疑也。」

經周公曰：「都！懋哉！予聞古先哲王之格言以下。」太子發拜手稽首。**疏**周禮太祝疏引「太誓曰」。案：上文稱太子發，當在白魚入舟，未稱王之前。以無所據，未知連屬之處，故不附本篇。疏有「以下」二字，疏約之詞，故改爲旁注字。

正稽古立功立事，可以永年，丕天之大律。**疏**漢書郊祀志引「泰誓曰」。注：「師古曰：『今文泰誓，周書也。稽，考也。永，長也。丕，奉也。律，法也。言正考古道而立事，則可長年享有天下，是則奉天之大法也。』」又刑法志引書曰：「立功立事，可以永年。」說之云：「言爲政而宜於民者，功成事立，則受天祿而永年命。」此或鄭注，顏所本也。

傳于亡窮。　疏漢書平當傳當引書云：「正稽古建功立事，可以永年，傳于亡窮。」注：「師古曰：『今文泰誓之辭。言能正考古道以立功立事，則可長生享國。』」案：此文或以爲卽周公所陳古先哲王之格言，亦無明文可據，不知連屬何文，故不附本篇。

附下而罔上者死，附上而罔下者刑，與聞國政而無益于民者退，在上位而不能進賢者逐。　疏説苑臣術篇引泰誓。又見潛夫論考績篇〔一〕及漢書武帝紀「有司議曰」用其文，既不云泰誓，文字有異同，不具辨。

予克紂，非予武，惟朕文考無罪。紂克予，非朕文考有罪，惟予小子無良。　疏坊記篇〔二〕引「太誓曰」。注云：「太誓，尚書篇名也。克，勝也。非予武，非我武功者。文者，文王也。無罪則言有德也。無良，無功善也。此武王誓衆以伐紂之辭也。今太誓無此章，則其篇亡。」

民之所欲，天必從之。　疏春秋左氏襄三十一年傳穆叔引「泰誓曰」。注云：「今尚書泰誓無此文，故諸儒疑之。」昭元年子羽引太誓同，注云：「逸書。」周語單襄公引太誓同，注云：「今周書太誓無此言，其散亡乎？」鄭語史伯引太誓同。

〔一〕「考績篇」原誤作「書績篇」，據潛夫論改。

〔二〕上舉太誓逸文「予克紂」云云，見禮記坊記，原誤作緇衣，今改正。

紂有億兆夷人，亦有離德，余有亂臣〔一〕十人，同心同德。疏春秋左氏昭二十四年傳萇弘引太誓。注云：「紂衆億兆，兼有四夷，不能同德，終敗亡。武王言我有治臣十人，雖少，同心也。今太誓無此語。」成二年傳君子曰：「太誓所謂『商兆民離，周十人同』者。」又管子法禁篇引泰誓曰：「紂有臣億萬人，亦有億萬之心，武王有臣三千，而一心。」

朕夢協朕卜，襲于休祥。戎商，必克。疏周語單襄公曰：「吾聞之泰誓故曰。」注云：「泰誓，伐紂之誓也。故，故事也。朕，武王自謂也。協亦合也。休，美也。祥，福之先見者也。戎，兵也。言武王夢與卜合，又合美善之祥，以兵伐殷，當必克之。」

文王若日若月，乍照光于四方、于西土。疏墨子兼愛下引「泰誓曰」。乍古與作通。

紂夷處，不肯事上帝鬼神，禍厥先神禔不祀。乃曰：「吾有民有命。」無廖排扁，天亦縱之，棄而弗葆。疏墨子非命篇上引泰誓。又非命篇中引泰誓之言然，曰：「紂夷之居，而不肯事上帝，棄闕其先神而不祀也。曰：『我民有命。』毋僇其務，天亦棄縱而不葆。」天志篇中引泰誓之道之曰：「紂越厥夷居，不肯事上帝，棄厥先神祇不祀。乃曰：『吾有命。』無僇傳務天下，天亦縱棄紂而不葆。」

於去發曰：「惡乎君子！天有顯德，其行甚章，爲鑑不遠，在彼殷王。謂人有命，謂敬不可行，謂祭無益，謂暴無傷。上帝不常，九有以亡，上帝不順，祝降其喪。惟我有周，受之大

〔一〕「臣」字原無，據左傳昭公二十四年所引太誓原文補。

帝。」　**疏**　墨子非命篇下云：「太誓之言也，於去發曰。」案：「去發」未詳，或「太子發」三字之誤。

小人見姦巧乃聞不言也，發罪鈞。　**疏**　墨子尚同篇引「泰誓之言然，曰」。案：此蓋言紂苛政也。即漢書見知之法，先王所無。

我武維揚，侵于〔一〕之疆。則取于殘，殺伐用張，于湯有光。　**疏**　孟子滕文公篇引「泰誓曰」。注云：「泰誓，古尚書百二十篇之時泰誓也。我武王用事之時惟鷹揚也，侵紂之疆界，則取于殘賊者，以張殺伐之功也。民有簞食壺漿之歡，比于湯伐桀爲有光。寵美武王德優前代也。今之尚書泰誓篇後得以充學，不與古泰誓同。諸傳記引泰誓，皆古泰誓也。」

天視自我民視，天聽自我民聽。　**疏**　孟子萬章篇引「泰誓曰」。注云：「泰誓，尚書篇名。自，從也。言天之視聽，從人所欲也。」

天聰明自我民聰明。　**疏**　詩烝民箋引「書曰」。疏云：「太誓文也。」

獨夫紂。　**疏**　荀子議兵篇引「泰誓曰」。

武王戎車三百兩，虎賁三百人，　**疏**　孟子盡心篇云：「武王之伐殷也，革車三百兩，虎賁三千人。」周本紀云：「遂率戎車三百乘，虎賁三千人，甲士四萬五千人。」則此「三百人」當是「三千人」之誤也。司馬法云：「革車一乘，士十

〔一〕「于」原作「予」，據孟子滕文公下所引泰誓原文改。

人，徒二十人。」樂記云：「虎賁之士說劍。」則虎賁卽士也。一乘十人，三百兩則三千人矣。周禮虎賁氏，下大夫官。樂記言「虎賁之士」者，周公制禮，用二人爲虎賁之官，爵爲下大夫，屬之司馬，其次中士十有二人。當文武時則是守衞之士，非必下大夫也。樂記所言是武王伐紂時事，虎賁故是士也。墨子明鬼篇下云：「武王以擇車百兩，虎賁之卒四百人，與殷人戰乎牧之野。」風俗通三王篇引尚書：「武王戎車三百兩，虎賁八百人，禽紂於牧之野。」後漢書順帝紀注引漢官儀曰：「書稱虎賁三百人，言其猛如虎之奔赴也。」則「三百人」亦作「四百人〔一〕」。「八百人」，未詳。**與受戰于牧野，** **注**鄭康成曰：「牧野，紂南郊地名。」「受」一作「紂」，「牧」一作「坶」。**疏**牧，說文作「坶」，云：「朝歌南七十里地。」引周書「武王與紂戰于坶野」，卽此文。鄭注見詩大明疏。**作牧誓。**

武王伐殷，往伐歸獸，識其政事， **注**史遷說：「乃罷兵西歸，行狩，記政事。」**疏**史公說見周本紀。「獸」作「狩」者，詩車攻云：「搏獸于敖。」後漢書安帝紀注引作「薄狩於敖」。又漢張遷碑云：「帝遊上林，問禽狩所有。」以「狩」爲「獸」，古字通用。「識」作「記」者，廣雅釋詁云：「記，識也。」文選魏都賦云：「武人歸獸而去戰。」張載注云：「尚書曰：『往伐歸獸。』」樂記云：「濟河而西，馬散之華山之陽而弗復乘，牛散之桃林之野而弗復服。」呂氏春秋愼大覽云：「然後濟於河西，歸報於廟，乃稅馬於華山，稅牛於桃林，馬弗復乘，牛弗復服，釁鼓旗甲兵，藏之府庫，終身不復。」疑皆武成逸文，正此序所云「歸獸」也。**作武成。** **注**鄭康成曰：「著武道至此而成。武成逸書，建武之際亡。」**疏**鄭注見書

〔一〕「人」字原無，依文義補。

疏。云「武成，逸書」者，孔壁所得古文，本有武成，以其不列學官，藏在祕府，故謂之逸書。云「建武之際亡」者，建武是光武紀年，武成至此又亡其殘文，僅存八十二字，見漢書律曆志。古文尚書本五十一〔一〕篇，爲四十六卷。蓺文志載之而注云「五十七篇」者，班氏當武成亡後，記見存實數也。

經惟一月壬辰旁死霸，若翌日癸巳，武王迺朝步自周，于征伐紂。**疏**漢書律曆志引「武成篇曰」。說云：「序曰：『一月戊午，師度于孟津。』至庚申，二月朔日也。四日癸亥，至牧壄，夜陳，甲子昧爽而合矣。故外傳曰：『王以二月癸亥夜陳。』」注：「孟康曰：『月二日以往，月魄死，故言死魄。魄，月質也。』」

粵若來三月既死霸，粵五日甲子，咸劉商王紂。**疏**同上志。又說云：「是歲也，閏數餘十八，正大寒中，在周二月己丑晦〔二〕，明日閏月庚寅〔三〕朔。三月二日庚申驚蟄。四月己丑朔死霸。死霸，朔也。生霸，望也。是月甲辰望，乙巳，旁之。故武成篇曰『惟四月既旁生霸』云云。」注：「師古曰：『今文尚書之辭。劉，殺也。』」案：咸與𢦏通，說文：「𢦏，絕也。讀若咸。」

惟四月既旁生霸，粵六日庚戌，武王燎于周廟。翌日辛亥，祀于天位。粵五日乙卯〔四〕

〔一〕案：孔安國所獻古文尚書本四十五篇，西漢末傳本分盤庚、泰誓各爲三篇，分顧命後半爲康王之誥，分九共爲九篇，乃成五十八篇。此「五十一篇」當是「五十八篇」之誤。

〔二〕「二月己丑晦」，「晦」原作「朔」，其訛觀下文「明日閏月庚寅朔」自明。漢書律曆志原文作「晦」，今據改。

〔三〕「庚寅」原作「庚申」。案：己丑明日爲庚寅，作「庚申」係涉下而誤，今據漢書律曆志原文改正。

〔四〕「乙卯」原訛作「己卯」。案：辛亥後五日爲乙卯，作己卯誤，今據漢書律曆志所引武成原文改。

乃以庶國祀馘于周廟。**疏**同上。注：「師古曰：『亦今文尚書也。祀馘，獻于廟而告祀也。截耳曰馘。』」

武王勝殷，殺受，立武庚，以箕子歸，**疏**殷本紀云：「封紂子武庚祿父，以續殷祀。」作洪範。

疏周本紀：「武王九年，東觀兵；十一年，伐紂，作大誓、牧誓、武成、分器；後二年，問箕子以天道。」則洪範編篇宜在作分器後。但左傳三引洪範，說文五引洪範，皆曰「商書」。漢書儒林傳云：「遷書載堯典、禹貢、洪範、微子、金縢諸篇，多古文說。」且以洪範先于微子，或古本次第與今不同。

武王既勝殷，邦諸侯，班宗彝，作分器。**注**史遷作：「封諸侯，班賜宗彝，作分殷之器物。」鄭康成曰：「宗彝，宗廟尊也。作分器，著王之命及所受物。」「班」一作「般」。分器亡。**疏**史公「邦」作「封」者，古借邦爲封，漢書嚴助傳淮南王安上書稱：「古者封內甸服，封外侯服。」卽周語之「邦內甸服，邦外侯服」也。康誥序云：「邦康叔。」疏云：「古字邦、封同。」封諸侯者，呂氏春秋愼大覽云：「武王勝殷，入殷，未下輿，封黃帝之後於鑄，封帝堯之後於黎，封帝舜之後於陳。下輿，命封夏后之後於杞，立成湯之後於宋，以奉桑林。」周本紀云：「武王追思先聖王，乃襃封神農之後於焦，黃帝之後於祝，帝堯之後於薊，帝舜之後於陳，大禹之後於杞。於是封功臣謀士，而師尚父爲首封。封尚父於營丘，曰齊。封弟周公旦於曲阜，曰魯。封召公奭於燕，封弟叔鮮于管，弟叔度於蔡，其餘各以次受封。」案：呂氏春秋云「鑄」卽「祝」，「黎」卽「薊」，聲相近也。彝者，周禮司尊彝職：「掌六彝六尊之位：謂鷄彝、鳥彝、斝彝、黃彝、虎彝、蜼彝。」釋器云：「彝、卣，罍器也。」説文云：「彝，宗廟常器也。」史公云「分殷之器物」，蓋克殷所得器物也。鄭注見史記集解。以宗彝爲宗廟尊者，鄭注周禮鬯人云：「卣，中尊。尊者，彝爲上，罍爲下。」又注周禮序官云：「彝亦尊也，鬱鬯曰彝。彝，法也。言爲尊之去也。」「班」，釋文云：「一作『般』。」

西旅獻獒，**注**馬融作「豪」，曰：「酋豪也。」鄭康成曰：「獒讀若豪。西戎無君，名强大有政者爲酋豪。國人遣其酋豪之長，來獻見于周。旅獒已逸。」**疏**旅者，廣雅釋詁云：「客也。」晉語云：「禮：賓旅遠國，以客禮待之。」故稱曰旅。獒，當爲「敖」，或爲「獒」，經文必不从犬。説文云：「獒，犬知人心可使者。春秋傳曰：『公嗾夫獒。』」若尚書有此字，許氏必不引後出之書，馬、鄭亦必不以爲酋豪矣。此僞孔所改字。馬注見釋文。云「獒」作「豪」者，馬氏見孔壁書如此也。云「酋豪」者，漢書宣帝紀：「神爵二年羌虜〔一〕降服，斬其首惡大豪楊玉、酋非首。」注：「文穎曰：『羌胡名大帥爲酋，如中國言魁。』」趙充國傳「先零豪」注：「孟康曰：『帥長也。』」鄭注見書疏。云「西戎無君」云云者，吕氏春秋恃君覽云：「氐、羌、呼唐、離水之西，僰人、野人、偏笮之川，舟人、送龍、突人之鄉，多無君。」注云：「西方之戎無君者。」後漢書西羌傳云：「不立君臣，無相長一，彊則分種爲酋長。」

太保作旅獒。**疏**太保，僞傳以爲召公，非也。周書、史記並稱武王克殷有召公奭，不言太保。自成王幼，在襁褓中，召公爲太保，始見賈誼新書。作僞者以此太保爲召公，疏謬甚矣。

〔一〕「虜」原訛作「盧」，據漢書宣帝紀原文改。

巢伯來朝，注鄭康成曰：「巢伯，殷之諸侯，伯爵也，南方之國，世一見者。聞武王克商，慕義而來朝。」疏巢伯者，魯語云：「桀奔南巢。」注云：「南巢，揚州地，巢伯之國也，今廬江居巢縣是也。」案：巢即今安徽巢縣。鄭注見周禮象胥疏及王制疏、書仲虺之誥疏。云「巢伯，殷之諸侯，伯爵」者，鄭注王制云：「殷爵三等，公、侯、伯也。」云「世一見」者，周禮大行人職「九州之外謂之蕃國，世一見」是也。

芮伯作旅巢命。注鄭康成曰：「芮伯，周同姓國，在畿內。」疏旅巢命之旅亦與西旅同訓，廣雅釋詁云：「客也。」鄭注見詩桑柔疏。云「芮伯，周同姓」者，書疏引世本云：「芮，姬姓。」地理志：「左馮翊臨晉縣芮鄉，故芮國。」在今陝西朝邑縣南。

武王有疾，周公作金縢。注「有疾」下，馬融有「不豫」。疏「有疾」，釋文云：「馬本作『有疾不豫』。」書序云「周公作金縢」者，管子七臣七主篇云：「武王伐殷，克之，七年而崩。」周書明堂解云：「既克紂六年而武王崩。」則經文有云「王既喪」之事，在五年之後，既非周公所作，又有「秋大熟，天動威」之文，今文以爲周公死後之事，可見孔子序書時必非一篇，故以爲周公作金縢也。說詳金縢疏。尚書大傳大誥在金縢之前，今文如是。

武王崩，三監及淮夷叛，注鄭康成曰：「三監，管叔、蔡叔、霍叔三人，爲武庚監于殷國者也。前流言于國，公將不利于成王。周公還攝政，懼誅，因遂其惡，開導淮夷與之俱叛。此以居攝二年之時繫之武王崩者，其惡之初，自崩始也。」疏序言「武王崩，三監及淮夷叛」，是在周公攝政元年也。周本紀云：「武王崩，太子誦代立，是爲成王。成王少，周初定天下，周公恐諸侯畔周，公乃攝行政，當國。管叔、蔡叔羣弟疑周公，與武庚作亂，畔周。」是三監之叛，卽在武王崩後，孔安國古文說也。白虎通崩薨篇云：「喪者亡，人死謂之喪，言其亡不可復得見也。不直言喪何？爲孝子心不忍言。尚書曰：『武王既喪。』」是今文亦以「武王既喪」卽是「武王崩」也。鄭氏則以金縢「既喪」爲終喪，故此注亦言居攝二年之時，蓋衞、賈孔壁古文之說。既之義得爲終，亦爲卒也。此則與今古文不同者。鄭以周公避居，亦與史記說異，未可定其是非。鄭注見詩東山疏。云「三監，管叔、蔡叔、霍叔三人」云云者，周書作雒解云：「武王克殷，乃立王子祿父，俾守商祀。建管叔于東，建蔡叔、霍叔于殷，俾監殷臣。」是管、蔡、霍爲三監之明文。僞傳不及霍叔，非也。**周公相成王，將黜殷，**

注鄭康成曰：「誅之者，周公意也。而言相成王者，自迎周公而來，蔽已解矣。黜，貶退也。」

疏周本紀云：「周公奉成王命，伐誅武庚、管叔，放蔡叔。」又云：「初，管、蔡畔周，周公討之，三年而畢定，故初作大誥。」則古文不以周公爲有避居之事也。鄭注見詩東山疏、書疏。云「自迎周公而來」者，詩九罭云：「我覯之子，衮衣繡裳。」傳云：「所以見周公也。衮衣，卷〔一〕龍也。」箋云：「王迎周公，當以上公之服往見之。」是毛氏亦以周公爲有避居之事也。云「蔽已解」者，詩鴟鴞序云：「成王未知周公之志。」伐柯序云：「伐柯，美周公也。周大夫刺朝廷之不知也。」九罭序同。是謂蔽也。故金縢迎歸周公，而始解矣。云「黜，貶退」者，說文云：「黜，貶下也。」**作大誥。**

注「誥」一作「𢍁」。

疏釋文：「誥，本亦作『𢍁』。」案：汗簡、集韻皆有𢍁字，據汗簡、四聲韻其字下从廾，說文所無，未詳也。

〔一〕「卷」原作「衮」，據詩豳風九罭毛傳原文改。

成王既黜殷命，殺武庚，命微子啟代殷後，作微子之命。**注** 鄭康成曰：「黜殷命，謂殺武庚也。微，采地名。微子啟，紂同母庶兄也，武王投之于宋，因命之，封爲宋公，代殷後，承湯祀。微子之命亡。」**疏** 周本紀云：「初，管、蔡〔一〕畔周，周公討之，三年而畢定，故初作大誥，次作微子之命，次歸禾，次嘉禾，次康誥、酒誥、梓材。」宋微子世家云：「周公既承成王命誅武庚，殺管叔，放蔡叔，乃命微子開代殷後，奉先祀，作微子之命以申之，國于宋。」鄭注見詩有客疏。云「微，采地名。微子，紂同母庶兄」者，見微子篇疏。云「武王投之于宋」云云者，樂記云：「武王克殷，下車而投殷之後于宋。」注云：「投，舉徙之辭。時武王封紂子武庚于殷墟，所徙者微子，後周公更封而大之。」疏引發墨守云「六年制禮樂，封殷之後，稱公于宋」是也。

唐叔得禾，**注** 史遷「禾」作「嘉穀」。異畝同穎，**注** 史遷「畝」作「母」。鄭康成曰：「二苗同爲一穗。」

疏 史公「禾」作「嘉穀」，見周本紀。説文云：「禾，嘉穀也。二月始生，八月而孰，得時之中，故謂之禾。」詩生民云：「種之黃茂。」傳云：「黃，嘉穀也。」疏云：「穀之黃色者，爲黍稷耳。」則禾即今之小米也。「畝」作「母」者，母與拇通，易：「咸其拇。」虞翻注云：「拇是大指也。」王逸注招魂云：「拇，手拇指也。」是手足指皆爲母。異母如枝指也，其上合穎。經文作「畝」，假借字。僞傳以畝爲壟，非也。穎者，詩傳云：「垂穎也。」少儀疏云：「禾之秀穗，亦謂之爲穎。」案：説文穎本禾末，并粟言之，亦爲穗也。鄭注見史記集解。以畝爲苗，亦知畝即母也。以穎爲穗者，説文：「采，禾成秀也。」或作「穗」。獻

〔一〕「管蔡」原作「管叔」，據史記周本紀原文改。

諸天子。王命唐叔歸周公于東，**注**史遷「東」作「兵所」。**疏**史記周本紀云：「晉唐叔得嘉穀，獻之成王，成王以歸周公于兵所。」古文以周公居東爲東征管、蔡，故云兵所也。作歸禾。**注**史遷「歸」作「餽」。鄭康成曰：「歸禾亡。」**疏**史公「歸」俱作「餽」，見魯世家。「歸」作「餽」者，檀弓云：「餽祥肉。」鄭注士虞禮作「歸祥肉」。論語先進云：「詠而歸。」鄭注云：「魯讀餽爲歸，今從古。」一切經音義七：「饋，古文餽同。」是歸、饋俱與餽通也。

周公既得命禾，**注**鄭康成曰：「受王歸己禾之命與其禾。」旅天子之命，**注**史遷「旅」作「魯」，一作「嘉」。作嘉禾。**注**鄭康成曰：「嘉禾亡。」**疏**旅者，釋詁云：「陳也。」鄭注見書疏。史公「旅」作「魯」者，見周本紀。說文「旅」古文作「㫘」，「古文以爲魯、衞之魯」。是魯與旅通也。「旅」一作「嘉」，見魯世家。集解引徐廣曰：「上『嘉』字一作『魯』。」大傳云：「成王之時，有三苗貫桑葉而生，同爲一穗，其大盈車，長幾充箱。民得而上諸成王，王召周公而問之。公曰：『三苗爲一穗，抑天下其和爲一乎？』果有越裳氏重譯而來。」韓詩外傳五云：「成王之時，有三苗貫桑而生，同爲一秀，大幾滿車，長幾充箱。成王問周公曰：『此何物也？』周公曰：『三苗同一秀，意者天下殆同一也。』比期三年，果有越裳氏重九譯而至，獻白雉於周公。道路攸遠，山川幽深，恐使人之未達也，故重譯而來。周公曰：『吾子何以見賜也？』譯曰：『吾受命國之黃髮曰：「久矣天之不迅風疾雨也，海之不波溢也，三年於茲矣。意者中國殆有聖人，盍往朝之？」於是來也。』周公乃敬求其所以來。」又見說苑辨物篇，「敬求」作「敬受」。此或經之佚文，姑附于後。

經周公奉鬯，立于阼階，延登，贊曰：「假王莅政，勸和天下。」**疏**漢書王莽傳羣臣上奏引書逸嘉禾篇曰。說之云：「此周公攝政，贊者所稱。」案：嘉禾不在逸十六篇之內，是亡書之殘語僅存者。

成王既伐管叔、蔡叔，以殷餘民封康叔， **注** 鄭康成曰：「言伐管、蔡者，爲因其國也。不言霍叔者，蓋赦之也。康爲號謚，初封于衞，至子孫而并邶、鄘也。」「封」一作「邦」。 **疏** 鄭注見詩邶鄘衞譜疏及書疏。云「言伐管、蔡，爲因其國」者，居前人之故國曰因，王制云：「天子、諸侯祭因國之在其地而無主後者。」云「康爲號謚」者，周書謚法解云「安樂撫民曰康」是也。云「初封于衞，至子孫而并邶、鄘」者，鄭詩譜云：「邶、鄘、衞者，商紂畿內方千里之地。武王伐紂，以其京師封紂子武庚爲殷後，乃三分其地置三監。自紂城而北謂之邶，南謂之鄘，東謂之衞。成王既黜殷命，殺武庚，復伐三監，更于此三國建諸侯，以殷餘民封康叔于衞，使爲之長。後世子孫稍并彼二國，混而名之是也。」 **作康誥、酒誥、梓材。** **疏** 段氏玉裁云：「揚子法言問神篇云：『昔之說書者，序以百，而酒誥之篇俄空焉，今亡夫。』謂書序存而酒誥則無序，非謂商書闕酒誥也。」

成王在豐，欲宅洛邑，使召公先相宅，作召誥。 **注** 鄭康成曰：「欲擇土中建王國，使召公在前，視所居者，王與周公將自後往也。」 **疏** 周本紀以作召誥、洛誥在反政成王後，見本篇疏。書疏云：「周公攝政至此已七年，將歸政成王，故經營洛邑，待此邑成，使王卽政。召公恐王惰于政事，故因相宅以作誥。周公洛誥爲反政成王，召公陳戒爲卽政後事也。」鄭注見詩王風譜〔一〕疏。云「相，視」者，釋詁文。

召公既相宅，周公往營成周，注鄭康成曰：「居攝七年，天下太平，而此邑成，乃名曰成周也。」疏鄭注見公羊宣十六年傳疏。云「天下太平」者，詩周頌譜云「周頌者，周室致太平之詩，其作在周公攝政成王卽位之初」是也。使來告卜，作洛誥。

成周既成，遷殷頑民，注鄭康成曰：「此皆士也，周謂之民。民，無知之稱。」疏頑有衆義，皋陶謨云「庶頑讒説」，史記釋爲「諸衆讒嬖」。以諸訓庶，衆訓頑是也。此頑不當以頑嚚之義爲訓。周書作雒解云：「獻民遷于九畢。」孔晁注云：「賢民士大夫也。」周本紀云：「成王既遷殷遺民。」亦不云頑民。鄭注見詩王風譜[二]疏。云「此皆士」者，以篇名多士。春秋左氏桓二年傳云：「武王克商，遷九鼎于洛邑，義士猶或非之。」卽此民也。云「民，無知之稱」者，鄭注周禮遂人云：「變民言甿。甿，無知貌。」周公以王命誥，作多士。注史遷「誥」作「告」。疏史公作「告」，見周本紀。魯世家無逸在多士前。

周公作無逸。注史遷「逸」作「佚」。

[一][二]「王風譜」，案之詩譜，當作「王城譜」。

召公爲保，周公爲師， 注馬融曰：「師氏、保氏，皆大夫官。」鄭康成曰：「師氏、保氏，大夫之職，聖賢兼此官。」**相成王爲左右。** 注馬融曰：「分陝爲二伯，東爲左，西爲右。」**召公不說，** 注馬融曰：「召公以周公既攝政致太平，功配文武，不宜復列在臣位，故不說。以爲周公苟貪寵也。」鄭康成曰：「周公既攝王政，不宜復列于臣職，故不說。」 疏馬注見釋文。鄭注見書疏。俱以師氏、保氏爲大夫者，周禮地官序官云「師氏，中大夫一人。保氏，下大夫一人」是也。周公居三公之位，非中、下大夫之爵，故鄭又云：「聖賢兼此官。」周公爲聖，召公爲賢也。馬注見釋文。云「分陝爲二伯」，見公羊隱五年傳。又注見史記燕世家集解。云「不宜復列臣位，以爲苟貪寵」者，不說周公之歸政而不去位之魯也。鄭注見書疏，意同馬氏。中論智行篇云：「召公見周公之既反政而猶不知，疑其貪位，周公爲之作君奭，然後說。」「知」當作「去」。**周公作君奭。**

成王東伐淮夷，遂踐奄， 注史遷「踐」作「殘」。鄭康成曰：「奄國在淮夷之北。此伐淮夷與踐奄是攝政三年伐管、蔡時事。其編篇于此，未聞。踐讀曰翦。翦，滅也。凡此伐諸叛國，皆周公謀之。成王臨事乃往，事畢則歸。」

疏史公「踐」作「殘」，見周本紀，云：「周公行政七年，成王長，周公反政成王，作召誥、洛誥、多士、無佚。」下云：「召公爲保，周公爲師，東伐淮夷，殘奄，遷其君薄姑。」則是以此東伐淮夷在七年反政後，蓋古文說也。書疏云：「案：洛誥成王卽政始封伯禽。伯禽既爲魯侯，乃居曲阜。費誓稱魯侯伯禽宅曲阜，淮夷、徐戎並興，魯侯征之，作費誓。彼言淮夷並興，卽此伐淮夷。王伐淮夷，魯伐徐戎，是同時伐。明是成王卽政之年復重叛也。」鄭注見史記集解及書疏。云「奄國在淮夷之北」者，漢書王莽傳云：「成王之與周公也，開七百里之宇，兼商奄之民。」是奄在魯南、淮北也。詩破斧疏〔一〕。云「此伐淮夷與踐奄是攝政三年伐管、蔡時事」者，魯世家云：「伯禽即位之後，有管、蔡等反也。淮夷、徐戎亦並興反。」又與周本紀不同。大傳云：「周公攝政，一年救亂，二年克殷，三年踐奄。」鄭用今文說也。據此，則編篇當在康誥之前，且多方篇云「昔朕來自奄」，今列于多士、無佚之後，故鄭云：「編篇于此，未聞。」謂未聞孔子編次之意也。云「踐讀爲翦。翦，滅」者，玉藻云：「凡有血氣之類，弗身踐也。」注云：「當爲『翦』。翦，殺也。」案：呂氏春秋古樂篇云：「成王立，殷民反，王命周公踐伐之。」注云：「踐，往。」則漢人亦說踐爲往，不必如大傳也。呂氏春秋下文云：「商人服象，爲虐于東夷，周公遂以師逐之，至于江南，乃爲三象，以嘉其德。」似伐奄直至于楚，未詳其事。

作成王征。 **注** 馬融曰：「征，正也。」鄭康成曰：「成王征亡。」 **疏** 馬注見釋文。云「征，正」者，說文云：「征，正行也。」大傳書序有揜誥，云：「遂踐奄。踐之者，籍之也。籍之謂殺其身，執其家，瀦〔二〕其宮。」案：今文說踐爲籍之，謂「殺其身」云云，書序云「遷其君薄姑」，說與大傳異也。揜同奄，揜誥疑即成王征，故附其說于此。

成王既踐奄，將遷其君于蒲姑， **注** 史遷「蒲」作「薄」。馬融曰：「齊地名。」鄭康成曰：「奄既滅矣，其君佞人，不可復故，欲徙之于齊地，使服〔三〕于大國。」 **疏** 史公「蒲」作「薄」者，蒲、薄聲之緩急，字形又相近。釋文云：「馬

〔一〕「詩破斧疏」下未引破斧疏文，亦無斷語，此四字與上下文俱不連屬，當有脫誤。
〔二〕「瀦」原作「豬」，據詩豳風破斧疏所引大傳原文改。
〔三〕「服」原訛作「報」，據詩豳風破斧疏所引鄭注原文改。

本作『薄』。」馬注見史記集解。鄭注見詩破斧疏。皆以蒲姑爲齊地者，春秋左氏昭九年傳云：「王使詹伯辭于晉曰：『蒲姑、商奄，吾東土也。』」昭二十年傳晏子對景公曰：「昔爽鳩氏始居此地，季萴因之，有逢伯陵因之，蒲姑氏因之，而後太公因之。」漢書地理志云：「齊地，殷末有薄姑氏，至周成王時，薄姑與四國共作亂，成王滅之，以封師尚父。」蒲姑之地蓋以蒲姑氏居之而得名。故服虔注昭九年左傳亦謂「蒲姑，齊也」。云「其君俟人」者，大傳「奄君蒲姑謂祿父曰：『武王已死矣，成王幼，周公見疑矣，此世之將亂者，請舉事。』然後祿父及三監反」是也。「不可復故」，言不可使復國。江氏聲云：「據大傳，蒲姑爲奄君名，此序當言『將遷其君蒲姑』，『于』乃衍字也。成王遷奄君，其地遂爲齊有。故左傳云：『蒲姑氏因之，而後太公因之。』蒲姑氏卽奄君也。」

周公告召公，作將蒲姑。 **注** 鄭康成曰：「將蒲姑亡。」

成王歸自奄，在宗周誥庶邦，作多方。 **注** 史遷作「成王自奄歸，在宗周作多方」。 **疏** 史公說見周本紀。

成王既黜殷命，滅淮夷， **注** 史遷「黜」作「絀」，「滅」作「襲」。 **還歸在豐，作周官。** **注** 鄭康成曰：「周官亡。」 **疏** 堯典疏云：「孔以周官在立政後，第八十八。鄭以爲在立政前，第八十六。」案：周本紀「作多士」後卽「作周官」。魯世家云：「周之官政未次序，於是周公作周官，官別其宜。作立政，以便百姓。百姓說。」是古文周官亦或在立政後。

周公作立政。

成王既伐東夷，肅慎來賀， **注** 史遷「肅」作「息」。馬融曰：「息慎，北夷也。」鄭康成曰：「息慎，或謂之肅慎，東北夷。」「慎」一作「昚」。 **疏** 史公「肅」作「息」者，釋文云：「馬本作『息慎』。」息、肅聲相近。周書王會篇：「北有稷慎。」稷聲亦近肅也。馬注見釋文。鄭注見五帝本紀集解。云「北夷」者，春秋左氏昭九年傳王使詹伯辭于晉曰：「肅慎、燕亳，吾北土也。」魯語：「武王克商，通道九夷、八蠻，肅慎氏來貢楛矢、砮石。」晉灼注漢書云：「東夷傳今挹婁是也。在夫餘之東北千餘里，大海之濱。」顏師古注漢書武帝紀〔一〕引周書序云：「肅昚來賀。」字作「昚」。 **王俾榮伯，** **注** 史遷「俾」作「賜」，馬融作「辨」，曰：「榮伯，周同姓畿內諸侯，爲卿大夫也。」 **疏** 史公「俾」作「賜」者，「俾」疑當作「畀」，釋詁云：「畀，賜也。」馬注見釋文，云：「本作『辨』。」鄭注士虞禮云：「古文班或爲辨。」鄭司農注周禮「匪頒」云：「頒，讀爲班布之班，謂班賜也。」則辨亦賜也，王以肅慎分賜榮伯也。魯語云：「古者，分同姓以珍玉，展親也。分異姓以遠方之職貢，使無忘服也。故分陳以肅慎氏之貢。」云「榮伯，周同姓」云云者，周語有榮夷公，注云：「榮，國名。〔二〕」榮伯當是其祖，故知是諸侯。論語「亂臣〔三〕十人」，鄭注有「榮公」，榮伯故知世爲卿大夫也。 **作賄肅慎之命。**〔四〕

〔一〕「武帝紀」，「武」字原無，依文例據漢書補。

〔二〕「國名」二字原脫，據國語周語韋注原文補。

周公在豐，將没，欲葬成周。公薨，成王葬于畢，告周公，作亳姑。**注** 史遷說：「周公在豐，病將没，曰：『必葬我成周，以明吾不敢離成王。』周公既卒，成王亦讓，葬周公于畢，從文王，以明予小子不敢臣周公也。周公卒後，秋，未穫，暴風雷雨，禾盡偃，大木盡拔。周國大恐。成王與大夫朝服以開金縢書，王乃得周公所自以爲功代武王之說。二公及王乃問史百執事，史百執事曰：『信有，昔周公命我勿敢言。』成王執書以泣，曰：『自今後其無繆卜乎！昔周公勤勞王家，惟予幼人弗及知。今天動威，以彰周公之德，惟朕小子其迎，我國家禮亦宜之。』王出郊，天乃雨，反風，禾盡起。二公命國人，凡大木所偃，盡起而築之。歲則大熟。於是成王乃命魯得郊祭文王。魯有天子禮樂者，以褒周公之德也。」大傳說：「三年之後，周公老于豐，心不敢遠成王，而欲事文武之廟。然後周公疾，曰：『吾死必葬于成周，示天下臣于成王。』周公死，天乃雷雨以風，禾盡偃，大木斯拔。國恐。王與大夫開金縢之書，執書以泣曰：『周公勤勞王家，予幼人弗及知。』」又說：「成王曰：『周公生欲事宗廟，死欲聚骨于畢。』畢者，文王之墓。故周公死，成王不葬于周而葬之于畢，示天下不敢臣也，所以明有功、尊有德。故忠孝之道咸在成王、周公之間。故魯郊成王，所以禮周公也。」鄭康成曰：「亳姑亡。」**疏** 史公說見魯世家。「秋未穫」已下至「歲則大熟」，今以爲金縢文也。據史記，當是亳姑之篇。後人以其辭有云「開金縢書」，故連屬于金縢耳。傳之既久，不敢改易，故附注于此。大傳「三年之後」至「示天下臣于成王」，「成王曰『周

〔三〕「臣」字原無，據論語泰伯原文補。

〔四〕「作賄肅慎之命」六字原脱，據尚書正義所録書序補。

公生欲事宗廟』」至「所以禮周公也」，見吳中本。「三年之後」，據路史高辛紀下有「周公致政封魯」，是當作「致政封魯，三年之後」也。「周公死」已下至「予幼人弗及知」，見梅福傳注師古注引尚書大傳。云「周公薨，成王欲葬之于成周」云云，與史記云「成王亦讓，葬周公於畢」殊異，蓋古文說此序成王葬于畢，後因天變而改葬以王禮，今文以爲將葬于成周，因天變而葬于畢也。云「王與大夫開金縢之書」云云者，是今文古文俱有。「秋，大熟，未穫」已下之辭，蓋宋人因其見于金縢而刪。尚書大傳，顏師古唐人猶及見完本也。云「魯郊成王」者，與史記「郊文王」殊異，或「成」當作「文」，字之誤也。案：序稱「成王葬于畢，告周公」，蓋以天變告之，而以王禮葬于畢也。云「作亳姑」者，「亳姑」二字未詳其義。僞傳云：「斥及奄君，已定亳姑，言所遷之功成。」非也。

周公既沒，命君陳分正東郊、成周，**注** 鄭康成曰：「天子之國五十里爲近郊，今河南、洛陽相去則然。東郊，周之近郊也，半遠郊。」**疏** 鄭注見周禮載師疏及王制、郊特牲疏。作君陳。**注** 鄭康成曰：「君陳亡。」

經 爾有嘉謀嘉猷，入告爾君於內。女乃順之於外，曰：「此謀此猷，惟我君之德。於乎是惟良顯哉！」**疏** 坊記引「君陳曰」。注云：「君陳蓋周公之子，伯禽弟也。名篇在尚書，今亡。嘉，尚也。猷，道也。『於是乎惟良顯哉』，美君之德。」

未見聖，若己弗克見。既見聖，亦不克由聖。**疏** 緇衣篇引「君陳曰」。注云：「克，能也。由，用也。」

出入自爾師虞，庶言同。疏緇衣篇引「君陳曰」。注云：「自，由也。師、庶，皆衆也。虞，度也。言出內政教，當由女衆之所謀度，衆言同，乃行之。政教當由一也。」

成王將崩，命召公、畢公率諸侯相康王，作顧命。注馬融曰：「成王將崩，顧念康王，命召公、畢公率諸侯輔相之。」疏馬注見釋文。

康王既尸天子，注馬融「康王」上有「成王崩」。疏釋文云：「馬本『康王』上更有『成王崩』三字。」尸者，釋詁云：「主也。」云主天子者，主其事而未即位也。遂誥諸侯，作康王之誥。注史遷作「康誥」。疏史公作「康誥」，見周本紀。

康王命作册畢分居里，成周郊，作畢命。注史遷「畢」作「畢公」。鄭康成曰：「今其逸篇有册命霍侯之事，不同與此序相應，非也[一]。畢命亡。」疏史公「畢」作「畢公」者，周本紀云：「康王命作策畢公分居里，成周郊，作畢命。」則此序「畢」下脱「公」字。鄭注見書疏。云「今其逸篇有册命霍侯之事」者，漢書律曆志引三統有畢命豐刑之文。蓋漢世則有畢命篇，鄭氏猶及見之，故據以爲言也。云「不同與此序相應」者，江氏聲云：「當云『不與此序相應』，疏引誤

[一]「非也」，二字原無。案：書疏所引鄭注本有此二字，孫氏下亦爲此二字作疏，是不可省，今據補。

多『同』字。抑或不同承册命，言謂册命事不同，下别言與此序不相應，引少一『不』字爾。逸篇是册命霍侯，此序言作册畢公，是不相應也。」云「非也」者，既不相應，則逸篇非此篇書文。段氏玉裁云：「『畢命亡』當作『畢命逸』。」

經惟十有二年六月庚午朏，王命作策豐刑。**疏**書疏引「策」下有「書」字。漢書律曆志云：「康王十二年六月戊辰朔，三日庚午，故畢命豐刑曰云云。」注：「孟康曰：『逸書篇名。』」惠氏棟曰：「逸書二十四篇，有冏命。『冏』當爲『畢』字之誤也。」劉歆三統曆引畢命豐刑十六字，鄭康成注〔一〕書序云：『今其逸篇有册命霍侯之事，不同與此序相應。』蓋亦據孔氏逸篇爲説。」

穆王命君牙爲周大司徒，**疏**大司徒者，周禮序官云：「乃立地官司徒。」又云：「大司徒，卿一人。」則是地官，卿也。作君牙。**注**「牙」一作「雅」。鄭康成云：「君牙亡。」

經夏暑雨，小民惟曰怨。資冬祈寒，小民亦惟曰怨。**疏**緇衣篇引「君雅曰」。注云：「雅，書序作『牙』，假借字也。君雅，周穆王司徒作，尚書篇名也。資，當爲『至』，齊、魯之語，聲之誤也。祈之言是也，齊西偏之語也。夏日暑雨，小民怨天，至冬是寒，小民又怨天。言民恒多怨，爲其君難。」

穆王命伯冏爲周太僕正，作冏命。**注**史遷説：「穆王閔文武之道缺，乃命伯臩申誡太僕之政，作臩命。」

〔一〕「注」原作「漢」，顯是訛字，今徑改。

復寧。」「囧」一作「臩」。鄭康成曰：「囧命逸。」**疏**史公云「文武之道缺」云云者，囧命亡篇，蓋問之孔安國，得其說也。史記集解〔一〕引應劭曰：「太僕，周穆王所置，蓋太御衆僕之長，中大夫也。」考周禮夏官序官：「太僕，下大夫二人。」注云：「僕，侍御于君之名。太僕，其長也。」說文「臩」引：「周書曰『伯臩』。古文臦，古文囧字。」古今人表作「臩」。臩蓋今文，囧古文也。今漢書作「煛」，尚書釋文作「㷡」，皆別字。「申誡」，集解引徐廣曰：「誡，一作『部』。」

蔡叔既没，王命蔡仲踐諸侯位，作蔡仲之命。 **注**鄭康成曰：「蔡仲之命亡。」**疏**堯典疏云：「孔以蔡仲之命次君奭，第八十三。鄭以爲在費誓前，第九十六。」又云：「鄭於賈氏所奏別録爲次。」

經王曰：「胡！毋若爾考之違王命也。」**疏**春秋左氏定四年傳：祝鮀曰：「管、蔡啟商，惎間王室，王於是乎殺管叔而蔡蔡叔，以車七乘、徒七十人。其子蔡仲改行率德，周公舉之，以爲己卿士，見諸王，而命之以蔡。其命書云。」注云：「胡，蔡仲名。」

魯侯伯禽宅曲阜，徐、夷並興，東郊不開， **注**馬融「開」作「闢」。**作費誓。** **疏**「開」作「闢」者，釋文云：「舊讀皆作『開』，馬本作『闢』。」闢蓋閞字，故與開形相近。顏氏匡謬正俗云：「粊誓序『東郊不閞』。」案：說文及古今字詁：「閞，古闢字。」堯典疏云：「孔以粊誓在文侯之命後，第九十九。鄭以爲在吕刑前，第九十七。」尚書大傳鮮誓亦

〔一〕「史記集解」原作「史記正義」。案：下引「應劭曰」之文見周本紀集解，作正義，誤。今改正。

在甫刑前。

呂命穆王訓夏贖刑，作呂刑。注史遷説：「甫侯言於王，作修刑辟。」疏命，告也。案：鄭注周禮太卜云：「命龜，告龜以所卜之事。」是命爲告。段氏玉裁云：「詩崧高箋云：『甫侯相穆王，訓夏贖刑。』則此序八字當作一句讀。」告王得爲命王者，鄭注緇衣云：「傅説作書，以命高宗。」鄭釋「呂命」以爲呂侯受王命者，見呂刑經注。洛誥云：「伻來毖殷，乃命寧。」亦是受命于寧王也。訓夏贖刑者，申訓夏時贖刑之法。漢書刑法志引經文而説之曰：「蓋多於平邦中典五百章，所謂刑亂邦用重典者也。」書疏云：「周禮五刑皆五百，此則墨、劓皆千，剕刑五百，宮刑三百，大辟二百，輕刑多，重刑少，是改從輕也。」案：刑法志所説疑今文。史公説爲「甫侯言於王」，是亦以命爲言也。

平王錫晉文侯秬鬯、圭瓚，注馬融「平王」作「王」，「錫」作「賜」。作文侯之命。疏平王，釋文云：「馬本無『平』字。」是也。若是平王，史公、劉向等必不以爲晉文侯事。是今文、古文俱無「平」字也。僞孔因鄭注加此字。秬鬯、圭瓚者，白虎通考黜篇云：「圭瓚、秬鬯，宗廟之盛禮。故孝道備而賜之秬鬯，所以極著孝道。孝道純備，故內和外榮，玉以象德，金以配情，芬香條鬯以通神靈。玉飾其本，君子之性；金飾其中，君子之道。君子有黄中通理之道美素德。金者，精和之至也；玉者，德美之至也；鬯者，芬香之至也。」周禮典瑞云：「祼圭有瓚，以肆先王，以祼賓客。」注云：「肆，解牲體以祭，因以爲名。爵行曰祼。漢禮瓚槃大五升，口徑八寸，下有槃，口徑一寸。」詩旱麓云：「瑟彼玉瓚，黄流在中。」傳云：「玉瓚，圭瓚也。黃金所以飾流鬯也。九命然後錫以秬鬯、圭瓚。」箋云：「黃流，秬鬯也。珪瓚之狀，以圭爲柄，黃金爲勺，青金爲外，朱中央。」

秦穆公伐鄭，晉襄公帥師敗諸崤， **注** 史遷「穆」作「繆」，「崤」作「殽」。**疏** 秦本紀秦繆公伐鄭在三十二年。晉襄公追秦兵於崤，擊之，大破秦軍，無一人得脱者，虜秦三將以歸，在三十三年。史公「穆」作「繆」者，史記蒙恬傳云：「秦繆公殺三良而死，罪百里奚而非其罪也，故立號曰『繆』。」史記、漢書多作「繆」。繆、穆聲之緩急，穆爲假借字。崤，俗字，當從左傳作「殽」。

還歸，作秦誓。 **疏** 春秋左氏僖三十三年夏四月，晉襄公敗秦師于殽，獲百里孟明視、西乞術、白乙丙以歸。晉文公夫人文嬴，秦女也。請三帥，使歸。公許之。秦伯素服郊次，鄉師而哭，于是悔過，作秦誓。則秦誓作于三帥歸時也。秦本紀：「三十六年，繆公大敗晉人，取王官及鄗，乃自茅津渡〔一〕河，封殽中尸，爲發喪，哭之三日，乃誓于軍曰云云。」則是三十六年敗晉渡河始作此誓，與左傳不合。或孔氏古文説也。序云「還歸，作秦誓」，與左傳同。

〔一〕「渡」上原衍一「濟」字，據史記秦本紀原文删。